Bettina Ruhe

Gewährleistung und Grenzen von Eigentum in der VR China

Ostasien – Pazifik

Trierer Studien zu Politik, Wirtschaft, Gesellschaft, Kultur

herausgegeben von

Klaus Antoni
Hilaria Gössmann
Thomas Heberer
Hanns W. Maull
Karl-Heinz Pohl

Band 21

LIT

Bettina Ruhe

Gewährleistung und Grenzen von Eigentum in der VR China

In rechtshistorischer und rechtsvergleichender Perspektive unter besonderer Berücksichtigung ausländischen Eigentums

LIT

Bibliografische Information der Deutschen Nationalbibliothek
Die Deutsche Nationalbibliothek verzeichnet diese Publikation in der Deutschen Nationalbibliografie; detaillierte bibliografische Daten sind im Internet über http://dnb.d-nb.de abrufbar.

ISBN 978-3-8258-0219-6
Zugl.: Bremen, Univ., Diss., 2006

Ziegelstr. 30
D-10177 Berlin

Auslieferung:
LIT Verlag Fresnostr. 2, D-48159 Münster
Tel. +49 (0) 2 51/620 32 - 22, Fax +49 (0) 2 51/922 60 99, e-Mail: lit@lit-verlag.de

Gewährleistung und Grenzen von Eigentum in der VR China in rechtshistorischer und rechtsvergleichender Perspektive unter besonderer Berücksichtigung ausländischen Eigentums

Inhaltsverzeichnis V

Teil 1 Recht und Eigentum im chinesischen Kaiserreich

Der Sinologe und Rechtswissenschaftler Oskar Weggel kommt in seiner Abhandlung zur chinesischen Rechtsgeschichte zu dem Schluss, dass sich zumindest seit dem Han-Kodex (Han-Dynastie, 206 v. Chr. - 220 n. Chr.) ein einheitlicher roter Faden bis zum Tang-Gesetzbuch von 651 hinzieht, der dann von dort bis zum Qing-Kodex (Qing-Dynastie 1644 bis 1911) weiterreicht.[1]
Die Beschäftigung mit Gewährleistung und Grenzen ausländischen Eigentums in der VR China kann sich angesichts dieser Kontinuität nicht mit einem Blick auf die gegenwärtige Situation begnügen, sondern muss den historischen Kontext politischer, soziologischer, ökonomischer und rechtlicher Entwicklung beachten. Nur im historischen Zusammenhang, im Blick auf das Gestern lässt sich die Gegenwart begreifen und die Schärfung des Bewusstseins für Kontinuität und Wandel erleichtert Rückschlüsse auf künftige Entwicklungen.
Somit soll zunächst die Auseinandersetzung mit dem Begriff und den Erscheinungsformen des Eigentums in China aus historischer Perspektive dargestellt und anschließend in ihrer Bedeutung für Möglichkeiten und Formen ausländischen Eigentums im modernen China analysiert werden.

Zu Recht distanziert sich Moses I. Finley in seiner Abhandlung über antike Wirtschaft vom eurozentrischen Weltbild und verweist darauf, dass Länder wie China ihre eigene anzuerkennende Geschichte haben.[2] Daraus folgt auch die Nichtübertragbarkeit der Einteilungen, Kategorien und Vorstellungen der abendländischen Geschichte auf die Geschichte Chinas.[3] Auch Max Weber legt bei seinen vergleichenden Versuchen über die Wirtschaftsethik der Weltreligionen die Unterschiede zwischen der Entwicklung des Okzidents und der des kaiserlichen China in Hinsicht auf die geistige Kultur, die materiellen und ideellen Interessen der diese Kultur prägenden Trägerschichten und in Hinsicht auf die Ordnungskategorien, in die beide eingebettet sind, zugrunde.[4]
Die Beschäftigung mit dem Begriff und den rechtlichen Grundlagen von Eigentum in China vor Beendigung des Kaiserreiches muss zunächst berücksichtigen, dass sich dessen juristische Traditionen von denen anderer Rechts- und Kulturkreise unterscheiden.[5]

---

[1] Weggel, (1980), S. 131; s.a. Glück (1999), S. 32, f. m. w. Nachw.
[2] Finley (1993), S. 21
[3] Finley (1993), S. 22 m. w. Nachw.
[4] Weber (1920); vgl. a. Schluchter (1983), S.7, der allerdings daran erinnert, dass Weber der direkte Zugang zu den Quellen verwehrt blieb, ihm für seine Konfuzianismusstudie kein sinologischer Fachmann zur Seite stand und dieser selbst über den Wert seiner Ausführungen sehr bescheiden dachte, S. 8.; kritisch a. Eberhard (1983), S.55 ff., hier u.a. bezogen auf die der Weberschen Analyse zugrundeliegende Periodisierung, die immerhin die Zeit des Beginns der Han-Dynastie (206 v. Chr.) bis zum 19. Jahrhundert zu einer einzigen Entwicklungsphase zusammenfasste; z. Problem der Fortschrittslosigkeit bzw. Stagnation der chinesischen Geschichte ablehnend a. Gernet (1988), S. 29 u. Weggel (1980), S. 232
[5] Vgl. v. Senger (2001), S. 55 ff.; z. Begriff Rechts- bzw. Kulturkreis s. Scholler (2001), S. 13 ff.

Karl Bünger warnt ebenfalls davor, das chinesische Recht einseitig durch die Brille der eigenen Kultur zu betrachten. Auf der anderen Seite versucht er in seinen Ausführungen über das chinesische Rechtssystem, die Verschiedenheiten der rechtlichen Institutionen und Denkweisen auf Grundprobleme zurückzuführen, vor die jeder Staat und jede Gemeinschaft im Laufe der Entwicklung gestellt wird.[6] Somit ergeben sich möglicherweise Schnittstellen hinsichtlich der allgemeinen historischen Entwicklung von Recht in unterschiedlichen Kulturkreisen.
Nach Uwe Wesel, der sich mit den Frühformen des Rechts in unterschiedlichen Kulturen beschäftigt hat, verändert das Recht selbst im Laufe der Zeit seinen Charakter und seine Funktion. Zu Beginn der Entwicklung bilde es eine kaum zu trennende Einheit mit Religion, Moral und Sitte.[7] In vorstaatlichen Gesellschaften entwickele sich das Recht in einem sich selbst regulierenden Prozess und damit sei es die Gesellschaft selbst, die sich ihre Regeln schaffe. Mit der Entstehung des Staates werde das anders und Recht werde immer mehr von oben, vom jeweiligen Herrscher, bestimmt. Im Laufe der Entwicklung wird Recht schließlich zu einem Steuerungselement, das von oben her eingesetzt wird. Auf der anderen Seite muss es auch von unten in der Gesellschaft angenommen werden und darf nicht auf unüberwindlichen Widerstand stoßen. Recht lebt von der verbreiteten Bereitschaft zur Gesetzestreue und nicht nur von Repression und Zwang.[8] Wenn gesellschaftlich entwickelte, praktizierte Regeln und staatlich gesetztes Recht aufeinander treffen, so bilden sie Konfliktpotential rechtlicher Auseinandersetzung. Konflikte entstehen im Falle der forcierten Durchsetzung staatlich gesetzten Rechts gegen gesellschaftlich praktizierte Regeln. Das chinesische Gewohnheitsrecht ist ein Beispiel für die Möglichkeit, dass beides ergänzend nebeneinander bestehen kann.

Eine Betrachtung der Entwicklung des Eigentums im historischen China hat sowohl die eigenen juristischen Traditionen des chinesischen Kulturkreises zu berücksichtigen als auch allgemeine Grundsätze rechtlicher Entwicklung im Blick zu behalten, wobei einmal angesichts der konfuzianischen Tradition der Aspekt der engen Verknüpfung des Rechts mit Religion, Moral und Sitte besondere Beachtung zu finden hat. Weiterhin ist eine ausgeprägte gewohnheitsrechtliche Tradition und deren Beziehung zu staatlich gesetztem Recht zu berücksichtigen.
Der Sinologe und Jurist Harro v. Senger hebt in seiner Geschichte des chinesischen Rechts hervor, dass China bis zum Ende der Kaiserzeit 1911 noch keinen abstrakten Rechtsbegriff des Eigentums entwickelt hatte und es an einer die Terminologie sichtenden und präzisierenden Begriffsjurisprudenz gänzlich fehlte.[9] Das altchinesische Gesetzesrecht sei bis zum Ende der Kaiserzeit auf der

---

[6] Bünger (1983), S. 134
[7] F. diese u. folg. Ausführungen s. Wesel (1997), S. 46 ff.
[8] Knieper (2002), S. 5 m. Bez. auf I. Kant, Metaphysik der Sitten; vgl. a. die Ausführungen Büngers zu dem Zusammenbruch der Qin-Regierung (-221 bis -207), in: Bünger (1952), S. 200
[9] v. Senger (1994), S. 22

Stufe von zu Paragraphen geronnenen Einzelerfahrungen stehen geblieben.[10] In der übrigen Literatur wird diese Auffassung allgemein bestätigt.[11] Der *Begriff* des Eigentums ist in China damit ohne Tradition, was jedoch nicht für dessen *Erscheinungsformen* gelten muss.[12] Die chinesische Rechtsgeschichte könnte zeigen, dass es ein Trugschluss ist, dass die Abwesenheit eines kodifizierten Zivilrechtes die Abwesenheit von Zivilrecht überhaupt bedeuten muss.[13] Hierfür sollen der Bereich des Handels und die Eigentumsverhältnisse am Boden näher untersucht werden. Handel lässt sich in China bereits seit frühester Zeit nachweisen[14] und die Literatur spricht von der Herauskristallisierung des privaten Eigentums an Grund und Boden bereits in der Östlichen Zhou-Zeit (770 bis 221 v. Chr.).[15]

Nach historischen Quellen sah schon die von der Qin-Regierung (221 bis 207 v. Chr.) geschaffene Rechtsordnung für Bauern eine gesetzliche Anerkennung des privaten Grundeigentums vor.[16] Im Rahmen dieser Arbeit ist auf den genauen Inhalt und Umfang solcher Rechte einzugehen. So ist zwischen der tatsächlichen Herrschaft über den Boden und der unmittelbaren rechtlichen Herrschaft darüber[17] zu trennen, und damit deutlich zwischen Besitz und Eigentum zu differenzieren.[18] Ausgangspunkt ist damit nicht das Eigentum als vollständiges, einheitliches, umfassendes, ungeteiltes und ungespaltenes Recht[19], sondern es ist zu prüfen, inwieweit einzelne, das Eigentumsrecht ausmachende Befugnisse wie Besitz- und Nutzungsrechte von diesem abgespalten wurden.[20]

Der Rechtshistoriker William Seagle spricht sich für eine Anwendung der Unterscheidung zwischen rechtsgeschäftlichen Verfügungen über das Eigentumsrecht und tatsächlichen Verfügungen über die Sache selbst auch außerhalb des vom bürgerlichen Rechts gesetzten Rahmens auf unterschiedliche Gesellschaftsformen aus. Nach ihm passt für primitive Einrichtungen der Begriff des *Besitzes* besser als der des *Eigentums*, welches sich nur aus einem langen kontinuierlichen und ungestörten Besitz und auch dann erst nach der Herausbildung von Rechtsgeschäften entwickeln kann, die Besitzübertragungen ohne Aufgabe des Rechts an der Sache ermöglichen. Ehe die Begründung von Schuldverhältnissen üblich wurde, hätte es für ein Rechtsinstitut wie das des Eigentums kein Bedürfnis gegeben.[21] Damit stellt sich die Frage, welches Entwicklungsniveau in Bezug auf das Eigentum in China zu welchem historischen Zeitpunkt anzusetzen ist. Blieb China bei primitiven Einrichtungen stehen, für die der Begriff des Be-

---

[10] v. Senger (1994), S. 22
[11] Vgl. hierzu die folgenden Ausführungen zu Rechtsquellen im traditionellen China
[12] S.a. Bünger (1983), S. 153
[13] Spengler (1980), S. 200
[14] Bauer (1961), passim
[15] Granet ((1980), S. 265; s.a. Weggel (1980), S. 10
[16] S. Bünger (1980), S. 452 u. 458
[17] Klunzinger (1993), S. 416 u. 423
[18] S. Larenz (1989), S. 299; vgl. a. Baur/Stürner (1999), § 3 Rn. 24
[19] Knieper (1996), S. 202
[20] Vgl. Knieper (1999), S.390
[21] Seagle (1967), S. 84

sitzes angemessen ist oder hat es im Laufe seiner Geschichte Institutionen entwickelt, die als Eigentum im rechtlichen Sinne bezeichnet werden dürfen?
Problematisch ist in diesem Zusammenhang, dass sich im traditionellen China bis zum Eindringen westlicher Staaten ab 1840 kein dem westlichen analoger Begriff des Eigentums gebildet hatte.[22] Auch die Literatur trennt nicht immer scharf zwischen Eigentum und Besitz und verwendet beide Begriffe synonym oder vertauscht sie.[23] Die Literatur und die Quellen selbst, welche in der Literatur für bestehendes Eigentum herangezogen werden, sind somit unabhängig von der verwendeten Begrifflichkeit in Bezug zu den unterschiedlichen rechtlichen Dimensionen von Eigentum und Besitz zu setzen. Besitzrechte sind dinglich oder schuldrechtlich begründete Nutzungsrechte, die zur tatsächlichen Verfügung berechtigen, während das Eigentumsrecht als dingliches Vollrecht ein Vermögensrecht darstellt, welches das Recht der Verfügung über die Sache einschließt und gleichzeitig darüber hinausgeht, indem es zusätzlich zu rechtsgeschäftlichen Verfügungen über das Eigentumsrecht berechtigt, die keinen Besitzerwechsel beinhalten.[24] Die vorliegende Arbeit wird sich mit der Frage befassen, ob in der chinesischen Geschichte derartige Verfügungen existierten und ob diese notwendig an eine staatlich gesetzte Rechtsordnung geknüpft sein müssen.
Neben der Herausarbeitung möglicher Eigentumsformen im traditionellen China ist deutlich zu machen, inwieweit es diesen an einer formalrechtlichen Untermauerung fehlte. Dabei ist die Möglichkeit der Absicherung von Eigentum auf Basis von außerjuristischem bzw. übergesetzlichem Recht[25] mit einzubeziehen. In diesem Zusammenhang ist ein genauerer Blick auf die Rechtsquellen im traditionellen China zu werfen.

---

[22] S. Nocker (2001), S. 374 u. (1999), S.164 ff.; z. Problematik des Eigentumsbegriffs im historischen China vgl. a. v. Senger (1983), S. 292 ff.
[23] Auffällig bei Gernet (1988), passim; vorbildliche Trennung und Problematisierung der Begriffe in Bezug auf China bei v. Senger (1983)
[24] Wieling (1997), § 1 II 2 a; vgl. Theil (2001), S. 180; vgl. a. Baur/Stürner (1999), § 3 Rn. 24
[25] S. Weggel (1980), S. 55

A Rechtsquellen im traditionellen China

I. Aspekte der östlichen Zhou-Zeit (770 bis 256 v. Chr.)

Die östliche Zhou-Zeit war nach der Literatur nicht nur Inkubationszeit für die Entwicklung von privatem Eigentum in China, sondern wurde in der als „Zeit der Streitenden Reiche" bezeichneten Periode (475 bis 221 v. Chr.) zur fruchtbarsten Epoche der chinesischen Sozial- und Rechtsphilosophie.[26]
Verschiedene Gedankenschulen diskutierten Wege zur Beendigung der Zersplitterungskrise des Landes und zur Wiederherstellung einer heilen Ordnung. Nie mehr in der späteren Geschichte sollte die Diskussion um den Stellenwert des Rechts so sehr im Mittelpunkt stehen, wie während dieses Schulstreits. Dabei spielten die Gedankenschulen der Konfuzianer und der Legalisten (auch Legisten oder Realisten) eine herausragende Rolle. Die Zentralbegriffe beider Schulen, das *li*[27] der Konfuzianer und das *fa*[28] der Legalisten wurden zu grundlegenden Rechtsquellen im klassischen chinesischen Recht.
Während die Schule des Konfuzius ein *Regieren mit Riten* vertrat, verlangte die Schule der Legalisten das *Regieren durch Gesetze*, womit im wesentlichen Regelungen mit strafrechtlichem Charakter gemeint waren. Nachdem die Qin das Herrschaftsmittel eingeführt hatten, mit Gesetzen zu regieren, trat positives Recht den sog. *Riten* gegenüber und katapultierte China weit in Richtung eines modernen Staates mit einheitlicher Gesetzgebung.[29]
Riten wurden in dieser Phase der Diskussion als Renaissance jenes aristokratisch geprägten Herrenspiegels der Zhou-Zeit aufgefasst, der in allen relevanten Sozialbereichen ein genau definiertes Verhaltensgerüst zur Verfügung stellte.[30] Das *li* wurde von Konfuzius zu einem auf positive Wirkung gerichteten, weit gefächerten Verhaltenskodex für alle Lebenslagen entwickelt, der Höflichkeit ebenso umfasste wie das Gebot, sich in der Freude zurückzuhalten und bestimmte Trauerrituale einzuhalten.[31] Auf *fa* sei nur zurückzugreifen, falls sich auf Grundlage der *li* nicht der gewünschte Lenkungserfolg einstellen sollte.
Der Begriff *li*, welcher auch als natürliche Ordnung oder Sittengesetz übersetzt wird, umfasste in seiner weiteren Entwicklung bestimmte, auf Religion, Moral, Überlieferung und Naturrecht beruhende Vorstellungen.[32]

---

[26] Weggel (1980), S. 10 f.
[27] Wörtl.: *Riten*; zur genauen Definition u. weiteren Entwicklung des Begriffs s. folgende Ausführungen; vgl. a. Glück (1999), S. 25, m.w. Nachw.
[28] Wörtl.: *Gesetz* ; zur ethymologischen Entwicklung des Begriffs s.a. v. Senger (2001), S. 64 ff.; vgl. a. Glück (1999), S. 25, m.w. Nachw.
[29] Bünger (1983), S. 136
[30] Weggel (1980), S. 11 f.
[31] Weggel (1980), S. 12; zur weiteren Differenzierung des Begriffs s. Bünger (1983), S. 138 f.
[32] S. Betz/Lautenschlager (1929), S. 328; vgl. a. v. Senger (1970), S. 45, Fn. 18; s.a. Heinsohn/Nocker (1999), S. 202 ff. u. S. 202, Fn. 400 m. w. Nachw.

Der Begriff *fa* bezeichnete auch in der Folge Normen mit wesentlich strafrechtlichem Charakter. Allgemein verkörperte er das Gesetz oder die Rechtsordnung.[33] Während die Riten die kosmische Harmonie aufrechterhalten sollten, sollte das Strafrecht diese wieder herstellen, wenn sie durch Straftaten gestört war.[34] Kodifiziertes Recht existierte damit hauptsächlich in Form von strafrechtlichen Normen[35], wobei auch bei zivilrechtlichen Sachverhalten der Tatbestand zivilrechtlich, die Rechtsfolge dagegen strafrechtlich ausgestaltet war.[36]
Für das Verhältnis zwischen *li* und *fa* stellt v. Senger bezüglich der Tang-Zeit fest, dass die Wirkkraft der Riten und der Vorschriften in den Verwaltungskodices durchaus nicht unterschiedlich gewichtet gewesen sei; es bestand kein klares Verhältnis der Über- und Unterordnung.[37] Bünger mag beide Begriffe nicht trennen, indem er zwar den Triumphzug des Gesetzesrechts hervorhebt, aber in der Folge eine Ethisierung des Gesetzesrechts durch die Riten konstatiert.[38]
Die Begriffe des *fa* und *li* bestimmten das staatsphilosophische und damit auch rechtliche Denken des traditionellen China bis zur Neuzeit. Noch der Kodex der Qing-Dynastie (1644 bis 1911) enthielt neben seinem Hauptanteil an strafrechtlich geprägten Normen in seinem vierten Abschnitt eine Sammlung des Ritenrechts.

II. Der Tang-Kodex (654)

Hauptdokument des positiven alt-chinesischen Rechts ist der Tang-Kodex, der 654 in Kraft trat. Dieser war zwar nicht das erste chinesische Gesetzbuch, wohl aber das älteste, noch heute ganz erhaltene Gesetzeswerk.[39] Er geht in seiner ursprünglichen Fassung sowohl inhaltlich als auch formell auf den Sui-Kodex der Jahre 581 – 583 zurück und bildet den Ausgangspunkt für die weitere Entwicklung des Rechts, indem er von den nachfolgenden Dynastien der Song, Yuan und auch zunächst der Ming formal und inhaltlich weitgehend unverändert übernommen wurde.[40] Erst der Ming-Kodex von 1397 reduzierte die Anzahl der Hauptgesetze und veränderte die Einteilung des Kodex wesentlich. Allerdings stellte diese Abkehr von der Tradition keinen völligen Bruch mit dem bisherigen Recht dar. Inhaltlich neu waren lediglich 172 der insgesamt 460 Hauptgesetze.[41]

---

[33] S. Glück (1999), S. 25
[34] Münzel (1974a), Rechtswesen, Sp. 1088
[35] Manthe (1987), S. 12 wie der überwiegende Teil des Schrifttums; Bünger (1952) legt dagegen die Gewichtung auf Staats- und Verwaltungsrecht, S. 211
[36] Zur Problematik des Vorhandenseins der Kategorie des Zivilrechts im traditionellen chinesischen Recht, s. Glück (1999), S. 25
[37] v. Senger (1983), S. 279 f.
[38] Bünger (1952), S. 201 ff.
[39] Weggel (1980), S. 47
[40] S.a. van der Sprenkel (1962), S. 56; s. Glück (1999), S. 32
[41] Weggel (1980), S. 93

Obwohl die Gesetzbücher der Vor-Tang-Zeit verloren gegangen sind, wird in der Literatur angenommen, dass sich zumindest seit dem Han-Kodex (unter der im Jahre 220 proklamierten Cao-Wei-Dynastie wurden zum ersten Mal die Gesetze aus den vier Jahrhunderten der Han-Dynastie kompiliert) ein einheitlicher roter Faden bis zum Tang-Gesetzbuch hinzieht, der dann von dort bis zum Qing-Kodex weiterreicht.[42] Damit kann der Tang-Kodex als Schlüssel-Dokument für die rechtliche Entwicklung vor und nach der Tang-Dynastie bezeichnet werden. Mit dem Qing-Kodex blieb somit die rechtliche Kontinuität im wesentlichen gewahrt und er wird in der Literatur als grundlegende Quelle für das traditionelle Rechtssystem herangezogen.[43]

III. Aspekte der Song-Dynastie (960 bis 1279)

Die Kontinuität dieses rechtlichen Denkens geht auch aus der Studie zur Sozialgeschichte der chinesischen Familie im 13. Jahrhundert von Gudula Linck hervor, der eine der ältesten überlieferten Sammlungen authentischer Rechtsfälle zugrunde liegt, und die neben dem positiven *fa*-Recht auf weitere Rechtsquellen verweist. Dabei geht sie zunächst von den in der Rechtsvergleichung gewöhnlich unterschiedenen Quellen des Rechts, Gesetzgebungsakte des Herrschers bzw. der herrschenden Personengruppe, die Rechtslehre, das Gewohnheitsrecht und die Rechtspraxis aus.[44]

Während in der von Linck ausgewerteten Fallsammlung zum Vermögens- und Familienrecht (*Ming-gong Shu-ban Qing-ming Ji*) positive Gesetzesnormen mit dem Begriff des *fa* bezeichnet werden, wird an vielen Stellen der Begriff des *li* in einem Atemzug mit dem des *fa* genannt, wobei *fa* an zweiter Stelle folgt.[45] *Li* zeigt sich hier als ein höchst abstrakt gefasstes oberstes sittliches Prinzip, dessen Deutung im Zusammenhang dieser Fallsammlung letztlich unabgeschlossen bleibt.[46] Nach Linck kann *li* nie als Ganzes den Charakter von Rechtsnormen haben, sondern erweist sich als offen für immer neue Konkretisierungen in der Rechtspraxis. Ist der Zusammenhang zwischen *li* und dem positiven Recht des *fa* als Verhältnis zwischen Sittlichkeit und Gesetz zu begreifen, dann aber keineswegs in dem Sinne, dass *li* eine lückenfüllende Funktion dort habe, wo sich *fa* als unvollständig erweist.[47] Beide Bezugswerte erscheinen, sobald sie zusammen erwähnt sind, als gleichwertig; und zwar wird ihre Gleichrangigkeit an mehreren Stellen ausdrücklich auf das Familienrecht bzw. Zivilprozesse (*min-song*) bezogen, in denen der Versuch eines Interessenausgleichs im Sinne der

---

[42] Weggel (1980), S. 131; s. a. Glück (1999), S. 33 m. w. Nachw.
[43] Vgl. Weggel (1980), Münzel (1974a), Spengler (1980); s. a. Glück (1999), S. 33 m. w. Nachw.
[44] Linck (1986), S. 59
[45] Linck (1986), S. 51
[46] Linck (1986), S. 52
[47] F. diese und die folg. Ausf. s. Linck (1986), S. 52

Wiederherstellung von Harmonie und Frieden vor jeder Anwendung der Gesetze angemessen sei.
Darüber hinaus erscheint *fa* in der von Linck analysierten Fallsammlung nicht weniger häufig mit dem Begriff *ren-qing* bzw. nur *qing* , den Umständen des Einzelfalles. Der Begriff *qing* ist bereits im Tang-Codex (654 n. Chr.) fest etabliert. Dort heißt es, dass die bestehenden Einzelgesetze im Lichte der Umstände zu interpretieren seien, wenn zu dem betreffenden Fall keine Rechtsvorschrift existiere.[48] Dabei hebt *qing* im Grunde auf alle Sachverhaltselemente ab, die für einen Fall wesentlich waren, vom Zeitpunkt der Siegelung eines Vertrages über die Person der Vertragspartner, die Motivation der aktuell streitenden Parteien bis hin zu deren Auftreten im Gerichtssaal und ihrem wechselhaften Gesichtsausdruck.[49] Was das Verhältnis von *fa, li* und *qing* betrifft, so vermutet Linck, dass der Spielraum, der durch die Pole *li* und *qing* abgesteckt war, ein den Auslegungsprinzipien von *fa* immanentes Element darstellte.[50]

Die Ausführungen Lincks zeigen, dass in der Rechtspraxis neben dem positiven Gesetzesrecht des *fa* als weitere Rechtsquellen das *li* und das *qing* Berücksichtigung fanden. Weiterhin wird deutlich, dass die Begriffe des *li* und des *qing* differenziert zu verstehen sind. Trotz schriftlicher Fixierung der Riten kommt Linck zu dem Schluss, dass ihre Bedeutung als Rechtsnormen durchaus zu relativieren ist, weist ihnen jedoch bei Heranziehung einen gleichwertigen Stellenwert wie den *fa*-Normen zu. Die Literatur kommt für den *Riten*-Abschnitt des Qing-Kodex zu einer ähnlich widersprüchlich erscheinenden Deutung, indem es heißt, sie seien meist nichtbindendes Recht gewesen, hätten aber auf der anderen Seite die Funktion der Aufrechterhaltung der im Zentrum traditionellen chinesischen Staatsdenkens stehenden kosmischen Harmonie gehabt.[51] Auch der Begriff des *qing* ist nicht leicht fassbar. Als außerrechtliche Sozialnorm[52] kommt ihr in der Rechtspraxis eine Funktion zu, die wesentlich in dem Zusammenspiel mit *fa* und *li* zur Geltung kommt.[53] Eine einfache Umschreibung des *qing* mit *menschlichen Beziehungen*[54] greift nach obiger Quellenanalyse zu kurz.
Die folgenden Ausführungen werden weiterhin zeigen, dass die *li*-Normen keinesfalls pauschal mit dem überkommenen Gewohnheitsrecht gleichzusetzen sind[55].

---

[48] Zit. n. Linck (1986), S. 52
[49] Linck (1986), S. 52 f.
[50] Linck (1986), S. 54
[51] Münzel (1974a), Sp. 1088
[52] S. Heuser (1998), S. 412
[53] Vgl. Linck (1986), S. 54
[54] So bei Heuser (1998), S. 412
[55] So ebenfalls bei Heuser (1998), S. 407 u. 412; s. hierzu Bünger (1983), S. 156, der auf *Gewohnheiten* einschließlich der *Li-Normen* verweist und damit ebenfalls differenziert

IV. Der Qing-Kodex

Der Qing-Kodex (*Da Qing Lü Li*) als rechtliches Hauptwerk der letzten chinesischen Dynastie (1644 bis 1911) enthielt fast nur strafrechtliche *fa*-Bestimmungen und ist nach obigen Ausführungen in der Kontinuität der Gesetzeswerke der vorangehenden Dynastien zu sehen. Im vierten von insgesamt sieben Abschnitten enthielt er eine Sammlung des Ritenrechts, das Kleidung, Wohnung und korrektes Benehmen im täglichen Leben wie bei Zeremonien regelte und besonders ausführlich Hofzeremoniell und –opfer behandelte und auch die wichtigsten Definitionen der Verwandtschaftsgrade umfasste.

Der Abschnitt mit den wichtigsten zivilrechtlichen Regelungen findet sich im dritten der insgesamt sieben Bücher des Qing-Kodex und ist dem Sachbereich des Finanzministeriums zugeordnet. Die sieben Unterabschnitte des dritten Buches umfassen die Registrierung für Steuerzwecke, Boden und Pacht, die Ehe, öffentliches Eigentum, Steuern und Zölle, privates Eigentum und das Marktleben (§§ 75 – 156). Dabei trägt weit über die Hälfte aller Vorschriften typisch steuerrechtlichen Charakter. Daraus kann geschlossen werden, dass das Zivilrecht den Gesetzgeber nur unter steuer- und sicherheitsrechtlichen Aspekten interessiert hat.[56]

Weiterhin spricht die Literatur von einer strafrechtlichen *Verkleidung* des Zivilrechts.[57] So verweist Bünger z.B. auf die gesetzliche Garantie des Eigentums in Form strafrechtlicher Vorschriften.[58]Aufgrund des Fehlens eines eigenständigen Zivilgesetzbuches und der Einkleidung zivilrechtlicher Sachverhalte in strafrechtliches Gewand ist eine genaue Beurteilung der Stellung des Zivilrechts im kodifizierten Recht durchaus problematisch und es mag zweifelhaft sein, ob das traditionelle chinesische Recht die Kategorie des Zivilrechts überhaupt gekannt hat.[59] Fraglich ist in diesem Zusammenhang auch, ob eine der gegenwärtigen Rechtslehre entsprechende und sich an der Natur des jeweiligen Sachverhalts orientierende Einteilung in Straf-, Zivil-, öffentliches und Verfahrensrecht der spezifischen Eigenart des traditionellen chinesischen Rechts gerecht wird.[60] Glück sieht die eigentliche Trennungslinie zwischen verschiedenen Rechtskategorien dann auch bei der zwischen kodifiziertem und nicht-kodifiziertem, d.h. Gewohnheitsrecht.[61]

Nach obigen Ausführungen wurden die gesetzlichen Regelungen genuin zivilrechtlicher Sachverhalte nicht rein zufällig strafrechtlich formuliert. Der Gesetzgeber hatte gar nicht die Absicht, eine Regelung zu treffen, durch die die Rechtsbeziehungen zwischen zwei Rechtssubjekten reglementiert werden sollten, sondern Zweck der Regelung war die Sanktion von Verstößen gegen allge-

---

[56] Weggel (1980), S. 170
[57] S. Münzel (1974a), S. 1086
[58] Bünger (1983), S. 155
[59] S. Glück (1999), S. 25
[60] Glück (1999), S. 25; so auch v. Senger (1983) bzgl. des modernen westlichen juristischen Begriffsinstrumentariums, S. 298
[61] F. diese u. die folg. Ausführungen s. Glück (1999), S. 26

mein anerkannte gesellschaftliche Wertvorstellungen oder staatliche Interessen. Gesetzliche Bestimmungen dienten der Beseitigung von Missständen und nicht dem Schutz der Interessen der beteiligten Individuen[62] oder der Festschreibung einer bestimmten Rechtslage.

Für das staatspolitische Denken des traditionellen China ergab sich trotz der Schwerpunkt-Setzung des Qing-Kodex auf strafrechtlichen Bestimmungen folgende Ordnung.[63] An der Spitze stand die konfuzianische Moral mit ihren bis ins Kleinste detaillierten ethischen *li*-Vorschriften, den Riten. Mit Abstand folgten die strafrechtlichen *fa*-Bestimmungen, deren Funktion lediglich darin bestand, den sittlichen Grundforderungen des *li* notfalls Nachdruck zu verleihen. Erst an dritter Stelle folgte das Zivilrecht, das nur in Rahmenbestimmungen vorskizziert war, die außerdem als Strafrecht verkleidet waren.[64]
Für Hellmut Wilhelm ist die Rolle des Rechts im konfuzianischen Staat ebenfalls eine durchaus sekundäre.[65] Das Recht schütze nicht eine ihm eigene Ordnung, es sei die Dienerin der Sitte und habe lediglich deren Ordnung zu schützen. Dies habe auch Folgen für die rechtliche Stellung von Eigentum. Eine Rechtsordnung als solche, die bestimmte ökonomische Gebiete regelt und mit Schutz versieht, gebe es nicht; mit anderen Worten: es gibt kein positives Recht. Die Normen, die das Recht sanktioniere, lägen in einer außerrechtlichen Sphäre.
Bünger lehnt eine Qualifizierung der Gesetzgebung als Dienerin der Sittenordnung ab, räumt aber ein, dass die Ritenordnung die stets als verbindlich und unveränderlich anerkannte Richtschnur und Schranke für die gesamte Staatspolitik und das Regulativ für die Gesetzgebung wurde.[66] Auch er verweist auf die rudimentäre Entwicklung des Privatrechts, welches dem Brauchtum und der Sitte überlassen sei.[67]
Diese Hierarchie staatspolitischen Denkens ist nach obigen Ausführungen für die praktizierte Rechtsprechung dahingehend einzuschränken, dass die Riten meist nichtbindendes Recht waren[68] und in der Rechtspraxis hauptsächlich im Zusammenspiel mit den *fa*-Normen zur Geltung kamen.[69]

Im Qing-Kodex gab es neben schuldrechtlichen Regelungen, die auch bestimmte Vertragsarten einschlossen, durchaus Grundpfandrecht und Formvorschriften für Grundstücksabtretung; diese dienten allerdings nicht privatrechtlichen Zwecken, sondern dazu, die Steuereinziehung zu erleichtern. Auch für das Erbrecht gab es rechtliche Vorgaben in Form von Regelungen für die Verteilung bis dahin gemeinsamen Familienbesitzes. Auf der anderen Seite fehlten jedoch grundlegend

---

[62] Glück (1999), S. 26; s.a. Gernet (1957), S. 307 u. Bodde/Morris (1967), S. 4
[63] F. diese u. die folg. Ausführungen s. Weggel (1980), S. 170
[64] Münzel (1974a), Sp. 1086
[65] F. diese u. die folg. Ausführungen s. Wilhelm (1960), S. 50
[66] Bünger (1952), S. 206 u. 202
[67] Bünger (1952), S. 212
[68] Münzel (1974a), Sp. 1088
[69] Linck (1986), S. 54; vgl. a. Bünger (1952), S. 207

Regelungen für Wertpapierrecht, Gesellschafts-, Bank-, Versicherungs- und Vertretungsrecht, obwohl entsprechende Institutionen weit verbreitet waren.[70]
Otto Franke nennt in seinen Ausführungen zu den Rechtsverhältnissen am Grundeigentum in China, das die Situation zur Wende des 20. Jahrhunderts beschreibt, außer den Hauptgesetzen und Ausführungsbestimmungen der Qing-Dynastie als weitere amtliche Werke mit Rechtscharakter die 1764 neu zusammengestellten *Gesamte Satzungen der Qing-Dynastie* (*Da-Qing hui-dian*) und deren Erweiterung (*Da-Qing hui-dian shi-li*), die 1818 erschien.[71] Hier sind als Quellen zum Grundeigentum die Kapitel zur Grundsteuer in der Abteilung *Finanzministerium* heranzuziehen. Weitere Einzelheiten finden sich in den amtlichen *Regulationen des Finanzministeriums* (*Hu-bu ci-li*).[72]
Insgesamt hält Franke bei diesen Rechtsquellen den Abstand zur Realität für so groß, dass ihr Wert als Quelle der Rechtsverhältnissen am Grundeigentum stark einzuschränken sei. Als ergiebige Quelle werden dagegen die Kaiserlichen Edikte, Entscheidungen auf Berichte, Proklamationen der Provinzial- oder Lokal-Behörden, Bescheide auf Petitionen etc., welche in entsprechenden Sammlungen zu finden sind, bezeichnet. Weiterhin die amtlichen Beschreibungen der einzelnen Verwaltungsbezirke, sowie Chroniken von Klöstern, Heiligtümern etc., die immer besondere Kapitel über Grundeigentum, Bodenerzeugnisse o.ä. enthalten.

V. Chinesische Rechtsgewohnheiten

Obwohl vom Gesetz vernachlässigt, nahmen Zivilfälle in der Entscheidungspraxis den größten Raum ein und es stellt sich die Frage, wie die Lücken des positiven Rechts hier kompensiert wurden. Nicht ohne Ironie formuliert Spengler die Lösung dieses Rätsels. Vor Staunen über das Fehlen eines positiv in Satzungen gefassten Zivilrechtes, einem der Paradefelder europäischer Jurisprudenz, übersahen die ausländischen Betrachter die Existenz von Jahrtausende altem Gewohnheitsrecht, das – etwa in der Behandlung der Eigentumsfrage von Grund und Boden – eine Vielzahl von Regelungen hervorgebracht hatte, die sich nach lokalen Gebräuchen unterschieden, deren Unverletzlichkeit jedoch ebenso gesichert schien wie die eines positiv gesatzten Rechtes.[73] Auch Bünger beschäftigt sich mit der lange die europäische Literatur beherrschenden Auffassung, den Begriff des Eigentums in China überhaupt zu leugnen und bezeichnet diese als Irrtum.[74] Durch Gesetz (*fa*) ungeregelt bedeute nicht, dass es sich um einen

[70] S. Münzel (1974a), Sp. 1087
[71] O. Franke (1903), S. 2 f.
[72] F. diese u. die folg. Ausführungen s. O. Franke (1903), S. 3
[73] S. Spengler (1980), S. 200
[74] Bünger (1983), S. 153

rechtsfreien Raum handele, sondern dass dieser der Gesellschaft zur Selbstregelung und damit zur Bildung von Gewohnheitsrecht überlassen bleibe.[75]
Franke kommt in Bezug auf das Grundeigentum ebenfalls zu einer grundsätzlich positiven Einschätzung des Gewohnheitsrechts als Rechtsquelle. Nicht am unwichtigsten, weil der unverfälschteste Ausdruck der Wirklichkeit, sei für die Kenntnis der Rechtsverhältnisse am Grundeigentum die ungeschriebene lex loci rei sitae in China, d.h. der Lokalgebrauch, wie er sich natürlich entwickelt hat, wie er von jedermann beobachtet, von jedem Beamten respektiert, sorgfältig studiert und von niemand ungestraft verletzt werde.[76]
Herrmann-Pillath formuliert noch prägnanter: Im Falle Chinas fänden informale Institutionen besondere Beachtung, weil bis in das 20. Jahrhundert hinein kein formales Zivilrecht existierte, und sich auch der staatliche Schutz des Eigentums bzw. die gerichtliche Durchsetzung entsprechender Ansprüche auf das informale Gewohnheitsrecht stützten.[77]
Für die Rechtspraxis der späten Qing-Zeit wird dies durch die *Regeln für Beamte der Lokal-Verwaltung* bestätigt, die besagen, die Justizsekretäre hätten vorrangig das Gesetz zu studieren, aber die Kunst der Anwendung hänge doch mehr davon ab Verständnis für die Volksbräuche aufzubringen.[78] Harmonie zwischen Verwaltung und Bevölkerung ergebe sich dann, wenn Strafgesetze und Edikte so angewandt würden, dass sie nicht in Konflikt mit den jeweiligen lokalen Sitten gerieten.[79]
Der weitestgehende Mangel zivilrechtlicher Bestimmungen bedeutete nicht, dass gewohnheitsrechtliche Verträge nicht vor dem Kreismagistrat einklagbar waren, der bei seiner Urteilsfindung allerdings wieder auf das lokal herrschende Gewohnheitsrecht Bezug nehmen musste. Bünger verweist für den Bereich des täglichen Vermögens- und Verkehrsrechts durchaus auf eine gesetzliche Garantie des Eigentums; dies jedoch in Form strafrechtlicher Vorschriften.[80]
In diesem Zusammenhang ist jedoch zu berücksichtigen, dass Eigentum auf der anderen Seite schon aufgrund staatlicher Garantieleistungen bei Neulandgewinnung und Siedlungsprogrammen keine vollständig gewohnheitsrechtliche Kategorie darstellte.[81]

Die entscheidende Rolle gewohnheitsrechtlicher Tradition für die rasante wirtschaftliche und demographische Entwicklung Chinas nach dem 17. Jahrhundert unterstreichen Chen und Myers, die in ihrer Untersuchung zu Gewohnheitsrecht und wirtschaftlicher Entwicklung der Qing-Zeit aufzeigen, wie dieses eine Vielfalt des Austausches von Eigentumsrechten erleichterte und dieser Austausch den wirtschaftlichen Aktivitäten und in deren Folge der demographischen Ent-

[75] Bünger (1983), S. 156
[76] Otto Franke (1903), S. 3 f.
[77] Hermann-Pillath (1998), S.45; s.a. Brockmann (1980), S. 77 - 136
[78] Autor ist der Magistratsbeamte Wang Hui-zu (1731 – 1807); zit. n. van der Sprenkel (1962), S. 150
[79] van der Sprenkel (1962), S. 150
[80] Bünger (1983), S. 155
[81] F. diese u. die folg. Ausführungen s. Herrmann-Pillath (1998), S. 49

wicklung einen entscheidenden Schub gab.[82] Fraglich ist allerdings, warum diese Traditionen nicht schon vorher einen wirtschaftlichen Aufschwung auslösen konnten bzw. keine kapitalistischen Wirtschaftsformen nach sich zogen. So sieht Bünger gerade in der Überlassung des Privatrechts an das Feld von Brauchtum und Sitte und der damit verbundenen Rechtsunsicherheit den Grund für die mangelnde Ausbildung kapitalistischen Denkens im traditionellen China.[83] Dieser Widerspruch ist vielleicht auflösbar, wenn man berücksichtigt, dass sich das Gewohnheitsrecht in China nicht als einheitlicher Block gewachsener und dauerhafter Übung darstellt, sondern es in jeder Provinz, ja oft in jeder Präfektur und Magistratur verschieden war, so dass O. Franke von einem Urwald von Anschauungen und Gebräuchen spricht.[84] Diese noch durch die Mannigfaltigkeit der Dialekte verstärkte regionale Zersplitterung geübten Rechts mag den möglichen wirtschaftlichen Schub durch gewohnheitsmäßige Rechtsübung regional begrenzt und eine Ausbreitung auf das gesamte Kaiserreich verhindert haben.

Der Rückgriff auf lokale Observanzen im Bereich des Zivilrechts bedeutet, dass die offiziellen Kodices nicht einzige Quelle zivilrechtlicher Gegebenheiten und damit auch von Erscheinungsformen von Eigentum sind, sondern zusätzlich auf Aufzeichnungen entsprechender Rechtsgewohnheiten zurückgegriffen werden muss.

Es ist das Verdienst zweier großer Sammlungen[85] von Rechtsgewohnheiten, dass die im traditionellen China gewachsenen zivilrechtlichen Observanzen nicht verloren gegangen sind.

Die wahrscheinlich erste Sammlung gewohnheitlichen Rechts entstand bereits während der Han-Zeit im Jahre 195 als der aus der konfuzianisch geprägten Gesellschaftsschicht stammende Privatmann Ying Shao dem Thron ein Buch über Rechtsgewohnheiten vorlegte. Die 250 Kapitel umfassende Sammlung[86] sollte vermitteln, dass die Obrigkeit in der Leitung des Volkes auf sein Brauchtum Rücksicht nehmen müsse und nur so die Befriedigung des Volkes zu erreichen sei.[87] Ziel dieser ersten Sammlung war es, die Regierung mit einem Minimum

---

[82] Chen/Myers (1996), S.321 - 369

[83] Bünger (1980), S. 467 u. (1952), S. 212 f.; vgl. a. Wiethoff (1975), S. 27, der auf den Zusammenhang zwischen fehlender Rechtssicherheit für Geschäftsbesitz und Kapital, Boden als Anlageobjekt und regelmäßiger Bodenkonzentration verweist; vgl. a. Heinsohn/Nocker (1999), S. 96 in Anlehnung an die Thesen von Heinsohn/Steiger mit Bezug auf die Ausführungen von Mark Elvin (1983) zu dem Begriff der *Fortschrittsfalle*

[84] O. Franke (1903), S. 3 f.; Kirfel spricht von Rechtszersplitterung (1940), S. 12; vgl. a. Kroker (1965), Bd. 1, S. 19, der allerdings auch darauf verweist, dass viele Rechtsgewohnheiten gleicher Natur in mehreren Provinzen zugleich verbreitet waren, S. 17

[85] Eine dritte Sammlung wurde 1944 unter dem Titel *Zhonghua Minguo minshi xiguan tiaocha lu – Untersuchungsbericht über zivilrechtliche Gewohnheiten der Republik China* veröffentlicht und diente der Vorbereitung des Erlasses des republikanischen Zivilgesetzbuches; s. Glück (1999), S. 39; zu verweisen ist auf eine weitere Sammlung, die unter dem Titel *Zhong-guo min-shi xi-guan da-quan* 1923 von der *Gesellschaft für Gesetzgebung und Verwaltung* in sechs Büchern herausgegeben wurde und weder bei Kroker (1965)) noch bei Glück (1999) Erwähnung findet, Kirfel (1940), S. 3

[86] J. Needham (1956), S. 525

[87] Kroker (1965), Bd. 1, S. 65

an positivem Recht auskommen zu lassen.[88] Kroker deutet in diesem Zusammenhang auch vorsichtig die Möglichkeit der Anerkennung vorgegebener Rechte des Volkes an.[89]

Die zweite Sammlung traditioneller Rechtsgewohnheiten verfolgte ein gegenteiliges Ziel. Das vom Justizministerium 1930 herausgegebene Werk *Untersuchungsbericht über Gewohnheiten in Zivil- und Handelssachen* (*Min-shang-shi xi-guan diao-cha bao-gao-lu*) entstand wohl auch mit Blick auf die Kodifikation von Gesetzen.[90] Zumindest begann man 1906, als der Japaner Matsuoka Yoshitada auf Bitten der chinesischen Regierung einen Entwurf zum Zivilrecht auszuarbeiten begann, mit der Untersuchung und Sammlung der herrschenden Rechtsgewohnheiten. Es wäre bemerkenswert, wenn damals bereits ein Zivilrecht geplant gewesen wäre, das die Rechtsgewohnheiten mit berücksichtigt hätte.[91]
Die Sammlung enthält allerdings nicht die im Titel angekündigten handelsrechtlichen Gewohnheiten, sondern nur zivilrechtliche Gewohnheiten, die auf mehrere Bücher verteilt sind. Einem allgemeinen Teil folgen Bücher zu sachenrechtlichen, schuldrechtlichen, familien- und erbrechtlichen Gewohnheiten. Zählt man die für jedes Buch angemerkte Anzahl von Gewohnheiten, so ergeben sich für das erste Buch 12, für das Sachenrecht 1.389, das Schuldrecht 985 und das Familien- und Erbrecht 1.046 Gewohnheiten.[92]
Damit ist das Sachenrecht und hier das Recht an Grundstücken überproportional vertreten, was mit der grundlegenden Rolle von Grund und Boden in der bis in die Neuzeit bäuerlich geprägten chinesischen Gesellschaft zusammenhängt. Grund und Boden galten als kostbarster Besitz und waren sowohl wichtigstes Wirtschaftsgut der Agrargesellschaft als auch Grundlage des Ahnenkultes.[93] So spricht die Literatur auch von Grund und Boden als Rohstoff allen Rechts im traditionellen China.[94]
Wichtig ist in diesem Zusammenhang einmal die Abgrenzung zum Ritenrecht in den offiziellen Kodices, das nach Weggel fast ausschließlich auf Absicherung der Position des Kaisers ausgerichtet war.[95] Weiterhin ist zu den *li*-Regeln abzugrenzen, die nach Needham auf ethischen Vorstellungen und traditionellen Tabus beruhten und zusätzlich zu beachtende Regeln bei Zeremonien und Opfern enthielten.[96] Diese hatten ihren wesentlichen Ausgangspunkt in der konfuziani-

---

[88] Kroker (1965), Bd. 1, S. 65 f. ; Weggel (1980), S. 171
[89] Kroker (1965), Bd. 1, S. 66; ein Gedanke, der auch bei Bünger für den Beginn der chinesischen Gesetzgebung auftaucht, s. Bünger (1983), S. 138 f.
[90] Z. Einfluss der örtlichen Gewohnheiten auf das chinesische BGB der Nationalregierung, dessen verschiedene Bücher sukzessive von 1929 bis 1931 in Kraft traten, s. Bünger (1934), S. 21 f.
[91] S. Kroker (1965), Bd. 1, S. 9
[92] S. Kroker (1965), Bd. 1, S. 12
[93] S. Glück (1999), S. 107 m. w. Nachw.
[94] So Weggel (1980), S. 174
[95] Vgl. Weggel (1980), S. 193
[96] Needham (1956), S. 519; s.a. Bünger (1983), S. 138

schen Tradition und unterschieden sich schon somit wesentlich von dem in keiner Gesetzessammlung auftauchenden oder sonst wie auf philosophische Schriften Bezug nehmenden, wohl aber die Rechtspraxis beherrschenden Gewohnheitsrecht.

Kroker führt zu seiner Übersetzung der *Amtliche Sammlung chinesischer Rechtsge-wohnheiten* aus, dass es sich dabei um zur Gewohnheit geronnene Verhaltens- und Handlungsformen handele, die enthüllen, was der chinesische Mensch durch Jahrhunderte hindurch im Einklang mit seiner Ideologie für zweckmäßig und für geboten gehalten hat.[97] Weiterhin hätten Gewohnheiten nur dort für berechtigt gegolten, wo sie im Einklang mit den Riten standen, mit der Etikette und der herrschenden Volksmoral.[98] Dies bestätigt, dass das traditionelle chinesische Gewohnheitsrecht inhaltlich keineswegs mit dem in konfuzianischem Denken fest verwurzelten *li* deckungsgleich ist, sondern durchaus andere Denkrichtungen einschließt, die je nach Bevölkerungsschicht, ethnischer Minderheit und sonstigen örtlichen Gegebenheiten etc. variieren konnten.[99]

---

[97] Kroker (1965), Bd. 1, S. 5

[98] Kroker (1965), S. 43

[99] Vgl. Wang Hui-zu, Regeln, zit. n. van der Sprenkel (1962), S. 150; vgl. a. Kroker (1965), Bd. 1, S. 19

B Eigentumsformen im traditionellen China

I. Vorgehensweise und Quellen

Die Ausführungen zu den Rechtsquellen im traditionellen China haben gezeigt, dass das chinesische Recht den Bereich des Zivilrechts und damit auch Eigentumsfragen weitgehend ungeregelt ließ. Der Schwerpunkt der Gesetzgebung lag im Strafrecht und die wenigen gesetzlichen Regelungen zum Bodeneigentum bezweckten eine Erleichterung der Steuereinziehung und keine Rechtssicherheit für den Einzelnen. Rechtsetzung und rechtliche Begrifflichkeit stellen sich bezogen auf privatrechtliches Eigentum als rechtshistorisches Vakuum dar.[100] Fraglich ist, ob das Fehlen eines positivrechtlich normierten Eigentumsbegriffs das Bestehen von Eigentum überhaupt ausschloss. Im Folgenden soll daher die geschichtliche Entwicklung Chinas mit Blick auf die Existenz von Eigentumsformen analysiert werden. Die Abfolge ist chronologisch, wobei für den Bereich des Grundeigentums die einzelnen Dynastien als historische Einheit in jeweils einem Kapitel zusammengefasst werden. Die faktische Ausprägung unbeschränkter und beschränkter dinglicher Rechte an Grundstücken bildet wegen der entscheidenden Rolle von Boden als Wirtschaftsgut einen Schwerpunkt dieses Teils der Arbeit.
Anschließend wird auf den Bereich des Eigentums an beweglichen Sachen, das Unternehmenseigentum und Immaterialgüterrechte wie Marken- und Patentrecht eingegangen.
Weiterhin hat sich erwiesen, dass trotz Kontinuität der Sammlung und Herausgabe von positivem Recht dieses nur eine sehr unvollkommene Quelle für das Vorhandensein verschiedener Formen von Eigentum darstellt. Die entsprechenden Rechtsgewohnheiten sind hier ergänzend heranzuziehen. Für das Ende der letzten herrschenden Dynastie der Qing erfolgt deshalb ausgehend von den detaillierten Ausführungen Otto Frankes zu den Rechtsverhältnissen am Grundeigentum in China[101] ein Abgleich der dargestellten Eigentumsformen mit chinesischem Gewohnheitsrecht, wobei als Primärquelle der *Untersuchungsbericht über Gewohnheiten in Zivil- und Handelssachen* von 1930 herangezogen wird. Hier geht es um die Frage, wie und in welchem Ausmaß die fehlende rechtliche Flankierung bestehenden Grundeigentums durch gewohnheitsrechtliche Regelungen kompensiert wurde. In diesem Zusammenhang ist zunächst auf den Erkenntniswert des *Untersuchungsberichts* für Rechtsgewohnheiten in China einzugehen, wobei die Problematik der methodischen Vorgehensweise im Mittelpunkt steht. Anschließend wird untersucht, inwieweit die geschilderten Gewohnheiten auch Rückschlüsse auf die Jahrhunderte zuvor geübte Praxis zulassen.

---

[100] S.a. Nocker (2001), S. 374
[101] O. Franke (1903)

II. Erkenntniswert des *Untersuchungsbericht über Gewohnheiten in Zivil- und Handelssachen* für die vorliegende Arbeit

Kroker sieht die von ihm übersetzte und analysierte Sammlung von Rechtsgewohnheiten mit kritischen Augen. Nach ihm ist die Methode der Erforschung rechtlich belangvoller Gewohnheiten nicht unbeanstandet hinzunehmen.[102] Diese bestand wesentlich im Studium der entsprechenden Dokumente, der Prüfung von Gerichts- und Prozessakten und Befragung bevorzugter Leute bzw. des Volkes selbst.[103] Dabei ergibt sich das Problem, dass die Beweiskraft einiger Dokumente mit guten Gründen angezweifelt werden kann und nicht alle Dokumente verlässlich sind.[104] Bei der Prüfung von bloßen Prozessakten als Erkenntnisquellen einer Gewohnheit bleibt offen, auf welcher Grundlage die Kenntnisse gewonnen worden sind; nirgendwo ist zu erfahren, wie die Untersuchung der Prozessakten genau vor sich gegangen ist.[105] Bei außergerichtlichen Untersuchungen in Form von Befragungen bleibt unklar, ob die Befragung eine größere oder kleinere Zahl von Leuten ereicht hat und ob diese Anzahl für hinreichend gehalten wurde, die erfragte Handlungsweise als ein allgemeines von allen geübtes Verhalten und damit als Gewohnheit zu bestimmen.[106] Auch die Art und Weise, wie die Erkundigung vor sich ging, welche Fragen man stellte und wie diese den ungebildeten und auch gebildeten Leuten vorgelegt wurden, bleibt offen. Damit kann von regelrechten Erforschungen und methodisch einwandfreien Erhebungen keine Rede sein.[107] Es liegt weder eine erschöpfende noch eine methodisch durchgeführte Erhebung vor. Dieses magere Ergebnis soll jedoch nicht dazu verleiten, die Zuverlässigkeit des Erfragten überhaupt anzuzweifeln.[108] Die Schwächen des Untersuchungsberichts mahnen allerdings eine gewisse Behutsamkeit im Umgang mit den auf diese Wese erzielten Ergebnissen an, welche keine flächendeckenden Gewohnheiten beinhalten, sondern lediglich Schlaglichter auf gewohnheitsrechtlich praktizierte Traditionen werfen können. Diese sind wiederum mit anderen Quellen abzugleichen.[109]

Weiterhin ist fraglich, ob die gegen Ende der Kaiserzeit gesammelten Gewohnheiten überhaupt Rückschlüsse auf die Jahrhunderte zuvor geübte Praxis zulassen. Hier ist zu berücksichtigen, dass langjähriger Brauch und Einübung wesentlicher Charakter des Gewohnheitsrechts sind[110]. Somit ist von einer Kontinuität auszugehen, die durchaus Schlüsse auf gewohnheitsrechtliche Traditionen über

---

[102] Kroker (1965), Bd. 1, S. 47

[103] Kroker (1965), Bd. 1, S. 47

[104] Kroker (1965), Bd. 1, S. 49

[105] Kroker (1965), Bd. 1, S. 53 f.

[106] Kroker (1965), Bd. 1, S. 55

[107] Kroker (1965), Bd. 1, S. 57

[108] Kroker (1965), Bd. 1, S. 57

[109] Für das Grundeigentum der späten Qing-Zeit hier mit den Erkenntissen von O. Franke (1903) (s.o.)

[110] S.a. Kroker (1965), Bd. 1, S. 5; vgl. a. Klunzinger (2004), S. 4; Enneccerus/Nipperdey (1959/60), §§ 38, 39

einen historisch längeren Zeitraum zulässt. Die Rechtsgewohnheiten sind weiterhin als Konkretisierung herrschenden Rechtsdenkens zu versehen und damit als Realisierung dessen, was von der Bevölkerung mit dem Begriff der Regelung gemeint war, als Ausprägung der eigenen Rechtsidee. Damit kann die Rechtsgewohnheit mehr als das positive Recht einen Blick in das chinesische Rechtsdenken vermitteln.[111] Die Sammlung zeigt auf der anderen Seite aber auch voneinander abweichende, widersprüchliche Gewohnheiten, die auf ein ausgebreitetes Territorium mit verschiedenen Ethnien zurückzuführen sind. Die Gewohnheiten zeigen mögliche und häufig auch örtlich eingeschränkt sozial akzeptierte Verhaltensweisen, die variieren können, was ihnen den Charakter von Observanzen verleiht. Dies beeinflusst nicht die Glaubwürdigkeit der Sammlung, erschwert jedoch eindeutige Stellungnahmen. Auf der anderen Seite waren auch viele Rechtsgewohnheiten gleicher Natur in mehreren Provinzen zugleich verbreitet.[112]

Die Sammlung chinesischer Rechtsgewohnheiten enthält hinsichtlich umfassender, unbeschränkter und beschränkter dinglicher Rechte zahlreiche Gewohnheiten, die in ihrer Gesamtheit einen breiten rechtlichen Bereich abdecken. Die enge Anbindung der einzelnen Gewohnheiten an konkrete Situationen hat aber auch zur Folge, dass eine vollständige Abdeckung rechtlich zu regelnder Bereiche nicht bzw. nur unvollkommen möglich ist. Die enge Verklammerung mit der konkreten Situation ist als eine Vorstufe der Rechtsentwicklung zum Normativen anzusehen, deren Hauptkennzeichen der hohe Grad der Abstrahierung ist.[113]

III. Unbeschränkte und beschränkte dingliche Rechte an Grundstücken – aufgezeigt an der historischen Entwicklung und dem *Untersuchungsbericht über Gewohnheiten in Zivil- und Handelssachen* als grundlegender Quelle chinesischen Gewohnheitsrechts

1. Grundeigentum im frühen China – die Anfänge

Wolfgang Bauer zitiert in seinem Aufsatz zur Frühgeschichte des Eigentums in China den französischen Sinologen Balász: „Die Geschichte Chinas ist die Geschichte seines Bodens."[114] Es gebe wohl kein Land, in dem der Bodenbesitz eine entscheidendere Rolle spiele als China, das über Jahrtausende hin ausschließlich auf seiner Bodenkultur ruhte. Mit seiner Analyse des Eigentums im frühen China wendet sich Bauer an den Juristen, der sich einen quellenmäßig

[111] Kroker (1965), Bd. 1, S. 74
[112] Kroker (1965), Bd. 1, S. 17
[113] Vgl. ebd., Bd. 1, S. 74
[114] Bauer (1961), S. 131; Balász (1954), S. 35

belegten Überblick über die Eigentumsverhältnisse im alten China verschaffen möchte.[115] Die von ihm behandelte Epoche reicht von der prähistorischen Vor-Shang und Shang-Zeit (bis ca. 1050 v. Chr.) über die Frühere Zhou-Zeit (ca. 1050 – 770 v. Chr.) bis in die in Frühlings- und Herbstperiode (722 – 481 v. Chr.) und Zeit der Streitenden Reiche (481 – 221 v. Chr.) zerfallende Spätere Zhou-Zeit. Dabei beziehen sich die in den Quellen[116] geschilderten Verhältnisse hauptsächlich auf den sinisierten Norden. Bauer beobachtet eine Entwicklung des Eigentums an Boden in drei Schritten. Nachdem in der ersten Phase ein zunächst bloß theoretisches Obereigentum der Herrscher am Boden bestand, wurde gegen Ende der Shang-Zeit mit der zunehmenden Staatsgewalt dieses Obereigentum der Herrscher für die einzelnen Stammesverbände in deren Machtbereich immer deutlicher fühlbar.[117] Die Tatsache, dass der Boden durch den Ackerbau als Eigentumsobjekt zunehmend an Bedeutung gewann und im Prinzip ausschließlich der König als Eigentümer angesehen wurde, hatte tief greifenden Einfluss auf die Gestaltung des Eigentumsrechtes. Hervorstechendstes Merkmal war, dass bis in die letzten Jahre der Zhou-Zeit Kauf und Verkauf von Grundstücken als unstatthaft galten.[118] Soweit die Quellen von Eigentumsübertragungen bei Land sprechen, handelt es sich um die Übertragung von Nutzungsrechten (wie die Einziehung von Abgaben) am Lande und nicht um das Land selbst. Privates Eigentum an Land und die Berechtigung, damit zu handeln, ergab sich in der Zhanguo-Zeit ganz allmählich, als einerseits die Schwächung des Königtums den Lehnsgedanken zurückdrängte und andererseits die einzelnen Fürsten und Beamten ihr Land nicht mehr als Gemeinbesitz des ihnen unterstehenden Volkes, sondern als ihnen selbst eigen ansahen.[119]

Die Herauskristallisierung von Privateigentum[120] an Grund und Boden könnte damit in der Späteren oder Östlichen Zhou-Zeit (770 - 221 v. Chr.), in deren Gefolge sich die überkommenen lehnsrechtlich begründeten Austauschverhältnisse zu Pachtverhältnissen entwickelten, anzusetzen sein.[121] Dabei zeigt sich für Weggel der Übergang vom Kron- zum Privat- bzw. Familien- und Clan-Eigentum darin, dass nicht mehr Lehnsabgaben erbracht, sondern Steuern auf Privatland erhoben wurden.[122] Nach dieser Auffassung lassen Aufzeichnungen über steuerrechtliche Gegebenheiten Schlussfolgerungen auf die Existenz von

[115] Bauer (1961), S. 118; dieser Aufsatz entstand als Beitrag zur Materialsammlung eines umfassenden Werkes zur Frühgeschichte des Eigentums unter der Leitung von Prof. H. Trimborn

[116] Z. Problematik der Primärquellen und den Umgang mit deren Vieldeutigkeit und Unsicherheit s. Bauer (1961), S. 123

[117] Bauer (1961), S. 131

[118] Bauer (1961), S. 138

[119] Bauer (1961), S. 140

[120] Z. Begriff des Privateigentums, dessen historischer Entwicklung und Problematik s. Zimmerli (1992), S. 263 ff.

[121] Weggel (1980), S. 10 (Weggel ist Sinologe und Jurist)

[122] Weggel (1980), S. 10; s.a. Gernet (1979), S. 60; so auch die chinesische Literatur, welche die Besteuerung von Boden im Staate Lu 594 v. Chr. als erste formelle Anerkennung der Legalität privater Felder ansieht, Li/Yue (1984), S. 596; vgl. a. Betz/Lautenschlager (1929), S. 356, die von der Zulassung von Privateigentum an landwirtschaftlichen Grundstücken im 3. Jht. v. Chr. sprechen

Privateigentum an Boden im frühen China zu. Andere Quellen sprechen davon, dass die seit dem 6. Jahrhundert v. Chr. eingeführte direkte Besteuerung zunächst nur die Einräumung von Nutzungsrechten beinhaltete und sich Besitzrechte, die eine freie Verfügbarkeit über das Land beinhalteten, in der Zeit der Streitenden Reiche (475 – 221 v. Chr.) herausbildeten.[123]
Als mögliches Indiz für das frühe Bestehen von Eigentum an Boden gelten auch die Reformen des von (390 – 338 v. Chr.) lebenden Gesellschaftsphilosophen Shang Yang im Staate Qin. Das Gesetz *zur Beseitigung der Wege und Erdwälle, die die Felder begrenzen* wertet Weggel als Liquidierung des alten Brunnenfeldsystems, indem die Felder nicht mehr dem Lehnsgeber gehören sollten, sondern auch privat veräußert und erworben werden konnten und damit den Charakter einer Ware annahmen.[124] Nach Bauer bedeutete die durch Shang Yang eingeführte Eigentumsberechtigung am Land, bei dem die Landverteilung nach Rang und nicht mehr als Lehen erfolgte, lediglich die Legitimierung einer schon länger bestehenden Gepflogenheit.[125] Otto Franke bezeichnet bereits das bei dem Philosophen Mencius (372 - 289 v. Chr.) als *Brunnenfeldsystem* beschriebene System der Landverteilung im chinesischen Altertum[126] mit einem von einzelnen Feldern umschlossenen Gemeinde-Feld als System mit privatem Charakter, da die acht um das Gemeindefeld liegenden Felder den Privatbesitz von acht Familien bildeten.[127] Allerdings trat hier die Familie als Einheit im Grundeigentum hervor.[128]
Der Erwerb von Baulichkeiten und auch der Handel damit waren erst seit der Landreform des Shang Yang gestattet, was sich aus überlieferten Texten und Grabbeigaben schließen lässt.[129]

Die von Wolfram Eberhard begründete Theorie der *Gentry*-Gesellschaft geht von der Umstrukturierung des Großgrundbesitzes im Zuge der Zentralisierung Chinas (Spätere Zhou-Zeit) aus. Mit der Veräußerlichkeit des Bodens sei an die Stelle des alten Adels eine neue Oberschicht, die *Gentry*, getreten, die den erworbenen Grundbesitz an die ehemaligen Kleinbesitzer verpachtet und selbst von den Zinsen gelebt habe. Neben den Stammgütern habe die *Gentry* sich zweite Wohnsitze in den Städten eingerichtet, wo man die befähigten Sippenmitglieder die Beamtenlaufbahn habe einschlagen lassen, so dass die gleiche

[123] Vgl. v. Mende (1988), S. 149 ff.
[124] S. Weggel (1980), S. 16
[125] Bauer (1961), S. 140 f.
[126] (Xia-, Shang- und Zhou-Dynastien v. –2205 bis – 255)
[127] O. Franke (1903), S. 8 f.; z. Problematik der Begriffe *öffentlich* und *privat* vgl. a. Heinsohn/Nocker (1999), S. 164 ff.; z. Diskussion über die Existenz des *Brunnenfeldsystems* s. Bauer (1961), S. 174, der diese bejaht, m. w. Nennungen
[128] O. Franke (1903), S. 9
[129] Bauer (1961), S. 141

Schicht, die den Boden besaß, auch die Steuern von seinen Bearbeitern eingezogen habe.[130]
Gernet bestätigt dies und weist zusätzlich auf die Unternehmerrolle der *Gentry* hin.[131] In der Anfangsphase der Entwicklung des Zentralstaates ging der Druck auf die Bauern von den lokalen *Gentry* aus, die landwirtschaftliche Betriebe mit industriellen Betrieben und Handelsunternehmungen kombinierten und über eine Vielzahl von Arbeitskräften verfügten.
Diese setzten in den landwirtschaftlichen Gebieten die armen Bauern unter Druck, indem sie Darlehen zu Wucherzinsen gewährten und die Schuldner anschließend zur Verpachtung und zum Verkauf ihres Landes zwangen. Dieser Entwicklung wurde mit Erlassen über die Beschränkung privaten Landbesitzes gegenzusteuern versucht. So wurde im Jahre 119 v. Chr. den Kaufleuten untersagt, ihr Geld persönlich oder durch Strohmänner in Grundbesitz anzulegen.[132]
Noch bis ins 13. Jahrhundert gab es das staatliche Bestreben, die unerwünschten Folgen der freien Verfügbarkeit, vor allem in Form der Bodenkonzentration in der Hand weniger zu steuern und den Boden gleichmäßig unter die Bevölkerung zu verteilen.[133] Dies geschah durch staatlich festgelegte Obergrenzen für Landbesitz, Enteignungen und verschiedene Landverteilungssysteme.
Otto Franke verweist für die frühe Zeit auf ein Landgesetz der Wei-Dynastie von 485, welches für dauerndes Familieneigentum bestimmte, dass bei überflüssigem Boden dieser verkauft und bei fehlendem Boden hinzugekauft werden durfte.[134]
Hinweise auf Enteignung von Bodeneigentum noch vor der Entstehung des Zentralstaates geben Aufzeichnungen über die Landaufteilung im Staate Qin im Jahre 350 v. Chr. Zu Beginn der Kaiserzeit erfolgten Gesetzesmaßnahmen der Qin (221 – 207 v. Chr.), die das alte Lehnssystem endgültig abschaffen sollten. Dadurch, dass man die Bauern zu Eigentümern des Bodens machte, hoffte man auf eine Steigerung der Erträge, die nicht nur Grundlage der Versorgung des Hofstaates, sondern auch der Armeen an den Grenzen des Reiches waren.[135] Bevölkerungsumsiedlungen im Zuge der Zentralisierung des Chinas während der frühen Han-Dynastie mögen ebenfalls Indiz für Enteignungen sein. So wurden im Jahre 198 v. Chr. über 100 000 Angehörige begüterter und einflussreicher Familien der ehemaligen Teilstaaten des nun vereinigten Kaiserreiches in die Gegend um die Hauptstadt deportiert.[136]

---

[130] S. Franke/Trauzettel (1981), S. 93; vgl. a. Eberhard (1952), Kap. I; ders. (1948), S. 87 – 90, S. 94 – 98; ders. (1980³)
[131] Vgl. Gernet (1979), S. 130
[132] S. Gernet (1979), S. 130; s.a. Granet (1980), S. 268
[133] v. Senger (1983), S.42; der promovierte Jurist und Sinologe v. Senger spricht hier statt von *Boden* von *Landeigentum*
[134] O. Franke (1903), S. 50
[135] Granet (1980), S. 265
[136] Gernet (1979), S. 104

2. Grundeigentumsverhältnisse während der Tang-Dynastie (618 bis 907)

a) Bäuerliches Eigentum

Die grundlegende Bedeutung von Grund und Boden für den Staat und das Problem der Landkonzentration zeigt sich auch an dem Agrarsystem der Tang-Zeit im 7. und der ersten Hälfte des 8. Jahrhunderts.
Die gleichmäßige Verteilung von Parzellen auf Lebenszeit wurde schon unter der Nördlichen Wei-Dynastie seit 486 offiziell betrieben.[137] Während diese Landverteilung der Neulandge-winnung dienen sollte, zielten die 624 von den Tang erlassenen Agrarverordnungen (*tian-ling*) darauf, jeder Bauernfamilie das zum Lebensunterhalt und zur Zahlung der Steuern nötige Land zur Verfügung zu stellen.
Nach Hellmut Wilhelm ging das Bestreben der Tang dahin, die Enteignung der Bauern, das Aufschlucken des Bodens durch die finanzkräftige Gentry nicht nur rückgängig zu machen, sondern eine Ordnung zu schaffen, in der sich solche Erscheinungen nicht wiederholten.[138] Daher wurde das freie Eigentum des Bauern am Boden oder zumindest die Möglichkeit, ihn frei zu veräußern, stark eingeschränkt.
Das *System der gleichmäßigen Landverteilung* (*jun-tian-fa*) war mit den 619 erlassenen Steuergesetzen untrennbar verbunden.[139] Hier stand die Pflicht der Bauern zu Zahlung von Grundsteuer (in Getreide), Abgaben (in Gewebe) und Frondiensten in Wechselbeziehung mit der Zuteilung von Land stand. Dabei gab es zwei Arten von Landbesitz, einmal die großen Anbauflächen und andererseits die kleinen Grundstücke, auf denen die Wohnhäuser und Gärten lagen und auf denen die zur Ausübung des häuslichen Seiden- und Tuchgewerbes nötigen Maulbeerbäume und Hanf angepflanzt wurden.
Während die großen Anbauflächen entsprechend der Anzahl männlicher Erwachsener pro Familie als Parzellen auf Lebenszeit oder persönlicher Anteil[140] (*kou-fen-tian - Mundanteilsfelder*) aufgeteilt wurden, wurde das restliche, ebenfalls beschränkte Land als dauernder Eigenbesitz (*yong-ye* - auch: *Felder zur ewigen Bewirtschaftung*) betrachtet. Otto Franke verwendet hierfür die Bezeichnung *dauerndes Familieneigentum*, welches auch beim Tode des (Besitzers) der Familie verblieb.[141] Der Begriff des Eigentums ist hier insofern problematisch, als zwar eine erbliche Nutzbarkeit dieses Bodens bestand, die Verfügbarkeit darüber jedoch eingeschränkt war. Wenn es in den Landgesetzen der Tang auch eine Bestimmung gab, dass Leute, die ihren Wohnsitz verlegen wollten oder keine Mittel für die Zahlung von Beerdigungen hatten, ihren persönlichen Anteil

---

[137] Vgl. die Ausführungen v. Sengers (1983) z. sog. *Feldausgleich*, S. 45 ff.
[138] F. diese u. die folg. Ausführungen s. H. Wilhelm (1960), S.47
[139] S. Gernet (1979), S. 208; s. hierzu auch v. Senger (1983), S. 48
[140] So O. Franke (1903), S. 10
[141] O. Franke (1903), S. 10; s.a. H. Wilhelm (1960), S. 47

an Land verkaufen konnten, so wird dies als Ausnahmebestimmung zu dem 753 von den Tang aufgestellten Verbot für Handelsgeschäfte mit dauerndem Familieneigentum und auch persönlichen Landanteilen angesehen.[142] Somit ist eher von einem Nutzungseigentum als von einem Volleigentum zu sprechen.[143] Allerdings war das Eigentum an den Beamten gehörenden *Feldern zur ewigen Bewirtschaftung* keinerlei Beschränkungen unterworfen und sie konnten frei darüber verfügen.[144]

Bei den Grundstücken auf Lebenszeit handelte es sich dagegen um nichterblichen Grundbesitz, der nach dem Tode des Besitzers wieder an den Staat zurückfiel, diesem jedoch ein lebenslanges Nutzungsrecht gewährte.[145] Franke verweist darauf, dass begründet auf der Annahme, dass auch der persönliche Anteil in der Regel wieder dem Sohne des bisherigen Besitzers zufiel, es sich hierbei um eine modifizierte Erbpacht handele, die in scharfem Gegensatz zum Eigentum stand.[146]
Wichtig ist auch der Unterschied der Zuteilung bei den Geschlechtern. Während gesunde Männer 100 Mu[147] erhielten, so bekamen verwitwete Frauen und Nebenfrauen 30 Mu und, wenn sie Familie hatten, 20 Mu dazu.[148] Für die Alten, Kranken, Behinderten, Witwen, Händler und Handwerker, Nonnen und Mönche waren kleinere Grundstücke auf Lebenszeit vorgesehen.[149] Dieses System der Landzuteilung bewirkte im Unterschied zu der vorangehenden Periode mit der Familie als Einheit eine Individualisierung hinsichtlich des zugeteilten Grundes.[150]
Das System der Landverteilung auf Lebenszeit, das genaue Volkszählungen und eine genaue Kenntnis des Katasters jedes Kantons voraussetzte, brach wegen seiner Komplexität im 8. Jahrhundert zusammen. In der ersten Hälfte des 8. Jahrhunderts wurde die Natur der Agrarsteuern dahingehend geändert, dass nicht mehr die Kopfzahl der Familien, sondern der Grundbesitz und die Ernte als Grundlage genommen wurde. Es fand ein Wechsel von der Kopf- zur Grundsteuer statt. Durch die Übertragung des staatlichen Hoheitsrechts über die

---

[142] O. Franke (1903), S. 50
[143] Vgl. hierzu den feudalen Eigentumsbegriff des Feudalismus mit seiner Unterteilung in *dominium plenum* und *dominum utile*; Struvius (1711); s.a. Heinsohn/Nocker (1999), S. 288 ff.
[144] v. Senger (1983), S. 166 f. m. Verweis auf Gebrauch des Begriffs *verfügen* im juristischen Sinne; der Sinologe und Jurist v. Senger verwendet hier den Begriff *Eigentum*
[145] Vgl. Gernet (1979), S. 221; z. Eigentumsqualität der *Mundanteilsfelder* vgl. a. v. Senger (1983), S. 201 ff. m. dem Verweis auf die Forschungen Nakadas, der von einem durch ein staaatliches Anwartschaftsrecht *beschränkten Grundeigentumsrecht* spricht.
[146] Gernet (1979), S. 221
[147] 1 Mu = 1 Mou = 1/15 Hektar
[148] S. ältere Tang-Annalen, zit. n. O. Franke (1903), S. 10
[149] Gernet (1979), S. 209
[150] Franke spricht von einer Individualisierung hinsichtlich des Grundeigentums, O. Franke (1903), S. 9

Personen und ihre Arbeitskraft auf die Anbauflächen wurde nach Gernet ein Eigentumsbegriff verstärkt, der der Tradition fremd war.[151]
Nach dem Zusammenbruch der Feldverteilungsordnung der Tang-Dynastie verringerte sich bis zu Beginn der Nördlichen Song-Dynastie (960 – 1127) die Menge des der unmittelbaren Regierungskontrolle unterstehenden Landes stetig, da Beamte und einflussreiche Familien sich immer mehr Boden aneigneten. Dabei konnten die Beamten ohne jegliche Beschränkung Land erwerben.[152]

b) Eigentum des buddhistischen Klerus

Der sich seit etwa dem dritten Jahrhundert ausbreitende Buddhismus glich sich in einem gesellschaftlich und machtpolitisch keineswegs homogenen China im Süden einer Gesellschaft an, die durch die Macht eines Gutsadels mit Klientelen gekennzeichnet war. Die Klöster mit ihren Ländereien und Familien von Abhängigen wurden diesem weltlichen Modell nachgebildet.[153]
Im Norden suchte der Buddhismus die Unterstützung der starken Zentralregierung. Die religiöse Strömung wurde schließlich vom Staat gefördert und die Mönche waren nicht nur weder der allgemeinen Gerichtsbarkeit unterworfen, sondern die kirchlichen Güter galten als unveräußerlich und waren durch religiöse Verbote gegen jede Art von Aneignung geschützt.
Der Staat übernahm schließlich das Patronat über die neue Religion, was seit dem 5. Jahrhundert dann zu wirtschaftlichen und politischen Schwierigkeiten führte. Es kam zu einer großen Anzahl von fiktiven Mönchsweihen, die dem Staat einen Teil seiner Einkünfte, seiner Arbeitskräfte und Steuern entzogen, zur Inanspruchnahme von Ländereien infolge von Schenkungen oder fingiertem Verkauf. Dies führte zu einer wirtschaftlichen Machtstellung der Klöster, die ausgedehnte Gebiete von Berg- und Ackerland sowie Wassermühlen und Ölpressen besaßen.[154] Es folgten staatliche Bemühungen, deren Reichtum einzuschränken und im 9. Jahrhundert kam es im Zuge einer großen Proskription des Buddhismus zur Konfiskation des Landbesitzes, der Leibeigenen, des Geldes und der Metalle der buddhistischen Klöster. 4600 Klöster wurden zerstört oder in öffentliche Bauten verwandelt, 40 000 kleine Kultstätten niedergerissen oder zweckentfremdet.[155]
Franke verweist noch für die Qing-Zeit darauf, dass die Qing-Gesetzgebung ein ausdrückliches Verbot für buddhistische und auch taoistische Priester vorsah,

---

[151] So Gernet, der hier vom Eigentum der Bauern an den Anbauflächen ausgeht, Gernet (1979), S. 229
[152] v. Senger (1983), S. 56 f. m. Verweis auf histor. Quellen
[153] Gernet (1979), S. 189
[154] S.a. Fairbank (1991), S. 91
[155] S. de Groot (1904), S. 167 ff.

Grundstücke ihrer Klöster zu verkaufen. Weiterhin verbot das Ordens-Statut den Angehörigen beider Religionen überhaupt den Besitz von Privateigentum.[156]

3. Grundeigentum in der Song-Dynastie (960 bis 1279)

Die Song-Dynastie führte ein detailliertes System der Behandlung von Grundeigentums ein. Um 960 wurde in allen Bezirken nördlich des unteren und mittleren Yangtse „den Leuten gestattet, um die Erlaubnis zur Bebauung von Ödland einzukommen, das dann ihr dauerndes Eigentum wurde. Für drei Jahre wurden ihnen außerdem die Abgaben davon erlassen."[157] Außerdem bekamen Familien mit wenigstens drei vollwüchsigen männlichen Mitgliedern noch Zusatzparzellen.[158]

Weiterhin wurden die Grundstücke ordnungsgemäß registriert und die Eigentümer bekamen amtliche Besitztitel und ein geordnetes Grundbuchwesen begann sich zu entwickeln.[159]

Im 11. Jahrhundert (Song-Dynastie) führten der Anstieg der Agrarproduktion, die Erhöhung der Bodenrente, die Verbreitung von Bildung und der Bedarf des Staates an Verwaltungs-Beamten zu einem zahlenmäßigen Anstieg der gebildeten und wohlhabenden Familien. Es entstand ein soziales und politisches System, das auf einer von den Einkünften ihres Bodenkapitals lebenden Grundrentnerklasse beruhte.[160] Auf der anderen Seite entwickelte sich eine Schicht von Pächtern und Landarbeitern; die Zahl der landlosen oder mittellosen Bauern wuchs.

Die Grundrentner übten durch ihre Verwalter die Aufsicht über ihren mehrere Dörfer oder mehrere Parzellen umfassenden Grundbesitz aus. Oft wurden den Pächtern Wohnung, Werkzeuge, Saatgut und Arbeitstiere gestellt. Alle Vorschüsse wurden verzinst und je nach Art des Darlehens zu verschiedenen Zinssätzen verrechnet.[161] Pacht, Lohnarbeit und Grundrente wurden so zu zentralen Begriffen.

Die Steuerverwaltung gibt ein deutliches Bild der Landverteilung und steuerlichen Belastung.

Die Verwaltung unterschied zwischen eingesessenen Familien (*zhu-hu*) und kreisfremden Familien (*ke-hu*). Die ersteren waren Eigentümer kleiner Grundstücke, die nach ihrer Fläche in fünf Kategorien eingeteilt wurden und diese Gruppe war steuerpflichtig.[162] Die zweite Gruppe besaß kein Land, be-

---

[156] S. O. Franke (1903), S. 52
[157] Song Shu Cap. 173 fol. 5 verso, zit. n. O. Franke (1903), S. 10
[158] Song Shu Cap. 173 fol. 7 recto
[159] N. O. Franke (1903), S. 10
[160] S. Gernet (1979), S. 266
[161] Gernet (1979), S. 267
[162] Gernet (1979), S. 268; wenig überzeugend hier Heinsohn/Nocker, nach denen es sich bei den *zhu-hu* lediglich um Pächter handelte, denen allerdings weitgehende Verfügungsgewalt über den gepachte-

stand ausschließlich aus Pächtern und Landarbeitern und wurde nicht besteuert. Die Großgrundbesitzer entgingen der Klassifizierung und Besteuerung, womit die Steuern ausschließlich auf den kleinen Landwirten lasteten.
Die Geschichte der Song-Dynastie berichtet von gesetzgeberischen Maßnahmen zum Schutze verarmter Grundeigentümer. Bestimmungen aus dem Jahre 1205 sahen demnach vor, dass es demjenigen, der sein Grundstück verpfände oder verkaufe, freistehe, sich von seinem Eigentum zu trennen, aber es sei nicht erlaubt, dass er das Land dann pachte und zum Hörigen werde. Wer Geld ausleihe, dürfe lediglich einen geschriebenen Vertrag für die Verpflichtung zur Rückzahlung verlangen, aber es sei nicht erlaubt, dass er den Schuldner zum Hörigen auf seinem Land presse.[163]
Die Situation der Landeigentümer versuchte auch Großminister Ji Sidao (1213 bis 1275) durch Reformen zu ändern, indem der Grundbesitz auf die Größe von 500 mu (ca. 27 ha) beschränkt werden und ein Drittel des überschüssigen Landes auf Staatskosten aufgekauft werden sollte, um es in *öffentliches Land* zu verwandeln. Gegen Ende der Dynastie waren tatsächlich 20 % des unteren Yangtse-Gebietes so in öffentliches Land verwandelt worden.

4. Grundeigentum während der Ming-Dynastie (1368 bis 1644)

Die Herrscher der Ming-Dynastie veranlassten in der Aufbauperiode nach den Kriegen mit den Mongolen zunächst Bevölkerungsumsiedlungen, Landzuteilungen an Siedler, staatliche Hilfeleistungen und gewährten Steuerfreiheit. Nach kurzer Zeit geriet ein großer Teil des Grund und Bodens wieder in die Hände von Kaiserhaus, der Aristokratie und der Beamten. Obwohl der Landbesitz von Beamten gesetzlich eingeschränkt war, wurden diese Gesetze immer wieder umgangen.
Im 14. Jahrhundert kam es zu einem Wandel der staatlichen Wirtschaft. Während die Song ihre Staatskasse weitgehend durch Handelsabgaben speisten, wurden nun die wesentlichen Staatsressourcen von den Bauern geliefert. Die Ming- und auch die folgende letzte Dynastie der Qing stützten sich hauptsächlich auf die Landwirtschaft.
Zur genauen Agrarbesteuerung wurde in der Hongwu-Ära (1368 bis 1398) ein das ganze Reich umfassender Kataster des Bodens[164] und Bevölkerungsregister angelegt. Der Steuerorganisation lag das *li-jia*-System zugrunde, das die Bevölkerung in Gruppen zu je 10 Familien zusammenfasste, die der Verwaltung ge-

ten Boden zustand und deren Übertragung von Besitzrechten endgültigen Charakter erlangte, Heinsohn/Nocker (1999), S. 314 f.
[163]Song Shi, Annalen der Song-Dynastie, Kap. 173, Fol. 25 recto, zit. n. O. Franke (1903), S. 51; ebenfalls wörtlich zitiert bei Heinsohn/Nocker, die dennoch von freiem Handel mit Besitzrechten sprechen und die Existenz von Grundeigentum für die späte Song-Zeit (sowie auch für die gesamte Geschichte Chinas) ablehnen, Heinsohn/Nocker (1999), S. 319
[164] Das sog. *Fischschuppen-Kataster* (*yu-lin tu-ce*); s. hierzu a. v. Senger (1983), S. 51

genüber kollektiv verantwortlich waren, Steuern und Dienstleistungen gleichmäßig auf ihre Mitglieder verteilten und gemeinsam für die Aufrechterhaltung der Ordnung sorgen mussten. Ein fehlender administrativer Rahmen und die relative Freiheit, die den ländlichen Gemeinschaften gelassen wurde, führten dazu, dass die ärmsten Familien in die Abhängigkeit der Gentry und der reichen Bauern gerieten.
Charakteristisch für die Ming-Zeit ist, dass wegen der Mängel des Steuersystems und der faktischen Macht, die von den begüterten und einflussreichen Familien ausgeübt wurde, die lokalen Gebräuche im Bereich des Steuerwesens und der Verwaltung eine große Bedeutung erlangten.[165]

5. Grundeigentum während der Qing-Dynastie (1644 bis 1911)

a) Arten des Grundeigentums

Kriegerische Wirren zu Ende der Ming-Zeit und Beginn der von dem Volk der Mandschuren gegründeten Qing-Dynastie führten zu Dezimierung der Bevölkerung und Verödung ganzer Landstriche. Zwischen 1645 und 1647 wurden zahlreiche Mandschu-Enklaven gebildet und die dortigen Bauern enteignet.[166] Die Mandschus verzichteten jedoch allmählich auf ihre abgeschlossenen Domänen zugunsten eines einheitlichen Steuersystems und von 1685 an wurde den militärischen Einheiten der *Banner*[167] jede weitere Beschlagnahme von Land verboten. Die den Mandschuren unterstehenden Han-Chinesen wurden je nach Menge des von ihnen erschlossenen Brachlandes mit Beamtentiteln unterschiedlicher Stufe belohnt, was der Entstehung von Großgrundbesitz wieder Vorschub leistete.[168] Ein während der Regierungsperiode Qianlong (1736 – 1795) unternommener Versuch zur Beschränkung des Grundeigentums[169] scheiterte ebenso wie die groß angelegten Bodenreformprojekte der Taiping-Bewegung im 19. Jahrhundert.
Für das Ende der Qing-Dynastie unterscheidet Otto Franke in seiner 1903 erschienenen Ana-lyse der Rechtsverhältnisse am Grundeigentum in China unterschiedliche Arten des Grundeigentums, wobei Volks- und Bannerland die wich-

---

[165] S. Gernet (1979), S. 335
[166] N. Gernet (1979), S. 395; s.a. v. Senger (1983), S. 51 f.; historische Aufzeichnungen berichten allerdings auch davon, dass im Jahre 1669 ein Erlass der Qing-Regierung erging, Landgüter des Ming-Adels an die Bauern zu übereignen, die das Land bestellten. Die Bauern erhielten nicht nur das Nutzungsrecht, sondern das Eigentum daran. Der auf staatlichen Erlass an die Bauern übertragene Boden wurde als *gengming di* – Boden des geänderten Namens – bezeichnet; s. Zhang Pufan (1998), S. 243 f.
[167] S. Gernet (1979), S. 393
[168] v. Senger (1983), S. 51 f.
[169] Vgl. hierzu Zhang Pufan (1998), S. 246, der auf den Konflikt zwischen bestehendem privaten Volksland und der Beschränkung des Grundeigentums verweist.

tigsten waren.[170] Hier soll auf das Volksland (*min-di*) als die gewöhnliche Art von Grundeigentum eingegangen werden.[171]

Den Status als Volksland hatte der Grundbesitz fast der gesamten Land- und Stadtbevölkerung einschließlich der ausländischen Missionen im Innern. Alle Grundstücke mussten in einem vom Distrikt- Magistrat geführten Grundbuch registriert sein. Das Grundbuch unterlag dem öffentlichen Glauben und sein Inhalt galt als richtig zu Gunsten desjenigen, für den ein Recht an einem Grundstück eingetragen war. Dabei lag der Zweck des chinesischen Grundbuchs nicht in der Sicherstellung privater, sondern staatlicher Rechte. [172] Verpfändungen und hypothekarische Belastungen von Grundstücken fanden keinen Eintrag.
Das Grundbuchregister wurde als *Fischschuppen-Register* bezeichnet und bereits 1357 in der Ming-Dynastie eingeführt, womit ein Wechsel vom Eigentümer als Hauptsache der Eintragung hin zum Land, seiner Belegenheit, Qualität etc. und damit vom Personal- zum Realregister stattfand. Als Nachweis der Eintragung und des Eigentumsrechts erhielten die Eigentümer einen Grundbrief als amtlichen Besitztitel, der örtlich unterschiedliche Form haben konnte. Dabei hatte der Grundbrief nahezu das Wesen von Inhaberpapieren, denn gesetzlich gehörte dem das Land, der den Grundbrief besaß und die Einspruch erhebende Partei musste den Beweis ungesetzlicher Erlangung führen.[173] Das Volksland unterlag staatlichen Reallasten wie Grundsteuer, bestimmten Arbeitsleistungen und den Abgaben bei Übertragungen.

b) Erwerb von Grundeigentum

Der Erwerb von Grundeigentum wurde in der späten Qing-Zeit hauptsächlich durch Besitzergreifung, Erbfall und Kauf bewirkt. Hier soll auf Erbfall und Kauf eingegangen werden.

aa) Erbfall

Gesetzliche Bestimmungen zum Erbrecht sind über die verschiedene Abschnitte des Qing-Kodex verstreut und finden sich zum großen Teil im Bereich der kaiserlichen Erlasse und Urteile des Strafministeriums.[174]
Das Hauptgesetz unterscheidet zwischen Erben von Rang und Erben von Vermögen.[175] In Bezug auf Titel, Rang und Würde stand der älteste Sohn der Ehefrau an erster Stelle. Mit Bezug auf bewegliches und unbewegliches Vermögen erbten alle Söhne ohne Rücksicht darauf, ob sie von Haupt-, und Nebenfrauen

[170] O. Franke (1903), S. 17 ff.
[171] Zum Bannerland und den anderen Arten des Grundeigentums der Qing-Zeit s. O. Franke (1903), S. 19 ff.
[172] O. Franke (1903), S. 18; vgl. a. Glück (1999), S. 71
[173] O. Franke (1903), S. 19
[174] O. Franke (1903), S. 45; vgl. a. Glück (1999), S. 33 ff.
[175] Diese u. folg. Angaben aus dem Qing-Kodex *Da-Qing Li-Lü*, zit. n. O. Franke (1903), S. 46 f.

oder Sklavinnen abstammten, zu gleichen Teilen. Außereheliche Söhne erbten die Hälfte des Teiles der legitimen Söhne. War nur ein gesetzmäßig adoptierter Erbe vorhanden, so erbten die außerehelichen Söhne mit diesem zu gleichen Teilen. War kein adoptierter Erbe vorhanden, so erbten jene das ganze. Nur wenn keinerlei männliche Erben auch adoptierter Art vorhanden waren, so erbten die Töchter das Vermögen. Die Witwe wurde nicht Erbin, sondern lediglich Verwalterin des Nachlasses bis zur Großjährigkeit der leiblichen oder adoptierten männlichen Erben.[176]

Dies bedeutete, dass nach den gesetzlichen Bestimmungen das Grundeigentum nach dem Tode des Besitzers grundsätzlich in gleiche Teile unter seinen Söhnen geteilt wurde. Auf der anderen Seite verbot das Gesetz den Deszendenten die Teilung des Familienvermögens zu Lebzeiten von Eltern und Großeltern ohne deren Zustimmung. Der Erwerb von eigenem Vermögen, über das sie frei verfügen konnten, war ihnen jedoch gestattet.[177] Damit befand sich das Gesetz in Übereinstimmung mit der gewohnheitsrechtlichen Auffassung, die das Familienvermögen als unveräußerlich und unteilbar ansah, so dass im Todesfall weniger eine Eigentumsveränderung als nur ein Wechsel in der Person des Familienrepräsentanten und Vermögensverwalters eintrat.[178]

Weiterhin ist zu berücksichtigen, dass sich die Gräber der Familienahnen gewöhnlich auf dem Grundbesitz der Familie befanden und diesen aufgrund der konfuzianisch bedingten Verpflichtung der Nachkommen zu kindlicher Pietät, die sich auch in den Ahnenopfern ausdrückt, „recht eigentlich zum Familieneigentum“ machten.[179] Die Sorge für die Ahnenopfer lag wiederum bei dem Sohn, der die Stellung des Familienoberhauptes erbte und beeinflusste dessen Qualität als Erbe am Vermögen.[180] Bei Teilung des Landes erbte er den Teil mit den Ahnengräbern und bekam einen größeren Teil des Nachlasses als Ausgleich der Kosten für die Ahnenopfer. Blieb das Land ungeteilt, was der Fall war, wenn die Mutter noch lebte oder unverheiratete Schwestern oder unmündige Kinder des Erblassers vorhanden waren, so fiel es entweder ihm allein zu oder wurde ihm als Familiengut unterstellt. Der Behörde galt er als Eigentümer und war ihr für die Grundsteuer verantwortlich.[181] Eine weitere Mitwirkung des Staates im Erbfall fand nicht statt. Der Eigentumsübergang an die Erben war nicht mit Gebühren belastet und seine Anmeldung für das Grundbuch war nicht ausdrücklich vorgeschrieben.[182] Da das chinesische Recht bis zur späten Qing-Zeit keine Testierfähigkeit kannte, galt stets die gesetzliche Erbfolge und eine Enterbung zugunsten eines Außenstehenden war nicht möglich.

---

176 Betz/Lautenschlager (1929), S. 372

177 S. Betz/Lautenschlager (1929), S. 372

178 Betz/Lautenschlager (1929), S. 371

179 O. Franke (1903), S. 48; s.a. Glück (1999), S. 107 m. w. Nachw.

180 v. d. Sprenkel (1962) verweist auch auf Ausnahmen für Frauen *mit sehr starkem Charakter*, die die Position des Familienoberhauptes (*jia-zhang*) einnehmen konnten, S. 15

181 O. Franke (1903), S. 48

182 O. Franke (1903), S. 48

bb) Kauf und Verkauf

Für die späte Qing-Zeit gilt, dass der Kauf und Verkauf von Land genauso zulässig war wie der von Vieh oder Waren.[183] Dies konnte lediglich eingeschränkt werden durch die Folgen der erbrechtlichen Bestimmungen, welche vorsahen, dass Grundstücke, die sich im gemeinsamen Besitz der Familie befinden, nur unter Zustimmung aller männlichen Familienmitglieder verkauft werden konnten. Dies galt insbesondere für solche Parzellen, auf denen sich Gräber der Familie befanden oder die sonst der Ahnenverehrung dienten. Damit erklärt sich auch die Gewohnheit, ein Grundstück, wenn die Umstände zum Verkauf drängten, zunächst den Verwandten anzubieten oder es *auf Wiederverkauf zu verkaufen* (s.u.).[184]

Beim Verkauf von Grundeigentum wurde zwischen dem *endgültigen Verkauf*, dem *Verkauf auf Wiederkauf*, dem *endgültigen Verkauf der Oberfläche oder des Grundes* und dem *Verkauf der Oberfläche oder des Grundes auf Wiederkauf* unterschieden.[185]

aaa) Verkauf auf Wiederkauf [186]

Der Verkauf auf Wiederkauf wurde gewohnheitsmäßig als *lebendiger Verkauf*[187] bezeichnet und ist die älteste und ursprünglich wohl einzige Art der Übertragung von Grundeigentum in China. Das geht aus dem Wortlaut des Hauptgesetzes im Kodex hervor, der nur von einem *Kauf durch Geldleihung* spricht und für diese Übertragung allein eine Abgabe verordnet.[188] Damit blieb diese Art von Verkauf zunächst die einzige vom Gesetz anerkannte, bis 1753 ein Erlass in Kraft trat, nach dem bei Geldleih-Kaufbriefen der Ausdruck *auf Wiederkauf* und bei einfachen Kaufbriefen der Ausdruck *endgültig verkauft* oder *Wiederkauf für ewige Zeiten ausgeschlossen* verwendet werden musste. Der alte Rechtsbegriff des *Kauf durch Geldleihung* hatte sich im Laufe der Zeit in die Begriffe *Geldleihung mit Wiederverkauf* und *einfacher Verkauf* gespalten, welche nun im nachhinein gesetzlich sanktioniert wurden.

Der Verkauf auf Wiederkauf stimmte formell mit dem endgültigen Verkauf überein, enthielt jedoch die zusätzliche Bestimmung, dass der Verkäufer nach Verlauf einer bestimmten Frist gegen Rückzahlung des Kaufpreises das Grundstück wiederkaufen würde.[189] Innerhalb dieser Frist galt der Käufer den Behörden gegenüber als alleiniger Eigentümer und war für die Grundsteuer verantwortlich. Er trat grundsätzlich in sämtliche Rechte und Pflichten eines Eigentü-

---

[183] O. Franke (1903), S. 51
[184] Entspricht dem Wiederkaufsvorbehalt
[185] N. O. Franke (1903), S. 53 ff.
[186] Vgl. Kroker (1965), Bd. I 31, 52, 54; Bd. II 37, 143, 144, 145, 158
[187] Vgl. Kroker (1965), Bd. I, S. 54
[188] O. Franke (1903), S. 61
[189] Der Qing-Kodex verlangte die Angabe einer Frist für die Ausübung des Wiederkaufsrechts; ohne die Fristbestimmung galt gewohnheitsrechtlich das Wiederkaufsrecht als unbefristet, s. Betz/Lautenschlager, 1929, S. 358

mers ein.[190] Tatsächlich stand die Einigung des Veräußerers und des Käufers über den Übergang des Eigentums unter der auflösenden Bedingung des Wiederkaufs, was einer Bezeichnung des Käufers als Eigentümer entgegensteht.[191]
Beim Verkauf unter Wiederkaufsvorbehalt stellte der Schuldner (=Verkäufer) einen Kaufbrief aus, der formal als einseitige Verpflichtungserklärung des Schuldners abgefasst und auch nur vom Schuldner unterzeichnet war.[192] Fraglich ist die Qualität des Kaufbriefs als Vertrag, da es sich um eine einseitige Willenserklärung des Verkäufers handelte. Franke behilft sich damit, die Einigung des Veräußerers und des Erwerbers aus der Formulierung des Kaufbriefs zu konstruieren.[193] Hier ist jedoch zu beachten, dass nur die Einigung beim unwiderruflichen Kauf der Anforderung einer Auflassung ohne Bedingung oder Zeitbestimmung entspricht.[194]
Der Kaufbrief und sämtliche Besitztitel wurden dem Gläubiger (=Käufer) übergeben, was am Fuß des Verkaufsdokuments notiert wurde.[195]
Die Schriftform des Kaufbriefes war zwar erforderlich, um den gesetzlichen Anforderungen zu genügen, aber keine konstitutive Voraussetzung für die Wirksamkeit des Verkaufs, sondern hatte nur Beweisfunktion. Im Fall eines Kaufs unter Wiederkaufsvorbehalt musste die Vereinbarung behördlich registriert und die Umschreibung im Landregister beantragt werden.[196] Die Registrierung war eine Pflicht des Gläubigers, wobei diese allerdings oft wegen der hohen Kosten unterblieb.[197] Solche Urkunden, denen das rote Siegel des Provinzial-Schatzmeisters fehlte, wurden dann im Gegensatz zu den amtlichen *roten* als *weiße* Briefe oder Urkunden bezeichnet. Dabei berührte die fehlende Registrierung die Wirksamkeit der Übertragung nicht und die Veräußerung blieb weiter wirksam.[198] Auf die behördliche Registrierung folgte die Umschreibung ins Landregister, welches Grundlage der Besteuerung war und somit den fiskalischen Interessen des Staates diente. Eine Teilnahme am öffentlichen Glauben mit dem Ziel der Sicherheit des Rechtsverkehrs und dem Schutz der Interessen des einzelnen war nicht der Zweck der sog. *Fischschuppenregister*.[199]
Franke verweist darauf, dass diese Art des Grundstückskaufs von europäischen Juristen in die Nähe der Verpfändung gerückt bzw. als besondere Art der Hypothek aufgefasst wurde. Die Kommentatoren der Sammlung ordnen den widerruflichen Kauf dem chinesischen Pfandrecht[200] zu, da zur Terminfälligkeit immer noch eine Einlösung vorgenommen werden kann und somit noch kein endgülti-

[190] Glück (1999), S. 84
[191] Vgl. 925 II BGB; vgl. aber Wiederkauf §§ 456 ff. BGB
[192] v. Senger (1970), S. 205; Franke (1903), S. 53
[193] O. Franke (1903), S. 3; Vgl. § 925 I BGB
[194] Vgl. § 925 II BGB
[195] Vgl. Glück (1999), S. 65 m. w. Nachw.
[196] Glück (1999), S. 68, Fn. 319
[197] Glück (1999), S. 70
[198] Glück (1999), S. 70, m. w. Nachw.; Kroker (1965), Bd. I, S. 188
[199] Glück (1999), S. 70, m. w. Nachw.
[200] Zur Problematik der genauen Bezeichnung des Nutzungspfandrechts an Immobilien s. Glück, s. 18, Thümmel (1995), S. 255 ff.; s.a. untere Ausführungen zum „Dian“

ger Eigentumsübergang stattgefunden hat.[201] Dabei ist zu berücksichtigen, dass das chinesische Pfandrecht nicht zwischen dem Pfandrecht an beweglichen und unbeweglichen Sachen unterscheidet.[202] Im Sachenrecht des BGB findet man hingegen die Pfandrechte an beweglichen Sachen in Abschnitt 8 geregelt und in Abschnitt 7 die sog. Grundpfandrechte der Hypothek, Grundschuld und Rentenschuld. Der widerrufliche Kauf ist aber nicht ohne weiteres als beschränktes dingliches Recht i.S. der Hypothek oder Grundschuld anzusehen, denn beim widerruflichen Kauf wird das Grundstück dem Gläubiger zur unbeschränkten Nutznießung übergeben.[203] Das jeweilige Verhältnis von Gläubiger und Schuldner zum betreffenden Grundstück unterscheidet sich damit grundlegend.

bbb) Endgültiger Verkauf

Der endgültige oder unwiderrufliche Verkauf wurde gewohnheitsmäßig auch als *toter* Verkauf bezeichnet. Die Kommentatoren des Untersuchungsberichts qualifizierten den zugrunde liegenden unwiderruflichen Vertrag als einen seiner Natur nach absoluten Verkaufskontrakt, bei dem der Käufer auf unbegrenzte Zeit Eigentümer wurde.[204] Für Otto Franke deckt sich der endgültige Verkauf von Grundstücken mit dem analogen Rechtsbegriff des BGB, insoweit es um die Übertragung des Eigentums mit allen dinglichen Rechten auf unbegrenzte Zeit geht.[205]

Über das Geschäft wurde eine Urkunde erstellt, welche lediglich die einseitige Willenserklärung des Verkäufers enthielt, das Grundstück an den Käufer gegen Zahlung des Kaufpreises übereignen zu wollen. Damit kommt die von §§ 873 und 925 BGB verlangte Einigung des Veräußerers und Erwerbers nur durch die stereotyp verwendete Formel „... *nachdem nunmehr eine Einigung zwischen den Parteien herbeigeführt ist, will ich hiermit...*“ zum Ausdruck.[206] Der Kaufbrief wurde auch nicht vom Käufer unterzeichnet, sondern nur von Verkäufer-Seite. Die Einwilligung des Käufers ging aus der Tatsache der Zahlung des Kaufpreises hervor, der stets im Kaufbrief neben Lage, Größe, Grenzen, dem Verzicht auf alle Rechte an demselben zugunsten des Käufers und Anzahl der amtlichen Besitztitel bestätigt sein musste. Der gesetzliche Ausdruck für eine solche Übertragung war *Abtrennung durch Verkauf dergestalt, dass für ewige Zeiten Wie-*

[201] Kroker (1965), Bd. 2, S 37
[202] Ein generelles Prinzip der Trennung von Mobilien und Immobilien war im traditionellen chinesischen Recht nicht bekannt; vgl. die Ausführungen zur grundsätzlichen Problematik der Trennung von Mobilien und Immobilien im traditionellen chinesischen Recht bei Glück (1999), S. 47 ff.; Franke verweist auf den Wiederkauf des deutschen Rechts als vergleichbares Institut und zieht weiterhin eine Parallele zur *Satzung*, eine Art der Pfandbestellung im mittelalterlichen Deutschland, mit der von vornherein eine Auflassung des Grundstücks verbunden war, s. O. Franke (1903), S. 60. Die mittelalterliche Satzung des deutschen Rechts war i.d.R. eine Zinsantichrese, wobei die Nutzung zur Tilgung der Zinsschuld diente; Glück (1999) sieht daher eine Parallele zum *Dian*, vgl. S. 40
[203] Vgl. a. O. Franke (1903), S. 70 f.
[204] Kroker (1965), Bd. II, S. 37
[205] O. Franke (1903), S. 53
[206] O. Franke (1903), S. 53

derkauf ausgeschlossen ist oder *absolut getrennt und für ewig verkauft*. War der Verkauf durch Übergabe des Kaufbriefes und der Besitztitel abgeschlossen, so sollte nach dem Gesetz des Kodex der neue Eigentümer unter Vorlegung des Kaufbriefes die Übertragung dem Distrikt-Magistrat für die Register anmelden, wodurch er für die Grundsteuer und sonstigen Reallasten verantwortlich wurde. Die Anmeldung verfolgte den doppelten Zweck der Eintreibung der Übertragungs-Abgabe und die Gewährung der Richtigkeit der Steuer- und Einwohnerlisten. Als Nachweis der Registrierung und Abgaben-Quittung wurde dem Kaufbrief ein Affix (Titel-Schwanz) des Provinzial-Schatzmeisters angehängt, wodurch der bis dahin *weiße* Brief des Privatvertrages zu einem *roten*, d.h. einer vollgültigen amtlichen Urkunde wurde.[207] Dies könnte auf eine ursprünglich beabsichtigte konstitutive Wirkung von Registrierung und Abgabe deuten. Franke berichtet jedoch davon, dass in manchen Gegenden wohl allgemein die Anmeldung oder wenigstens die Verkaufsabgabe unterlassen wurde und auch mit Strafandrohungen behördlich nicht durchgesetzt werden konnten.[208] Damit wurde trotz Missachtung der gesetzlich vorgeschriebenen Anmeldung und Verkaufsabgabe der Eigentumsübergang bei einem solchen Verkauf faktisch nicht berührt. Somit hatten Anmeldung und Zahlung der Verkaufsabgabe tatsächlich lediglich deklaratorische Wirkung. Der Grund dafür ist in dem mit der Registrierung verfolgten Zweck zu sehen, der in der Erhebung von Steuern lag. Den fiskalischen Interessen des Staates war mit der Eintreibung der Abgabe und einer eventuellen Geldbuße Genüge getan.[209] Erst Anfang des 20. Jahrhunderts sahen Verordnungen für die Nichtzahlung der Abgabe Geldstrafen in Höhe des halben Kaufpreises bzw. Konfiskation des Grundstücks vor.

ccc) Verkauf der Oberfläche oder des Grundes

Eine Art des Verkaufs, die nicht gesetzlich geregelt aber zum Ende der Qing-Zeit gebräuchlich war[210], war der *Verkauf der Oberfläche oder des Grundes* in der Form des endgültigen Verkaufs und des Verkaufs auf Wiederkauf. Diesem lag die gesetzlich nicht fixierte chinesische Auffassung zugrunde, dass ein Grundstück in den Grund[211] und die Oberfläche[212] zerfallen kann. Damit kann auch das Eigentum an beiden auseinander fallen, was in deutlichem Gegensatz zu der im europäischen Rechtskreis vertretenen Auffassung steht, dass sich das Recht des Eigentümers eines Grundstücks sowohl auf den Raum über als auch unter der Oberfläche erstreckt.[213]

---

[207] Vgl. O. Franke (1903), S. 55

[208] O. Franke (1903), S. 56; vgl. a. Bünger (1980), S. 459, der dieses als Widerstand der Gesellschaft gegen gesetzliche Eingriffe deutet

[209] S. Glück (1999), S. 70 zur Rolle der behördlichen Registrierung beim Verkauf von Grundstücken

[210] O. Franke (1903), S. 64

[211] Gewohnheitsrechtlich auch *Erdknochen* - tian-gu 田骨; Kroker (1966), S. 383

[212] Gewohnheitsrechtlich auch *Erdhaut* – tian-pi 田皮; Kroker (1965), Bd. I, S. 163

[213] Vgl. § 905 BGB; Eine Ausnahme von diesem Prinzip gilt allerdings im Bergrecht. So sah das Allgemeine Berggesetz für die Preußischen Staaten vom 24.6.1865 die Trennung des Rechts zur Gewin-

Dieses System der *doppelten Eigentümerschaft*[214] ermöglichte bei Konstanz der Rechte unterhalb der Oberfläche denkbar flexible Besitzverhältnisse und Transaktionen bei den Oberflächen-Rechten.[215] Im China der späten Qing-Zeit war der Eigentümer des Grundes registriert und für die Grundsteuer verantwortlich. Bei einer Trennung des Eigentums ergab sich das Problem, dass das Recht, den Boden zu bebauen oder ein Haus zu errichten, vom jeweils anderen Eigentümer erworben werden musste. Dies wurde lokal unterschiedlich gelöst. Auf jeden Fall hatte der Eigentümer der Oberfläche das Recht auf Überlassung des Grundes zwecks Bewirtschaftung ohne Grund zur Kündigung, solange ein jährlicher Zins gezahlt wurde. Geschah dies nicht und erreichte der geschuldete Betrag den Wert der Oberfläche, so fiel das Eigentum daran dem Eigentümer des Grundes zu, der dann das ungeteilte Eigentum besaß.
Franke sieht den Ursprung dieses Dualismus in dem Volksbrauch, dass der Pächter eines Grundstücks dem Eigentümer außer dem Pachtzins eine Art Kaution bezahlte, wodurch er einen Anspruch auf Unkündbarkeit des Pachtvertrages bei regelmäßiger Zahlung des Pachtzinses erwarb. Nach mehreren Generationen hatte der Pächter dann das Recht auf Pacht ersessen und wurde Eigentümer der Oberfläche.[216] An dieser Gewohnheit zeigt sich, dass der Übergang von Pachtverhältnissen zu Eigentumsrechten durchaus fließend war; eine begrifflich scharfe Trennung fand auch hier nicht statt.[217]
Der Verkauf der Oberfläche oder des Grundes vollzog sich wie der Verkauf des gesamten Grundstücks in den Formen des endgültigen und des Verkaufs auf Wiederkauf. Die Kaufbriefe waren entsprechend, aber eine Übertragungs-Abgabe war nur bei Verkauf des Grundes fällig. Beim Verkauf der Oberfläche war einmal ein Kaufpreis zu zahlen und weiterhin ein jährlicher Pachtzins zu entrichten, wobei letzterer sich auf das Nutzungsrecht bezog.
Somit ist der Verkauf der Oberfläche trotz der Zahlung eines Kaufpreises sachenrechtlich eigentlich nicht als Übertragung des Volleigentums zu werten, sondern rückt aufgrund der mit der Gewährung des Nutzungsrechtes verbundenen Verpflichtung zur regelmäßigen Pachtzinszahlung eher in die Nähe eines Pachtverhältnisses, wobei wieder zwischen endgültigem Verkauf und Kauf auf Wiederkauf zu unterscheiden ist. Dies gilt zumindest für das traditionelle chinesischen Eigentum an der Oberfläche von Grundstücken.

---

nung der Bodenschätze vom Grundeigentum vor. Auch das Bundesberggesetz von 1980 macht rohstoffbezogen einen Unterschied zwischen bergfreien Bodenschätzen in der Verfügungsgewalt des Staates, der Nutzungsberechtigungen erteilen kann und grundeigenen Bodenschätzen im Eigentum des Grundeigentümers; anderer Auffassung sind Betz/Lautenschlager (1929), die ein Eigentumsrecht ablehnen und diese Art des Bodenerwerbs als „eine Art Ewigkeitspachtrecht, über das der Berechtigte allerdings sehr frei verfügen kann", bezeichnen, S. 356

[214]Chin.: yitian liangzhu – 一田两主

[215] Herrmann-Pillath (1998), S. 48

[216] O. Franke (1903), S. 64; s.a. Herrmann-Pillath (1998), S. 48, der allerdings von *Quasi-Eigentümern* spricht

[217] Vgl. Thümmel m. Bezug auf O. Franke, (1995), S. 37 f.

Zieht man ein Pachtverhältnis als Vergleich heran, ist jedoch zu beachten, dass der Kauf der Oberfläche weit über ein schuldrechtlich begründetes Pachtverhältnis hinausging und auch angesichts des Rechtes des Käufers, die von ihm erworbene Oberfläche weiterzuveräußern bzw. weiterzuverpachten, eher dem Erwerb eines beschränkten dinglichen Rechts wie dem Nießbrauch glich. Der endgültige Verkauf der Oberfläche erreichte nahezu die Qualität eines unbeschränkten dinglichen Rechtes, da der ursprüngliche Eigentümer des Grundes, vom Anspruch auf den Pachtzins abgesehen, sich sämtlicher Rechte auf das Grundstück für immer begab.[218]
Dies kommt auch der gewohnheitsrechtlichen chinesischen Auffassung entgegen, wobei jedoch fraglich ist, ob sich diese in Übereinstimmung mit der offiziellen Auffassung durch staatliche Verwaltungsstellen befand. Ein Hinweis auf Unterschiede bei der Bewertung solcher Käufe hinsichtlich ihrer Eigentums-Qualität durch die offiziellen Verwaltungsstellen könnte die unterschiedliche Behandlung von Verkauf des Grundes bzw. der Oberfläche ergeben. Eine Übertragungsabgabe war nur bei Übertragung des *Grundes* fällig und nur der Eigentümer des Grundes war offiziell registriert und für die Grundsteuer verantwortlich. Eine Anerkennung der Übertragung nur der Oberfläche von Grundeigentum als Volleigentum durch die zuständigen Behörden mag deshalb schwer durchzusetzen gewesen sein.
Auch Franke zweifelt, ob die praktizierte Trennung von Oberfläche und Grund in China allgemeine Geltung hatte oder bloßes Gewohnheitsrecht einzelner Provinzen darstellte.[219]

c) Verlust von Grundeigentum

In der späten Qing-Zeit bestanden drei Möglichkeiten des Verlustes von Eigentum.[220] Dies waren Aufgabe des Besitzes, Konfiskation und Enteignung.
Die Aufgabe des Besitzes war das Gegenstück zur Besitzergreifung, wobei die infolge von Naturkatastrophen, Hungersnöten, Rebellionen etc. verlassenen Grundstücke kaiserliches bzw. staatliches Eigentum wurden.[221]
Die Konfiskation von Grundeigentum durch den Staat geschah bei Nichtzahlung von Grundsteuern oder Nichtanmeldung eines Verkaufs. Die Einziehung von Vermögen einschließlich des Grundeigentums war gesetzlich vorgesehen als Strafe bei schweren Verbrechen wie Aufruhr, Hochverrat etc.; nach Berichten und Edikten auch für Veruntreuung bei Beamten.
Der im traditionellen China unbekannte Begriff der Enteignung ist erst in der späten Qing-Zeit für den Fall, dass für staatliche Zwecke privater Grund und

[218] S. O. Franke (1903), S. 97
[219] O. Franke (1903), S. 64
[220] Vgl. Franke (1903), S. 35
[221] Z. Frage des staatlichen bzw. kaiserlichen Eigentums am Boden s.u.

Boden gebraucht wurde, durch europäischen Einfluss eingeführt worden. Dabei fehlte noch zu Beginn des 20. Jahrhunderts eine allgemeine gesetzliche Regelung der staatlichen Enteignung. Allerdings ordnete ein kaiserliches Edikt 1874 an, dass für diejenigen Grundeigentümer, die wegen des Baus einer Straße Teile ihres Grundeigentums abgeben mussten, die Grundsteuer erlassen wurde.
Eine Proklamation anlässlich des Baus der Eisenbahnlinie Tianjin-Peking-Baodingfu ordnete ein bestimmtes Enteignungssystem an und setzte zwecks Entschädigung der Eigentümer die Preise des Landes öffentlich fest. Bei späteren amtlichen Expropriationsverfahren wurde der Wert der zu enteignenden Privatgrundstücke geschätzt, wovon 20 % in Abzug gebracht und der Rest den Eigentümern als Entschädigung gezahlt wurde. Eine Proklamation aus dem Jahre 1902 verbot schließlich jegliche Abzüge.

d) Erwerb beschränkter dinglicher Rechte auf fremdes Grundeigentum

Hier ist auf das traditionelle chinesische Rechtsinstitut des *Dian* und auf die Hypothek einzugehen.

aa) *Dian*

Der Begriff des *Dian* bezeichnet den Sachverhalt, dass ein Gegenstand dem Gläubiger gegen Zahlung einer Geldsumme, des *Dian*-Preises (*dian-jia*) zur Nutzung überlassen wird.[222] Der *Dian*-Preis orientiert sich nicht am Wert der Nutzung, sondern am Verkehrswert und beträgt in der Regel 50 % dieses Wertes.[223] Der *Dian*-Geber kann den *Dian*-Gegenstand später gegen Zahlung des ursprünglichen *Dian*-Preises wieder einlösen. Während der Laufzeit des *Dian* werden keine Zinsen entrichtet. An die Stelle der Zinszahlung durch den *Dian*-Geber tritt die Nutzung des *Dian*-Gegenstandes durch den *Dian*-Gläubiger.
Rechtsgrundlagen des Dian sind eine rudimentäre gesetzliche Regelung im Qing-Kodex des *Da-Qing Lü Li*[224] und gewohnheitsrechtliche Tradition.[225] Sein Gegenstand betrifft Gebäude und Grundstücke. Das *Dian* entsteht durch vertragliche Vereinbarung, die Übergabe von *Dian*-Brief und Besitz-Titel an den *Dian*-Gläubiger.[226] Der Inhalt des *Dian* erstreckt sich auf die Übertragung von Besitz,

---

[222] Vgl. Glück (1999), S. 17 m. w. Nachw.
[223] S. Thümmel (1995), S. 263 m. w. Nenn.
[224] Zu den wenigen einschlägigen Vorschriften s. ebd., S. 37
[225] Z. Übernahme der Rechtsfigur des *Dian* in das chinesische BGB der Republikzeit s. Bünger (1934), S. 60 f.; s.a. Glück (1999), S. 121 ff.
[226] Nach O. Franke (1903) erhielt der Gläubiger als Zeichen der Übergabe sämtliche Besitztitel und einen *Dian*-Brief, der nach den Regulationen des Finanzministeriums die Höhe der Schuld, eine Beschreibung des Landes und die Bezeichnung des Rechtsgeschäfts als *Verpfändung* auf Zeit enthalten musste. Der Dian-Gläubiger übergab seinerseits ein Dokument, worin der Empfang der Besitztitel bestätigt wurde und der eine Erklärung enthielt, das Land gegen Tilgung der Schuld zurückgeben zu wollen, s. S. 70 f.

Nutzung und Fruchtziehungsrecht am *Dian*-Gegenstand auf den *Dian*-Gläubiger. Dabei besteht keine Akzessorietät, denn die Überlassung des Grundstücks sollte nicht der Sicherung des *Dian*-Preises dienen, sondern dieser war umgekehrt die Gegenleistung für die Überlassung des Grundstücks.[227] Weiterhin wurde der *Dian*-Preis nicht verzinst. Das Erlöschen des *Dian* geschah bei Einlösung des *Dian*-Gegenstandes in der Regel durch Rückzahlung des *Dian*-Preises. Dabei bestand keine Verpflichtung des *Dian*-Schuldners zur Einlösung des *Dian*-Gegenstandes. Die vertraglich festgelegte zeitliche Befristung des *Dian* bedeutete nicht das Ende der Laufzeit der *Dian*-Vereinbarung, sondern den Beginn des Einlösungsrechts für den Schuldner und diente dem Schutz des Gläubigers am ungestörten Gebrauch des *Dian*-Gegenstandes. Es handelte sich um eine Mindestvertragsdauer bzw. Mindestnutzungsfrist, vor deren Ablauf eine Auslösung nicht möglich war.[228] Davon ist die Laufzeit des Einlöserechts zu unterscheiden, d.h. die Länge der Zeit, während der die Einlösung zulässig war. Die Laufzeit des Einlöserechts war ursprünglich unbegrenzt und wurde erst gesetzlich geregelt als es durch die Nähe zum Verkauf zu rechtlicher Unsicherheit und Streitfällen kam. Eine Verordnung von 1770 begrenzte die Laufzeit auf 10 Jahre. 1906 legte eine Steuerverordnung für das *Dian* eine maximale Laufzeit von 20 Jahren fest. Wurde der *Dian*-Gegenstand innerhalb dieser Frist nicht eingelöst, so konnte er an den *Dian*-Gläubiger nur noch unwiderruflich verkauft, aber nicht mehr eingelöst werden.[229]

Die genaue Einordnung des *Dian* in bekannte Kategorien westlichen Rechts ist insbesondere in seinem Verhältnis zum Pfandrecht problematisch. Das traditionelle chinesische *Dian* wird in der Regel zu den Pfandrechten gezählt. Es wird als eine spezifisch chinesische Verpfändungsart, als Nutzungspfandrecht bzw. Realsicherheit in der Form eines Nutzungspfandrechts an Immobilien[230] oder *Antichrese* eingeordnet.[231] Die Problematik der Abgrenzung zu anderen Rechtsinstituten ergibt sich dabei aus der weitgehend gewohnheitsrechtlichen Regelung, dem Fehlen einer klaren Systematik und sauberen begrifflichen Trennungen und der sich daraus ergebenden Begriffsvielfalt. Glück verweist zu Recht darauf, dass die in der kontinentaleuropäischen, insbesondere in der deutschen Rechtsordnung gebräuchlichen Begriffe auf einer Systematik fußen, die dem traditionellen chinesischen Recht völlig fremd sind.

Problematisch bei der rechtlichen Zuordnung des *Dian* ist, dass Nutzungspfand bzw. Antichrese zur Familie der Pfandrechte gehören, welche der dinglichen

---

[227] Vgl. Glück (1999), S. 111; s.a. Escarra (1924), Fn.21, S. 37 ff. S. 41

[228] Vgl. Thümmel (1995), S. 259

[229] Glück (1999), S. 100; allerdings verweist die Literatur auch auf die fehlende Möglichkeit der endgültigen Verwertung, auch wenn das Darlehen nicht zurückgezahlt wurde; dem *Dian*-Nehmer blieb dann nur die weitere Nutzung oder Weiterverpachtung des Grundstücks, ohne Eigentümer zu sein, Thümmel (1995), S. 260

[230] Glück (1999), S. 18

[231] Vgl. Glück (1999), S. 40 m. w. Nachw.; s.a. O. Franke (1903), S. 70, der allerdings die Bezeichnung *dian-dang* welche das Pfandrecht an beweglichen Sachen bezeichnet (s. Glück, 1999, S. 18), verwendet; s.a. Bünger (1933), S. 180; so auch Münzel (2003), S. 3 ff.; Vgl. a. §§ 1213, 1214 BGB

Sicherung dienen. Charakteristisch ist hierbei, dass die Realsicherheit zur gesicherten Gläubigerforderung grundsätzlich akzessorisch ist.[232] Das *Dian* war jedoch in seiner Wirksamkeit nicht abhängig vom Bestand einer gesicherten Schuld.[233] Für Glück ist fraglich, ob das *Dian* ein reines Sicherungsrecht war, da der *Dian*-Gegenstand häufig nicht zur Sicherung einer Forderung, sondern zur Begründung eines pachtähnlichen Verhältnisses diente, bei dem der *Dian*-Gläubiger als Pächter und der *Dian*-Schuldner als Verpächter fungierten.[234] Der Schwerpunkt des Vertrages lag noch Anfang des 20. Jahrhunderts nicht so sehr auf Überlassung des *Dian*-Preises, als auf der Überlassung des *Dian*-Gegenstandes.[235] Ursprünglich war das Dian an Grundstücken und Gebäuden wohl lediglich eine Möglichkeit der Geldbeschaffung unter Umgehung des Tabus eines endgültigen Verkaufs, der die Grundlage des Ahnenkultes berührte.[236] Glück beschreibt die Natur des *Dian* als Recht sui generis.[237] Dieser Standpunkt erfährt seine Berechtigung aus weiteren Unterschieden zur Antichrese. So war bei der Antichrese der automatische Eigentumsübergang auf den Pfandgläubiger bei Nichteinlösung ausgeschlossen, beim *Dian*-Berechtigten bei Ablauf der Wiederkaufsfrist dagegen die Regel.[238]

Weiterhin ist die Nähe des *Dian* zum Verkauf unter Wiederkaufsvorbehalt zu beachten. Nach den Ausführungen Glücks unterschieden sich Dian und Verkauf unter Wiederkaufsvorbehalt am Ende der Qing-Zeit tatsächlich nur in zwei Punkten.[239]
Einmal waren die gebührenpflichtige behördliche Registrierung des Vertragsschlusses und Umschreibung des Vertragsgegenstandes im Landregister nur beim Verkauf unter Wiederkaufsvorbehalt erforderlich.[240] Dies hängt mit der Funktion des Landregisters in Bezug auf die Grundsteuerpflichtigkeit zusammen, denn Träger der Grundsteuerpflicht war der Grundstückseigentümer. Während beim Verkauf unter Wiederkaufsvorbehalt das Eigentum auf den Gläubiger

---

[232] Staudinger-Wiegand (1981), Vorbem. zu §§ 1204 ff., Rn. 1, 16; s.a. Palandt-Bassenge (2003), § 1204, Rn. 1, 13

[233] Weggel (1980), S. 180; Thümmel (1995), S. 258; Glück (1999), S. 41;

[234] Glück (1999), S. 41; s.a. Haas (1948), S. 48 u. Bünger (1933), S. 180; zur Selbständigkeit des Gläubiger-Rechts beim *Dian* s.a. Bünger (1934), S. 74, der deshalb von einer *Quasi-Antichrese* spricht

[235] S. Glück (1999), S. 41

[236] S. Glück (1999), S. 112 u. 107 f.

[237] Glück (1999), S. 112

[238] S. Münzel (2003), S. 3 ff.; Münzel zieht Vergleiche zum preußischen Recht und kommt zu dem Schluss, dass das *Dian* von seiner geschichtlichen Funktion als Untereigentum der wahren Landnutzer am meisten dem Erbpachtrecht des gemeinen Rechts ähnele, wobei allerdings bei der gemeinrechtlichen Erbpacht der Heimfall noch seltener vorkomme als beim *Dian*. Münzel übersetzt trotz der deutlich wahrgenommenen Unterschiede zum deutschen Recht *Dian* mit *Erbpacht*.

[239] Glück (1999), S. 104; s.a. O. Franke (1903), S. 71 (für ihn liegt jedoch der einzige wirkliche Unterschied in der Dauer der Abmachung, wobei er eine max. Tilgungszeit für das *Dian* von 10 Jahren ansetzt); Thümmel (1995), S. 256 verweist auf den Mischcharakter der meisten Verträge mit Bezug auf Escarra, der diese Unschärfe als Beispiel für den Unterschied zwischen dem wenig begriffsjuristisch geprägten chinesischen und dem westlichen juristischen Denken zitiert.

[240] Glück (1999), S. 104 m. w. Nachw.; z. Höhe der Gebühren s.a. S. 69

überging, blieb beim *Dian* der Schuldner Eigentümer und der Gläubiger war nur Inhaber des Besitz-, Nutzungs- und Fruchtziehungsrechts und damit eine Art Nießbraucher.[241]

Der zweite Unterschied bezog sich auf die Dauer der Vereinbarung. Die Laufzeit des *Dian* war auf 10 bzw. 20 Jahre[242] beschränkt und danach musste ein Verkauf stipuliert werden. Die Einlösung durch den Schuldner war dann ausgeschlossen. Beim Verkauf unter Wiederkaufsvorbehalt war der Rückkauf auch später noch möglich und war es vertraglich vorgesehen, so konnte es grds. zeitlich unbegrenzt ausgeübt werden, ansonsten bis max. 30 Jahre nach Vertragsschluss.[243]

Gewohnheitsrechtlich war Pacht kein Hinderungsgrund für den Abschluss eines *Dian*-Vertrages[244] und ein bestehendes *Dian* hinderte nicht den Verkauf durch den Eigentümer des *Dian*-Gegenstandes.[245] Diese Gewohnheit stand noch über entgegenstehenden vertraglichen Abmachungen und sanktionierte damit auch einen Vertragsbruch.[246] Begründet wurde dies damit, dass dem Eigentümer sonst die Möglichkeit genommen wäre, in einer finanziellen Notlage sein Eigentum zu schützen. Zur Vermeidung eines Schadens bei den Pächtern wurde der Pachtzins an den Pächter zurückgezahlt oder das Pachtverhältnis wurde auf den Dian-Nehmer bzw. Käufer übertragen. Beim Verkauf einer mit einem *Dian* belasteten Gegenstandes *kaufte* der Eigentümer den *Dian*-Gegenstand zum *Dian*-Preis zurück oder übertrug das *Dian*-Verhältnis auf den Käufer, der dann bis zum Ablauf der Pachtzeit wartete. Weiterhin besaßen Pächter und *Dian*-Nehmer dem Eigentümer gegenüber ein Vorkaufsrecht.

Quellen verweisen darauf, dass trotz des gesetzlichen Verbots der doppelten Belastung mit einem *Dian*[247] dieses durchaus praktiziert wurde.[248] Darauf deutet auch die Möglichkeit, in dem *Dian*-Vertrag rechtsgeschäftlich zu vereinbaren, dass die Weitergabe des *Dian* an einen Dritten gestattet sei.[249] Dabei war dann die Rechtsbeziehung zwischen dem ursprünglichen *Dian*-Nehmer und dem Eigentümer endgültig unterbrochen.[250] Falls jedoch ein neuer Vertrag über die Weitergabe des *Dian* geschlossen und der alte nicht ausgehändigt oder beigegeben wurde, blieb das ursprüngliche Verhältnis bestehen.[251]

Der Untersuchungsbericht beschreibt auch die Gewohnheit, dass Leute, die ein verzinstes Darlehen in Geld aufnahmen, mit einem Grundstück Garantie leis-

---

[241] Glück (1999), S. 104
[242] Verordnungen aus den Jahren 1770 bzw. 1906
[243] Glück (1999), S. 105
[244] Kroker übersetzt *Dian* durchgehend mit *Verpfändung* bzw. *Pfand*.
[245] Kroker (1965), Bd. 1, S. 176
[246] Kroker (1965), Bd. 1, S. 176.
[247] Kroker (1965), Bd. 1, S. 181
[248] Kroker (1965), Bd. 1, S. 205, 232; Bd. 2, S. 195; Vgl. hierzu a. Glück (1999), S. 81 f.
[249] Kroker (1965), Bd. 2, S. 195
[250] Zession des Dian, Vgl. Glück (1999), S. 82; Glück berichtet aber auch von der bloßen Möglichkeit der Weiterverpfändung (*Unterdian*), wobei die chinesische Bezeichnung für beides *zhuan-dian* war.
[251] Kroker (1965), Bd. 2, S. 195; s.a. Bd. 1, S. 235

ten.[252] Die entsprechende vertragliche Abmachung wurde als *Dian-Vertrag* bezeichnet, wobei die tatsächlich erhobenen und zum Kapital geschlagenen Zinsen unerwähnt blieben. Erst wenn zur Terminfälligkeit die Pfandsumme nicht zurückgezahlt wurde, ging das belastete Vermögensstück in den Besitz des Gläubigers über, wobei kein bestimmter Einlösungstermin vereinbart wurde. Andere Quellen erwähnen die Möglichkeit, vertraglich zu vereinbaren, dass der Pfandnehmer nach Ablauf der vereinbarten Zeitspanne für die Einlösung, das Grundstück als sein Eigentum verwalten dürfe.[253] Hier ist fraglich, ob eine solche Abmachung als echtes *Dian* bezeichnet werden kann, denn es fehlt an einem sofortigen Besitzübergang an den Gläubiger. Eine Zuordnung der Garantie-Funktion von Grundstücken zu der im deutschen Recht nicht explizit geregelten aber häufig praktizierten Sicherungsübereignung, bei der das Eigentum mit der Abrede übertragen wird, die zur Sicherheit übereignete Sache nur bei Nichterfüllung der gesicherten Forderung zu verwerten, der Sicherungsgeber aber in Besitz der Sache bleiben kann, scheitert daran, dass es keineswegs zu einer sofortigen Eigentumsübertragung kam.

Der *Dian-Vertrag*, durch den ein Darlehen mit einem Grundstück abgesichert wurde, erinnert eher an die Hypothek im deutschen Sachenrecht, die ebenfalls dem Zwecke dient, dass ein Grundstück eine bestimmte Forderung (meist in Form des Darlehens) absichern soll.[254] Hier fand zwar eine Belastung des Grundstücks statt, der Schuldner blieb jedoch in Besitz seines Grundstücks und auch weiterhin Eigentümer. Im Unterschied zum deutschen Hypothekenrecht bezog sich aber die Belastungssumme auf das gesamte Vermögensstück, welches im Fall der Nichtrückzahlung bei Fälligkeit auch komplett haftete. Dies schloss eine mehrfache Belastung, deren Rangverhältnis zueinander besonders zu regeln ist, aus.[255] Der Anspruch des Gläubigers bei Nichtzahlung wurde auch nicht im Wege einer öffentlichen Zwangsvollstreckung[256], sondern durch den privatrechtlich vereinbarten Übergang des Besitzes bzw. des Eigentums durchgesetzt. Weiterhin fehlte das Erfordernis einer Eintragung der Belastung in ein öffentliches Register[257], welches Ursache für die nur einmalige und vollständige Belastung in China sein mag.

[252] Kroker (1965), Bd. 2, S. 33
[253] Kroker (1965), Bd. 2, S. 97, S. 168
[254] §§ 1113 I BGB
[255] Vgl. § 879 BGB
[256] Vgl. § 1147 BGB
[257] Vgl. § 1115 I BGB

bb) Hypothek

Die durchaus gebräuchliche Hypothek war in der späten Qing-Zeit weder durch Gesetze geregelt, noch wurde sie in Kommentaren erwähnt[258], womit sie in den Bereich des Gewohnheitsrechts fallen könnte.[259] Glück verweist darauf, dass die Hypothek keineswegs neueren Datums ist[260], sondern dass das besitzlose Pfandrecht an Grundstücken und Gebäuden in China spätestens seit der Liang-Dynastie (502 – 557) bekannt war.[261]

Sie beinhaltete wie im deutschen Recht die Belastung eines Grundstücks oder Gebäudes zur Sicherung einer Darlehensforderung. Der Unterschied zum *Dian* bestand einmal darin, dass der Schuldner i.d.R. im Besitz des Hypothekengegenstandes blieb und dem Gläubiger dafür Zinsen zahlte.[262] Außerdem bestand eine Akzessorietät zur gesicherten Forderung. Schließlich musste der Schuldner Zinsen zahlen und haftete, da das besitzlose Pfandrecht der Sicherung eines Darlehens diente, auch persönlich.[263]

Wie beim *Dian* mussten dem Gläubiger sämtliche Besitztitel übergeben werden. Dazu ein Hypothekenbrief in Form eines einfachen Schuldscheines, der das Grundstück als Sicherheitsobjekt charakterisierte. Die Übergabe der Besitztitel musste dabei die Eintragung ins Grundbuch ersetzen, denn dieses Erfordernis fehlte in China, wo nur bei Leistung von Abgaben eine Anmeldung für die amtlichen Register verlangt wurde. Das Problem des fehlenden Erfordernisses der Grundbucheintragung stellte sich auch beim Verkauf eines hypothekarisch belasteten Grundstücks.[264] Nach einer Gewohnheit hatte der Gläubiger das Recht, den Käufer aufzusuchen und unter Vorweisung des Hypothekendokuments das Darlehen einzufordern. Eine andere Gewohnheit verlangte, dass der Käufer erst die alten Vermögensbriefe des Verkäufers einsah, bevor er den Kaufpreis zahlte. Der Gläubiger durfte vom Käufer verlangen, dass er die Darlehenssumme vom Kaufpreis abzog. Woanders konnte der Gläubiger den Käufer vor Abschluss des Kaufvertrages auffordern, die Darlehenssumme vom Kaufpreis abzuziehen und herauszugeben; ansonsten durfte er den Kauf verbieten. Nach einer anderen Gewohnheit konnte der Gläubiger dem Käufer unter Berufung auf das Hypothekendokument den Zutritt zu dem belasteten Grundstück verwehren, solange die Schuld nicht beglichen war, was durch den Schuldner oder den Käufer geschehen konnte.

Die Hypothek erstreckte sich auf das gesamte Grundstück, welches für Kapital und Zinsen haftete. Dabei konnte nur *eine* Hypothek auf dasselbe Grundstück aufgenommen werden.

---

[258] O. Franke (1903), S. 72 f.; vgl. a. Glück (1999), S. 113
[259] Vgl. a. Kroker (1965), Bd. I., S. 75
[260] S. O. Franke (1903), S. 73
[261] Glück (1999), S. 113
[262] Glück (1999), S. 113 m. w. Nachw.
[263] S. Glück (1999), S. 118 f.
[264] Kroker (1965), Bd. 2, S. 218

Sollte die hypothekarische Sicherheit durch Verkauf des Grundstücks realisiert werden, so konnte dieser nur mit Genehmigung der Lokalbehörden erfolgen, was sich in der Praxis als schwierig erwies.[265] Deshalb war die üblichste Form der Sicherstellung durch Grundeigentum das *Dian*, welches damit den Rang eines Grundpfandrechts erhielt.[266]

Der Untersuchungsbericht schildert die Gewohnheit, bei Bestellung einer Hypothek zusätzlich einen schriftlichen Vertrag über den unwiderruflichen Verkauf des Grundstückes und des Hauses aufzusetzen.[267] Dem wurde zusätzlich ein loser Zettel mit dem genauen Termin der Rückzahlung beigefügt; ferner auch, dass der Inhaber des Vertragsdokuments über den Vertragsgegenstand als Eigentümer verfügt, wenn bei Fälligkeit das Darlehen nicht zurückgezahlt wird. Wenn jedoch am Fälligkeitstag keine Einlösung erfolgte, so lag keineswegs ein endgültiger Verkauf vor, sondern die Parteien mussten eine Abmachung über die zusätzliche Kaufsumme treffen. Erst dann war der Verkauf unwiderruflich.[268] Nach einer anderen Gewohnheit musste der Darlehensnehmer einen Bürgen stellen.[269] Konnte er bei Fälligkeit Kapital und Zinsen nicht zurückzahlen, so konnte der Gläubiger das Vermögensstück selbst übernehmen und bewirtschaften oder von dem Garanten die Rückzahlung des Darlehens fordern. Für diesen Fall berichten andere Quellen davon, dass der Gläubiger anstelle des Darlehenskapitals und der geschuldeten Zinsen das belastete Vermögensstück in Besitz nahm.[270] Der Schuldner konnte das Vermögensstück jedoch jederzeit auslösen. Andere Gewohnheiten sahen vor, dass der Gläubiger bereits bei Nichtzahlung der Zinsen das Eigentum auf seinen Namen übertragen lassen konnte.[271] Eine andere Quelle präzisiert, dass bei Nichteinhaltung der Zinsverpflichtungen der Hypothekengläubiger den Ertrag des belasteten Grundstücks einziehen durfte, der anstelle der Zinsen trat, wobei der Wert der Früchte jedoch immer unter dem Wert der geschuldeten Zinsen lag, weshalb ungern langfristige Hypotheken gewährt wurden.[272]

[265] O. Franke (1903), S. 72; kritisch hierzu Glück (1999), S. 117, die auf mehrere dem Gläubiger zustehenden Verwertungsmöglichkeiten verweist, so auch den Erwerb des *Dian*-Rechts an dem Hypothekengegenstand

[266] S. O. Franke (1903), S. 72, der allerdings den Begriff der *Verpfändung* verwendet

[267] Kroker (1965), Bd. 1, S. 194; s.a. Kroker (1965), Bd. 2, S. 34 f.

[268] S.a. Kroker (1965), Bd. 2, S. 34 f.

[269] Kroker (1965), Bd. 1, S. 239

[270] Kroker (1965), Bd. 2, S. 201

[271] Kroker (1965), Bd. 2, S. 161

[272] Kroker (1965), Bd. 2, S. 176

e) Zusammenfassende Darstellung der mit dem Grundeigentum zusammenhängenden gesetzlichen Rechtsinstitute und gewohnheitsrechtlichen Regeln

	Unwider-ruflicher Verkauf / toter Verkauf	**Verkauf auf Wiederkauf / unter Wiederkaufsvorbehalt / lebendiger Verkauf**	**Verkauf der Oberfläche o. des Grundes – endgültig u. widerruflich**	***Dian***	**chin. Hypothek**
Rechtsgrundlagen	gesetzlich geregelt seit 1753	gesetzlich geregelt	Gewohnheitsrecht	rud. gesetzl. Regelung im Qing-Kodex, Gewohnheitsrecht	Gewohnheitsrecht
Gegenstand	Grundstück u. Gebäude	Grundstück u. Gebäude	Grundstück u. Gebäude	Grundstück u. Gebäude	Grundstück u. Gebäude
Entstehung	einseitige WE d. Verkäufers; Übergabe v. Kaufbrief u. Besitztitel; Kaufpreis-Zahlung	einseitige WE des Schuldners; Übergabe v. Kaufbrief u. Besitztitel an Käufer; Kaufpreis-Zahlung	wie beim Verkauf; plus Pachtzins für Nutzungsrecht	vertragl. Vereinb.; Übergabe v. *Dian*-Brief u. Besitztitel an Gläubiger; Zahlung des *Dian*-Preises[273]	vertragl. Vereinb.; Übergabe eines Hypoth.-Briefes an Gläubiger
Inhalt	Übertragung d. Grundstücks	Übertragung d. Grundstücks unter Vorbehalt des Wiederkaufs	(unwiderrufl./ widerrufl.) Übertragung d. Nutzungsrechts b. Verkauf d. Oberfläche; (unwiderruf. / widerrufl.) Übertragung d. Grundstücks b. Verkauf d. Grundes	Übertragung von Besitz, Nutzung und Fruchtzieh.-Recht am *Dian*-Gegenstand; keine Akzessorietät; keine Verzinsung d. *Dian*-Preises	i.d.R. keine Besitzübertragung am Hypotheken-Gegenstand; Akzessorietät

[273] Grdsl. niedriger als der Verkaufspreis; vgl. Thümmel (1995), S. 263

Laufzeit/ Erlöschen	unwiderruflich	max. 30 Jahre	s. Verkauf unwiderrufl. bzw. widerruflich	Mind.-Nutzfrist: vertragl. vereinb.; Einlösefrist: 10 – 20 Jahre	n. Vereinbarung
Realisierung				keine Verpflichtung d. *Dian*-Schuldners z. Einlös. d. *Dian*-Gegenstands	Verwertungsrecht des Gläubigers[274]
Transfermöglichkeit		sämtliche Rechte u. Pflichten des Eigentümers; auch Verkauf[275]	Recht z. Weiterveräußerung u. Verpachtung	Vermietung d. *Dian*-Sache; Zession, Weiterverpfändung d. *Dian*-Rechts[276]	
Registrierung / Abgabe	der neue Eigentümer lässt s. registrieren; Verkaufsabgabe	Registrierung u. Verkaufsabgabe; Zahlung d. Abgabe nicht konstitutiv	Registrierung und Verkaufsabgabe nur bei Verkauf des Grundes	ab Mitte 18. Jahrh. keine Registrierung, keine Abgabe[277]	keine Registrierung, wird durch Übergabe der Besitztitel ersetzt
Rechtsnatur	Eigentumsübertragung	dingl. Recht sui generis	beschr. dingl. Recht sui generis	beschr. dingl. Recht sui generis	Sicherungsrecht
Nähe z. dt. Rechtsinstitut	Eigentum	Wiederkauf[278]	Nießbrauch b. Verkauf der Oberfläche; Eigentum b. Verkauf des Grundes, wenn unwiderruflich	Nießbrauch; Antichrese[279] (Nutzungspfand)	Hypothek

[274] M. Einschränkungen, Glück (1999), S. 117 f.
[275] Allerdings unter Einschränkungen, Glück (1999), S. 84
[276] Vgl. Glück (1999), S. 80 ff.
[277] Vgl. Glück (1999), S. 287
[278] Vgl. a. Satzung des Mittelalters, Franke (1903), S. 60
[279] Franke (1903), S. 70

6. Ausländisches Grundeigentum

a) Beschränkungen des Erwerbs von Grundeigentum

Ausländisches Grundeigentum entstand auf Basis der Vertrags- oder *offenen* Häfen, die durch den Vertrag von Nanjing 1842 begründet wurden und den westlichen Nationen einen privilegierten Status gewährten. *Offen* bedeutete das Recht westlicher Nationen zur Errichtung von Konsulaten und das Recht von deren Bürgern zur unbehinderten Niederlassung und zum Handel. Obwohl China den Angehörigen der Vertragsmächte das Wohn- und Handelsrecht im gesamten Bereich der Vertragshäfen eingeräumt hatte, wurden den jeweiligen nationalen Gemeinden geschlossene ausländische Residenzgebiete in Form der Niederlassungen und Konzessionen gewährt, deren Zahl bis zum 20. Jahrhundert auf über hundert anwuchs. Eigentum durfte grundsätzlich nur in den ausdrücklich genannten Handelsplätzen, aber nicht im übrigen Inland erworben werden. Zur Frage der nationalen Souveränität hieß es in dem chinesisch-amerikanischen Vertrag von Tianjin 1858, dass der Kaiser von China Bürgern oder Untertanen ausländischer Mächte zwar das Vorrecht zugestehe, in gewissen Landgebieten zu residieren, damit aber keineswegs sein höchstes Herrscher- und Besitzrecht über die besagten Gebiete und Gewässer abgetreten habe.[280] Tatsächlich hatten die geschlossenen Gebiete ihre eigene *Lokalverwaltung unter nationaler Konsularaufsicht*.

Die *Konzessionen* waren dabei von der chinesischen Regierung für unbegrenzte Zeit gegen Zahlung einer jährlichen Grundrente an eine ausländische Regierung verpachtet. Die nationale Pachtregierung unterteilte dann das Gebiet in einzelne Grundstücke. Die ausländischen Bürger konnten die Pachturkunden für die Grundstücke für 99 Jahre erwerben, wobei zusätzlich eine jährliche Grundrente zu zahlen war. Ausländer, die nicht Bürger der Konzessionsmacht waren, konnten sich um das Residenzrecht bewerben. Die gewährten Grundurkunden wurden dann beim eigenen zuständigen Konsulat registriert. Die Entscheidungsgewalt innerhalb der Konzessionen lag tatsächlich beim Konsul der Konzessionsmacht, dem ein Verwaltungsrat aus Repräsentanten der Grundpächter zur Seite stand.

Die *Niederlassungen* waren die zweite Kategorie geschlossener ausländischer Residenzgebiete mit nationaler Selbstverwaltung. Dabei besaß Shanghai als Ausnahme eine koordinierte gemeinsame Verwaltung der Niederlassung durch mehrere ausländische Nationen. Shanghai besaß als erstes Wirtschaftszentrum Chinas auch Vorbildstatus für alle Niederlassungen hinsichtlich Verwaltungsstruktur und Rechtsstatus. Die ersten Landbestimmungen für die Niederlassung in Shanghai waren 1845 ausgehandelt worden und spezifizierten die betreffende Übereinkunft im Nanjinger Vertrag und dessen Zusatzvertrag von 1843, der

---

[280] Zit. n. Machetzki (1974), Sp. 677

festlegte, dass Grundstücke und Häuser, deren Preis oder Pacht gerecht und unparteiisch festzusetzen waren, durch die örtlichen Behörden in Absprache mit dem Konsul gesondert abgegrenzt werden sollten.[281] Die 23 Landbestimmungen, die auch Art und Weise des Grunderwerbs festlegten, wurden 1854 und 1866 revidiert, wodurch den Niederlassungen eine Selbstverwaltung mit eigener Polizei und eigener Gerichtsbarkeit eingeräumt wurde. Unter dieser in der Literatur als juristisch höchst anfechtbar qualifizierten Verfassung war ein neunköpfiger Stadtrat (*Municipal Council*), der von den ausländischen Grundeigentümern (*ratepayers*) oberhalb einer bestimmten Besitzqualifikation gewählt wurde, so gut wie souverän.[282] Lediglich bestimmte Gesetzesmaßnahmen bedurften der kollektiven Zustimmung des Komitees der Konsuln. Obwohl in Shanghai ein großer Teil des Immobilienbesitzes bald in chinesischer Hand war[283], gab es vor 1928 kein Wahlrecht für Chinesen und danach nur eines für eine winzige Millionärsschicht. Die Landbestimmungen von 1866, die 1869 nochmals mit den Bestimmungen der französischen Niederlassung koordiniert wurde, behielten bis zum Ende der Niederlassungen ihre Gültigkeit.
Die Niederlassungen standen unter der Registratur der chinesischen Behörden.[284] Ausländische Bürger konnten Grundstücke direkt von der chinesischen Regierung für unbegrenzte Zeit pachten[285] oder von einem individuellen chinesischen Eigentümer übernehmen. Die chinesischen Behörden stellten dann drei Urkunden aus, von denen sie eine behielten, eine an den ausländischen Bürger selbst und eine an sein nationales Konsulat übermittelten. Im weiteren Gegensatz zu den Konzessionen war den Chinesen hier das Residenzrecht gestattet.

Otto Franke unterscheidet in seinen Ausführungen zu den Rechtsverhältnissen am Grundeigentum in China nicht klar zwischen Niederlassungen und Konzessionen, sondern vermengt die Begriffe und differenziert allgemein zwischen Grundstücken innerhalb und außerhalb der nationalen *Konzessionen*, wobei er diesen auch die Niederlassungen zuschlägt[286]. Seine Ausführungen geben wertvolle Hinweise für die rechtliche Praxis des Grunderwerbs, sind jedoch hinsichtlich der ungenauen Terminologie entsprechend den obigen Ausführungen zu Konzessionen und Niederlassungen zu korrigieren.

In diesem Zusammenhang stellt sich die Frage, ob die Gewährung geschlossener Gebiete an die Ausländer das Recht auf Erwerb von Grundeigentum außerhalb dieses Territoriums ausschloss. Nach Art. VI des deutsch-chinesischen Vertrags von 1861 konnten deutsche Reichsangehörige in den geöffneten „Häfen und Städten ... Häuser kaufen, mieten oder vermieten, Land pachten oder verpach-

---

[281] Vgl. Machetzki (1974), Sp. 680
[282] Vgl. Osterhammel (1989), S. 168 f.
[283] Osterhammel (1989), S. 168 m. w. Nachw.
[284] Vgl. Machetzki (1974), Sp. 677
[285] Vgl. Wang Limin (1998), S. 168
[286] Vgl. O. Franke (1903), S. 77 f. u. S. 93 ff.

ten."[287] Die Verträge mit den USA, Dänemark und Holland hatten dieselbe Formulierung. Die deutsche Seite nahm auf Grundlage dieser Bestimmung die Freiheit des Landerwerbs und Wohnens für das gesamte Hafengebiet in Anspruch. Die chinesische Seite erkannte diese Auslegung der Bestimmung zunächst nicht an und versuchte, Handel, Wohnen und auch den Landerwerb durch Ausländer auf die Niederlassungen zu beschränken und es ergingen Verbote sowohl für Ausländer, Land außerhalb der Niederlassungen zu erwerben als auch für Chinesen, außerhalb dieses Gebietes Land an Ausländer zu verkaufen (1897). Tatsächlich wurde in der Folge trotz dieser Verbote und unbehelligt durch die chinesischen Behörden in allen Vertragshäfen auch außerhalb der Niederlassungen Land gekauft. So waren besonders in Shanghai als dem Zentrum ausländischer Handelsaktivitäten ganze Territorien außerhalb der sehr umfangreichen Niederlassung in ausländischer Hand, darunter auch große industrielle Anlagen. Die Lokalbehörden wendeten nach Franke die Bestimmungen über Landerwerb in liberalster Weise an. Versuche, diese Grenze mit offizieller Genehmigung über die Nachbar-Magistratur von Shanghai auszudehnen, scheiterten allerdings. Franke sieht dies als Beispiel dafür, dass man „in China wohl eine Übung stillschweigend duldet, aber gegen eine ausdrückliche Legalisierung derselben sich mit Händen und Füßen wehrt."[288]

Eine Sonderstellung hinsichtlich des ausländischen Erwerbs von Grundeigentum nahmen die christlichen Missionen ein, da sie von der Beschränkung auf die Vertragshäfen frei waren. Dies war allerdings der von der chinesischen Seite übersehenen fehlenden Übereinstimmung der beidsprachigen Vertragstexte der französisch-chinesischen Zusatz-Konvention von 1860 zu verdanken, deren chinesische Fassung zusätzlich den Passus enthielt, den französischen Missionaren solle es freistehen, in allen Provinzen Land zu pachten oder zu kaufen und nach eigenem Belieben Gebäude darauf zu errichten.[289] Nachdem der chinesischen Vertragspartei dies nicht auffiel und Art. III des französisch-chinesischen Vertrages von 1858 vorsah, dass bei Unstimmigkeiten der Interpretation der Vertragstexte die französische Fassung ausschlaggebend sein sollte, kam es zu Vorzugskonditionen hinsichtlich des Landerwerbs.

[287] Zit. n. O. Franke (1903), S. 79
[288] O. Franke (1903), S. 81
[289] N. O. Franke (1903), S. 83

b) Erwerb von Grundeigentum durch Kauf

aa) Erwerb von Grundeigentum innerhalb der Konzessionen

Bei dem Kauf von Grundeigentum war zunächst die Frage, ob das Grundstück innerhalb oder außerhalb der Konzessionen belegen war, von Wichtigkeit, da innerhalb der Konzessionen nach dem *Exterritorialitäts-Prinzip* kein chinesisches Recht galt, sondern das Recht desjenigen Staates, der das Terrain in China gepachtet hatte. Der ausländische Grundbesitzer befand sich in der Rechtssphäre der jeweiligen Konzessionsmacht und die Rechtsverhältnisse am Grundeigentum waren entsprechend dem jeweiligen ausländischen Recht ausgestaltet. Bei der Konzession als einheitlichem Territorium trat an Stelle des Kaufbriefes der Konzessionsvertrag und für die jährlich zu entrichtende Grundsteuer war die Konzessionsmacht verantwortlich.

Nach Franke waren innerhalb der deutschen Niederlassungen die sich dort ansiedelnden Fremden dem deutschen Recht und der deutschen Gerichtsbarkeit in allen das Niederlassungsgrundstück und ihre Stellung zur Niederlassungsgemeinde betreffenden Rechtsverhältnissen zu unterwerfen.[290] So wurde in den beiden deutschen Niederlassungen Tianjin und Hankou ein Grundbuch nach Maßgabe der deutschen Grundbuchordnung und durch einen deutschen Grundbuchrichter eingerichtet. Damit entsprachen die deutschen Niederlassungen in der Handhabung des Grundeigentums den Konzessionen (s.o.).

bb) Erwerb von Grundeigentum außerhalb der Konzessionen und dessen Rechtsstellung

Hier ist zunächst auf Unterschiede in den Modalitäten des Grunderwerbs und hinsichtlich des Inhalts von Eigentum bei Ausländern und chinesischen Staatsbürgern einzugehen.

Die Kaufbriefe, die zwischen Chinesen und Ausländern errichtet wurden, waren mit denen zwischen Einheimischen bis auf einen wesentlichen Terminus identisch. Statt des Wortes *verkaufen* wurde in den Kaufbriefen für Ausländer der Ausdruck *verpachten auf ewige Zeit* verwendet. Der gleiche Begriff fand sich auch in den für Ausländer ausgestellten amtlichen Grundbriefen. Daraus könnte man schließen, dass Ausländer beim Kauf eines Grundstücks nicht das volle Eigentum an dem erworbenen Land erwarben, sondern lediglich ein Pachtverhältnis entstand. Franke stimmt dem nicht zu.

Er leitet den Unterschied in der Terminologie aus dem chinesischen Recht selbst ab, um daraus die Schlussfolgerung zu ziehen, dass die *Pacht auf ewige Zeit* mit dem *Kauf* identisch war und Ausländer damit auch das volle Eigentum an dem erworbenen Grundstück erhielten. Sein Ausgangspunkt ist, dass in Kaufbriefen zwischen Chinesen beim endgültigen Verkauf des Grundstücks die Übertragung als *Abtrennung durch Verkauf, dergestalt, dass für ewige Zeiten Wiedereinlö-*

[290] N. O. Franke (1903), S. 100

sung ausgeschlossen ist, verwendet wurde. Weiterhin entsprach nach obigen Ausführungen für Franke der Verkauf der Oberfläche der deutschen Pacht und der endgültige Verkauf der Oberfläche der Verpachtung auf ewige Zeiten bzw. der preußischen Erbpacht bis 1850. Beides war mit Zahlung eines Kaufpreises und einer jährlichen Pachtzinszahlung verbunden. Fehlte diese jährliche Abgabe, so war nur einmalig der Kaufpreis zu leisten und im Kaufbrief war der Terminus „so dass das Land (‚des Pächters') Besitztum wird" eingefügt.[291] Franke rekurriert auf den chinesischen Ausdruck, der ebenso durch *Eigentum* wiedergegeben werden könne, wobei *Eigentum* aber nicht als rein rechtlicher Terminus angesehen werden dürfe. Dies laufe dann begrifflich auf eine *Abtrennung durch Verkauf, dergestalt, dass für ewige Zeiten Wiedereinlösung ausgeschlossen ist* bezogen auf *Oberfläche* und *Grund*, da kein Pachtzins gezahlt werde, und damit den *endgültigen Verkauf* des Grundstücks hinaus. In der Praxis sah Franke dies dadurch bestätigt, dass der Ausdruck *pachten* durch *kaufen* ersetzt wurde. So z.B. in den Kaufbriefen für eine Parzelle des deutschen Konsulatsgrundstückes in Amoy (heute: Xiamen) und den größten Teil des Gesandtschaftsgrundstücks in Peking.

Die außerhalb der Konzessionen belegenen Grundstücke waren unbestreitbar der chinesischen Rechtssphäre zuzurechnen. Aus Gründen der Absicherung des ausländischen Grundeigentums und des darin angelegten beträchtlichen Kapitals waren die ausländischen Staaten bestrebt, ausländische Grundstücke aus der chinesischen Rechts- und Machtsphäre in die eigene herüberzuziehen, indem der Konsulargerichtsbarkeit Befugnisse hinsichtlich der betreffenden Rechtsgeschäfte gesichert wurden, die ihr nach den mit China geschlossenen Verträgen nicht zustanden und die Mitwirkung der chinesischen Behörden so weit wie möglich zurückgedrängt wurde.[292] So wurde bei der Übertragung ausländischer Grundstücke die Mitwirkung chinesischer Behörden ausgeschlossen. War der Verkäufer jedoch chinesischer Staatsangehöriger, so ließ sich deren Mitwirkung nicht vermeiden.
Der endgültige Verkauf eines Grundstücks außerhalb der nationalen Konzessionen an Ausländer vollzog sich wie ein Kauf unter Chinesen. Der Kaufbrief wurde in derselben Form errichtet und zusammen mit allen vorhandenen Besitztiteln dem Käufer übergeben. Die amtliche Umschreibung und Anmeldung für die Register besorgte dann der jeweilige konsularische Vertreter. In der Niederlassung von Shanghai wurde für die europäischen Eigentümer ein besonderer amtlicher Grundbrief in drei Exemplaren ausgestellt, von denen der Käufer, das Konsulat und die chinesische Behörde jeweils eines erhielt. Darin wurde die *Übertragung des Landes für ewige Zeiten* an den Käufer bestätigt. Die Konsulate trugen diese Besitztitel in ein eigenes Register ein, das aber nicht dem Grundbuch gleichzusetzen war.

---

[291] O. Franke (1903), S. 75
[292] O. Franke (1903), S. 101

Die Übertragung eines Grundstücks von einem Ausländer auf einen anderen wurde durch Auflassung durch die Parteien auf dem Konsulat des Verkäufers bewirkt.[293] Die Übertragung wurde den Behörden dann mitgeteilt. Die seit 1866 in China tätige Bremer Firma Melchers erwarb auf diese Weise umfangreichen Grundbesitz, um Lagerhäuser, Kontore und Fabriken zu errichten, wobei es zu beträchtlichen Investitionen kam.[294]

Wegen des steigenden Wertes des ausländischen Grundbesitzes ergaben sich auch Probleme hinsichtlich der hypothekarischen Belastung. Bei Grundstücken innerhalb der chinesischen Rechtssphäre hätte diese nach chinesischem Recht und in chinesischer Form erfolgen müssen. Damit wären auch Rechtsgeschäfte zwischen Ausländern der chinesischen Gerichtsbarkeit unterworfen gewesen. Um dies zu vermeiden, wurde eine hypothekarische Belastung von ausländischem Grundbesitz auf Umwegen vorgenommen.
Einmal stellte der Eigentümer einen formalen Hypothekenbrief in zwei Exemplaren aus, wovon der Gläubiger und der Konsul seines Landes je ein Exemplar erhielten. Der Konsul nahm dann einen Vermerk auf den Grundbrief und in das Grundbriefregister auf und zunächst wurden auch die chinesischen Behörden informiert. Unsicherheit bestand darüber, ob eine solche Hypothek von den chinesischen Richtern anerkannt werden würde.
Eine andere Möglichkeit war, dass der Eigentümer dem Gläubiger seinen Grundbrief übergab und einen Pfandvertrag mit ihm abschloss. Dann sollte der Gläubiger im Fall eines Konkurses aus dem ihm verpfändeten Grundstück abgesonderte Befriedigung wegen seiner Pfandforderung verlangen können. Hier war für die Beurteilung von chinesischer Seite aus problematisch, dass das Grundstück selbst nicht übergeben wurde, was das chinesische Pfandrecht aber erforderte.
Als dritte Möglichkeit sollte der Eigentümer sein Grundstück förmlich auf den Gläubiger übertragen, wobei auch der Grundbrief entsprechend umgeändert wurde und der Gläubiger ein Dokument über den wahren Charakter der Grundstücksverhältnisse übergab. Der Schuldner blieb dabei in Besitz seines Grundstücks, kam jedoch bei Ableben oder Konkurs seines Gläubigers in eine unsichere Lage.
England bestimmte als erste ausländische Macht 1881, dass britische Staatsangehörige ein rechtsverbindliches hypothekarisches Pfandrecht an Grundstücken in China durch Eintragung der Verpfändung in einer bestimmten Form, innerhalb einer bestimmten Frist vor dem zuständigen Konsulat bestellen konnten.
Ein Grundproblem für alle in ausländischem Eigentum befindlichen Grundstücke war das Fehlen eines einheitlichen Grundbuchamtes. Dies zeigte sich besonders bei Veräußerungen hypothekarisch belasteter Grundstücke an Personen anderer Staatsangehörigkeit. Die Hypotheken folgten zwar wie alle dinglichen

---

[293] S. O. Franke (1903), S. 95
[294] Grösser (1938), S. 7

Rechte dem Grundstück bei seinem Übergang, aber ohne bindende Staatsverträge war keine Sicherheit gegeben, dass diese von den Gerichtsgewalten des neuen Eigentümers anerkannt wurden.

cc) Weitere Möglichkeiten des Grunderwerbs außerhalb der Konzessionen

Eine weitere Möglichkeit für Ausländer, Grundeigentum zu erwerben, war der *endgültige Kauf der Oberfläche*, der im Kaufbrief als *Pacht auf ewige Zeit*, bezeichnet wurde, wobei diese nach einer Sichtweise mit dem Kauf zusammenfiel. Dieser Übertragungsmodus galt bei den Ausländern als vollwertiger Verkauf, da der ursprüngliche Eigentümer des Grundes, abgesehen von dem Pachtzins, sich für immer sämtlicher Rechte auf das Grundstück begab.[295] Der Verkäufer erhielt dabei außer dem Kaufpreis einen jährlichen Pachtzins und der Käufer das Recht des uneingeschränkten Nießbrauchs. Für die Grundsteuer blieb weiterhin der Verkäufer verantwortlich.

Der *Kauf auf Wiederkauf* stellte sich für die Ausländer wegen der Hinterlegung des *Kaufpreises* als risikoreich dar und wurde kaum genutzt.

Für das Alluvium von Flüssen und Küsten galt zunächst die auf Gewohnheitsrecht beruhende Besitzergreifung, bis der steigende Wert dieser Bodenanschwemmungen zu finanziellen Forderungen der chinesischen Behörden und einer uneinheitlichen Behandlung führte.[296]

c) Beschränkte dingliche Rechte an Grundstücken außerhalb der Konzessionen

Bei den beschränkten dinglichen Rechten an Grundstücken ergab sich zunächst das Problem der Vermengung unterschiedlicher Begriffe. So wurde der *Verkauf eines Grundstücks auf Wiederkauf* und das diesem verwandte *Dian*[297] von den Ausländern begrifflich mit der *Hypothek* vermengt und schließlich allgemein als *mortgage* (Hypothek) bezeichnet.

Tatsächlich aber behielt bei der *echten Hypothek* der Schuldner den Nießbrauch des Grundstücks und zahlte statt dessen Zinsen. Bei dem *Dian* bzw. dem *Kauf auf Wiederkauf* hingegen war die Übergabe sämtlicher Besitztitel und eines Pfand- bzw. Kaufbriefes an den Gläubiger erforderlich und dieser musste sein Recht auf Nutznießung wahrnehmen. Eine amtliche Mitteilung an die chinesi-

---

[295] O. Franke (1903), S. 97

[296] Vgl. ebd., S. 92

[297] Der wesentliche Unterschied lag darin, dass beim *Verkauf auf Wiederkauf* ein beliebiger Zeitpunkt für eventuellen Wiederkauf genügte und beim *Dian* die Tilgung in max. 10 bis 20 Jahren zu geschehen hatte.

schen Behörden fand hier nicht statt, was dazu führte dass die erworbenen Rechte bei den nicht beteiligten Behörden nur sehr schwer durchzusetzen waren. Rechtsunsicherheit gab es auch hinsichtlich der *echten* Hypothek. Deren fehlende Eintragung in die chinesischen Grundbücher führte dazu, dass diese keineswegs dieselbe Sicherheit für eine Forderung gewährte wie die europäische. Innerhalb der Konzessionen wurde deshalb auf die europäische Form der Hypothek ausgewichen.

d) Besondere Problematik des ausländischen Grundeigentums

Obige Ausführungen haben gezeigt, dass in der zweiten Hälfte des 19. Jahrhunderts chinesisches Territorium unter der Kontrolle von Ausländern stand.
Bei der rechtlichen Qualifizierung zum Zeitpunkt der Besitzergreifung war zunächst zwischen staatlichem Grundbesitz der Fremdmächte in Gestalt der Konzessionen und privatem Grundbesitz von deren Staatsangehörigen zu unterscheiden. Weiterhin ist der Begriff des Eigentums an Grund und Boden nicht vorbehaltlos anwendbar.
Die Konzessionen wurden von der chinesischen Regierung für unbegrenzte Zeit gegen Zahlung einer jährlichen Grundrente an eine ausländische Regierung verpachtet. Die nationale Pachtregierung unterteilte dann das Gebiet in einzelne Grundstücke, die sie an ihre Staatsangehörigen oder Angehörige anderer Nationen für die Dauer von 99 Jahren weiterverpachteten.[298] Somit handelte es sich bei dem privaten ausländischen Grundbesitz innerhalb der Konzessionen nicht um Eigentum, sondern um Pachtbesitz.
Fraglich ist, in wessen Eigentum der nominell gepachtete Boden der Konzessionen selbst stand. Rein begrifflich handelte es sich um Pachtgebiete der Fremdmächte, deren Pachtdauer allerdings unbegrenzt war. Damit könnte fraglich sein, ob die ausländischen Mächte aufgrund dieser Pachtdauer das volle Eigentum am Boden innerhalb ihrer Konzessionen erwerben konnten. Franke kommt in seiner Analyse der Kaufbriefe zwischen Chinesen und Ausländern für Bodenkäufe in den Niederlassungen, worin der Terminus *verpachten auf ewige Zeit* verwendet wurde, zu dem Schluss, dass die *Pacht auf ewige Zeit* nach chinesischer Rechtsgewohnheit mit dem Kauf identisch war und Ausländer damit auch das volle Eigentum an dem erworbenen Grundstück erhielten.[299] Auf Grundlage chinesischen Gewohnheitsrechts müsste dies dann entsprechend für die auf unbegrenzte Zeit gepachteten Konzessionen gelten, sofern kein jährlicher Pachtzins gezahlt wurde.[300] Die Pächter in den Konzessionen mussten jedoch eine jährliche Grundrente zahlen, die anteilsmäßig der Rente entsprach, die die jeweilige Pachtregierung an die chinesische Regierung für die Konzession zu zahlen hat-

[298] Machetzki (1974), Sp. 677
[299] O. Franke (1903), S. 75
[300] O. Franke (1903), S. 75; s.a. obige Ausführungen

te.[301] Somit wurde von der Pachtregierung eine jährliche Pachtzahlung geleistet. Damit lässt sich keine Identität von Pacht auf unbegrenzte Dauer und Kauf nach chinesischem Gewohnheitsrecht konstruieren. Beim Erwerb der Konzessionen handelte es sich damit auch gewohnheitsrechtlich nicht um einen Kauf mit Erwerb der vollen Eigentumsrechte.

Es könnte jedoch nach chinesischem Gewohnheitsrecht ein endgültiger Verkauf der Oberfläche vorliegen, welcher auch nach chinesischem Verständnis der Verpachtung auf ewige Zeiten entsprach.[302] Beides war mit Zahlung eines Kaufpreises und einer jährlichen Pachtzinszahlung verbunden. Bei den Konzessionen war eine jährliche Pachtzinszahlung an die chinesische Regierung gegeben. Weitere Voraussetzung wäre die Zahlung eines Kaufpreises für das Konzessionsgebiet an die chinesische Regierung gewesen. Die Quellen verweisen jedoch nur auf Pachtzinszahlungen, womit nicht von einem endgültigen Verkauf der Oberfläche, aber zumindest von einem Pachtverhältnis gesprochen werden kann. Eine *Verpachtung auf ewige Zeiten* setzte allerdings nach chinesischer Gewohnheit die Zahlung eines Kaufpreises voraus.

Aus den obigen Ausführungen geht hervor, dass die ausländischen Konzessionsgebiete im Verhältnis zu China auch gewohnheitsrechtlich kein Eigentumsrecht der Auslandsmächte begründeten, sondern als Pachtverhältnis im Sinne eines Dauerschuldverhältnisses zu qualifizieren sind.

Eine Übertragung von weitergehenden Rechten an Boden war von der chinesischen Regierung mit dem Kaiser an der Spitze auch keineswegs gewollt. So heißt es in Art. I des chinesisch-amerikanischen Vertrages von Tianjin 1858: "Seine Majestät, der Kaiser von China, ist der Ansicht, dass er dadurch, dass er Bürgern oder Untertanen ausländischer Mächte das Vorrecht zugesteht, in gewissen Landgebieten zu residieren, keineswegs sein höchstes Herrschafts- und Besitzrecht über die besagten Gebiete und Gewässer abgetreten hat..."[303]

Weiterhin ist der historische Hintergrund der Gewährung von Konzessionen zu berücksichtigen. Basis für Konzessionen und Niederlassungen in China war der mit militärischer Übermacht erzwungene Vertrag von Nanjing 1842 und seine Folgeabkommen (chinesisch-westliche Verträge von 1842 – 1844; 1858 – 1860), was den Beginn der gewaltsamen Öffnung Chinas für ausländische wirtschaftliche Interessen darstellte. Eine dauerhafte politische und rechtliche Basis für ausländisches Eigentum in Form von Grundeigentum konnte der Vertrag wegen der Art seines Zustandekommens nicht sein. Sowohl die chinesische Geschichtsschreibung als auch europäische Historiker[304] gebrauchen dann auch für den Vertrag von Nanjing und die diesem folgenden nur unter militärischem Druck geschlossenen Abkommen den widersprüchlichen Terminus der *ungleichen* Verträge.

---

[301] S. Machetzki (1974), Sp. 677
[302] O. Franke (1903), S. 75
[303] Zit. n. Machetzki (1974), Sp. 677
[304] Vgl. Fairbank (1991), S. 58, 90, 113; s.a. Franke/Trauzettel (1981), S. 315

Von den Konzessionsgebieten und dem in den Konzessionen von Ausländern gepachteten Grundbesitz sind die Grundstücke zu unterscheiden, die von den Ausländern außerhalb der Konzessionen direkt von chinesischen Staatsangehörigen erworben wurden. Dazu gehörte der Grundbesitz in den Niederlassungen, wozu auch Shanghai trotz uneinheitlich verwendeter Terminologie zu rechnen war.[305] Bei Grundstückskäufen innerhalb und außerhalb der Niederlassungen ging auch nach chinesischem Recht, sofern es sich um einen Kauf oder um eine Pacht *für ewige Zeiten* handelte, das Eigentum über.[306]

Für das Gesandtschaftsviertel in Peking galten nach Art. VII des Boxerprotokolls von Sept. 1901 Sonderbedingungen, die vorsahen, dass das von den Gesandtschaften besetzte Viertel deren Benutzung vorbehalten und deren ausschließlicher Kontrolle unterstellt werden sollte. Dazu kam ein Residenzverbot für Chinesen und ein Recht zur permanenten Stationierung eigenen Militärs.[307] Das Gesandtschaftsviertel wird in der Literatur als Sonderfall im Bereich der ausländischen Niederlassungen qualifiziert.[308] Fraglich ist, ob eine solche Nutzungserlaubnis zu Gesandtschaftszwecken überhaupt zu *privatem deutschen Eigentum* führen konnte wie es im Vertrag von Versailles formuliert war.[309]
Mit dem Vertrag von Versailles vom 28. Juni 1919 endeten für das deutsche Reich nach dem verlorenen I. Weltkrieg die politischen und wirtschaftlichen Bestrebungen in China.[310] In Art. 130 verpflichtete man sich, an China sämtliche Gebäude und sonstiges öffentliches, der deutschen Regierung *gehörendes Eigentum* in den deutschen Niederlassungen zu Tianjin und Hankou und anderen Gebieten an China abzutreten. Für das im Pekinger Gesandtschaftsviertel gelegene *private deutsche Eigentum* war vorgesehen, dass die chinesische Regierung keine Verfügung darüber ohne Zustimmung der diplomatischen Vertreter der Vertragsteilnehmer am Schlussprotokoll vom 7. September 1901 vornehmen durfte. Nach obigen Ausführungen wurde hier der Begriff des *Eigentums* aus europäischer, militärisch überlegender Perspektive und nach heutigem Rechtsverständnis unzutreffend verwendet.
Alle Rechte in Shandong, die das deutsche Reich aufgrund des Vertrags mit China vom 6. März 1898 besaß, sollten nach Art. 156 f. an Japan abgetreten werden, das schon seit längerem ehrgeizige Expansionsbestrebungen in Hinsicht auf China verfolgte. Es waren dann auch die letzteren Bestimmungen, die in China die Protestbewegung des 4. Mai auslösten und der Vertrag wurde von China nicht unterzeichnet. Allerdings erkannte Deutschland mit der *Deutsch-Chinesischen Vereinbarung über die Wiederherstellung des Friedenszustandes* vom 20.05.1921 als erster Staat Europas nach dem ersten Weltkrieg unter Ver-

[305] Machetzki (1974), Sp. 679 f.
[306] Vgl. obige Ausführungen
[307] N. Machetzki (1974), Sp. 681
[308] Machetzki (1974), Sp. 681
[309] Vgl. a. Artikel 297 b) Friedensvertrag; s.a. Goldschmidt/Zander (1920), S. 35, Fn. 1
[310] S. hierzu a. Overlach (1976), S. 139 f.

zicht auf seine Sonderrechte China als gleichberechtigten Partner an. Durch den Verzicht Deutschlands auf die Eigengerichtsbarkeit in China standen die dort ansässigen Deutschen unter chinesischem Recht und chinesischer Gerichtsbarkeit.[311] Der deutsch-chinesische Notenwechsel vom Mai 1921 legte fest, dass deutsche Rechtsfälle in China von den im Zuge der chinesischen Justizreform von 1904 – 1910 neu eingerichteten Gerichten unter Anwendung eines ordnungsgemäßen Prozessverfahrens mit dem Recht der Berufung und nach den neu geschaffenen Gesetzen behandelt werden sollten. Offiziell bei den Gerichten zugelassene deutsche Anwälte und Dolmetscher durften als Rechtsbeistände[312] fungieren.

[311] S.a. Deutsche HK Schanghai, Jahresbericht 1925/26, S. 53
[312] Betz/Lautenschlager (1929), S. 387

IV. Besondere Aspekte des chinesischen Grundeigentums

1. Kaiserliches/Staatliches und individuelles Eigentum

Der Streit der Sinologen darüber, ob es im antiken China lediglich ein staatliches Bodenmonopol oder auch privates Grundeigentum gab, ist fast ein Jahrhundert alt.[313] Aus der Bejahung des letzteren ergibt sich eine weitere Frage, nämlich die, ob es sich dabei tatsächlich um Grundeigentum oder lediglich um Bodennutzungsrechte handelte.
Loewe verweist darauf, dass im kaiserlichen China hinsichtlich des Grundeigentums zwei Auffassungen vorherrschten.[314] Einmal die konfuzianische Theorie, derzufolge das Land als dem Staat gehörend zu betrachten war, so dass es durch organisierte, gemeinschaftliche Arbeit bebaut werden konnte. Auf der anderen Seite gab es die Theorie der Realisten oder Legisten, die sich im Interesse der Ertragssteigerung für privates Grundeigentum aussprachen. In der Praxis wurde oft ein Kompromiss zwischen diesen beiden Auffassungen geschlossen.[315] Damit gab es trotz der Existenz von Eigentum an Boden mit Entstehung des Kaiserreiches einen zumindest theoretischen Anspruch des Kaisers auf alles Land.[316]
Wolfgang Bauer differenziert für die Frühgeschichte Chinas.[317] Während das Obereigentum am Boden zunächst bloß theoretisch dem Herrscher zustand, wurde es gegen Ende der Shang-Zeit (11. - 16. Jht. v. Chr.) mit der zunehmenden Staatsgewalt für die einzelnen Stammesverbände immer deutlicher fühlbar. In den Wirren der Zhanguo-Zeit (Zeit der Streitenden Reiche, 475 – 221 v. Chr.) wurde neben dem Stand des Großkaufmanns die Geldwirtschaft und das Privateigentum am Land geboren und damit die Trennungslinie zwischen einer älteren und einer jüngeren Wirtschaftsordnung gezogen.[318]
Für Otto Franke lassen die konfuzianischen Klassiker bei einer wörtlichen Interpretation zwar den Schluss zu, dass ein kaiserlicher Anspruch auf alles Land bestehe.[319] Dies sei jedoch lediglich im „religiösen Sinne des chinesischen Deismus“ zu verstehen, drücke aber keinen eigentumsrechtlichen Anspruch des Kaisers am Grund und Boden im technischen Sinne aus.[320] Dabei verweist er auf die genaue Trennung von öffentlichem und privatem Eigentum in der Geschichte der Jin-Dynastie (1115 - 1234), in der es heißt, dass vom staatlichen Land *Pacht*

---

[313] Auch in der VR China ist um diese Frage bezüglich der Zhou-Zeit eine akademische Debatte entbrannt, s. Wemheuer (2005), S. 80
[314] Loewe (1966), S. 239
[315] Loewe (1966), S. 239
[316] Loewe (1966), S. 239; vgl. a. das gegenwärtige Großbritannien
[317] Bauer (1961), S. 131
[318] Bauer (1961), S. 136 m. w. Nennungen
[319] Vgl. a. die Ausf. von Kim (1981), S. 105 m. Bezug auf das *Buch der Lieder* (*Shi-jing* - frühe Zhou-Zeit, etwa 11. Jt – 770 v. Chr.), wo es heisst, dass alles Land unter dem Himmel dem Herrscher gehöre und das Land an die Bevölkerung verliehen werde.
[320] O. Franke (1903), S. 13; kritisch zu dieser Auffassung Frankes Wemheuer (2005), S.82

erhoben und von privatem Grund und Boden *Steuer.*[321] Für Franke wird damit der scharfe Unterschied zwischen dem Grundbesitz des Staates als juristischer Person, den der Untertan nur pachten kann und dem des Individuums, den er zu eigen hat, deutlich.[322] In derselben Quelle heißt es dass, was den Grundbesitz der Bevölkerung betreffe, jeder (Eigentümer) ihn nach seinem Belieben an andere verkaufen oder verpfänden darf, ohne dass er daran gehindert werden kann.[323] Die *Geschichte der Song-Dynastie* berichtet weiterhin für die Zeit von 976 bis 983, dass das Land, das in Bebauung genommen wurde, für ewige Zeiten Eigentum (des betreffenden) wurde und die Beamten keinen Pachtzins davon erhoben.[324] Auch Betz/Lautenschlager lehnen die Annahme eines Obereigentums des Herrschers bzw. Staates an allem Grund und Boden ab, da dies nicht der chinesischen Rechtsauffassung, welche seit ältesten Zeiten klar zwischen Regierungs- und Privatland unterschieden habe, entspreche.[325] Die chinesische Literatur unterscheidet zumindest für die Qing-Zeit deutlich zwischen Land in Privateigentum und solchem in Staatseigentum, welches besonderen Beschränkungen unterlag.[326]

Somit kann aufgrund der klaren Trennung von öffentlichem und privatem Eigentum und der Berechtigung der Privateigentümer, darüber im Wege des Verkaufs oder der Verpfändung zu verfügen, keine Rede von einem faktischen Anspruch des Kaisers an allem Grund und Boden sein. Zumindest für die späte Qing-Dynastie ist klar zwischen Theorie und Praxis zu unterscheiden. Während der Boden in seiner Gesamtheit theoretisch dem Kaiser gehörte, war in der Realität alles anbaufähige Land in Privateigentum und frei verfügbar.[327] Weiterhin stellten die mit dem Eigentum an Land verknüpften Grundsteuern bis in die letzte kaiserliche Dynastie das Rückgrat der staatlichen Finanzwirtschaft.[328]
Auf der anderen Seite kam es, oft bedingt durch Dynastiewechsel, regelmäßig zu staatlichen Landverteilungs- bzw. –zuteilungsaktionen.[329] Der Versuch einer gleichmäßigen Landverteilung durch staatliche Bodenreformen stand am Beginn vieler Dynastien.[330] Das nach Besitzergreifung vom Staat gewährte Landeigentum war oft mit einem Ackerbauzwang belegt, der die ordnungsgemäße Bewirt-

[321] Vgl. O. Franke (1903), S. 14
[322] O. Franke (1903), S. 14
[323] Zit. n. O. Franke (1903), S. 14
[324] Zit. n. O. Franke (1903), S. 14
[325] Betz/Lautenschlager (1929), S. 356
[326] S. Zhang Pufan (1998), S. 245 ff.; Zhang unterscheidet beim Land in Regierungseigentum zwischen Beamtenland, Bannerland und Armeeland, woran nur Besitz und wirtschaftliches Nutzungsrecht erworben werden konnte, womit keine Verfügungsrechte (处置转让 权) verbunden waren (S. 247).
[327] v. d. Sprenkel (1962), S. 11
[328] Vgl. Franke (1903), S. 26 u. Thümmel (1995), S. 28 f.
[329] S.a. H.v.Senger (1994), S. 21, m. w. Nachw.; vgl. a. den in den Geschichtswerken der frühen Han-Dynastie niedergelegten Grundgedanken von der „Verteilung des Grund und Bodens als Grundlage der Regierung des Volkes“, zit. n. Franke (1903), S. 35
[330] Vgl. Wemheuer (2005), S. 83

schaftung landwirtschaftlich nutzbaren Bodens sichern sollte.[331] Die Literatur verweist auch darauf, dass noch in der Ming- (1368 – 1644) und der darauf folgenden letzten Qing-Dynastie von privatem Land als *empfangenem Land* gesprochen wurde.[332]
Bei einem Blick ist auf die Beschränkungen, denen der Grundbesitz unterlag, zeigt sich weiterhin, dass der Verlust an Grundeigentum häufig durch staatliche Enteignungen oder Beschlagnahmen bei Dynastiewechseln erfolgte; besonders, wenn diese durch Fremdvölker wie Mongolen oder Mandschu geschahen. Dabei waren die Enteignungen mit Vertreibung der Bauern verbunden, was darauf schließen lässt, dass keine Entschädigung gewährt wurde. Dies spricht wiederum eher für einen Anspruch der herrschenden Kaiserdynastie auf alles Land.
Auch die Erhebung von Grundsteuern von den Grundeigentümern und einer Übertragungsabgabe bei Verkauf von Land können als staatliche Einschränkung von Grundbesitz bzw. universelles Eigentumsrecht des Kaisers am Boden[333] angesehen werden. Dies gilt auch für die Konfiskation von unversteuertem Land und den staatlichen Eigentumsanspruch an allem herrenlosen oder verlassenen Land. Als nicht-staatliche Beschränkung ist die Einschränkung des freihändigen Verkaufs anzusehen, die sich aus dem Erbrecht vor allem mit Bezug auf der Ahnenverehrung dienenden Land ergibt.
Insgesamt mag Franke keine übermäßige Beschränkung des Inhalts von privatem Grundeigentums im China des ausgehenden Kaiserreiches sehen.[334] Allenfalls habe im chinesischen Grundeigentum der Individualismus sich nicht in dem Maße wie in Europa entwickelt.[335] Auch Herrmann-Pillath hebt für das chinesische Gewohnheitsrecht hervor, dass dieses zwar eindeutige Abgrenzungen von Eigentumsrechten kannte, sich jedoch systematisch keine Verbindung zwischen den Konzepten des Eigentums und des subjektiven Rechtes ausbildete, im Sinne des Privatrechtes als naturrechtlich unverletzbarer Sphäre individueller Autonomie.[336] Kim erachtet es als problematisch, das moderne Konzept privaten Eigentums mit der Möglichkeit unbeschränkter Verfügung auf das vormoderne China anzuwenden.[337] Trotz der zeitlichen Begrenzung von Bodenrechten und diesbezüglichen Verkaufsbeschränkungen wäre es nicht gerechtfertigt, deshalb ausschließlich von öffentlichem Eigentum am Boden zu sprechen. Kim spricht deshalb davon, dass das Konzept privaten Eigentums und die Idee der kaiserlichen Domäne miteinander verknüpft waren. Zeitlich begrenzte und unbegrenzte private Recht am Boden existierten parallel nebeneinander. Aus dem wortge-

---

[331] Jamieson (1970), S. 77; vgl. hierzu auch das in der BRD mit Gesetz vom 28.7.61 aufgehobene Recht
[332] Kim (1981), S. 15
[333] S. Herrmann-Pillath ((1998), S. 49
[334] O. Franke (1903), S. 16
[335] O. Franke (1903), S. 16; Vgl. a. Eberhard (1983), S. 83
[336] Herrmann-Pillath (1998), S. 45 f.; s.a. Bünger (1983), S. 158 ff.
[337] So auch Thümmel (1995), S. 25, der m. Bezug auf die Forschungen O. Frankes von privatem Landeigentum in China über einen langen historischen Zeitraum mit der Einschränkung ausgeht, dass dieses jedoch nicht in der liberalen Interpretation des § 903 BGB niemals existiert habe.

schichtlichen Vergleich der für individuelles Eigentum verwendeten juristischen Termini zieht er den Schluss, dass es im traditionellen China kein einheitliches Konzept von Eigentum gab, sondern dieses je nach Situation und Umständen unterschiedlich ausgelegt und angewendet wurde.[338]

2. Grundeigentum des Einzelnen und Familieneigentum

Die Frage des Grundeigentums war im traditionellen China stark mit der vorherrschenden Familiensstruktur verknüpft. Im folgenden soll darauf eingegangen werden, inwieweit Individualeigentum an Boden aufgrund der Ausprägung des Familien- bzw. Clanwesens[339] beschränkt war und welche Rechte des Einzelnen in Bezug auf das Familien- bzw. Claneigentum gegeben waren.
In diesem Zusammenhang ist zunächst zwischen Kernfamilie und Familienverband zu unterscheiden. Franke verweist für das Ende der Qing-Zeit auf die gesetzlichen Bestimmungen und deren Ausführungsbestimmungen für das Erbrecht.[340] Danach wurde das Grundeigentum nach dem Tode des Besitzers gewöhnlich in gleiche Teile unter dessen Söhnen aufgeteilt. Eine Eigenständigkeit des Vermögens der Kernfamilie war damit durchaus gegeben.[341] Da die Fortsetzung der Familienlinie zentrales religiöses Gut im Ahnenkult ebenso wie in seiner konfuzianischen Sublimierung war, wurde die Zuweisung von Vermögen jedoch zuallererst unter diesem Gesichtspunkt und damit mit Blick auf den Familienverband betrachtet.
Beim Erbrecht wurde klar zwischen dem Sakralerbe und dem Rest des Vermögens unterschieden.[342] Dabei umfasste das Sakralerbe den Teil des Vermögens, der sich auf die Mittel zur Durchführung des Ahnenkultes bezog und das definitiv unteilbar und zumindest in Teilen unveräußerlich war. Es handelte sich dabei nicht um ein Eigentum, sondern um Vermögensgut, welches treuhänderisch verwaltet wurde und den Sakralerben im Innenverhältnis gegenüber den anderen Familienmitgliedern verpflichtete.[343] Sakralerbe wurde grundsätzlich der älteste Sohn der Hauptfrau.[344] In dieser Funktion kann das Individuum auch als Sachwalter des Familienvermögens in einer nach Vergangenheit und Zukunft hin offenen Abstammungslinie aufgefasst werden.[345]

---

[338] Kim (1981), S. 106 f.
[339] S. Loewe (1966), S. 143 f.
[340] Für diese und die folgenden Ausführungen s. O. Franke (1903), S. 47 f.
[341] S. Herrmann-Pillath (1998), S. 47; s.a. Chen/ Myers (1996), S.325; solche Eigentumsübertragungen waren nach Herrmann-Pillath (1998), S. 47, allerdings mit der Verpflichtung verbunden, für die Elterngeneration zu sorgen und die Normen des Ahnenkultes zu beachten
[342] Vgl. Wemheuer (2005), S. 88 ff.
[343] Wemheuer (2005), S. 89
[344] Gab es diesen nicht, so setzte eine andere festgelegte Reihenfolge ein (s. Mäding, 1966, S. 41); Frauen waren grundsätzlich ausgeschlossen
[345] S. Herrmann-Pillath (1998), S. 47

Das Primat der Familie fand weiterhin darin Ausdruck, dass gewohnheitsrechtlich Vorkehrungen getroffen waren, das Vermögen möglichst innerhalb der Familie zu halten[346], so dass das Individuum nicht vollständig darüber frei verfügen konnte, so z.B. beim Vorkaufsrecht für Verwandte oder das Recht zum Freikauf auch im Falle dauerhafter Abtretung an Fremde.[347] Herrmann-Pillath unterscheidet deshalb bei der gewohnheitsrechtlichen Normierung des Eigentums zwischen der patrilinearen Familie als primärem und dem Individuum als sekundärem Eigentumssubjekt.[348]

Die Untersuchungen von Chen/Myers zeigen, dass die Aufteilung des Familienvermögens und Gründung neuer eigenständiger Haushalte von Familienmitgliedern keineswegs immer nach dem Tod des Familienoberhaupts vorgenommen wurde.[349] So ist die Rede von Mehrgenerationenhaushalten oder 9 Generationen ohne Aufteilung des Familien-vermögens.[350] In der späten Qing-Zeit bestand ein gesetzliches Verbot für die Deszendenten, eine Teilung des Familienvermögens zu Lebzeiten von Eltern und Großeltern ohne deren Zustimmung vorzunehmen. Der Erwerb von eigenem Vermögen, über das sie frei verfügen dürften, war ihnen aber gestattet.[351] Andererseits verweisen Betz/Lautenschlager darauf, dass zu dem vom pater familias verwalteten Familienvermögen auch alles gehörte, was die Söhne erwarben. Vor der Teilung fiel der Nachlass eines verstorbenen Sohnes an das Familienvermögen und erst nach der Teilung an seine leiblichen Erben.[352]

Generell lässt sich sagen, dass sich hinsichtlich des familiären Grundeigentums die zentrale Stellung des Familienoberhauptes in China schon früh durchgesetzt hatte. Die Verfügungsgewalt über die Vermögenswerte der Familie, wozu auch Grund und Boden gehörten, lag spätestens mit Durchsetzung konfuzianischer Strukturen in der Gesellschaft beim Familienoberhaupt, das nach dem herrschenden konfuzianischen Kodex unbestrittene Autorität besaß.[353] Kommentare der Kodices der Qing und Ming zeigen, dass Familieneigentum zwar der ge-

---

[346] S.a. Bünger (1983), S. 155; vgl. a. Thümmel (1995), S. 34 m. Bezug auf heutiges Gewohnheitsrecht in den New Territories / Hongkong.

[347] S. Herrmann-Pillath (1998), S. 47

[348] ebd., Herrmann-Pillath (1998), S. 46 f.

[349] Chen/Myers (1996), S. 326, S. 351; s.a. Böhling (1934), S. 13, der in diesem Zusammenhang allerdings von Miteigentum spricht

[350] Chen/Myers (1996), S. 326, S. 351

[351] Qing-Kodex *Da-Qing Lü-li*, III. Buch, Kap. 7 *Auflösung der Hausgenossenschaft und Teilung des Familienbesitzes* (zu Lebzeiten und im Todesfall); zit. n. Betz/Lautenschlager (1929), S. 371; anders Wemheuer (2005), der generell feststellt, dass kein anderes Mitglied der Familie zu Lebzeiten des Familienoberhauptes eigenes Vermögen anhäufen durfte (S. 89).

[352] S. Betz/Lautenschlager (1929), S. 367 anders Wemheuer (2005), der generell feststellt, dass kein anderes Mitglied der Familie zu Lebzeiten des Familienoberhauptes eigenes Vermögen anhäufen durfte (S. 89).

[353] S. Loewe (1966), S. 173; s.a. Bauer (1961), S. 168; Betz/Lautenschlager (1929) beschreiben die patriapotestas des Familienoberhaupts als inhaltlich fast unbeschränkt und bezeichnen sie trotz Korrektiven gegen Mißbrauch als Gewalt über Leben und Tod, S. 367; vgl. a. Kim (1981), S. 103 f.

meinsame Besitz der Söhne und Töchter der Familie war, das Verfügungsrecht jedoch beim Vater bzw. Familienoberhaupt lag.[354] Damit war der Einzelne als Mitglied einer Familie bzw. eines Clans zumindest vor der Aufteilung des Gesamtvermögens nicht als Träger subjektiver Rechte in Bezug auf familiäres Eigentum an Boden anzusehen. Er konnte mangels eigener Verfügungsgewalt über seinen Anteil auch nicht als Miteigentümer angesehen werden.[355] Aus dem Charakter des Familieneigentums ergab sich, dass eine Abgrenzung von Anteilen oder Befugnissen des einzelnen nicht stattfand.[356]
Allerdings deuten gewohnheitsrechtliche Traditionen in bestimmten Präfekturen durchaus auf Miteigentums-Strukturen hinsichtlich des Familienvermögens zumindest für deren männliche Mitglieder.[357] Angesichts der auf vorherrschenden konfuzianischen Strukturen beruhenden zentralen Stellung des männlichen Familienoberhaupts und den stark differenzierenden gewohnheitsrechtlichen Traditionen ist diese Gewohnheit jedoch nicht ohne weiteres zu verallgemeinern. Die Untersuchungen von Chen/Myers zeigen außerdem, dass sich Miteigentums-Strukturen hauptsächlich nach der Teilung des Familienvermögens und Gründung neuer eigenständiger Haushalte ergaben. Vor einer solchen Teilung kamen auch der Familie bzw. dem Clan als solchem wegen fehlender gemeinschaftlicher Verwaltung und Verfügungsbefugnis des einzelnen Teilnehmers keinerlei eigene Rechte am Grundeigentum zu.[358] Somit war weder der Einzelne als Familienmitglied Träger von subjektiven Rechten hinsichtlich des familiären Grundeigentums, noch kamen der Familie selbst Rechte daran zu. Diese lagen wegen der unkontrollierbaren, weil auf unbestrittener Autorität beruhenden Vertretungsmacht beim Familienoberhaupt.[359] In den Rechtsbeziehungen nach außen war der Familienvater das einzige Rechtssubjekt. Er vertrat die Familie nach außen und war auch als einziger zur Verfügung über das Familienvermögen befugt.[360] Nach innen übte er die Sippengewalt aus und innerhalb der Sippe auftretende vermögens- und familienrechtliche Fragen wurden von ihm entschieden.[361] Damit ist die Aussage, dass Eigentümer des Bodens nicht der einzelne, sondern die Familie war, durchaus einzuschränken.[362] Doch wenn sich die rechtlichen Befugnisse auch beim Sakralerben als Oberhaupt und Vertreter der Familie konzentrierten, so sind seine Rechte bezüglich des Familienvermögens insoweit zu relativieren, als es sich dabei jedenfalls um ein treuhänderisches Eigen-

---

[354] Kim (1981), S. 104
[355] Vgl. Eigentum nach Bruchteilen, § 1008 BGB; Betz/Lautenschlager (1929) sprechen von *Gesamteigentum*, bei dem der einzelne keine selbständige Verfügung über seinen Anteil hat, S. 356; z. Gesamthandseigentum s. Wieling (1997), § 8 III 1; s.a. Erbengemeinschaft, § 2032 BGB
[356] Böhling (1934), S.80; die Literatur verweist allerdings darauf, dass die rechtliche Tradition in China neben der exklusiven Stellung des Vaters bezüglich des Familieneigentums auch das gemeinsame Eigentum von Vater und Sohn sowie Ehemann und Ehefrau kannte, Kim (1981), S. 103 f.
[357] Vgl. Kroker (1965), Bd. 2, S. 171; s.a. Böhling (1934), S. 13 m. w. Nachw.
[358] Vgl. Gemeinschaft n. Bruchteilen i.S.d. §§ 741 ff. BGB
[359] Vgl. hierzu a. Kroker (1965), Bd. 2, S. 123, Nr. 4
[360] Glück (1999), S. 29 m. w. Nachw.
[361] Glück (1999), S. 30 m. w. Nachw.
[362] So Glück (1999), S. 107; vgl. a. Jamieson (1921), S. 89, Fn. 1, S. 100 u. Bünger (1933), S. 180

tum handelte, dass ihn im Innenverhältnis gegenüber den anderen Familienmitgliedern verpflichtete.[363]

3. Beschränkungen des Grundeigentums

Aus obigen Ausführungen geht hervor, dass die Ausübung von Eigentumsrechten an Boden Beschränkungen unterlag, die sich aus der familiären Struktur ergaben. Gegenüber den Interessen der Familie und den rechtlichen Befugnissen des Familienoberhaupts trat das Interesse des Einzelnen und damit auch dessen Rechte als Einzelner in Hinblick auf das Grundeigentum weitgehend in den Hintergrund. Weiterhin war Rücksicht auf Familiengräber zu nehmen, die eine absolute Verfügungsgewalt über den Boden nahezu ausschlossen. Im traditionellen China bestand eine enge Anbindung des Grundeigentums an die Familien und den Ahnenkult. Aus dem Erbrecht ergibt sich, dass die Familie zumindest eine wesentliche Einschränkung des Privateigentums in China bildete.[364]
Neben der Familie war die direkte Nachbarschaft und die Gemeinschaft des Dorfes zu berücksichtigen, wie sich deutlich an den Gewohnheiten des Vorkaufsrechts zeigte. Hier spielte auch das gegenseitige Einstehen für zu leistende Abgaben eine Rolle. Außerdem mussten den Feldnachbarn und der Dorfgemeinschaft Wegerechte gewährt wurden, was nicht in jedem Fall einen Ausgleich nach sich zog. Kroker kommt zu dem Schluss, das Grundeigentum im traditionellen China seine letzte und eigentliche Zwecksetzung nicht im einzelnen Individuum, auch nicht einmal in der Familie, sondern in der Gemeinschaft als solcher hatte.[365] Eigentum war mit einer sozialen Funktion versehen, wobei diese sich auf einen Kreis von Personen beschränkte, die ihren Anspruch auf familiäre oder nachbarschaftliche Beziehungen zu dem betreffenden Objekt gründen konnten.[366]
Das Erbrecht der letzten Qing-Dynastie und wiederholte Forderungen nach einer Gleichberechtigung der Geschlechter bei der Bodenverteilung scheinen Hinweis darauf zu geben, dass Frauen allgemein vom Bodeneigentum ausgeschlossen waren. Nach dem Qing-Recht konnten Frauen erst erben, wenn der gesamte Mannesstamm einer Familie erloschen und ein aus gleicher Sippe gesetzmäßig adoptierter Erbe nicht vorhanden war.[367] Ein Blick auf die früheren Dynastien zeigt, dass von einem ständigen und völligen Ausschluss der Frauen beim Erbrecht nicht die Rede sein kann, sondern nach den einzelnen Dynastien zu differenzieren ist. Der Tang-Kodex (Tang-Zeit: 618 – 907) gestand den unverheirateten Töchtern bei Aufteilung des Familienvermögens nach dem Tod des Vaters

[363] Mäding (1966), S. 37
[364] Wemheuer (1966), S. 91 spricht davon, dass die Familie die größte Einschränkung des Privateigentums in China bildete.
[365] Kroker (1966), S. 383; s.a. Hermann-Pillath (1998), S. 45 f.
[366] Hermann-Pillath (1998), S. 45
[367] O. Franke (1965), S. 41

ein gleich großes Erbteil zu wie den Brüdern und Cousins.[368] Auch zur Song-Zeit (960 – 1279) waren die Töchter nach dem Gesetz erbberechtigt, wenn sie auch nur die Hälfte des brüderlichen Anteils erbten.[369] Für das neuzeitliche China kommt die Literatur jedoch zu dem Schluss, dass Frauen praktisch keine Eigentumsrechte ausüben konnten.[370] Selbst in den reichen Familien brachte die Frau wohl persönliches Besitztum wie Perlen, Kleidung und Haushaltsgegenstände, selten aber Geld und niemals Felder oder Grundstücke mit in die Ehe.[371] Sybille van der Sprenkel lässt in ihrer soziologischen Analyse der späten Qing-Zeit Ausnahmen für das Eigentum an Grundstücken nur für sehr reiche Familien gelten und begründet dies damit, dass die Frau nach ihrer Heirat nicht mehr ihrer eigenen, sondern der Familie ihres Mannes angehörte.[372] Die Einführung gleicher Anteile für Frauen bei der Bodenverteilung durch die Taiping-Rebellen Mitte des 19. Jahrhunderts mag ebenfalls als Beleg für die rechtliche Benachteiligung der Frauen beim Bodeneigentum gelten. Die Literatur gibt allerdings auch Hinweise auf Eigentumsrechte der Frauen.

Auch die besonderen Arten des Verkaufs von Boden können als Indiz für einen eingeschränkten Eigentumsbegriff angesehen werden. Zeitlich befristete Verkäufe und solche, die sich auf Feldoberfläche oder –grund beschränkten, dünnten das Eigentumsrecht ebenso aus wie gewohnheitsrechtlich bestehende Vorkaufsrechte für Familienmitglieder und Nachbarn.[373]

Bei Betrachtung der Beschränkungen des Grundeigentums fällt weiterhin auf, dass diese weitgehend gewohnheitsrechtlich begründet waren. In diesem Zusammenhang ist ebenfalls zu berücksichtigen, dass sich auch der staatliche Schutz des Eigentums bzw. die gerichtliche Durchsetzung entsprechender Ansprüche auf das informale Gewohnheitsrecht stützten.[374]

---

[368] Kim (1981), S. 104 f.
[369] Kim (1981), S. 105
[370] S.a. Kroker (1966), S. 381
[371] S. Lang (1946), S. 44; anders Goody (1990), S.34 ff., 79 ff.
[372] v. d. Sprenkel (1962), S. 17
[373] v. Mende (1988), S. 164
[374] Hermann-Pillath (1998), S.45; s.a. Brockmann (1980), S. 77 - 136

V. Fazit zur Situation des Grundeigentums im historischen China

1. Erscheinungsformen von Grundeigentum

Ein zusammenfassender Überblick über die historische Entwicklung ergibt zahlreiche Anhaltspunkte für die Existenz von Bodeneigentum in China: Erscheinungsformen von Eigentum an Boden im historischen China lassen sich seit frühester Zeit feststellen. Die herrschende Meinung in der Literatur bejaht Eigentum an Boden schon für das chinesische Altertum. So scheint die Auswertung von Bronze-Inschriften, die auf Bodentransaktionen hinweisen, zu belegen, dass sich bereits seit der Westlichen Zhou-Zeit (1045 – 771 v. Chr.) Formen privaten Eigentums herausbildeten.[375] Weiterhin wird auf die Herauskristallisierung von Privateigentum an Grund und Boden in der Östlichen Zhou-Zeit (770 – 221 v. Chr.) hingewiesen, in dessen Gefolge sich die überkommenen lehnsrechtlich begründeten Austauschverhältnisse zu Pachtverhältnissen entwickelten.[376] Andere Quellen sprechen davon, dass die seit dem 6. Jahrhundert v. Chr. eingeführte direkte Besteuerung zunächst nur die Einräumung von Nutzungsrechten beinhaltete und sich Besitzrechte, die eine freie Verfügbarkeit über das Land beinhalteten, in der Zeit der Streitenden Reiche (Zhangguo-Zeit, 475 – 221 v. Chr.) herausbildeten.[377] Das Privateigentum an Land und die Berechtigung, damit zu handeln, ergab sich nach Bauer wahrscheinlich in der Zhanguo-Zeit ganz allmählich.[378]
Die Bodenreform des Shang Yang (390 – 338 v. Chr.) kann als die Liquidierung des alten Brunnenfeldsystems angesehen werden, indem die Felder nicht mehr dem Lehnsgeber gehören sollten, sondern auch privat veräußert und erworben werden konnten und damit den Charakter einer Ware annahmen.[379] Auch das Brunnenfeldsystem selbst wird bereits als System mit privatem Charakter beschrieben, da die acht um das Gemeindefeld liegenden Felder den Privatbesitz von acht Familien bildeten.[380] Nach historischen Quellen sah die von der Qin-Regierung (221 – 207 v. Chr.) geschaffene Rechtsordnung für Bauern eine gesetzliche Anerkennung privaten Grundeigentums vor.[381]
Zur Veräußerlichkeit des Bodens kam es im Zuge der Zentralisierung Chinas und der folgenden Konzentration von Grundbesitz wurde mit Erlassen über die Beschränkung privaten Landbesitzes gegenzusteuern versucht. Tendenzen zur Konzentration von Boden gab es immer wieder.[382] Der Staat versuchte auch spä-

---

[375] Lau (1999), S. 392; zu ähnlichen Ergebnissen kommen auch chinesische Historiker, Wemheuer (2005), S. 80
[376] Weggel (1980), S. 10
[377] Vgl. v. Mende (1988), S. 164; so auch Bauer (1961), S. 140
[378] Bauer (1961), S. 140
[379] S. Weggel (1980), S. 16; s.a. Wemheuer (2005), S. 81
[380] O. Franke (1903), S. 8 f.
[381] S. Bünger (1980), S. 452 u. 458
[382] v. Mende (1988), S. 164

ter, durch Kontrolle über die Verfügung von Boden eine gleichmäßigere Landverteilung zu erreichen. So bestimmte ein Landgesetz der Wei-Dynastie von 485 für dauerndes Familieneigentum, dass bei überflüssigem Boden dieser verkauft und bei fehlendem Boden hinzugekauft werden durfte.[383] Schenkungen und fingierte Verkäufe von Boden, die zu einer jahrhundertelang dauernden wirtschaftlichen Machtstellung der buddhistischen Klöster führten, sind seit dem 5. Jahrhundert belegt.

Der Begriff des Eigentums bei den Landgesetzen der Tang ist insofern problematisch, als zwar eine erbliche Nutzbarkeit dieses Bodens bestand, die Verfügbarkeit darüber jedoch eingeschränkt war. Wenn es in den Landgesetzen der Tang auch eine Bestimmung gab, dass Leute, die ihren Wohnsitz verlegen wollten oder keine Mittel für die Zahlung von Beerdigungen hatten, ihren persönlichen Anteil an Land verkaufen konnten, so wird dies als Ausnahmebestimmung zu dem 753 von den Tang aufgestellten Verbot für Handelsgeschäfte mit dauerndem Familieneigentum und auch persönlichen Landanteilen angesehen.[384] Somit ist eher von einem Nutzungseigentum als von einem Volleigentum zu sprechen.[385] Auf der anderen Seite konnten die Beamten nach den Bodenvorschriften der Tang frei über ihre Felder verfügen und ihr Eigentum darüber war keinerlei Beschränkungen unterworfen.[386]

Nach dem Zusammenbruch der Feldverteilungsordnung der Tang-Dynastie verringerte sich bis zu Beginn der Nördlichen Song-Dynastie (960 – 1127) die Menge des der unmittelbaren Regierungskontrolle unterstehenden Landes stetig, da Beamte und einflussreiche Familien sich immer mehr Boden aneigneten. Beamte konnten ohne jegliche Beschränkung Land erwerben.[387] Die Song-Dynastie führte ein detailliertes System der Behandlung von Grund und Boden ein. Um 960 wurde in allen Bezirken nördlich des unteren und mittleren Yangtse den Leuten gestattet, um die Erlaubnis zur Bebauung von Ödland einzukommen, das dann ihr dauerndes Eigentum wurde. Die Steuerverwaltung unterschied zwischen eingesessenen und kreisfremden Familien, wobei die ersteren Eigentümer kleiner Grundstücke waren, die nach ihrer Fläche in fünf Kategorien eingeteilt wurden und steuerpflichtig waren.[388] Wenig überzeugend sind hier die Ausführungen Heinsohn/Nockers, nach denen es sich bei den eingesessenen Familien der *zhu-hu* lediglich um Pächter handelte, denen allerdings weitgehende Verfügungsgewalt über den gepachteten Boden zustehen sollte und deren Übertragung von Besitzrechten endgültigen Charakter erlangte[389]. Dies entspricht eher den Voraussetzungen von Eigentum im rechtlichen Sinne.

---

[383] O. Franke (1903), S. 50
[384] O. Franke (1903), S. 50
[385] Vgl. hierzu den feudalen Eigentumsbegriff des Feudalismus mit seiner Unterteilung in *dominium plenum* und *dominum utile*; Struvius (1711)
[386] v. Senger (1983), S. 166 f.
[387] v. Senger (1983), S. 56 f. m. Verweis auf histor. Quellen
[388] Gernet (1979), S. 268
[389] Heinsohn/Nocker (1999), S. 314 f.

Die Geschichte der Song-Dynastie berichtet von gesetzgeberischen Maßnahmen zum Schutze verarmter Grundeigentümer. Bestimmungen aus dem Jahre 1205 sahen vor, dass es demjenigen, der sein Grundstück verpfände oder verkaufe, freistehe, sich von seinem Eigentum zu trennen, aber es sei nicht erlaubt, dass er das Land dann pachte und zum Hörigen werde. Wer Geld ausleihe, dürfe lediglich einen geschriebenen Vertrag für die Verpflichtung zur Rückzahlung verlangen, aber es sei nicht erlaubt, dass er den Schuldner zum Hörigen auf seinem Land presse.[390]
In diesem Zusammenhang ist auch die Hypothek zu berücksichtigen, die keineswegs neueren Datums ist[391]; das besitzlose Pfandrecht an Grundstücken und Gebäuden war in China spätestens seit der Liang-Dynastie (502 - 557) bekannt.[392] Die chinesische Hypothek beinhaltete wie im deutschen Recht die Belastung eines Grundstücks oder Gebäudes zur Sicherung einer Darlehensforderung.

Obige Ausführungen machen deutlich, dass der Boden im historischen China bereits seit der Zhanguo-Zeit (475 - 221 v. Chr.) immer wieder Gegenstand rechtsgeschäftlicher Verfügungen[393] in Form der Übertragung (Veräußerung) und Belastung war. Dies geschah auch durch freiwillig geschlossene Verträge.[394] Dem Publizitätsprinzip wurde spätestens seit der Song-Zeit (960 - 1279) durch die Entwicklung eines geordneten Grundbuchwesens in beschränktem Umfang Genüge getan.[395] Als Verfügungsobjekt könnte der Boden damit durchaus Eigentum im juristischen Sinne gewesen sein.[396]
Aus der Kommerzialisierung des Bodens in Form von Verkauf und Verpachtung lässt sich ableiten, dass der Zusammenhang von Eigentum an Boden und der Verfügungsbefugnis darüber schon vor der Gründung des Kaiserreiches entwickelt war. Der Verkauf von Land schloss notwendig einen Wechsel der Verfügungsbefugnis darüber ein.
Wenn Handelsgeschäfte mit Grund und Boden auch bis in die früheste Zeit zurückzuverfolgen sind, so haftete ihnen immer ein Makel an, der damit zusammenhing, dass die Gräber der Vorfahren das Grundeigentum zum stärksten Trä-

---

[390] Song Shi, Annalen der Song-Dynastie, Kap. 173, Fol. 25 recto, zit. n. O. Franke (1903), S. 51; Heinsohn/Nocker zitieren diese Stelle wörtlich in ihrer Dissertation, sprechen aber dennoch von freiem Handel mit Besitzrechten und lehnen die Existenz von Grundeigentum für die späte Song-Zeit ab, Heinsohn/Nocker (1999), S. 319
[391] S. O. Franke (1903), S. 73
[392] Glück (1999), S. 113
[393] S. Medicus (2004), § 3, Rn. 25 ff.
[394] Vgl. v. Senger (1970), passim; s.a. Kirfel (1940), passim
[395] Baur/Stürner (1999), § 4, Rn. 9 ff.; Vgl. O. Franke (1903), S. 10; die Grundregister wurden allerdings hauptsächlich zu Steuerzwecken eingerichtet und die Registrierung von Verfügungen über den Boden wurde nicht vollständig und durchgängig durchgesetzt; vgl. die Ausführungen z. *Dian*
[396] Larenz/Wolf (2004), § 20, Rn. 96; z. Problematik der Anwendbarkeit westlicher juristischer Forschungsmethoden auf das chinesische Recht und damit auch die Verwendung der entsprechenden Begrifflichkeit s. v. Senger (1983), S. 292 ff., der den Begriff des *Eigentums* dann aber dennoch für Tang- und Song-Zeit verwendet, (1983), passim

ger der Familien-Tradition machten und der noch in der Qing-Zeit die Formen der Kaufbriefe bestimmte. [397]

Während die hauptsächlichen Erwerbsformen von Grundeigentum Verkauf, Erbschaft und Besitzergreifung waren, konnten Eigentumswechsel oder -verluste auch mit der Nichtrückzahlung von Darlehen verknüpft sein. Dies deutet darauf, dass der Boden bereits früh zur Sicherung gewährter Darlehen eingesetzt wurde und es somit in früher Zeit Formen beschränkter dinglicher Rechte an Grundstücken gab.

Fraglich ist, in welcher rechtlichen Form dies genau geschah. Franke weist darauf hin, dass in der späten Qing-Zeit die bei weitem üblichste Form der Sicherstellung durch Grundeigentum das *Dian* war, wobei der *Dian*-Geber sein Grundstück dem *Dian*-Gläubiger gegen eine Geldsumme zur unbeschränkten Nutznießung überließ.[398] Die Hypothek war weder in den Gesetzen noch in den Kommentaren aufgeführt, wurde aber gewohnheitsrechtlich bereits im 6. Jahrhundert nachweislich praktiziert.[399]

Die bereits in der Anfangsphase der Entwicklung des Zentralstaates Chinas zu beobachtende Verpachtung von Boden lässt jedoch auf eine frühe Trennung von Verfügungs- und Nutzungsbefugnis schließen. Später entwickelten sich sehr komplexe Strukturen von Verfügungs- und Nutzungsrechten mit einem weiten Spektrum von Formen der Verpfändung, des bedingten Verkaufs und der Pacht. Der Eigentümer hatte verschiedene Möglichkeiten, durch Verfügung über den Boden Einnahmen zu erzielen, wobei im Falle der Beleihung und Verpfändung ein Kontinuum schrittweiser Formen der Aufgabe des Eigentumsrechtes bestand, unabhängig davon, dass der neue Besitzer des Bodens frei über das Land verfügen und es auch weiterverpachten konnte.[400] Es kam auf diese Weise zu einer *Ausdünnung des Eigentumsrechtes*, wobei der Verkäufer seine Rechte schrittweise gegen zusätzliche Zahlungen aufgeben konnte, weshalb viele Verkäufe eher den Charakter eines Pfandes annahmen.[401]

Bei den staatlichen Landzuteilungsaktionen wurde bereits zur Tang-Dynastie zwischen dauerndem Besitz und Besitz auf Lebenszeit, der nicht erblich war, unterschieden. Die enge Verbindung von Eigentum und Erbrecht scheint bereits früh existiert zu haben und war auf alle Besitztümer und damit auch auf das Grundeigentum bezogen, was bereits aus der Gesetzgebung im vorletzten vorchristlichen Jahrhundert hervorgeht. So wurde bereits 127 v. Chr. ein Gesetz erlassen, das die Weitergabe des Titels und der Besitztümer an einen einzigen legitimen Erben abschaffte und die gleichmäßige Aufteilung des Erbes unter alle Söhne vorschrieb.[402] Der Erwerb von Eigentum konnte auch durch Schenkungen geschehen, was die Geschichte des Buddhismus in China belegt.

---

[397] O. Franke (1903), S. 50; s.a. Glück (1999), S. 107 f.; vgl. a. Kirfel (1940), S. 15 f.
[398] O. Franke (1903), S. 72, gemeint ist das *Dian*
[399] Glück (1999), S. 113
[400] S. Herrmann-Pillath (1998), S. 48
[401] Herrmann-Pillath (1998), S. 48
[402] Gernet (1979), S. 106

Trotz positivrechtlicher Vernachlässigung bis zur letzten Dynastie der Qing hatte sich zu jener Zeit eine Vielfalt von unbeschränkten und beschränkten dinglichen Rechten an Grundstücken entwickelt. Unterschiedliche Formen des Verkaufs und beschränkter dinglicher Rechte wie das Dian und die Hypothek zeigen eine komplexe und äußerst flexible Handhabung von Grundeigentum, die in im Bereich des formalen Rechts keine Entsprechung fand und dennoch durchaus erfolgreich praktiziert wurde. Dies war nicht ohne jede Regelung möglich und wo staatlich gesetzte Normen fehlten, traten gewohnheitsmäßige Verhaltens- und Handlungsformen an deren Stelle und bildeten die Grundlage für gesellschaftlichen Konsens.

2. Grundeigentum als gewohnheitsrechtliche Institution

In der Geschichte Chinas ist seit frühester Zeit und für alle Dynastien die Verfügung über Boden in den Formen des Kaufs und Verkaufs zu belegen; auch die Belastung von Boden hat eine lange Tradition. Auf der anderen Seite waren die tatsächlich ausgeübten Verfügungen nur sehr unvollkommen durch eine staatliche Regelung allgemeiner Eigentumsrechte gedeckt. Staatliche Regelungen in China zielten auf eine funktionierende Besteuerung und die Verhinderung von Bodenkonzentration und waren somit weitgehend auf Absicherung der staatlichen Interessen gerichtet. Eine Rechtsverfassung, die Grundlage einer allgemeinen Eigentumsordnung hätte werden können, hat es im historischen China trotz jahrtausendelanger Zentralstaatlichkeit nie gegeben. Das staatlich gesetzte Recht sprach wohl Verbote aus oder sanktionierte bestimmte Handlungen, brachte aber die genaue Vorgehensweise bei solchen Verfügungen über den Boden nicht in Gesetzesform. Hellmut Wilhelm stellt den Mangel staatlicher Rechtssetzung im historischen China klar heraus. Das Recht schütze nicht eine ihm eigene Ordnung, es sei die Dienerin der Sitte und habe lediglich deren Ordnung zu schützen.[403] Dies habe auch Folgen für die rechtliche Stellung von Eigentum. Eine Rechtsordnung als solche, die bestimmte ökonomische Gebiete regelt und mit Schutz versieht, gebe es nicht; mit anderen Worten: es gebe kein positives Recht.

In der Literatur wird durchgängig auf diese zivilrechtliche Lücke verwiesen, gleichzeitig aber auch auf die lange Tradition von Verfügungen über den Boden. Spengler spricht von Jahrtausende altem Gewohnheitsrecht, das – etwa in der Behandlung der Eigentumsfrage von Grund und Boden – eine Vielzahl von Regelungen hervorgebracht hatte, die sich nach lokalen Gebräuchen unterschieden, deren Unverletzlichkeit jedoch ebenso gesichert war wie die eines positiv gesatzten Rechtes.[404] Auch Bünger beschäftigt sich mit der lange die europäische

---

[403] F. diese u. die folg. Ausführungen s. Wilhelm (1960), S. 50

[404] S. Spengler (1980), S. 200

Literatur beherrschenden Auffassung, den Begriff des Eigentums in China überhaupt zu leugnen und bezeichnet diese als Irrtum.[405] Durch Gesetz ungeregelt bedeute nicht, dass es sich um einen rechtsfreien Raum handele, sondern dass dieser der Gesellschaft zur Selbstregelung und damit zur Bildung von Gewohnheitsrecht überlassen bleibe.[406] Herrmann-Pillath formuliert noch prägnanter: Im Falle Chinas fänden informale Institutionen besondere Beachtung, weil bis in das 20. Jahrhundert hinein kein formales Zivilrecht existierte, und sich auch der staatliche Schutz des Eigentums bzw. die gerichtliche Durchsetzung entsprechender Ansprüche auf das informale Gewohnheitsrecht stützten.[407] Der weitestgehende Mangel zivilrechtlicher Bestimmungen bedeutete keineswegs, dass gewohnheitsrechtliche Verträge nicht vor dem Kreismagistrat einklagbar waren. Dieser hatte bei seiner Urteilsfindung auf das lokal herrschende Gewohnheitsrecht Bezug zu nehmen.

Franke kommt in Bezug auf das Grundeigentum zu einer grundsätzlich positiven Einschätzung des Gewohnheitsrechts als Rechtsquelle. Nicht am unwichtigsten, weil der unverfälschteste Ausdruck der Wirklichkeit, sei für die Kenntnis der Rechtsverhältnisse am Grundeigentum die ungeschriebene lex loci rei sitae in China, d.h. der Lokalgebrauch, wie er sich natürlich entwickelt hat, wie er von jedermann beobachtet, von jedem Beamten respektiert, sorgfältig studiert und von niemand ungestraft verletzt werde.[408] In der bekannten Kroker-Sammlung chinesischen Gewohnheitsrechts ist das Sachenrecht und hier das Recht an Grundstücken überproportional vertreten, was mit der grundlegenden Rolle von Grund und Boden in der bis in die Neuzeit bäuerlich geprägten chinesischen Gesellschaft zusammenhängt. Grund und Boden galten als kostbarster Besitz und waren sowohl wichtigstes Wirtschaftsgut der Agrargesellschaft als auch Grundlage des Ahnenkultes.[409] So spricht die Literatur auch von Grund und Boden als Rohstoff allen Rechts im traditionellen China.[410]

Eigentum an Boden mit dem dazugehörigen Procedere der entsprechenden Verträge und Handlungen wurde aus der Gesellschaft heraus entwickelt und war in langjähriger Übung allgemein anerkannt. Die Ausführungen zur Qing-Zeit machen deutlich, in welchem Ausmaß die fehlende rechtliche Flankierung des unterschiedlich ausgeprägten Grundeigentums durch gewohnheitsrechtliche Regelungen kompensiert wurde. Chen und Myers weisen in ihrer Untersuchung zu Gewohnheitsrecht und wirtschaftlicher Entwicklung der Qing-Zeit nach, wie dieses eine Vielfalt des Austausches von Eigentumsrechten erleichterte und dieser Austausch den wirtschaftlichen Aktivitäten und in deren Folge der demographischen Entwicklung einen entscheidenden Schub gab.[411] Dabei ist eine genaue Periodisierung der einzelnen Gewohnheiten nicht möglich, deren Bedeutung er-

---

[405] Bünger (1983), S. 153
[406] Bünger (1983), S. 156
[407] Hermann-Pillath (1998), S.45; s.a. Brockmann (1980), S. 77 - 136
[408] Otto Franke (1903), S. 3 f.
[409] S. Glück (1999), S. 107 m. w. Nachw.
[410] So Weggel (1980), S. 174
[411] Chen/Myers (1996), S.321 - 369

gibt sich jedoch daraus, dass langjähriger Brauch und Einübung wesentlicher Charakter des Gewohnheitsrechts sind.[412]

Nach Einschätzung der Literatur ist die Bedeutung des chinesischen Gewohnheitsrechts durchaus der von positiv gesetztem Recht gleichzusetzen. Die entscheidenden Grundlagen für Bodeneigentum entstanden durch gleichförmiges Verhalten während längerer Zeit und mit der Überzeugung der Beteiligten, dass die geübte Praxis Verbindlichkeit beanspruche.[413] Es handelte sich um Gewohnheitsrecht, das sich oft auf lokaler Ebene als Observanz ausformte. Damit wurde im Laufe der Geschichte Chinas über Boden in den Formen des Kaufs, Verkaufs und der Belastung auf gewohnheitsrechtlicher Basis verfügt und dieses schuf eine dem positiv gesetzten Recht entsprechende, solche Verfügungen absichernde und Schutz schaffende Grundlage.
Das Bodeneigentum im historischen China ist wegen seiner mangelnden Verknüpfung mit einer entsprechenden staatlich gegebenen Rechtsverfassung als eine gewohnheitsrechtliche Institution zu qualifizieren.[414] Allgemein sind Institutionen durch ihre Steuerungswirkung bestimmt[415] und können als Regelsystem angesehen werden, das einen bestimmten Ordnungszustand bewirkt.[416] In diesem Sinne verkörpern sie einen Komplex faktischer Verhaltenserwartungen, die auf einen sozialen Konsens rechnen können.[417] Weiterhin wird der Begriff der Institution mit den Einzelmerkmalen des Musters sozialer Beziehungen, des Ordnungs- und Regelungscharakters, der Dauerhaftigkeit sowie der Legitimität und Durchsetzung mit Sanktionen umschrieben.[418] Aufgrund seiner sozialen und wirtschaftlichen Regelungsfunktion, der Schaffung eines bestimmten Ordnungszustands in Bezug auf Grund und Boden, seiner Dauerhaftigkeit und gesellschaftlichen Durchsetzung lässt sich vom Bodeneigentum im historischen China als einer Institution in diesem Sinne sprechen. Es ist auch insoweit als eine von selbst entstandene Institution anzusehen, als es nicht staatlich gesetzt wurde, sondern Eigentumsformen mit dem dazugehörigen Procedere der entsprechenden Verträge und Handlungen und der diesen zugrunde liegende Eigentumsbeg-

---

[412] Vgl. Kroker (1965), Bd. 1, S. 5; s.a. Klunzinger (2004), S. 4; Enneccerus/Nipperdey, §§ 38, 39; z. Qualifizierung v. gewohnheitsmässigem Verhalten als Gewohnheitsrecht s.a. Larenz (1992), S. 244 f.
[413] Vgl. Klunzinger (2004), S. 4; Enneccerus/Nipperdey, §§ 38, 39; s.a. Larenz (1992), S. 244 f.
[414] Ebenso wie die Guanxi-Netzwerke als eine vor Jahrtausenden entstandene Institution, die der Sicherung von Austauschbeziehungen in einer von formalen Rechtsordnungen nur unzureichend durchdrungenen Umwelt diente; vgl. Schramm/Taube (2001), S. 7. Es ist davon auszugehen, dass ein enger Zusammenhang zwischen Guanxi-Netzwerken und der Entstehung und Durchsetzung von Gewohnheitsrecht besteht.
[415] Engel (1999), S. 2
[416] Jansen (2000), S. 2 m. Bezug auf Hayek (1967), S. 66 u. (1973), S. 6; Ostrom (1986)
[417] Luhmann (1986), S. 12
[418] S. Jansen (2000), S. 2 m. w. Nennungen; z. umstrittenen Begriff der *Institution* s. Engel (1999), S. 2 m. w. Nennungen in Fn. 4; z. mangelnden Eindeutigkeit des Begriffs im Bereich der Rechtswissenschaft s. a. Fischer (2002) m. dem Hinweis darauf, dass der juristische Sprachgebrauch *Institution* und *Institut* ständig vermengt, S. 6 f.

riff sich aus der Gesellschaft heraus entwickelten.[419] Eine besondere Stabilität gewann die Institution des Bodeneigentums im historischen China dadurch, das es als legitim galt, d.h. dass die Menschen von dessen Gültigkeit und Rechtmäßigkeit überzeugt waren und damit wiederum durch seine Qualität als Gewohnheitsrecht.[420]

[419] Vgl. Göbel (2002), S. 8 mit Bezug auf die Neue Institutionenökonomie
[420] Göbel (2002), S. 11

VI. Eigentum an beweglichen Sachen: Handel, privates Unternehmertum, Konkurrenz der Staatswirtschaft und die Entwicklung des Geld- und Kreditwesens – aufgezeigt an ausgewählten Bereichen historischer Entwicklung

1. Privates Eigentum, Handel und Märkte in der Frühzeit

Das Bestehen von Eigentum an beweglichen Sachen (Fahrniseigentum) lässt sich nach Bauer weit über die Shang-Zeit (16. – 11. Jht. v. Chr.) hinaus nachweisen.[421] Dies zunächst für Geräte und Waffen. In der späteren Zhou-Zeit (770 – 256 v. Chr.) häufen sich die Belege für Privateigentum an Gebrauchsgegenständen. Der Handel mit wertvollen Dingen war bis weit in diese Zeit ungebräuchlich bzw. verboten, da für Pretiosen Rang und Eigentumsfähigkeit eng miteinander verknüpft waren.[422] Das Bestehen von Märkten in der Zhou-Zeit deutet darauf, dass die Bauern über ihre Ernteerträge und die von den Frauen gesponnene Seide nach den Abgaben an die Lehnsträger frei verfügen durften. Dies ermöglichte originären Eigentumserwerb durch Arbeit.[423] Gegen Ende der Zhanguo-Zeit (475 – 221 v. Chr.) zeigen sich Spuren eines erfolgreichen privaten Unternehmertums, das sich nach Schwächung der Staatsmacht Schürfstellen aneignete und mit Bergwerken und Eisengießereien zu größtem Reichtum gelangte.[424] Zeugnis für eine als übermäßig empfundene Konzentration von Privateigentum gibt der Philosoph Mozi (480 – 390 v. Chr.), welcher die Gewinnsucht, den Luxus und die Anhäufung von Reichtum verurteilte. Die Einführung des Staatsmonopols für Eisen und Salz im Jahre 117 v. Chr., gibt Hinweis auf staatliche und private Konkurrenz im unternehmerischen Bereich. In anderen Sektoren wie der Seidenweberei bestanden private und öffentliche Unternehmen nebeneinander.[425]

Der derivative Eigentumserwerb erfolgte im chinesischen Altertum zunächst als Tauschhandel. Für den Tauschhandel als älteste Form von Kauf und Verkauf verweist Bauer auf zahlreiche Belege in den traditionellen Quellen.[426] Das erste staatliche Geld, meist aus Bronze gegossen, tauchte in der Zhanguo-Zeit (475 – 221 v. Chr.) auf und wurde zur Preisregulierung genutzt. Gleichzeitig konnten sich Tauschmittel wie Edelmetall-Barren und Seide als Währungseinheiten halten. Märkte gewannen erst in der ausgehenden Zhou-Zeit (770 – 256 v. Chr.) an Bedeutung. Die Verbreitung von Metallgeld lässt Rückschlüsse auf den Aufschwung von privatem Handel und Handwerk zu.[427] In den zwei Jahrhunderten vor der Einigung der chinesischen Länder im Jahre 221 v. Chr. entfaltete sich

[421] Bauer (1961), der sich dabei auf Grabbeigaben bezieht, S. 141 f.
[422] Bauer (1961), S. 145
[423] Bauer (1961), S. 155
[424] Bauer (1961), S. 134 u. 156; vgl. a. Gernet (1979), S. 69
[425] S. Gernet (1979), S. 125
[426] Bauer (1961), S. 158
[427] Gernet (1979), S. 71

ein umfangreicher Handel mit allgemein verbreiteten Konsumgütern wie Stoffen, Getreide und Salz, Metallen, Holz, Leder und Fellen. Es kam damit zu einer regen Übertragung von beweglichen Sachen. Im Zuge der Zentralisierung Chinas intensivierten sich auch die Handelsbeziehungen zu den Nachbarvölkern. Dies wurde gefördert durch den wirtschaftlichen Aufschwung Chinas und seine militärische Expansion. In den Grenzgebieten entstanden große Märkte und Handelszentren und auf die militärische Öffnung Zentralasiens unter Kaiser Wu folgte ein Ansturm chinesischer Kaufleute in die Oasengegenden. In der Folge entstand der berühmte Handelsweg der Seidenstraße. Es ist allerdings schwierig, innerhalb dieses internationalen Handels zwischen dem zu unterscheiden, was man mangels einer treffenderen Bezeichnung als Privathandel bezeichnen könnte und jener offiziellen Form von Handel, dem Tribut, der die politischen Beziehungen stärken sollte.[428]
Die Quellen berichten von Spekulationsgeschäften der Kaufleute mit schwankenden Getreidepreisen, die diesen Reichtum und Macht bescherten. Daneben betätigten sie sich als Geldverleiher.[429] Die Legalisten mit ihrem Vordenker Han Fei (280? – 234 v. Chr.) forderten die Bekämpfung des Spekulantentums und eine Überwachung der Grundnahrungsmittelpreise durch den Staat und bildeten damit den Ausgangspunkt für die Entfaltung einer politischen Ökonomie in China seit dem 4. Jahrhundert v. Chr.[430]

2. Das Diskussionsforum über Salz und Eisen und das Verhältnis von Staat und Markt

Im sechsten Jahr der Regierung des Han-Kaisers Zhao-Di (81 v. Chr.) kam es zu dem berühmten *Diskussionsforum über Eisen und Salz*[431] zwischen Vertretern der Regierung mit dem Staatssekretär Sang Hong-yang an der Spitze und denen der Moralisten (später Konfuzianische Schule), die sich als Repräsentanten des unzufriedenen Volkes sahen. Es handelte sich um die Austragung eines Konfliktes über wirtschaftliche und politische Ideologie. Während die Moralisten die Wichtigkeit der Landwirtschaft betonten und Industrie und Handel nur ergänzend akzeptieren wollten, sahen die Regierungsvertreter, die der legalistischen Schule zuneigten, alle Bereiche als bedeutend an. Dabei lehnten sie jedoch eine von den Moralisten geforderte Wirtschaft des Laisser-faire ab und verteidigten die von ihnen eingeführten Monopole auf Eisen, Salz und Wein. Der Verkauf durch staatliche Stellen sollte eigentlich der Preisregulierung dienen, führte aber tatsächlich zu so hohen staatlichen Profiten, dass damit die Verteidigungs- bzw. Expansionspolitik der Han an den nördlichen Grenzen gegen die Xiong-Nu fi-

[428] S. Gernet (1979), S. 118
[429] Bauer (1961, S. 160
[430] S. Gernet (1979), S. 87
[431] Yan-tie Lun, Discourses on Salt and Iron, übers. von Gale, Leyden 1931 u. 1934

nanziert werden konnte. Weiterhin bedeutete das Eisenmonopol auch eine Kontrolle der Waffenproduktion, die Rebellionen erschwerte. Hinzu kam eine Politik des Marktausgleichs, die einen staatlichen Ankauf von weiteren nationalen Haupterzeugnissen vorsah, wenn die Preise fielen und den Verkauf, wenn die Preise wieder anstiegen und auf diese Weise eine Preisregulierung bzw. –stabilität erreichen sollte.
Die Moralisten kritisierten den staatlichen Marktausgleich als Konkurrenz von Staatshandel zum privaten Handel und forderten, die staatliche Diskriminierung der Händler aufzugeben.
Damit standen sich die Positionen einer staatlich kontrollierten und gelenkten Wirtschaft und einer besonders im Handelsbereich sich frei entfaltenden, allerdings auch staatlich nicht geförderten Wirtschaft gegenüber. Der Beschluss der Salz- und Eisenkonferenz, Salz und Eisen als damalige Hauptproduktionsmittel unter Staatsmonopol zu stellen, wird auch als Beleg für die anti-kapitalistische Tradition Chinas angesehen.[432] Auf der anderen Seite verweist Bünger für spätere Jahrhunderte auf Vorschriften über die Marktordnung in den Gesetzbüchern von den Tang bis zu den Qing, die die Verabredung oder Bildung von Kartellen zur Manipulierung der Preise und die absichtliche Verknappung von Waren durch Ankauf oder andere Maßnahmen zur Beherrschung des Marktes unter Strafe stellte und sieht hier ein mögliches Bekenntnis zur Aufrechterhaltung eines freien Marktes.[433]

3. Die Reifung des Geld- und Kreditwesens

Das Münzwesen war schon früh in staatlicher Hand. Schon vom 6. (?) vorchristlichen Jahrhundert an prägten einzelne Staaten kleinere Münzen.[434] Max Weber bezeichnet die Bergwerke als Regal staatlicher Macht, wobei diese teils vom Staat mit Fronden, aber teils auch von Privaten unter Ankaufsmonopol der Regierung für die Ausbeute betrieben wurden.[435] Die ersten Maßnahmen des zentralisierten Kaiserreichs waren solche zur Standardisierung des Münzwesens.[436] Erst als im 3. Jahrhundert die Macht der Regierung zu bröckeln begann und keine zentrale Autorität die Münzprägung kontrollierte und damit den Wert der Münzen garantierte, kehrte man vorübergehend zum Tauschhandel zurück.[437]
Die Einführung von Staatsmonopolen auf Salz (759), Alkohol (764) und Tee (793) diente der Schaffung von weiteren Staatseinkünften und verhinderte wiederum privaten Handel. Auf der anderen Seite wurden die reichen Kaufleute, die

---

[432] v. Senger (1994), S. 21; vgl. a. v. Mende (1988), S. 149 ff.
[433] Bünger (1983), S. 156
[434] Loewe (1966), S. 233
[435] Max Weber, Konfuzianismus und Taoismus, S. 2
[436] Loewe (1966), S. 233
[437] Loewe (1966), S. 234

die Salzsteuern des rentablen Salzmonopols für den Staat eintrieben, begünstigt, indem sie mit großem Kapital umgingen und so ihre wirtschaftliche Macht stärken konnten. Dies und der Aufschwung des Teehandels führte zu der Erfindung neuer Arten von Kreditüberweisungen wie die unter der Bezeichnung *fliegendes Geld* (*fei-qian*) eingesetzten ersten Wechsel. Teehändler, die ihre Ware in der Hauptstadt verkauften, lieferten ihre Gewinne an die Stellen ab, die ihre Provinzverwaltungen vertraten und bekamen dafür Schuldanerkennungsscheine, mit denen sie sich nach Abzug der in der Hauptstadt erhobenen Steuern nach ihrer Rückkehr in die Heimatprovinz in Naturalien auszahlen lassen konnten.[438] Ende des 9. und Anfang des 10 Jahrhunderts begannen Lagerhäuser, Pfandleihanstalten, Wechselstuben und Handelshäuser eintauschbare Lagerscheine auszugeben, die Vorgänger der Banknoten waren. Ursache dieser Erfindungen bei der Kreditüberweisung war der Mangel an Zahlungsmitteln zu einer Zeit, da die Handelstransaktionen eine rasche Entfaltung erlebten. Das erste staatliche Papiergeld tauchte dann 1024 in Sichuan auf und wurde im 12. und 13. Jahrhundert zum Hauptzahlungsmittel. Parallel zum Gebrauch des Papiergeldes entwickelte sich in Handelskreisen der Gebrauch von Handelseffekten: Bankanweisung, Eigenwechsel und Wechselbrief fanden seit dem 11. Jahrhundert Verwendung. Die von den Eigentümern der Wechselstuben kontrollierten finanziellen Transaktionen wurden zu einem der wichtigsten Sektoren der Handelswirtschaft der Song-Zeit.[439] In diesem Bereich kam es jedoch frühzeitig zu einer staatlichen Regulierung durch die Vergabe von Monopolrechten, indem nur bestimmte Händler Zahlungsanweisungen ausstellen und damit Kreditgeld schaffen durften, das dann v.a. im Langstreckenhandel Verwendung fand.[440]
Während das im Song-Reich (960 bis 1279) in Umlauf gebrachte Papiergeld nur in bestimmten Gebieten und für eine beschränkte Zeitdauer gültig war, schuf die Yuan-Dynastie unter den Mongolen (1271 bis 1368) im Jahre 1260 eine nationale Währung von zeitlich und räumlich unbeschränkter Gültigkeit, deren Wert jedoch wegen des Verbots der Konvertierung in Gold und Silber bald verfiel. Es folgten die Emissionen von 1287, deren Kurs bis zur Inflation Ende der Yuan-Dynastie verhältnismäßig stabil blieb.
Auch in der Ming-Zeit (1368 bis 1644) wurde Papiergeld in Umlauf gebracht, dessen Gebrauch der Staat mit verschiedenen Maßnahmen durchzusetzen versuchte. 1394 wurde das Kupfergeld mit Papiergeld aufgekauft, 1403 die Verwendung von Silber und Gold als Zahlungsmittel verboten, die Beamtenschaft in Papiergeld bezahlt usw. Diese Bemühungen blieben schließlich wirkungslos und das nicht konvertierbare Papiergeld entwertete sich ebenso rasch wie unter den Mongolen. Die Ursache für das Scheitern der Institution des Papiergeldes war der Widerspruch zwischen einer Staatswirtschaft und einem Handel, den der Staat nicht zu kontrollieren vermochte.[441]

---

[438] Gernet (1979), S. 223 ; vgl. a. v. Mende (1988), S. 149 ff.
[439] Gernet (1979), S. 278
[440] Herrmann-Pillath (2003), S. 243
[441] So Gernet (1979), S. 352

Mit der Verbreitung des Silbers im 16. Jahrhundert fand eine starke Zunahme des Seehandels in allen ostasiatischen Meeren und der städtischen Aktivitäten statt. China erlebte einen bisher nicht gesehenen Aufschwung des Handels, der auch durch eine neu eingeführte Einheitssteuer begünstigt wurde.[442] Der Handel stimulierte das gesamte Wirtschaftsleben, was wiederum die Vervollkommnung handwerklicher Techniken vor allem in den Bereichen der Weberei, der Porzellanherstellung und des Buchdrucks nach sich zog. China war gegen Ende der Ming-Zeit eines der bedeutendsten Exportländer für Fertigprodukte.[443]

Um 1520 begann man das Kapital, das bis dahin vom Großgrundbesitz angelockt worden war, in Handels- und Handwerkerbetriebe zu investieren, während der Preis der Grundstücke immer weiter sank und in den letzten Jahren des 16. Jahrhunderts ganz zusammenfiel.

Während der ersten Hälfte der Wanli-Ära (1573 bis 1619) kam es nicht nur zur Entstehung einer Arbeiterschicht und eines städtischen Bürgertums von bescheidenem Wohlstand, sondern auch zum Aufstieg einer Klasse von Großkaufleuten und Geschäftsmännern, die sich als Bankiers und Geldwechsler betätigten. Die reichsten von ihnen verdankten ihr Vermögen ihrer Einschaltung in die Staatswirtschaft und fungierten als Lieferanten für das Heer. Gehandelt wurde mit Reis, Salz, Getreide und Stoffen.

4. Industrie und Handel in der Qing-Dynastie (1644 – 1911)

Während der letzten chinesischen Dynastie unter den Mandschu, kam es im 18. Jahrhundert zu einer Entwicklung des Großhandwerks und einem beispiellosen Aufschwung des Handels.

Dabei waren die Bereiche der Landwirtschaft, des Handwerks und Handels eng miteinander verknüpft. Die vorherrschende Textilindustrie versorgte einen ständig wachsenden Markt und ergänzte dank der Heimarbeit die Einkünfte der Bauern.

Schon Ende des 17. Jahrhunderts wurden in den Baumwollbetrieben südwestlich von Shanghai ständig über 200.000 Arbeiter beschäftigt, die Heimarbeit nicht mitgerechnet.

Der Tee-Export nahm unaufhörlich zu und wurde in großen Betrieben mit mehreren hundert Lohnarbeitern verarbeitet, dann von reichen Kaufmannsgilden weiter gehandelt.

Das Bemerkenswerte am wirtschaftlichen Aufschwung Chinas im 18. Jahrhundert waren der Umfang der Handelsströme und die räumliche Ausdehnung der von den Kaufmannsgilden kontrollierten Regionen. Jede bedeutende Gilde ver-

---

[442] Franke/Trauzettel (1981), S.263

[443] Vgl. Gernet (1979), S. 359

fügte über Lokalniederlassungen in den großen Städten, die u.a. als Lagerhaus, Filiale und Bank diente. Diese Kaufleute spielten aufgrund ihres Reichtums und Einflusses auf lokaler Ebene auch eine politische Rolle.
Myers verweist in seiner Untersuchung zu Gewohnheitsrecht, Märkten und Ressourcen-Austausch im China der späten Kaiserzeit auf die entscheidende Rolle des Gewohnheitsrechts für die Entwicklung von hochkonkurrenzfähigen Märkten mit geringen Transaktionskosten.[444]
Mit dem von den westlichen Mächten forcierten ausländischen Handel entwickelte sich mit den *Kompradoren*[445] als unentbehrliche chinesische Partner eine neue Kaufmannsschicht, die dank ihrer ausländischen Verbindungen zu den ersten modernen Unternehmern Chinas wurden und alle Arten von Firmen gründeten.[446]
Weiterhin wurden im Zuge der erzwungenen Modernisierung Chinas von Regierungsseite mit dem Kapital chinesischer Kaufleute Unternehmen gegründet, die von Beamten bewacht, aber von Kaufleuten betrieben wurden[447], was der Tradition im Salzhandel entsprach.[448] Auf diese Weise entstand z.B. 1872 die *Dampfschifffahrtsgesellschaft chinesischer Kaufleute AG*.[449] Sie war die erste Aktiengesellschaft Chinas und wurde vom chinesischen Staat gefördert, um mit ausländischen Unternehmen konkurrieren zu können und Kapital für die als notwendig angesehene Industrialisierung zu beschaffen.[450] Vorbild war die von dem amerikanischen Unternehmen Russell & Comp. 1862 gegründete *Shanghai Steam Navigation Company* und die Gründung wurde von Regierungsbeamten betrieben, ohne dass rechtliche Grundlagen für solche Gesellschaften gegeben waren. Nach anfänglichem Zögern wurden bis 1882 von chinesischen Kaufleuten Anteile in Höhe von 2 Millionen Tael erworben. Motivation war dabei weniger wirtschaftlicher Nationalismus als die Hoffnung auf gute Profite.[451] Dennoch blieb die Gesellschaft von Regierungskrediten abhängig.

Für den Zeitraum von 1895 bis 1913 nennt Feuerwerker eine Anzahl von 549 chinesischen Neugründungen von privaten und halb-öffentlichen Produktions- und Bergbauunter-nehmen.[452] Daneben gab es Aktienunternehmen[453] und Unternehmensbeteiligungen auch an ausländischen Unternehmen.[454] Feuerwerker zitiert eine Studie, nach der zwischen 1860 und 1900 130 bedeutende chinesi-

[444] Myers (1996), S. 445 ff.
[445] Chin.: maiban – 买办
[446] Fairbank (1991), S. 105; s.a. Weggel (1980), S. 80 f.
[447] Chin.. guandu shangban – 官督 商办
[448] Fairbank (1991), S. 123
[449] Vgl. a. Feuerwerker (1958), S. 61 f.
[450] Lai (1996), S. 100
[451] Lai (1996), S. 109
[452] Feuerwerker (1969), S. 38 f.
[453] Vgl. a. Feuerwerker (1958), S. 61 ff.
[454] Feuerwerker (1969), S. 43

sche Anteilseigner an 44 ausländischen Unternehmen beteiligt waren.[455] Für Shanghai werden für den Zeitraum von 1896 – 1910 insgesamt 78 Investoren, private und Firmen, genannt, die sich in 17 ausländischen Unternehmen engagierten.[456]

5. Gesetzliche Regelung des Wirtschaftsbereichs zu Ende der Qing-Zeit

Die Schaffung gesetzlicher Regelungen wurde im Gefolge der wirtschaftlichen Entwicklung Chinas vorangetrieben, hinkte jedoch der tatsächlichen Entwicklung in diesem Bereich und den außerhalb des Gesetzes geschaffenen Institutionen hinterher.[457] Dies galt zunächst für die Handelsgesellschaften westlicher Art, zu denen auch die 1872 von chinesischen Kaufleuten gegründete *Dampfschiff-fahrtsgesellschaft chinesischer Kaufleute* gehörte, die die chinesische Bezeichnung *Amt zur Einladung von Kaufleuten* (Kapital beizusteuern) trug.[458] Während deren Satzung noch vage war, war die der 1897 mit Beteiligung des Finanzministeriums gegründete Satzung der *Dong-shang Yin-hang* (Handelsbank) der britischen Hongkong & Shanghai Banking Corp. nachgebildet. Sie sah im Kern bereits eine Trennung von Vorstand und Aufsichtsrat vor, beschränkte die Haftung der Gesellschafter auf die Einzahlungspflicht für ihre Anteile, regelte die Verteilung des Kapitals, das Vorkaufsrecht der Gesellschaft bei Kapitalerhöhung, Gewinnverteilung etc.[459]
Gesetzliches Gesellschaftsrecht brachte erstmals der Entwurf einer Bergwerksordnung 1897. Er sah staatliche, staatlich-private und staatlich-überwachte private Gesellschaften vor, beschränkte die Gesellschafterhaftung auf die Einzahlungspflicht und kannte nur an Chinesen frei übertragbare, fest verzinsliche Namensaktien. Auch Enteignungsverfahren, Entschädigung für benötigtes Land und die Genehmigung privater Bergwerke waren geregelt.
Anlass zu Rechtsreformen gab auch die in China praktizierte ausländische Gerichtsbarkeit. Es kam Anfang des Jahrhunderts von England (1902), den USA und Japan (1903) die Zusage, ihre exterritorialen Rechte aufzugeben, sobald Chinas Recht und Rechtsprechung westlichen Standard erreicht hätten. Tatsächlich verzichteten die meisten Länder erst viel später (England und die USA 1943 und zuletzt Portugal 1947) auf ihre eigene Gerichtsbarkeit. Ein 1902 gegründetes Rechtsbüro sollte das neue Recht ausarbeiten und schuf 1904 zunächst ein Handelsgesetz. Dieses regelte Registrierung, Firma, Buchführung der Kaufleute und schuf vier Handelsgesellschaftsformen entsprechend englischen Vorbildern: partnership, company limited by shares, by guarantee und unlimited company,

[455] Feuerwerker (1969), S. 43
[456] Feuerwerker (1969), S. 43
[457] Münzel (1974a), Sp. 1089
[458] Münzel (1974a), Sp. 1089
[459] Münzel (1974a), Sp. 1089

die etwa der deutschen OHG, AG, GmbH und eine der OHG ähnlichen Form entsprachen.[460]
1906 wurde eine Konkursordnung geschaffen. 1907 wurden Entwürfe eines Bürgerlichen Gesetzbuches veröffentlicht, das japanischen und damit deutschem Vorbild folgte.
Als im Jahre 1906 der Japaner Matsuoka Yoshida auf Bitten der chinesischen Regierung seinen Entwurf zum Zivilrecht auszuarbeiten begann, war dies auch der Beginn der Sammlung und Untersuchung der herrschenden Rechtsgewohnheiten in den Provinzen, welche später als *Amtliche Sammlung chinesischer Rechtsgewohnheiten* veröffentlicht werden sollten. Nach Kroker liegt es nahe, dass die Anregung hierzu von dem Japaner ausgegangen war. Jedenfalls wäre es bemerkenswert, wenn man damals bereits ein Zivilrecht geplant hätte, dass die Rechtsgewohnheiten nicht unberücksichtigt lassen sollte.[461]
Das Bankengesetz von 1908 erwähnte erstmals Wertpapiere (befristete und Sichtwechsel) und sah als Sonderformen Gewerbebanken zur Industriefinanzierung und Sparkassen vor.

6. Der *Untersuchungsbericht über Gewohnheiten in Zivil- und Handelssachen* als Quelle für das Eigentum an Handelswaren und privates Unternehmertum

Es wurde bereits darauf verwiesen, dass der *Untersuchungsbericht über Gewohnheiten in Zivil- und Handelssachen* das Sachenrecht und hier das Recht an Grundstücken überproportional behandelte, was mit der grundlegenden Rolle von Grund und Boden in der bis in die Neuzeit bäuerlich geprägten chinesischen Gesellschaft zusammenhängt. Auch die im Titel angekündigten handelsrechtlichen Gewohnheiten fehlen.[462] Aus diesem Grund bietet der Untersuchungsbericht für das Eigentum an Handelswaren und privates Unternehmertum eine wenig ergiebige Quelle, auf die in diesem Zusammenhang nur kurz einzugehen ist.
Erwähnenswert ist eine genaue Beschreibung gewohnheitsrechtlicher Pfandrechts-beziehungen, wobei es um die Verpfändung von beweglichen Vermögensstücken geht.[463] Bei der Verpfändung von beweglichen Vermögensstücken erfolgt auch stets die Übertragung des Besitzes[464] und im Gegensatz zu den unbeweglichen Vermögensgütern wird die Pfändungsdauer bei beweglichen Gütern gewöhnlich nicht verlängert. Der Übergang des Besitzes scheint dennoch nicht zwingend gewesen zu sein, denn bei Verderb oder Verlust der Pfandsache traten, je nachdem, ob das Pfandobjekt in den Besitz des Pfandnehmers über-

[460] Münzel (1974a), Sp. 1090
[461] Kroker (1965), Bd. 1, S. 9
[462] Kroker (1965), Bd. 1, S.11
[463] Kroker (1965), Bd. 2, S. 10
[464] Vgl. § 1205, S. 1 BGB

ging, unterschiedliche Folgen ein. Ging die Pfandsache auf den Pfandnehmer über, so war dieser haftbar und musste Schadensersatz leisten, wobei er die Pfandsumme in Rechnung stellen konnte.[465] Wurde der Besitz der Pfandsache nicht übertragen, so hatte der Pfandgeber selbst für den Schaden aufzukommen. Bewegliche Güter konnten auch als Objekt einer Sicherheitsleistung dienen.[466] Dies galt z.B. für jede Art von Mobiliar und silberne und goldene Gefäße. In anderen Präfekturen durfte jede Art von Wertpapieren, Eigentumsbriefen über bewegliches Vermögen wie auch Quittungen als Sicherheitsleistung verwendet werden. Die Kommentatoren verweisen auf den Widerspruch zur bestehenden Gesetzgebung, welche als Sicherungsobjekt lediglich unbewegliches Vermögen vorsah.[467]

Wenige, aber aufschlussreiche Details liefern Gewohnheiten bei der Verteilung von Dividende bei Aktienunternehmen.[468] So wurden bei Aktienunternehmen zur Kohlegewinnung die Gewinne unter die Geldgeber entsprechend ihrem Aktienanteil berechnet. In gleicher Weise nahmen die Aktienteilhaber jeweils an den Gewinnen und Verlusten teil. Nur wer als Beitrag ein Grundstück zur Verfügung stellte, erhielt zwei Aktien. Überdies war ein solcher Teilhaber wohl an den Gewinnen, nicht aber an den Verlusten beteiligt.

7. Die Rolle der Kaufmannsgilden für Recht und Rechtsprechung

Der ethisch-moralischen Herabsetzung der Kaufleute und Unternehmer im Zuge der Konfuzianisierung seit dem 1. vorchristlichen Jahrhundert folgten gesellschaftliche und rechtliche Diskriminierungen, die sich in hoher Besteuerung, Quotenregelungen, Verboten von Grunderwerb[469] und Ausschluss der Teilnahme an den Staatsprüfungen äußerten.[470] Herrmann-Pillath spricht davon, dass sich trotz der großen Bedeutung ordnungspolitischer Fragen und wirtschaftlicher Probleme im chinesischen Kulturraum nie ein autonomer *ökonomischer* Diskurs ausbildete und der Markt als Allokationsmechanismus keine eigenständige ethische Begründung erfuhr.[471]

Die Kaufmannsgilden entstanden mit dem Aufschwung des Handels seit der Song-Zeit (960 – 1279) und wiesen eine straffe Organisation auf. Sie hatten ihre eigenen Beamten und Regeln in Bezug auf Mitgliedschaft und Gewerbeausübung und zeigten damit die Merkmale einer Organisation als spezieller Art der

---

[465] Vgl. §§ 1223, 1226 BGB
[466] Kroker (1965), Bd. 2 S. 237
[467] Vgl. hier die rechtlich anerkannte Sicherungsübereignung von beweglichen Sachen im deutschen Recht
[468] Kroker (1965), Bd. 1, S. 199
[469] s. Granet (1980), S. 268; es geht hier um eine staatliche Maßnahme aus dem Jahr 119 v. Chr.
[470] v. Mende (1988), S. 176 f.
[471] Herrmann-Pillath (1998), S. 29

Institution.[472] Die Literatur berichtet von dem hohen Grad der Abhängigkeit kleiner Handwerker und Händler von den Gilden im 11. Jahrhundert.[473] Bünger verweist in seinen Ausführungen zu den Quellen des chinesischen Privatrechts auf die Bedeutung der Handelsbräuche, welche ein besonders fruchtbarer Boden für die Bildung von Gewohnheitsrecht seien.[474] Hier ist auf den Unterschied zwischen Handelsbrauch und Gewohnheitsrecht einzugehen. Die Entstehung von Handelsbräuchen hängt im wesentlichen von den drei Voraussetzungen einer allgemeinen tatsächlichen Übung, einer gewissen Dauer und der freiwilligen Anerkennung durch die beteiligten Verkehrskreise ab.[475] Dies entspricht grundsätzlich auch den Voraussetzungen für Gewohnheitsrecht. Als tatsächliche Übung ist der Handelsbrauch jedoch eine faktische Rechtsquelle und keine normative Rechtsgeltungsquelle.[476] Rechtliche Verbindlichkeit erlangt er nicht aus sich selbst heraus, sondern durch das mit seiner Hilfe ausgelegte oder ergänzte Rechtsgeschäft.[477] Der Handelsbrauch wirkt somit nicht wie eine Norm objektiven Rechts und Handelsbräuche sind keineswegs mit Gewohnheitsrecht zu identifizieren.[478] Im historischen China fehlte es für den Bereich des Handels an staatlich gesetztem Recht. Das Procedere des Handels entwickelte sich in und aus den Händlerkreisen und füllte die Lücken, welche die staatlichen Kodices im zivilrechtlichen Bereich aufwiesen. Die so geschaffenen Regeln erlangten gewohnheitsrechtliche Geltung und wirkten faktisch wie normatives Recht. Damit handelte es sich nicht um bloße Handelsbräuche, sondern Handelsgewohnheitsrecht. Eine Gewohnheit innerhalb eines Bezirks oder innerhalb eines Berufsstandes, sofern sie nur innerhalb dieses Kreises allgemein beobachtet werde, genügte zur Bildung von Gewohnheitsrecht innerhalb dieses Kreises.[479] Dabei war das Handelsgewohnheitsrecht örtlich und nach den einzelnen Gewerbezweigen sehr verschieden, was auch die Ursache dafür sein mag, dass es in dem *Untersuchungsbericht* keine Berücksichtigung fand. Zum Teil war es in den Satzungen der bedeutenden Gilden schriftlich niedergelegt. Jamieson spricht sogar von detaillierten Regelungen aller Gilden, die für ihre Mitglieder verbindlich waren und Bereiche wie Kreditdauer, Verantwortlichkeiten von Käufer und Verkäufer im Falle von Wasser- oder Feuerschäden, Dauer der freien Einlagerung, Verpackungsmodalitäten und Warenqualität betrafen.[480] Die auch als Richter fungierenden Beamten, welche nicht in ihren Heimatbezirken angestellt wurden, hatten kaum genaue Kenntnis der variierenden Handelsgewohnheiten ihrer Amtsbezirke. Dies führte zu einer großen Machtstellung der Gilden auf dem Gebiete der

[472] Vgl. Richter/Furubotn (2003), S. 10; s.a. Göbel (2002), S. 4; z. Bedeutung u. Rolle der Gilden s. Loewe (1966), S. 258 u. Jamieson (1970), S. 113 ff.
[473] Gernet (1988), S. 261
[474] Bünger (1929), S. 200
[475] Canaris (2000), § 24, Rn. 5
[476] Canaris (2000), § 24, Rn. 11; s.a. Schlegelberger/Hefermehl § 346 Rn. 1 u. 2
[477] Canaris (2000), § 24, Rn. 11
[478] Canaris (2000), § 24, Rn. 12
[479] F. diese u. die folgenden Ausf. s. Bünger (1929), S. 200
[480] Jamieson (1970), S. 114

Rechtsprechung, da die Richter bei ihrem Urteil auf die Sachkenntnis der Gilden angewiesen waren.[481] Weiterhin hielten auf dem Gebiet des kaufmännischen Verkehrs die wohlorganisierten und mächtigen Kaufmannsgilden Wacht gegen gesetzgeberische und richterliche Eingriffe seitens des Staates, wobei sie ihre eigenständige Ordnung vorzogen. Diese sah bei Verletzung der Satzung Geldstrafen vor, die von der Schwere der Verletzung abhingen und deren Zahlung bei Gelegenheit einer Feierlichkeit geleistet wurde, bei der der Schuldige als Gastgeber auftrat; auf diese Weise wurde die Harmonie wiederhergestellt. Bei Verweigerung der Zahlung kam es zum Ausschluss aus der Gilde verbunden mit einem Aufruf zum Warenboykott des Betreffenden, was allgemein zu kommerziellem Ruin führte.[482]

Streitigkeiten wurden im wesentlichen durch die Sippenhäupter und die kaufmännischen Gilden geschlichtet und dieser Zustand entsprach nach Bünger offenbar dem Rechtsgefühl der Betroffenen.[483] Dabei erfolgte die Schlichtung von Streitigkeiten sowohl innerhalb der Sippen und Gilden, wie auch durch die staatlichen Gerichte hauptsächlich durch Ausgleich und Billigkeit. Rücksichten auf die soziale und finanzielle Lage der Parteien hatten starkes Gewicht. Der Nachteil der darin liegenden Rechtsunsicherheit in allen Geldgeschäften wurde im Interesse einer Gerechtigkeit, deren Maßstab nicht objektiv war, sondern die beteiligten Personen zugrundelegte, in Kauf genommen. Die Deutsche Handelskammer Schanghai verwies noch in ihrem Jahresbericht 1925/26 auf die weitgehend auf Gewohnheitsrecht beruhende Schlichtungstätigkeit der Gilden, bei der es nicht so sehr um Rechtsfindung gehe, sondern eine Vergleichung der Parteien erstrebt werde.[484] Die daraus folgende Rechtsunsicherheit auf wirtschaftlichem Gebiet ist für Bünger der Grund dafür, dass im historischen China kapitalistische Wirtschaftsformen nicht entwickelt wurden.[485]

Der von Bünger beschriebene Zusammenhang zwischen der mangelnden Ausbildung staatlich gesetzten Privatrechts und der Bedeutung der Schlichtung von Streitigkeiten insbesondere im Bereich des Schuld- und Handelsrechts[486] mag sich wegen der institutionellen Ausformung gewohnheitsrechtlicher Bräuche nicht erschließen. Die Ursache für den hohen Stellenwert von Schlichtung lag möglicherweise eher in einem traditionell bedingten Rechtsgefühl der Betroffenen begründet, das sich aus dem völligen Fehlen eines Begriffes des subjektiven Rechts[487], der Abneigung gegen staatlich gesetztes Recht[488] und der konfuzia-

---

[481] Vgl. a. Jamieson (1970), S. 114

[482] S. Jamieson (1970), S. 114 f.

[483] Bünger (1952), S. 212

[484] Deutsche HK Schanghai, Jahresbericht 1925/26, S. 45

[485] Bünger (1952), S. 213, m. Bezug auf Max Weber (1920), bei dem diese Frage das Zentralproblem seiner Konfuzianismusstudie darstellt, deren Ansatz die religiösen Quellen, die materiellen Interessen der Trägerschichten und die Art der Ordnungskonfiguration berücksichtigt; kritisch dazu Eberhard (1983), S. 31 ff.

[486] Bünger (1952), S. 212 f.; s.a. Foerste (1999) zur *dritten Partei* bei Begründung und Durchsetzung von Verträgen

[487] v. Senger (1994), S. 21

[488] v. Senger (1994), S. 20

nisch geprägten Rolle des Einzelnen im sozialen Gefüge, das die kosmisch-ethische Ordnung zu wahren hatte[489], speiste. Granet spricht schon für die Gesellschaft zu Beginn der Kaiserzeit (ab 221 v. Chr.) von einer eigenen Moral der Handelsleute, die von einer Art Gildengesinnung und der Vorliebe für gerechte Abmachungen geprägt war.[490]

VII. Ausländisches Eigentum im Unternehmens- und Handelsbereich

Der spezielle Status der Ausländer und ihrer Konzessionen in den Vertragshäfen bot diesen die benötigte Sicherheit.[491] Wesentlicher Faktor war hierbei die Exterritorialität, die in China besagte, dass westliche Bürger nicht dem Wirkungsbereich des lex loci unterlagen, sondern einer eigenen nationalen Gerichtsbarkeit auf chinesischem Territorium unterstanden.[492] Dies bedeutete auch einen besonderen gerichtlichen Schutz ausländischen Eigentums. Deutschland hatte allerdings mit Abkommen vom Mai 1921 auf die Eigengerichtsbarkeit in China verzichtet, womit deutsche Staatsangehörige in China unter chinesischem Recht und chinesischer Gerichtsbarkeit standen.
Ausländisches Eigentum an Wirtschaftsgütern außer Grundeigentum war zu Ende der Qing-Zeit vornehmlich in Form von Betriebs-, Unternehmens- und Anteilseigentum gegeben.[493]
Einen historischen Wendepunkt für ausländisches Eigentum an Wirtschaftsgütern außer Grundeigentum stellt der japanisch-chinesische *Vertrag von Shimonoseki* im Jahre 1895 dar, welcher infolge der Kriegsniederlage Chinas geschlossen und Grundlage ausländischen Unternehmertums in China wurde. Dieser sicherte in Art. VII Japan die Meistbegünstigungsklausel zu und damit alle Rechte, die anderen Nationen gewährt worden waren. Weiterhin gestattete er japanischen Unternehmen den Bau industrieller Anlagen in den chinesischen Vertragshäfen und durch die Meistbegünstigungsklausel wurde dieses Privileg automatisch auch den anderen Vertragsnationen eingeräumt. Dies war der Beginn der Konzentration ausländischer Industrieanlagen in den Freihäfen und Pachtgebieten (hier besonders Shanghai). In der Folge kam es dort zu einem starken Zufluss von westlichem und japanischen Kapital in der Hoffnung auf billige Arbeitskräfte aus der Not leidenden Bevölkerung und Öffnung von chinesischen Absatzmärkten.

---

489 Vgl. v. Senger (1994), S. 21 ff.
490 Granet (1980), S. 279; s.a. Jamieson (1970), S. 115
491 Feuerwerker (1969), S. 43
492 S. Machetzki (1974), Sp. 335
493 Vgl. O. Depenheuer in: v. Mangoldt/Klein/Starck, GG I, Art. 14, Rn. 135 ff.

Nach Schätzungen wurden vor 1895 etwa 103 ausländische Industrieunternehmen gegründet, wobei es sich bei den meisten um Kleinunternehmen handelte, die allerdings im Gegensatz zum chinesischen traditionellen Handwerk maschinell produzierten.[494] Vor 1895 galt dieses als illegal, wurde jedoch zunächst von chinesischer Seite aus geduldet. Erst als hohe Regierungsbeamte ihre eigenen Unternehmen gründeten, wurden größere ausländische Unternehmungen z.B. im Textilbereich verhindert.
Feuerwerker nennt für 1894 12 ausländische Unternehmen in dem Bereich Schiffbau und Schiffsreparaturen, 7 für Tee, 7 Spinnereien, 19 Produktionsunternehmen außerhalb der Bereiche Tee und Spinnerei, 39 Unternehmen der Leichtindustrie mit anderen Produkten und 4 Elektrizitätsunternehmen bzw. Wasserwerke.[495] Das Investitionsvolumen der insgesamt 88 Unternehmen lag bei 19.724.000 Chinesischen Dollar (ch.$).[496]
Nach der Legalisierung ausländischer Industrieunternehmen 1895 kamen nach Feuerwerker mindestens 136 zusätzliche ausländische Unternehmen hinzu, darunter auch 40 chinesisch-ausländische Unternehmen, die aus praktischen Erwägungen unter ausländischer Kontrolle standen.[497] Das Gesamtinvestitionsvolumen dieser Unternehmen lag bei 103.153.000 ch.$; das Einzelinvestitionsvolumen bei mindestens 100.000 ch.$.
Größtes Investitionsgebiet war der Kohlebergbau mit Großbritannien als größtem Investor.[498] Dabei zeigt der hohe Anteil an chinesisch-ausländischen Gemeinschaftsunternehmen den Einfluss der Bergbau-Bestimmungen der Qing-Regierung, die vor 1902 verlangten, dass 30 bis 50 % des Kapitals der Bergbauunternehmen von chinesischer Seite investiert wurden.
Für den Zeitraum von 1895 bis 1913 (Ende des Kaiserreiches 1911) nennt Feuerwerker insgesamt 96 rein ausländisch investierte Unternehmen (davon 9 deutsche), 40 chinesisch-ausländische (davon 3 chinesisch-deutsche) mit einem Investitionsvolumen von insgesamt (in 1.000 ch.$) 103.153 ch.$; davon für ausländische Unternehmen 64.259 ch.$ (deutsche: 6.534 ch.$) und chinesisch-ausländische 38.894 ch.$ (deutsch—chinesische: 1.147 ch.$).[499]
Nach anderen Schätzungen stieg das ausländische Kapital von 787 Millionen Golddollar 1896 auf 1.610 Millionen im Jahre 1914. Im Jahre 1890 gab es 499 und 1923 bereits 6.865 ausländische Unternehmen.[500]
Zu den deutsch-chinesischen Unternehmen gehörte auch die aufgrund einer der deutschen Regierung gewährten Eisenbahnkonzession 1899 gegründete *Shan-*

---

[494] Feuerwerker (1969), S. 31 f.
[495] Feuerwerker (1969), S. 32
[496] Z. Währungseinheit des Chinesischen (Silber-)Dollar (ch.$) s. Feuerwerker (1969), S. 75, Note Nr. 18; die angegebenen Werte haben hier keine absolute, sondern in Bezug auf die genannten anderen Werte, eine relative Aussagekraft
[497] Feuerwerker (1969), S. 32
[498] Osterhammel (1989), S. 260
[499] Feuerwerker (1969), S. 34, Tabelle 11
[500] Gernet (1979), S. 512; z. Kontrolle ganzer Wirtschaftsbereiche durch ausländisches Kapital s.a. Weggel (1989) S. 13 f.

tong Railway Co. mit einem Investitionskapital von 54 Mio. Reichsmark.[501] Eine wichtige Rolle für dieses und ähnliche Projekte spielte die 1889 von führenden deutschen Geldinstituten[502] gegründete Deutsch-Asiatische Bank, die die Gründung eines Syndikats für Geschäftsprojekte in Asien 1890 nach sich zog. Diese war eine speziell für den Kapitalexport nach China geschaffene Institution.[503] Dabei ging es u.a. um die Übernahme von Anleihen für Projekte des Eisenbahn- und Bergbaus, auch in China.[504]

VIII. Immaterialgüterrechte

1. Markenrecht

Nach Münzel kann das chinesische Markenrecht auf eine seit der Kaiserzeit kaum unterbrochene Tradition zurückblicken. Der Gebrauch von Marken lasse sich in China seit Jahrhunderten nachweisen.[505] Dem ist nicht uneingeschränkt zuzustimmen. Zwar gab es schon im frühen China Gesetze für den Gebrauch von Kennzeichen, Symbolen und persönlichen Namen, um die Produkte unterschiedlicher Personen voneinander zu unterscheiden. Dennoch sind diese nicht mit der Markengesetzgebung der heutigen Zeit zu vergleichen.[506]
So sah ein Gesetz in der Tang-Zeit (618 – 917) vor, dass handgefertigte Waren den Namen des Herstellers zur Identifizierung tragen müssten. Erwiesen sich solche Produkte als minderwertig, so konnte der Hersteller bestraft werden. Gesetzesziel war offensichtlich eher der Schutz der Verbraucher als der der Hersteller. Trotz des unvollkommenen Schutzes von Markennamen benutzten Hersteller schon fruh solche Markennamen, um ihr Renommee zu verbreiten und ihre Produkte zu vermarkten. So ist aus der Song-Zeit (960 – 1279) die Verwendung eines Kaninchens als Marke überliefert.
Erst während der Qing-Zeit (1616 – 1911) rückte die Zielsetzung der Gesetzgebung über Geschäftsnamen und Marken in Richtung auf den Schutz der Nutzer. Dessen Durchsetzung wurde mit strafrechtlichen Mitteln bewirkt. So berichten historische Quellen von der Bestrafung eines Textilkaufmanns im Jahre 1736,

[501] F. diese u. die folgenden Ausf., vgl. Overlach (1976), S. 143 ff.; zum Zusammenhang zwischen Bahnbau, Finanz und Chinas politischer Schwäche, s. *Eisenbahnimperalismus* vgl. Osterhammel (1989), S. 218 ff.
[502] S. Grösser (1938), S. 52
[503] Osterhammel (1989), S. 220 m. w. Nachweis; z. Rolle ausländischer Geldinstitute s.a. Weggel (1989), S. 12
[504] Overlach (1976), S. 153
[505] S. Münzel in: Anmerkung 1 zu Übersetzung des Markengesetz u. Ausführungsbestimmungen der VR China 1983
[506] Wang/ Mo (1999), S. 547

der seine Produkte für die eines anderen ausgab. Zwischen 1723 und 1736 wurden verschiedene Kaufleute festgenommen, die gefälschte Medizin unter der Marke *Tong Ren Tang*. Sie wurden bestraft und gezwungen, öffentlich als unredliche Kaufleute zu paradieren.
Der westliche Begriff des Markenschutzes wurde in China im Zuge der gewaltsamen Öffnung nach 1840 eingeführt, um die Interessen der westlichen Kaufleute zu schützen. So verlangte Art. 7 des Sino-britischen Handels- und Schifffahrtsabkommens von 1902, dass jede Vertragspartei rechtliche Maßnahmen ergriff, um die Verletzung von Marken der anderen Partei zu verhindern. Ähnliche Regelungen fanden sich in anderen bilateralen Abkommen mit den USA, Japan und Portugal. Das erste moderne Markengesetz, die *Versuchsweise durchgeführte Satzung für die Registrierung von Marken*, wurde 1904 nach einem Entwurf des britischen Generalzollinspektors der Qing-Regierung, Robert Hart, erlassen. Die Regelungen sahen ein Registrierungs-System für Marken vor und gaben dem ersten Antragsteller den Vorrang. Die Schutzdauer der registrierten Marke lag bei 20 Jahren. Dabei wurde extraterritoriale Rechtsprechung anerkannt. Unter diesen Regelungen wurden 25.900 Marken registriert, wobei es sich fast ausschließlich um ausländische Marken handelte. Somit schützte das Markengesetz von 1904 weitgehend die Interessen ausländischer Kaufleute.[507]

2. Patentrecht

Die Idee, technische Erfindungen zu ermutigen und zu belohnen, kam in China erstmals im *Königreich des himmlischen Friedens* der *Taiping-Rebellen* im Jahre 1859 zur Anwendung.
Im Zuge der *Hundert-Tage-Reform* 1898 unter Kang You-wei war vorgeschlagen worden, die Erfindungstätigkeit durch staatliche Patente und Prämien zu fördern.[508] In diesem Jahr wurden als erstes chinesisches Gesetz, das Patente anerkannte und schützte, die Vorschriften zur Belohnung und Förderung von Technologien verabschiedet.[509] Diese erweisen sich jedoch als ungenügend und kaum folgenreich, denn Betz/Lautenschlager stellten in ihren 1929 erschienenen Ausführungen zur Rechtsentwicklung in China mit Bezug auf eine Bekanntmachung des chinesischen Handelsministeriums fest, dass eine gesetzliche Regelung des Schutzes von Erfindungen, Patenten und Gebrauchsmustern noch nicht erfolgt sei.[510]

---

507 Wang/ Mo (1999), S. 548
508 Fairbanks (1989), S. 140
509 S. Wang/Mo (1999), S. 527 ff.
510 Betz/Lautenschlager (1929), S. 375 unter Bezug auf eine im chinesischen Reichsanzeiger vom 12.6.1927 veröffentlichte Bekanntmachung des chinesischen Handelsministeriums, welche die von Ausländern angemeldeten Patente betraf.

3. Urheberrecht

Schon die Song-Dynastie (960 – 1279) kannte ein Lizenzsystem für den Druck von Büchern. Noch vor Erlass des ersten modernen Gesetzes zum Urheberrecht im Jahre 1910 hatten Japan und die USA in zweiseitigen Abkommen mit China den Schutz von Veröffentlichungen geregelt[511]. Die Verträge sahen eine Verbürgung der Gegenseitigkeit vor, schützten jedoch lediglich solche japanischen bzw. amerikanischen Veröffentlichungen, welche speziell für den Gebrauch von Chinesen bestimmt waren. Nach dem japanischen Vertrag mussten die betreffenden Werke in chinesischer Sprache verfasst sein, und der amerikanische Vertrag sah eine Beschränkung der Schutzfrist innerhalb Chinas auf 10 Jahre vor. Chinesischen Staatsangehörigen war das Recht zur Übersetzung von Werken amerikanischer Autoren ins Chinesische freigegeben.

Das erste moderne Urheberrecht, welches den Schutz der Interessen des Autors oder autorisierten Besitzers von literarischen, künstlerischen oder wissenschaftlichen Werken bezweckte, datiert vom 18. Dezember 1910 und damit vom Ende der Kaiserzeit.[512] Es beruhte im Wesentlichen auf der Berner Konvention zum Schutz von literarischen und künstlerischen Werken von 1896 und befand sich, abgesehen von dem Erfordernis der Registrierung der zu schützenden Werke, mit der internationalen Praxis des Copyright-Schutzes zu jener Zeit in Einklang. Mit dem Ende des Kaiserreiches 1911 verlor dieses Gesetz seine Gültigkeit, beeinflusste aber stark die späteren Gesetze zum Urheberrecht, die 1915 und 1928 verabschiedet wurden.

---

[511] Beide Abkommen datieren vom 8.10.1903; vgl. Betz/Lautenschlager (1929), S. 374

[512] Vgl. Wang/Mo (1999), S. 504 ff.

IX. Fazit zur Eigentumssituation im Unternehmens- und Handelsbereich des historischen China

Die wirtschaftliche Entwicklung einer Region lässt Rückschlüsse auf die dortige Ausprägung von Eigentumsformen zu. Dies gilt besonders für den Handel und die Entwicklung des Geldwesens. Obige Ausführungen zur Entwicklung der Geldwirtschaft in China belegen die enge Beziehung zwischen Handel und Geld- bzw. Kreditwesen. Mangels genauer Quellen soll es hier nicht um eine Erklärung des *Entstehens*, sondern nur um einen Nachweis des *Bestehens* von Eigentum an Handelswaren gehen.
Handel beinhaltet Verfügungen über die gehandelten Sachen und setzt die Verfügungsbefugnis darüber voraus. Dies umschließt die Rechtsmacht zu Verfügungen im eigenen Namen mit Wirkung und zu Lasten des wahren Berechtigten.[513] Damit ist Handel ein Indiz für das Bestehen von Privateigentum an den gehandelten Waren. Die Existenz von privatem Unternehmertum und Handel ist nach der Literatur in China schon früh anzusetzen. Mit ihr einher gehen die Versuche staatlicher Einflussnahme, was besonders im Bereich der staatlichen Monopole deutlich wird. Monopole sollten nicht zuletzt den privaten Handel mit lukrativen Gütern verhindern und damit weitere Staatseinnahmen sichern. Auf der anderen Seite wurden Kaufleute, die die Salzsteuern des rentablen Salzmonopols für den Staat eintrieben, begünstigt, indem sie mit hohen Summen umgingen und so ihre wirtschaftliche Macht stärken konnten, was wiederum den vom Staat unabhängigen privaten Handel stärkte. Im historischen China standen sich Staatswirtschaft und privater Handel, welcher sich staatlicher Kontrolle entzog, gegenüber.[514] Die fehlende staatliche Gesetzgebung in diesem Bereich wurde gewohnheitsrechtlich ersetzt.
Der Gebrauch von Handelseffekten wie Bankanweisung, Eigenwechsel und Wechselbrief entwickelte sich in Handelskreisen. Anweisungen und Wechsel gelten nach dem extensiven Wertpapierbegriff[515] allgemein als Wertpapiere und damit als Urkunden, die private Vermögensrechte verbriefen.[516] Bei Gebrauch solcher Wertpapiere waren die Anforderungen an den Eigentumserwerb am Papier und die Entstehungsvoraussetzungen der einzelnen Wertpapierverpflichtungen zu klären.[517] Die Verbriefung privater Vermögensrechte setzte weiterhin notwendig die Existenz von privatem Vermögen voraus. Zu den Wertpapieren gehören auch Lagerscheine, in denen vom Lagerhalter die Herausgabe des bei ihm eingelagerten Gutes versprochen wird und welche in China Ende des 9. und Anfang des 10. Jahrhunderts von Lagerhäusern, Pfandleihanstalten, Wechselstuben und Handelshäusern ausgegeben wurden. Dies deutet ebenfalls auf früh entwickelte differenzierte Strukturen im Wertpapierbereich. Entstehung und

---

[513] Canaris (2000), § 29, Rn. 12
[514] So Gernet (1979), S. 352
[515] Extensiver Wertpapierbegriff v. Heinrich Brunner (1882)
[516] Gursky (1997), S. 1
[517] Gursky (1997), S. 19

Gebrauch solcher Instrumente sind in Handelskreisen anzusetzen, wurden jedoch staatlich anerkannt.
Im Bereich der Rechtsprechung wurde Handelsgewohnheitsrecht zugrunde gelegt. Gleichzeitig spielte die Schlichtung eine herausragende Rolle, was zu Rechtsunsicherheit auf wirtschaftlichem Gebiet führte und damit auch Rechtspositionen in diesem Bereich entscheidend beeinflusste.
Gesetze für den Gebrauch von Kennzeichen, Symbolen und persönlichen Namen schon im frühen China zeugen von einem Bewusstsein für Bedeutung und Funktion von Marken. Der Schwerpunkt lag zunächst allerdings eher auf Schutz der Verbraucher als der der Hersteller. Immerhin war schon im 18. Jahrhundert eine Änderung der Zielsetzung der Gesetzgebung über Geschäftsnamen und Marken in Richtung auf den Schutz der Nutzer zu beobachten. Somit war dieser Grundgedanke der späteren modernen Markengesetzgebung kein reiner Rechtsimport.
In der zweiten Hälfte des 19. Jahrhunderts führte die vom Ausland erzwungene Öffnung Chinas zu einer beschleunigten Entwicklung von Handel und Industrie vornehmlich in den geöffneten Küstenstädten, wobei es jedoch nur zu einer sehr begrenzten Modernisierung der Produktion aufgrund fortgeschrittener Technologien kam.[518] Es entwickelte sich eine moderne Kaufmanns- und Unternehmerschicht, deren wirtschaftliche Interessen eng mit denen der auf diese Weise in China engagierten Ausländer verknüpft waren. Der spezielle Status der Ausländer und ihrer Konzessionen in den Vertragshäfen bot dieser Schicht die benötigte Sicherheit.[519] Wesentlicher Faktor war hierbei die das Prinzip der Exterritorialität, wonach westliche Bürger nicht dem Wirkungsbereich des lex loci unterlagen, sondern einer eigenen nationalen Gerichtsbarkeit auf chinesischem Territorium unterstanden.[520] Dies bedeutete gleichzeitig einen besonderen gerichtlichen Schutz ausländischen Eigentums. Deutschland hatte allerdings mit Abkommen vom Mai 1921 auf die Eigengerichtsbarkeit in China verzichtet, womit deutsche Staatsangehörige in China unter chinesischem Recht und chinesischer Gerichtsbarkeit standen. Schon mit dem Vertrag von Versailles 1919 war die Politik gescheitert, deutsche ökonomische Interessen durch *Einflusszonen* in China abzusichern.[521]
Ausländisches Eigentum an Wirtschaftsgütern außer Grundeigentum war zu Ende der Qing-Zeit vornehmlich in Form von Betriebs-, Unternehmens- und Anteilseigentum gegeben.[522] Die rechtliche Entwicklung Chinas wurde im Gefolge dieser Entwicklung vorangetrieben, blieb jedoch der tatsächlichen wirtschaftlichen Entwicklung und ihrer außerhalb des Gesetzes geschaffenen Institutionen zurück.[523]

---

518 Feuerwerker (1969), S. 72
519 Feuerwerker (1969), S. 43
520 S. Machetzki (1974), Sp. 335
521 Vgl. Matzat (1992), S. 29
522 Vgl. O. Depenheuer in: v. Mangoldt/Klein/Starck, GG I, Art. 14, Rn. 135 ff.
523 Münzel (1974a), Sp. 1089

Teil 2: Recht und Eigentum in der Republik China 1911 – 1949

A Allgemeine Rechtsentwicklung und die Bedeutung des Gewohnheitsrechts

Die positive Gesetzgebung nach Ende des Kaiserreiches 1911 bis zum Sieg der Nationalregierung 1928 war bescheiden und ein geplantes Zivilgesetzbuch blieb zunächst Entwurf.[524] Statt dessen wendete man als Übergangslösung die noch geltenden zivilrechtlichen Bestimmungen des Qing-Kodex an. Bünger berichtete 1929, dass der Oberste Gerichtshof in Peking als Quellen des Zivilrechts neben dem Gesetzesrecht das Gewohnheitsrecht und allgemeine Rechtsgrundsätze nannte.[525] Das Verhältnis der Rechtsquellen zueinander war so bestimmt, dass bei Fehlen einer ausdrücklichen auf den Fall anwendbaren Vorschrift nach Gewohnheitsrecht zu entscheiden war. Nach der Rechtsprechung des OHG Peking war die Qualifikation als Gewohnheitsrecht an verschiedene Voraussetzungen geknüpft. Die Gewohnheit musste von der Allgemeinheit in dem Willen, eine bindende Rechtsregel zu verwirklichen, dauerhaft gleichförmig geübt werden und durfte der öffentlichen Sicherheit und Ordnung nicht zuwiderlaufen. Weiterhin durfte keine Gesetzesbestimmung entgegenstehen.[526] Bünger nennt Schätzungen, nach denen der überwiegende Teil der Gerichte seine Urteile lediglich nach örtlichem Gewohnheitsrecht sprach.[527] In der wirtschaftlichen Praxis wurden die in der *Amtliche Sammlung* geschilderten Rechtsgewohnheiten bis in die ersten Jahre der chinesischen Republik beobachtet und registriert und es ist davon auszugehen, dass sie auch in den darauf folgenden Jahren der innenpolitischen Wirren weiter beobachtet wurden.

Insgesamt ist festzustellen, dass noch nach Ende der Kaiserzeit bis in die Republikzeit informale Institutionen wie auch traditionelle Werthaltungen gegenüber dem Eigentum besondere Beachtung fanden, da bis in das 20. Jahrhundert hinein kein formales Zivilrecht existierte und sich der staatliche Schutz des Eigentums bzw. die gerichtliche Durchsetzung entsprechender Ansprüche weitgehend auf das informale Gewohnheitsrecht stützten.[528]

---

[524] S. Münzel (1974a), Sp. 1091 f.;

[525] Bünger (1929), S.196 f.

[526] Bünger (1929), S.200

[527] Bünger (1929), S. 200

[528] Hermann-Pillath (1998), S.45; s.a. Brockmann (1980), S. 77 – 136; dies mag auch für die traditionellen Prinzipien des *li* (sittliche Grundforderungen) und des *qing* (Berücksichtigung der Umstände des Einzelfalls) als allgemeine Rechtsgrundsätze gelten

B Regelungen des Eigentums im chinesischen BGB und im Bodengesetz

Herzstück der Gesetzgebungstätigkeit der Nationalregierung war das mit mehreren Entwürfen sorgfältig vorbereitete chinesische Zivilgesetzbuch[529]. Das *Minfa* wurde in den Jahren von 1929 bis 1931 sukzessive in Kraft gesetzt. Rein formell wurde damit das traditionelle chinesische Recht, welches sich hauptsächlich aus den Bestimmungen des lokalen Gewohnheitsrechts zusammensetzte, ersetzt.[530] Dennoch wurden auch Rechtsinstitutionen des traditionellen chinesischen Rechts beibehalten, wozu auch das *Dian* gehörte.[531] Das Minfa enthielt weitgehend rezipiertes Recht, wobei Inhalt und Einteilung im wesentlichen dem japanischen und damit dem 1. Entwurf des deutschen BGB entsprachen, jedoch regelte es auch Handelsrecht (außer Gesellschaftsrecht).
Die Berücksichtigung des deutschen BGB wirkte keineswegs, wie immer wieder in der Literatur behauptet, lediglich mittelbar über das japanische BGB, sondern unmittelbar.[532] Gegenüber dem 1925 veröffentlichten Entwurf wies das chBGB starke Kürzungen auf, da viele Dispositivvorschriften fortgelassen wurden. Die Redaktoren waren der Meinung, es müsse aufgrund der Ausdehnung des Landes und seiner unterschiedlichen Bräuche den örtlichen Gewohnheiten viel Platz geschaffen werden.[533] Dies sollte neben der Fortlassung von Dispositivvorschriften durch die häufige Verweisung auf Gewohnheitsrecht, die besonders im Sachenrecht auffällt, erreicht werden.[534] So sieht § 1 chBGB vor, dass falls ein bürgerlichrechtlicher Fall vom Gesetz nicht geregelt ist, die Gewohnheit maßgebend sei. Eine Selbständigkeit gegenüber ausländischen Vorbildern zeigt sich auch an der weitgehend unveränderten Übernahme des traditionellen Rechtsinstituts des Dian.
Das Sachenrecht im besonderen ist im Dritten Buch geregelt[535], welches am 30.11.1929 verkündet wurde und am 5.05.1930 in Kraft trat. Im Mittelpunkt stand hier das Bodenrecht.[536]

[529] Chin. *Minfa*; im folg. a. chBGB
[530] Vgl. Glück (1999), S. 20
[531] S. Glück (1999), S. 20
[532] Das 1896 verkündete japanische BGB konnte nur den ersten Entwurf z. deutschen BGB von 1887, nicht mehr aber den zweiten Entwurf verwerten; viele Vorschriften des chinesischen BGB entsprechen jedoch der Fassung, des deutschen BGB, die schließlich in Kraft trat, s. Bünger (1934), S. 22
[533] Bünger (1934), S. 21 f.; dennoch spricht Böhling davon, dass die Gewohnheiten bei der Kodifikation des chBGB nicht genügend beachtet wurden
[534] Bünger (1934), S. 21 f.
[535] §§ 757 - 966 ch BGB
[536] S.a. Böhling (1934), S. 2

I. Allgemeine Grundsätze und Erwerb von Immobiliarrechten

Das chBGB sah einen numerus clausus der Sachenrechte vor und stellte das Erfordernis der Publizität auf. Dessen Mittel war bei Rechten an beweglichen Sachen der Besitz und bei Immobilien das Immobiliarregister, welches mit der VO vom 21.05.1922 geschaffen wurde. Der Erwerb und jede Veränderung eines Immobiliarsachenrechts wurde erst mit Eintragung wirksam (§ 758 chBGB). Mit dieser Regelung entschied sich das chBGB für das Grundbuchsystem des deutschen Rechts. Eine grundlegende Abweichung bestand jedoch insofern, als das Grundbuch im chinesischen Recht lediglich öffentliche Beweiskraft[537] besaß, aber keinen öffentlichen Glauben genoss.[538] Für Begründung und Übertragung des Rechts an einer unbeweglichen Sache war die Schriftform vorgeschrieben (§ 760 chBGB). Dies unterstrich die Einführung einer Trennung von obligatorischem und dinglichem Geschäft; für das Verpflichtungsgeschäft war keine besondere Form vorgeschrieben.
Als beschränkte dingliche Rechte an Immobilien waren Erbbaurecht, Erbpachtrecht, Grunddienstbarkeit, Hypothek und das *Dian* geregelt. Dabei stand die Hypothek als scheinbar wichtigstes Grundpfandrecht an der Spitze der Pfandrechte und wurde mit 23 Paragraphen am ausführlichsten geregelt. Das *Dian* folgte mit 16 Bestimmungen. Diese rechtliche Gewichtung stand in starkem Gegensatz zur Realität, in der das *Dian* dominierte, während die Hypothek praktisch bedeutungslos war.[539]
Im Unterschied zur traditionellen gewohnheitsrechtlichen Regelung bestand bei der Hypothek Eintragungspflicht. Sie konnte an Erbbaurecht, Erbpachtrecht und *Dian* bestellt werden. Gegenstand der Haftung waren außer dem belasteten Gegenstand dessen Zubehör und Nebenrechte. Eine Neuerung war auch, dass die Hypothek mit anderen dinglichen Rechten zusammentreffen konnte und die Veräußerung des Grundstücks nicht hinderte (§§ 865 – 867 chBGB). Die Grundstruktur des traditionellen *Dian* blieb im chBGB erhalten. Dies gilt vor allem für die Selbständigkeit des Rechts des Gläubigers, das nicht akzessorisch ist. Neu war die maximale Laufzeit von 30 Jahren und die Haftungsverteilung bei Untergang des *Dian*-Gegenstandes.[540]
An beweglichen Sachen waren als beschränkte dingliche Rechte nur Pfandrecht und Zurückbehaltungsrecht möglich. Keine Berücksichtigung im chBGB fanden

---

[537] § 1 Allg. Register-VO u. § 5 der Immobiliarregister-VO

[538] § 1 d. Allg. Register-VO v. 21.05.1922 erkennt eine Vermutung für die Richtigkeit des GB an, womit nur dem Schweigen des GB vertraut werden kann, nicht jedoch einer Eintragung und ein gutgläubiger Erwerb vom eingetragenen Nichteigentümer nicht möglich ist, s. Bünger (1934), S. 63

[539] Vgl. Thümmel (1995), S. 39 f.

[540] Hier unterschied das Gesetz zwischen dem durch höhere Gewalt und dem durch Verschulden des Dian-Gläubigers verursachten vollständigen oder teilweisen Untergang. Der durch zufälligen Untergang entstandene Schaden wurde zwischen den Vertragsparteien aufgeteilt. War der vollständige oder teilweise Untergang auf schuldhaftes Verhalten des Dian-Gläubigers zurückzuführen, so richtete sich die Rechtsfolge nach der Schwere des Verschuldens, wobei zwischen den Verschuldensgraden der Fahrlässigkeit, groben Fahrlässigkeit und Vorsatz unterschieden wurde, vgl. Glück (1999), S. 206.

der Nießbrauch, die beschränkten persönlichen Dienstbarkeiten, die dinglichen Vorkaufs- und Wiederkaufsrechte, Grundschulden und Rentenschulden.

II. Inhaltliche Beschränkungen der Rechte am Boden und die Problematik des Eigentumsbegriffs

Die Bestimmung des § 765 chBGB statuierte die grundsätzliche Freiheit des Eigentümers, mit seiner Sache nach Belieben zu verfahren. Mit der unbeschränkten Verfügungsfreiheit des Einzelnen wurde im chBGB grundsätzlich das Individualeigentum anerkannt. Dies bedeutete einen Bruch zu dem bisherigen Eigentumsbegriff, der traditionell die Belange der Familie in den Vordergrund stellte.[541] Der Umfang von Privatland[542] wurde in § 773 chBGB bestimmt. Danach erstreckte es sich, soweit nicht gesetzlich eingeschränkt und seine Ausübung Vorteil brachte, auf den Raum über und unter dem Grundstück. Öffentlich-rechtliche Beschränkungen fanden sich im Bodengesetz vom 30.06.1930 und anderen Gesetzen.

Die grundlegende Vorschrift bezüglich des Eigentums an Grundstücken fand sich nicht im chBGB, sondern unter § 7 BodenG und existiert noch heute unter identischem Wortlauf in dem aktuell gültigen Bodengesetz der Republik Taiwan unter § 10 I BodenGTaiwan.[543] Danach gehörte der Boden innerhalb des chinesischen Staatsgebietes der Gesamtheit seiner Staatsbürger und war damit zunächst Gemeineigentum[544]. Er wurde jedoch *Privatbesitz*[545], soweit Personen an ihm gesetzmäßig *Privatbesitzrechte*[546] erworben hatten. Die Übersetzung des chinesischen Begriffs *suoyouquan* mit Privat*besitz*rechte ist in diesem Fall jedoch keineswegs zwingend.[547] Die Fachliteratur übersetzt unterschiedlich und die hier verwendete Kombination chinesischer Zeichen[548] lässt auch nach heutigem Verständnis beide deutschsprachige Möglichkeiten, einmal die des *Besitzes* und zum anderen die des *Eigentums* zu. Eine isolierte Übersetzung des Begriffes kann deshalb zu keinem richtigen Ergebnis führen, sondern der Begriff ist in seinem systematischen Zusammenhang zu analysieren. Hier könnte § 7 II BodenG aufschlussreich sein, in dem es heißt, dass Mineralschätze des der privaten Nutzung überlassenen Bodens nicht in das Eigentum des *Bodenbesitzers* übergehen können. Daraus kann geschlossen werden, dass es sich bei dem Privatland

---

[541] Vgl. Böhling (1934), S. 17; vgl. a. obige Ausführungen in Teil 1, B III 2.
[542] Z. Problematik des Begriffs s. folgende Ausführungen
[543] Veröffentlichung der §§ 7, 13, 14 u. 16 BodenG in der Zeitung *Dagong Bao* (大公报) am 22.6.1930; Bodengesetz der Republik Taiwan in der revidierten Fassung vom 26.01.2000.
[544] Chin.:renminquanti suoyou – 人民全体所有 ; vgl. a. § 12 BodenG
[545] Chin.: siyou tudi - 私有土地; übers. n. Hsiao (1931), § 7
[546] Chin.: suoyouquan – 所有权; übers. n. Hsiao (1931), § 7
[547] Vgl. Bünger (1934), S.66, der hier die Übersetzung von Hsiao (1931), § 7 BodenG mit dem Terminus *Privat-Besitzrechte* als ungenau ablehnt und statt dessen den Begriff *Eigentum* verwendet.
[548] Chin. suoyouquan – 所有权

keineswegs um Eigentum, sondern um Bodenbesitz handelte. aufschlussreich ist hier auch der Vergleich mit der autorisierten deutschen Übersetzung der aktuell noch in Taiwan gültigen Verfassung der Republik China von 1946, die in Art. 143 den auch im Bodengesetz verwendeten chinesischen Begriff *siyou tudi* mit *privater Grundbesitz* übersetzt.[549] Somit ist eher von einem zur Nutzung[550] berechtigenden privaten Bodenbesitz als von einem Eigentumsrecht an Boden auszugehen und die von Bünger kritisierte Übersetzung von Cheng Hsiao findet ihre Berechtigung und ist vorzuziehen. Hu Hanmin[551], der das Bodengesetz von 1930 gemeinsam mit Lin Sen[552] entworfen hatte, erläuterte seinen Entwurf und deutete die Problematik des so formulierten Gesetzestextes an: "Das öffentliche Eigentum am Boden gehört dem ganzen Volk. Soweit Privatleute die gesetzliche Erlaubnis erhalten, kann auch deren Privatbesitz[553] anerkannt werden. Dies wird von unserem Bodengesetz so bestimmt."[554] Die Forschungsliteratur moniert zu Recht, dass wenn Privatbesitz auf diese Weise gesetzlich anerkannt wurde, dies im Widerspruch zu der Umsetzung des Gedankens stand, dass es sich bei dem Boden generell um öffentliches Eigentum des Volkes handelte.[555] Ein Widerspruch, den der Gesetzestext bei isolierter Betrachtung ungelöst lässt. Die tatsächliche Umsetzung des Gesetzes hätte über seine genaue Auslegung und damit über den genauen Inhalt des Privatbesitzes Aufschluss geben können, wurde jedoch durch die politische Entwicklung verhindert. Hilfreich könnte hier die Gesetzeserläuterung Hu Hanmins sein, dass das Besitzrecht[556] die Nutzung, Verfügung und den Ertrag[557] des Besitzes umschließe, diese Faktoren jedoch eine angemessene Begrenzung finden müssten und der Umgang mit dem Besitz sich in diesem Rahmen bewegen müsse.[558] Diese Auslegung deutet ebenfalls auf starke Einschränkungen der privaten Rechte am Boden. Ein Blick auf die Geschichte bringt weitere Klarheit. Schon Sun Zhongshan (auch: Sun Yatsen), der Begründer und erst Vorsitzende der die Republik China regierenden Guomindang-Partei (auch: Kuomintang bzw. KMT) hatte in seinem gesellschaftspolitischen Programm bezüglich der dritten seiner drei *Grundlehren vom Volk*, der Grund-

---

[549] Deutsche Übersetzung der Verfassung der Republik China vom 25.12.1946, autorisiert durch das Informationsbüro der Regierung der Republik China 1997

[550] Zum Begriff der Bodennutzung vgl. § 141 BodenG, wo dieser definiert wird als alle zum Zweck der Nutzung des Bodens gemachten Arbeits- und Kapitalaufwendungen

[551] 胡汉民

[552] 林森

[553] Chin.: siyouquan – 私有权

[554] Chin.: 土地公有权属诸人民全体。至于私人，如得 法律上的许可，也可以承认他有土地是有权，这是 我们土地法所确定的; zit. n. Wen/Zhu (2004)

[555] Vgl. die Ausführungen von Wen/Zhu (2004)

[556] suoyouquan

[557] Die einzelnen Begriffe n. Reihenfolge: shiyong – 使用 (Nutzung), chufen – 处分 (Verfügung), shouyi - 收益(Ertrag)

[558] Luo Jialun, Geming Wenxian, 23. Bd., S. 4706

lehre von der Lebenshaltung des Volkes[559], die Sicherung der notwendigen Versorgung des Volkes durch *vier friedliche Methoden* vertreten, welche eine soziale und wirtschaftliche Reform durch die gleichmäßige Verteilung des Landbesitzes beinhalteten.[560] Die Verteilung des Landbesitzes sollte dabei nicht durch Enteignung, sondern über die Erhebung hoher Bodensteuern auf Grundherreneigentum und die Festlegung relativ niedriger Bodensteuern für das übrige Land angestrebt werden. Tatsächlich kam es Ende der 20er Jahre des 20. Jahrhunderts zu einer Festlegung von Höchstgrenzen für Bodenpacht durch die Guomindang-Regierung, was eine Beschränkung der Rechte der Grundbesitzer bedeutete. Das Grundproblem des Widerspruchs zwischen öffentlichem Eigentum und dem den Großgrundbesitz bedingenden Privatbesitz von Land blieb jedoch ungelöst. Die Guomindang-Regierung fand sich nicht bereit, an eine grundlegende Lösung für das schwerwiegendste soziale Problem Chinas, die Frage der Besitzverteilung in der Landwirtschaft heranzugehen.[561] Erst auf Taiwan kam es unter der vom Festland geflohenen Guomindang-Regierung, freilich unter ganz anderen Bedingungen, zu einer Umsetzung der schon in den *Grundlehren* angestrebten Landreform. Diese erfolgte in drei Stufen durch Pachtherabsetzung, Verkauf staatseigenen Landes an die Bauern und Teilenteignungen von Großgrundbesitzern zugunsten der Bebauer des Landes, wobei Entschädigungen in Form von Aktien an staatlichen Industrieunternehmen geleistet wurden.[562] Damit machen auch die *Grundlehren* als Quasi-Parteiprogramm der Guomindang und deren spätere Politik auf Taiwan die starke Einschränkungen der Rechte des Einzelnen am Boden zugunsten einer starken ordnungspolitischen Stellung des Staates deutlich. Grundlage hierfür war unter anderem das Bodengesetz der Republik Taiwan, welches in wesentlichen Grundsätzen dem Bodengesetz der Republik China von 1930 entspricht. Auf die Übereinstimmung des § 7 des BodenG von 1930 mit dem § 10 I des auf Taiwan gegenwärtig geltenden BodenG wurde bereits verwiesen. Hinzu kommen Beschränkungen für privaten Bodenbesitz hinsichtlich Qualität und Größe (§§ 14 und 28 BodenGTaiwan).

Eine Qualifizierung des zur Nutzung berechtigenden Bodenbesitzes im BodenG von 1930 als vollwertiges Bodeneigentum ist aus den genannten Gründen problematisch und eher abzulehnen. Die in § 765 chBGB niedergelegte unbeschränkte sachenrechtliche Verfügungsfreiheit des Einzelnen war nach vorstehenden Ausführungen nicht ohne weiteres auf Grund und Boden übertragbar, was wiederum zu einem Widerspruch in der Gesetzessystematik führte. Dies bedeutet auch, dass die Schlussfolgerung von Bünger, dass sich mit der Regelung des § 12 BodenG, welche zwischen öffentlichem und privatem Land unterschied, die

---

559 Chin.: Minsheng zhuyi – 民生主义; bei den ersten beiden Grundlehren handelt es sich um die *Grundlehre vom Volkstum* und die *Grundlehre von den Volksrechten*; vgl. Kindermann (1963), S. 90 f.; s.a. Wittfogel (1927), S. 227 ff. u. 251 ff.

560 Vgl. Domes (1974), Sp. 693 f.

561 Domes (1974), Sp. 700; zu den in den Jahren 1930 – 1934 in den kommunistisch besetzten Gebieten durchgeführten Landreformen vgl. Hsiao (1969), passim m. umfangreichem Dokumententeil

562 Vgl. Weggel (1974), Sp. 1369

schon frühe rechtliche Anerkennung des Privateigentums in China fortsetze, in diesem Sinne nicht zutrifft.[563]
Nach § 12 BodenG umfasste das öffentliche Land alles Land, an dem niemandem aufgrund des BodenG Privatbesitzrechte verliehen worden waren. Der Staat hatte das Recht, über die gleichmäßige Verteilung und Bebauung dieses Bodens zu wachen und verfügte daher über Rechte, die ihn wie einen Eigentümer erscheinen ließen.[564] Der in § 8 des BodenG enthaltene Katalog führte den Teil des öffentlichen Landes auf, der nicht Privatbesitz werden konnte. Das betraf vor allem die öffentlichen Wege, Wasserläufe, Seen und das Ödland.[565] Weitere Beschränkungen enthielten das BergG vom 26.05.1930 und das FischereiG vom 11.11.1929.
Beschränkungen für Ausländer enthielt § 17 BodenG. Dieser bestimmte, dass Ackerboden, Waldgrund, Weideboden, Fischereiboden, Salzboden, Mineralboden und Boden in Festungs- und Grenzgebieten weder einem Ausländer verpachtet, noch von ihm belastet oder an ihn umgesetzt werden durfte. Aus dem Umkehrschluss ergab sich die grundsätzliche Möglichkeit für Ausländer, Boden der nicht in § 17 BodenG aufgeführten Kategorien zu erwerben.[566]
Eine allgemeine Beschränkung hinsichtlich der Rechte am Boden stellten die Enteignungsbestimmungen der §§ 335 ff. BodenG dar. Nach § 335 BodenG konnte der Staat privat genutzte Grundstücke bei Vorliegen öffentlicher Bedürfnisse enteignen.[567] Eine Definition öffentlicher Bedürfnisse folgte in § 336 BodenG, wonach zu diesen auch die Durchführung der staatlichen volkswirtschaftlichen Politik, die Regulierung des Ackerbodens, Maßnahmen der ländlichen Reform und allgemein staatliche Unternehmungen gehörten. Entschädigungsregelungen fanden sich in den §§ 372 ff. BodenG. Danach galt die Enteignung erst mit vollständiger Zahlung der Entschädigungssumme als durchgeführt. Problematisch an diesen Regelungen war einmal die sehr weit reichend formulierte Definition öffentlicher Bedürfnisse und weiterhin die Regelung, dass die Enteignung nach Scheitern einer gütlichen Einigung auch auf Antrag eines einzelnen erfolgen konnte (§ 337 BodenG). Die Entscheidung darüber lag dann beim Verwaltungshof oder der Provinzialregierung (§§ 338, 339 BodenG).
Eine weitere Beschränkung stellte die Befugnis der Lokalregierung dar, unter Berücksichtigung örtlicher Gegebenheiten, Bodenart und –qualität, Höchstgrenzen festzusetzen, bis zu welcher der einzelne oder eine Körperschaft Boden besitzen durfte (§ 14 BodenG).
Einen starken Eingriff in die Verfügungsfreiheit des einzelnen Grundbesitzers bedeutete auch das Recht der Nationalregierung, den Transfer von Boden, Bo-

---

[563] Bünger (1934), S. 66 m. dem Hinweis auf die Strittigkeit dieser Frage m. w. Nenn.; vgl. hierzu auch die Ausf. in Teil 1 unter III. 1. zum Verhältnis von kaiserlichem/staatlichem und individuellem Eigentum
[564] So z.B. bei Verleihung des erbpachtähnlichen Ackerbaurechts an Siedler auf Ödland
[565] Vgl. § 14 BodenG Taiwan
[566] Vgl. v. Senger / Xu (1994 – 1), S. 104; vgl. §§ 17 – 24 des BodenG der Republik Taiwan
[567] Vgl. Übers. v. Hsiao (1931), § 335 BodenG, welcher mit *enteignen* übersetzt, obwohl *entziehen* treffender wäre

denbelastungen oder Verpachtungen zu untersagen[568], wenn sie sie als für die Staatspolitik schädlich ansah (§ 16 BodenG). Die Generalklausel der *Schädlichkeit für die Staatspolitik* bestätigte die Aufhebung der freien Verfügungsbefugnis über Boden und damit auch eine generelle Unsicherheit für Verfügungen über das Wirtschaftsgut Boden.
Das neue Recht drang nur langsam in das Volksbewusstsein und das Zivilgesetzbuch fand während der Republikzeit in der Praxis wenig Anklang.[569] Die Ursache dafür lag darin, dass sich das Minfa als Fremdkörper in Bezug auf das traditionelle chinesische Rechts- und Gesellschaftssystem darstellte.[570] Es bestand nahezu vollständig aus rezipiertem Recht, dem Rechtsordnungen zugrunde lagen, die wiederum das Ergebnis funktionierender Marktordnungen waren.[571] Weiterhin begünstigte der Gesetzgeber durch die Eigentumsgesetzgebung den Zerfall der Großfamilie.[572]
Das 1930 erlassene Bodengesetz stand nur auf dem Papier und kam auf dem Festland so gut wie nicht zur Anwendung.[573] Grund dafür waren einerseits die kriegerischen Auseinandersetzungen mit Japan und der Bürgerkrieg mit den Kommunisten. Neben der politischen Zerrissenheit des Landes mag hier auch die Radikalität der neuen Regelungen im Bereich des Boden- und Erbrechts, welche einen Angriff auf traditionell gewachsene Familienstrukturen darstellte, eine nicht unwichtige Rolle gespielt haben. Auf der anderen Seite demonstrierte das Bodengesetz auf eindrucksvolle Weise, dass die Idee der Bodenreform und der gleichmäßigen Verteilung von Boden nicht ausschließlich auf kommunistische Kreise beschränkt war, sondern im Einklang mit der chinesischen Tradition stand.[574]

---

[568] Hier wird die Übersetzung mit *untersagen* nach Böhling (1934), S. 25 zugrundegelegt, welches sich auf die Zukunft bezieht; Cheng Hsiao übersetzt mit „erfolgte Bodenbelastungen ... rückgängig machen", Cheng Hsiao (1931), § 16 BodenG
[569] Glück (1999), S. 219 m. w. Nachw.
[570] Vgl. Glück (1999), S. 219
[571] Manthe (1987), S.15
[572] S. Böhling (1934), S. 17
[573] S. Münzel (1974a), Sp. 1093; vgl. Matzat (1992), S. 32
[574] S. obige Ausführunge im historischen Teil; s.a. Thümmel (1995), S. 40

C Die Verfassung der Republik China von 1947

Die Verfassung der Republik China wurde am 1. Januar 1947 von der Nationalregierung verkündet und trat am 25. Dezember desselben Jahres in Kraft.[575] Nicht einmal zwei Jahre später floh die Nationalregierung vor den siegreichen Kommunisten nach Taiwan und die Volksrepublik China wurde gegründet. Schon 1936 war ein Verfassungsentwurf veröffentlicht worden, der aber aufgrund des Krieges mit Japan nicht zur Ausführung kam. Das späte Inkrafttreten und der nahende Sieg der Kommunisten bei dem Wettlauf um die Macht nach dem Sieg über Japan ließen diese Verfassung nie zur Basis der staatlichen Grundordnung Festlandchinas werden. Immerhin galt sie bis in die 90ger Jahre in Taiwan fort und bildete insoweit einen Alternativentwurf zu den zahlreichen Verfassungen, die in der Volksrepublik China in Kraft traten. Im Rahmen der vorliegenden Arbeit soll nur auf den dritten Titel des 13. Abschnitts eingegangen werden, der sich im Rahmen der Grundsätze der Staatspolitik mit der nationalen Wirtschaft befasst.[576]

Art. 143 I war im Sinne des Bodengesetzes von 1930 formuliert. Danach gehörte der Boden im chinesischen Staatsgebiet der Gesamtheit der chinesischen Staatsbürger. Einzelpersonen konnten den Gesetzen entsprechend Eigentumsrechte am Boden erwerben, wobei sie den gesetzlichen Beschränkungen unterliegen, die nach obigen Ausführungen besonders in Form des Bodengesetzes gegeben waren. Das Eigentum an Bodenmineralien und natürlichen Ressourcen lag nach Art. 143 II beim Staat, wodurch private Eigentumsrechte am Boden allerdings nicht berührt werden sollten.

Art. 143 IV deutet auf eine entscheidende Rolle des Staates bei der Verteilung des Bodens, welche auch das Recht zur Beschränkung des Bodeneigentums einschloss. Die Verteilung des Bodens sollte vom Staat nach den Grundsätzen der Aufrechterhaltung der privaten Landwirtschaft und Bodennutzung vorgenommen werden, wobei dies im Sinne einer angemessenen Wirtschaftsgröße vorzunehmen war.

Für Monopolunternehmen statuierte die Verfassung in Art. 144 den Grundsatz des Betriebes zum allgemeinen Wohl. Art. 145 I sah hinsichtlich von Privatvermögen und privat betriebenen Unternehmen die Möglichkeit der staatlichen Beschränkung durch Gesetz vor, soweit diese vom Staat als schädlich für die Entwicklung des staatlich geplanten Gleichgewichts der Volkswohlfahrt[577] erachtet wurden. Dem gegenüber stand die in Art. 145 II normierte staatliche Förderung von genossenschaftlichen Unternehmen.

Zusammenfassend lässt sich feststellen, dass die wirtschaftlichen Grundsätze der Verfassung von 1947 privates Eigentum an Boden und Unternehmen wie auch

---

[575] Beschlossen v. der Nationalversammlung am 25.12.1946; die Verkündung der Verfassung erfolgte damit 17 Jahre nach Erlaß des Bodengesetzes und wird deshalb nach diesen behandelt.

[576] Zugrundegelegt wird die Übersetzung von Bünger (1950/51a), S. 816 ff.

[577] Der Begriff beruht auf den 1905 von Sun Yatsen begründeten *Drei Volkslehren*, die neben der *Lehre vom Volkstum* und der *Lehre von den Volksrechten* auch die vom *Volkswohl* umfasst.

sonstiges Privatvermögen erheblichen staatlichen Eingriffen aussetzten. In Zusammenhang mit den gesetzlichen Bestimmungen des Bodengesetzes von 1930 waren Bestand und Umfang privaten Bodeneigentums keineswegs rechtlich abgesichert. Dies gilt auch für Privatvermögen und privates Unternehmenstum. Das staatlich geplante Gleichgewicht der Volkswohlfahrt bot einen äußerst weit gesteckten Rahmen für diesbezügliche Eingriffsmöglichkeiten. Weiterhin deutet die Formulierung einer staatlichen Planung des Gleichgewichts der Volkswohlfahrt auf staatliche Wirtschaftslenkung. Beschränkungen der Privatwirtschaft stand die staatliche Unterstützung und Förderung genossenschaftlicher Unternehmen gegenüber.

D Immaterialgüterrechte

I. Markenrecht

Im Jahre 1923 wurde das erste moderne Markengesetz mit detaillierten Ausführungsbestimmungen erlassen.[578] Es steht in der Reihe der chinesischen Bemühungen, den Anschluss an den industrialisierten Westen zu finden, wobei man die Übernahme westlichen Rechts für unverzichtbar hielt.[579] Nach diesem Gesetz dienten Handelsmarken der Erkennbarkeit bzw. Identifizierbarkeit von Handelsartikeln und hatten somit aus unterscheidbaren Schriftzeichen, Zeichnungen, Symbolen oder einer Kombination von diesen zu bestehen (Art. 1). Art. 2 führte in insgesamt acht Ziffern die von der Registrierung ausgeschlossenen Tatbestände auf. Das Gesetz sah den Markenschutz auf der Basis einer Registrierung vor, wobei die Schutzdauer 20 Jahre umfasste (Art. 16) und verlängert werden konnte. In China ansässige Ausländer konnten dort exklusive Markenrechte i.S. der Verträge für den gegenseitigen Schutz von Handelsmarken beantragen (Art. 6). Personen ohne Wohn- oder Geschäftssitz in der Republik China mussten sich durch einen Agenten mit Wohn- oder Geschäftssitz in China vertreten lassen (Art. 8). Im Ausland registrierte Handelsmarken konnten mit derselben Schutzdauer, jedoch maximal 20 Jahre, auch in der Republik China registriert werden (Art. 16). Die in Art. 39 – 42 für Verstöße gegen das Markengesetz vorgesehenen Strafen und die Möglichkeit von Schadensersatzforderungen sollten nur zur Anwendung kommen, wenn völkerrechtliche Verträge keine besonderen Bestimmungen für diese Fälle vorsahen (Art. 43).
Dem Gesetz von 1923 kam die zusätzliche Bedeutung zu, dass es den Anstrengungen der Republik China um die Beseitigung der ausländischen Exterritorial-

---

[578] Gesetz v. 03.05.1923; englische Übersetzung v. Allman (1929a), S. 33 ff.; vgl. a. Betz/Lautenschlager (1929), S. 374 f..
[579] Heuser (1974), S. 462

rechte einen ersten Erfolg brachte. Am 29.05.1926 erklärte die amerikanische Regierung das chinesische Gesetz auch für amerikanische Staatsbürger in den amerikanischen Konsulargerichten für anwendbar.[580]
Ein weiteres Markengesetz wurde 1930 erlassen, gefolgt von einer Warenkategorienliste ein Jahr später und blieb bis zur Gründung der VR China im Jahre 1949 in Kraft[581]. Bis zu diesem Zeitpunkt waren in China etwa 50.000 Marken registriert.

II. Patentrecht

Zwischen 1912 und 1928 schuf die Nationalregierung eine Reihe von provisorischen Regelungen zur Belohnung und zum Schutz technologischer Erfindungen.[582]
Am 1. Dezember 1912 traten durch das Handelsministerium erlassene vorläufige Bestimmungen zum Schutz von Industrieerzeugnissen in Kraft. Danach konnte für selbst erfundene oder verbesserte Fabrikate, mit Ausnahme von Esswaren, Getränken und ähnlichen Produkten, beim Handelsministerium Gebrauchsschutz beantragt werden, der das ausschließliche Herstellungs- und Vertriebsrecht für fünf Jahre gewährte.[583]
Am 12. Juni 1927 veröffentlichte der chinesische Reichsanzeiger eine Bekanntmachung des Handelsministeriums, die von Ausländern angemeldete Patente betraf und mit der Aussage begann, dass ein Patentgesetz bisher weder „festgestellt noch veröffentlicht“ sei. Die Bekanntmachung enthielt Bestimmungen zu einem vorläufigen Verfahren für die Registrierung durch Ausländer angemeldeter Patente, die täglich in größerer Zahl eingingen.[584] Nach dem vorläufigen Verfahren durften alle technischen Erfindungen und Verfahren von Angehörigen chinesischer Vertragsstaaten, soweit diese von dem Patentamt des eigenen Landes oder anderer Staaten genehmigt waren und die Patentfrist noch lief, zur vorläufigen Registrierung angemeldet werden. Ausgenommen waren Patente auf Lebensmittel, Arzneien, Kriegsmaterial und verbotene Gegenstände. Bei der Antragsstellung musste dem Ministerium die ursprüngliche Patenturkunde bzw. eine Kopie oder Bescheinigung des Patentamts vorgelegt werden. Weiterhin waren eine genaue Erklärung des patentierten Verfahrens nebst Plänen zur Prüfung vorzulegen. Nach der Registrierung der zur Patentierung angemeldeten Gegenstände oder Verfahren durch das Ministerium sollte ein Ausweis über die erfolgte *Registrierung* ausgestellt werden. Dieser war jedoch nicht mit einem Ausweis

[580] Vgl. Allman (1926), S. 78
[581] Das MarkenG von 1930 durchlief 1935 und 1940 zwei Revisionen und wurde 1932 von Ausführungsbestimmungen ergänzt, die ebenfalls entsprechend revidiert wurden.
[582] Vgl. Chen/Mo (1999), S. 527 ff.
[583] Vgl. Betz/Lautenschlager (1929), S. 376
[584] Betz/Lautenschlager (1929), S. 375

über eine erfolgte *Patentierung* gleichzusetzen. Allerdings sollten nach Veröffentlichung eines zu erlassenden endgültigen Patentgesetzes die auf diese Weise vorregistrierten Fälle zuerst erledigt werden. Ein gewisser Schutz war dadurch gegeben, dass eine vorläufige Eintragung und Hinterlegung der Patentschriften bei den Seezollämtern in China vorgesehen war. Diese Eintragung sicherte einen Prioritätsanspruch im Hinblick auf eine künftige Patentschutzgesetzgebung und sollte den Nachweis des früheren Gebrauchs ersetzen.[585]
Detaillierte Bestimmungen zum Schutz von Patenten enthielten erst die Provisorischen Regelungen zur Belohnung und Ermutigung von industriellen Technologien von 1932. Die deutsche Handelskammer Shanghai berichtete, dass die Regelungen ihrem Wesen nach einem Patentgesetz für chinesische Staatsangehörige gleichkämen. Sie zögen insbesondere mit Hinblick auf den Schutz eigener Patent- und Industrieinteressen die Aufmerksamkeit ausländischer Kreise auf sich.[586] Ein formelles Patentrecht wurde erst 1944 erlassen und blieb wegen der politischen Entwicklung ohne Wirkung.

III. Urheberrecht

Nach dem Urheberrechtsgesetz vom 7. November 1915 wurden Werke der Kunst, Bücher, Vorlesungen und Aufführungen geschützt. Eine Registrierung hatte beim Ministerium des Innern zu erfolgen, mit der die Schutzfrist begann. Diese betrug 30 Jahre nach dem Tode des Verfassers bzw. 10 Jahre bei Photographien. Übersetzungen wurden wie das Original geschützt, wobei allerdings keine ausschließlichen Übersetzungsrechte bestanden. Das Urheberrecht war zivil- und strafrechtlich geschützt, wobei das Verfolgungsrecht nach zwei Jahren verjährte.[587]
Ein weiteres Urheberrecht mit Ausführungsbestimmungen wurde 1928 erlassen.[588] Dieses sah ein Copyright für Bücher, Musik, Kunstgemälde, Photographien u.a. vor (Art. 1), welches dem Urheber lebenslang und bei dessen Tod seinen Erben für 30 Jahre gewährt wurde. Das Gesetz enthielt weiterhin Ausschlussgründe (Art. 20) und die Festsetzung von Geldstrafen bei Verletzung der Urheberrechte (Art. 33 – 39). Die Ausführungsbestimmungen zu diesem Gesetz gewährten Ausländern, welche den Chinesen nützliche Werke produzierten, die Möglichkeit der Registrierung eines Urheberrechts, dessen Dauer auf 10 Jahre beschränkt war (Art. 14). Voraussetzung hierfür war, dass dessen Nation chinesischen Staatsangehörigen den gleichen Urheberschutz gewährte.

---

[585] Betz/Lautenschlager (1929), S. 375 f.
[586] Geschäftsbericht Deutsche Handelskammer Shanghai 1932/33, S.8
[587] S. Betz/Lautenschlager (1929), S. 374
[588] Engl. Übersetzung v. Allman, in: China Law Review (1929b), S. 1 - 7

E Ausländische Unternehmen

Das von der Guomindang-Regierung in Kraft gesetzte Zivilgesetzbuch und verschiedene handelsrechtliche Erlasse statteten ausländische und chinesische juristische Personen auf dem Papier mit der gleichen Rechtsfähigkeit aus. Sie anerkannten und umschrieben die Rechtsstellung sowie die Rechte ausländischer Unternehmen in China und erklärten ausländische Kaufleute für berechtigt, in China Boden zu erwerben.[589] Dennoch führte die in China von den meisten westlichen Mächten praktizierte Exterritorialität im Bereich der Rechtspflege ausländischer Unternehmen zu einer unübersichtlichen Situation. So folgten in China selbst gegründete Handelsunternehmen dem chinesischen Recht. Für die übrigen Unternehmen galten sowohl das Heimatrecht der betreffenden Staaten als auch teils vom Gesetzgeber im Heimatland, teils von den diplomatischen Vertretern in China erlassene Sondergesetze. Weiterhin wurden besondere Gerichtshöfe und Instanzgerichte in- und außerhalb Chinas eingerichtet. Ein Problem konnte dabei die Nationalität von Gesellschaften sein. Falls Angehörige der gleichen Nation eine Gesellschaft mit dem Sitz in einer Konzession ihres Heimatstaates nach ihrem Heimatrecht gründeten, war die Zuordnung problemlos. Waren Gesellschaft und Kapital von unterschiedlicher Nationalität, von denen nur ein Teil exterritorial war, blieb als einziges eindeutiges Zuordnungsmerkmal die Eintragung in die Konsularregister. Problematisch blieb weiterhin, dass nach chinesischer Auffassung Exterritorialität nur die Befreiung von der chinesischen Gerichtsbarkeit bedeutete, nicht aber die Befreiung von chinesischem Recht.[590] Die Anerkennung ausländischer juristischer Personen war auch mit Verabschiedung des chinesischen BGB nicht gewährleistet. Nach § 25 chBGB konnte eine juristische Person nur nach den Vorschriften dieses Gesetzes oder eines anderen Gesetzes entstehen. Da keine Gesetzesbestimmung die Rechtspersönlichkeit der ausländischen Gesellschaften anerkannte, so hatten die ausländischen juristischen Personen nach chinesischem Recht keine Rechtspersönlichkeit. Die Folge dieses auch vom Obersten Gerichtshof in Peking vertretenen Standpunktes war, dass die für die Gesellschaften handelnden Personen selbst aus den Handlungen verpflichtet wurden.[591]

Aufgrund der in China bis weit in die 40er Jahre praktizierten ausländischen Gerichtsbarkeit blieb die rechtliche Situation im Bereich des Eigentums für die Angehörigen der westlichen Vertragsstaaten im Bereich der Konzessionen und Niederlassungen, wo auch das wirtschaftliche Engagement im wesentlichen stattfand, bis zur japanischen Besatzung, während der es zu Enteignungen kam, stabil. Exterritorialität bedeutete letztlich auch einen besonderen gerichtlichen Schutz ausländischen Eigentums. Deutsche mussten sich seit 1921 aufgrund eines Abkommens mit China chinesischem Recht und chinesischer Gerichtsbar-

[589] Vgl. v. Senger / Xu (194 – 1), S. 104; s. a. Zhang (1982), S. 339
[590] S. Bünger (1930), S. 90 m. w. Nachw.
[591] S. Bünger (1930), S. 90 f.

keit unterwerfen, weshalb man ein waches Auge auf die Entwicklung im rechtlichen Bereich hielt.[592] Das von der 1928 etablierten Kuomintang-Regierung in rascher Folge verkündete Gesetzeswerk nach westlichem Muster stand auch unter der Zielsetzung, die westlichen Vertragsmächte gemäß entsprechender Zusicherungen zur Aufgabe ihrer rechtlichen Privilegien zu bewegen und damit die volle Souveränität im Landesinneren zurückzuerlangen. Unzufrieden mit dem langwierigen Fortgang in dieser Frage erklärte die chinesische Regierung im Dezember 1929 einseitig das Ende der Exterritorialität, was jedoch aufgrund der zunehmend kritischen außen- und innenpolitischen Lage Chinas zunächst ohne Wirkung blieb.[593] Erst 1943 wurde China durch neue Übereinkommen die volle territoriale Souveränität zurückerstattet.[594]

Außerhalb der geöffneten Häfen und im Landesinneren gingen politische und rechtliche Unsicherheit Hand in Hand. Rivalitäten zwischen lokalen Militärmachthabern infolge des Machtvakuums nach Ende der Kaiserzeit, die Nordfeldzüge der Guomindang unter Chiang Kai-shek, bürgerkriegsähnliche Auseinandersetzungen mit den Kommunisten und der Krieg gegen Japan machten die Jahre zwischen 1911 und 1949 zu politisch und damit auch rechtlich äußerst unruhigen Zeiten. Es entstanden Rechtsenklaven wie die kurzlebige 1931 in der Provinz Jiangxi von den Kommunisten ausgerufene chinesische Sowjetrepublik und in der von der KPCh beherrschten revolutionären Basis im Grenzgebiet der Provinzen Shaanxi-Gansu-Ningxia. Die innenpolitische Situation konnte kaum eine Grundlage bieten für die Schaffung und gesicherte Durchsetzung von neu gesetztem Recht bzw. für die rechtliche Durchsetzung bestehender Ansprüche im Bereich des Eigentums.

---

[592] S. ausführliche Berichte der Deutschen HK Schanghai
[593] Ü. die Wirkungslosigkeit dieser einseitigen Erklärung s.a. Bünger (1930), S. 83
[594] Vgl. Machetzki (1974), Sp. 335 ff.

Teil 3: Recht und Eigentum in der VR China

A Funktion und Bedeutung der chinesischen Verfassungen

I. Die Verfassungstexte und ihr Selbstverständnis als Verfassungen

1. Die Verfassungstexte

Am 22.2.1949 erließ die Zentrale der Kommunistischen Partei Chinas[595] eine *Weisung betreffend die Abschaffung der ‚Vollständigen Sammlung der Sechs Gesetze' der Guomindang und die Festlegung der Grundsätze der Justiz in den befreiten Gebieten*. Nach Art. 17 der *Allgemeinen Richtlinien der Politischen Konsultativkonferenz*[596] des chinesischen Volkes vom 29.9.1949 wurden sämtliche von der *reaktionären Guomindang-Regierung*[597] geschaffenen Gesetze, Verordnungen und Justizinstitutionen außer Kraft gesetzt. Sie sollten auch nicht mehr hilfsweise angewandt werden.[598] Dabei ist davon auszugehen, dass sich diese Aufhebung auch auf Gesetze erstreckte, die die Guomindang-Regierung vor ihrer Konstituierung im Jahre 1927 von früheren Regierungen aus den Jahren 1912 – 1927 übernommen und auch später nicht aufgehoben hatte.[599] In Art. 17 Satz 2 wurde die Absicht bekundet, Gesetze und Verordnungen zu erlassen, die das Volk schützen sollten, sowie ein System der Volksjustiz aufzubauen. Die Folge musste notwendig ein rechtliches Vakuum in allen Rechtsbereichen bis zum Aufbau eines neuen Rechtssystems sein. Die Literatur verweist allerdings auf bis in die Gegenwart weiterwirkende Kontinuitätsmassen bzw. Traditionsschichten.[600] Damit war der juristische Bruch mit der Vergangenheit in der Volksrepublik letztlich weniger radikal als der Wortlaut des Art. 17 vermittelt.
Grundlage des neuen politischen Systems und der Rechtsordnung bildeten zunächst drei im September 1949 erlassene Gesetze, welche als Verfassungsersatz dienten. Dabei handelte es sich um das *Organisationsgesetz der Politischen Konsultativkonferenz*[601], das *Organisationsgesetz der Zentralen Volksregierung*[602] und die *Allgemeinen Richtlinien der Politischen Konsultativkonferenz*.[603]
Weitere Verfassungen folgten im September 1954, Januar 1975, März 1978 und Dezember 1982.[604] Die bis zum gegenwärtigen Zeitpunkt gültige Verfassung von 1982 wurde nochmals 1993, 1999 und 2004 in grundlegenden Punkten ab-

[595] Im folg.: **KPCh**
[596] Im folg.: **ARLPKK**
[597] Zit. n. v. Senger (1994), S. 11
[598] Münzel (1974a), Sp. 1095
[599] v. Senger (1994), S. 11
[600] v. Senger (1994), S. 12
[601] Im folg.: **OGPKK**
[602] Im folg.: **OGZVR**
[603] v. Senger (1994), S. 51
[604] Nach vier Verfassungsänderungen auch gegenwärtig noch in Kraft.

geändert.

2. Problematik und Vorgehensweise

Eine Analyse von Funktion und Bedeutung der chinesischen Verfassungen vor dem Hintergrund des vom westlichen Rechtsverständnis geprägten Verfassungsbegriffs ist nicht unproblematisch. Diesem wird nach verfassungsrechtlicher Tradition die menschenrechtlich begründete institutionell gesicherte Rechtsbindung der Staatsgewalt zugrunde gelegt[605], welche durch unabhängige Richter als Kontrollinstanz gewährleistet wird und die Grundlage für eine gewaltenteilende Staatsverfassung bildet.[606] Aufgrund der keineswegs durchgängig zutreffenden Annahme der Deckungsgleichheit von Verfassung und Verfassungswirklichkeit in westlichen Staaten mit langer Verfassungstradition, wird den Verfassungen von Staaten, die auf eine andere Rechtstradition zurückblicken, oft selbstgefällig und allzu voreilig die Eigenschaft und Qualität als Verfassungen abgesprochen. In vorliegender Arbeit soll ein voreiliges Urteil vermieden und deshalb versucht werden, die Besonderheiten der chinesischen Verfassungstexte in ihrer Eigenschaft als *chinesische* Verfassungen herauszuarbeiten.

Dies erfordert eine differenzierte Herangehensweise, welche den von westlichem Rechtsverständnis geprägten Begriff der Verfassung aufbricht und zwischen *normativer* und *realer* Verfassung trennt. Hierbei wird zwischen der rechtlichen Grundordnung als normativer Vorgabe der Verfassung und dem tatsächlichen Zustand des Staatswesens, dem diese rechtliche Grundordnung zugrunde liegt, unterschieden.[607] Bei der normativen Verfassung sind sowohl formelle Aspekte als auch materielle Aspekte zu berücksichtigen.[608] Dies sind einmal der besondere Rang der Verfassung innerhalb der Normenhierarchie und ihre erschwerte Abänderbarkeit[609] und zum anderen die in der Verfassung niedergelegte Staatsorganisation, deren Institutionen und Verfahren der Willensbildung sowie die Gewährung gesellschaftlicher und individueller Freiheiten. Eine Analyse der chinesischen Verfassungen, welche von den Verfassungstexten als normative Vorgaben und ihrer Funktion als politisches Leitbild ausgeht, lässt einmal Rückschlüsse auf ihr Selbstverständnis und ihre Intentionalität als Verfassungen zu. Weiterhin eröffnet sich über die normative Fragestellung die

---

[605] Haverkate (1992), S. 8; z. Begriff u. Eigenart d. Verfassung s.a. Hesse (1959), Rn. 1 ff. u. Stern (1934), § 2 III

[606] S.a. Zippelius (1999), S. 289 f.; z. Bedeutung v. Gewaltenteilung u. struktureller Vielfalt s.a. Luhmann (1986), passim

[607] Vgl. Haverkate (1992), S. 6

[608] Vgl. Jellinek (1976), S. 534, 505; Stern (1984), S. 78

[609] Vgl. Kelsen (1966), S. 203 ff.

Möglichkeit einer Analyse der Entwicklung und Veränderung von Regelungen und Zielen der Verfassung.
In einem zweiten Schritt sind *normative* und r*eale* Verfassung der Volksrepublik China miteinander in Bezug zu setzen. Dabei werden die politischen Verhältnisse berücksichtigt und in Rechnung gestellt.[610] Die reale Verfassung der Volksrepublik China ist als tatsächlicher Zustand ihres Staatswesens zu analysieren und an den rechtlichen Vorgaben der normativen Verfassung zu messen, wobei eine empirische Fragestellung zugrunde gelegt wird. Hierbei steht die Spannung zwischen Verfassungsrecht und Verfassungswirklichkeit im Mittelpunkt.[611]

Eine methodische Vorgehensweise, die an den chinesischen Verfassungen als normative Gebilde ausgerichtet ist und sie somit grundsätzlich als Verfassungen anerkennt, ermöglicht eine Verfassungsbetrachtung trotz der Widersprüche zwischen Verfassung und Verfassungswirklichkeit. Sie bietet auch eine Lösung für die Problematik der Anwendung des von westlichem Rechtsverständnis geprägten Begriffs der Verfassung auf die fast durchweg so bezeichneten chinesischen Grundlagentexte.
Schließlich scheint eine solchermaßen differenzierende Verfassungsbetrachtung in Hinblick auf die neueren Entwicklungen im Rechtsbereich der VR China auch gerechtfertigt. Diese tragen das Potential in sich, dass der Rechtsstaat sich nicht wie nach westlichem Modell auf Grundlage des gewaltenteilenden Staates entfaltet, sondern sich ein Gewaltenteilungssystem und damit ein Mechanismus von Machtmäßigung und Rechteschutz als Ergebnis eines längeren Entwicklungsprozesses allmählich herausbildet.[612] Im Bereich der Wirtschaft ist dieser im Vergleich zu westlichen Verfassungsstaaten entgegengesetzt verlaufende Prozess am deutlichsten zu beobachten. Die Privatwirtschaft scheint nach mehr als zwei Jahrzehnten mit ihrer zunehmenden Bedeutung Wachstumsmotor und der durch sie geschaffene private Reichtum zum Katalysator für die Herausbildung eines rechtlichen Grundverständnisses geworden zu sein, das zwangsläufig mit einer Beschränkung parteistaatlicher Verfügungsrechte einhergeht.[613] Ein Beleg dafür ist der erweiterte Schutz privaten Eigentums durch die jüngste Verfassungsrevision 2004.

---

[610] Vgl. a. v. Senger (1994), S. 204 f
[611] S. Leibholz (1958a), S. 277 – 281; s.a. Löwenstein (1951/52), S. 387 – 435; z. Begriff der Verfassungswirklichkeit u. dessen Abgrenzung zur faktischen Verfassung s. Brinkmann (1991), S. 60 f.
[612] Heuser (2004), S. 1223
[613] Holbig (2004), S. 266

3. Das Selbstverständnis der chinesischen Verfassungstexte

Das Selbstverständnis der chinesischen Verfassungstexte als *Verfassungen* ergibt sich aus ihrem normativen Charakter als rechtliche Grundordnung eines Staates. Hierbei ist auf sie als Verfassungen im formellen und im materiellen Sinne einzugehen. Es ist einmal zu prüfen, inwieweit ihnen in ihrer Eigenschaft als formelle Verfassungen ein besonderer Rang innerhalb der staatlichen Normenhierarchie zugestanden wird. Damit ist die Frage verknüpft, wo die Befugnisse zu ihrer Abänderung liegen und an welche Bedingungen diese geknüpft ist. Bei ihrer Betrachtung als materielle Verfassungen ist das Augenmerk auf den Aufbau der Staatsorganisation sowie deren Institutionen und Verfahren der Willensbildung zu richten. Dabei geht es vornehmlich um die Ordnung und Begrenzung staatlicher Macht. Weiterhin ist die Gewährung von gesellschaftlichen und individuellen Freiheiten zu berücksichtigen.

a) Rang der Verfassungen innerhalb der gesetzlichen Normenhierarchie und die Bedingungen ihrer Abänderbarkeit

Die *Allgemeinen Richtlinien* der Politischen Konsultativkonferenz als Vertretung des gesamten chinesischen Volkes vom 29.9.1949 waren eines der drei Gesetze, welche nach der Staatsgründung der VR China als Verfassungsersatz dienten. Am Ende der Präambel der ARLPKK stand die Forderung, dass diese sowohl von sämtlichen an der Politischen Konsultativkonferenz[614] teilnehmenden Gruppen als auch von den Volksregierungen[615] aller Stufen sowie vom gesamten Volk übereinstimmend zu befolgen wäre. Dies unterstrich den Anspruch der ARLPKK als grundlegendes Gesetz des Staates mit höchster rechtlicher Wirksamkeit. Festsetzung und Änderung der ARLPKK stand gem. Art. 7 OGPKK nur der dreijährlich zusammentretenden Vollversammlung der Politischen Konsultativkonferenz zu. Eine besondere Mehrheitsanforderung für solche Änderungen ging aus dem Verfassungstext nicht hervor.
Die Verfassung von 1954 wurde in der Präambel als *Verfassung* bezeichnet, welche auf der Grundlage der ARLPKK von 1949 beruhe und diese fortentwickle und stand somit in deren Tradition. Die Selbstbezeichnung als Verfassung reflektierte auch im Rückgriff auf die ARLPKK ein entsprechendes Selbstverständnis. Ihre Bedeutung als Verfassung wurde dadurch unterstrichen, dass Verfassungsänderungen und die Überwachung ihrer Durchführung dem Nationalen Volkskongress[616] als formell höchstes Organ der Staatsmacht (Art. 21) zukamen

[614] Im folg.: **PKK**; in späteren Verfassungen wird die Vollversammlung der PKK als Nationaler Volkskongress bezeichnet
[615] Gemeint sind außer der Zentralregierung die Verwaltungen der Provinzen Kreise Städte, welche die Bezeichnung *Regierung* führen; s. Bünger (1950/51), S. 848, Fn. 8
[616] Im folg. auch: **NVK** – Nationaler Volkskongress

(Art. 27 Nr. 1 u. 3). Dementsprechend war für Verfassungsänderungen eine Zweidrittelmehrheit des NVK erforderlich (Art. 29). Der Ständige Ausschuss des NVK hatte weiterhin das Recht, im Falle des Widerspruchs zur Verfassung Beschlüsse des Staatsrats aufzuheben. Weiterhin hatte der Staatsrat als Zentrale Volksregierung (Art. 47) bei der Festsetzung von Verwaltungsmaßnahmen, der Verkündung von Beschlüssen und Verordnungen und Überprüfung ihrer Durchführung die Übereinstimmung mit der Verfassung zu beachten (Art. 49 Nr. 1). Im Kapitel der bürgerlichen Grundrechte und Grundpflichten wurde die Pflicht der Bürger zur Einhaltung der Verfassung statuiert (Art. 100).

Die Verfassung aus dem Jahr 1975 nahm in der Rangfolge der Gesetze ebenfalls die erste Position ein[617] und behielt wie alle folgenden Verfassungen die Selbstbezeichnung als „Verfassung" bei. Zur ihrer Abänderung war nach Art. 17 I weiterhin nur der Volkskongress als oberstes staatliches Organ (Art. 16) befugt. Verfassungsänderungen waren anders als bei der Verfassung von 1954 nicht länger an eine bestimmte Mehrheitsanforderung gebunden. Eine erschwerte Abänderbarkeit war damit nicht mehr ausdrücklich gewollt. Dem NVK kam auch nicht mehr die Überwachung der Durchführung der Verfassung zu. Allerdings wurde die Bindung des Staatsrats an die Verfassung statuiert. Dieser hatte sich bei der Festsetzung von Verwaltungsmaßnahmen und Verkündung von Beschlüssen und Verordnungen an die Übereinstimmung mit der Verfassung zu halten (Art. 20). Nach Art. 26 I gehörte die Einhaltung der Verfassung weiterhin zu den Grundpflichten der Bürger.

Die 1978 verabschiedete Verfassung behielt wie ihre Vorgängerverfassungen ihre Priorität als höchstes Gesetz (Art. 32 Nr. 1). Die Befugnis zu ihrer Abänderung kam weiterhin nur dem VK zu (Art. 22 Nr. 1), welchem anders als 1975 wieder ausdrücklich die Überwachung und Durchführung der Verfassung zukam (Art. 22 Nr. 3). Gleichzeitig statuierte Art. 36 Verf. die Verantwortlichkeit der Volkskongresse aller Ebenen als örtliche Organe der Staatsmacht (Art. 35) für die Einhaltung und Durchführung der Verfassung (Art. 36). Nach Art. 43 wachte außerdem die Oberste Volks-Staatsanwaltschaft über deren Einhaltung. Wie schon in der Verfassung von 1975 war die Funktion des Staatsrats, Verwaltungsmaßnahmen festzusetzen sowie Beschlüsse und Verordnungen zu verkünden, an die Übereinstimmung mit der Verfassung gebunden (Art. 20). Die Pflicht der Bürger zur Einhaltung der Verfassung statuierte Art. 56 der Verfassung.

Die mit verschiedenen Abänderungen noch gegenwärtig gültige Verfassung von 1982 spricht in ihrer Präambel explizit von der Verfassung als grundlegendem Gesetz des Staates[618] mit höchster rechtlicher Wirksamkeit[619]. Sie hebt damit

---

[617] Vgl. Art. 20 Verf. 1975

[618] Chin.: guojiade genbenfa – 国家的根本法 ; nach der offiziellen deutschen Version des Verlags für fremdsprachige Literatur in Peking „Grundgesetz"

ihre eigene konstitutionelle Bedeutung als Grundgesetz von höchster gesetzlicher Autorität hervor und unterstreicht so ihr Selbstverständnis als Verfassung. Verdeutlicht wird dieser Anspruch auch dadurch, dass diesem Selbstverständnis der gesamte letzte Absatz der Präambel gewidmet ist. Hier findet sich auch die Weisung an alle Staatsorgane und Parteien[620], die Verfassung zur grundlegenden Richtlinie ihres Handelns zu erheben. Ihre Autorität als Verfassung wird nochmals durch Art. 5 hervorgehoben, wonach kein Gesetz, keine Verordnung oder örtliche Bestimmung in Widerspruch zu der Verfassung stehen darf. Der Volkskongress hat auch hier die Befugnis zu ihrer Abänderung (Art. 62 Nr. 1). Wie schon in Art. 29 der Verfassung von 1954[621] und im Unterschied zu den Vorgängerverfassungen von 1975 und 1978 sind Änderungen der Verfassung durch Mehrheitsanforderungen erschwert. Während die Verfassung von 1954 für Verfassungsänderungen eine Zweidrittelmehrheit der Abgeordneten des NVK verlangte (Art. 29 Verf.54), knüpft die gegenwärtige Verfassung schon den Vorschlag der Abänderung an bestimmte Mehrheitsanforderungen. Vorschläge zur Abänderung der Verfassung müssen gem. Art. 64 vom Ständigen Ausschuss des NVK oder von mehr als 1/5 der Abgeordneten des NVK eingebracht und durch eine Zweidrittelmehrheit aller Abgeordneten des NVK angenommen werden (Art. 64 I). Die Pflicht der Bürger zu ihrer Einhaltung ist in Art. 53 verankert.
Für die Verfassung von 1982 gilt weiterhin, dass diese zahlreiche Artikel enthält, durch die der Gesetzgeber zur Tätigkeit aufgerufen wird.[622] Der *Muttercharakter* der abgeänderten Verfassungen nach 1982 wird bei den Verfassungsergänzungen deutlich, die für die im Zuge der Wirtschaftsreformen erforderliche Rechtssetzung eine verfassungsrechtliche Grundlage schufen. Dies galt zunächst für die Errichtung von Privatunternehmen und die Kommerzialisierung von Bodennutzungsrechten. Später kam es diesbezüglich zu weiteren Ergänzungen der Verfassung. Die Verfassung von 1982 begreift sich somit als Grundgesetz, zu dessen Verwirklichung bzw. Durchsetzung eine weitere Gesetzgebung erforderlich ist [623] und hebt sich insoweit von ihren Vorgängerverfassungen ab.

---

[619] Chin.: zuigaode falü xiaoli – 最高的法律 效力 ; nach der offiziellen deutschen Version des Verlags für fremdsprachige Literatur in Peking *höchste gesetzliche Autorität*.

[620] Die acht *demokratischen Parteien* der VR China hatten im Okt. 2002 insg. 580.000 Mitglieder. Dabei handelt es sich nicht im eigentl. Sinne um Parteien, die mit der KPCh konkurrieren können, sondern um der KPCh untergeordnete Organisationen, die ausgewählte Bevölkerungsgruppen repräsentieren sollen. Seit Mitte der 90er Jahre werden sie regelmäßig in den Konsultationsprozess über Fragen der Wirtschaftspolitik und Gesetzgebung einbezogen. Nach offiziellen Angaben hatten Mitglieder dieser Parteien im Jahre 2002 knapp 7.000 der insges. rd. 500.000 Führungskader-Positionen oberhalb der Kreisleitungsebene inne. Vgl. Heilmann (2004), S. 142

[621] Auf dieses Erfordernis wurde in den Verfassungen von 1975 und 1978 verzichtet

[622] So wurde mit Art. 13 Verf. wieder der gesetzmäßige Schutz des individuellen Rechts auf Erbschaft von Privatvermögen eingeführt; die Verabschiedung des Erbrechts folgte am 10.04.85.
Art. 18 Verf. erlaubte ausländischen Unternehmen, Wirtschaftsorganisationen und Individuen Investitionen in China sowie Kooperationen mit chinesischen Betrieben. Schon am 1.07.79 war das erste Gesetz zu chin.-ausländ. Equity Joint-Venture Unternehmen verabschiedet worden; 1983 folgten Ausführungsbestimmungen; 1986 ein Gesetz zu rein ausländisch investierten Unternehmen; 1988 ein Gesetz zu zu chin.-ausländ. Kooperationsunternehmen

[623] S. Heuser (2003), S. 800

Die obigen Ausführungen verdeutlichen, dass sich schon die erste Verfassung der Volksrepublik als Gesetz von höchster Autorität begriff und ein entsprechendes Selbstverständnis ausdrückte. Die ARLPKK von 1949 mit ihren flankierenden Bestimmungen der OGZVR und OGPKK wies sich selbst eine Funktion als grundlegendes Gesetz des Staates zu und betonte auf diese Weise ihren besonderen Rang. Die gegenwärtig gültige Verfassung von 1982 widmet diesem Selbstverständnis den gesamten letzten Absatz der Präambel und nimmt die in der Verfassung von 1954 statuierte erschwerte Abänderbarkeit der Verfassung in erweiterter Form wieder auf. Der erhöhte Rang der chinesischen Verfassungen innerhalb der Normenhierarchie ist auch daran erkennbar, dass deren Abänderung, Durchführung und Überwachung bis auf die Verfassung von 1975 fast durchgehend dem NVK als höchstes Staatsorgan überlassen wird.
Damit zeigen die Verfassungen der VR China eine kontinuierlich fortschreitende Entwicklung. Einen gewissen Bruch in dieser Entwicklung verkörpern die Verfassungen von 1975 und 1978, in denen die erschwerte Abänderbarkeit der Verfassungen keine Erwähnung mehr fand und damit nach dem Willen der Verfassungsgeber auch nicht mehr ausdrücklich gewollt war. Allerdings war auch in diesen beiden Verfassungen ausschließlich der Volkskongress als höchstes Organ der Staatsmacht zur ihrer Abänderung befugt. Ein Kontinuum bildet die seit 1954 durchgängig verfassungsmäßig verankerte Pflicht der Bürger zur Einhaltung der Verfassung und die seit 1954 verwendete Selbstbezeichnung als *Verfassung*.
Zusammenfassend lässt sich feststellen, dass die Verfassungen der VR China den Erfordernissen einer normativen Verfassung in formeller Hinsicht mit teilweisen Einschränkungen für die Versionen der Jahre 1975 und 1978 Genüge leisten. Dabei zeigen sie in ihrer Entwicklung Kontinuität und Fortschritt. Der Verfassung wird durchgängig der höchste Rang im gesamten Normengefüge eingeräumt und die Befugnis zu ihrer Abänderung kommt seit 1954 ausschließlich dem NVK zu. Die Verfassung von 1982 steht dabei in der Tradition der Verfassung von 1954 und stärkt ihre eigene Stellung insoweit als sie nicht nur ihr Selbstverständnis als höchstrangige Norm bewahrt, sondern ihre besondere Stellung an eine erschwerte Abänderbarkeit knüpft, die gegenüber 1954 noch erweitert ist.

b) Ordnung und Begrenzung staatlicher Macht und die Gewährung von Grundrechten

Die *ARLPKK* und die sie flankierenden *Organisationsgesetze* der Zentralen Volksregierung und der Politischen Konsultativkonferenz legten die Staatsorganisation, deren Institutionen und willensbildenden Verfahren fest. Die Politische Konsultativkonferenz wurde als *demokratische Einheitsfront* bezeichnet, in der alle demokratischen Parteien, Volksvereinigungen, Klassen und alle Rassen vereint seien[624] und galt somit als Repräsentativorgan des Volkes. Nach Art. 12 II der ARLPKK war die Vollversammlung der PKK neben der Zentralen Volksregierung[625] höchstes Organ der staatlichen Regierungsgewalt. Sie hatte als grundlegende Aufgaben die Wahl der Regierung in Form des Zentralregierungsausschusses[626] und die Festsetzung und Änderung der als Herzstück der Verfassung von 1949 anzusehenden ARLPKK. Die demokratische Legitimation der Regierung unterstrich Art. 12 I der ARLPKK, wonach das Volk die staatliche Regierungsgewalt durch die Versammlungen der Volksvertreter und die Regierungen der verschiedenen Stufen ausübte, welche nach dem System allgemeiner Wahlen geschaffen wurden und nach Art. 15 ARLPKK auf allen Stufen dem Volk gegenüber verantwortlich und rechenschaftspflichtig waren. Die ARLPKK enthielten in Art. 5 auch einen umfassenden Katalog individueller gesellschaftlicher Freiheiten, darunter die Freiheit des Denkens, der Rede, der Presse, sowie der Versammlung und Vereinsbildung; weiterhin die Freiheit des Nachrichtenaustausches, der Person, der Wohnung, der Freizügigkeit sowie Religions- und Demonstrationsfreiheit. In Art. 6 ARLPKK war ausdrücklich die Gleichheit der Geschlechter statuiert. Der Standort der bürgerlichen Freiheitsrechte in dem mit *Allgemeine Grundsätze* überschriebenen 1. Kapitel der ARLPKK gleich hinter der Präambel mag ein Indiz für die Bedeutung sein, welche den Grundrechten der Bevölkerung in der ersten Verfassung der VR China zugemessen wurde.

Die Verfassung von 1954 enthielt eine umfassende Regelung der Staatsorganisation mit ihren Institutionen und Verfahren. Nach Art. 2 ging alle Macht vom Volk aus, wobei diese durch die Organe des NVK und der örtlichen Volkskongresse ausgeübt wurde. Der NVK war höchstes Organ der Staatsmacht (Art. 21) und tagte einmal jährlich. Zwischen den Tagungen wurde er von seinem Ständigen Ausschuss als Ständiges Organ vertreten (Art. 30), welcher wiederum dem NVK gegenüber verantwortlich und rechenschaftspflichtig war (Art. 33). Der Ständige Ausschuss hatte gem. Art. 30 Nr. 5 die Kontrollbefugnis über die Arbeit des Staatsrats, des Obersten Volksgerichts und der Obersten Volks-Staatsanwaltschaft. Deren Wahl und Abberufung oblag genauso wie den Wahl und Abberufung des Vorsitzenden der VR China dem NVK.[627] Die Volksgerich-

[624] OGPKK, 1. Kap., Allg. Bestimmungen
[625] Auch: Nationalversammlung
[626] Art. 2 OGZVR u. Art. 7 (3) b OGPKK
[627] Art. 27 Nr. 1, 7 u. 8 u. Art. 28 Nr. 1, 4 u. 5

te waren nach Art. 78 in ihrer Rechtsprechung unabhängig. Gleichzeitig war das OVG dem NVK bzw. seinem Ständigen Ausschuss gegenüber verantwortlich und rechenschaftspflichtig (Art. 80). Dies galt nach Art. 84 auch für die Oberste Volks-Staatsanwaltschaft. Eine Sonderrolle hatte der Vorsitzende der VR China inne, der gem. Art. 40 Gesetze und Verordnungen in Übereinstimmung mit den Beschlüssen des NVK und seines Ständigen Ausschusses erlassen durfte. Die Verfassung von 1954 regelte nicht nur den Aufbau der Staatsorganisation, sondern enthielt auch Bestimmungen zu den damit verbundenen Verantwortlichkeiten und Rechenschaftspflichten. Weiterhin war in Kapitel III der Verfassung ein umfassender Katalog von bürgerlichen Rechten und Pflichten verankert, wobei die gewährten Rechte wesentlich denen der Verfassung von 1949 entsprachen. Ein besonderes Grundrecht enthielt die Bestimmung des Art. 97 mit dem Recht der Bürger auf Klage gegen Mitarbeiter der Staatsorgane wegen Rechtsbruch oder Pflichtverletzung vor jedem Staatsorgan beliebiger Ebene. Bürgern, welche infolge der Beeinträchtigung ihrer Rechte durch Regierungsfunktionäre Verluste erlitten, wurde ein Anspruch auf Schadensersatz eingeräumt. Somit bestand der Grundsatz der Staatshaftung.
Ausdrückliche Bestimmungen zur Gleichberechtigung der Frauen enthielten Art. 86 II und 96 I der Verfassung. Im Unterschied zu den ARLPKK von 1949 war in Art. 100 die Pflicht der Bürger zur Einhaltung der Verfassung statuiert.

Das Kapitel II der Verfassung von 1975 behandelte in den Artikeln 16 bis 25 Aufgaben und Funktion der einzelnen Staatsorgane und enthielt somit die grundlegende Ordnung der Staatsorganisation mit ihren Institutionen und Verfahren zur Willensbildung. Dies allerdings gegenüber der Verfassung von 1954 mit ihren insgesamt 106 Artikeln in sehr verknappter Form. Die Verfassung von 1975 enthielt insgesamt nur 30 Artikel, wobei den einzelnen Staatsorganen maximal drei Artikel gewidmet waren. Im Unterschied zur Verfassung von 1954 wurde der NVK jetzt als oberstes staatliches Machtorgan *unter der Führung der KPCh* bezeichnet (Art. 16 I). Diese war gem. Art. 2 Verf. der *führende Kern des chinesischen Volkes* und die *Vorhut der den Staat führenden Arbeiterklasse*, was ihr den Status eines Verfassungsorgans einräumte. Anders als 1954 wurde explizit die Verantwortlichkeit des Staatsrats gegenüber dem NVK und dessen Ständigen Ausschuss festgelegt (Art. 19). Als Besonderheit wurden *Örtliche Revolutionskomitees* als ständige Organe der lokalen Volkskongresse eingeführt, die diesen auf der jeweiligen Ebene verantwortlich und rechenschaftspflichtig waren (Art. 22 I u. III). Die Unabhängigkeit der Gerichte fand anders als in der Verfassung von 1954 keine Erwähnung mehr. Diese waren jedoch weiterhin gegenüber den Volkskongressen verantwortlich und rechenschaftspflichtig (Art. 25). Als weitere Besonderheit wurde im Rechtsbereich die Durchführung der *Massenlinie* eingeführt, wobei eine Beteiligung der Bevölkerung in Form von Diskussion und Kritik bei der Verfolgung und Verhandlung von Rechtsfällen vorgesehen war (Art. 25 III). Dem Grundrechts-Katalog des Art. 28 war in Art. 26 die Pflicht der Bürger zur Einhaltung der Verfassung und Unterstützung der Führung durch die KPCh noch vorgeordnet. Die Gleichberechtigung der Frauen fand explizit Ausdruck in Art. 27 IV der Verfassung. Die Bestimmung des Art. 27 III enthielt mit dem Recht der Bürger auf Klage gegen Mitarbeiter der Staatsorgane wegen Rechtsbruch oder Pflichtverletzung vor jedem Staatsorgan beliebiger Ebene ein Art. 97 der Verfassung von 1954 entsprechendes Grundrecht der Bürger. Der Grundsatz der Staatshaftung in Form von Schadensersatz für erlittene Verluste durch solches Verhalten fand sich in dieser Verfassung nicht mehr.

Die Verfassung von 1978 enthielt wie ihre Vorgängerverfassungen Regelungen zum Aufbau der Staatsorganisation mit ihren Institutionen und Verfahren.[628] Der Staatsaufbau war wesentlich detaillierter in 23 statt in 9 Artikeln wie 1975 geregelt. Der Volkskongress war nach Art. 20 weiterhin das höchste Organ des Staates, wobei Art. 21 I im Unterschied zur Verfassung von 1975 eine Bestimmung zum Wahlmodus enthielt. Die Abgeordneten des NVK waren nach demokratischen Beratungen in geheimer Abstimmung zu wählen. Im Unterschied zu 1975 war die Verantwortlichkeit und Rechenschaftspflicht des Ständigen Ausschusses gegenüber dem NVK besonders geregelt (Art. 24). Der NVK stand anders als 1975 nicht mehr ausdrücklich unter der Führung der KPCh, welche aber nach wie vor Verfassungs-Sonderorgan als *führender Kern des chinesischen Volkes* bzw. *Vorhut der den Staat führenden Arbeiterklasse* blieb (Art. 2). Die örtlichen Revolutionskomitees behielten ihre Funktion als örtliche Volksregierungen, standen aber nun unter der einheitlichen Führung des Staatsrats (Art. 37 IV). Im Rechtsbereich fand die *Massenlinie* von 1975 keine Erwähnung mehr. Im Unterschied zu 1975 wachte die Oberste Staatsanwaltschaft über die Einhaltung der Verfassung und der Gesetze (Art. 43 III). Art. 43 I bestimmte ausdrücklich, dass die lokalen Staatsanwaltschaften ihre Amtsgewalt im gesetzlichen Rahmen auszuüben hätten; eine Verpflichtung, die die Vorgängerverfassung nicht enthielt. Insgesamt stärkte die Verfassung von 1978 der Rolle der Obersten Volks-Staatsanwaltschaft und sah eine stärkere gesetzliche Kontrolle der lokalen Staatsanwaltschaften vor. Einen Katalog der bürgerlichen Grundrechte enthielten die Art. 44 – 47. Die Pflicht der Bürger zur Einhaltung der Verfassung und Unterstützung der Führung durch die KPCh war dem Grundrechts-Katalog anders als 1975 *nach*geordnet (Art. 56), womit sich normativ der Stellenwert dieser Rechte umkehrte. Das Klagerecht der Bürger gegen Mitarbeiter der Staatsorgane wurde um das Beschwerderecht bei der Verletzung bürgerlicher Rechte ergänzt (Art. 55).

Die Verfassung von 1982 enthält unter Kapitel III in den Art. 57 bis 135 Regelungen zum Staatsaufbau, die gegenüber denen von 1978 noch detaillierter sind, was dem von 60 auf 138 Artikel fast verdoppelten Umfang der Verfassung entspricht. Neu eingefügt wurden Bestimmungen zum Wahlmodus, denen gemäß

[628] Art. 20 bis 43 Verf. 1978

der NVK und die lokalen Volkskongresse durch demokratische Wahlen zustande kommen (Art. 3 II), wobei die lokalen Volkskongresse direkt auf der Grundlage eines Wahlgesetzes gewählt werden (Art. 97).
Formal höchstes Organ ist der aus indirekten Wahlen hervorgehende Volkskongress mit seinem Ständigen Ausschuss (Art. 57), aus dem die Autorität aller weiterer Staatsorgane entspringt. Dem NVK kommt die Befugnis zur Abänderung der Verfassung zu (Art. 62 Nr. 1); diese ist jedoch anders als in den Verfassungen von 1975 und 1978 und in Übereinstimmung mit der Verfassung von 1954 an bestimmte Mehrheitsanforderungen gebunden. Anders als in der Verfassung von 1954 ist jedoch schon der Vorschlag zur Abänderung der Verfassung an bestimmte Bedingungen geknüpft (Art. 64 I). In Abhebung zu den Verfassungen von 1975 und 1978 kommt dem Ständigen Ausschuss des NVK neben der Auslegung der Verfassung auch die Überwachung ihrer Durchführung zu (Art. 67 Nr. 1.). Der Staatsrat wird im Unterschied zu 1975 und 1978 und in Übereinstimmung mit der Verfassung von 1954 als höchstes Organ der Staatsverwaltung bezeichnet (Art. 85). Er ist weiterhin dem NVK bzw. seinem Ständigen Ausschuss gegenüber verantwortlich und rechenschaftspflichtig.
Die Volksgerichte werden in der Verfassung von 1982 in ihrer Unabhängigkeit ausdrücklich gestärkt. Nach Art. 126 sollen sie ihre Gerichtsbarkeit gemäß den gesetzlichen Bestimmungen unabhängig und frei von der Einmischung durch Verwaltungsorgane, gesellschaftliche Organisationen oder Individuen ausüben. Die Unabhängigkeit der Volksstaatsanwaltschaften statuiert Art. 131, wobei die Oberste Volksstaatsanwaltschaft gleichzeitig dem NVK bzw. seinem Ständigen Ausschuss und die lokalen Staatsanwaltschaften den lokalen Volkskongressen verantwortlich sind (Art. 133). Die besondere Rolle der KPCh als Verfassungsorgan ergibt sich lediglich aus der Präambel, wonach *das Volk unter der Führung der KPCh weiterhin an der demokratischen Diktatur des Volkes festhalten* wird. Dies entspricht in der Verfassungs-Version von 1982 auch dem in Art. 1 Verf. niedergelegten Staatsprinzip, welches allerdings mit der Verfassungsrevision von 1999 durch das Bekenntnis zu einer gesetzmäßigen Regierung eine wesentliche Ergänzung erfuhr. Art. 5 enthält nun zusätzlich den einleitenden Absatz, dass die VR China eine auf Gesetze gestützte Regierung praktiziere und einen sozialistischen Rechtsstaat errichte. Die bürgerlichen Grundrechte befinden sich in Kapitel II der Verfassung gleich hinter den *Allgemeinen Grundsätzen* und sind noch dem Staatsaufbau vorgeordnet, was auf deren wachsende Bedeutung innerhalb der Verfassung deutet. Bei der Verfassungsänderung von 2004 wurden sie um ein allgemeines Bekenntnis zu den Menschenrechten ergänzt. Nach dem als 3. Absatz von Art. 33 neu eingeführten Grundsatz respektiert und schützt der chinesische Staat die Menschenrechte.

Die obigen Ausführungen zu den einzelnen Verfassungen, welche sich die Volksrepublik China nach 1949 gab, zeigen, dass diese auch im materiellen Sinne als normative Verfassungen zu gelten haben. Sie enthalten durchgängig Regelungen zur Staatsorganisation mit ihren Institutionen und Verfahren der Willensbildung und weisen einen detaillierten Katalog der bürgerlichen Grundrechte auf. Dabei zeigt sich auch hier, dass die Verfassungen von 1975 und 1978 einen Bruch in der Verfassungsentwicklung seit 1949 darstellen, wobei sich die Verfassung von 1975 mit ihrem auf nur 30 Artikel gekürzten Umfang besonders abhebt. Schon die Verfassung von 1978 wies wieder doppelt so viele Artikel und damit eine wesentlich differenziertere Regelung der Ordnung und Kontrolle staatlicher Macht auf. Sie knüpfte auch insoweit wieder an die Verfassung von 1954 an, als die Stellung des NVK gestärkt wurde und die der KPCh normativ in den Hintergrund rückte. Weiterhin wurde die Macht der 1975 geschaffenen sog. Revolutionskomitees eingedämmt, bevor diese 1982 ganz aus der Verfassung verschwanden. Die Verfassung von 1982 zeigt gegenüber der von 1978 eine weitere Steigerung ihres Umfangs und damit eine noch genauere Regelung der Staatsorganisation und der bürgerlichen Grundrechte. Sämtliche Staatsorgane sind auf Einhaltung der Verfassung als höchster Rechtsnorm verpflichtet und deren Organisation und Funktion sind damit zugleich normativ legitimiert. Auf Basis einer konzeptionell vollständigen Trennung von KPCh (in Präambel) und Staatsorganen (Hauptteil) wird die Existenz eines konstitutionell vollwertigen Staatsgebildes vermittelt, das frei von jeglichen Eingriffen der KPCh ist. Die Verfassungsrevision von 1999, welche Artikel 5 durch den Zusatz ergänzte, dass die VR China das Prinzip einer gesetzmäßigen Regierung verfolgt und einen sozialistischen Rechtsstaat errichtet, ist geeignet, diesen Eindruck zu verstärken. Die Stellung des Kapitels über die bürgerlichen Grundrechte gleich hinter den Allgemeinen Grundsätzen ist neben dem deutlich gewachsenen Umfang ihrer Regelung Kennzeichen für deren wachsende Bedeutung innerhalb der Verfassung. Unterstrichen wird dies durch den 2004 eingefügten Grundsatz der Respektierung und des Schutzes der Menschenrechte durch den Staat. Insgesamt zeigen die Verfassungen der VR China seit 1949 in materieller ebenso wie in formeller Hinsicht eine deutlich fortschreitende Entwicklung, wobei das Jahr 1975 einen klaren Bruch in dieser Tendenz darstellt, den man mit der Verfassung von 1978 bereits wieder zu überwinden versuchte. Der geringe zeitliche Abstand zwischen beiden Verfassungen mag dafür ein Indiz sein.

c) Tabelle zur Normativität der chinesischen Verfassungen – Formelle und materielle Aspekte im Überblick[629]

1. Teil: Staatsprinzipien, Wahlgrundsätze und bürgerliche Grundrechte

Jahr / Anzahl d. Verf.Artikel	Staatsprinzip	Wahlrecht akt./pass.	Grundrechte
1949 ARLPKK insg. 60 Art.; OGZVR; OGPKK	Neu-demokrat. Prinzip d. Volksdemokratie (Präambel ALRPKK); Volksdemokrat. Alleinherrschaft (Diktatur) (1 ALRPKK, 1 OGZVR)	Allg. aktives u. passives Wahlrecht (4 ARLPKK)	GR-Katalog in Art. 5 ARLPKK: Freiheit d. Denkens, d. Rede, d. Presse, d. Versamml., d.Vereinsbild., d. Nachricht.-austauschs, d. Person, d. Wohnung, d. Freizügigk., d. religiös. Glaubens, d. Demonstration; explizit Gleichberechtigung d. Frauen (6 ARLPKK)
1954 insg. 106 Artikel	Neue Demokratie, Volksdemokratie (Präambel IV); volksdemokrat. Staat geführt v. Arbeiterklasse;	Allg. aktives u. pass. Wahlrecht (86); expl. Frauen-Wahlrecht (86 II); Prinzip d. demokrat. Zentralismus (1)	Gleichheit vor dem Gesetz (Art. 85); Freiheit d. Rede, d. Presse, d. Versamml., d. Zus.-schlusses, d. Demonstr., (87); unverl. Freiheit d. Bürger, Schutz v. willkürl. Verhaft. (89); Postgeheimn. (90 I); Niederlass.freiheit (90 II); expl. Gleichberecht. d. Frauen (86 II u. 96 I); Pflicht d. Bürger z. Einhalt. d. Verfass. (100); Recht d. Bürger auf Klage gegen Mitarbeiter d. Staatsorgane, Grundsatz der Staatshaftung (97)
1975 insg. 30 Art.	Sozialist. Staat der Diktatur d. Proletariats, ge-	Allg. aktives u. pass. Wahlrecht	Pflicht d. Bürger z. Unterstütz. d. Führ. d. KPCh u. Einhalt. d. Verf. (26);

[629] Die Ziffern beziehen s. auf die jeweiligen Verfassungs-Artikel

	führt v. Arbeiterklasse durch ihre Vorhut, die KPCh (1 u. 2); Festhalten an grundleg. Linie u. Politik der KPCh f. die soz. Geschichtsperiode (Präambel)	(27 I); Demokrat. Zentralismus d. Staatsorgane (3 II)	Grundrechts-Katalog in Art.28: Freiheit d. Rede, Korrespondenz, Presse, Versamm, Demonstr., Streik, Religion, Propagier. d. Atheismus (28 I); Freiheit d. Person u. Wohnung unverletzbar; Schutz vor willkürl. Verhaftung (28 II); Expl. Gleichberecht. d. Frauen (27 IV); Recht d. Bürger auf Klage gegen Mitarbeiter d. Staatsorgane (27 III)
1978 insg. 60 Art. (vgl. 1949)	Sozialist. Staat d. Diktatur d. Proletariats geführt v. der Arbeiterklasse durch ihre Vorhut, die KPCh (1 u. 2)	Allg. akt. u. pass. Wahlrecht (44); Demokrat. Zentralismus d. Staatsorgane (3 II)	Pflicht d. Bürger z. Unterstütz. d. Führ. d. KPCh u. Einhalt. d. Verf. (56); Grundrechts-Katalog in Art. 44: Freiheit d. Rede, Korrespondenz, Presse, Versamml., Demonstr., Streik; Religion, Propagier. d. Atheismus (46); Freiheit d. Person, Wohnung sind unverletzbar, Schutz vor willkürl. Verhaft. (47); expl. Gleichberecht. d. Frauen (53); Recht d. Bürger auf Klage gegen Mitarbeiter d. Staatsorgane, Beschwerderecht bei Verletzung v. bürgerl. Rechten (55)
1982 insg. 138 Artikel	Demokrat. Diktatur d. Volkes unter Führung d. KPCh (Präambel); Sozialist. Staat unter der	Allg. akt. u. pass. Wahlrecht (34); Demokrat. Zentralismus d. Staatsorgane (3 I)	Grundrechts-Katolog gleich hinter Allg. Grundsätzen in Art. 33 – 56; Gleichh. vor dem Gesetz (33); Freiheit d. Rede, Publikation, Versammlung, Verei-

	demokratischen Diktatur d. Volkes (1)		nig., Demonstration (35); Glaubensfreih. (36); Freiheit d. Pers. u. Schutz v. willkürl. Verhaft. (37); expl. Gleichberecht. d. Frauen (48); Recht d. Bürger auf Klage bei Rechtsüberschreit. v. Staatsorganen (41 I), Staatshaftung bei Schaden aufgrund Verletzung v. Bürgerrechten (41 III); Pflicht zur Einhaltung d. Verf. (53)
1999 Verf.-Änd.	Die VR China praktiziert eine auf Gesetze gestützte Regier. und errichtet einen sozialist. Rechtsstaat (Ergänz. Art. 5)		
2004 Verf.-Änd.			Der Staat respektiert u. schützt die Menschenrechte (neu eingef. als 3. Abs. von Art. 33)

Tabelle zur Normativität der chinesischen Verfassungen:

2. Teil: Legislative, Exekutive, Judikative und besondere Verfassungsorgane – Ordnung und Begrenzung staatlicher Macht, Abänderung der Verfassung

Jahr	**Legislative (Vollvers. PKK / Nat. Volkskongress)** Rechensch.pflicht, Verantwortlichkeit, Abänd. d. Verfass.	**Exekutive (Staatsrat)** Rechensch.pflicht, Verantwortlichkeit	**Judikative (Gerichte)** Rechensch.pflicht, Verantwortlichkeit	**Besondere Verf.-Organe: - KPCh -Vorsitzender d. VR China**
1949	*Vollversamm. d. PKK* als höchstes Organ (12 ALRPKK), *indirekte Wahl* durch *Vertreter d. KPCh*, d. demokr. Parteien, Volksverbände, d. Territorien, VBA, ethn. Minderh. u. Auslandschinesen (Präamb. ALRPKK); ***Befugnisse u.a.:*** Festsetzung u. Änd. d. ARLPKK, Wahl d. Mitgl. d. Zentral-Regierungs-Aussch. (7 Nr. 1 und 3 b OGPKK); *Volksversammlungen auf versch. Stufen v. Volk n. System allg. Wahlen gewählt* (12 ARLPKK); auf allen Stufen dem Volk ggü. verantwortl. u. rechensch.-pfl. (15 ARLPKK)	*Zentralregierungsausschuss*, gewählt v. Vollvers. d. PKK (4 u. 6 OGZVR) m. *Regier.hof* an der Spitze, welcher dem Regier.Ausschuss verantwortl. ist (13, 14 OGZVR); Volksregier.-Ausschüsse auf allen Stufen sind den Volksvertr.-Versammlungen ggü. verantwortl. u. rechensch.pfl. (15 ARLPKK); *Zensoratsbehörde* z. Überwachung d. Staatsorgane u. Beamte (19 ARLPKK)	Sämtl. Gesetze u. Verordnungen d. Vorgänger-Reg. u. deren Justizsystem sind aufgehoben; es wird ein System d. Volksjustiz aufgebaut (17ARLPKK)	Einzige Erwähn. d. KPCh in Präambel d. ARLPKK: Vertreter d. KPCh wählen zus. m. anderen die Abgeordneten d. Vollvers. d. PKK

1954	NVK als höchstes Organ d. Staatsmacht (21); Abgeordnete werden v. Provinzen, auton. Gebieten, reg.-unm. Städten, VBA u. Auslands-Chinesen gem. Wahlgesetz gewählt (23 I u. II); Wahl f. 4 Jahre (24); Tagung einmal jährl., in Zwischenzeit vertreten u. einberufen v. *St. Ausschuss* (25, 30), St. Ausschuss ist dem NVK verantwortl. u. rechenschaftspfl. (33) ***Befugnisse d. NVK*** u.a.: Verfassungsänd. (27 Nr.1) m. 2/3-Mehrheit (29), Überwach. Durchf. d. Verf. (27 Nr. 3), Verabsch. v. Gesetzen (27 Nr. 2), Wahl d. Präs. OVG u. d. GeneralStAnw. (27 Nr. 7 u. 8); ***Befugnisse d. St. Ausschuss. d. NVK*** *u.a.:* Einberuf. Sitz. d. NVK (30 Nr. 2), Erklär. z. Ausleg. v. Gesetzen (30 Nr. 3), Überwach. d. Arbeit d. Staatsrats, d. OVG u. d. VolksStAnw.-	Staatsrat als Zentrale Volksregierung (47); ***Befugnisse u.a.:*** Verkünd. u. Überprüf. d. Durchf. v. Beschlüss. u. Verordn. in Übereinst. m. Verf. u. Gesetzen (49 Nr. 1)	Ausüb. d. richterl. Gewalt durch OVG, örtl. VG u. Sonder-Gerichte (73); *VGe sind in Rechtspr. unabh. u. unterstehen ausschl. dem Gesetz* (78); OVG und Oberste VolksStAnwaltschaft sind dem NVK bzw. dem St. Aussch. des NVK verantwortl. u. rechensch.pfl. (80, 84)	KPCh steht an Spitze der volksdemokrat. Einheitsfront; Sonderrolle d. **Vorsitzenden d. VR China** (39 ff.): gewählt v. NVK f. 4 Jahre (39); erläßt Gesetze u. Verordn. in Übereinst. m. Beschl. d. NVK u. s. St. Aussch. (40); Oberbefehl ü. bewaffnete Streitkräfte

	schaften (30 Nr. 5), Aufh. v. Beschl. d. Staatsrats, wenn in Widerspr. zu Verfass. u. Gesetzen (30 Nr. 6); Ernenn., Abberuf. v. Ministern (30 Nr. 8); Örtl. VKe f. Einh. u. Durchf. d. Gesetze verantwortl. (58)			
1975	NVK als oberstes staatliches Machtorgan *unter d. Führ. d. KPCh* (16 I); Abgeordnete werden v. Provinzen, auton. Gebieten, reg.-unm. Städten, VBA gewählt (16 II); Wahl f. 5 Jahre, Tagung einmal jährl. (16 III u. IV); ***Befugnisse u.a.:*** Änd. d. Verf. (17), Gesetzgeb., Ernenn. u. Abberuf. d. Mitgl. d. Staatsrats *auf Vorschl d. ZK d. KPCh*; **Besonderheit:** Örtl. Revolutions-Komitees aller Ebenen sind die ständigen Organe d. lokalen VK u. zugl. die örtl. Volksregierungen; sie sind dem VK d. jew. Ebene u. dem nächsthöheren Staatsorgan verantwortl. u. rechensch.pfl. (22 I u. III)	Staatsrat ist Zentraler Volksregierung u. dem NVK u. dessen St. Ausschuss verantwortl. u. rechensch.pfl. (19); *Befugnisse u.a:* Verkünd. v. Beschlüssen u. Verordn. in Übereinst. m. Verf. u. Gesetzen (20); **Besonderheit:** Örtl. Revolutions-Komitees aller Ebenen sind die ständigen Organe d. lokalen VKe u. zugleich die örtl. Volksregierungen; sie sind dem VK d. jew. Ebene u. dem nächsthöh. Staatsorgan verantwortl. u. rechensch.pfl. (22 I u. III)	Ausüb. d. Rechtspr. durch VGe aller Ebenen (25); Die VGe sind den VKen verantwortl. u. rechensch.pfl. (25); **Besonderheit:** Bei staatsanwaltl. Tätigk., Verhandl. v. Rechtsfällen wird *Massenlinie* durchgeführt, d.h. Massen werden z. Disk. u. Kritik v. schweren konterrev. Straffällen mobilisiert (25 III)	KPCh als führ. Kern d. chin. Volkes; Arbeiterklasse führt den Staat durch ihre Vorhut, die KPCh (2)

1978	NVK als höchstes Organ d. Staatsmacht (20); Abgeordnete v. VK d. Provinzen, auton. Gebiete, reg.-unm. Städte u. VBA gewählt nach demokrat. Beratungen i. geheim. Abst. (21 I), gewählt f. 5 Jahre, tagt einmal im Jahr (21 II u. III); ***Befugnisse u.a.:*** Abänd. d. Verf. sowie Überwach. ihrer Durchf. (22 Nr. 1, 3), Gesetzgebung (22 Nr. 2); St. Aussch. d. NVK als ständ. Organ d. NVK, ist dem NVK verantwortl. u. rechensch.pfl, Wahl u. Entheb. durch NVK ((24); ***Befugnisse u.a.:*** Ausleg. d. Verfass u. Gesetze (25 Nr. 3), Überwach. d. Arbeit d. Staatsrats (25 Nr. 4)	Staatsrat ist Zentrale Volksregierung (30 I) u. dem NVK u. dessen St. Ausschuss verantwortl. u. rechensch.pfl. (30 II); ***Befugnisse u.a.::*** Festleg. v. Verwalt.-maßn. u. Verkünd. v. Beschlüssen u. Erlassen in Übereinst. m. der Verf. (32 Nr.1); **Besonderheit:** Örtl. Revolut.-Komitees als örtl. Volksregierungen sind ausführ. Organe d. lokalen VKe u. zugl. die örtl. Staatl. Verw.-organe (37 I); Örtl. Rev.-Komitees sind den VK der jew. Ebene u. den staatl. Verw.-organen d. nächsthöh. Ebene verantwortl. u. rechensch.pfl., stehen unter einheitl. Führ. d. Staatsrats (37 IV)	OVG als höchstes Organ d. Rechtsprechung (42 I); Das OVG ist dem NVK u. den StAussch d. NVK verantwortl. u. rechensch.pfl.; die lokalen VG sind den lokalen VK ders. Ebene verantwortl. u. rechensch.pfl. (42 III); die Oberste StAnwaltschaft wacht ü. die Einhalt. d. Verf. u. der Gesetze u. ist dem NVK u. dem St Aussch. d. NVk verantwortl. u. rechensch.pfl. (43 III); die lokalen StAnwaltschaften üben ihre Amtsgewalt in gesetzl. Rahmen aus (43 I)	KPCh als führ. Kern d. chin. Volkes; Arbeiterklasse führt den Staat durch ihre Vorhut, die KPCh (2)
1982	NVK u. lok. VKe durch demokrat. Wahlen gebildet u. dem Volk verantwortl. (3 II); direkte Wahl d. lok. VKe gem. Wahlgesetz (97);	Der Staatsrat als Zentrale Volks-Regierung ist höchstes Organ d. Staatsverwaltung (85); ***Befugnisse u.a.:*** Festleg. v. Ver-	Volksgerichte als Organe d. Rechtspr. d. Staates (123); *Die VGe sollen ihre Gerichtsbark. gem. den gesetzl. Best. unabhäng.*	Unter der Führ. d. KPCh wird das Volk weiterhin an der demokrat. Diktatur d. Volkes festhalten (Präambel)

	NVK als höchstes Organ d. Staatsmacht (57); gewählt f. 5 Jahre, Tagung einmal jährl. (60, 61); ***Befugnisse u.a.:*** Abänd. d. Verf. , aber erschwert (62 Nr. 1, 64); Überwach. u. Durchf. d. Verf. (62 Nr. 2), Ausarb. u. Änd. v. Gesetzen (62 Nr. 3), Wahl, Abberuf. u. Amtsentheb. d. Vorsitzenden der VR China, d. Präsidenten d. OVG u. d. GeneralStAnwaltsch. (62 Nr. 5 , 7 u. 8; 63 Nr. 1, 4 u. 5); Änd. u. Aufheb. unangemess. Entsch. d. St. Ausschusses (62 Nr. 11); ***Befugnisse d. St. Ausschusses u.a.:*** Ausleg. d. Verf. u. Überwach. ihrer Durchf. (67 Nr. 1); Ergänz., Abänd., Ausleg. d. Gesetze (67 Nr. 3 u. 4); Überwach. d. Arbeit d. Staatsrats, d. OVG u. OStAnwaltschaft (67 Nr. 6); der St. Ausschuss ist dem NVK verantwortl. u. rechensch.-pfl. (69)	walt.-Maßn., Ausarb. v. VO u. Vorschr. in Übereinst. m. der Verf. u. den Gesetzen (89 Nr. 1); der Staatsrat ist dem NVK u. s. St. Aussch. verantwortl. u. rechsch.-pfl. (92)	*ausüben*, frei v. Einmisch. durch Verw.organe, gesellschaftl. Organisationen o. Individuen (126), Verantwortlichk. ggü. dem NVK u. ihren örtl. Einricht.organen (128); Unabhängigk. d. VolksStAnwaltsch. (131), Verantwortlichk. ggü. dem NVK bzw. den lokalen VKen (133)	

II. Der Vorrang der Verfassung in Konkurrenz zur beherrschenden Rolle der KPCh

Die Verfassung mit institutionell gesicherter Rechtsbindung der Staatsgewalt ist nach westlicher Rechtsauffassung definiert als höchstrangige Normenordnung, die Vorrang vor allen unterverfassungsrechtlichen Rechtssätzen beansprucht und deren Einhaltung rechtlich zu kontrollieren ist.[630] Fraglich ist, inwieweit sich die in China vertretene Verfasssungskonzeption auf das Problem des Vorrangs der Verfassung auswirkt. In diesem Zusammenhang sind die Verfassungstexte in Bezug auf ihr Selbstverständnis als höchstrangige Normenordnung und die in ihr angelegten Kontrollmöglichkeiten ihrer Einhaltung als formelle und materielle Aspekte ihrer Normativität empirisch abzugleichen.

Bei normativer Betrachtung kam den *Allgemeinen Richtlinien der Politischen Konsultativkonferenz* von *1949* nach obigen Ausführungen Vorrang im gesamten Normengefüge zu. Hier ist jedoch zu berücksichtigen, dass in Art. 17, Satz 1 der ARLPKK die Aufhebung sämtlicher Gesetze und Verordnungen sowie des Justizsystems der Guomindang-Regierung statuiert wurde. Gleichzeitig enthielt Art. 17, Satz 2 ARLPKK die Zielsetzung, Gesetze und Verordnungen zu erlassen, die das Volk schützten und ein Justizsystem aufzubauen. Die ARLPKK stellten somit zusammen mit dem Organisationsgesetz der Zentralen Volksregierung und dem Organisationsgesetz der Politischen Konsultativkonferenz zunächst die einzigen gesetzlichen Regelungen der jungen Volksrepublik dar. Insoweit musste ein Vorrang der ARLPKK im gesamten Normengefüge grundsätzlich zukunftsbezogen sein. Er war normativ gewollt, hatte sich jedoch in Hinblick auf die künftige Gesetzgebung empirisch zu erweisen. Art. 19 ARLPKK sah für diesen Zweck die Errichtung von Zensoratsbehörden vor, die in den Volksregierungen aller Stufen errichtet werden sollten und das rechtmäßige Handeln von Staatsorganen und öffentlichen Beamten überwachen sollten und die Befugnis zur Anklageerhebung hatten.

Beim empirischen Abgleich mit der politischen Entwicklung wird deutlich, dass die Jahre von 1949 bis zur Verabschiedung der Verfassung von 1954 von ständigen durch die KPCh initiierte und gelenkte Kampagnen[631] geprägt waren. Dabei erwies sich die Kraft der ARLPKK als höchstrangige Normenordnung und die der Zensoratsbehörden als Kontrollorgane als äußerst schwach und der Ablauf der Kampagnen lief dem Verfassungsziel der zu schaffenden volksschützenden Gesetze entgegen.[632] Allein während der Kampagne zur Bodenreform (Juni 1950 bis Ende 1952) mit Schauprozessen und Massenanklagen kamen nach der Literatur mehrere Millionen Menschen ums Leben. Der Kampagne gegen Konterrevolutionäre, die 1950 eingeleitet wurde, lagen erst ab 1951 verspä-

[630] Haverkate (1992), S. 13
[631] Vgl. Weggel (1989), S. 148
[632] S. Weggel (1989), S. 156 u. Fairbanks (1989), S. 280

tet gesetzliche Bestimmungen zugrunde, deren Tatbestände außerdem unpräzise abgefasst waren.[633]

Auch die *Verfassung von 1954* zeigt in formeller und materieller Hinsicht alle Kennzeichen einer normativen Verfassung. Dies ergab sich auch aus Art 27, Nr. 1, der dem NVK die Befugnis für Verfassungsänderungen übertrug und ihm in Nr. 3 die Aufgabe zuwies, die Durchführung der Verfassung zu überwachen. Allerdings trat der NVK nach Art. 25 nur einmal jährlich zusammen und wurde vom Ständigen Ausschuss einberufen, der zwischen den Sitzungsperioden als dessen ständiges Organ fungierte. Dies bedeutete tatsächlich eine Einschränkung der Möglichkeit des NVK, die Einhaltung der Verfassung zu kontrollieren, die schon im Verfassungstext angelegt war.
Ein Abgleich mit der politischen Entwicklung der Jahre 1954 bis 1975 zeigt ein dramatisches Auseinanderdriften von Verfassungsrecht und Verfassungswirklichkeit. In der Literatur wird die Verfassung von 1954 wegen ihrer Ferne zur Verfassungswirklichkeit als eine auf der Tradition des bürgerlichen Verfassungsstaates aufgebaute Fassade der Revolution bezeichnet.[634] Die Jahre bis zur Verfassungsänderung im Jahre 1975 waren von innenpolitischer Zerrissenheit in Form des *Kampfes zweier Linien* (1958 – 1965) und der sich anschließenden *Kulturrevolution* (1966 – 1976) gekennzeichnet. Dabei stellte die Rotgardistenbewegung als Avantgarde der Kulturrevolution den Anfang vom Ende der Geltung von Recht überhaupt für die nächsten zehn Jahre dar. Spätestens nachdem am 23. August 1966 durch den Staatsvorsitzenden Mao die Anweisung ergangen war, dass die Schüler- und Studentenverbände nicht bei ihrer revolutionären Arbeit gestört werden durften, waren der verfassungsrechtlich niedergelegte Staatsaufbau und die der Bevölkerung zugestandenen Freiheitsrechte komplett außer Kraft gesetzt. Hauptaufgabe der Roten Garden war es, die *Vier Relikte* der alten Kultur, alten Sitten, alten Gewohnheiten und Denkweisen durch die *Vier Neuen* zu ersetzen, was den gesamten geistigen Überbau des Staates und damit auch das bestehende Rechtssystem umfasste. Auch nach Disziplinierung der Roten Garden durch dieselbe politische Führung, die sich ihrer zum Machterhalt bedient hatte, kam es wegen fortgesetzter Machtkämpfe in der Partei zu keiner Restrukturierung des Rechtssystems. Politisches Chaos und weitgehendes rechtliches Vakuum fanden erst mit dem Tod Maos 1976 ein Ende.[635] Die neue Verfassung von 1975 war ein Versuch, den Staat zumindest normativ auf eine neue verfassungsrechtliche Grundlage zu stellen.

---

[633] Vgl. Weggel (1989), S. 160

[634] Münzel (1974b), S. 243

[635] Die Einstellung der beherrschenden politischen Persönlichkeit dieser Jahre zum Recht machte eine Äußerung gegenüber dem Journalisten Edgar Snow im Jahre 1970 deutlich. Mao Ze-dong im Gespräch mit Edgar Snow: „Ich bin ohne Gesetz und ohne Himmel.“; chin.: wo shi wu fa wu tian – 我是无法无天; zit. n. v. Senger (1994), S. 27

Ein formeller Aspekt mag ein Schlaglicht auf die tatsächliche Funktion der *Verfassung von 1975* werfen, die nach obigen Ausführungen in formeller und materieller Hinsicht alle Kennzeichen einer normativen Verfassung enthielt. Ihr Gesamtumfang war von den 106 Artikeln der Version von 1954 auf 30 Artikel geschrumpft.

Auch 1975 nahm die Verfassung normativ in der Rangfolge der Gesetze die erste Position ein. Letzte Entscheidung darüber, ob die vom Staatsrat festgesetzten und verkündeten Verwaltungsmaßnahmen, Beschlüsse und Verordnungen mit der Verfassung übereinstimmten (Art. 20) hatte jedoch die KPCh, welche die Kontrolle über den NVK ausübte, dem wiederum der Staatsrat verantwortlich war. Ein Staatspräsident, der in der Verfassung von 1954 den Oberbefehl über die Streitkräfte hatte (Art. 42), war in der neuen Verfassung nicht mehr vorgesehen. Den Oberbefehl über die Streitkräfte übte nun der Vorsitzende des Zentralkomitees der KPCh aus (Art. 15 II), womit auch die militärische Exekutive bei der Partei lag.

Der empirische Abgleich hat die historische Entwicklung vor Verabschiedung der Verfassung von 1975 zu berücksichtigen, während der es zu einer faktischen Außerkraftsetzung der Verfassung von 1954 und damit zu einem völligen Auseinanderdriften von Verfassungsrecht und Verfassungswirklichkeit kam. Die Verabschiedung einer neuen Verfassung bedeutete vor diesem Hintergrund nicht nur eine endgültige Verabschiedung von wesentlichen Inhalten der Verfassung von 1954, sondern gleichzeitig, dass der Zustand der faktischen Verfassungslosigkeit beendet werden sollte und war damit auch Anerkennung der *Verfassung* als grundlegendes Gesetz für Staatsorganisation und –ziele. Auf der anderen Seite unterstrichen die weitgehenden Veränderungen des Verfassungstextes gegenüber dem von 1954 die Funktion der Verfassung von 1975, den Machterhalt der KPCh zu sichern.[636] Die Verfassung sollte normativ dem Machtanspruch der KPCh Ausdruck geben und diesen untermauern. Damit befand sie sich auch bei empirischer Verfassungsbetrachtung mit der politischen Situation jener Zeit im Einklang.

Zhang Chunqiao[637] führte in seinem Bericht über die Abänderung der Verfassung[638] den Begriff der *sozialistischen Verfassung* ein. Die Verfassung von 1954 wurde von ihm nachträglich als Chinas erste Verfassung sozialistischen Typs qualifiziert, welche in Form des Grundgesetzes die historischen Erfahrungen zusammengefasst, die Früchte des Sieges des chinesischen Volkes verankert und dem Volk eindeutig die Marschroute vorgezeichnet hätte.[639] Der *sozialistische*

---

[636] Vgl. Cai Ding-jian (2004), S. 50 u. 52

[637] Der Kommission zur Revision der Verfassung gehörten sämtliche Mitglieder der zu diesem Zeitpunkt die Politik beherrschenden sog. *Viererbande* an. Dies waren: Die Ehefrau Mao Zedongs, Jiang Qing, Zhang Chunqiao, Yao Wenyuan und Wang Hongwen; s. Cai Dingjian (2004), S. 46.

[638] ; „Bericht über die Abänderung der Verfassung" erstattet am 13.1.75 u. angenommen am 17.1.75; zit. n. Peking Rundschau v. 28.1.75, S. 17 ff.; tatsächlich handelte es sich nicht um eine Abänderung der Verfassung, sondern um eine neue Verfassung; z. Bez. als Abänderung s. Münzel (1974b), S. 243

[639] Zit. n. „Bericht über die Abänderung der Verfassung" erstattet am 13.1.75 u. angenommen am 17.1.75, in: Peking Rundschau v. 28.1.75, S. 17 ff.

Typ von Verfassung war dabei normativ durch die Gestaltung als Grundgesetz und durch Setzung bestimmter Inhalte gekennzeichnet, die ihre Funktion betrafen. Dies waren einmal die Festschreibung politischer Machtverhältnisse für die Gegenwart und gleichzeitig die politische Richtungsweisung für die Zukunft. Der sozialistische Typ von Verfassung bedeutete damit auch die Festlegung auf ein politisches System, nämlich das des durch die KPCh repräsentierten Sozialismus.

Der normative Vergleich der Verfassungen von 1975 und 1978 zeigt, dass die ideologische Führung der KPCh nach wie vor in der Verfassung niedergelegt war, dies jedoch in der *Verfassung von 1978* auf die Präambel und die Allgemeinen Grundsätze beschränkt blieb. Der Einfluss der KPCh war normativ aus dem Bereich der Staatsorganisation herausgelöst, was sich an der Strukturierung der Verantwortlichkeiten zeigte. Sowohl die Exekutive des Staatsrats als auch die Oberste Staatsanwaltschaft sowie der Ständige Ausschuss des NVK waren dem NVK verantwortlich und rechenschaftspflichtig, was dessen Stellung als letzte Kontrollinstanz und höchstes Organ der Staatsmacht unterstrich.
Beim Abgleich von normativer und empirischer Verfassungsbetrachtung könnte der geringe zeitliche Abstand zur Verfassung von 1975 Zweifel am Charakter der Verfassung als grundlegendes Gesetz aufkommen lassen. Politischer Hintergrund dieser Verfassung war der Sturz der sog. *Viererbande* und damit ein dramatischer Wechsel an der Machtspitze der KPCh. Somit schien sich der zweckrationale Charakter der Verfassungen zu bestätigen, den politischen Programmen der jeweiligen Führungselite zur Durchsetzung zu verhelfen.[640] Auf der anderen Seite zeigt der normative Vergleich der Verfassungen von 1975 und 1978, dass 1978 die Verfassung selbst durch die Möglichkeit der Kontrolle von deren Einhaltung wieder aufgewertet wurde. Eine weitere Aufwertung erfuhr der NVK als Legislative, während der Einfluss der KPCh auf die Staatsorgane normativ keine direkte Grundlage mehr fand. Empirisch ist zu berücksichtigen, dass die Verabschiedung der neuen Verfassung gleichzeitig den Prozess von Öffnung und Reform einleitete.[641]

Die *Verfassung von 1982* geht in Anknüpfung an die Verfassung von 1954 (Art. 29) und anders als die Verfassungen von 1975 und 1978 von ihrer im Verhältnis zu anderen Rechtsnormen größeren Bestandskraft aus. Dies spiegelt sich auch in der modernen chinesischen verfassungsrechtlichen Literatur, die vom Verfassungsgesetz als *Muttergesetz* (*mu-fa*) und von den einfachen Gesetzen als *Kin-*

---

[640] Vgl. Kuhn (2003a), S. 114 - 138

[641] Dies zeigen auch die vier Änderungen der Verfassung im darauffolgenden Jahr 1976, die den Staatsaufbau gegenüber der Partei stärken sollten: die Einrichtung von Ständigen Komitees der Volkskongresse von Kreisebene hinauf; Ersetzen der Revolutionskomitees durch Volksregierungen; Änderung des Wahlmodus für die Abgeordneten der Volkskongresse auf Kreisebene von indirekten zu direkten Wahlen; Änderung der Beziehung zwischen Volksstaatsanwaltschaften der oberen und unteren Stufe von Kontroll- in Leitungsfunktion; s. Cai Jianding (2004), S. 58

..ergesetzen (*zi-fa*) spricht.[642] Die Verfassung wird gegenwärtig nicht nur als Mutter des Rechtssystems und Grundlage des modernen chinesischen Staates angesehen, sondern als Vorraussetzung für die Herrschaft des Rechtes überhaupt. Die Verfassungsmäßigkeit eines Staates zeigt sich nach dieser Auffassung an dem System der Überprüfung von Verfassungsverletzungen.[643]
Der übrige Verfassungstext scheint diesen normativen Wandel zu belegen. Auf Basis einer konzeptionell vollständigen Trennung von KPCh und Staatsorganen wird die Existenz eines konstitutionell vollwertigen Staatsgebildes vermittelt, das frei von jeglichen Eingriffen der KPCh ist. Die Verfassungsrevision von 1999 mit den neueingeführten Grundsätzen der Gesetzmäßigkeit des Regierens und des sozialistischen Rechtsstaats scheint diesen Eindruck zu verstärken.
Auf der anderen Seite sieht die Verfassung zwar eine Kontrolle des NVK über deren Einhaltung vor. Faktisch kommt die Überwachung ihrer Durchführung jedoch dem Ständigen Ausschuss zu, der den nur einmal jährlich tagenden NVK in der sitzungsfreien Zeit vertritt . Er ist diesem gegenüber zwar verantwortlich; dieses Prinzip wird jedoch durch die zeitlich stark eingeschränkte Tätigkeit des NVK und die Regelung, dass dieser vom Ständigen Ausschuss einzuberufen ist, empfindlich beeinträchtigt. Weiterhin ist der Ständige Ausschuss mit Mitgliedern der KPCh besetzt, womit letztlich der Partei die Kontrolle über die Einhaltung der Verfassung obliegt und eine Abhängigkeit von den Machtverhältnissen innerhalb der Partei eintritt. Diese Situation lässt keine institutionell gesicherte Rechtsbindung der Staatsgewalt zu, welche wesentliche Grundlage rechtsstaatlicher Normenhierarchie ist.[644] Tatsächlich bietet das politische System der VR China nach wie vor eine Basis für die Absicherung der Parteiherrschaft der KPCh.
Der folgende empirische Abgleich mit dem politisch-administrativen System unterstreicht die mächtige Stellung der KPCh im gesamten Staatsgefüge und verdeutlicht, dass auch gegenwärtig keine klare Trennung von Partei und Regierung besteht. In Wirklichkeit genießt die KPCh bis heute höchste Normenkompetenz und übt eine intensive personelle, organisatorische und ideologische Kontrolle über sämtliche staatliche Aktivitäten aus. [645] Somit fehlt es noch an entscheidenden Voraussetzungen, die Verfassung zu einem Grundgesetz von höchster rechtlicher Relevanz werden zu lassen und damit die Basis für einen Rechtsstaat zu schaffen.

---

[642] Mufa – 姆法 , zifa – 子法 ;vgl. Heuser (2003), S. 800; vgl. a. Falü Cidian (Rechtslexikon) 2003, Stichwort „Verfassung"; ebenso Cai Jianding (2004), S. 1
[643] Cai Jianding (2004), S. 1
[644] Vgl. Stein (1998), § 20; z. Problematik der genauen Eingrenzung des Begriffs Rechtsstaat vgl. So- 1997), S. 526 f., die auf die Vielzahl von *unverzichtbaren* Bestandteilen des Rechtsstaates ver- und diesen als *Sammelbecken unzähliger verschiedener Rechtssätze* bezeichnet.
lbig (2004), S. 261

III. Die Absicherung der Parteiherrschaft der KPCh durch das politisch-administrative System der VR China

Artikel 46 des Parteistatuts der KPCh von 1982 sieht vor, dass in allen Führungsgremien aller Staatsorgane auf allen Ebenen Parteifunktionäre über die Einhaltung und Ausführung der Richtlinien der Partei und der Parteipolitik wachen sollen. Dies deutet auf eine enge Verzahnung von Partei und Verwaltung zum Zweck der Durchsetzung politischer Ziele der KPCh. Das politisch-administrative System der VR China bietet durch seine Besonderheit die Grundlage und Gewährleistung der Einparteienherrschaft der KPCh in China.[646]
Zunächst ist der parallele Aufbau von Staatsverwaltung und Parteiorganisation festzustellen. Auf der untersten Ebene entspricht der Dorfparteizelle die des Dorfkomitees. Die Gemeindeparteikomitees entsprechen den Gemeinderegierungen und diese Parallelität setzt sich dann über die Kreis-, Bezirks-, Stadt- bis zu den Provinzparteikomitees bzw. –regierungen fort. An der Spitze der Partei stehen das Politbüro mit seinem Ständigen Ausschuss als eigentliches Machtzentrum, das Zentralkomitee und das ZK-Sekretariat mit den ZK-Abteilungen. Dem entspricht der Staatsrat mit seinen Kommissionen und Ministerien als nominell höchste Regierungsinstanz, wobei auch hier eine engere Führung in Form des *Ständigen Rat* aus dem Ministerpräsidenten, seinen vier Stellvertretern, dem Generalsekretär und den fünf Staatskommissaren, gegeben ist. Diesen beiden parallel aufgebauten Hierarchiesäulen entspricht eine dritte Säule der demokratischen Institutionen der Kongresse, welche auf ihrer jeweiligen Stufe die Regierungen wählen. Diese reicht vom Dorfkongress bis zum Nationalen Volkskongress auf höchster Ebene, der auch den Staatspräsidenten als nominelles Staatsoberhaupt wählt.
Entscheidendes Instrument für die Durchsetzung der Parteiinteressen ist die Weisungsautorität der Partei, die einmal in der Hierarchie der Partei von der Parteispitze stufenweise bis in die Dorfparteizellen herunterreicht und sich auf den einzelnen Ebenen an die jeweiligen Regierungsstellen richtet.
Hinzu kommt als dritter Aspekt die Besetzung der Regierungsstellen mit Parteimitgliedern, welche durch den Einfluss der Partei auf die Wahllisten gewährleistet ist. Die Mitglieder des Ständigen Ausschuss des Politbüros der KPCh als der Machtzentrale der Partei besetzen die wichtigsten Ämter in Partei und Staat. Die KPCh in allen zentralen Staatsorganen in Gestalt von Entscheidungsträgern vertreten und alle herausragenden Entscheidungspositionen des Staates sind mit Mitgliedern des Politbüros oder des ZK der KPCh besetzt.[647]

---

[646] Vgl. Heilmann (1997), S. 8; Weggel (1989), S. 179; s.a. Himmelmann (2001), S. 312 ff.; vgl. a. Heuser (1984) zur Parteimitgliedschaft als *besonderes Gewaltverhältnis*, S. 420
[647] Domes (1985), S. 100

IV. Die chinesischen Verfassungen als Fundament der Eigentumsordnung

Der Charakter der chinesischen Verfassungen als Legalitätsmaßstab für die übrigen Rechtsnormen und ihre Funktion als Fundament der Rechtsordnung bleiben nach obigen Ausführungen problematisch. Mit der Verfassung von 1982 wurde ihr zwar ausdrücklich diese Funktion zuerkannt. Auf der anderen Seite ergibt sich bereits bei normativer Verfassungsbetrachtung eine Schlüsselrolle des Ständigen Ausschusses des NVK, welche mit der durch das politisch-administrative System abgesicherten Dominanz der KPCh verknüpft ist. Auf der anderen Seite lässt sich eine Funktion der Verfassung als Muttergesetz für solche Artikel bejahen, die in Form von Staatszielbestimmungen Gesetzgebungsaufträge an den Gesetzgeber enthalten.[648] Dies gilt besonders für den Bereich der Wirtschafts- und Eigentumsordnung der aktuellen Fassung der Verfassung von 1982. Deren Bedeutung als dauerhaftes Fundament der weiteren rechtlichen Entwicklung ist allerdings nach wie vor eng mit Herrschaft und Personenstruktur der KPCh verknüpft. Auch die Verfassungen vor 1982 trafen grundlegende Aussagen zur Wirtschafts- und Eigentumsordnung, die durchaus Staatszielbestimmungen vergleichbar waren und im historischen Rückblick nachweisbar dieser Einschränkung unterlagen.

1. Die Verfassung von 1949

Artikel 3 der ARLPKK von 1949 sah als allgemeinen Grundsatz die notwendige Beseitigung sämtlicher Vorrechte der imperialistischen Staaten in China vor. Weiterhin sollte das *bürokratische Kapital*[649] eingezogen und in das Eigentum des Volkes zurückgeführt sowie das bestehende Landsystem schrittweise in ein System bäuerlichen Landeigentums umgewandelt werden. Das Privateigentum der Arbeiter, Bauern sowie Klein- und Nationalkapitalisten[650] sollte geschützt sein. Der Schutz des Privatvermögens der Klein- und Nationalkapitalisten umfasste dabei auch allen städtischen Hausbesitz. Diese Grundsätze wurden im 4. Kapitel zur Wirtschaftspolitik weiter ausgeführt. In diesem Bereich war eine gleichmäßige Berücksichtigung privater Interessen vorgesehen und privat- und staatskapitalistische Wirtschaft sollten miteinander in Einklang gebracht werden (Art. 26, 27 ARLPKK). Voraussetzung für die Industrialisierung des Landes sollte eine Landreform sein, die die *Liquidierung der räuberischen Zwangsherren*[651], die Herabsetzung der Pachtzahlungen und Zinsen sowie die Verteilung des Bodens beinhaltete.

---

[648] S. Heuser (2003), S. 800
[649] Z. Begriff s. Bünger (1950/51b), S. 770 f.
[650] Z. den Begriffen s. Bünger (1950/51b), S. 770 f.
[651] Zit. n. Übers. Bünger in: Bünger (1950/51b), S. 853

Art. 30 ARLPKK sah die Ermutigung und Unterstützung von dem Volk nützlichen privat betriebenen Unternehmen vor. Es sollte sobald wie möglich ein Plan für die Wiederherstellung und Entwicklung der einzelnen Hauptzweige auch der privaten Wirtschaft aufgestellt werden (Art. 33 ARLPKK). Andererseits war vorgesehen, das Privatkapital anzutreiben, sich in Richtung Staatskapitalismus zu entwickeln (Art. 31 ARLPKK).
Im Handelsbereich sollte der legitime private Handel geschützt werden (Art. 37 ARLPKK). Auf der anderen Seite war die Freiheit des Handels im Rahmen eines einheitlichen staatlichen Wirtschaftsplans durchzuführen, wobei der spekulative Handel streng einzuschränken war. Art. 59 ARLPKK gewährte schließlich den in China wohnenden Ausländern, welche die Gesetze befolgten, Schutz.

Die ARLPKK vermittelten die Absicht der Verfassungsgeber, die bei der Machtübernahme der KPCh vorgefundene Privatwirtschaft zu erhalten, dies jedoch nicht uneingeschränkt, sondern unter den Bedingungen einer weitgehend staatskapitalistisch organisierten Wirtschaft. Die Auflösung dieses ökonomischen Widerspruchs blieb im Verfassungstext offen. Bei Privatunternehmen sollten die dem Volk nützlichen Unternehmen bevorzugt gefördert und im Privathandel der spekulative Handel eingeschränkt werden, wobei die vage Begrifflichkeit des dem Volk Nützlichen und des spekulativen Handels ebenfalls der Auslegung bedurfte. Andere Absichtserklärungen hinsichtlich der Kapital- und Bodenenteignungen ließen wiederum deutliche Rückschlüsse auf zu erwartende Maßnahmen zu. Bei normativer Betrachtung des Verfassungstextes relativieren die widersprüchlich formulierten wirtschaftlichen Zielsetzungen, eine vage Begrifflichkeit und Absichtserklärungen bezogen auf Umwandlungen und Rückführungen bestehender Eigentumspositionen den ausdrücklich erklärten Schutz des Privateigentums. Die tatsächliche politische Entwicklung in den Jahren nach Inkrafttreten der Verfassung unterstreicht den bei normativer Betrachtung schwachen Eigentumsschutz. In der politischen Wirklichkeit bedeutete die 1952 gestartete Kampagne gegen die fünf Übel der Bestechung, Steuerhinterziehung, Diebstahl von Staatseigentum, Betrug und Diebstahl von staatlichen Wirtschaftsinformationen einen wirksamen Schlag gegen bürgerliche Kaufleute und Unternehmer. Es kam zu einer staatlich veranlassten Welle der Verschmelzung von privaten Unternehmen mit Staatsbetrieben zu sog. gemischten staatlich-privaten Unternehmen, die Zwischenstation zur völligen Verstaatlichung war.[652] Gleich nach Staatsgründung wurden Bodenreformen mit entschädigungsloser Enteignung der Großgrundbesitzer durchgeführt. Dabei war die genaue Qualifizierung als Großgrundbesitzer gerade in Gebieten mit hoher Bevölkerungsdichte und der aufgrund einer fehlenden Primogenitur-Bestimmung starken Zersplitterung des Bodenbesitzes äußerst problematisch.[653] Weiterhin schloss die Beseitigung sämtlicher Vorrechte der imperialistischen Staaten trotz des durch Art. 59

[652] Vgl. Glaubitz (1974), Sp. 266 f.; Fairbank (1991), S.279
[653] S. Weggel (1989), S.83 ff., der von einer katastrophalen Zersplitterung des Bodenbesitzes spricht

ARLPKK den gesetzestreuen Ausländern gewährten Schutzes auch die darauf beruhenden Rechte von deren Staatsangehörigen ein. Tatsächlich kam es schon gleich nach der Machtübernahme zu einer schrittweisen Enteignung der europäischen und amerikanischen Expatriates, die spätestens 1951 abgeschlossen war.[654]

2. Die Verfassung von 1954

Die Verfassung von 1954 nahm gleich in den allgemeinen Grundsätzen explizit Bezug zu unterschiedlichen Eigentumsfragen. Art. 5 führte die bestehenden Eigentumsarten im Bereich der Produktionsmittel[655] auf. Dies waren Staats- bzw. Volkseigentum, Genossenschaftseigentum bzw. kollektives Eigentum der Werktätigen, Eigentum der einzelnen Werktätigen und kapitalistisches Eigentum.
Art. 9 garantierte das gesetzmäßige Recht auf Eigentum an Produktionsmitteln der Handwerker und betonte die Lenkungsfunktion des Staates bei deren Aktivitäten, was auch die Förderung von deren Vereinigung in Produktionsgenossenschaften auf freiwilliger Basis einschloss. Nach Art. 10 wurde das Eigentum der Kapitalisten an Produktionsmitteln und anderen Kapitalgütern gesetzmäßig geschützt. Auf der anderen Seite unterlagen kapitalistische Industrie und Handel einer Politik der Nutzung, Einschränkung und Umwandlung.[656] Hauptinstrumente hierfür waren staatliche Kontrolle und Lenkung. Die der nationalen Wohlfahrt und Lebenshaltung des Volkes abträglichen negativen Seiten von kapitalistischer Industrie und Handel sollten beschränkt werden. Art. 10 sah weiterhin die Umwandlung von kapitalistischer Industrie und Handel in Formen der staatskapitalistischen Wirtschaft vor, indem der Staat stufenweise Volkseigentum an die Stelle des kapitalistischen Eigentums treten ließ.
Volkseigentum waren nach Art. 6 II Bodenschätze, Gewässer, sowie die nach dem Gesetz dem Staat gehörenden Waldungen, Brachland und andere Rohstoffquellen. Das Eigentumsrecht der Bauern auf Grund und Boden und andere Produktionsmittel unterlag nach Art. 8 dem gesetzmäßigen staatlichen Schutz. Auch hier waren jedoch staatliche Lenkung und Förderung des Zusammenschlusses zu Produktionsgenossenschaften vorgesehen. Großbauernwirtschaften sollten beschränkt und allmählich abgeschafft werden.

Art. 13 räumte dem Staat ein, im öffentlichen Interesse Boden und andere Produktionsmittel in Übereinstimmung mit den Gesetzen zu kaufen, zu beschlagnahmen oder zu verstaatlichen. Diese in der Verfassung verankerte Enteig-

---

[654] Vgl. Osterhammel (2003), S. 397; Vgl. a. Weggel (1989), S.189, der die Enteignung der Ausländer auf den Zeitraum von 1949 – 1952 datiert

[655] Eine eingehende Def. des in der VR China gebräuchlichen Begriffs der *Produktionsmittel* findet sich bei König (1989), S. 12 f.

[656] Vgl. Cai Jianding (2004), S. 38

nungsmöglichkeit für städtisches und dörfliches Land bedeutete gleichzeitig eine Anerkennung von privatem Landeigentum.
Das Eigentumsrecht der Bürger auf rechtmäßiges Einkommen, Ersparnisse, Hausbesitz sowie alle Arten von Konsumgütern war nach Art. 11 geschützt und Art. 12 gewährte das gesetzliche Erbrecht für Privatbesitz. Allerdings war es nach Art. 14 verboten, Privatbesitz zur Schädigung öffentlicher Interessen zu benutzen.
Während die ARLPKK von 1949 den in China wohnenden Ausländern, welche die Gesetze befolgten, Schutz gewährten, fanden in der Verfassung von 1954 Ausländer nur noch als mögliche Asylanten Erwähnung (Art. 99).

Bei normativer Betrachtungsweise der die Eigentumsrechte einzelner Bevölkerungsgruppen betreffenden Artikel fallen die Parallelen in Aufbau und Inhalt auf. Der jeweils knappen Aussage, wessen Eigentum gemäß dem Gesetz staatlichem Schutz unterlag, folgte ein längerer Abschnitt oder ein weiterer Artikel, der die Lenkungsfunktion des Staates gegenüber der betreffenden Bevölkerungsgruppe betonte und den gewährten Schutz wieder einschränkte bzw. dessen Negation bedeutete. Der auf diese Weise widersprüchlich formulierte Schutz von Eigentum konnte keine verfassungsrechtliche Gewähr von privaten Eigentumsrechten schaffen. Bei Aufzählung der einzelnen Eigentumsarten an Produktionsmitteln fiel der zivilrechtliche Begriff *privat* überhaupt nicht, sondern es war von Eigentum der einzelnen Werktätigen und *kapitalistischem* Eigentum die Rede, womit ein nach marxistischer Ideologie negativ besetzter Begriff Verwendung fand. Damit implizierte schon die Wortwahl eine negative Bewertung.
Auch die drohende Umwandlung kapitalistischen Eigentums in Volkseigentum, Beschränkung und Abschaffung von Großbauernwirtschaften, das Verbot der Schädigung öffentlicher Interessen durch Privatbesitz und das Recht des Staates auf Beschlagnahme oder Verstaatlichung von Boden und anderen Produktionsmitteln untergruben den grundsätzlich zugesicherten staatlichen Schutz des Privateigentums, dessen genauer Umfang sich aus den einzelnen Artikeln erschloss. Im Gegensatz hierzu wurde in Art. 101 das öffentliche Eigentum als heilig und unverletzlich bezeichnet und die Pflicht jeden Bürgers statuiert, es zu achten und zu schützen. Dies bedeutete, dass ein bedingungsloser Schutz nur für das öffentliche Eigentum des Staates vor Eingriffen seitens der Bürger bestand. Umgekehrt stand der Schutz des Eigentums der Bürger und dessen Schutz vor Eingriffen seitens des Staates unter rechtlichem Vorbehalt. Tatsächlicher, verfassungsrechtlich gewährleisteter Schutz bestand damit nur einseitig für Staatseigentum, während das Privateigentum staatlichen Eingriffen ausgesetzt blieb. Bei dem in Art. 11 gewährten Schutz des Hausbesitzes ist außerdem zu berücksichtigen, dass bei der Aufzählung der geschützten Güter von „Einkommen, Ersparnissen, Hausbesitz und allen Arten von Konsumgütern" die Konsumgüter als Oberbegriff verstanden wurden. Danach betraf Art. 11 nur selbst bewohnten

Hausbesitz.[657] Vermietete und gewerblich genutzte Häuser fielen unter die auf Art. 3 des Gemeinsamen Programms von 1949 beruhenden, wesentlich schwächeren und nur für eine Übergangszeit gedachten Vorschriften über kapitalistische Rechte. Mit der *Umwandlung* der kapitalistischen, d.h. privaten Unternehmen wurde demgemäß in den folgenden Jahren auch der vermietete Hausbesitz weitgehend verstaatlicht.[658]

Es genügt bereits die normative Betrachtung des Verfassungstextes von 1954, um die gefährdete Stellung des Privateigentums zu jener Zeit auszumachen. Widersprüchlichkeit und Vagheit der Formulierungen lassen auf Bedrohung des Privateigentums, nicht aber auf verfassungsrechtlich gewährten Schutz schließen. Tatsächlich verloren die Bauern mit Errichtung der Volkskommunen ab 1958 trotz des in Art. 8 gewährten verfassungsrechtlichen Schutzes das Eigentum am Land. In den Jahren nach Verabschiedung der Verfassung, wobei auf wirtschaftliche Massenexperimente wie die Volkskommunenbewegung die Beseitigung des privaten Unternehmertums sowie die Auseinandersetzung zwischen wirtschaftlichen Pragmatikern und maoistischen Hardlinern[659] folgte und die schließlich im rechtlichen Kahlschlag der *Kulturrevolution* (1966 – 1976) einmündeten, bestätigte sich die schon in der Verfassung angelegte Bedrohung privaten Eigentums.

3. Die Verfassung von 1975

Die nur aus 30 Artikeln bestehende Verfassung von 1975 behandelte das Eigentum entsprechend knapp. Nach Art. 5 bestand das Eigentum an Produktionsmitteln hauptsächlich in den Formen des sozialistischen Volkseigentums und –kollektiveigentums. Verknüpft wurde diese Aussage mit einer Bestimmung, die das Recht auf individuelle Arbeit betraf. Individuelle Arbeit wurde nur unter Kontrolle erlaubt, wobei die auf diese Weise Tätigen auf den Weg der sozialistischen Kollektivierung zu leiten waren.
Art. 6 Verf. gab dem Staat das Recht, in Übereinstimmung mit dem Gesetz Grund und Boden in Stadt und Land sowie andere Produktionsmittel durch Ankauf zu enteignen, mit oder ohne Entschädigung in Anspruch zu nehmen oder zu verstaatlichen und entsprach damit bis auf den Zusatz *mit oder ohne Entschädigung* Art. 13 der Verfassung von 1954. Dies bedeutete, wie schon 1954, eine grundsätzliche Anerkennung privaten Landeigentums.
Das in der Verfassung von 1954 behandelte *kapitalistische Eigentum* an Produktionsmitteln fand keine Erwähnung mehr. Im Bereich der Landwirtschaft bestand kollektives Eigentum auf Ebene der Volkskommunen (Art. 7), das sich in

---

[657] Vgl. Münzel, CR 17.12.83/1, Anm. 1
[658] S. Tong Rou u.a. (1982), S. 242 f.
[659] Sog. Kampf zwischen zwei Linien (1958 – 1965)

drei Stufen unterteilte: Eigentum der Volkskommunen, der Produktionsbrigaden und der Produktionsgruppen. Unter der Voraussetzung, dass Entwicklung und absoluter Vorrang der Volkskommunen gewährleistet waren, durften die Mitglieder der Volkskommunen kleine Parzellen für die private Nutzung bewirtschaften, ein häusliches Nebengewerbe in geringem Umfang ausüben und in Viehzuchtgebieten einen geringen Viehbestand für ihre private Nutzung besitzen.
Die Unantastbarkeit des sozialistischen öffentlichen Eigentums (Art. 8) wurde noch vor dem Schutz des privaten Eigentums (Art. 9) geregelt und mit dem Verbot verknüpft, die sozialistische Wirtschaft mit irgendwelchen Mitteln zu untergraben. Der Schutz des individuellen Privateigentums war auf Arbeitseinkommen, Ersparnisse, Häuser sowie Konsumgüter bezogen und der Schutz des Erbrechts fand keine Erwähnung mehr.

Die Verfassung von 1975 entsprach mehr der Verfassungswirklichkeit als ihre Vorgängerin, von der viele Teile von der wirtschaftlichen Entwicklung überholt und damit obsolet waren.[660] Damit enthielt die Verfassung auch in Bezug auf das Privateigentum weniger in die Zukunft gerichtete Staatszielbestimmungen als dass sie die erreichten Ziele konstitutiv festigen sollte. Der von Zhang Chunqiao erstattete Bericht über die Abänderung der Verfassung sprach konsequent davon, dass die in der Verfassung von 1954 gestellte Aufgabe der sozialistischen Umgestaltung des Eigentums an den Produktionsmitteln im wesentlichen erfüllt worden sei.[661] Art. 5 Verf. reflektierte die Reduktion der Eigentumsformen an Produktionsmitteln auf sozialistisches Volks- und Kollektiveigentum. Die Rechtfertigung der privaten Nutzung kleiner Parzellen und der Erlaubnis, ein häusliches Nebengewerbe auszuüben als notwendige Flexibilität unter gleichzeitigem Festhalten am Kurs des Sozialismus deutete an, dass ein völliges Unterbinden privater Tätigkeit, welche die Möglichkeit zusätzlichen Privateinkommens bot, nicht durchsetzbar war.[662]

4. Die Verfassung von 1978

Die Verfassung von 1978 enthielt die doppelte Anzahl von Artikeln. Dabei wies Art. 5 Verf., welcher das Eigentum an Produktionsmitteln und die Erlaubnis individueller Arbeit behandelte, keine Veränderung auf. Art. 6 III, der die Enteignung von Grund und Boden durch den Staat regelte und damit eigentlich wie schon in den Verfassungen von 1954 und 1975 privates Landeigentum anerkannte, war gegenüber 1975 insoweit anders formuliert, als keine Entschädigung mehr erwähnt wurde. Auf der anderen Seite fehlte die Möglichkeit der Enteig-

660 Münzel (1974b), S. 243
661 Peking Rundschau v. 28.1.75, S.19
662 Vgl. Peking Rundschau v. 28.1.75, S. 20

nung anderer Produktionsmittel. Der die ländlichen Volkskommunen und privates Bewirtschaftungsrecht betreffende Art. 7 blieb unverändert. Das Eigentumsrecht der Bürger war identisch, aber nun in einem eigenen Artikel geregelt. Somit erbrachte bei normativer Betrachtungsweise die Verfassung nur marginale Veränderungen hinsichtlich der Regelung des Privateigentums. Das Kommuniqué der Tagung des Zentralkomitees der KPCh vom Dezember 1978 zeigt jedoch, dass sich nur wenige Monate später an entscheidender politischer Stelle die Haltung zum Eigentum in Zusammenhang mit den anvisierten landwirtschaftlichen Reformen verändert hatte. So schlug die Plenartagung verschiedene politische und wirtschaftliche Maßnahmen zur Erhöhung der landwirtschaftlichen Produktion vor. Zu deren wichtigsten gehörte, dass die Gesetze des Staates das Eigentum und die Entscheidungsbefugnisse der Volkskommunen, Produktionsbrigaden und Produktionsgruppen wirksam schützen müssten. Es sollte nicht gestattet sein, Arbeitskräfte, Geldmittel, Produkte und Materialien der Produktionsgruppen unentgeltlich zu benutzen bzw. sich anzueignen. Weiterhin wurden die kleinen Privatparzellen der Kommunemitglieder, das häusliche Nebengewerbe und der Markthandel als notwendige Ergänzung der sozialistischen Wirtschaft bezeichnet, worin niemand willkürlich eingreifen dürfe.[663]

5. Die Verfassung von 1982

Die Verfassung von 1982 beinhaltet wesentliche Veränderungen. Grundlage des sozialistischen Wirtschaftssystems ist nach Art. 6 immer noch das sozialistische Gemeineigentum an den Produktionsmitteln. Art. 8 erlaubt den Mitgliedern der ländlichen Volkskommunen auch weiterhin, Parzellen zur privaten Nutzung zu bewirtschaften, häusliches Nebengewerbe auszuüben und privaten Viehbestand zu halten. Einschränkungen hinsichtlich des Umfangs oder absoluten Vorrangs der Volkskommunen[664] sind jedoch weggefallen.
Die Eigentumsverhältnisse am Boden wurden in der Verfassung von 1982 neu statuiert, (Art. 10). Der Boden in den Städten befindet sich nach der bis jetzt gültigen Verfassung in Staatseigentum. Der Boden in den Dörfern und Vorstädten ist bis auf die dem Staat gehörenden Flächen Kollektiveigentum. Dazu gehören auch die Grundstücke zur privaten Nutzung. Diese Neufestlegung der Eigentumsverhältnisse bedeutet in Abhebung zu den Verfassungen von 1954, 1975 und 1978 eine stillschweigende Enteignung der privaten Grundbesitzer.[665] Auch für die chinesische Literatur besitzt die Verfassung von 1982 in Art. 10 grundlegende Bedeutung für die Eigentumsverhältnisse am Boden. Die endgültige Abschaffung des privaten Landeigentums habe erst 1982 mit dem Inkrafttreten der

[663] Kommuniqué der 3. Plenartagung des XI. Zentralkomitees der KPCh, angenommen am 22.12.1978, in: Peking Rundschau Nr. 52 v. 31.12.1978, S. 13
[664] Art. 7 III d. Verf. v. 1975 u. Art. 7 II d. Verf. v. 1978
[665] Vgl. Münzel, CR 2004.11, 13.6.2001/1, Anm. 1

neuen Verfassung stattgefunden, deren Artikel 10 zum ersten Mal Klarheit in diesem Punkt geschaffen habe.[666] Thümmel bezeichnet die Verfassung von 1982, die vier Jahre nach Beginn der marktwirtschaftlich orientierten Reformen erlassen wurde, als letzten großen sozialistischen Enteignungsakt der jüngsten chinesischen Geschichte, bei dem im Verwaltungsgebiet der Städte immerhin noch 4 % der gesamten Bodenfläche betroffen war.[667]

In Übereinstimmung mit den gesetzlichen Bestimmungen kann der Staat, falls das öffentliche Interesse es erfordert, weiterhin Boden beanspruchen.[668] Inbesitznahme, Kauf und Verkauf sowie Verpachtung des Bodens sind verboten. Nach den Einschränkungen der Vorgängerverfassungen[669] wird individuelle Wirtschaftstätigkeit nun als *Ergänzung der sozialistischen Wirtschaft* bezeichnet, (Art. 11). Das sozialistische öffentliche Eigentum in Form des staatlichen und kollektiven Eigentums ist nach Art. 12 geheiligt und unantastbar. Seine Aneignung, und dies gilt gem. der Definition des sozialistischen öffentlichen Eigentums auch für den Boden, ist verboten.
Art. 13 gewährt unverändert den Schutz von Privateigentum an legalen Einkommen, Ersparnissen, Häusern und anderen legalen Vermögen. Der Schutz von Privateigentum an Häusern ist in Zusammenhang mit Art. 10 zu betrachten, welcher das Eigentum am Boden dem Staat und den Kollektiven zuweist und damit das private Eigentum daran ausschließt. Während die ARLPKK von 1954 noch vom Schutz des Privateigentums der einzelnen Bevölkerungsklassen sprachen (Art. 3 a.E.), ohne dessen genauen Inhalt zu definieren, wurde nach der Verfassung von 1954 den Bauern der Schutz ihres Eigentumsrechts auf Boden zugesagt. Dabei blieb nach normativer Auslegung offen, ob Individualschutz bzw. kollektiver Schutz der Bevölkerungsklasse der Bauern gemeint war. Die Kollektivierungs- und Volkskommunenbewegung Mitte der 50er Jahre lässt den letzteren Schluss zu. Der zu den Produktionsmitteln der Bauern gehörende Boden[670] befand sich gem. den Verfassungen von 1975 und 1978 dann auch in Staats- bzw. Kollektiveigentum.[671]
Art. 11 der Verfassung von 1954 schützte wie die Nachfolgeartikel in den Verfassungen von 1975 und 1978[672] das Eigentumsrecht der Bürger auf ihre Häuser, wobei noch nicht zwischen den Grundstücken und die mit diesen fest verbundenen Gebäuden differenziert wurde. Während das Eigentum an Bodenschätzen,

---

[666] Thümmel (1995), S. 51 m. weit. Nenn.
[667] Thümmel (1995), S. 51 f.
[668] « zheng-yong » wird in der offiziellen deutschen Version der Verfassung mit *beanspruchen* übersetzt ; dies in Übereinstimmung mit dem in China herausgebenen chinesisch-deutschen Standardlexikon von 1985; das chinesisch-deutsche Wörterbuch für Wirtschaftsrecht, Peking 1998 (1. Auflage) übersetzt an erster Position mit „Enteignung", dies setzt jedoch die Existenz von Eigentum an Boden voraus, das gem. der Verfassung neben dem Staat nur den Kollektiven zugewiesen ist; vgl. a. Art. 6 III d. Verf. von 1975 u. 1978
[669] Art. 5 II d. Verf.n von 1975 u. 1978
[670] Vgl. Art. 8 d. Verf. v. 1954
[671] Vgl. Art. 5 I d. Verf.n v. 1975 u. 1978
[672] Art. 9 II bzw. 9

Gewässern, staatlichen Wäldern, Brachland und Naturressourcen jeweils als Volkseigentum qualifiziert wurde[673] und für die ländlichen Gebiete seit 1978 das sozialistische Kollektiveigentum mit der Abstufung in Kommune, Produktionsbrigade und Produktionsgruppe galt[674], fehlte eine entsprechende Bestimmung für den Boden in den Städten. Art. 10 der Verfassung von 1982 schafft insoweit Klarheit und geht noch darüber hinaus. Nach Art. 10 III dürfen weder Organisationen noch Individuen Boden in Besitz nehmen[675], kaufen oder verkaufen, verpachten oder anderen überlassen. Da Kauf bzw. Verkauf von Boden die Möglichkeit des Eigentumswechsels voraussetzt, stünde eine Kommerzialisierung des Bodens in dogmatischem Widerspruch zu Art. 10 I, der Staats- und Kollektiveigentum als einzige Eigentumsformen nennt. Das in Art. 10 III Verf. formulierte ausdrückliche Verbot, den Boden in irgendeiner Weise kommerziell zu nutzen, unterstreicht damit nochmals die in Art. 10 I statuierten Eigentumsverhältnisse am Boden. Die Möglichkeit der staatlichen Enteignung, welche sich nur auf kollektives Bodeneigentum beziehen kann, ist weitgehend identisch formuliert; Entschädigungsmöglichkeiten werden ebenso wenig wie in der Verfassung von 1978 erwähnt.

Auf der anderen Seite spricht Art. 13 I nicht mehr von *Konsumgütern*, sondern schützt das gesamte legal erworbene *Vermögen* der Bürger und damit auch gewerblich genutzten und vermieteten privaten Hausbesitz.[676] Der Schutz von Privatvermögen des Art. 13 wird in einem zweiten Absatz um den Schutz des Rechts auf Erbschaft von Privatvermögen erweitert. Mit der Einführung des gesetzmäßigen Schutzes des individuellen Rechts auf Erbschaft von Privatvermögen wurde der Gesetzgeber zur Tätigkeit aufgerufen.[677]

Art. 15 statuiert die ergänzende Regulierung der staatlichen Wirtschaftspläne durch den Markt und schafft damit eine konstitutionelle Basis für privaten Handel.

Mit Art. 18 besteht nun eine konstitutionelle Grundlage für chinesisch-ausländische Joint-Venture-Unternehmen, indem ausländischen Unternehmen, Wirtschaftsorganisationen oder Individuen erlaubt wird, in China zu investieren oder mit chinesischen Partnern zu kooperieren. Ihre legitimen Rechte und Interessen werden durch die Gesetze der VR China geschützt. Auch hier war an den Gesetzgeber appelliert, eine entsprechende Gesetzgebung folgen zu lassen.[678]

Art. 32 schützt ergänzend zu Art. 18 die legitimen Rechte und Interessen der Ausländer und geht damit über den Asylschutz für Ausländer der Verfassungen seit 1954 hinaus.

---

[673] Art. 6 II d. Verf.n v. 1954, 1975 u. 1978

[674] Vgl. Art. 7 II d. Verf. v. 1975 u. Art. 7 I d. Verf. 1978

[675] Chin.: qinzhan – 侵占; wörtl.: *etw. widerrechtlich in Besitz nehmen, sich unrechtmäßig aneignen*; in deutschen Übersetzungen der Verfassung von 1982 gemeinhin mit *in Besitz nehmen* übersetzt

[676] Vgl. Münzel CR III.2, 17.12.83/1, Regeln zur Lenkung städtischer Privathäuser (1), Anm. 1

[677] Verabschiedung des Erbrechts am 10.4.85

[678] Schon am 1.7.79 war das erste Gesetz zu chin.-ausländ. Equity Joint-Venture Unternehmen verabschiedet worden; 1983 folgten Ausführungsbestimmungen; 1986 ein Gesetz zu ausländisch investierten Unternehmen; 1988 ein Gesetz zu zu chin.-ausländ. Kooperationsunternehmen

a) Die Verfassungsänderung von 1988

Bei der Verfassungsänderung wurde Art. 11 der Verfassung von 1982 dahingehend ergänzt, dass die im Rahmen der gesetzlichen Bestimmungen praktizierte Individualwirtschaft in Stadt und Land eine Ergänzung der sozialistischen Gemeineigentumswirtschaft sei, staatlichen Schutz genieße und durch staatliche administrative Regelungen flankiert werde. Weiterhin sei Rahmen der gesetzlichen Bestimmungen die Existenz und Entwicklung einer Privatwirtschaft erlaubt, die ebenfalls Ergänzung der sozialistischen Gemeineigentumswirtschaft sei, staatlichen Schutz genieße und unter Anleitung, Aufsicht und Regulierung des Staates stehe.[679]

Art. 10, welcher die Inbesitznahme den Kauf und Verkauf oder die Überlassung von Boden verbot, wurde um den Zusatz ergänzt, dass die Nutzungsüberlassung von Boden im Rahmen der Gesetze erlaubt sei. Dabei impliziert die zugelassene Möglichkeit der Nutzungsüberlassung, dass sich an den in Art. 10 I statuierten Eigentumsverhältnissen am Boden grundsätzlich nichts ändert. Der Boden bleibt entweder Staats- oder Kollektiveigentum, wobei Staatseigentum gem. Art. 9 mit Volkseigentum gleichzusetzen ist.[680] Boden ist damit i.S.d. Art. 6 I sozialistisches Gemeineigentum, welches die beiden bestehenden Eigentumsformen Volks- und Kollektiveigentum einschließt.[681]

Hieß es in der Verfassung von 1982 noch, dass die sozialistische Umgestaltung des Privateigentums an den Produktionsmitteln abgeschlossen und das sozialistische System etabliert sei, wurde in der Verfassungsänderung 1988 der Stand der sozialistischen Entwicklung insoweit präzisiert, als es nun in einem Zusatz heißt, China befinde sich in der *Anfangsphase des Sozialismus*.[682]

b) Die Verfassungsänderung von 1993

1993 erfolgte durch Verfassungsänderung die nachträgliche verfassungsrechtliche Anerkennung der seit Jahren praktizierten Trennung des Bewirtschaftungsrechts vom Recht des Eigentums an den Staatsunternehmen. Die Begriffe „*staatlich betriebene* Wirtschaft" und „staatlich betriebene Betriebe" wurden durch die Begriffe „*staatseigene* Wirtschaft" und „staatseigene Betriebe" ersetzt.[683] Diese Änderungen zielten gleichzeitig auf eine beschleunigte private bzw. kollektive Bewirtschaftung staatseigener Betriebe ab.

---

679 Am 3.6.88 wurden bereits die vorläufigen Bestimmungen für Privatunternehmen verabschiedet

680 Vgl. a. Art. 5 d. Verf. v. 1954; s.a. § 73 d. Allg. Grundsätze des Zivilrechts (AGZ) v. 12.4.1986

681 Vgl. jedoch Holbig (2004) über die Entwicklung der Landnutzungsrechte zu *Quasi-Eigentum*, S. 265,
Fn. 27

682 Zusatz z. 2. Teil d. 7. Abschnitts der Präambel

683 Art. 7, 16, 43 III Verf.; es geht um die Ersetzung des Begriffe „guo-ying" – 国营 (*staatsbetrieben*) durch „guo-you" – 国有 (*staatseigen*); vgl. a. Schier (1993), S. 225

Die Ersetzung der Begriffe *Planwirtschaft, einheitliche Führung durch den Staat, Wirtschafts- und Staatspläne* durch die Begriffe *sozialistische Marktwirtschaft, Wirtschaftsgesetzgebung, Makrosteuerung* und *Gesetze*[684] sollten die größere Unabhängigkeit der staatseigenen und kollektiven Unternehmen gegenüber dem Staat absichern.

c) Die Verfassungsänderung von 1999

Die Verfassungsänderung von 1999 bestätigt diesen Schritt in Richtung Marktwirtschaft, indem die Entwicklung der *sozialistischen Marktwirtschaft* in der Präambel als Staatsziel verankert wurde. Eine Aufweichung des bisherigen Eigentumssystems beinhaltet Art. 6. Dieser erhielt den Zusatz, China halte im Anfangsstadium des Sozialismus an einem Wirtschaftssystem fest, in dem das Gemeineigentum dominiere und sich (gleichzeitig) verschiedene Eigentumsformen nebeneinander entwickeln.
Während die Verfassungsänderung des Art. 11 der Verfassung von 1988 Individualwirtschaft und Privatwirtschaft als *Ergänzung* der sozialistischen Gemeineigentumswirtschaft qualifiziert hatte, wurden 1999 die nicht auf Gemeineigentum beruhenden Wirtschaftssektoren der Individualwirtschaft und der Privatwirtschaft als *wichtige Bestandteile* der sozialistischen Marktwirtschaft bezeichnet; es bleibt jedoch bei deren Anleitung, Aufsicht und Regulierung durch den Staat. Die Unterminierung der sozialistischen Wirtschaft steht weiterhin unter Strafe (Art. 28), dennoch sind die Verfassungszusätze als substantielle Revisionen in Bezug auf Eigentums- und Unternehmensformen anzusehen. Die Koexistenz öffentlicher und privater Eigentumsformen sowie die *gesetzmäßigen Rechte und Interessen* der Privatwirtschaft werden nun explizit anerkannt.
Die Verfassungsänderungen von 1999 beinhalten neben der politischen Aufwertung des Privatunternehmertums auch ein Bekenntnis zum *sozialistischen Rechtsstaat*. Die Revisionen waren eine Konsequenz aus den ideologischen und ordnungspolitischen Neuerungen, die beim XV. Parteitag der KPCh 1997 bereits in das Parteistatut aufgenommen worden waren. Die Ergänzung der Verfassung durch den Zusatz, dass die VR China eine auf Gesetze gestützte Regierung praktiziere und einen sozialistischen Rechtsstaat errichte[685], enthält bei normativer Betrachtungsweise ein Bekenntnis zur gesetzmäßigen Regierung. Das Fehlen einer Gewaltenteilung und die Beeinflussbarkeit der chinesischen Justiz durch politische Vorgaben stellen das Bekenntnis zur Rechtsstaatlichkeit nach wie vor in einen unüberbrückbaren Gegensatz zum umfassenden Führungsanspruch der KPCh. De facto wurde mit der Verfassungsänderung von 1999 eine Herrschaft mit Hilfe des Rechts, nicht aber eine Herrschaft des Rechts angestrebt.[686] Das

[684] Betr. die Artikel 15 – 17 Verf.
[685] 13. Verfassungszusatz u. Ergänzung zu Art. 5 Verf.
[686] Heilmann (1999), S. 2

politische Institutionengefüge wurde auch durch die Verfassungsänderungen von 1999 nicht angetastet. Letztlich sollte die Machtposition der KPCh, welche sich auf fehlende gewaltenteilige Kontrolle und unbegrenzte Eingriffsrechte im Wirtschaftsleben stützte, unangetastet bleiben.

d) Die Verfassungsänderung von 2004

Die Verfassungsänderung vom März 2004 erlangt ihre wesentliche Bedeutung wegen entscheidender Revisionen hinsichtlich des Eigentums.
Im Zentrum steht dabei der 22. Verfassungszusatz zu Art. 13 der Verfassung. Der Eingangssatz und damit die Grundaussage lautet nun, dass das legale Privateigentum der Bürger unverletzlich sei. Der in der alten Fassung verwendete Begriff *Eigentumsrecht*[687] wurde durch den umfassenderen und genaueren Begriff des *Privatvermögens*[688] bzw. *privates Vermögensrecht* ersetzt.[689] Die inhaltliche Bestimmung des Eigentums, welche legal erworbenes Einkommen, Ersparnisse, Häuser und sonstiges *legales* Vermögen umfasste, ist weggefallen. Privateigentum wird damit in einem umfassenderen Sinn als bisher rechtlich geschützt und die neue Formulierung umfasst nun erstmals auch Einkünfte aus Investitionen und Eigentum an privaten Vermögen.[690] Weiterhin umfasst der nun verwendete Begriff nach der Kommentarliteratur neben materiellen auch Immaterialgüter.[691] Der genaue Inhalt und mögliche Schranken des Eigentums ergeben sich somit aus den einfachgesetzlichen Bestimmungen.
Die Unterscheidung zwischen den Begriffen *Eigentums-* und *Vermögensrecht* hat dabei ihre Wurzel in den Besonderheiten des chinesischen Eigentumssystems, das sich besonders in den Eigentumsverhältnissen am Boden zeigt. Während der Boden weiterhin in staatlichem bzw. kollektivem Eigentum bleibt, stellt die Möglichkeit der Übereignung des Nutzungsrechts an diesem eine Quasi-

[687] suoyouquan – engl. *ownership* rights
[688] siyou *caichan*quan – wörtl.: *privates Vermögensrecht* bzw. engl. *property* rights; in § 75 d. AGZ v. 1986 wird für Privateigentum bereits die Bezeichnung Individual*vermögen* (geren-*caichan*) verwendet und inhaltlich i.S. der Verf. v. 1982 bestimmt (legale Einkommen, Häuser, Ersparnisse, Vieh etc.).
Zu Begriff und Problematik des *Privateigentums* in westlichem Rechtsverständnis s. Fels (1992), S. 9 ff. und Zimmerli (1992), S. 263 ff., welcher zudem die geisteshistorische Entwicklung dieses Begriffs aufzeigt.
Beim Begriff des Privateigentums ist hier vom gegenwärtigen chinesischen Rechtsverständnis auszugehen, welches allerdings durch westliches Rechtsverständnis beeinflußt ist. Vgl. hierzu einen Artikel der Peking Rundschau zur Gesetzgebung über den Schutz des Privateigentums, nach dem das Recht auf Privateigentum in bestimmtem Grad als eine Erweiterung des Individuums betrachtet werden kann (www.bjrundschau.com/China/2003-04-inlandsfokus-1.htm).
[689] Vgl. Cai Jianding (2004), S. 94 u. S. 176 ff.; z. Begrifflichkeit vgl. a. Xinhua, 8.3.04, nach BBC PF, 9.3.04
[690] Vgl. Holbig (2004), S. 264
[691] Cai Jianding (2004), S. 178

Legalisierung des Nutzungsrechts i.S. eines Eigentums- bzw. Vermögenstitels dar.
Der staatliche Schutz des individuellen Rechts auf Privateigentum und die Erbschaft von Privatvermögen sind außerdem in einem Satz zusammengefasst und auf diese Weise inhaltlich angenähert.

Hinter der Formulierung *legales Vermögen* stand eine ideologisch stark aufgeladene Auseinandersetzung, die die tatsächliche Gefährdung privaten Vermögens verdeutlicht. So wurde eine Gleichstellung öffentlichen und privaten Eigentums mit dem Argument gefordert, der mangelnde Rechtsschutz entmutige Investitionen privater Unternehmen und begünstige eine Kapitalflucht ins Ausland. Die immer noch verbreitete moralische Degradierung und willkürliche staatliche Übergriffe auf unternehmerisches Privatvermögen müssten ein Ende haben.[692]
Die Betonung des *legalen* Eigentums sollte dabei den Zorn all jeder besänftigen, die den Wohlstand der neuen wirtschaftlichen Eliten hauptsächlich auf illegale und korrupte Machenschaften zurückführen.
Ergänzt wurde Art. 13 Verf. weiterhin um einen Abschnitt, der den Fall der Enteignung von Privateigentum regelt (Art. 13 III). Danach kann der Staat bei erforderlichem öffentlichen Interesse in Übereinstimmung mit den gesetzlichen Bestimmungen das Privateigentum der Bürger *einziehen*[693] oder *zur Nutzung beanspruchen*[694] und leistet hierfür eine Entschädigung.
Die neue Entschädigungsregelung befindet sich damit in Übereinstimmung mit dem ebenfalls neu gefassten Art. 10 Verf. zur Bodenenteignung. Dieser wurde um den Fall erweitert, dass der Staat neben der *Beanspruchung* von Boden *zur eigenen Nutzung* diesen auch *einziehen* kann. Auch hier ist nun eine staatliche Entschädigung vorgesehen.[695]
Auch hier ergibt sich die spezifische Begrifflichkeit der parallelen Verwendung unterschiedlicher Verben aus den Besonderheiten des eigentumsrechtlichen Systems in China, welche ihre Wurzeln im Bodenrecht hat. Die durch Pacht (vom Staat oder den Kollektiven) erworbenen Landnutzungsrechte wurden im Zuge der Wirtschaftsreformen faktisch zu veräußerbaren Titeln und gelten inzwischen als *Quasi-Eigentum*.[696] Vor diesem Hintergrund bezieht sich das *Einziehen* von Boden auf den Übergang solcher *Quasi-Eigentumsrechte*, während die *Beanspruchung zur Nutzung* den bloßen Übergang von Nutzungsrechten bezeichnet.[697]

---

[692] Kuang Xinnian, Warum brauchen wir eine Bewegung zum Schutz der Verfassung - Aufruf im Internet am 12.08.2003; zit. n. Holbig (2004), S. 265; vgl. a. untere Ausführungen
[693] Chin.:征收 zhengshou – einziehen, enteignen; Münzel übersetzt mit *Entzug* aufgrund der wörtl. Übersetzung d. Begriffs *Empfang nach Entzug*
[694] Chin: 征用 zhengyong – *übernehmen, um selbst davon Gebrauch zu machen; requirieren*; Münzel übersetzt mit *Beschlagnahme* aufgrund der wörtl. Übersetzung d. Begriffs *Gebrauch nach Entzug*
[695] Chin. Text: bing jiyu buchang – 并给予补偿; zur Bedeutung dieser Neufassung als Reaktion auf verbreitete Praxis staatlicher Aneignung privater Immobilien vgl. Holbig (2004), S. 265
[696] Vgl. a. Münzel CR 2004.12, 29.8.98/1, Anm. 1
[697] Vgl. Xinhua, 8.3.04, n. BBC PF, 9.3.04; vgl. a. die Erläuterungen zur Übersetzung d. chin. Begriffe

Art. 11 enthält neben dem Schutz der Individual- und Privatwirtschaft auch den Schutz anderer Wirtschaftsformen des nichtöffentlichen Eigentums[698], womit die Formen der nicht-öffentlichen Wirtschaft nun nicht mehr festgeschrieben, sondern offen gehalten sind. Staatliche Ermunterung, Unterstützung und Leitung dieser Wirtschaftsformen sind ebenso vorgesehen wie staatliche Aufsicht und Regulierung, welche nun jedoch der Anforderung der Gesetzmäßigkeit genügen sollen.

Die wesentliche Bedeutung der Verfassungsänderung im Jahre 2004 liegt darin, dass hier erstmals ein umfassender Schutz privaten Vermögens verfassungsrechtlich verankert wurde. Trotz der Beschränkung des rechtlichen Schutzes auf *legales* Privateigentum, was die bestehenden ideologischen und moralischen Vorbehalte gegenüber privatem Eigentum i.S. eines absoluten und grundlegenden zivilen Rechtes deutlich macht, ist dies als Indiz für die Ernsthaftigkeit der Verankerung zu bewerten. Die rechtliche Ausgestaltung des privaten Eigentums als *Institutsgarantie* im Sinne westlichen und hier deutschen Rechtsverständnisses[699] bleibt allerdings Aufgabe für die Zukunft. Der Grundbestand an Normen, welcher gegeben sein muss, um ein gewährtes Recht als „Privateigentum" in diesem Sinne bezeichnen zu können, ist noch zu schaffen und anschließend zu gewährleisten. Gegenwärtig ist nach wie vor eine Privilegierung staatlichen Eigentums festzustellen, die im Vorfeld der Verfassungsänderung in der Diskussion stand.[700] Während das legale Privateigentum der Bürger gem. Art. 13 II *unverletzlich* ist, wird das sozialistische öffentliche Eigentum in Art. 12 als *heilig und unverletzlich*[701] bezeichnet. Die Bezeichnung des öffentlichen Eigentums als *heilig* soll sich dabei gegen das im *kapitalistischen Vermögensrecht* vertretene Prinzip der Heiligkeit des Privatvermögens richten.[702] Meinungen, privates und öffentliches Eigentum durch die Streichung des Begriffs *heilig* für öffentliches Eigentum in Art. 12 oder die Hinzufügung dieses Begriffes für privates Eigentum in Art. 13, was als unpassend empfunden wurde, gleichzustellen, konnten sich bei den Beteiligten an der Verfassungsänderung nicht durchsetzen.[703] Die jetzige unterschiedliche Formulierung impliziert eine Differenzierung hinsichtlich der *Bestandsgarantie* von öffentlichem und privatem Eigentum. Während

[698] feigong-youzhi jingji - 非公有制经济

[699] BVerfGE 24,367, 389; 31, 229, 241; Mangoldt/Klein/Starck-Depenheuer, Art. 14, Rn. 92; Dreier-Wieland, Art. 14, Rn. 117; Maunz/Dürig-Papier, Art. 14, Rn. 11

[700] Vor der Verfassungsänderung gab es Anregungen, die Privilegierung staatlichen Eigentums gänzlich zurückzufahren (Liang Huixing unter www.civillaw.com.cn; besucht am 09.12.2002); Staats- und Parteichef Jiang Zemin vertrat auf dem 16. Parteitag der KPCh im Jahre 2002 eine neue Linie der Partei, wonach jeder Beitrag zur Entwicklung des Landes den Respekt und Schutz der Regierung verdiene und eine Privilegierung staatlichen Eigentums nicht mehr angebracht sei (Financial Times v. 08.11.2002 u. South China Morning Post v. 09.11.2002).

[701] Shensheng bu ke qinfan – 神圣 不 可 侵犯; z. Begriff vgl. Cai Dingjian (2004), S.176, für den *heilig* die *Erhabenheit* (gaoshang – 高尚) und den *Absolutheitscharakter* (jueduixing - 绝对性) des geschützten Eigentums unterstreichen soll.

[702] Cai Dingjian (2004), S.176

[703] Cai Dingjian (2004), S. 176

das sozialistische öffentliche Eigentum gem. der Verfassung eine unantastbare Stellung genießt, muss sich erweisen, ob Art. 13 ein wirksames Abwehrrecht gegen staatliche Eingriffe in privates Eigentum darstellt. Auch das verfassungsrechtlich garantierte private Eigentum ist ein leicht überwindbares Hindernis für staatliche Stellen, solange die Voraussetzungen für Enteignungen nicht ausdrücklich und im Detail geregelt werden und wirtschaftliche Erwägungen als Grundlage für staatliche Enteignungen ausreichen.[704] So bieten auch nach der Verfassungsänderung nicht legal definierte Allgemeinbegriffe wie das *öffentliches Interesse* in Art. 10 III Einfallstore staatlicher Eingriffe in privates Eigentum an Immobilien. Neben der Frage, ob die bestehenden Regelungen ausreichenden Eigentumsschutz gewähren, stellt sich weiterhin das Problem ihrer Umsetzung.

V. Fazit

Die obigen Ausführungen nehmen unterschiedliche Funktionen der Verfassungen der VR China zum Thema. Die der Entscheidung für ein politisches System und die als Fundament der Rechts- und Eigentumsordnung. Dabei ist deutlich geworden, dass die chinesischen Verfassungen grundsätzlich weder langfristig die Grundordnung des Staates festlegen, noch ein gesichertes Fundament der Rechts- und Eigentumsordnung sein können. Dies wird im Bereich der Wirtschafts- und Eigentumsordnung durch Faktoren außerhalb des Verfassungstextes kompensiert, wobei die beherrschende Rolle der KPCh beim Zustandekommen aller Verfassungen und ihre Rolle im politischen System zu berücksichtigen ist. Die KPCh verfügt gegenwärtig über den Willen und die politische Macht, der Verfassung und damit den im Verfassungstext genannten politischen und wirtschaftlichen Zielsetzungen die entsprechende Durchsetzungskraft zu verschaffen. Dabei kann der fehlende Gewährleistungscharakter genannter Staatszielbestimmungen durch die beherrschende Rolle der KPCh jedoch nicht vollkommen ausgeglichen werden, sondern ist wiederum von der personellen und ideellen Stabilität der Partei abhängig. Dies zeigt sich an dem Zusammenhang der Verabschiedung neuer Verfassungen mit personellen Veränderungen an der Parteispitze (so 1978 nach Zerschlagung der sog. *Viererbande*) bzw. mit Versuchen, neue Verfassungen für die Ausgestaltung bestimmter Machtverhältnisse in der Partei zu nutzen (so 1975 durch die *Viererbande*).[705] Andererseits ist seit den Reformen 1978 ein großes Maß an personeller und politischer Kontinuität zu beobachten, was als Anzeichen für eine Dauerhaftigkeit des eingeschlagenen Kurses gewertet werden kann. In der Praxis erlangt die chinesische Verfassung vornehmlich Geltung über ihre Signalwirkung für einschneidende gesellschaftli-

[704] Vgl. Drewes (2002), S. 146; vgl. auch die Ausf. von Holbig (2004), S. 265 zur Neufassung des Art. 10 II der chin. Verf.
[705] Holbig (2004), S. 260

che oder politische Veränderungen und ist damit anders als in der westlichen Verfassungstradition nicht Ausdruck eines über die Dauer von Generationen wirkenden Grundkonsens, sondern Grundsatzaussage zur aktuellen Politik.[706]

1. Eigentum als Impetus einer Entwicklung hin zu einem konstitutionel len Ein-Parteienstaat

Die neueren Entwicklungen im Rechtsbereich der VR China tragen durchaus das Potential in sich, dass sich als Ergebnis eines längeren Entwicklungsprozesses ein Gewaltenteilungssystem und damit ein Mechanismus von Machtmäßigung und Rechteschutz allmählich herausbildet.[707] Die Verfassungsänderungen im Bereich des Privateigentums scheinen ein Indiz dafür, dass Eigentum in China allmählich dem Zugriff der staatlichen Gewalt entzogen und gleichzeitig als Aufgabe und Schranke der Staatsgewalt wahrgenommen wird. Privates Eigentum wurde zwar in allen Verfassungen der Volksrepublik bis 1982 in beschränktem Rahmen gewährt, stellte tatsächlich jedoch nie eine Schranke für staatliche Gewalt dar. Die Verfassung von 1982 mit ihren nachfolgenden Änderungen, die in der Statuierung der Unverletzlichkeit des legalen Privateigentums der Bürger gipfelten, zeigt den allmählichen Wandel der dem Eigentum in China gewährten Stellung und Funktion; eine politisch gewollte Entwicklung, deren Ernsthaftigkeit nach der Verfassungsänderung von 2004 wohl nicht mehr anzuzweifeln ist. Eigentum ist damit in China zu einem Verfassungsproblem geworden.[708] Damit kommt dem Eigentum durchaus die Rolle des Gradmessers der Entwicklung Chinas zu einem Staat konstitutioneller Prägung zu.
Der Bereich des Eigentums hat im Laufe der Verfassungsänderungen nach 1982 beständig rechtliche Erweiterungen erfahren. Art. 6 der Verfassung wurde 1999 dahingehend geändert, dass sich im chinesischen Wirtschaftssystem gleichzeitig verschiedene Eigentumsformen nebeneinander entwickeln. Die jüngste Verfassungsrevision 2004 erweiterte den Schutz privaten Eigentums dadurch, dass sie das legale Privateigentum der Bürger für unverletzlich erklärt und der in der alten Fassung verwendete Begriff des *Eigentumsrechts*[709] durch den umfassenderen Begriff des *Privateigentums*[710] bzw. *Vermögensrechts* ersetzt wurde.[711] Damit sind auch erstmals Einkünfte aus Investitionen und private Vermögen geschützt.

---

[706] Himmelmann (2001), S. 325; S.a. Jones (1997), S. 345
[707] Heuser (2004), S. 1223
[708] I. Sinne v. Rittstieg (1975), Eigentum als Verfassungsproblem
[709] Chin.: suoyou-quan – 所有 权 engl. *ownership* rights
[710] Chin. : siyou *caichan*-quan – 私有 财产权 wörtl. *Vermögensrecht* bzw. engl.: *property* rights; in § 75 d. AGZ v. 1986 wird für Privateigentum bereits die Bezeichnung Individual*vermögen* (geren-*caichan* - 个人 财产) verwendet und inhaltlich i.S. der Verf. v. 1982 bestimmt (legale Einkommen, Häuser, Ersparnisse, Vieh etc.)
[711] z. Begrifflichkeit vgl. a. Xinhua, 8.3.04, nach BBC PF, 9.3.04

Im Bereich des Bodeneigentums wurde bei der Verfassungsänderung von 1988 Art. 10, welcher die Inbesitznahme, den Kauf und Verkauf oder die Überlassung von Boden verbot, um den Zusatz ergänzt, dass die Nutzungsüberlassung von Boden im Rahmen der Gesetze erlaubt sei. Die Möglichkeit der Übereignung des Nutzungsrechts an Boden bedeutete praktisch eine Legalisierung des Nutzungsrechts i.S. eines Eigentums- bzw. Vermögenstitels. Damit wurde einer Entwicklung Vorschub geleistet, die durch Pacht erworbenen Landnutzungsrechte zu faktisch veräußerbaren Titeln werden zu lassen, was wiederum dazu führte, dass sie gegenwärtig als *Quasi-Eigentum* gelten. Ergänzt wurden diese Bestimmungen durch Entschädigungsregelungen im Falle des Entzugs bzw. der Nutzungsbeanspruchung[712] von Boden durch den Staat (Art. 10 III, Verfassungszusatz von 2004).
Somit spielt die chinesische Verfassung im Bereich der Wirtschafts- und Eigentumsordnung der VR China bereits eine grundlegende Rolle, was wiederum positiv auf sie selbst zurückwirkt. Sie wird jedoch, solange der Entwicklungsprozess hin zu einer wirksamen Gewaltenteilung andauert, auch weiterhin von dem besonderen Charakter der chinesischen Verfassung als normatives Gebilde sozialistischer Prägung bestimmt und bleibt insoweit abhängig von den spezifischen politischen Strukturen, welche zu einer Machtkonzentration bei der KPCh führen, was sich aus den Verfassungstexten nach 1982 kaum noch erschließt, sondern erst im Abgleich mit der empirischen Verfassungsbetrachtung deutlich wird.

2. Verfassungsrechtliches Eigentum von Ausländern

Die Verfassung von 1949 gewährte in Art. 59 ARLPKK den in China lebenden gesetzestreuen Ausländern Schutz. Dennoch kam es in den folgenden Jahren zu deren schrittweiser Enteignung und die späteren Verfassungen sprachen Angehörigen anderer Nationen lediglich Asylschutz zu. Die Verfassung von 1982 bedeutete einen Wendepunkt insoweit, als sie für Ausländer die konstitutionell gesicherte Möglichkeit schuf, in China – wenn auch in beschränktem Rahmen - eigentumsrechtliche Ansprüche zu erwerben.[713] Die Bestimmung des Art. 18 trug einer Entwicklung Rechnung, die mit dem Gesetz über Gemeinschaftsunternehmen mit chinesisch-ausländischer Kapitalbeteiligung vom 1. Juli 1979 in die Wege geleitet worden war und schuf hierfür nachträglich eine entsprechende konstitutionelle Grundlage. Ausländischen Unternehmen, Wirtschaftsorganisationen oder Individuen wurde nun auch verfassungsgemäß erlaubt, in China zu investieren oder mit chinesischen Partnern zu kooperieren. Art. 32 schützt er-

---

[712] Z. Differenzierung beider Begriffe s. obige Ausführungen
[713] Auch die Ansprüche ausländischer Staatsangehöriger wegen erfolgter Enteignungen wurden erst nach 1982 geklärt, so für englische Staatsangehörige mit dem Abkommen vom 5.6.1987, das eine endgültige Beilegung aller gegenseitigen Ansprüche vorsah, die vor dem 1.1.1980 entstanden waren.

gänzend zu Art. 18 die legitimen Rechte und Interessen von Ausländern und geht damit über den Ausländern gewährten Asylschutz der Verfassungen seit 1954 hinaus. Weiterhin gilt Art. 13, welcher das Recht der Bürger an ihrem Privatvermögen und das Erbrecht schützt, grundsätzlich auch für in China lebende Ausländer.[714] Für den genauen Umfang des verfassungsrechtlich geschützten Eigentums von Ausländern in der VR China ist gem. Art. 13 II der Verfassung die einfache Gesetzgebung heranzuziehen.

[714] v. Senger (1994), S. 280 m. Bezug auf Huadong Zhengfa Xueyuan (1987), S. 136; v. Senger verweist allerdings auf die politische Richtlinien und Rechtsbestimmungen, wonach Häuser von Ausländern grundsätzlich nur vom Gatten des Erblassers und dessen direkten Verwandten geerbt bzw. nur an Verwandte und Freunde chinesischer Staatsangehörigkeit von Todes wegen verschenkt werden dürfen.

B. Das chinesische Immobiliarsachenrecht

I. Rechtsquellen und Mängel des geltenden Sachenrechts

Im Zuge der wirtschaftlichen Reformen ab 1978 entstanden neue Eigentumsformen und Rechte an fremden Sachen, zu deren wichtigsten das *Bodenübernahmerecht*[715] in ländlichen und das entgeltliche Bodennutzungsrecht in städtischen Gebieten zählt. Diese Entwicklung stellte die Gesetzgebung im Zivil- bzw. Sachenrechtsbereich vor neue Aufgaben. Es begann eine intensive gesetzgeberische Tätigkeit, um die bislang fast durchweg fehlenden rechtlichen Grundlagen zu schaffen. Während das Strafrecht und Prozessgesetze zum Zivil- und Strafrecht schnell abgeschlossen waren[716], tat man sich mit dem Zivilgesetzbuch schwer. Am 01.01.1987 traten im Bereich des Zivilrechts die *Allgemeinen Grundsätze des Zivilrechts*[717] in Kraft, welche jedoch lediglich den Bereich des Zivilrechts erfassen, dessen Regelung im Zuge der eingeleiteten Wirtschaftsreformen gerade für dringlich notwendig gehalten wurde.[718] Sie sind wegen großer Lücken auf vielen Gebieten, besonders im Sachenrecht, als rudimentär zu bezeichnen.[719] Einige dieser Lücken sind nachträglich durch amtliche Auslegung in Gestalt der *Ansichten des Obersten Volksgerichts zu einigen Fragen der Durchsetzung und Vollstreckung der AGZ* geschlossen worden, wobei die Ansichten des OVG nicht nur die bestehenden Gesetze auslegen, sondern auch eigenes Recht schaffen.[720]

Neben dem Eigentums- und Grundeigentumsrecht[721] finden sich in den AGZ und dem Bodenverwaltungsgesetz[722] dingliche Rechte, die sich auf die Möglichkeit der Bodennutzung beziehen. Dies sind die *Nutzungsrechte an staatseigenem* (§ 80 I AGZ, § 9 BVG) und das *Übernahmerecht von kollektiveigenem* (§ 80 II AGZ, § 14 I BVG) Boden. Eine weitere Gruppe von Sachenrechten, nämlich Sicherungs- und Verwertungsrechte, die zur Sicherung der Erfüllung schuldrechtlicher Rechtsgeschäfte dienen, sind im schuldrechtlichen Teil der AGZ und anderen Gesetzen geregelt. Dies sind das Pfandrecht[723] (§ 89 Nr. 2

---

[715] Chin.: tudi chengbao jingying quan – 土地 承包 经营 权, wörtl. : das Recht zur vertraglichen Übernahme von Boden zur Bewirtschaftung. In der deutschen Fachliteratur findet fast durchgängig der sperrige Begriff *Bodenübernahmebetreibungsrecht* Verwendung. In der vorliegenden Arbeit wird *Bodenübernahmerecht* verwendet; so auch Baumann (2006)

[716] Strafgesetzbuch und Strafprozessordnung 1979, Zivilprozessgesetz (zur probeweisen Durchführung) 1982

[717] Im folg.: **AGZ**

[718] Vgl. a. Münzel (2003), S. 6

[719] Wang Yanfeng (1989), S. 53

[720] Vgl.Baumann (2006), S. 40, Fn. 152; s.a. im Anhang: Gesetzgebungssystem der VR China im Überblick

[721] Unter 5. Kap.: Zivilrechte, 1. Abschnitt: Vermögenseigentum und zum Vermögenseigentum in Bezug stehende Vermögensrechte, §§ 71 – 83 AGZ

[722] Verabschiedet am 25.6.86; 3. rev. Fass. v. 28.8.04; im folg.: **BVG**

[723] Chin: diyaquan – 抵押权

AGZ, §§ 4 u. 32 der *Vorläufigen Verordnung zur Überlassung und Übertragung des Bodennutzungsrechts an staatseigenem Boden im Stadtgebiet* [724], § 46 *Städtisches Immobilienverwaltungsgesetz*[725] u. § 33 *Sicherheitengesetz*[726]), welches das besitzlose und das mit dem Besitz verbundene Pfandrecht an beweglichen Sachen[727] umschließt sowie das Zurückbehaltungsrecht[728] (§ 89 Nr. 4 AGZ). Hinzu kommt als sachenrechtsähnliches Recht das Nachbarschaftsrecht (§ 83 AGZ). Das traditionelle Nutzungspfandrecht des *Dian* wurde bisher nicht aufgenommen[729].
Die unzureichende Regelung des Sachenrechtsbereichs zeigt sich auch daran, dass in den AGZ nur die Voraussetzungen für eine Änderung der Rechtslage bei beweglichen Sachen geregelt sind (§ 72 AGZ) und solche für eine Änderung der dinglichen Rechtslage bei unbeweglichen Sachen wie Boden und Gebäuden fehlen[730]. Die Regelung des § 72 AGZ verweist lediglich auf andere Gesetze wie die HauseigentVO, das BVG, die BodNutzÜÜVO, das StImmVerwG, das SicherheitenG sowie lokale Vorschriften.

Während die Entwicklung des Wirtschaftsrechts in den letzten Jahren insgesamt von dem Bemühen um Präzision, Konsistenz, Vereinheitlichung, Vollständigkeit und Systematik geprägt ist[731], ist auf der anderen Seite festzustellen, dass der gegenwärtige Zustand des Sachenrechts den hohen Anforderungen der raschen wirtschaftlichen Entwicklung in keinem Fall genügt. Es fehlt ihm gesetzgebungstechnisch an Begriffssystematik, Strukturlogik und Vollständigkeit. Die aus fehlender Koordination resultierenden Überschneidungen, Widersprüchlichkeiten, Inkongruenzen, stoffliche Zersplitterung und Abgrenzungsschwierigkeiten der einzelnen sachenrechtlichen Regelungen zueinander berei-

[724] Erlassen vom Staatsrat am19.05.1990; im folg.: **BodNutzÜÜVO**
[725] Verabschiedet am 05.07.1994; im folg.: **StImmVerwG**
[726] Verabschiedet am 30.06.1995; im folg.: **SicherhG**
[727] Chin.: zhiquan – 置权
[728] Chin.: liuzhiquan –留置权
[729] Beim *Dian* handelt es sich um eine traditionell in China stark verbreitete Nutzungsübertragung von Immobilien mit der Möglichkeit der späteren Auslöse. Falls es nicht zu einer Auslöse kommt, fällt das Eigentum nach einer festgelegten Zeit an den Erwerber des *Dian*; s.a. obige Ausführungen zum „Verkauf auf Wiederkauf" unter Teil 1. In der gegenwärtigen Diskussion setzt man sich auch mit der traditionellen Rechtsform des *Dian* auseinander. Auf einem Symposium zum Sachenrecht wurde eine Wiedereinführung solcher als „feudalistisch" bezeichneten Strukturen mit dem Argument abgelehnt, dass hierfür angesichts der Möglichkeit der Verwendung von Kreditsicherheiten an Boden und Gebäuden kein wirtschaftliches Bedürfnis bestehe, vgl. Hinrich Julius: Symposium zum Sachenrecht (am 27./28.05.04), in: Zeitschrift für chinesisches Recht, Heft 3, 2004, S.302 – 305; eine positive Bewertung erfährt das *Dian* dagegen gerade auch in seiner Funktion als Finanzierungs-instrument aus Sicht von Liang (2000b), S. 404 ff., welcher es auch in seinen Entwurf eines Sachenrechts aufgenommen hat; vgl. a. Baumann (2006), S. 134 ff.
[730] Die am Zivilrecht der ehem. UDSSR orientierte AGZ übernahmen auch dessen fehlende Trennung zwischen beweglichen und unbeweglichen Sachen. Allerdings unterscheidet das SicherheitenG von 1995 beide (§ 92 SicherheitenG)
[731] Vgl. Knieper (2002 b), S. 225 f. m. Bezug auf das *Vertragsrecht* von 1999

ten große Schwierigkeiten sowohl für die theoretische Ausformung als auch für die praxisbezogene Handhabung.[732]

II. Die bisherigen Sachenrechtsentwürfe und der aktuelle Diskussionsstand

Obwohl der für den Entwurf zuständige Rechtsarbeitsausschuss des Ständigen Ausschusses des NVK den Entwurf eines Sachenrechtsgesetzes bereits seit 1994 auf dem Plan hat, ist dieses bisher nicht zur Verabschiedung gekommen[733]. Inzwischen liegen fünf Entwürfe für ein neues Sachenrecht vor, die unterschiedliche Akzente setzen und lebhafte Diskussionen auslösten.[734] Im folgenden eine kurze Chronologie der Sachenrechtsentwürfe.[735]
1994 setzte der dem NVK unterstehende, zuständige Rechtsarbeitsausschuss eine Gruppe von neun Personen zur Ausarbeitung eines Sachenrechtsgesetzes ein. Dieser Gruppe gehörten die Rechtsprofessoren Liang Huixing (* 1944) und Wang Liming (*1960) an, welche die späteren Entwürfe wesentlich mitbestimmten und Bücher ihrer eigenen Entwürfe herausgaben. Ende 1999 war der erste Entwurf, dessen Grundsätze Liang Huixing ausgearbeitet hatte (im folgenden zitiert unter: **SachRE99**), fertig gestellt. Die Vorschläge Liang Huixings, auch als *Entwurf der Chinesischen Akademie für Sozialwissenschaften* zitiert, wurden als Buch erstmals im Jahre 2000 veröffentlicht. Erläuterungen zu diesem Entwurf erschienen ebenfalls in Buchform. Als zweites folgte ein Gegenentwurf von Wang Liming, der auch als *Entwurf der Volksuniversität* bezeichnet wird. Dieser wurde zuerst im Internet[736] veröffentlicht und erschien 2001 als Buch (hier zitiert unter Autor und Erscheinungsjahr der Buchveröffentlichung). Kurz danach gab der Rechtsarbeitsausschuss einen eigenen, den dritten, Entwurf heraus und versandte ihn an wichtige juristische Fakultäten zur Äußerung.[737] Im Jahre 2002 stellte der Leiter des Rechtsarbeitsausschusses, Gu Angran, dem

---

[732] S. Baumann (2006), S. 47

[733] Nach Art. 62 Nr. 3 Verf. gehört die Zivilgesetzgebung zur Kompetenz des NVK. Diese Kompetenz wird durch § 7 II des Gesetzgebungsgesetzes aus dem Jahr 2000 konkretisiert.

[734] 1. Entwurf v. Liang Huixing im Auftrag des Rechtsarbeitsausschusses v. Okt. 1999 (auch als Buch, Peking 2000) ; 2. Gegenentwurf von Wang Liming, Mitglied der v. Rechtsarbeitsausschuss beauftragten Gruppe und auch selbst Mitglied des Rechtsarbeitsausschusses (ebenfalls als Buch; s. Lit.-Verz.); 3. Eigener Enwurf des Rechtsarbeitsausschusses (an interessierte Stellen, u.a. juristische Fakultäten versandt; 4. Entwurf v. Gu Angran, dem Leiter des Ausschusses v. 23.12.2002 (veröffentlicht im Netz unter www.lawintime.com u. www.law-thinker.com); 5. und bisher letzter Entwurf des Rechtsarbeitsausschusses des Ständigen Ausschuss des NVK veröffentlicht am 10.7.2005; vgl. folgende Chronologie

[735] Vgl. hierzu Münzel, unusuniversus.com/zd/viewsws.asp?id=29, 04.03.2003, S. 3; besucht am: 31.10.2003; s.a. Baumann (2006), S. 48

[736] Unter: www.civillaw.com.cn/elisor/content.asp?type='????'&programid=2&id=10

[737] Teilweise deutsche Übersetzung in: Newsletter der Deutsch-chin. Juristenvereinigung e.V., Heft 3 u. 4, Jg. 2002, S. 187 - 198

NVK einen vierten Entwurf vor[738] (hier zitiert unter: **SachRE02**), der wesentlich auf die Vorlage von Wang Liming zurückgeht. Der vorerst letzte und fünfte Sachenrechtsentwurf wurde im Juli 2005 veröffentlicht (hier zitiert unter: **SachRE05**) und zog über 10 000 Änderungsvorschläge nach sich. Er gibt damit den neuesten Stand der Entwicklung vor der Tagung des NVK im März 2006 wieder, bei der die Verabschiedung eines neuen Sachenrechts auf der Tagesordnung stand.

Insgesamt ist festzustellen, dass sich der Entwurf von Wang auf die Konsolidierung der bereits bestehenden Normen beschränkt, während Liang weitergehende Änderungen wagt und eine Neuordnung und Systematisierung anbietet.[739] Einig ist man sich bei dogmatischen Einzelfragen. Gemeinsam ist allen Entwürfen, dass beim Eigentumsübergang das sog. *Konsensprinzip verbunden mit dem Kundgabeakt* vertreten wird, wobei der Eigentumsübergang durch Kaufvertrag plus Übergabe geschieht.[740] Das Eigentum geht also bei Vorliegen eines wirksamen Kausalgeschäfts mit der Besitzverschaffung der Sache über.[741] Dies entspricht den geltenden Regelungen für den wirksamen Erwerb und eine Änderung von Bodennutzungsrechten oder des Eigentums an Gebäuden, wo neben einem schuldrechtlichen Vertrag eine Eintragung bzw. Registrierung vorausgesetzt wird[742], die lediglich der Erfüllung des Schuldvertrages dient. Die Übergabe bzw. Eintragung bildet zusammen mit dem Vertrag ein einheitliches Rechtsgeschäft.[743] Somit besteht auch keine Unabhängigkeit der Wirksamkeit des dinglichen Rechtsgeschäfts von der des schuldrechtlichen. Strittig ist hier vor allem die Frage, ob der schuldrechtliche Vertrag beeinträchtigt wird, wenn Eintragung bzw. Übergabe als Pflicht aus dem schuldrechtlichen Vertrag nicht erfüllt werden.[744]
Die dingliche Einigung als notwendiges Element eines vom schuldrechtlichen Geschäft getrennten dinglichen Rechtsgeschäfts, welche die Grundlage des (deutschen) Abstraktionsprinzips bildet, findet in den Sachenrechtsentwürfen wie auch in der allgemeinen rechtlichen Diskussion keine Akzeptanz.[745] Auf der anderen Seite wird der Grundsatz des *numerus clausus* in den Entwürfen von

[738] Im Netz unter: www. Lawintime.com und www.law-thinker.com, wo auch Diskussionsbeiträge zu finden sind.
[739] Drewes, Newsletter 3/2002, S. 144
[740] Vgl. Baumann (2006), S. 70
[741] Anders als beim französischen Konsensprinzip, wo dies allein durch wirksamen Kaufvertrag geschieht.
[742] Chin.: dengji – 登 记; vgl. § 6 HauseigentVO; § 12 BVG; §§ 25, 31, 35 BodNutzÜÜVO; §§ 60, 61 StImmVerwG; § 41 SicherheitenG
[743] Thümmel (1995), S. 87
[744] Vgl. Zhen (2004), S. 83 ff.; s. hierzu auch die Ausführungen von Wang Liming (11.10.2005) unter: www.civillaw.com.cn(weizhang/default.asp?id=22664
[745] Vgl. Zhen (2004), S. 82 m. Bezug auf Sun (1996), S. 91; vgl. hierzu a. Liang (2000b), S. 393 f.; s. hierzu a. die Ausführungen v. Drewes (2002), S. 146 ff.

Liang, Wang und des NVK festgeschrieben. Ebenso findet das *Publizitätsprinzip* weitgehend Anerkennung.[746]

Ursprünglich war erwartet worden, dass das lange diskutierte und hoch umstrittene Sachenrechtsgesetz auf der Tagung des Volkskongresses im März 2006 verabschiedet werden würde. Am 9. März zitierte die *Renmin Ribao* (People's Daily) überraschend den Vorsitzenden des Rechtsausschusses des NVK, dass sich wegen Differenzen bei einigen Rechtsfragen, die fast jeden chinesischen Staatsbürger beträfen, diese Planung verzögere. Die nächsten Beratungen über dieses Gesetz seien im Rahmen des Ständigen Rechtsausschusses für August und Dezember 2006 vorgesehen. Gleichzeitig wurden Gerüchte zurückgewiesen, das geplante Gesetz hätte sich nicht im Einklang mit der Verfassung befunden, da es die Gleichstellung von privatem und staatlichem Eigentum betont hätte.[747] Dies mag ein Hinweis auf den aktuellen Stand der Diskussion im Sachenrecht sein, welche um Fragen des Schutzes von öffentlichem und privatem Eigentum fokussiert. Schon im Sommer 2005 kritisierte Gong Xiantian, Professor für Recht an der Universität Peking, dass der neu vorgelegte Sachenrechtsentwurf (SachRE05) sklavisch das *kapitalistische* Zivilrecht kopiere und *dem Fahrzeug eines Reichen und dem Stock eines Bettlers gleichen Schutz gewähre*.[748] Eine weitere Kernfrage des geplanten Gesetzes ist die Frage der Privatisierung des kollektiveigenen Bodens, welche besonders in Hinblick auf die Absicherung der Lebensgrundlage der Bauern von entscheidender Bedeutung ist und an die Grundfesten des gegenwärtigen Eigentumssystems der VR China rührt.[749]

---

[746] Z. Einfluss des BGB auf die Entwürfe z. neuen Sachenrecht vgl. Baumann (2006), passim

[747] Renmin Ribao, 09.03.2006; ebenso engl. Ausgabe der *People's Daily* ; noch am 3. März 2006 wurde Wang Liming, Präsident der juristischen Fakultät der Volksuniversität Peking mit der Aussage zitiert: „Ich glaube, dass der gegenwärtige Gesetzesentwurf öffentliches und privates Eigentum gleichermassen schützt." (im Internet unter: China Economic Net, http://de.ce.cn/aktuelles/nachrichten/nachrichten/200603/03; besucht am: 14.03.2006)

[748] New York Times, 12.03.2006: A sharp debate erupts in China over ideologies

[749] Diese Frage wird gegenwärtig auch in der westlichen Fachwelt diskutiert. Während Prof. Heberer von der Universität Duisburg das Eigentum am Boden für eine grundlegende Voraussetzung effizienter Nutzung hält; spricht sich Robert Heuser von der Universität Köln für Eigentum der Bauern an dem von ihnen bebauten Land aus, damit sie bzgl. ihrer Lebensgrundlagen besser geschützt sind; Prof. Li Cheng vom US-amerikanischen Hamilton College geht es ebenfalls um den Schutz der bäuerlichen Lebensgrundlagen, aber er befürchtet bei einer Privatisierung den kurzsichtigen Ausverkauf des Bodens und somit den Verlust der Existenzgrundlage der Bauern (Internet unter: www.dw-world.de/dw/article/0,2144,1919969,00.html; besucht am 14.03.206)

III. Die Eigentumsverhältnisse am Boden und ihre gesetzlichen Grundlagen

Da keiner der bisherigen Sachenrechts-Entwürfe als Gesetz verabschiedet wurde, beruht die gegenwärtige rechtliche Lage auf den vorhandenen Gesetzen, wobei das Immobilienrecht als Teil des Sachenrechts einen hohen Grad von Zersplitterung aufweist und damit eine systematische Ordnung fehlt.[750] Eine Ursache dafür liegt in den unterschiedlichen Rechtsgrundlagen für die dinglichen Rechte des Eigentums an Gebäuden und dem Bodennutzungsrecht. Deren getrennte Regelung geht darauf zurück, dass der Grundsatz des superficies solo cedit, d.h. die Betrachtung der mit dem Boden verbundenen Gegenstände als rechtlich untrennbare Bestandteile des Grundstücks in China keine Geltung besitzt. Diese rechtliche Zweiteilung erfährt eine weitere Differenzierung dadurch, dass bezüglich des Rechtsobjekts je nach dessen räumlicher Zugehörigkeit nochmals in Stadt- und Landgebiete unterschieden wird[751], womit auch unterschiedliche rechtliche Regelungen zur Anwendung kommen. Außerdem werden die auf zentralstaatlicher Ebene erlassenen Regelwerke durch zahlreiche Regionalvorschriften[752] ergänzt. In den folgenden Ausführungen sollen auch die einzelnen Sachenrechtsentwürfe und die von ihnen entfachte Diskussion Berücksichtigung finden, um auszumachen, wo die eigentlichen Probleme bei einer Neufassung der Eigentumsrechte liegen, ob und unter welchen Bedingungen diese überwunden werden können und welche Folgen dies für ausländisches Eigentum haben kann.

Die Bodenreform der 50er Jahre führte zu einer Abschaffung des Privateigentums an Boden in den ländlichen Gebieten. Diese Situation wurde 1982 für städtischen und ländlichen Boden verfassungsrechtlich legitimiert. Art. 10 der Verfassung bestimmt, dass der Boden in den Städten Staatseigentum und der Boden auf dem Lande und in den Vororten der Städte Kollektiveigentum darstellt. Grundstücke und Parzellen zur privaten Nutzung sind ebenfalls Kollektiveigentum. Dies findet seine Entsprechung in der einfachen Gesetzgebung. Die Bestimmung des § 8 BVG entspricht weitgehend dem Wortlaut des Art. 10 der Verfassung. Damit steht nach Verfassung und einfacher Gesetzgebung der Boden in China im Eigentum des Staates (Volkseigentum) und der Kollektive

[750] Vgl. obige Ausf. z. Sachenrecht; s. a. Mario Feuerstein: Die Reform des Sachenrechts – Grundentscheidung für die soziale Stabilität, Vortrag gehalten am 12.11.2005 im Rahmen des vom Deutsch-Chinesischen Institut für Rechtswissenschaft organisierten Alumni-Expertenseminars in Nanjing

[751] Art. 10 Verf., § 8 BVG

[752] Thümmel (1994) spricht schon 1994 von einer kaum zu übersehenden Zahl von Regionalvorschriften, S. 68;
vgl. a. Vorschriftensammlung „Dichan guanli fagui huibian", Peking 1993, deren Anteil an zentralstaatlichen Regelungen 153 Seiten beträgt, dagegen über 600 Seiten regionale Regelungen aufweist; z. Problematik der Normenhierarchie s. Thümmel (1995), S. 157, der von einem nur theoretisch klaren Vorrang zentralen Rechts gegenüber kollidierenden lokalen Vorschriften spricht.

(Kollektiveigentum).[753] Privates Eigentum an Boden ist gem. Art. 10 IV Verf. und § 2 III BVG ausgeschlossen. Nach Art. 10 IV Verf. dürfen weder Organisationen noch Individuen Boden kaufen, verkaufen oder auf andere Weise gesetzwidrig anderen überlassen. § 2 III BVG bestimmt fast wortgleich, dass keine Einheit oder Einzelperson Land kaufen, verkaufen oder in anderer Form illegal übertragen darf. Ebenso fast wörtlich § 80 III der AGZ. Somit dürfen nach Verfassung und einfacher Gesetzgebung die Eigentumsverhältnisse am Boden nicht verändert werden. Ein Eigentumsrecht am Rechtsobjekt Grund und Boden kann folglich nur den Rechtssubjekten Staat und Kollektiv zustehen, womit der Boden als Rechtsobjekt eine explizit normierte Sonderstellung einnimmt.
Privates Eigentum kann nach Art. 13 II Verf. jedoch an mit dem Boden verbundenen Vermögensobjekten wie Häusern bestehen. Nach Art. 13 I Verf. ist das legale Privatvermögen der Bürger unverletzlich. Art. 13 I schützte in seiner alten Version vor der Verfassungsänderung von 2004 ausdrücklich das *Eigentumsrecht*[754] an privaten Häusern und anderem legalen Vermögen[755]; die neue Formulierung *Privatvermögen*[756] umschließt auch weiterhin Häuser.[757]
Nach § 2 II BVG wird das Eigentum an volkseigenem, d.h. staatseigenem Boden vom Staatsrat in Vertretung des Staates ausgeübt. Im Gegensatz zum Staatseigentum hat das Kollektiveigentum kein einheitliches Rechtssubjekt, denn jede kollektive Organisation besitzt seine eigenständige Rechtssubjektivität. Aus § 74 II AGZ ergeben sich als Rechtssubjekte des kollektiven Eigentums die bäuerlichen Kollektive von Dörfern und die von Gemeinden bzw. Marktflecken; § 10 BVG ergänzt diese um die bäuerlichen Kollektive einer von mehreren landwirtschaftlichen kollektiven Wirtschaftsorganisationen eines Dorfes.[758] Als Betreiber und Verwalter des Bodens im Eigentum des bäuerlichen Kollektivs auf Dorfebene nennt § 74 II AGZ die landwirtschaftliche Produktionsgenossenschaft des Dorfes, andere landwirtschaftliche kollektive Wirtschaftsorganisationen und den Dorfausschuss.
Eine Definition des Vermögenseigentums findet sich in § 71 AGZ. Inhalt des Eigentums ist nach dieser Bestimmung *das Recht*, eigenes Vermögensgut zu be-

---

[753] Vgl. a. § 2 I BVG
[754] Chin. suoyouquan – 所有权
[755] Chin. caichan – 财产; der Ausdruck wird sowohl f. einzelne Vermögensgüter als auch für Vermögensgut i.S.v. Vermögen verwendet, s. Übersetzung der AGZ v. Münzel, CR III.7, 12.3.86/1, Anm. 2
[756] Chin. siyou caichan -- 私有财产
[757] Vgl. Holbig (2004), S. 264; ebenfalls z. Begriffsänderung von *Eigentumsrecht* in *Vermögensrecht*
[758] Z. Problematik der genauen Abgrenzung sowie Feststellung der Rechtsträgerschaft und des Rechtssubjekts kollektiven Bodens s. Zhen (2004), S. 45 ff.; Zhen kommt zu dem Schluss, dass der gesetzlich den Kollektiven zugeschriebene Boden de facto in Staatseigentum steht und das Problem der Unklarheit der Eigentümersituation kollektiven Bodens z.T. den lokalen Regierungen überlassen wird (S. 48). Zhen fordert für eine genaue Bestimmung der Eigentümerschaft kollektiven Grundeigentums und Klärung der Rechtsposition des Eigentümers als juristische Person eine ergänzende Gesetzgebung (S. 49).

sitzen, zu gebrauchen, Früchte daraus zu ziehen und darüber zu verfügen.[759]. Die sich aus dem Eigentumsrecht ergebenden Befugnisse braucht der Eigentümer nicht selbst auszuüben, sondern kann sie auf einen Nutzungsberechtigten übertragen. So sieht § 9 BVG vor, dass für staatseigenen und kollektiveigenen Boden gesetzlich bestimmt werden kann, dass er von Einheiten oder Einzelnen genutzt wird. Die Übertragung des Eigentums selbst als Herrschaftsrecht ist gesetzlich nicht vorgesehen, was eine Einschränkung der Verfügungsbefugnis über den Boden bedeutet.[760] Auf der anderen Seite wurde mit der Verfassungsänderung von 1988 das vorher in Art. 10 IV Verf. statuierte Verbot, Boden zu verpachten aufgehoben.[761] Zusätzlich wurde erlaubt, das Bodennutzungsrecht in Übereinstimmung mit den einfachgesetzlichen Regelungen weiter zu transferieren. Die Norm des § 2 III des BVG sieht vor, dass das *Gebrauchsrecht* an Land und damit das Bodennutzungsrecht legal übertragen werden kann. Die gesetzlichen Regelungen betreffen jedoch lediglich Boden*nutzungsrechte* und beinhalten keine Veränderung der Eigentumsstrukturen.

IV. Dogmatische Grundlagen und Inhalt des chinesischen Eigentumsbegriffs unter besonderer Berücksichtigung des Bodeneigentums

Die chinesische Verfassung sieht vier Formen von Eigentum vor: *Staatseigentum*[762], *Kollektiveigentum*[763], *persönliches Eigentum*[764] und *Privateigentum*[765]. Persönliches und Privateigentum werden unter dem Oberbegriff *Individualeigentum*[766] zusammengefasst.[767] Individualeigentum, staatliches und kollektives Eigentum stehen nach der offiziellen juristischen Literatur gleichberechtigt nebeneinander.[768] Tatsächlich besteht jedoch auch nach der letzten Verfassungsänderung im Jahre 2004 eine Privilegierung des staatlichen Eigentums gegenüber dem privaten. Während Art. 12 I Verf. das sozialistische öffentliche Eigen-

---

[759] Die Aufzählung der vier in § 71 AGZ genannten Befugnisse wird inzwischen als abschließend angesehen; vgl. Zhen (2004), S. 29. Zur Problematik der Frage, ob dem Staat als Grundeigentümer die allgemeinen Eigentümerbefugnisse gem. § 71 AGZ zustehen, s. Zhen (2004), S. 42 f.

[760] Vgl. ebenf. § 80 III AGZ, der Kauf und Verkauf von Boden verbietet

[761] Vgl. den unveränderten § 80 III d. AGZ v. 12.4.86, nach dem Land nicht gekauft und verkauft, verpachtet, verpfändet oder in anderen Formen rechtswidrig übertragen werden kann

[762] Chin.: guojia suoyouquan – 国家所有权; Art. 6 Verf.

[763] Chin.: jiti suoyouquan – 集体所有权; Art. 6 Verf.

[764] Chin.: geti suoyouquan – 个体所有权; Art. 11 Verf.

[765] Chin.: siren suoyouquan – 私人所有权; Art. 13 Verf.

[766] Chin.: geren suoyouquan – 个人所有权

[767] Vgl. Falü cidian (Law Dictionary) (2003), Stichwort "geren suoyouquan"; vgl. einfachgesetzliche Differenzierung in Staats-, Kollektiv- und Privateigentum gem. §§ 73, 74, 75 AGZ

[768] Vgl. Falü cidian (Law Dictionary) (2003), Stichwort "geren suoyouquan" – 个人所有权

tum als heilig und unverletzlich[769] bezeichnet, statuiert der neu gefasste Art. 13 II, dass das legale Privateigentum der Bürger unverletzlich sei.[770]
Das *persönliche* Eigentumsrecht der Bürger der Volksrepublik bezieht sich auf ihre Produktionsmittel und das *private* Eigentumsrecht auf ihren *Lebensbedarf*.[771] Das Individualeigentum der Bürger an Mitteln des Lebensbedarfs beinhaltet das gesetzlich erworbene Einkommen, die Ersparnisse, die privaten Häuser und Wohnungen und anderes gesetzlich erlaubtes Vermögen. Das bürgerliche *Individualeigentum an Produktionsmitteln* umfasst die *gesetzlich gewährten* Eigentumsrechte von Einzelgewerbetreibenden in Industrie und Handel sowie von denjenigen, die Boden zur Bewirtschaftung übernehmen. Investoren in private Unternehmen haben nach dem Gesetz das Eigentumsrecht an ihrem Vermögen. Bezüglich des zur Bewirtschaftung übernommenen, im Eigentum des Staates und der Kollektive stehenden Bodens (§ 2 Dorflandübernahmegesetz[772]) wird das Eigentum der Übernehmer daran jedoch gesetzlich ausdrücklich ausgeschlossen (§ 4 DorflandübernG)[773]. Der bewirtschaftete Boden unterfällt damit nicht dem Individualeigentum an Produktionsmitteln, sondern entspricht dem sozialistischen Eigentumsverhältnis[774] der Vergesellschaftung der Produktionsmittel.[775] Der Charakter des Bodeneigentums wird somit durch das gesellschaftlich dominierende Eigentumsverhältnis bestimmt, welches sich im Grundeigentumsrecht konkretisiert.
Die rechtliche Dichotomie im Bereich des Eigentums an den Produktionsmitteln hängt mit dem Wechsel von der sozialistischen Planwirtschaft zur sog. *sozialistischen Marktwirtschaft* zusammen, dessen Grundlage die Verfassungsänderung von 1993[776] bildet. Trotz des gesetzlich anerkannten bürgerlichen Individualeigentums an Produktionsmitteln hält die VR China grundsätzlich an dem sozialistischen Gemeineigentum an Produktionsmitteln als der Basis des chinesischen

---

[769] Shensheng bu ke qinfan – 神圣 不 可 侵犯
[770] Vor der Verfassungsänderung gab es Anregungen, die Privilegierung staatlichen Eigentums gänzlich zurückzufahren (Liang Huixing unter www.civillaw.com.cn; besucht am 09.12.2002); Staats- und Parteichef Jiang Zemin vertrat auf dem 16. Parteitag der KPCh im Jahre 2002 eine neue Linie der Partei, wonach jeder Beitrag zur Entwicklung des Landes den Respekt und Schutz der Regierung verdiene und eine Privilegierung staatlichen Eigentums nicht mehr angebracht sei (Financial Times v. 08.11.2002 u. South China Morning Post v. 09.11.2002); möglicherweise ließ der Versuch, diese Privilegierung staatlichen Eigentums aufzuheben und eine Gleichstellung mit privatem Eigentum gesetzlich zu verankern, die geplante Verabschiedung des neuen Sachengesetz auf der Tagung des VK im März 2006 scheitern, s.a. obige Ausführungen
[771] Chin.: *shengchan ziliao* – 生产 资料 und *shenghuo ziliao* – 生活资料 (wörtl. *Mittel zum Leben*); bei Beginn der Reformen wurden lediglich private Eigentumsrechte an Gütern des Lebensbedarfs, aber noch keine persönlichen Eigentumsrechte an Produktionsmitteln anerkannt, vgl. Faxue Cidian – Lexikon der Rechtswissenschaft (1979), unter Stichwort: „suoyouquan" – Eigentum.
[772] Gesetz der Volksrepublik China zur Übernahme von Dorfland, verabschiedet am 29.08.2002; im folg.: **DorflandübernG**
[773] Vgl. a. Art. 10 IV der Verf.
[774] Im marxistischen Sinne , d.h. Eigentum als *gesellschaftliches Produktionsverhältnis*; vgl. a. Zhen (2004), S.23 m. Bezug auf Marx, Kritik der Politischen Ökonomie
[775] Vgl. Art. 6 I Verf.; s.a. Zhen (2004), S. 23 f.
[776] Verfassungsänderung auf der ersten Sitzung des 8. NVK am 29.03.1993

Wirtschaftssystems fest. Bezogen auf die Eigentumsverhältnisse am Boden scheint das marktwirtschaftliche Element der gegenwärtig praktizierten sozialistischen Marktwirtschaft eher eine Enklave innerhalb einer von sozialistischen Prinzipien dominierten Wirtschaft darzustellen.

Das Eigentumsrecht besitzt als juristische Vermögenszuordnung und Herrschaftsrecht an einem Vermögensgut dogmatisch eine eigene Bedeutung.[777] Inhalt des Eigentumsrechts ist nach § 71 AGZ das Recht, das eigene Vermögensgut zu besitzen, zu gebrauchen, Früchte daraus zu ziehen und darüber zu verfügen[778], womit die Befugnisse des Eigentümers konkreter formuliert sind als in § 903 des deutschen BGB. In Bezug auf das Bodeneigentum bedeutet dies, dass der Boden*eigentümer*[779] eigenen Boden besitzen, gebrauchen, daraus Früchte ziehen und darüber verfügen kann. Im folgenden soll auf diese Eigentumsbefugnisse im Einzelnen eingegangen werden.
Besitz ist im chinesischen Recht die tatsächliche Herrschaft einer Person über eine Sache[780] und entspricht damit inhaltlich dem deutschen Recht. Er wird jedoch nicht als selbständiges Rechtsinstitut mit eigenständigem Rechtsschutz angesehen, sondern ist nur Bestandteil verschiedener Rechtsinstitute wie hier des Eigentumsrechts und des Nutzungsrechts. Seine Bedeutung erlangt der Besitz dadurch, dass er dem Rechtsträger ermöglicht, weitere rechtliche Befugnisse auszuüben.[781] Hier ist zwischen dem Besitz des Eigentümers (§ 71 AGZ) und des Nichteigentümers zu unterscheiden, wobei das erstere Besitzrecht ein ursprüngliches und das letztere ein abgeleitetes ist.
Die Erlangung des *Gebrauchs* wird durch den Besitz des Bodens vermittelt.[782] Hier ist ebenfalls zwischen dem Gebrauch des Eigentümers als originärer Gebrauch und dem des Nichteigentümers als derivativer Gebrauch zu unterscheiden. Der Gebrauch des Bodens durch den Nichteigentümer ist außer an die geltenden Gesetze auch an die Anweisungen des Eigentümers gebunden.[783]
Der Inhalt des *Fruchtziehungsrechts* gem. § 71 AGZ entspricht dem Begriff der Sach- und Rechtsfrüchte im deutschen Recht, wobei zwischen der Fruchtziehung durch den Eigentümer und den Nichteigentümer unterschieden wird.[784]
Das *Verfügungsrecht* beinhaltet im chinesischen Recht die Befugnis des Eigentümers, sein Grundstück zu veräußern, zu belasten oder anderen Personen die Nutzung zu überlassen. Durch Ausübung dieser Rechtsbefugnis *kann* der Eigentümer obligatorische (in Form von Verkauf und Verpachtung) und dingliche

---

[777] Zhen (2004), S. 25
[778] Gem. der Reihenfolge: zhanyou – 占有 , shiyong – 使用, shouyi – 收益 , chufen - 处分; Vgl. § 71 AGZ u. Falü cidian (Law Dictionary) (2003), Stichwort "geren suoyouquan"
[779] N. Art. 10 Verf. Staat und Kollektive; s.a. untere Ausf.
[780] Jiang / Zhang Peilin (1988), S. 125; Qian Mingxing (1994), S. 152; Wang / Guo / Fang (1988), S. 45
[781] Wang/Guo/Fang (1988), S. 50 ff.
[782] Vgl. Münchner Kommentar zu § 100 BGB, S. 780, Rn. 2; Soergel zu § 100 BGB, S. 626, Rn. 3
[783] Wang/Guo/Fang (1988), S. 54
[784] Vgl. § 100 u. 99 III BGB

Rechtsverhältnisse (in Form der Hypothekenbestellung) begründen.[785] Durch Verfügungen i.S.d. 71 AGZ wird somit wie im deutschen Recht die sachenrechtliche Zuordnung von Rechtsobjekten zu Rechtssubjekten verändert; sie umfassen Rechtsgeschäfte, durch die auf ein dingliches Recht dergestalt eingewirkt wird, dass es übertragen, belastet, aufgehoben oder in seinem Inhalt geändert wird.[786] Als grundlegendes Recht für das rechtliche Schicksal des Bodens bildet das Verfügungsrecht des Bodeneigentümers den Kern des Eigentumsrechts.[787] Das Verfügungsrecht steht grundsätzlich nur dem Eigentümer zu und nicht dem Nicht-Eigentümer, bei dem es sich in der Regel um den Bodennutzungsberechtigten handelt. Während die Befugnisse des Besitzes, des Gebrauchs und der Fruchtziehung an Nichteigentümer übertragen werden können, so gilt dies nicht für die *Verfügungsbefugnis*. Diese wird nur dem Staat als Grundeigentümer ohne Einschränkung gewährt.[788] Selbst den kollektiven Eigentümern ist es untersagt, kollektives Grundeigentum in den Verkehr zu bringen[789]. Damit steht ihnen trotz der Grundeigentümerstellung kein umfassendes Verfügungsrecht zu, sondern nur eines, das auf die Überlassung der Grundstücke durch Übernahmevertrag reduziert ist. Bei den Bodennutzungsberechtigten beschränkt sich die Verfügung auf das *Bodennutzungsrecht*, welches zeitlich begrenzt ist und weiterhin gesetzlichen Einschränkungen hinsichtlich des Nutzungszwecks des Bodens[790] unterliegt.

[785] Qian Mingxing, S. 154

[786] BGHZ 1, 294, 304; 75, 221, 226; Eckert (2002), Rn. 6; s.a. Wieling (1997), § 1 III 1 b, Fn. 21

[787] Lu / Xiao (1991), S. 20; Zhang / Sun u.a. (1990), S. 245

[788] Tatsächlich beschränkt sich die Verfügung des Staates als Grundeigentümer in der Praxis auf die Zuteilung des Bodens zur Nutzung an Staatsorgane bzw. die entgeltliche Überlassung von Grundstücken an andere Bodennutzer (Zhen, 2004, S. 44). Bei der Übertragung der im Eigentum enthaltenen Befugnisse gilt nach herrschender Rechtsauffassung für das Eigentum am Boden, dass die Rechtsbefugnisse des Eigentümers als Einheit zu betrachten sind und das Eigentumsrecht des Staates selbst bei Übertragung aller Befugnisse nicht untergeht. Das staatliche Eigentum am Boden wird damit durch ein abstraktes, absolutes und über die Eigentumsbefugnisse hinaus bestehendes Recht (chin.: zhipei quan – 支配权 *Herrschaftsrecht, Verfügungsrecht*) repräsentiert; vgl. Zhen (2004), S. 29 f.

[789] S. Art. 10 IV Verf., § 2 III BVG und § 80 III AGZ

[790] Es wird zwischen Boden für landwirtschaftliche, industrielle und andere nicht-landwirtschaftliche Nutzung unterschieden. Aus der Zweckbestimmung ergibt sich die grobe räumliche Trennung zwischen dem Boden im Stadtgebiet und im ländlichen Gebiet; vgl. Zhen (2004), S. 44, Fn. 90

V. Städtisches Bodennutzungsrecht und Bodenübernahmerecht[791] in ländlichen Gebieten

Beim Bodennutzungsrecht wird zwischen zwei Arten der Bodennutzung unterschieden. Dies ist einmal das sog. *Bodenübernahmerecht*[792], welches zur landwirtschaftlichen Nutzung von kollektiveigenem Boden in ländlichen Gebieten berechtigt. Die zweite Art der Bodennutzung bezieht sich auf den staatseigenen Boden in den Städten und berechtigt zur Errichtung von Gebäuden. Diese wird offiziell ebenfalls als *Bodennutzungsrecht* bezeichnet, ist aber nicht mit dem Oberbegriff der Bodennutzung zu verwechseln, welcher sich auf beide Arten der Bodennutzung bezieht. Deshalb bezeichnet die Fachliteratur das Bodennutzungsrecht in städtischen Gebieten auch als *Bebauungsnutzung* oder *Nutzung als Gebäudeland*[793]. In der vorliegenden Arbeit wird in Anlehnung an die offizielle chinesische Terminologie der Begriff *städtisches Bodennutzungsrecht* verwendet.

Das *Bodennutzungsrecht* als Überbegriff wird in der chinesischen Literatur als ein umfassendes und abstraktes Nutzungsrecht definiert, auf Grund dessen jede natürliche oder juristische Person die im Staats- oder Kollektiveigentum stehenden Naturressourcen wie Grund und Boden, Wälder, Grasland und Ödland etc. dem Recht gemäß in Besitz nehmen, gebrauchen und Nutzungen daraus ziehen darf.[794]

Durch die Abspaltung des Bodennutzungsrechts vom Grundeigentum wird einerseits die Konzentration des Landeigentums bei Staat und Kollektiven aufrechterhalten. Auf der anderen Seite wird damit die Möglichkeit einer Kommerzialisierung von Grund und Boden geschaffen.[795]Die Bodennutzungsreform Ende der 70er Jahre führte zu der gesetzlichen Regelung des Bodennutzungsrechts auf dem Lande durch § 80 I AGZ und 14 BVG sowie in städtischen Gebieten durch § 80 II AGZ und § 9 BVG.

Träger des Bodennutzungsrechts sind zunächst natürliche und juristische Personen als Subjekte des Zivilrechts gem. § 2 AGZ. Die AGZ unterscheiden bei den juristischen Personen Unternehmen, Behörden, Institutionseinheiten und gesellschaftliche Körperschaften.[796] Die Bestimmung des § 80 AGZ sieht vor, dass staatseigenes Land von Einheiten in Volkseigentum, Einheiten in Kollektiveigentum und Einzelpersonen genutzt werden kann. Die Spezialgesetzgebung zum

---

[791] Bodennutzungsrecht – tudi shiyongquan 土地 使用权 ; *Bodenübernahmerecht*, wörtl.: *Bodenübernahmebetreibungsrecht* – tudi chengbao jingqingquan 土地 承包 经营权

[792] Chengbao – 承包, vgl. Dorflandübernahmegesetz v. 28.08.02

[793] Z. auch in China strittigen Terminologie vgl. Baumann (2006), S. 123

[794] S. Baumann (2006) m. w. Nachw.

[795] Vgl. Heuser (1999), S. 348

[796] §§ 36 – 53 AGZ; Es finden sich in der Gesellschaft immer mehr dazwischen stehende Organisationen. Nach § 2 Vertragsgesetz, § 2 Urheberrechtsgesetz und anderen Vorschriften gibt es noch eine dritte Art von Subjekten, die *anderen Organisationen* oder *Einheiten, die keine juristischen Personen sind*.

Bodenrecht enthält ebenfalls Bestimmungen zu den möglichen Trägern des Bodennutzungsrechts und erweitert den Kreis der Nutzungsberechtigten. Die Regelung des § 9 BVG nennt Einheiten und Einzelpersonen als Rechtssubjekte. Schließlich können nach § 3 der BodNutzÜÜVO Gesellschaften, Unternehmen[797], andere Organisationen und Einzelpersonen von in- und außerhalb der VR China Bodennutzungsrechte erlangen und damit Inhaber von Bodennutzungsrechten sein, wodurch sich der Kreis der Bodennutzer um solche von außerhalb der Volksrepublik China erweitert.
Für Unternehmen mit ausländischer Beteiligung wie chinesisch-ausländische Joint-Venture Unternehmen[798], Kooperationsunternehmen[799], sowie Unternehmen ausländischen Kapitals[800] ist das BVG grundlegendes Gesetz für die Bodennutzung (§ 85 BVG). Nach § 85 BVG a.E. können für sie außer den Vorschriften des BVG noch andere Gesetze gelten. Das bedeutet für gemischt chinesisch-ausländische und rein ausländische Unternehmen die einfachgesetzliche Möglichkeit, Inhaber von Bodennutzungsrechten zu sein. Für Unternehmen mit ausländischen Investitionen ergibt sich dies auch daraus, dass sie juristische Personen nach chinesischem Recht sind.[801] Verfassungsrechtlich abgefedert wird das durch Art. 18 II der Verfassung, der allen ausländischen Unternehmen und anderen ausländischen Wirtschaftsorganisationen sowie Joint-Ventures mit chinesischen und ausländischen Investitionen den Schutz ihrer legitimen Rechte und Interessen gewährt.

Das BVG normiert die Festschreibung des Prinzips der entgeltlichen Nutzung von staatseigenem Boden (§ 2 V BVG) und die Aufhebung des Landverpachtungsverbots. Das Nutzungsrecht am Boden kann nun gem. § 2 III BVG legal übertragen werden. Tatsächlich sah das *Gesetz über Gemeinschaftsunternehmen mit chinesischer und ausländischer Kapitalbeteiligung* (Equity-JV-Gesetz)[802] vom 1. Juli 1979 in § 5 III EJVG bereits vor, dass der Investitionsbeitrag des chinesischen Teilhabers das Nutzungsrecht für das Grundstück einschließen könne, das dem Gemeinschaftsunternehmen für die Zeit der Geschäftstätigkeit zur Verfügung gestellt wird.[803] § 53 der ersten Fassung der *Durchführungsverordnung*[804] zum EJVG vom 20. September 1983 stellte allerdings klar, dass Gemeinschaftsunternehmen, welche die Genehmigung hatten, ein Grundstück zu nutzen, lediglich das Nutzungsrecht, jedoch kein Eigentumsrecht daran zustand. Eine Übertragung des Nutzungsrechts war nicht erlaubt (§ 53, am Ende). Zum

---

[797] Das nach der BodNutzÜÜVOO verabschiedete GesellschaftsG nennt nur Gesellschaften m. beschr. Haftung und Aktiengesellschaften (§ 2) und eine rechtliche Def. d. Unternehmensbegriffs fehlt bisher. So kommt es zur Überschneidung der Begriffe *Gesellschaft* u. *Unternehmen*; vgl. Zhen (2004), S. 98 f.
[798] Equity Joint Venture – 中外合资企业
[799] Cooperative Joint Venture – 中外合作经营企业
[800] Wholly Foreign Owned Enterprise – 外资企业
[801] § 2 ABEJVG u. § 2 II CJVG
[802] im folgenden: **EJVG**
[803] Vgl. a. Durchführungsverordnung EJVG, 1. Fass. v. 20.9.83 , Art. 48
[804] Im folgenden: **DVO**

Zeitpunkt der Verabschiedung des EJVG war eine Transferierbarkeit des Nutzungsrechts am Boden noch gesetzlich ausgeschlossen, wodurch eine widersprüchliche Gesetzeslage entstand, die erst mit den genannten einfachgesetzlichen und verfassungsrechtlichen Änderungen bereinigt wurde.
Bodennutzungsrechte von staatseigenem Boden und Bodenübernahmerechte von kollektiveigenem Boden unterliegen nach obigen Ausführungen unterschiedlichen Regelungen und sind deshalb einer getrennten Betrachtung zu unterziehen.

1. Bodennutzungsrechte in städtischen Gebieten[805]

Der Boden in städtischen Gebieten befindet sich nach Verfassung und einfacher Gesetzgebung in ausschließlichem Staatseigentum und ist deshalb nicht verkehrsfähig. Die Verfügung über den Boden wird darum nur durch *unentgeltliche Zuteilung* des Bodens zur Nutzung oder dessen *entgeltliche Überlassung* an Bodennutzer ausgeübt, wobei der Staat als Grundeigentümer die alleinige Befugnis hat, das Nutzungsrecht zu übertragen. Der durch Zuteilung und Überlassung von Bodennutzungsrechten entstandene sog. *Primärmarkt* für Bodennutzungsrechte steht damit unter völliger staatlicher Kontrolle und bildet ein Monopol des Staates. Weil der Staat alleiniger Eigentümer des städtischen Bodens bleibt, sichert die Vergabe von Bodennutzungsrechten das Prinzip des sozialistischen öffentlichen Eigentums. Gleichzeitig wahrt er seine Befugnisse als Bodenverwalter und kann die mit dem Boden verbundenen sozialen Bedürfnisse einer großen Bevölkerung absichern.[806] Weiterhin stellen die Bodennutzungsgebühren aus der entgeltlichen Überlassung der Bodennutzungsrechte für die chinesische Regierung inzwischen eine bedeutende Einnahmequelle dar.[807]

Wichtigste gesetzliche Grundlage für die Bodennutzung in städtischen Gebieten sind die1990 erlassenen *Vorläufigen Vorschriften zur Überlassung und Übertragung des Bodennutzungsrechts an staatseigenem Boden im Stadtgebiet* (BodNutzÜÜVO). Diese eröffnen die Möglichkeit des Transfers von staatlich zugeteilten und überlassenen Bodennutzungsrechten und bilden damit auch den rechtlichen Rahmen des durch die Transfermöglichkeit entstandenen sog. *Sekundärmarktes* für Bodennutzungsrechte, wobei es sich um einen regulären

805 Chin.: chengzhen guoyou tudi – 城镇 国有土地, wörtl.: *städtisches und kleinstädtisches staatseigenes Land*; § 2 II BodNutzÜÜVO definiert städtisches und kleinstädtisches staatseigenes Land als *volkseigenes Land in den Städten, Kreisstädten, eingerichteten Kleinstädten* (d.h. mit Verwaltungsorganen einer Kleinstadt; vgl. Münzel, Anm. 3 zu CR VI.6, 19.5.90/1) *u. in Industrie- und Bergwerksgebieten*; z. Problematik des Ausübungsgebiets von Staatsgrundeigentum s. Zhen (2004), S. 39
806 Vgl. Wesiack (2005), S. 179
807 Chan (1999), S. 1

Markt mit grundsätzlich freiem Zutritt und offen getätigten Geschäften handelt.[808]
Gegenstand des städtischen Nutzungsrechts sind abgegrenzte Einzelgrundstücke des gesamten staatseigenen Bodens in städtischen Gebieten. Es erstreckt sich nach § 2 I BodNutzÜÜVO nicht auf Bodenschätze (§ 3 I BodenschatzG), vergrabene Sachen (§ 4 I AltertümerschutzG) und die öffentlichen Anlagen der Stadtverwaltungen und ist somit für den Raum unter der Bodenoberfläche eingeschränkt.

a) Erwerb des Bodennutzungsrechts durch Zuteilung[809]

Nach § 43 BodNutzÜÜVO und § 22 StImmVerwG kann der Staat städtischen Boden zuteilen. Diese Zuteilung von Boden ist grundsätzlich *unentgeltlich* (§ 43 I BodNutzÜÜVO). Nur wenn durch Enteignung oder Umsiedlung Kosten verursacht wurden, sind diese zu erstatten.[810] Nach § 43 II BodNutzÜÜVO muss der Bodennutzer jedoch eine Bodensteuer gem. der BodNutzStVO entrichten.[811]Der Erwerb durch Zuteilung erfordert einen Antrag des Bodennutzers und bei der Zuteilung handelt es sich um einen Hoheitsakt, wobei der Staat, vertreten durch die städtische bzw. Kreisvolksregierung, seine Hoheitsgewalt ausübt (§ 47 BodNutzÜÜVO).[812] Die Übertragung des Bodennutzungsrechts erfolgt in der Regel *unbefristet*. Damit besitzt der Vorgang der Zuteilung verwaltungsrechtlichen Charakter.

Der Staat kann trotz fehlender Befristung gem. § 58 BVG und 47 BodNutzÜÜVO das Bodennutzungsrecht unter bestimmten Umständen zurücknehmen[813]. Dies kann gem. § 47 I BodNutzÜÜVO geschehen, wenn der Nutzungsrechtsinhaber die Bodennutzung nicht mehr ausübt. § 58 Nr. 2 BVG und § 47 II BodNutzÜÜVO sehen eine Rücknahme aus Gründen der Entwicklung des Städtebaus und den Anforderungen der Stadtleitplanung vor. In diesen Fällen der Rücknahme muss jedoch gem. § 47 III BodNutzÜÜVO die städtische bzw. Kreisvolksregierung für Gebäude auf dem Land und andere Bestandteile einen angemessenen Ausgleich zahlen. Zhen verweist darauf, dass ein solcher Entzug in der Praxis selten vorkomme und das zugeteilte Bodennutzungsrecht deshalb

---

[808] So Li (1996), S. 124; z. Preisproblematik ebenfalls Li (1996), S. 63 ff., welcher für den Bereich der Stadt Shanghai von einer Verzerrung der wahren Natur des Bodenwertes spricht (S. 124); vgl. hierzu a. untere Ausführungen z. Erwerb des Bodennutzungsrechts.
[809] Chin.: huabo – 划拨; auch *allocated land use rights*, vgl. Himmelmann (2001), S. 279
[810] N. dem 3. Kap. d. BVG in der Fass. v. 1988 betrifft dies die Mitglieder des landwirtschaftlichen Kollektivs, dem das Land bisher gehört hatte; s. Münzel, CR VIII.6, 5.7.94/1, Anm. 5
[811] Zu Entstehung und Begriff vgl. Zhen (2004), S. 105 f.
[812] Drewes/Zhen (2002), S. 68 sprechen gegen den Gesetzestext von einer Vertretung des Staates durch das Bodenverwaltungsamt
[813] Chin.: shouhui - 收回

in der Regel Ewigkeitscharakter habe.[814] Das Grundeigentum des Staates existiere im Fall des zugeteilten Bodens deshalb nur abstrakt und sei ein Nominelles. Diese Aussage ist für die künftige Entwicklung sicher einzuschränken. Es ist davon auszugehen, dass § 47 II BodNutzÜÜVO angesichts des raschen Wirtschaftswachstums der VR China in der Zukunft eine wichtigere Rolle spielen wird.

Weder BodNutzÜÜVO noch StImmVerwG enthalten eine genaue Bestimmung des Rechtssubjekts, womit in dieser Hinsicht eigentlich keine gesetzliche Beschränkung vorliegt. § 23 StImmVerwG und § 54 BVG bestimmen jedoch identisch den Bodennutzungszweck, welcher indirekt auch eine Festlegung des Rechtssubjekts enthält. So besteht die Möglichkeit einer Bodenzuteilung für Behörden und Militäranlagen, für den Bau städtischer Infrastruktur und öffentlicher Einrichtungen und bei Bodenbedarf für Energie-, Verkehrs-, Bewässerungs- und Wasserkraftanlagen.

Im Vergleich zum entgeltlichen, durch Überlassung erworbenen Bodennutzungsrecht [815] unterliegt das zugeteilte Nutzungsrecht stärkeren Beschränkungen. Der Nutzungsberechtigte darf gem. § 44 BodNutzÜÜVO das ihm zugeteilte Bodennutzungsrecht nicht übertragen[816], verpachten[817] und verpfänden. Als *Übertragung* des Bodennutzungsrechts werden gem. § 19 BodNutzÜÜVO solche Handlungen bezeichnet, mit denen ein Landnutzer das Bodennutzungsrecht durch *Verkauf, Tausch und Schenkung* weiter überträgt. Eine Ausnahme davon statuiert § 45 BodNutzÜÜVO[818], wonach der Bodennutzer die Bodennutzung einem Dritten überlassen darf, wenn ein Entgelt für die Überlassung des Bodennutzungsrechts an die örtliche städtische oder Kreisvolksregierung nachentrichtet wird; die Zahlung dieser Gebühr kann auch aus dem Erlös der Übertragung, Verpachtung oder Verpfändung erfolgen. Dabei ist ein sog. *Überlassungsverfahren* gem. § 39 StImmVerwG durchzuführen. Voraussetzung für eine Über-

[814] Zhen (2004), S. 105
[815] Vgl. untere Ausführungen
[816] Ausn.: § 39 II StImmVerwR : Die für die Genehmigung Immobilienübertragung zuständige Volksregierung kann auch nach den Vorschriften des Staatsrates beschließen, das kein Überlassungsverfahren durchgeführt zu werden braucht; diese Methode erlaubt dem Bodennutzer, den Boden ohne Zahlung einer Überlassungsgebühr an den Staat weiterzuübertragen; er hat nur den Erlös aus der Übertragung der Nutzungsrechte weiterzuleiten; die Profite aus den darauf errichteten Gebäuden bleiben ihm voll erhalten
[817] das chin. Recht unterscheidet nicht zwischen Pacht und Miete, der chinesische Begriff (zulin – 租赁) umfaßt sowohl Miete als auch Pacht, d.h. dem Mieter bzw. Pächter stehen nicht nur der Gebrauch des Gegenstandes, sodnern auch die bei ordnungsgemäßer Nutzung anfallenden Früchte zu; hier u. im folg. wird mit „verpachten" übersetzt; eine Def. der Pacht findet sich in § 28 BodNutzÜÜVO: Handlungen, mit denen der Bodennutzer als Verpächter den Boden zusammen mit den Gebäuden auf dem Boden und anderen Bestandteilen dem Pächter zum Gebrauch verpachtet, während der Pächter dem Verpächter Pacht bezahlt; vgl. a. den Begriff des Landpachtvertrages des BGB gem. § 585, der als Verpachtungszweck überwiegend das Betreiben von Landwirtschaft vorsieht.
[818] Vgl. a. den gleichlautenden Art. 6 der *Vorläufige Verwaltungsregeln für zugeteilte Bodennutzungsrechte* v. 8.3.1992

tragung von zugeteilten Bodennutzungsrechten ist jedoch, dass es sich bei den Bodennutzern um Gesellschaften, Unternehmen, andere Wirtschaftsorganisationen oder Einzelpersonen handelt (§ 45 Nr. 1 BodNutzÜÜVO).[819] Diese müssen über einen Nachweis der Bodennutzung staatseigenen Landes verfügen und Nachweise für ihr Recht an Gebäuden auf dem Land und anderen Bestandteilen haben (§ 45 Nr. 2 u. 3 BodNutzÜÜVO). Bei Erfüllung der Voraussetzungen der Voraussetzungen des § 45 BodNutzÜÜVO können zugeteilte Bodennutzungsrechte dann in solche umgewandelt werden, die im Wege der Überlassung[820] erlangt und weiter transferiert werden dürfen.[821]
Eine Erschwernis dieser Umwandlung liegt darin, dass eine zweifache Genehmigung durch Bodenverwaltungs- und Gebäudeverwaltungsamt erforderlich ist, was in der rechtlichen Trennung von Boden und den darauf stehenden Gebäuden begründet liegt (§ 7 BodNutzÜÜVO).[822] Ungeklärt bleibt auch, welches Recht der neue Erwerber erwirbt und ob dieses veräußerbar und zeitlich unbeschränkt ist. Zhen verweist jedoch darauf, dass auf dem Bodenmarkt hauptsächlich durch Zuteilung erworbene Bodennutzungsrechte veräußert werden.[823] In der Regel versuchen die Nutzer, welche nicht an einer Eigennutzung des Bodens, sondern an einem späteren Transfer ihres Nutzungsrechts interessiert sind, dieses durch unentgeltliche Zuteilung zu erlangen und wandeln es dann im Wege des Überlassungsverfahrens in ein entgeltlich zugeteiltes um.[824]

Die oben geschilderte *Konvertierung* bildet nach h.M. die Grundlage für die Übertragung von *zugeteilten* Bodennutzungsrechten auf Unternehmen mit ausländischer Beteiligung.[825] Die grundsätzliche Möglichkeit für Gesellschaften, Unternehmen, anderen Organisationen und Einzelpersonen auch außerhalb der VR China, Bodennutzungsrechte zu erlangen, eröffnet bereits § 3 BodNutzÜÜVO. Dennoch verfahren viele Provinzen im Einzelfall anders, woraus sich im Einzelfall ein erheblicher Faktor der rechtlichen Unsicherheit für den ausländischen Investor ergeben kann.[826] § 3 BodNutzÜÜVO enthält allerdings mit der Formulierung „soweit Gesetze nichts anderes bestimmen" auch eine Einschränkung dieser Möglichkeit, was wiederum Grundlage unterschiedlicher regionaler Vorschriften ist. So enthält § 4 der *Maßnahmen für die entgeltliche Veräußerung des Bodennutzungsrechts der Stadt Shanghai*[827] die Einschränkung, dass Unternehmen, andere Organisationen und Einzelpersonen der Staaten oder Regionen,

[819] Damit darf es sich nicht um eine Behörde oder Einheit handeln, die keinen wirtschaftlichen Gewinn erzielt, s. Drewes/Zhen (2002), S.68
[820] Chin.: churang – 出让; auch *granted land use rights*, vgl. Himmelmann (2001), S. 280
[821] Vgl. untere Ausführungen
[822] Vgl. Münzel, CR VI.6, 19.5.90/1, Anm. 5
[823] Zhen (2004), S. 108
[824] Vgl. Zhen (2004), S. 108
[825] Himmelmann (2001), S. 280
[826] Vgl. Himmelmann (2001), S. 280
[827] Shanghaishi tudi shiyongquan youchang zhuanrang banfa –上海市土地使用权 有偿转让 办法 ; erlassen von der Volksregierung Shanghai am 29.11.1987

die keine diplomatischen Beziehungen mit oder Handelsvertretungen in der VR China unterhalten, nicht Bodennutzungsberechtigte sein können.

Ergänzt werden die Regelungen der § 45 BodNutzÜÜVO und des § 39 StImm-VerwG durch § 3 der *Vorläufigen Maßnahmen für die Verwaltung von durch Zuteilung erworbenen Bodenrechten*, der neben der Veräußerung auch die Verpachtung und Belastung der zugeteilten Bodennutzungsrechte zulässt. Auch hier gelten die Voraussetzungen des § 45 BodNutzÜÜVO. Die Bodennutzungsreform hat mit diesen grundlegenden Regelungen eine entgeltliche Nutzung zugeteilter Bodennutzungsrechte rechtlich ermöglicht und auf diese Weise einmal eine Grundlage für die Belebung des Bodenmarktes auf legaler Basis geschaffen und gleichzeitig dem Staat die Kontrolle über die schon vorher praktizierte Veräußerung dieser Rechte[828] eingeräumt. Damit entsprechen die erlassenen Regelungen auch dem Prinzip einer in der VR China gepflegten Gesetzgebung, die nicht vorausschauend Entwicklungen steuert, sondern auf tatsächliche Entwicklungen reagiert.

Nach § 48 BodNutzÜÜVO kann das nach den Regeln der BodNutzÜÜVO erlangte Bodennutzungsrecht[829] und damit auch das durch Zuteilung erlangte Bodennutzungsrecht eines Einzelnen, d.h. einer natürlichen Person, vererbt werden.[830] Dies bedeutet eine Anerkennung des zugeteilten Bodennutzungsrechts als Vermögensgut des Vererbers.

b) Erwerb des Bodennutzungsrechts durch Überlassung[831]

Die einfache Gesetzgebung ermöglicht eine *entgeltliche befristete Überlassung* von Bodennutzungsrechten. Nach § 8 BodNutzÜÜVO und § 7 StImmVerwG ist diese so definiert, dass der Staat als Eigentümer das Bodennutzungsrecht dem Nutzer für eine bestimmte Dauer überlässt und dieser dem Staat dafür eine Überlassungsgebühr zahlt. Es handelt sich damit um eine entgeltliche und befristete Überlassung der Nutzungsrechte, welche sich in ihrer Befristung vom Grundeigentum und in ihrer Entgeltlichkeit vom zugeteilten Bodennutzungsrecht unterscheidet. Nach der Formulierung des § 8 BodNutzÜÜVO wird das entgeltliche Bodennutzungs*recht* dem Nutzungsberechtigten vom Staat *überlassen*. Die Ermöglichung der entgeltlichen Bodennutzung bedeutete rechtsdogma-

[828] Vgl. Zhen (2004), S. 108
[829] S. § 43 BodNutzÜÜVO
[830] Vgl. Münzel, Anm. 1 zu CR VI.6, 19.5.90/1
[831] Chin.: churang – 出让; auch *granted land use rights*, vgl. Himmelmann (2001), S. 280; unrichtig bezeichnet als *zhuanrang* – 转让 bei Drewes/Zhen (2002), S. 68

tisch ein Ende der Ablehnung von Rechten als Rechtsobjekte und erweiterte damit den Kreis der vorhandenen Rechtsobjekte.[832]

Die Dauer der Nutzung hängt nach § 12 BodNutzÜÜVO von der Verwendung ab und beträgt je nach Verwendungszweck 40 bis 70 Jahre. Die Höchstdauer von 70 Jahren wird für Wohnzwecke gewährt und die Nutzungsdauer für industrielle Zwecke beträgt 50 Jahre. Das durch Überlassung erworbene Bodennutzungsrecht einer natürlichen Person ist gem. § 48 BodNutzÜÜVO *vererblich* und wird somit als Vermögensgut des Vererbers anerkannt.[833]
Nach § 2 BodNutzÜÜVO ist die Überlassung von Bodennutzungsrechten auf den *staatseigenen* Boden in Städten, Kreisstädten, eingerichteten Kreisstädten[834], sowie Industrie- und Bergwerksgebiete beschränkt. Eine entgeltliche Überlassung des Bodennutzungsrechts an *kollektiveigenen* Grundstücken im Stadtgebiet[835] ist nicht vorgesehen. Nach § 8 StImmVerwG *kann das Nutzungsrecht an kollektiveigenem Boden Bodennutzern jedoch dann entgeltlich überlassen werden, wenn dieser zuvor enteignet*[836] *und in Staatseigentum überführt wurde.*[837]
§ 42 BodNutzÜÜVO sieht vor, dass legal erlangte Bodennutzungsrechte grundsätzlich nicht vorfristig zurückgenommen werden und statuiert gleichzeitig eine Ausnahme. Der Staat kann die Bodennutzungsrechte aus Gründen *gesellschaftlichen Allgemeininteresses*[838] gegen Entschädigung, die sich nach Nutzungsdauer, tatsächlicher Erschließung und Bodennutzung richtet, vorzeitig zurücknehmen.

Nach § 8 II BodNutzÜÜVO und § 14 StImmVerwG erfolgt die Überlassung des Bodennutzungsrechts durch einen schriftlichen Überlassungsvertrag, in dem die Rechte und Pflichten beider Seiten festgeschrieben werden.[839] Der Vertrag wird zwischen der Bodenverwaltungsabteilung und dem Bodennutzer geschlossen (§ 9 BodNutzÜÜVO); über die Überlassung entscheidet gem. § 9 BodNutzÜÜVO die jeweilige Volksregierung.[840] Der Staat fungiert damit nicht nur als Grundeigentümer, der das Bodennutzungsrecht veräußert, sondern auch als Hoheitsträger und Bodenverwalter, der die Bodennutzung überwacht und kontrolliert. We-

---

[832] Damit wurde mit Schaffung der entgeltlichen Bodennutzung mit der Ablehnung von Rechten als Rechtsobjekt der chinesischen Rechtslehre gebrochen und den Kreis der Rechtsobjekte erweitert; vgl. Zhen (2004), S. 103
[833] S. Zhen (2004), S. 128
[834] D.h. mit den Verwaltungsorganen einer Kleinstadt
[835] Wörtl.: im Gebiet von Stadtleitplänen
[836] Chin.: zhengyong – 征用
[837] Erst diese Konvertierung ermöglicht das nicht-landwirtschaftliche Gebrauchsrecht, da das Grundeigentum abhängig von seiner Zweckbestimmung ist; s. hierzu die Erläuterungen Münzels, CR 2004.12, 29.8.98/1, Anm. 1; vgl. a. § 15 BVG, der die Nutzung des Bodens auf das Betreiben landwirtschaftlicher Produktion begrenzt.; s. hierzu a. Zhen (2004), S. 44, Fn. 90
[838] Chin.: shehui gonggong liyi de xuyao – 社会公共利益的需要
[839] Drewes/Zhen (2002), S. 69
[840] Nach Zhen (2004) liegt die Zuständigkeit ohne Ausnahme bei den den Stadt- oder Kreisregierungen unterstehenden Bodenverwaltungämtern, S. 35

gen des Sonderstatus des Staates als Rechtssubjekt bei der Überlassung des Nutzungsrechts wird der Überlassungsvertrag zwischen Staat und Bodennutzer trotz unstreitig zivilrechtlicher Ausgestaltung[841] als Verwaltungsvertrag behandelt.[842] Hierfür würde jedoch eine einseitige Willenserklärung durch eine staatliche Behörde ausreichen. Die Bestimmung des § 11 BodNutzÜÜVO unterstreicht dagegen, dass der Überlassungsvertrag zwischen Veräußerer und Bodennutzer nach den Grundsätzen der Gleichheit, Freiwilligkeit und Entgeltlichkeit geschlossen werden muss, was den Grundsätzen des Zivilrechts gem. § 4 AGZ entspricht.
Die Überlassung geschieht gem. § 13 BodNutzÜÜVO und § 12 StImmVerwG in den Formen (1) der Vereinbarung, (2) der Ausschreibung und (3) der Versteigerung, denen jeweils unterschiedliche Verträge zugrunde liegen.[843] Dabei wird die Art des Verfahrens je nach Nutzungszweck, Qualität des Grundstücks und Entwicklung des Bodenmarktes durch das zuständige Amt nach den gesetzlichen Regelungen bestimmt.[844] Zunächst war das Vereinbarungs-Verfahren die häufigste Methode der Überlassung. Versteigerung und öffentliche Ausschreibung bieten jedoch wegen der Konkurrenzsituation der Bieter höhere Profite und beginnen sich seit den letzten Jahren immer mehr durchzusetzen.[845] Inzwischen sind sie bei Boden verpflichtend geworden, der für Handel, Tourismus, das Vergnügungsgewerbe oder Luxuswohnungen genutzt wird (§ 12 StImmVerwG). Nach dem *Dokument Nr. 11 des Ministerium für Boden und Ressourcen* ist der Transfer von staatseigenem Land durch Vereinbarung seit dem 1. Juli 2002 verboten.[846] Dies findet seine Bestätigung in § 142 II SachRE05, welcher bestimmt, dass die Überlassung von gewerblich genutzten Grundstücken auf dem Wege einer Versteigerung oder Ausschreibung zu geschehen hat. Häufigste Methode der Überlassung von staatlichen Bodennutzungsrechten sind gegenwärtig öffentliche Ausschreibungen, in deren Folge ein schriftlicher Überlassungsvertrag geschlossen wird (§ 14 StImmVerwG).[847]
In der Praxis werden die Überlassungsverträge als Formularverträge geschlossen. Grundlage hierfür ist die *Mitteilung über Musterverträge zur Überlassung des Nutzungsrechts an staatlichem Boden und der Bodennutzungsverträge für Unternehmen mit ausländischem Kapital*, die am 18. Mai 1994 von staatlichem Bodenverwaltungsamt und Industrie- und Handelsamt gemeinsam veröffentlicht wurde. Die Mitteilung sieht drei Vertragstypen vor: (1) Überlassung eines Ein-

---

[841] Zhen (2004), S. 115
[842] Vgl. Zhen (2004), S. 110 m. Bezug auf Lu/Xiao (1991), S. 33; Zhen spricht sich für eine rechtliche Einordnung des Vertrages als zivilrechtlicher Vertrag aus, da der Schwerpunkt auf dem Verhältnis zwischen Grundeigentümer und Bodennutzer liegt und damit ein Zivilrechtsverhältnis darstellt.
[843] In beiden Gesetzen in unterschiedlicher Reihenfolge genannt, was mit der Entwicklung des Bodenmarktes und der Bodennutzungsreform zusammenhängt; generell kommen die Überlassungsverträge immer noch durch Vereinbarung zustande, Zhen (2004), S. 113; chin. n. obiger Reihenfolge: xieyi – 协议 , zhaobiao – 招标 , paimai - 拍卖
[844] S. Zhen (2004), S. 112
[845] Vgl. Wesiack (2005), S. 181 f.
[846] Verkündet am 9. Mai 2002; vgl. Wesiack (2005), S. 182
[847] Vgl. a. Zweistufentheorie im deutschen Verwaltungsrecht; im chinesischen Recht wird der Überlassungsvertrag allerdings trotz seiner zivilrechtlichen Ausgestaltung als Verwaltungsvertrag behandelt.

zelgrundstücks; (2) Überlassung einer großen Landfläche; (3) Überlassung zur entgeltlichen Bodennutzung durch Konvertierung eines zugeteilten Bodennutzungsrechts.[848] Für die Gültigkeit des Vertrages genügen die Unterschriften der Parteien. Die Wirksamkeit der Überlassung des Bodennutzungsrechts setzt die Registrierung voraus, womit diese eine konstitutive Wirkung entfaltet. Die Registrierung der Überlassung erfolgt gem. § 7 BodNutzÜÜVO bei den Bodenverwaltungsabteilungen[849] der Volksregierungen der verschiedenen Ebenen.[850] Die Bestimmung des § 2 V BVG enthält die Aussage, dass in China ein System des entgeltlichen Gebrauchs staatseigenen Landes zur Anwendung kommt. Dies verdeutlicht, dass trotz Verfolgung des *Zweischienensystems*[851] von Zuteilung und Überlassung der Bodennutzungsrechte eine entgeltliche Bodennutzung des staatlichen Bodens angestrebt wird. Dies zeigt auch die Gesetzgebung mit ihren unterschiedlichen Möglichkeiten der Konvertierung von unentgeltlich und unbefristeten in entgeltlich und befristet genutzten Boden. Die unentgeltliche und unbefristete Zuteilung durch den Staat führt zur Kollision mit dem Eigentumsrecht des Staates, welches eigentlich ewigen Rechtscharakter besitzt und beinhaltet damit auch ein dogmatisches Problem. Weiterhin kann die Zuteilung eine effektive Nutzung des Bodens und die Entstehung eines Marktes für Bodennutzungsrechte verhindern. Deshalb wird das Bodennutzungsrecht durch unentgeltliche Zuteilung in der rechtlichen Diskussion als typisches Produkt der Planwirtschaft bezeichnet.[852]

Die AB zum BVG nennen unter § 29 an versteckter Stelle neben der Überlassung des Bodennutzungsrechts auch die Verpachtung von staatseigenem Land und die Investition des Bodennutzungsrechts oder seine Einbringung als Anteil an einem Unternehmen als weitere Möglichkeiten der entgeltlichen Bodennutzung. Hier soll auf die Pacht eingegangen werden, da sie rechtlich fast ebenso ausgeformt ist[853] wie die entgeltliche Überlassung. Dies zeigt sich auch bei der Pachtdauer, die nicht die Dauer überlassener Bodennutzungsrechte überschreiten darf, welche je nach Nutzungszweck 40 bis 70 Jahre beträgt (§ 12 BodNutzÜÜVO).[854] Der wesentliche Unterschied besteht darin, dass der Pächter kein einmaliges Entgelt zahlen muss, sondern jährlich oder vierteljährlich Pachtzinsen entrichtet. Dem Pächter stehen die Verfügungsrechte der Unter- und Weiterver-

---

[848] Vgl. § 45 BodNutzÜÜVO

[849] Chin.: tudi guanlibu – 土地管理部

[850] Z. Staat als Rechtssubjekt des Grundeigentums im Zivilrecht s. Zhen (2004), S. 35 ff.

[851] Chin.: shuangguizhi – 双轨制

[852] So Zhen (2004), S. 116; Zhen geht davon aus, dass China weiterhin am „Zweischienensystem" festhalten wird, bezieht sich dabei allerdings auf eine *Erläuterung zum Entwurf eines ‚Städtischen Immobilienverwaltungsgesetzes'* aus dem Jahre 1994, Zhen (2004), S. 118

[853] Die Pacht ist rechtlich durch eine spezielle Regelung des Ministeriums für Staatsboden und Ressourchen geregelt: *Einige Meinungen über die Regeln des Pachtens von staatseigenem Boden*, erlassen am 27.07.99

[854] Beachte Widerspruch zu § 214 VertragsG, der eine Höchstmietdauer von 20 Jahren festsetzt. Aus § 234 VertragsG ergibt sich, dass bei dem Tod des Mieters während der Mietdauer dessen Mitbewohner den alten Mietvertrag übernehmen können.

pachtung sowie der Belastung zu, womit es sich bei dem Pachtvertrag tatsächlich um einen entgeltlichen Veräußerungsvertrag am dinglichen Nutzungsrecht handelt. In der Literatur wird das Pachtrecht deshalb als unzulässige Vermengung vom Prinzip der Pacht mit dem Prinzip des dinglichen Bodennutzungsrechts bezeichnet.[855] Tatsächlich stellt sich die Frage der Sinnhaftigkeit einer Rechtsform, welche mit einer bereits bestehenden nahezu identisch ist und überdies miteinander kollidierende Fristen produziert.[856] Auf der anderen Seite bestimmen die speziellen Regelungen, dass die Pacht nur in bestimmten Situationen zulässig ist und schränkt das Rechtssubjekt dieses Rechts ein. Die Rolle der Pacht wird so auf die einer ergänzenden Erwerbsform des Bodennutzungsrechts durch Überlassung reduziert.

c) Verlust des überlassenen Bodennutzungsrechts

Das Bodennutzungsrecht wird gem. § 39 BodNutzÜÜVO durch den Ablauf der im Überlassungsvertrag bestimmten Nutzungsdauer, durch vorzeitige Rücknahme gem. § 42 BodNutzÜÜVO oder durch den Untergang des Landes beendet. Hier soll auf die Fälle der vorzeitigen Rücknahme und des Ablaufs der Nutzungsdauer eingegangen werden.

Grundsätzlich besteht nach § 42 BodNutzÜÜVO und § 19 StImmVerwG während der Dauer des Bodennutzungsrechts die einfachrechtliche Garantie, dass das Nutzungsrecht nicht vor Ablauf der Nutzungsfrist durch den Staat entzogen werden kann. Dieser Schutz vor staatlichen Eingriffen wird jedoch durch Ausnahmen wieder eingeschränkt. Enteignungen unter *besonderen Umständen* und *nach Bedarf des öffentlichen Interesses* bleiben möglich, wobei allerdings gem. § 19 StImmG eine der Dauer der tatsächlichen Bodennutzung und den tatsächlichen Umständen der Bodenerschließung durch den Bodennutzer entsprechende Entschädigung geleistet wird. Während *besondere Umstände* eine Enteignung nur in den Fällen ermöglichen sollen, welche bei Abschluss eines Überlassungsvertrages nicht vorhersehbar waren[857], fehlt eine Definition des *öffentlichen Interesses*, was zu rechtlicher Unsicherheit führt.[858] Für die Enteignung ist dann gem. § 19 StImmVerwG und § 42 BodNutzÜÜVO ein rechtliches Verfahren erforderlich, wobei gem. § 58 BVG die Enteignung von derselben Volksregie-

---

[855] Zhen (2004), S. 119; Thümmel (1995), S. 148

[856] Während nach § 214 VertrG Pachtfristen max. 20 Jahre betragen, bestimmen die Pachtregelungen, dass diese die Höchstdauer durch Überlassung erworbenen Bodens nicht überschreiten darf; dieses sind je nach Nutzungszweck 40 – 70 Jahre

[857] Fang Weilian (1994), Kommentar z. StImmVerwG, S.69

[858] Konkretisierung lediglich in § 37 der *Maßnahmen der Überlassung und Übertragung des Bodennutzungsrechts im Erschließungsgebiet für Wirtschaft und Technologie von Kanton*, verkündet von der Volksregierung der Stadt Kanton am 25.8.1992; vgl. Zhen (2004), S. 160

rung genehmigt werden soll, welche auch das Bodennutzungsrecht genehmigt hat.[859]
Ein weiterer Grund für Enteignung vor Ende der Bodennutzungsfrist ist mit § 58 Nr. 2 BVG gegeben, der eine Enteignung vorsieht, wenn der Boden für den Umbau alter Stadtgebiete zur Durchführung der Stadtplanung benötigt wird. Dieser Entscheidung muss gem. § 34 StPlanG von den betroffenen Einzelpersonen und Einheiten nachgekommen werden. Auch für diesen Fall ist eine Entschädigung vorgesehen.
Der Verlust des Bodennutzungsrechts kann auch eine staatliche Sanktion sein. So kann es gem. § 17 II BodNutzÜÜVO und § 25 StImmVerwG zum Zwangsentzug kommen, wenn der Bodennutzer den Boden nicht gemäß dem Überlassungsvertrag erschließt und nutzt.

Ursache für den rechtmäßigen Verlust von Bodennutzungsrechten kann gem. § 39 BodNutzÜÜVO auch der schlichte Ablauf der im Überlassungsvertrag bestimmten Bodennutzungsdauer sein. Die Bestimmung des § 41 BodNutzÜÜVO regelt für diesen Fall die Möglichkeit der Verlängerung, wenn ein entsprechendes *Bedürfnis*[860] besteht. Bei Verlängerung ist erneut ein Vertrag abzuschließen und nochmals eine Überlassungsgebühr zu zahlen. Der Begriff des Bedürfnisses ist dabei nicht näher spezifiziert, so dass eine gesicherte Verlängerung der Nutzungsrechte nicht gewährleistet scheint. Die Bestimmung des § 21 StImmVerwG regelt ergänzend, aber ebenfalls ohne Konkretisierung des auch hier verwendeten Begriffs, dass der Bodennutzer bei Bedarf an der weiteren Nutzung des Bodens einen entsprechenden Antrag zu stellen hat, der unter Genehmigungsvorbehalt steht. Voraussetzung für die Genehmigung ist einmal die fristgemäße Antragstellung spätestens ein Jahr vor Ablauf der Frist. Weiterhin darf kein Allgemeininteresse an der Rücknahme des Grundstückes bestehen.
Der Ablauf der vertraglich vereinbarten Bodennutzungsdauer als Ursache für den grundsätzlich rechtmäßigen Verlust von Bodennutzungsrechten birgt wegen der im Zuge der Bodenreformen vorgenommenen gesetzlichen Verknüpfung von Bodennutzungsrechten mit den darauf befindlichen Gebäuden im Falle der Übertragung (§§ 23, 24 BodNutzÜÜVO) eine besondere Problematik in sich, auf die später noch eingegangen wird.
Für die Fälle der vorzeitigen Rücknahme und der stadtplanungsbedingten Enteignung werden Entschädigungen gewährt, wobei gem. § 19 StImmG die tatsächlichen Umstände der Bodenerschließung zu berücksichtigen sind. Nach der Bestimmung des § 58 II BVG ist in dem Fall, dass der Gebrauch und damit die staatliche Rücknahme des Bodens für im Allgemeininteresse liegende Zwecke erforderlich ist[861], dem Bodennutzer ein angemessener Ausgleich zu gewähren. Damit kann § 58 II BVG möglicherweise ebenfalls als Anspruchsgrundlage ei-

[859] Eine Ausnahme statuiert § 42 II BodNR-Maßn.Shanghai, die die Zuständigkeit dem zuständigen Bodenverwaltungsamt überträgt
[860] Chin.: xuyao - 需要
[861] § 58 Nr. 2 BVG; vgl. § 21 StImmVerwG

ner Entschädigungszahlung für bestehendes Hauseigentum im Falle einer Rücknahme des Bodens im Allgemeininteresse gem. § 21 StImmVerwG herangezogen werden.
Für den Fall des Ablaufs der Dauer des Gebrauchsrechts fehlt jedoch eine entsprechende Regelung. Nach § 40 BodNutzÜÜVO erlangt der Staat mit Ablauf der Dauer des Bodennutzungsrechts *unentgeltlich* das Bodennutzungsrecht *sowie* das Eigentum an den dortigen Gebäuden und sonstigen Bestandteilen.[862] Damit wirkt sich die Befristung des Bodennutzungsrechts zu Lasten des eigentlich unbefristeten Gebäudeeigentums aus. Obwohl die Gebäude tatsächlich nicht vom Boden ihres Fundaments zu trennen sind, handelt es sich nach dem chinesischen Recht um unterschiedliche Rechtsobjekte.[863] Während sich der städtische Boden nach der Verfassung und einfacher Gesetzgebung in staatlichem Eigentum befindet, gewähren Art. 13 Verf. und die §§ 75 und 77 AGZ das bürgerliche Privateigentum an Häusern, welche den legalen Vermögensgütern zugerechnet werden. Im Laufe der Bodenreformen wurden Gebäudeeigentum und überlassene Bodennutzungsrechte jedoch einfachgesetzlich so miteinander verknüpft (§§ 23 und 24 BodNutzÜÜVO), dass die Übertragung des einen Rechts automatisch die des anderen nach sich zieht und zu einer Akzessorietät beider Rechte führt.[864] Durch diese Verknüpfung mit der Dauer des *überlassenen Bodennutzungsrechts*, welches immer ein zeitlich befristetes ist, wandelt sich das grundsätzlich zeitlich unbefristete Gebäudeeigentum in ein zeitlich begrenztes Eigentumsrecht und wird auf diese Weise untergraben. Die Bestimmung des § 40 BodNutzÜÜVO kommt de facto einer Legalisierung der entschädigungslosen staatlichen Wegnahme von Hauseigentum gleich und stellt damit einen Eingriff in das verfassungsrechtlich (Art. 13) und einfachgesetzlich (§§ 75 und 77 AGZ) garantierte Eigentumsrecht an Häusern dar.

Auf die rechtliche Entwicklung und besondere Problematik des Hauseigentums in Zusammenhang mit *überlassenen Bodennutzungsrechten* geht das nachfolgende Kapitel zu den Besonderheiten des Bodens unter städtischen Privathäusern ein.

---

[862] Wörtl. Übersetzung § 40, Satz 1 BodNutzÜÜVO: Mit Ablauf der Dauer des Bodennutzungsrechts erlangt der Staat unentgeltlich das Bodennutzungsrecht und das Eigentum an Gebäuden auf dem Land und sonstigen Bestandteilen.
[863] Vgl. a. He Zhi (2004), S. 185 f.
[864] Vgl. § 1153 II BGB

d) Besonderheiten beim Boden unter städtischen Privathäusern

Das Privateigentum an Boden wurde bereits in den 50er Jahren abgeschafft[865] und ist auch nach der jetzigen Verfassung nicht vorgesehen. Juristische und natürliche Personen sowie andere Institutionen können lediglich das Nutzungsrecht am Boden erwerben, der sich in Staats- oder in Kollektiveigentum befindet. Allerdings können sie Eigentümer von Gebäuden sein oder werden. Damit ergibt sich eine rechtliche Situation, bei der der Eigentümer des Grundstücks und der Eigentümer der darauf stehenden Gebäude voneinander verschieden sind. Fraglich ist, wie der Boden unter den nach Art. 13 Verf. geschützten Häusern in Privateigentum rechtlich zu qualifizieren ist und welche Folgen dies für das Eigentum an städtischen Privathäusern hat. Die immer noch gültigen Verwaltungsvorschriften für städtische Privathäuser (StPrHäuser-VV) vom 17.12.1983 treffen hierfür keine Regelung. Der Boden unter den städtischen Privathäusern findet keine Erwähnung.
He Zhi, Richter am Volksgerichtshof Nanyang[866] und mit der Praxis chinesischer Rechtsprechung vertraut, trennt bei dieser Frage deutlich zwischen dem Boden unter städtischen Häusern in Privateigentum[867], an welchen bereits vor Einführung überlassener Bodennutzungsrechte[868]Eigentum bestand und städtischen Grundstücken, deren Nutzungsrechte in Form der Überlassung erworben und die danach mit privaten Häusern bebaut wurden. Auf dieser Unterscheidung beruht ein zweigleisiges System, welches zu unterschiedlichen Fristen für die Nutzungsrechte des Bodens unter den Häusern in Privateigentum führt.[869]
Entscheidend ist somit, ob die Gebäude in Privateigentum auf Grundstücken mit überlassenen Nutzungsrechten errichtet werden oder ob sie sich bereits vor der Einführung überlassener Bodennutzungsrechte in Privateigentum befanden.

aa) Erwerb von Privathäusern vor der Einführung überlassener Bodennutzungsrechte[870]

§ 80 I der AGZ v. 12.04.86 erkannte erstmals ein Nutzungsrecht an staatlichem Boden an, dies aber nur als Recht von Kollektiven und nicht von Einzelpersonen.[871] In der ersten revidierten Fassung[872] des BVG von 1988 wurde dann in § 7 ein Bodennutzungsrecht von Privatleuten anerkannt. Die BodNutzÜÜVO aus

---

865 Die Enteignung des überwiegenden Teils städtischen Landes erfolgte in mehreren Wellen mit Höhepunkten in den Jahren 1951, 1953 und 1956. Die vollständige de-facto-Beseitigung von privatem Land war wohl 1958 abgeschlossen. Zur Problematik der genauen Datierung s. Thümmel (1995), S. 45 m. weit. Nenn.
866 Mittlerer Volksgerichtshof in der Provinz Henan
867 Dörfliche Privathäuser werden rechtlich gleich behandelt, He Zhi (2004), S. 185
868 Wesiack (2005) datiert die Einführung überlassener Nutzungsrechte in das Jahr 1987, S. 192
869 He Zhi (2004), S. 185
870 Zu datieren für 1987; s. Randolph/Lou (2000), S. 116 einschl. Fn. 120
871 Münzel, Anm. 1 zu CR VI.6, 19.5.90/1
872 Verabschiedet am 29.12.88

dem Jahre 1990 trifft genauere Regelungen für den *Boden unter bereits in Privatbesitz befindlichen Häusern*. Der Boden unter den im Eigentum natürlicher und juristischer Personen stehenden Privathäusern wird als *zugeteiltes Bodennutzungsrecht* gem. §§ 43 ff. BodNutzÜÜVO qualifiziert.[873] Grundlage dafür bietet § 43 I BodNutzÜÜVO, welcher zugeteiltes Bodennutzungsrecht als solches definiert, das der Bodennutzer in irgendeiner Form legal unentgeltlich[874] erlangt hat.
Problematisch ist hier jedoch die für den auf diese Weise zugeteilten Boden gem. § 48 BodNutzÜÜVO statuierte Vererblichkeit. Diese wird nach dem Gesetzeswortlaut für gemäß der BodNutzÜÜVO erlangte Bodennutzungsrechte gewährt, aber die eigentliche Erlangung der Rechte an dem ihren Häusern zugehörigen Boden durch die jetzigen Hauseigentümer liegt noch vor Erlass dieser Verordnung. Eine Vererblichkeit wäre jedoch rechtlich daraus zu konstruieren, dass man den Begriff der *Erlangung* i.S.v. *im Einklang mit diesem Gesetz erlangt* auslegt. Dann wären alle Bodennutzungsrechte als vererblich anzusehen, die nach der BodNutzÜÜVO Bestand hätten und somit auch die nachträglich als zugeteilt qualifizierten Bodennutzungsrechte am Boden unter städtischen Privathäusern.[875] Da beim Erwerb durch *Zuteilung* das Bodennutzungsrecht in der Regel unbefristet übertragen wird, wäre auf diese Weise neben dem unbefristeten Hauseigentum auch die Vererblichkeit der Gebäude in Einheit mit dem Boden i.S.v. Art. 13 II der Verfassung und § 1 i.V.m. § 3 Nr. 2 ErbG gewährleistet.
He Zhi argumentiert anders, kommt aber zu demselben Ergebnis. Er verweist darauf, dass es keine gesetzliche Regelung gebe, welche das Nutzungsrecht am Boden unter solchen städtischen Privathäusern einschränkt.[876] Die Eigentümer dieser Privathäuser haben folglich ein Bodennutzungsrecht mit Ewigkeitscharakter, in welches die Erben unbefristet eintreten und das auch nicht mit Zerstörung des Gebäudes beendet wird. Damit entspricht das Nutzungsrecht am Boden unter städtischen Privathäusern, wenn dieses nicht im Wege der Überlassung erlangt und das Eigentum an den darauf befindlichen Gebäuden bereits vor Einführung der überlassenen Bodennutzungsrechte erworben wurde, einem staatlich zugeteilten Bodennutzungsrecht.
Für den Fall des Transfers müssten damit eigentlich die §§ 44 und 45 BodNutzÜÜVO gelten, die eine Übertragung, Vermietung, Verpachtung oder Verpfändung *zugeteilter* Bodennutzungsrechte nur nach deren Konvertierung in überlassene Nutzungsrechte gem. § 45 BodNutzÜÜVO zulassen. Nach der Konvertierung gelten die §§ 23 und 24 BodNutzÜÜVO, die eine getrennte Verfügung über Bodennutzungsrecht und dem darauf befindlichen Gebäude vorsehen. He

---

873 Münzel, Anm. 1 zu CR VI.6, 19.5.90/1
874 Die *unentgeltliche Zuteilung* von Bodennutzungrechten steht der *entgeltlichen Überlassung* gegenüber; vgl. Übersicht zu Zuteilung, Überlassung und Transfer von städtischen Bodennutzungsrechten unter B IV h)
875 S. Münzel CR VI.6, 1.5.90/1; Anm. 1
876 He Zhi (2004), S. 185

Zhi verweist allerdings darauf, dass der Boden[877] unter städtischen Häusern, an welchem bereits vor Einführung überlassener Bodennutzungsrechte Eigentum bestand, nicht von dem darauf stehenden Gebäude getrennt transferiert werden kann, sondern gemeinsam mit dem Gebäude übergeht[878]. Die §§ 23 und 24 BodNutzÜÜVO, nach denen eine getrennte Verfügung über Gebäude und das dazugehörige Bodennutzungsrecht möglich ist, sind für ihn auf solche Privathäuser nicht anwendbar. Dies bedeutet, dass *private Gebäude und der dazugehörige Boden nicht als unterschiedliche Rechtsobjekte, sondern als rechtliche Einheit behandelt werden.*

Diese Argumentation überzeugt aus verschiedenen Gründen wenig. He Zhi zieht für seine Behauptung der Unanwendbarkeit der §§ 23 und 24 BodNutzÜÜVO keine rechtliche Norm heran, die dieses untersagt. Somit fehlt diesem Argument die gesetzliche Grundlage. Weiterhin entspricht dies nicht der Gesetzessystematik, welche eine Transferierbarkeit zugeteilter unbefristeter Bodennutzungsrechte nach deren Konvertierung in überlassene befristete Nutzungsrechte ausdrücklich vorsieht. Außerdem entspricht eine Konvertierung bestehender unbefristeter Bodennutzungsrechte der Gesamtzielsetzung einer Bodenpolitik, welche privates Eigentum am Boden komplett ausschließt und damit auch nicht am Weiterbestand eigentumsähnlicher Rechte interessiert sein kann.

Deshalb ist Münzel zuzustimmen, der seine Argumentation aus dem Charakter solcher Bodennutzungsrechte als zugeteilter Nutzungsrechte stringent innerhalb der gesetzlichen Systematik weiterentwickelt.[879] Für den Fall des Transfers der auf diese Weise nachträglich als *zugeteilt* qualifizierten Bodennutzungsrechte gelten nach Münzel die § 44 und § 45 BodNutzÜÜVO. Nach § 44 BodNutzÜÜVO können zugeteilte Bodennutzungsrechte nur nach Konvertierung gem. § 45 BodNutzÜÜVO übertragen, vermietet, verpachtet und verpfändet werden. Dies setzt u.a. gem. § 45, Ziffer 4 BodNutzÜÜVO einen Vertrag über die *Überlassung* des Bodennutzungsrechts und die Zahlung einer Gebühr für die Überlassung des Bodennutzungsrechts voraus. Das *zugeteilte* Bodennutzungsrecht wird damit in ein *überlassenes* gewandelt. Unverändert kann weder das zugeteilte Bodennutzungsrecht noch das Eigentum an Gebäuden auf dem Land (§ 45 BodNutzÜÜVO) übertragen (d.h. verkauft, getauscht, verschenkt), verpachtet oder belastet[880] werden. Somit ist der wirtschaftliche Transfer solcher Privathäuser mit dem rechtlichen Nachteil verbunden, dass dadurch das unbefristete zu einem befristeten Eigentum an den Gebäuden gewandelt wird.

---

[877] He Zhi (2004), S. 184 spricht nicht von *Bodennutzungsrechten*, sondern von *Gebäudegrund* bzw. *–basis* (chin.: zhai jidi - 宅基地)

[878] He Zhi (2004), S. 184; damit sind die §§ 23 und 24 BodNutzÜÜVO, nach denen eine getrennte Verfügung über Gebäude und Nutzungsrecht möglich ist, für solche Privathäuser nicht anwendbar

[879] S. Münzel CR VI.6, 1.5.90/1; Anm. 1

[880] Chin.: diya – 抵押

bb) Erwerb von Privathäusern auf Boden mit überlassenen Nutzungsrechten

Aus den gesetzlichen Regelungen zum Transfer von Bodennutzungsrechten und Erwerb von Hauseigentum ergibt sich, dass für die Zukunft eine Identität von Bodennutzungsrechts-Inhaber und Eigentümer der dort befindlichen Gebäude gewollt ist.[881] Nach § 23 BodNutzÜÜVO geht das Eigentum an den auf Grundstücken mit überlassenen Nutzungsrechten befindlichen Gebäuden bei der Übertragung des Bodennutzungsrechts mit über. Umgekehrt wird gem. § 24 BodNutzÜÜVO bei Erwerb von Gebäuden das Bodennutzungsrecht an dem dazugehörigen Grundstück erworben. Das gleiche Prinzip wird in der Bestimmung des § 31 StImmVerwG ausgedrückt. Dies führt langfristig dazu, dass sich Hauseigentum und Bodennutzungsrecht in einer Hand befinden.[882] Neben dem Prinzip der Subjekts-Identität von Gebäudeeigentümer und Bodennutzungsrechtsinhaber herrscht damit das Prinzip der einheitlichen Verfügung über Gebäudeeigentum und Bodennutzungsrecht.[883] Fraglich ist, wie sich bei der Übertragung *überlassener* Bodennutzungsrechte das Problem der Befristung der Nutzungsrechte auf das auf dem Grundstück befindliche, gesetzlich nicht befristete Gebäudeeigentum auswirkt. Nach dem Gesetz erlangt der Staat mit Ablauf der Dauer des Bodennutzungsrechts *unentgeltlich* das Nutzungsrecht am Boden *und* das Eigentum an den dortigen Gebäuden und sonstigen Bestandteilen (§ 40 BodNutzÜÜVO).[884] Damit wirkt sich die gesetzlich konstruierte Verknüpfung von Gebäudeeigentum und überlassenen Bodennutzungsrechten zu Lasten der Gebäudeeigentümer aus, deren verfassungsrechtlich geschütztes Eigentumsrecht auf diese Weise eine Befristung erfährt. Den Gebäudeeigentümern droht damit nach Ablauf der Bodennutzungsfrist eine entschädigungslose Wegnahme ihres Gebäudeeigentums. In diesem Fall handelt es sich bei dem Gebäudeeigentum auf städtischem Boden tatsächlich um ein zeitlich begrenztes Recht, das dem ebenfalls zeitlich befristeten deutschen Erbbaurecht[885] näher steht als dem umfassenden, ewigen und absoluten Eigentumsbegriff des BGB.[886]

---

[881] Dies ergibt sich tatsächlich bereits aus § 3 der *Vorläufigen Verwaltungsregeln für ein Register städtischen Gebäudeeigentums* und § 6 der *Verwaltungsregeln für die Registrierung städtischen Gebäudeeigentums*; z. Prinzip der Subjekts-Identität (主体 一致 原则) von Gebäudeeigentümer und Inhaber des Bodennutzungsrechts s.a. He Zhi (2004), S. 184

[882] § 25 II BodNutzÜÜVO sieht allerdings auch eine partielle Veräußerung des Bodennutzungsrechts und des Eigentums an einem Teil der dort stehenden Gebäude vor, was allerdings der behördlichen Genehmigung bedarf.

[883] Vgl. He Zhi (2004), S. 184

[884] Offen bleibt, ob der Bodennutzer vor Ablauf des Bodennutzungsrechts das Gebäude oder Teile davon abtragen darf; weiterhin ist fraglich, wer für einen möglichen Abriß des Gebäudes nach Ablauf der Bodennutzungsfrist aufzukommen hat; s. Wesiack (2005), S. 183

[885] Vgl. a. Harder (1998), Rn. 3 mit Hinweisen auf verschiedene Formen der *städtischen Bodenleihe* in Europa seit dem Mittelalter, die ein vom Grundeigentum getrenntes Eigentum an Bauwerken ermöglichten, und auf die auch das Erbbaurecht zurückgeht. Weiterhin verweist Harder auf das *gespaltene Feudaleigentum* mit der Abspaltung der Nutzungsbefugnis vom Eigentum an Grund und Boden.

[886] Knieper (1996), S. 213 u. 221; hier bezogen auf den Boden und über § 94 BGB auch auf Gebäude als mit dem Boden fest verbundene Sachen.

Wesentliche Unterschiede liegen jedoch darin, dass es sich beim Erbbaurecht um ein grundstücksgleiches Recht handelt, wobei das auf dem Grundstück errichtete Gebäude wesentlicher Bestandteil des Erbbaurechts und nicht des Grundstücks ist.[887] Weiterhin erlischt das Erbbaurecht in der Regel zwar nach Zeitablauf und das Eigentum am Gebäude geht in der Folge auf den Grundstückseigentümer über[888]; dieser hat jedoch dem Erbbauberechtigten für das Gebäude eine Entschädigung nach dem Verkehrswert zu zahlen[889], sofern nichts Abweichendes vereinbart wurde. Das deutsche Erbbaurecht sieht also bei Übergang des Gebäudes an den Bodeneigentümer eine entsprechende Entschädigung vor.

§ 40 BodNutzÜÜVO stellt folglich einen Eingriff in das nach Art. 13 der Verf. geschützte Recht der Bürger auf Privateigentum dar, wozu auch Häuser zu rechnen sind. Ein Schutz, der auch einfachgesetzlich in den §§ 75 und 77 AGZ garantiert ist.[890] Gleichzeitig verletzt § 40 BodNutzÜÜVO das Recht der Bürger auf Erbschaft von Privatvermögen.[891] Art. 13 II der Verfassung und § 1 i.V.m. § 3 Nr. 2 ErbG gewähren das Erbrecht am legalen Vermögen Einzelner, wozu auch Häuser bzw. Gebäude gezählt werden.[892] Häuser gehen im Erbfall in das Privatvermögen der Erben über, womit sie Teil von deren legalen Privateigentum werden, das nach Art. 13 I Verf. unverletzlich ist. Eine zeitliche Befristung des (ererbten) legalen Privateigentums ist weder verfassungsrechtlich noch einfachgesetzlich vorgesehen.

Das später erlassene StImmVerwG sieht in § 21 einen Ausweg aus der widersprüchlichen Gesetzeslage vor, welcher das rechtliche Problem einer entschädigungslosen Wegnahme privater Gebäude nach Fristende des Nutzungsrechts für den darunter befindlichen Boden bei gleichzeitig gewährtem Eigentumsschutz an privaten Gebäuden nicht beseitigt, aber das Risiko für Gebäudeeigentümer minimiert. Die Regelung des § 21 StImmVerwG bestimmt, dass spätestens ein Jahr vor Ablauf der Nutzungsdauer deren Verlängerung beantragt werden kann. Diese *muss* genehmigt werden, wenn nicht das *Allgemeininteresse* die Rücknahme des Grundstücks erfordert. Allerdings ist bei genehmigter Verlängerung eine Überlassungsgebühr für das Bodennutzungsrecht zu zahlen. Falls ein rechtzeitig gestellter Antrag auf Fristverlängerung unterbleibt[893], so verliert der Bodennutzer das Bodennutzungsrecht mit dem dazugehörigen Gebäudeeigentum.

---

[887] § 11 I 1 ErbbauVO; Baur/Stürner (1999), § 29 C I, Rn. 29

[888] § 12 III ErbbauVO, Baur/Stürner (1999), § 29 C I, Rn. 31

[889] Baur/Stürner (1999), § 29 C I, Rn. 31; Eckert (2002), Rn. 970

[890] § 75 AGZ: Vermögensgut von Bürgern umfasst legales Einkommen, Häuser ... Legales Vermögensgut der Bürger erhält den Schutz des Gesetzes, es ist jeder Organisation und jedem Einzelnen verboten, es mit Beschlag zu belegen, es in einem Aufruhr wegzunehmen, es zu beschädigen oder es rechtswidrig zu versiegeln, zu pfänden, einzufrieren oder zu konfiszieren; § 77 AGZ: Legales Vermögensgut gesellschaftlicher Körperschaften einschließlich religiöser Körperschaften erhält den Schutz des Gesetzes. (Zit. n. Münzel, CR III.7, 12.4.86/1)

[891] Vgl. hierzu Pieroth/Schlink (2005), Rn. 919, welche auf den engen Zusammenhang zwischen Eigentums- und Erbrecht verweisen

[892] Vgl. § 3 Nr. 2 ErbG:

[893] § 21 II StImmVerwG, § 58 Nr. 3 BVG

Eine Möglichkeit der Entschädigung für vom Staat unentgeltlich erlangtes Hauseigentum könnte § 68 II SachRE05 bieten, der vorsieht, dass bei Abriss und Entzug unbeweglicher Sachen von Privatpersonen nach den staatlichen Bestimmungen ein Ausgleich gewährt werden muss. Fehlen solche Bestimmungen, so muss ein vernünftiger Ausgleich gewährt werden. Fraglich ist allerdings, ob der Fall des § 40 BodNutzÜÜVO als Entzug zu werten ist, da das Eigentum an den Gebäuden nach dieser Regelung von vornherein mit dem überlassenen Bodennutzungsrecht verknüpft und damit befristet ist. Weiterhin wird gem. § 40 BodNutzÜÜVO ausdrücklich eine Entschädigung ausgeschlossen.[894]

e) Transfer des Bodennutzungsrechts (Sekundärmarkt)

Nach § 4 BodNutzÜÜVO kann der Bodennutzer, der nach der BodNutzÜÜVO ein Bodennutzungsrecht erlangt hat, dieses Recht während der Gebrauchsfrist übertragen, vermieten oder verpachten, belasten und für andere wirtschaftliche Tätigkeiten verwenden. Diese Möglichkeiten werden anders als bei zugeteilten Bodennutzungsrechten für überlassene Bodennutzungsrechte nicht eingeschränkt und bilden die „zweite Stufe des Marktes für Bodennutzungsrechte“[895] oder auch den sog. Sekundärmarkt. Dies deutet auf eine Verfügungsbefugnis des Nutzungsberechtigten, die an die befristete und entgeltliche *Überlassung* der Bodennutzungsrechts geknüpft ist. Zu beachten sind jedoch bestimmte Regelungen der BodNutzÜÜVO, welche Spekulationen mit den Nutzungsrechten verhindern sollen.[896] Außerdem ist sie nur auf die vom staatlichen Eigentum durch Überlassung abgespaltenen Bodennutzungsrechte und keineswegs auf das Eigentum am Boden selbst bezogen. Für die durch *Zuteilung* vom staatlichen Eigentum abgespaltenen Bodennutzungsrechte sind die besonderen Beschränkungen gem. §§ 43 ff. BodNutzÜÜVO zu beachten.[897] Weiterhin unterliegen die Übertragung, Vermietung und Verpachtung sowie die Belastung des staatlich überlassenen Bodennutzungsrechts genauen gesetzlichen Regelungen, welche sich ebenfalls in den BodNutzÜÜVO finden.

---

[894] Wörtl. Formulierung: *vom Staat unentgeltlich erlangt*, chin.: you guojia wuchang qude – 由国家无偿 取得

[895] Chin.: tudi shiyongquan erji shichang – 土地使用权 二级市场

[896] So §§ 19 II, 26 I und 38 BodNutzÜÜVO; Gewinne aus dem Bodennutzungsrecht werden in der Regel durch die Errichtung und den Verkauf der darauf errichteten Immobilien erzielt. In der Praxis handelt es sich bei den Grundstücken, deren Nutzungsrechte durch Überlassung erworben wurden, um Boden in neuen Erschließungsgebieten der Städte und in sanierungsbedürftigen Altstadtgebieten, was zu Spekulationen führt; vgl. Zhen (2004), S. 125 ff.

[897] Vgl. obige Ausf. zu Einschränkungen f. zugeteilte Bodennutzungsrechte ebenfalls nach der BodNutzÜÜVO

aa) Übertragung des Bodennutzungsrechts

Die Übertragung überlassener Bodennutzungsrechte wird in den §§ 19 ff. BodNutzÜÜVO geregelt, welche auch eine Definition des Begriffs der Übertragung enthält. Diese schließt Verkauf, Tausch und Schenkung des Bodennutzungsrechts durch den Bodennutzer ein, ist aber abzugrenzen von der Überlassung von Bodennutzungsrechten durch den Staat als Grundeigentümer. Eine wesentliche gesetzliche Einschränkungen der Übertragung ergibt sich aus dem Nutzungszweck des Bodens und bedeutet eine Einschränkung des Marktes für Bodennutzungsrechte.

Rechtliche Grundlage der Weiterübertragung ist ein Übertragungsvertrag. Wenn auch die Überlassung des Bodennutzungsrechts durch den Staat durch seine Sonderstellung als Grundeigentümer verwaltungsrechtliche Elemente enthält, so ist die Übertragung als rein ziviles Rechtsgeschäft zwischen dem Veräußerer und dem Erwerber des Nutzungsrechts anzusehen, wobei die Parteien auf gleicher Ebene handeln.[898] Da die Übertragung auf der Überlassung beruht, ist der Vertragsinhalt der Übertragung vom Überlassungsvertrag abhängig. Die Rechte und Pflichten des Überlassungsnutzers müssen vom Übertragungsnutzer übernommen werden. So darf die vereinbarte Nutzungsdauer nicht die dem ursprünglichen Bodennutzer bei der Überlassung gewährte Nutzungsdauer überschreiten (§ 22 BodNutzÜÜVO). Gleichzeitig entstehen zwischen dem Veräußerer des Bodennutzungsrechts und dessen Erwerber eigene Rechte und Pflichten.

Bei der Übertragung des Bodennutzungsrechts wird gem. § 23 BodNutzÜÜVO das Eigentum an Gebäuden und anderen Bestandteilen auf dem genutzten Land mit übertragen[899]. Die Regelung des § 24 BodNutzÜÜVO bestimmt parallel dazu, dass bei der Übertragung des Eigentums an Gebäuden, im Bereich von deren Gebrauch auch das Bodennutzungsrecht mit übergeht. Dies bedeutet eine wechselseitige Verknüpfung von Gebäudeeigentum und Bodennutzungsrecht insoweit, als das Eigentum an Gebäuden bei der Übertragung des Bodennutzungsrechts dem Bodennutzungsrecht folgt und umgekehrt. Das Bodennutzungsrecht und das Eigentum an den darauf befindlichen Gebäuden können nicht getrennt voneinander übertragen, vermietet bzw. verpachtet oder belastet werden. Damit sind die §§ 23, 24 BodNutzÜÜVO faktisch der Versuch, eine getrennte Übertragung des Bodennutzungsrechts am Grundstück und des Eigentums an den auf dem Grundstück befindlichen Gebäude gesetzlich zu verhindern. Dies erinnert an den Grundgedanken der §§ 93, 94 BGB im deutschen Recht, wonach Gebäude als wesentliche Bestandteile von Grundstücken nicht Gegenstand besonderer Rechte sein können.

Hier ist jedoch zu beachten, dass die rechtliche Einheit von Bodennutzungsrecht und den darauf stehenden Gebäuden nur in Bezug auf das ausgeübte Boden*nutzungsrecht* besteht. Beim Boden*eigentum* ist eine Trennung möglich. Das Eigen-

---

[898] S. Zhen (2004), S. 121

[899] § 23 BodNutzÜÜVO: Bei der Übertragung des Bodennutzungsrechts wird das Eigentum an Gebäuden auf dem Land und anderen Bestandteilen mit übertragen.

tum am Boden und das Eigentum an den Gebäuden darauf kann auseinander fallen[900] und die Gebäude können Gegenstand besonderer Rechte sein. Diese unterschiedliche Handhabung liegt darin begründet, dass das chinesische Recht nach obigen Ausführungen kein Privateigentum am Boden, wohl aber Privateigentum an den darauf gebauten Häusern zulässt (vgl. a. untere Ausführungen zum Gebäudeeigentum). Dies führt notwendig zu einer rechtlichen Trennung von Boden und den darauf befindlichen Gebäuden.
Die Bestimmung des § 25 BodNutzÜÜVO schreibt weiterhin die Registrierung der Übertragung von Bodennutzungsrechten und des Eigentums an Gebäuden auf dem genutzten Land vor und ist damit Ausdruck des im Immobiliarrecht angewandten Publizitätsgrundsatzes.[901]

bb) Verpachtung des Bodennutzungsrechts

Die Miete bzw. Pacht wird außer in den AGZ und im Vertragsgesetz[902] noch speziell in der BodNutzÜÜVO geregelt. Dabei differenziert das chinesische Zivilrecht anders als das deutsche Recht nicht zwischen Miete und Pacht, welche gem. § 581 BGB dem Pächter nicht nur den Gebrauch des gepachteten Gegenstandes, sondern auch den Genuss der bei ordnungsgemäßer Wirtschaft anfallenden Früchte gewährt. Der chinesische Begriff „zulin" beinhaltet sowohl Miete als auch Pacht[903]. Der allgemeine Miet- bzw. Pachtvertrag wird gem. § 212 VertragsG als Vertrag definiert, bei dem der Vermieter die Mietsache dem Mieter zum Gebrauch und Erzielung von Nutzungen übergibt und dafür vom Mieter/Pächter Miet- bzw. Pachtzins erhält. Nach § 225 VertragsG gehören Nutzungen aus Besitz und Gebrauch der Miet/Pachtsachen während der Vertragsdauer dem Mieter/Pächter, soweit nichts anderes vereinbart wurde. Diese Bestimmung entspricht dem Genuss der Früchte im deutschen Pachtrecht (vgl. § 581 BGB).
Als *Verpachtung des Bodennutzungsrechts* werden gem. § 28 BodNutzÜÜVO solche Handlungen bezeichnet, mit denen der Bodennutzer als Verpächter das Land zusammen mit den Gebäuden auf dem Land und anderen Bestandteilen dem Pächter zum Gebrauch verpachtet, während der Pächter dem Verpächter Pacht zahlt. Nach § 31 BodNutzÜÜVO gilt bei der Verpachtung wie bei der Veräußerung, dass die auf dem verpachteten Grundstück befindlichen Gebäude zusammen mit dem Bodennutzungsrecht verpachtet werden. Dies gilt auch umgekehrt bei der Miete eines Gebäudes, welche sich dann ebenfalls auf das Bo-

---

[900] Vgl. Ausführungen zu Besonderheiten bei Boden unter städtischen Privathäusern

[901] Die Eintragung des Bodennutzungsrechts (gem. § 11 III BVG die Volksregierung der jeweiligen Verwaltungsebene) und die Eintragung des Eigentums an den darauf befindlichen Gebäuden (gem. § 60 StImmG bei der Gebäudeverwaltungsabt. der jeweiligen Regierung) sind allerdings nicht miteinander verknüpft, was sich bereits aus den unterschiedlichen Zuständigkeiten ergibt; vgl. Drewes/Zhen (2002), S. 71

[902] Im folg. **VertragsG**; erlassen am 15.03.1999 vom NVK

[903] §§ 212 ff. VertragsG; s.a. Münzel CR 2000.1, 15.3.1999/1, Anm. 21; vgl. a. obige Ausf. z. chin. Begrifflichkeit; im folg. wird verpachten verwendet; s. hierzu auch Zhen (2004), S. 128 f.

dennutzungsrecht bezieht. Auch beim Pachtrecht wird damit der Grundsatz vom Bodennutzungs- und Gebäuderecht in einer Hand verfolgt.

Grundlage für die Verpachtung ist ein Pachtvertrag (§ 29 BodNutzÜÜVO). Das Pachtverhältnis wird zwischen dem Bodennutzungsberechtigten und dem Pächter begründet.[904] Der ursprüngliche Bodennutzer verliert dabei nicht sein Bodennutzungsrecht. Auch nach Verpachtung bleibt der Verpächter Vertragspartner des Bodennutzungs-Überlassungsvertrages und damit dem Staat gegenüber weiterhin daraus verpflichtet (§ 30 BodNutzÜÜVO). Trotz des schuldrechtlichen Charakters der Pacht von Bodennutzungsrechten hat diese in der Bestimmung des § 229 VertragsG durch die Bestimmung „Kauf bricht nicht Miete" eine sachenrechtliche Komponente. Bei Veräußerung des verpachteten Bodennutzungsrechts an einen Dritten tritt der Erwerber mit allen Rechten und Pflichten aus dem Mietverhältnis an die Stelle des bisherigen Vermieters. Ein weiteres sachenrechtliches Merkmal ist § 31 BodNutzÜÜVO mit der Bestimmung, dass der Verpächter eine Registrierung der Verpachtung vornehmen lassen muss, wobei allerdings offen bleibt, ob diese konstitutiven Charakter hat.

cc) Belastung[905] des Bodennutzungsrechts

Die AGZ unterscheiden nicht zwischen dem besitzlosen Pfand an Grundstücken und Gebäuden (Hypothek) und dem mit Besitz verbundenen Pfandrecht an beweglichen Sachen und setzen damit die chinesische rechtliche Tradition fort[906] (§ 89 AGZ). Es ist nur von *Vermögensgütern als Pfand* die Rede und der chinesische Begriff *Pfand* umfasst sowohl das Pfandrecht an beweglichen Sachen als auch die Hypothek. In den AGZ findet das Pfandrecht zur Sicherung einer Verbindlichkeit seine rechtliche Einordnung im 2. Abschnitt unter den Schuldrechten. Nach der chinesischen Rechtslehre wird das Pfandrecht als dingliches Recht an dem verpfändeten Gegenstand mit Wirkung gegenüber jedermann und damit als Sachenrecht bewertet.[907]

Der im Rahmen der Wirtschaftsreformen entwickelte Immobilienmarkt führte dazu, dass das Pfandrecht an unbeweglichen Sachen wie Grundstücken oder Bodennutzungsrechten einen immer wichtigeren Stellenwert erhielt. Dieser Entwicklung trägt das 1995 erlassene Sicherheitengesetz[908] Rechnung. Es unterscheidet in §§ 33, 63 und 75 das besitzlose Pfandrecht an unbeweglichen Sachen (Hypothek)[909], das Pfandrecht an beweglichen Sachen mit Besitzübergang[910] und

---

[904] Ob der Pächter das gepachtete Bodennutzungsrecht weiterverpachten darf, bleibt in der BodNutzÜÜVO ungeregelt; vgl. aber § 224 VertragsG

[905] Chin.: diya – 抵押, wörtl.: *verpfänden, m. einer Hypothek belasten*; Drewes/Zhen (2002), S. 68 übersetzen: *mit Hypothek belasten*; Münzel (CR VI.6, 19.5.90/1) übersetzt mit *verpfänden*

[906] Vgl. obige Ausführungen zum *Dian* unter B III 5. d) aa)

[907] Zhen (2004), S. 133 m. weit. Nenn.

[908] Im folg.: **SicherhG**

[909] Chin,: diya – 抵押

[910] Chin.: dongchan zhiya – 动产质押

das Pfandrecht an Rechten[911]. Dabei ist die Hypothek wie im deutschen Recht ein besitzloses Pfandrecht. Es kann jedoch gem. § 34 SicherhG sowohl an Häusern und Gebrauchsrechten an staatseigenem Land (§ 34 I Nr. 1 u. 3 SicherhG) als auch an beweglichen Sachen wie Maschinen, Werkzeugen und Verkehrs- und Transportmitteln etc. (§ 34 I Nr. 2 SicherhG) bestellt werden und ist damit kein reines Immobiliarpfandrecht.

Das *Recht an der Bodennutzung* ist gem. § 34 Nr. 3 SicherhG Vermögen und gehört damit zu den Vermögensgütern des Pfandrechts. Es hat den Charakter eines vom Bodeneigentum getrennten und eigenständigen Vermögensrechts, welches übertragbar ist und daher verwertet werden kann.
Aus den Legaldefinitionen der Hypothek in den § 46 StImmVerwG und § 33 I SicherhG ergibt sich, dass die Hypothek im chinesischen Recht ein Sachenrecht ist, welches sich als unmittelbares dingliches Recht an einem Grundstück und den darauf stehenden Gebäuden darstellt.[912] Weiterhin ist sie ein streng akzessorisches Sicherungsrecht und entspricht damit weitgehend der Sicherungshypothek im BGB (§ 1184).[913] Die Hypothek ist auch ein Verwertungsrecht, welches im Falle der Belastung des Bodennutzungsrechts den Hypothekengläubiger berechtigt, nach Fälligkeit der Schuld dieses zu verwerten. Bei Nichterfüllung der fälligen Forderung ist nach § 36 BodNutzÜÜVO der Gläubiger berechtigt, im Rahmen der Gesetze und des geschlossenen Vertrages über das belastete Vermögensgut zu verfügen[914] und aus dem bei der Verfügung über das belastete Vermögensgut erzielten Erlös vorweg befriedigt zu werden. § 40 SicherhG gestattet jedoch keine Vereinbarung zwischen Hypothekengläubiger und –schuldner, die dem Gläubiger im Falle der Nichterfüllung der Schuld den Erwerb des Eigentums am belasteten Hypothekengegenstand ermöglichen und bedeutet damit auch eine Absage an die traditionelle dingliche Rechtsform des *Dian*, die gerade dieses zulässt.[915]
Die Möglichkeit der Belastung des Bodennutzungsrechts mit einer Hypothek ergibt sich einmal aus § 32 BodNutzÜÜVO.[916] Die Regelung des § 47 II StImmVerwG bestimmt ebenfalls, dass das durch *Überlassung* erworbene Bodennutzungsrecht mit einer Hypothek belastet werden kann. Fraglich ist, wie es bei einer Hypothekenbestellung um das rechtliche Verhältnis zwischen dem Bo-

---

[911] Chin.: quanli zhiya – 权利 质押
[912] Vgl. Zhen (2004), S. 135
[913] Vgl. Baur/Stürner (1999), § 36 III, Rn. 83 f.
[914] Chin.: chufen – 处分
[915] Hier besteht der wesentliche Unterschied zwischen chinesischer Hypothek und *Dian*; s. obige Ausführungen; vgl. a. Glück (1999) u. Thümmel (1995), S. 255 ff.; Das *Dian* existiert im übrigen an versteckter Stelle in Ziffer 120 der *Versuchsweise durchgeführten Ansichten des OVG zu einigen Fragen der AGZ* als Form der *auflösend befristeten Übertragung* von Gebäuden und damit als *dinglich wirksamer Wiederkaufvertrag* weiter (z. nur geringfügigen Unterschied zwischen *Dian* und Wiederkaufsvorbhalt vgl. obige Ausf. z. *Dian* m. weit. Nenn.); ansonsten findet es keine Regelung im Recht der VR China, bleibt aber in Zusammenhang mit der Sachenrechtsdiskussion ein Thema rechtlicher Auseinandersetzung. Vgl. a. Münzel, CR III 7., 12.4.86/1, Anm. 15; Z. Diskussion s.a. Liang (2000b), S. 404 ff.
[916] An Eigentum an Land kann gem. § 37 1. SicherhG keine Hypothek bestellt werden

dennutzungsrecht und den auf dem Grundstück befindlichen Gebäuden bestellt ist. § 47 I StImmVerwG besagt, dass an rechtmäßig erworbenem Gebäudeeigentum zusammen mit dem von dem Gebäude in Anspruch genommenen Bodennutzungsrecht eine Hypothek bestellt werden kann. § 34 SicherhG nennt als Vermögensgegenstände, an denen eine Hypothek bestellt werden kann, unter Nr. 1 Häuser, welche dem Besteller gehören und unter Nr. 3 Nutzungsrechte an staatseigenem Land und an Häusern, über die der Besteller zu verfügen berechtigt ist. Aus dieser getrennten Aufführung ist zu schließen, dass auf dem Boden stehenden Gebäude rechtlich nicht als ein wesentlicher Bestandteil des Bodens gelten und sowohl die Gebäude wie auch das Bodennutzungsrecht allein Gegenstand einer Hypothek sein können.[917] Auch nach dem Wortlaut des § 34 I , Ziffer 1. und 3. SicherhG ist eine getrennte Belastung von Hauseigentum und Bodennutzungsrecht möglich. Zieht man § 47 StImmVerwG mit den Absätzen I und II hinzu, so sind diese ebenfalls so aufzufassen, dass jeweils an Gebäudeeigentum in Einheit mit dem darunter befindlichen Boden(I) und an einem durch Überlassung erlangten Bodennutzungsrecht (II) eine Hypothek bestellt werden kann. Fraglich ist, was die Bestellung eines Pfandrechts am Bodennutzungsrecht eines bebauten Grundstücks oder am Gebäude auf einem genutzten Grundstück für das jeweils andere Recht für Folgen hat. Der Wortlaut der bereits zitierten Gesetze sagt nichts darüber aus, ob im Falle eines bebauten Grundstücks getrennt bestellte Pfandrechte am Bodennutzungsrecht oder den auf dem Grundstück befindlichen Gebäuden auch unabhängig voneinander bestehen können.[918]

§ 33 I BodNutzÜÜVO besagt allerdings für diesen Fall, dass bei Verpfändung des Bodennutzungsrechts die Gebäude auf dem betreffenden Grundstück und andere Bestandteile mitverpfändet werden. Umgekehrt wird bei Verpfändung von Gebäuden nach § 33 II BodNutzÜÜVO im Bereich ihres Gebrauchs das Bodennutzungsrecht mit verpfändet. Die Bestimmung des § 4 der Verwaltungsmethode für städtische Immobilienhypotheken[919] schreibt fast wortgleich vor, dass bei der Hypothekenbestellung an einem Gebäude gleichzeitig eine Hypothek an dem von dem Gebäude in Anspruch genommenen Bodennutzungsrecht zu bestellen ist. Weiterhin bestimmt § 36 I SicherhG, dass in dem Fall, dass an einem Gebäude auf staatseigenem Land eine Hypothek bestellt wird, gleichzeitig auch eine Hypothek an dem Bodennutzungsrecht bestellt wird, soweit es von dem Haus in Anspruch genommen ist. Umgekehrt bestimmt § 36 II SicherhG, dass bei der Hypothekenbestellung an einem Bodennutzungsrecht gleichzeitig eine Hypothek an den zu dieser Zeit auf dem Grundstück befindlichen Häusern bestellt wird.

---

[917] Zhen (2004), S. 134

[918] Münzel übersetzt § 47 I StImmVerwG entsprechend unter Hinzufügung eines *damit*: „Ein Pfandrecht kann an einem nach dem Recht an einem Gebäude erlangten Eigentum und **damit** zusammen an dem Landgebrauchsrecht (an Land) in dem von diesem Gebäude in Anspruch genommenen Umfang begründet werden." (CR VIII.6, 5.7.94/1)

[919] Im folg.: VerwMStImmHypo; erlassen vom Bauministerium am 9.5.1997

Damit lassen die diesbezüglichen Gesetze in ihrer Gesamtheit einerseits darauf schließen, dass sowohl Bodennutzungsrecht als auch die auf dem Boden errichteten Gebäude getrennt Rechtsobjekte einer Hypothek sein können; auf der anderen Seite dies jedoch Folgen für das jeweils andere, nicht belastete Recht zeitigt. Damit besteht eine Abhängigkeit zwischen belastetem Bodennutzungsrecht und unbelasteten Gebäuden (§ 33 BodNutzÜÜVO), die auch im umgekehrten Fall gilt. Die Belastung des Bodennutzungssrechts erstreckt sich auf die darauf befindlichen Gebäude und umgekehrt. Dies entspricht der Abhängigkeit von Bodennutzungsrechten und den auf dem Grundstück errichteten Gebäuden im Falle der Übertragung des Bodennutzungsrechts gem. § 23 und § 24 BodNutzÜÜVO sowie bei der Verpachtung (§ 31 BodNutzÜÜVO). Auch bei der Hypothek wird damit der Grundsatz von der Bündelung von Rechten an Bodennutzung und auf dem Boden befindlichen Gebäuden in einer Hand verfolgt.
Konsequent ist deshalb auch die Regelung, dass bei Auseinanderfallen von Nutzungsrecht am Boden und Eigentum von darauf stehenden Gebäuden, weder der Inhaber des Nutzungsrechts noch der Gebäudeeigentümer sein dingliches Recht hypothekarisch belasten kann (vgl. § 113 Ansichten d. OVG z. AGZ).[920]

Eine Beschränkung für zugeteilte Bodennutzungsrechte ergibt sich neben § 113 der *Ansichten des OVG zu den AGZ* aus § 44 BodNutzÜÜVO, welcher besagt, dass *zugeteilte* Bodennutzungsrechte nicht übertragen, verpachtet und verpfändet werden dürfen. Dieser lässt allerdings auch die Ausnahme des § 45 BodNutzÜÜVO zu, wobei in diesem Fall gen. § 56 SicherhG nach Verwertung der Hypothek der Staat als Grundeigentümer aus dem Erlös abgefunden werden muss.
In der Praxis ist die zur Sicherung eines Kredits dienende Hypothek von großer Bedeutung, wobei der Kreis der Hypothekengläubiger gem. § 6 *Regelung der Finanzinstitutionenverwaltung* beschränkt ist.[921] Danach dürfen nur Institutionen, die über eine Lizenz der chinesischen Volksbank verfügen, solche Finanzgeschäfte betreiben, und dies sind in der Regel Banken und andere Finanzinstitute.
Nach der Bestellung einer Hypothek darf der Hypothekengegenstand veräußert werden. Der Hypothekenschuldner muss gem. § 49 III SicherhG die gesicherte Forderung mit der Veräußerungssumme des Hypothekengegenstands vorzeitig erfüllen oder hinterlegen. Eine weitere Beschränkung besteht darin, dass der Verkaufspreis des belasteten Gegenstandes gem. § 49 II SicherhG nicht offensichtlich niedriger als der wahre Wert sein darf.
Der Hypothekengläubiger darf die Hypothek auch weiter veräußern, wobei wie im deutschen Recht (§ 1153 BGB) eine von der Forderung getrennte Übertragung nicht möglich ist (§ 50 SicherhG).

---

[920] Vgl. Zhen (2004), S. 138
[921] Regelung der Finanzinstitutionenverwaltung, erlassen von der Volksbank der VR China am 5.8.1994; vgl. Zhen (2004), S. 139

Die Registrierungspflicht der Belastung ergibt sich aus § 35 BodNutzÜÜVO und § 41 SicherhG, wobei nach § 41 SicherhG die Wirksamkeit der Hypothek ihre Eintragung voraussetzt und diese damit konstitutive Wirkung entfaltet.

f) Rechtlicher Charakter des städtischen Bodennutzungsrechts und dessen Regelung in den Sachenrechtsentwürfen

Das städtische Bodennutzungsrecht darf gem. § 4 BodNutzÜÜVO übertragen, verpachtet und verpfändet werden. Die Übertragung umfasst gem. § 19 BodNutzÜÜVO Verkauf, Tausch und Schenkung. Weiterhin ist es gem. § 48 BodNutzÜÜVO vererbbar. Damit hat sich das Bodennutzungsrecht in städtischen Gebieten zu einem Quasi-Grundeigentumsrecht aufgeschwungen und dem Nutzungsberechtigten wird eine Quasi-Grundeigentümerstellung gewährt.[922]
Dies mag eine Ursache dafür sein, dass der rechtliche Charakter des städtischen Bodennutzungsrecht umstritten ist. Nach einer Ansicht wird das Boden*eigentum* bei Trennung der Nutzungsbefugnis von diesem nicht beeinträchtigt. Dabei wird jedoch übersehen, dass es sich bei dem Bodennutzungsrecht um ein vom Bodeneigentum abgeleitetes, eigenständiges Recht handelt. Die Ursache hierfür liegt in der chinesischen Rechtsterminologie, welche für die Rechtsbefugnis des Eigentums allgemein und für die des davon abgespaltenen Nutzungsrechts den gleichen Begriff verwendet.[923]
Als weitere Meinung wird vertreten, dass es sich beim Bodennutzungsrecht um Miete bzw. Pacht handele, wobei ein Mietvertrag und damit ein Schuldverhältnis zwischen dem Staat als Grundeigentümer und dem Bodennutzungsberechtigten zugrunde liege.[924] Die Pflicht des Staates, dem Nutzungsberechtigten den Boden zur Verfügung zu stellen und die Pflicht des Nutzungsberechtigten, den Pachtzins zu zahlen, stehen in synallagmatischem Verhältnis zueinander. Allerdings muss der Pächter kein einmaliges Entgelt zahlen, sondern jährlich oder vierteljährlich Pachtzinsen entrichten. Weiterhin darf der Pächter das gepachtete Bodennutzungsrecht ohne Genehmigung des Staates nicht weiter übertragen, belasten oder verpachten. Dies widerspricht der BodNutzÜÜVO, nach welcher der Bodennutzer sein entgeltlich erworbenes Nutzungsrecht frei weiter veräußern, mit einer Hypothek belasten und verpachten darf.
Nach h.M. ist das Bodennutzungsrecht als eigenständiges dingliches Recht an fremden Sachen aufzufassen.[925] Trotz seiner Ableitung aus dem Grundeigentum handele es sich um ein eigenständiges Recht, das gegenüber jedermann und damit auch gegenüber dem Staat als Grundeigentümer wirke. Das bedeutet gleichzeitig die Verpflichtung von jedermann, die rechtmäßige Ausübung des Boden-

---

[922] Baumann (2006), S. 125
[923] Chin.: Shiyong quan – 使用权; vgl. a. Eintrag bei Liang (1997)
[924] Chin.: zulin – 租赁 (Miete / Pacht); s. Zhen (2004), S. 94 f. m. w. Nenn.
[925] Zhen (2004), S. 95 f. m. w. Nenn.

nutzungsrechts zu dulden und nicht zu beeinträchtigen. Dieses genießt einen sachenrechtlichen und damit stärkeren Schutz, als das Schuldrecht gewähren könnte.
Im Rahmen der Sachenrechtsdiskussion wird das Bodennutzungsrecht auch dem in der Republik China eingeführten *chinesischen Erbbaurecht*[926] zugeordnet, welches dem Erbbauberechtigten für eine begrenzte Zeit das dingliche Recht gewährt, auf einem fremden Grundstück ein Gebäude zu errichten.[927] Dieses ist auch veräußerlich und vererbbar [928] und entspricht im wesentlichen dem deutschen Erbbaurecht. Tatsächlich lässt sich das Wesen des deutschen Erbbaurechts als beschränktes dingliches Nutzungsrecht einerseits und grundstücksgleiches Recht andererseits[929] in das Gepräge des chinesischen Rechtsinstituts fügen.[930]
Die Regelung des § 40 BodNutzÜÜVO, welche bei Ablauf der Dauer des Bodennutzungsrechts einen entschädigungslosen Übergang des Eigentums an den darauf befindlichen Gebäuden an den Staat vorsieht, steht einer solchen Zuordnung allerdings entgegen. Das deutsche Erbbaurecht bestimmt in § 27 ErbbauVO, dass eine Entschädigung für das vom Erbbauberechtigten errichtete Bauwerk zu leisten ist.
Nach den Sachenrechtsentwürfen ist das vom Staat entgeltlich erworbene Bodennutzungsrecht ebenfalls übertragbar, belastbar und vererblich. Die Regelung des § 148 SachRE05 bestimmt, dass die vom Bodennutzungsberechtigten errichteten Gebäude diesem auch gehören, womit eine § 12 ErbbauVO entsprechende Regelung besteht.[931] Das Schicksal des auf dem genutzten Boden errichteten Bauwerks bei Ablauf der Nutzungsfrist wird allerdings nicht explizit geregelt. Dafür besteht nach § 155 SachRE05 bei rechtzeitig gestelltem Fristverlängerungsantrag eine Zustimmungspflicht des Überlassenden, soweit nicht ein Allgemeininteresse entgegensteht. Eine Begrenzung für die Wiederholung solcher Anträge ist nicht vorgesehen, womit sich das Bodennutzungsrecht zu einem dauerhaften Recht entwickeln könnte, das sich dem Eigentum annähert. Das

---

[926] Vgl. §§ 832 ff., Bürgerliches Gesetzbuch der Republik China (Bünger, 1934)
[927] Vgl. Zhen (2004), S. 96 f. m. w. Nenn.
[928] § 838 Bürgerliches Gesetzbuch der Republik China (Bünger, 1934); vgl. § 1 ErbbauVO
[929] Das deutsche Erbbaurecht wird im Wesentlichen wie ein Grundstück behandelt; es ist grundsätzlich übertragbar, belastbar und vererblich; vgl. Münchner Kommentar/v.Oefele, § 1 ErbbauVO, Rn. 6; Unrichtige Darstellung bei Zhen (2004), wo es heißt, dass Erbbaurecht sei als grundstückgleiches Recht nicht verpfändbar (S. 97).
[930] Zhen lehnt eine Zuordnung zum Erbbaurecht mit dem Argument ab, dass sich das für Bodennutzung zur Verfügung stehende Land in Staatseigentum befindet und auch nur vom Staat erlangt werden kann. Die Erlangung des Bodennutzungsrechts sei der einzige Weg für Rechtssubjekte außer dem Staat, Boden nutzbar zu machen und dessen Sach- und Rechtsfrüchte zu erzielen. Während das Erbbaurecht im deutschen Recht ein beschränktes dingliches Recht darstellt, das auf dem Grundeigentum lastet (§ 1 I ErbbauVO; s.a. Palandt-Bassenge, Überblick ErbbRVO, Rn. 3; Baur § 29 C I.) sei das Bodennutzungsrecht in China eine rechtliche Form der Ausübung des Grundeigentums durch den Staat als einzigen Grundeigentümer städtischen Bodens. Zhen spricht sich für das Bodennutzungsrecht als neue dingliche Rechtsform an fremden Sachen zum Zwecke der Nutzung aus.
[931] Vgl. Schwab/Prütting, § 75 III 2.

deutsche Erbbaurecht hat auf der anderen Seite die Eigentümlichkeit, dass es auf Zeit begründet wird, um die Bedeutung des Eigentums nicht zu untergraben.[932]

Möglicherweise könnte das städtische Bodennutzungsrecht dem *Nießbrauch* zuzuordnen sein. Nach deutscher Rechtstradition gehört neben dem Erbbaurecht der Nießbrauch zu den Nutzungsrechten als einer Art der beschränkten dinglichen Rechte. Der deutsche Nießbrauch trägt allerdings den Charakter eines unveräußerlichen und unvererblichen Rechtes auf volle Nutzung des belasteten Gegenstandes[933]. Auf der anderen Seite sieht die BodNutzÜÜVO sowohl die Übertragbarkeit als auch die Vererblichkeit des Bodennutzungsrechts vor (§§ 4 u. 48 BodNutzÜÜVO). Damit scheint eine Zuordnung des chinesischen Bodennutzungsrechts als übertragbares und vererbliches Recht zum Nießbrauch im Sinne des deutschen Rechts ausgeschlossen. Hier ist jedoch ein genauerer Blick auf den Zweck der Regelung des § 1059 BGB zu werfen, welche nicht die Übertragung, sondern lediglich die *Überlassung* der Ausübung des Nießbrauchs erlaubt. Durch diese Bestimmung soll vermieden werden, dass die Beschränkung des Nießbrauchs auf Lebenszeit gem. § 1061 BGB durch Veräußerung an andere Personen umgangen werden kann.[934] Beide Regelungen sind im Zusammenhang zu sehen und bezwecken, die unwirtschaftliche Aushöhlung des *Eigentums* durch völligen und dauernden Entzug der Nutzungen verhindern.[935]
Die BodNutzÜÜVO sieht mit der in § 12 festgelegten Nutzungsdauer ebenfalls eine zeitliche Beschränkung des Bodennutzungsrechts vor. Diese wird auch bei einer Übertragung nicht unterlaufen, denn die Nutzungsdauer des weiter übertragenen Bodens darf die im Überlassungsvertrag festgelegte Nutzungsdauer nicht überschreiten (§ 22 BodNutzÜÜVO). Die Vererblichkeit ist entsprechend geregelt. Überlassene Bodennutzungsrechte können gem. § 48 BodNutzÜÜVO vererbt werden; das Erbe ist jedoch nach der Systematik des Gesetzes auf die Restlaufzeit der Überlassungsvereinbarung beschränkt. Damit wird der gleiche Zweck wie in der deutschen Regelung, nämlich eine zeitliche Beschränkung der Bodennutzung, erzielt.
Auf der anderen Seite besteht im chinesischen Recht die Möglichkeit einer Verlängerung der Nutzungsfrist (§ 41 BodNutzÜÜVO), wobei die Wiederholbarkeit eines Antrags auf Verlängerung nicht geregelt ist, so dass es zu einer Gesamtlaufzeit des Nutzungsrechts kommen kann, die die im deutschen Nießbrauch vorgesehene Nutzungsdauer weit überschreitet. Das chinesische Gesetz mag in dieser abweichenden Regelung den besonderen Eigentumsverhältnissen in der Volksrepublik Rechnung tragen. Während die deutsche Regelung den dauernden Entzug der Nutzungen privaten Eigentums verhindern möchte, schließt die Eigentumsstruktur in China eine direkte Nutzung des Bodens durch den Bodenei-

[932] Schwab/Prütting, § 75 I 1. a)
[933] Westermann (1998), § 121, I 1.
[934] Schwab/Prütting (2003), Rn 914
[935] Vgl. Westermann (1998), § 121, I. 1.

gentümer selbst aus. Der Staat als Eigentümer ist auf die Bewirtschaftung des Bodens durch andere angewiesen.

Die in China veröffentlichten Sachenrechtsentwürfe der letzten Jahre ordnen die Bodennutzungsrechte der Kategorie des Nießbrauchs zu. Der am 10. Juli 2005 veröffentlichte Sachenrechtsentwurf[936] (im folg. SachRE05) umschließt im 3. Teil zum Nießbrauch in den §§ 129 ff. SachRE05 neben dem Bodenübernahmerecht an kollektivem Land auch das Bodennutzungsrecht an staatlichem Land. Der Nießbrauch wird in § 123 SachRE05 als Recht des Nießbrauchers definiert, im Rahmen der gesetzlichen Bestimmungen anderen gehörende unbewegliche Sachen zu besitzen, zu gebrauchen und ihre Nutzungen zu ziehen. Dies entspricht im wesentlichen dem Besitz- und Nutzungsrecht des deutschen Nießbrauchs (§§ 1030, 1036 BGB). § 124 SachRE05 bestimmt, dass Einheiten und Einzelne dem Staat gehörende bzw. dem Staat gehörende und von Kollektiven gebrauchte sowie den Kollektiven gehörende natürliche Ressourcen besitzen, gebrauchen und deren Nutzungen ziehen können und nennt damit Rechtssubjekte und -objekte des Nießbrauchs. Das an landwirtschaftliche Betreibung gebundene Bodenübernahmerecht (§ 129 ff. SachRE05) und das Recht zur Nutzung von Land für Gebäude (§§ 140 ff. SachRE05) gelten im Entwurf als besondere Formen des Nießbrauchs. Das Recht zur Nutzung von Land für Gebäude entspricht dabei dem Bodennutzungsrecht an staatseigenem Boden (§ 140 SachRE05). Das Hauptgewicht der Differenzierung liegt hier jedoch nicht auf der Örtlichkeit des betroffenen Bodens, d.h. auf der Unterscheidung von ländlichem und städtischem Boden, sondern auf dem Nutzungszweck, d.h. landwirtschaftlicher oder Gebäudeerrichtungszweck. Damit sieht auch der SachRE05 je nach Form des Nießbrauchs einen Ausschluss bestimmter Nutzungen vor.[937] Nach der Regelung des § 141 SachRE05 besteht weiterhin die Möglichkeit, das Nutzungsrecht getrennt für den Bereich auf, über und unter der Erdoberfläche zu bestellen, womit traditionelle Vorstellungen der Kommerzialisierung von Boden übernommen werden.[938] Die Nutzungsrechte werden nach dem Entwurf durch Überlassung oder Zuteilung und im Fall der gewerblichen Nutzung durch Versteigerung oder Ausschreibung überlassen (§ 142 SachRE05). Grundlage hierfür ist ein schriftlicher Vertrag und die anschließende Registrierung (§§ 144, 145 SachRE05).
Beim Bodennutzungsrecht staatseigenen Bodens für Gebäudezwecke handelt es sich nach § 127 SachRE05 um das gegenüber jedermann, auch gegenüber dem Staat wirkende Recht, fremden Boden zu besitzen, zu gebrauchen und den Nutzen daraus zu ziehen. Damit ist es auch nach diesem Entwurf ein eigenständiges

[936] Dieser Entwurf wurde am 8.7.05 vom Büro des St. Ausschusses des NVK bekanntgegeben und am 10.7.05 mit der Aufforderung ins Netz gestellt, bis zum 20.8.05 diesbezügliche Einwände dem *Rechtsarbeitsausschuss* des St. Ausschusses zu übermitteln; deutsche Version abzurufen unter CR 2005.7, 10.7.05/1; im folg.: **SachRE05**
[937] Vgl. § 1030 II BGB
[938] Vgl. Teil 1

objektbezogenes, dingliches Recht an fremden Sachen. Erlischt der Nießbrauch durch staatlichen Entzug bzw. Beschlagnahme des Bodens oder wird seine Ausübung dadurch beeinträchtigt, so sieht § 128 SachRE05 einen Ausgleich vor. Damit sind sowohl der Nießbrauch selbst als auch seine Ausübung gesetzlich geschützt. Ein allgemeiner Schutz der Sachenrechte wird im 3. Kap. unter *Schutz der Sachenrechte* in den §§ 36 ff. SachRE05 gewährt. § 36 SachRE05 eröffnet bei Verletzung eines Sachenrechts den Klageweg und § 37 SachRE05 ermöglicht Feststellungsklagen über die Zugehörigkeit oder den Inhalt eines Sachenrechts. Einen Herausgabeanspruch bei unberechtigter Inbesitznahme gewährt das Rückgabeverlangen des § 38 und § 41 SachRE05 ergibt sich ein Beseitigungs- und Unterlassungsanspruch.
Die Bestimmung des § 149 SachRE05 führt verschiedene Verfügungsmöglichkeiten des Baulandberechtigten auf. Er kann das Bodennutzungs*recht* übertragen, austauschen, investieren, verschenken oder mit einer Hypothek belasten. Auch hier ergibt sich ein grundlegender Unterschied zum deutschen Nießbrauch. Der Entwurf sieht ein Erlöschen des Nießbrauchs mit Ablauf der Nutzungsfrist oder durch staatlichen Entzug bzw. Beschlagnahme vor (§§ 154 u. 155 SachRE05), womit dieser zunächst auf die ursprünglich vereinbarte Nutzungsfrist beschränkt ist. Diese kann jedoch gem. § 155 SachRE05 verlängert werden. Der SachRE05 ermöglicht ebenso wie die bestehende gesetzliche Regelung der BodNutzÜÜVO eine längere Laufzeit des Nießbrauchs als das deutsche Recht mit seiner Begrenzung auf Lebenszeit und nähert es damit dem Eigentum an. Die Vererblichkeit findet keine ausdrückliche Regelung, wäre jedoch, falls es zu keiner Fristverlängerung kommt, nach der Systematik des Entwurfs auf die Restlaufzeit der Vereinbarung beschränkt; danach ist von den Erben eine Fristverlängerung gem. § 155 SachRE05 zu beantragen.
Grundlage der Übertragung sind nach SachRE05 schriftliche Verträge zwischen den Parteien, wobei kein eigener sachenrechtlicher Übertragungsvertrag angenommen wird; das Abstraktionsprinzip findet keine Anwendung. Die vereinbarten Vertragsfristen dürfen dabei nicht die Restdauer des ursprünglichen Bodennutzungsvertrags überschreiten (§ 150 SachRE05). Maßgeblich ist damit die ursprünglich vereinbarte Vertragsfrist. Der Unterschied des Nießbrauchs zum Eigentum liegt bei diesem Entwurf in der zeitlichen Beschränkung des Verfügungsrechts; eine inhaltliche Beschränkung ergibt sich daraus, dass der Boden dem Zweck der Gebäudeerrichtung zu dienen hat und eine Nutzungsänderung unter Genehmigungsvorbehalt steht (§ 146 SachRE05).

Der vom Leiter des Rechtsarbeitsausschuss des Ständigen Ausschusses des NVK, Gu Angran, am 23.12.2002 vorgelegte Entwurf eines Sachenrechts[939] (im folg. SachRE02) ordnet das Bodennutzungsrecht an staatlichem Land ebenfalls dem Nießbrauch und hier dem Recht zum Gebrauch von Bauland zu (§§ 113 u.

[939] Im Internet unter: www.law-thinker.com/detail.asp?id=1676, dat. 22.5.2003; im folg.: **SachRE02**; geht n. Münzel weitgehend auf den Entwurf von Wang Liming zurück

141 SachRE02). Auch der Gu-Entwurf sieht im Unterschied zum deutschen Recht die Möglichkeit der Übertragung vor (§ 153 SachRE02). Wie im SachRE05 wird kein eigenständiger sachenrechtlicher Übertragungsvertrag angenommen; die vorgeschriebene Registrierung (§§ 12 u. 15 SachRE02) hat den Charakter einer Rechtstatsache.

g) Erlangung von städtischen Bodennutzungsrechten durch ausländische Unternehmen

Das Bodennutzungsrecht für ausländische Unternehmen hat die in China bestehenden drei Unternehmensformen mit ausländischen Investitionen, nämlich (1) Gemeinschaftsunternehmen mit chinesischer und ausländischer Kapitalbeteiligung (EJV)[940], (2) Kooperationsunternehmen (CJV)[941] sowie (3) Unternehmen mit ausschließlich ausländischen Investitionen (WFOE)[942] zum Rechtssubjekt. Es wurde zunächst von dem der sonstigen chinesischen Bodennutzer gesondert geregelt. Tatsächlich begann die Reform des Bodennutzungssystems 1979 mit der Verabschiedung des *Gesetzes für Gemeinschaftsunternehmen mit chinesischer und ausländischer Kapitalbeteiligung*[943]. Ausländische Investoren erhielten das Privileg der Nutzung des durch das chinesische Partnerunternehmen eingebrachten Bodens; wurde anderer Boden genutzt, so waren Bodennutzungsgebühren zu zahlen. Die Kommerzialisierung des Bodens verlief anfänglich in eng gesteckten Grenzen. Die JV-Unternehmen durften ihre Bodennutzungsrechte nicht übertragen. Dieser Grundsatz hatte seine verfassungsrechtliche Grundlage in Art. 10, welcher eine Übertragung von Boden als illegal einstufte. Die endgültige Abkehr von dieser Bodenpolitik bedeutete die Verfassungsrevision von 1988, bei welcher Art. 10 dahingehend geändert wurde, dass der Transfer von Bodennutzungsrechten in Übereinstimmung mit weiteren einfachgesetzlichen Regelungen zugelassen wurde. Inzwischen existiert eine Vielfalt von speziellen Gesetzen, Verordnungen und lokalen Vorschriften; gleichzeitig sind die allge-

---

[940] Die Abkürzungen richten sich nach den geläufigen *englischen* Bezeichnungen; engl.: *Equity Joint Venture*; deutsch: *Gemeinschaftsunternehmen mit ausländischer Kapitalbeteiligung*; chin.: zhongwai hezi qiye - 中外合资 企业; Joint-Venture Vertrag als rechtliche Grundlage der Zusammenarbeit, aber gesetzlich vorgeschriebene Organisation und Kapitalstruktur, Bindung an feste Kapitalanteile und beschränkte Haftung, Rechtsform als Gesellschaft mit beschränkter Haftung.

[941] Engl.: *Contractual Joint Venture*; deutsch: *Vertrags-Joint Venture* o. *Kooperationsunternehmen*; chin.: zhongwai hezuo qiye - 中外合作 企业 ; im Rahmen eines CJV werden die Investitionsbedingungen, Verteilung der Gewinne und Verluste sowie die Managementaufgaben vertraglich ohne gesetzliche Vorgaben geregelt.

[942] Engl.: *Wholly Foreign Owned Enterprise*; deutsch: *rein ausländisch investierte Unternehmen*; chin.: waizi qiye - 外资 企业 ; Unternehmen mit 100 % ausländischem Eigenanteil in der Form chinesischer juristischer Personen; sie sind ohne chinesischen Partner geführt und nach chinesischem Recht gegründet und unterliegen daher uneingeschränkt chinesischen Gesetzen und Bestimmungen.

[943] Im folg.: **EJVG**, entspr.: **CJVG** u. **WFOEG**; vgl. Tang/Gao (2002), S. 1797

meinen Regelungen für chinesische Bodennutzer ergänzend heranzuziehen.[944] Gegenwärtig bestehen für Unternehmen mit ausländischen Investitionen die folgenden Möglichkeiten des Erwerbs von Bodennutzungsrechten und der Verfügung darüber.

aa) Bodennutzung auf Antragstellung

EJV, CJV sowie WFOE können gem. § 6 der *Vorläufigen Regelung über die Bodennutzung für den Aufbau eines JV*[945], § 44 der Durchführungsverordnung zum EJVG[946] und § 33 der Ausführungsbestimmungen zum WFOEG[947] einen Antrag auf Bodennutzung bei der zuständigen Bodenverwaltungsbehörde stellen und entrichten bei Genehmigung eine jährliche Gebühr an den Staat.[948] Die Regelung des § 8 CJVG und § 18 der Ausführungsbestimmungen zum CJVG[949] sehen vor, dass das Bodennutzungsrecht eine Investition des chinesischen oder ausländischen Kooperationspartners und eine Voraussetzung für die Gründung eines Kooperationsunternehmens sein kann. Es bleibt offen, ob nur zu gründende oder auch bereits bestehende Kooperationsunternehmen durch Antrag Bodennutzungsrechte erwerben können. Der Wortlaut einiger Bestimmungen (vgl. § 44 EJV-DVO) lässt auch die letztere Möglichkeit zu.
Vor Reform des Bodennutzungsrechts war der Weg über die Antragsstellung die einzige Möglichkeit für ausländische Unternehmen, Bodennutzungsrechte zu erwerben. Inzwischen sieht § 50 EJVG-DVO vor, dass Gemeinschaftsunternehmen außer durch Antrag oder Einbringung auch nach anderen entsprechenden gesetzlichen Vorschriften Bodennutzungsrechte erlangen können und eröffnet damit chinesisch-ausländischen Gemeinschaftsunternehmen weitere Möglichkeiten der Erlangung solcher Rechte.
Die WFOEG-AB widmet der Bodennutzung ein ganzes Kapitel (Kap. 5), die §§ 33 – 41. Den von dem Unternehmen benötigten Boden teilt die örtlich zuständige Regierung zu und erstellt darüber eine Urkunde[950] (§§ 33, 34). Die Bodenurkunde gilt für die Bodennutzung durch das Unternehmen als rechtlicher Nachweis[951] (§ 35). Das Unternehmen hat gem. § 36 WFOG-AB eine Bodennutzungsgebühr zu zahlen und ist während der Dauer seiner Tätigkeit nicht berechtigt, seine Bodennutzungsrechte ohne Genehmigung zu transferieren (§ 35 a. E.).

---

[944] Vgl. a. Tang/Gao (2002), S. 1796 ff.
[945] Im folg.: **JVBodNutz-VorlRegel**; erlassen v. Staatsrat am 26.7.80
[946] Im folg.: **EJVG-DVO**; verabschiedet am 20.09.1983; zuletzt rev. 2001
[947] Im folg.: **WFOEG-AB**, verabsch. am 28.10.1990, rev. 2001; das Gesetz zu rein ausländisch investierten Unternehmen (WFOEG, v. 12.4.1986; 1. Revision v. 31.10.2000) geht nicht auf Bodennutzungsrechte ein.
[948] Ausdrücklich geregelt ist dies für die EJV und die WFOE; tatsächlich gilt das auch für die CJV, obwohl dies weder in dem CJVG noch in den CJVG-AB Erwähnung findet; s. Zhen (2004), S. 200 u. Randolph/Lou (2000), S. 112
[949] Im folg.: **CJVG-AB**, verabsch. 07.07.1995
[950] Chin.: Zhengshu – 证书
[951] Chin.: Pingzheng – 凭证

Die Dauer der Bodennutzung entspricht der Dauer des Unternehmensbetriebes (§ 40). § 41 WFOEG bestimmt entsprechend § 50 der EJVG-DVO, dass rein ausländisch investierte Unternehmen auch gem. anderen entsprechenden gesetzlichen Vorschriften Bodennutzungsrechte erlangen können.

Fraglich ist, ob die auf Antragstellung erlangten Bodennutzungsrechte von Unternehmen mit ausländischen Investitionen den Charakter von zugeteilten [952]oder von überlassenen Nutzungsrechten haben oder ob es sich möglicherweise um eine besondere Form der Pacht[953] handelt.
Gegen eine Qualifikation als Zuteilung spricht, dass im Unterschied zur Zuteilung von Nutzungsrechten hier ein Vertrag geschlossen wird. Weiterhin ist die Dauer des Nutzungsrechts auf die Betriebsdauer des Unternehmens befristet. Außerdem ist bei zugeteilten Nutzungsrechten keine Gebühr zu entrichten, sondern nur für mögliche Entwicklungs- und Enteignungskosten aufzukommen, während bei der Bodennutzung auf Antragstellung eine jährliche Nutzungsgebühr zu zahlen ist. Dies könnte auf eine besondere Form der Pacht deuten. Es könnte sich bei dem Nutzungsrecht auf Antragstellung aber auch um ein entgeltliches Bodennutzungsrecht handeln.[954] Denn im Vergleich zum unentgeltlich *zugeteilten* Bodennutzungsrecht für chinesische Nutzer, wo lediglich die Entschädigung der Bodenenteignung auszugleichen ist, weist die Gebühr für das auf Antrag genehmigte Nutzungsrecht für ausländische Unternehmen eine Zweiteilung in einen Entgelt-Anteil für die Bodennutzung und einen Entschädigungs-Anteil für die Bodenerschließungskosten auf.
Trotz des gemeinsamen Kennzeichens der Entgeltlichkeit ist das durch Antragstellung erlangte Bodennutzungsrecht nicht ohne weiteres inhaltlich mit dem durch Überlassung erlangten Nutzungsrecht gleichzusetzen. Während das überlassene Bodennutzungsrecht ein vollständiges dingliches Recht ist, über das durch Veräußerung etc. verfügt werden kann (vgl. § 4 BodNutzÜÜVO), wird dies bezüglich der von ausländischen Unternehmen erworbenen Nutzungsrechte für die WFOE eingeschränkt. Deren Bodennutzungsrechte sind gem. § 35 WFOEG-AB während der Betriebsdauer des Unternehmens nicht ohne Genehmigung veräußerlich. Somit beschränkt sich das Nutzungsrecht auf das Besitz-, Gebrauchs- und Fruchtziehungsrecht. Weiterhin ist gem. § 40 WFOEG-AB die Laufzeit des Bodennutzungsrechts mit der Betriebsdauer des Unternehmens verknüpft. Das auf Antrag vom Staat entgeltlich zugeteilte Bodennutzungsrecht ist deshalb zumindest für die WFOE als eigene Bodennutzungsform zu qualifizieren, welche in ihren Bedingungen eher einem Pachtverhältnis entspricht. Die Dauer des Pachtvertrages ist dabei an die Betriebsdauer des Unternehmens geknüpft.[955]

[952] So Pei (1998) unter 5.02 – 5.03 und Randolph/Lou (2000), S. 115
[953] So Wesiack (2005), S. 191
[954] Zhen (2004), S. 200; vgl. a. Cao Pei (1998), S. 51
[955] Vgl. Zhen (2004), S. 201

Dies gilt so nicht mehr für die EJV und CJV. Die EJVG-DVO wurde inzwischen geändert und § 53 der EJVG-DVO, der seit 1987 bestimmte, dass Bodennutzungsrechte von EJV nicht übertragen werden dürfen, wurde in der letzten Gesetzesfassung vom 22.07.2001 ersatzlos gestrichen.[956] Für die CJV bestimmt jedoch § 19 CJVG-AB, dass als Investitionsanteil oder –bedingung eingebrachte Vermögensrechte nicht mit einer Hypothek belastet werden dürfen. Weder das CJVG noch die CJVG-AB enthalten jedoch ein ausdrückliches Verbot der Übertragung von auf Antrag staatlich zugewiesenen Bodennutzungsrechten. Somit gilt die freie Übertragbarkeit von Bodennutzungsrechten wohl auch für die CJV.[957] Allerdings ist gem. § 9 II JVBodNutzVorlRegel die Laufzeit des Bodennutzungsrechts für Joint-Venture-Unternehmen mit der Betriebsdauer des Unternehmens verknüpft und weist damit eine Differenz zu den in § 12 BodNutzÜÜVO bestimmten Fristen auf.[958]

bb) Einbringung des Bodennutzungsrechts durch den chinesischen Partner

Das EJVG vom 1. Juli 1979[959] sah bereits in § 5 III vor, dass der Investitionsbeitrag des chinesischen Teilhabers das Nutzungsrecht für das Grundstück einschließen könne, das dem Gemeinschaftsunternehmen für die Zeit der Geschäftstätigkeit zur Verfügung gestellt wird.[960] Tatsächlich konnten zunächst nur zugeteilte Bodennutzungsrechte eingebracht werden, da die Überlassung von Bodennutzungsrechten erst 1987 eingeführt wurde. Da die Zuteilung von Boden unbefristet ist, bestand hier die Gefahr, dass ausländische Gemeinschaftsunternehmen auf diese Weise unbefristete Bodennutzungsrechte erlangten. Auf diese Problematik wird auch in aktuellen Lehrbüchern zum chinesischen Immobilien-

---

[956] Zhen (2004, S. 201) bezieht sich auf § 53 EJVG-DVO v. 21.12.1987, um die Unveräußerlichkeit von Bodennutzungsrechten für EJV festzustellen; dieses ist bereits durch die letzte Änderung des Gesetzes v. 22.07.2001 überholt, wo der Erwerb von Bodennutzungsrechten in den §§ 44 – 50 geregelt ist, und ein Veräußerungsverbot fehlt. Wegen der Gesetzesänderung sind auch die von Zhen genannten §§-Angaben nicht mehr zutreffend. Ebenso noch keine Berücksichtigung bei Tang/Gao (2002), eine der ausführlichsten Kommentierungen zum Bodenverwaltungsgesetz und den dieses ergänzenden gesetzlichen Bestimmungen. Dort wird unzutreffend noch auf die Gültigkeit dieser Bestimmung verwiesen (S. 1795 f.).

[957] Vgl. Wesiack (2005), S. 191

[958] Die Betriebsdauer von JV-Unternehmen wird näher geregelt in den §§ 2 und 3 der *Vorläufigen Bestimmungen über die Dauer des gemeinsamen Betriebs von Gemeinschaftsunternehmen mit chinesisch-ausländischer Investitionsbeteiligung* v. 30.09.1990 (中外合资经营企业合营期限暂行规定, im folg.:
JV-DauerVorlBest). Nach § 3 müssen 5 Kategorien von Unternehmen ihre gemeinsame Betriebsdauer vertraglich festlegen: Dienstleistungsbetriebe; *Unternehmen zur Bodenerschließung sowie mit Häusern und Grundstücken befaßte Unternehmen*; solche zur Erkundung und Erschließung von Bodenschätzen; solche in Bereichen mit Investitionsbeschränkungen; andere, bei denen es gesetzlich vorgeschrieben ist. Nach § 2 des Gesetzes steht es anderen Unternehmen frei, eine Befristung der Dauer vertraglich festzulegen.

[959] 1. Revision am 4.4.1990; 2. Revision und gegenwärtig gültige Fassung v. 15.3.2001

[960] Vgl. a. EJVG-DVO v. 20.9.83 , Art. 48; 1. Revision v. 15.1.1986; 2. Revision v. 21.12.1987; 3. Revision und gegenwärtig gültige Fassung v. 22.7.2001

recht verwiesen mit dem warnenden Hinweis, dass diese Methode nur eingeschränkt und unter strenger Kontrolle der zuständigen Stellen anzuwenden sei, um einen Verlust von Erträgen aus staatlichem Boden zu verhindern.[961] Die Bestimmung des § 53 der ersten Fassung der EJVG-DVO vom 20.09.1983 stellte allerdings auch klar, dass Gemeinschaftsunternehmen, die die Genehmigung hatten, ein Grundstück zu nutzen, nur das Recht auf Nutzung, aber kein Eigentumsrecht daran zustand[962]. Weiterhin erfolgte eine Verknüpfung der Bodennutzungsdauer mit der Betriebsdauer des Gemeinschaftsunternehmens.[963]
Auch hier gilt, dass eine Übertragung des Nutzungsrechts zunächst nicht erlaubt war (§ 53, a. E.). Die EJVG-DVO wurde jedoch inzwischen geändert und die Bestimmung des § 53 der EJVG-DVO in deren letzten Fassung vom 22.7.2001 ersatzlos gestrichen.[964]
Nach Schaffung der Möglichkeit, Bodennutzungsrechte zu überlassen und der Aufhebung des Transferverbots kann das chinesische Partnerunternehmen sowohl zugeteilte als auch überlassene Bodennutzungsrechte in das gemeinsame Unternehmen einbringen. Art. 149 des letzten Sachenrechtsentwurfs SachRE05 scheint dies zu bestätigen, da dort bei der Einbringung von Bodennutzungsrechten nicht zwischen zugeteilten und überlassenen Nutzungsrechten differenziert wird. Der chinesische Partner muss jedoch nach § 45 EJVG-DVO das einzubringende Bodennutzungsrecht bereits erworben haben, wobei die Art und Weise des Erwerbs zu beachten ist. Wollen chinesische Partner staatlich zugeteilte Nutzungsrechte einbringen, so haben diese das unentgeltlich und unbefristet erlangte Bodennutzungsrecht durch Zahlung einer Bodennutzungsgebühr zunächst vom Staat zu erwerben, um es als Investition in ein gemeinsames EJV oder CJV einbringen zu können (vgl. a. §§ 44, 45 BodnutzÜÜVO). Dies entspricht auch § 40 der *Vorläufigen Maßnahmen für die Verwaltung von durch Zuteilung erworbenen Bodenrechten*[965]. Nach dieser Bestimmung wird es als Übertragung des Bodennutzungsrechts angesehen, wenn der Nutzer sein Nutzungsrecht als Bedingung oder Beteiligung in ein anderes Unternehmen einbringt. Es ist erforderlich, das durch Zuteilung erworbene Bodennutzungsrecht in ein überlassenes umzuwandeln. Eine Gleichstellung mit überlassenen Nutzungsrechten würde jedoch gem. § 4 BodNutzÜÜVO bedeuten, dass diese auch übertrag- und belastbar sind. Hier kommt es nach Streichung des § 53 EJVG-DVO bei EJV-Unternehmen zu keinem Konflikt, aber für die CJV gilt gem. § 19 CJVG-AB ein Belastungsverbot für eingebrachte Vermögensrechte und somit eine Verfügungsbeschränkung hinsichtlich des Bodennutzungsrechts.

---

[961] Li/Zhou (2005), S. 256
[962] Vgl. a. Li/Zhou (2005), S. 257
[963] Bei Verlängerung der Betriebsdauer muss auch das Bodennutzungsrecht verlängert werden. Der Antrag ist sechs Monate vor Ablauf der Betriebsdauer zu stellen und es muss ein neuer Überlassungsvertrag abgeschlossen werden, Li/Zhou (2005), S. 257
[964] Fand noch keine Berücksichtigung bei Tang/Gao (2002), eine der ausführlichsten Kommentierungen zum Bodenverwaltungsgesetz und den dieses ergänzenden gesetzlichen Bestimmungen. Dort wird unzutreffend noch auf die Gültigkeit dieser Bestimmung verwiesen (S. 1795 f.).
[965] Im folg.: **BodNutzRZuteil.-VorVerwMaßn**; erl. am 24.2.1992 v. Verwaltungsamt f. Staatsboden

Die Höhe des Wertes des eingebrachten Bodennutzungsrechts soll gem. § 46 EJVG-DVO der für die Erwerbung des Bodennutzungsrechts zu entrichtenden Bodennutzungsgebühr entsprechen, wobei den Nutzungsgebühr pro qm mit der Gesamtfläche des Bodens und der vertraglich vereinbarten Betriebsdauer des gemeinsamen Unternehmens multipliziert wird.[966]
Die Möglichkeit der Einbringung eines Bodennutzungsrechts in ein gemeinsames Unternehmen besteht gem. § 8 CJVG und § 18 CJVG-AB auch für CJV. Danach kann das chinesische Partnerunternehmen sein Bodenrecht als Kapitalbeteiligung in das gemeinsam zu betreibende Unternehmen einbringen und als Bedingung für die Kooperation stellen. Dies entspricht der Regelung des § 45 EJV-DVO für EJV. Die Bestimmung des § 19 CJVG-AB untersagt außerdem, als Investitionsanteil oder –bedingung eingebrachte Vermögensrechte mit einer Hypothek zu belasten.
Die gemeinsam gegründeten EJV bzw. CJV erwerben das Bodennutzungsrecht, welches als Investitionsanteil des chinesischen Partners gilt. Dieses wird als Investitionsanteil des chinesischen Partners gerechnet und damit ist das vom chinesischen Partner eingebrachte Bodennutzungsrecht als mittelbar entgeltlich zu betrachten.[967]

cc) Erlangung von Bodennutzungsrechten durch Überlassung

§ 50 EJV-DVO und § 41 WFOE-AB sehen vor, dass Bodennutzungsrechte außer auf dem in diesen Gesetzen beschriebenen Weg der Antragstellung bzw. Zuteilung auch auf andere gesetzlich erlaubte Weise erlangt werden können. Die BodNutzÜÜVO enthält hierfür entsprechende Bestimmungen. Nach § 3 der BodNutzÜÜVO können Gesellschaften, Unternehmen, andere Organisationen und Einzelpersonen in- und außerhalb der VR China Bodennutzungsrechte an staatseigenem Land erlangen und damit Inhaber von Bodennutzungsrechten sein. Diese Regelung beinhaltet gleichzeitig eine Gleichstellung mit inländischen Bodennutzern, womit den ausländisch investierten Unternehmen auch die den Inländern gewährten gesetzlichen Möglichkeiten offen stehen. Verfassungsrechtlich abgefedert wird dies durch Art. 18 II der Verfassung, der allen ausländischen Unternehmen und anderen ausländischen Wirtschaftsorganisationen sowie Joint-Ventures mit chinesischen und ausländischen Investitionen den Schutz ihrer legitimen Rechte und Interessen gewährt.
§ 3 BodNutzÜÜVO statuiert für ausländische Einzelpersonen und Unternehmen die grundsätzliche Möglichkeit, nach den Regeln der BodNutzÜÜVO Bodennutzungsrechte zu erlangen. Weiterhin kann der Bodennutzer, welcher nach den Regeln der BodNutzÜÜVO ein Bodennutzungsrecht erlangt hat, dieses gem. § 4 BodNutzÜÜVO übertragen. Das Gesetz sieht weder für überlassene Bodennut-

---

[966] Zur genauen Berechnung und Problematik des höheren Wertes bei vorzeitiger Beendigung des gemeinsamen Unternehmens s. a. § 49 EJV-DVO; Zhen (2004), S. 203, Fn. 512, allerdings mit falschen §§-Angaben
[967] S. Zhen (2004), S. 202

zungsrechte noch für deren Übertragung Einschränkungen vor. Somit ist grundsätzlich von der *Übertragungs*möglichkeit von *überlassenen Bodennutzungsrechten* an ausländische Einzelpersonen und Unternehmen auszugehen. Damit haben diese uneingeschränkt alle Rechtsbefugnisse am Bodennutzungsrecht, was auch eine Weiterübertragung, Belastung etc. einschließt (§ 4 BodNutzÜÜVO).[968]
Ausländische Firmen, die investieren, um ein ganzes Gebiet zu entwickeln und damit ein Gewerbe betreiben, haben § 52 BodNutzÜÜVO zu beachten, der bezüglich von Bodennutzungsrechten auf die einschlägigen Vorschriften des Staatsrates verweist. Ausländische Investitionen in diesem Bereich dürfen gem. § 4 der *Vorläufigen Verwaltungsmaßnahmen für ganze Terrains, die von ausländischen Firmen erschlossen und betrieben werden*[969] nur durch Unternehmen mit ausländischen Investitionen in den Formen der EJV, CJV und WFOE getätigt werden. Sie können Bodennutzungsrechte lediglich durch staatliche Überlassung und nicht durch Zuteilung erwerben. Gem. § 3 II und III AuslInvestArealEB-VorlVerwMaßn ist der Erwerb von Bodennutzungsrechten an Grundstücken von weniger als 1000 mu (ca. 67 ha) Ackerland oder weniger als 2000 mu (ca. 133 ha) anderer Bodenqualität von der Provinzregierung oder der Regierung der regierungsunmittelbaren Städte zu genehmigen. Bei einer Größe von mehr als 1000 mu bzw. 2000 mu ist die Genehmigung des Staatsrats erforderlich, wobei diese Regelung von § 45 BVG abweicht, der die Genehmigungsschwelle bei 35 ha bzw. 70 ha ansetzt. Weiterhin ist nach § 45 BVG eine Genehmigung für die Umwandlung landwirtschaftlicher Nutzfläche in Bauland erforderlich. Die Bestimmung des § 85 BVG sieht vor, dass die BVG, sofern keine anderen gesetzlichen Bestimmungen vorliegen, grundlegendes Gesetz für die Bodennutzung von EJV, CJV und WFOE sind und verweist damit für den Fall der Erschließung und Betreibung ganzer Areale durch ausländisch investierte Unternehmen auf die AuslInvestArealEB-VorlVerwMaßn.

Der Erwerb von *zugeteilten Bodennutzungsrechten* führt auf die gesetzlichen Regelungen zur Erlangung von überlassenen Nutzungsrechten zurück, indem eine entsprechende Konvertierung vorgeschrieben wird. Die in § 3 BodNutzÜÜVO statuierte Möglichkeit der Erlangung von Bodennutzungsrechten für ausländische Unternehmen oder Einzelpersonen wird in Bezug auf zugeteilte Bodennutzungsrechte in § 44 BodNutzÜÜVO unter den Vorbehalt des § 45

---

[968] Die gegenwärtige Politik bevorzugt das Überlassungssystem, welches für ausländische Unternehmen das inzwischen die häufigste rechtliche Form der Bodennutzung geworden ist. Die durch Antragsstellung erlangten Nutzungsrechte können bei Abschluss eines entsprechenden Vertrages und Zahlung einer Überlassungsgebühr in überlassene Nutzungsrechte transferiert werden, Cao Pei (1998), S. 56 .

[969] Die *Vorläufige Verwaltungsmaßnahmen f. ganze Terrains, die von ausländischen Firmen erschlossen und betrieben werden* (im folg.: **AuslInvestArealEB-VorlVerwMaßn)** gelten für Sonderwirtschaftszonen, offene Küstenstädte und Wirtschaftszonen an der Küste); erlassen v. Staatsrat am 19.5.1990; chin.: waishang touzi kaifa jingying chengpian tudi zanxing guanli banfa - 外商投资开发经营成片土地暂行管理办法

BodNutzÜÜVO gestellt. Nur bei Erfüllung der Voraussetzungen von § 45 BodNutzÜÜVO können zugeteilte Bodennutzungsrechte in solche umgewandelt werden, die im Wege der Überlassung[970] erlangt sind und dürfen weiter transferiert werden.[971] Die Regelung des § 45 BodNutzÜÜVO nennt insgesamt vier Voraussetzungen, welche kumulativ erfüllt sein müssen. Danach müssen die Bodennutzer Gesellschaften, Unternehmen, andere Wirtschaftsorganisationen oder Einzelpersonen sein. Sie müssen weiterhin über einen Nachweis der Nutzung von staatseigenem Boden und Nachweise für ihr Recht an Gebäuden und anderen Bestandteilen des betreffenden Landes verfügen. Schließlich müssen die Bodennutzer gem. der *Regeln zur Überlassung von Bodennutzungsrechten* (2. Kapitel, §§ 8 ff. BodNutzÜÜVO) einen Vertrag über die Überlassung des Bodennutzungsrechts geschlossen und der zuständigen Regierung die Gebühr für die Überlassung des Bodennutzungsrechts nachgezahlt haben. Sie können diese auch aus dem Erlös des Transfers ihrer Rechte zahlen. Die Konvertierung von unbefristeten, unentgeltlich erlangten Bodennutzungsrechten zu befristeten und entgeltlichen, wird von der h.M. als Grundlage für die Übertragung von *zugeteilten* Bodennutzungsrechten auf Unternehmen mit ausländischer Beteiligung angesehen.[972]

h) Rechtssicherheit für Bodennutzungsrechte von Unternehmen mit ausländischen Investitionen

aa) Nationale Ebene

Allen geschilderten Erwerbsarten von Bodennutzungsrechten durch Unternehmen mit ausländischen Investitionen ist gemeinsam, dass sie lediglich entgeltliche und befristete Nutzungsrechte ermöglichen. Differenzen bestehen bei der Höhe der zu zahlenden Nutzungsgebühr und der Nutzungsdauer sowie hinsichtlich der Entschädigung bei Verlust der Nutzungsrechte.[973]

Grundsätzlich gewährt Art. 18 II der Verfassung allen ausländischen Unternehmen und anderen ausländischen Wirtschaftsorganisationen sowie Joint-Ventures mit chinesischen und ausländischen Investitionen den *Schutz ihrer legitimen Rechte und Interessen*, worunter auch die auf gesetzlichem Wege erlangten Bodennutzungsrechte zu zählen sind. In diesem Zusammenhang ist zunächst auf die rechtliche Natur der unterschiedlichen Formen der Unternehmen mit ausländischen Investitionen einzugehen. Gem. § 2 der EJV-DVO handelt es sich bei den nach dem EJVG gegründeten Unternehmen um chinesische juristische Personen die unter der Zuständigkeit und dem Schutz des chinesischen Gesetzes stehen. Auch die WFOE erwerben gem. dem chinesischen Recht die Eigenschaft

---

[970] Chin.: churang – 出让; auch *granted land use rights*, vgl. Himmelmann (2001), S. 280

[971] Vgl. untere Ausführungen

[972] Himmelmann (2001), S. 280

[973] Vgl. Tang/Gao (2002), S. 1794; z. Entschädigungsfrage s.a. untere Ausführungen

einer chinesischen juristischen Person (§ 8 WFOEG). Ausländischen Kooperationsunternehmen steht es frei, den Status einer chinesischen juristischen Person anzunehmen (§ 4 CJVG).[974] Zusammenfassend lässt sich feststellen, dass in Bezug auf die Staatsangehörigkeit von Gemeinschaftsunternehmen mit chinesisch-ausländischer Investitionsbeteiligung ein Doppelkriterium gilt. Die chinesische Staatsangehörigkeit ist zu bejahen, wenn diese Unternehmen in China errichtet werden und wenn sie dem chinesischen Gesetzesrecht entsprechen.[975] § 41 II AGZ fasst diesen Grundsatz nochmals für die verschiedenen Formen ausländisch investierter Unternehmen zusammen.
Die AGZ als allgemeines Zivilgesetz der VR China enthalten im 2. Abschnitt der *Juristischen Unternehmenspersonen* zwar Regelungen zum Status ausländisch investierter Unternehmen (§ 41 II AGZ) und deren zivilrechtlicher Haftung. Es fehlen jedoch Bestimmungen, welche besondere Rechte oder den Schutz der Rechte solcher Unternehmen regeln. Auch die *Ansichten des OVG zu einigen Fragen der Anwendung der AGZ* bringen hier keine Klarheit.

Eine allgemeine Regelung zur Entschädigung im Falle des Verlustes von Bodennutzungsrechten durch staatliche Rücknahme findet sich in § 58 BVG. Dieser bestimmt, dass bei der staatlichen Rücknahme von Bodennutzungsrechten in zwei Fällen ein angemessener Ausgleich geleistet werden muss. Dies gilt, wenn der Gebrauch des Landes für das öffentliche Interesse (§ 58 I 1. BVG) oder zur Ausführung der städtischen Leitplanung (§ 58 I 2. BVG) erforderlich ist. Diese Regelung hat auch Gültigkeit für ausländisch investierte Unternehmen.[976]
Weiterhin könnte die Sondergesetzgebung zu ausländisch investierten Unternehmen einschlägig sein, welche spezielle Regelungen zum Schutz eingebrachter Investitionen enthält. So bestimmt § 2 I EJVG, dass die chinesische Regierung im Rahmen des Gesetzesrechts die gem. den von der chinesischen Regierung genehmigten Vereinbarungen, Verträgen und Satzungen in das Gemeinschaftsunternehmen eingebrachten Investitionen des ausländischen Gesellschafters schützt. Auf der anderen Seite müssen die Unternehmen bei ihren Tätigkeiten die Gesetze, Verordnungen sowie einschlägigen Vorschriften und Bestimmungen der VR China befolgen. Ähnlich formuliert § 3 CJVG, dass die legitimen Rechte und Interessen des Unternehmens sowie der Kooperationspartner gesetzlich geschützt sind. Auch hier ist die Bestimmung inhaltlich so strukturiert, dass der Schutzgewährung die Verpflichtung zur Befolgung der chinesischen Gesetze folgt. § 4 des WFOEG gewährt ebenfalls den Schutz der Investi-

---

[974] Vgl. v. Senger / Xu (1994 – 1), S. 268
[975] Vgl. v. Senger / Xu (1994 – 1), S. 270. Weiterhin gilt in China der Grundsatz der allgemeinen Anerkennung der zivilen Handlungsfähigkeit *ausländischer juristischer Personen*, denn die zivile Handlungsfähigkeit einer ausländischen juristischen Person richtet sich nach deren Heimatrecht d.h. nach dem Recht des Staates, in dem sie registriert worden ist. Als Heimatrecht einer ausländischen juristischen Person gilt damit das Recht des Staates in dem sich der Ort ihrer Registrierung befindet; somit ist hier die chinesische Gesetzgebung einschlägig. (S. Nr. 184 I der Ansichten des OVG zu einigen Fragen der Durchführung und Vollstreckung der AGZ)
[976] Vgl. Diem (2000), S. 184

tionen der ausländischen Investoren und bestimmt im Anschluss, dass die Unternehmen ausländischen Kapitals die chinesischen Gesetze und Rechtsvorschriften befolgen müssen und die gesellschaftlichen öffentlichen Interessen Chinas nicht verletzen dürfen. Die systematische Stellung der *Befolgungsregel* direkt hinter der Gewährung staatlichen Schutzes für eingebrachte Investitionen in allen genannten Bestimmungen lässt auf einen inneren Zusammenhang schließen, wobei der Schutz von Investitionen und die Befolgung von Gesetzen miteinander verknüpft werden.[977]

Weiterhin ist zu differenzieren, ob das Bodennutzungsrecht als Investition des chinesischen oder des ausländischen Partnerunternehmens anzusehen ist. Bei den WFOE wird für den auf Antrag zugewiesenen Boden eine Bodennutzungsgebühr bezahlt (§§ 33 und 36 WFOG-AB) und das auf diese Weise erlangte Bodennutzungsrecht ist damit als Investition des ausländischen Unternehmens anzusehen. Dies gilt auch für den Erwerb durch Übertragung, welcher durch § 3 BodNutzÜÜVO grundsätzlich eröffnet ist. Bei der Einbringung durch den chinesischen Partner ist das eingebrachte Bodennutzungsrecht umgekehrt als Investition des chinesischen Partners zu betrachten. Für chinesisch-ausländische Kooperationsunternehmen sehen die § 8 CJVG und § 18 CJVG-AB vor, dass die chinesischen und ausländischen Partner ihre Investitionen auch in Bodennutzungsrechten vornehmen können, wobei vom ausländischen Partner im Wege der Antragstellung (unter Zahlung einer jährlichen Gebühr) oder Übertragung erworbene Bodennutzungsrechte ebenfalls als dessen Investition anzusehen sind. Für CJV ohne den Status einer juristischen Person sieht § 52 CJV-AB vor, dass die jeweils geleisteten Investitionseinlagen im Eigentum der einbringenden Partei verbleiben, was auch für durch das ausländische Partnerunternehmen erlangte Bodennutzungsrechte gilt. Nach § 5 I EJVG kann jede Partei eines JVs Geldanlagen, Sacheinlagen, gewerbliche Schutzrechte etc. als Investitionen einbringen. Auf Bodennutzungsrechte geht gesondert § 5 II EJVG ein, der bestimmt, dass der Investitionsbeitrag des *chinesischen* Partners das Nutzungsrecht für das dem Gemeinschaftsunternehmen zur Verfügung gestellte Grundstück umfassen kann. Somit umschließt das *etc.*[978] des § 5 I EJVG nicht die Bodennutzungsrechte und das Recht auf die Einbringung von Bodennutzungsrechten scheint allein dem chinesischen Partner zuzustehen. Allerdings schränkt § 50 EJV-DVO dahingehend ein, dass Bodennutzungsrechte außer auf dem Wege der Antragstellung, Einbringung durch den chinesischen Partner etc. auch auf andere gesetzlich erlaubte Weise erlangt werden können und eröffnet damit nicht nur den Weg zur Erlangung von Bodennutzungsrechten durch Übertragung, sondern auch für die Einbringung solcher Rechte als Investitionen ausländischer Partnerunternehmen und diese unterfallen damit dem Schutz der Sondergesetze für EJV.

[977] Vgl. hierzu a. Art. 18 II Verf., wo die *Befolgungsregel* direkt vor Gewährung der legalen Rechte und Interessen plaziert ist.

[978] Chin.: deng – 等

Konkretisiert wird der allgemein formulierte Schutz ausländischer Investitionen durch Bestimmungen, die sich auf den Fall der kompletten Verstaatlichung bzw. Beschlagnahme von ausländisch investierten Unternehmen beziehen (§ 5 WFOEG, § 2 EJVG), wobei das Bodennutzungsrecht des ausländischen Unternehmens betroffen sein kann. Diese formulieren zunächst die Gewährleistung, dass der chinesische Staat Unternehmen mit ausländischem Kapital weder verstaatlichen noch beschlagnahmen wird. Daran schließt sich der Ausnahmefall, dass unter besonderen Umständen im öffentlichen Interesse[979] solche Unternehmen auf legalem Wege beschlagnahmt bzw. verstaatlicht werden können; es ist jedoch eine angemessene Entschädigung zu zahlen, wobei die Bestimmung der Höhe der Entschädigung offen bleibt.[980]
Zusammenfassend ist festzustellen, dass soweit die Bodennutzungsrechte als Investition des ausländischen Unternehmenspartners anzusehen sind, bzw. eine Investition des ausländischen WFOE-Gründers darstellen, diese auch der Sondergesetzgebung für Unternehmen mit ausländischen Investitionen unterfallen.

bb) Bilaterale Ebene

Rechtssicherheit wird auch durch internationale Abkommen gewährleistet. Die Bestimmung des § 142 II AGZ postuliert für die VR China den Grundsatz der Befolgung von Staatsverträgen und internationalen Übereinkommen im Bereich des internationalen Privatrechts. Soweit internationale Abkommen, die die VR China abgeschlossen hat, oder an denen sie teilnimmt, etwas anderes bestimmen als die AGZ, werden diese Vorschriften angewandt, falls die VR China nicht in einer Klausel einen Vorbehalt erklärt hat. Dies bedeutet nicht nur die Anwendung von Vorschriften internationaler Abkommen, soweit sie von den AGZ im Sinne einer inhaltlichen Änderung abweichen, sondern auch, soweit sie über diese hinausgehen. Damit anerkennt die VR grundsätzlich den Vorrang von internationalen Verträgen im Rahmen der Rechtsanwendung auf Zivilbeziehungen mit Auslandsberührung.[981] Die internationalen Verträge, die sie abgeschlossen hat oder denen sie beigetreten ist, haben in China Gesetzeskraft und sind für den chinesischen Staat und seine Organe bindend. Im Rahmen ihres Geltungsbereichs kommt den internationalen Verträgen sogar eine höhere Wirksamkeit als den chinesischen Gesetzen zu. So müssen internationale Verträge, die China abgeschlossen hat oder denen es beigetreten ist, selbst dann eingehalten werden, wenn sie dem chinesischen Recht widersprechen.[982]

[979] Z. Problematik des Begriffs des *öffentlichen Interesses* s.a. Himmelmann (2001), S. 279; vgl. aber auch den Begriff *Wohl der Allgemeinheit* in der deutschen Verfassung, Art. 14 III 1 GG, dem es ebenfalls an scharfen Konturen mangelt, s. Dreier-Wieland (2004), Art. 14 GG, Rn. 99 ff.
[980] Anders als bei den detaillierten Bestimmungen des Art. 4 *Investitionsschutzabkommen*; s. untere Ausf.
[981] S. v. Senger / Xu (1994 – 1), S. 202; vgl. a. Li/Zhou (2005), S. 248 f.
[982] Primat (shangweixing - 上位性) des internationalen Vertrages; s. v. Senger / Xu (1994 – 1), S. 202; diese verweisen allerdings auch auf die Ausnahmen von diesem Grundsatz bei Anmeldung eines Vorbehalts, der Anwendung des ordre public etc.

Hier ist auf das bilaterale *Abkommen zwischen der Bundesrepublik Deutschland und der VR China über die Förderung und den gegenseitigen Schutz von Kapitalanlagen* (*Investitionsschutzabkommen*) einzugehen.[983] Kapitalanlagen werden unter Art. 1, 1. InvestSchutzAbk als Vermögenswerte jeder Art, die von Investoren direkt oder indirekt im Hoheitsgebiet der anderen Vertragspartei angelegt werden, definiert. Das Protokoll zum Abkommen stellt unter 1., zu Artikel 1 a) klar, dass als Kapitalanlagen gem. Art. 1 InvestSchutzAbk solche gelten, die zur Schaffung dauerhafter wirtschaftlicher Beziehungen in Zusammenhang mit Unternehmen vorgenommen werden, womit zu privaten Zwecken getätigte Investitionen vom Schutz des Abkommens ausgeklammert werden.[984] Unter den Begriff der Kapitalanlage sind *insbesondere aber nicht ausschließlich* gem. Art. 1, 1. b) Gesellschaftsanteile, -einlagen und andere Arten von Beteiligungen an Gesellschaften zu subsumieren, was auch durch ausländische Unternehmen erlangte und in chinesisch-ausländische Gemeinschaftsunternehmen eingebrachte Bodennutzungsrechte einschließen kann. Die Wendung *nicht ausschließlich* eröffnet hier die Subsumtion von Bodennutzungsrechten unter Vermögenswerte jeder Art, die im Hoheitsbereich der VR China angelegt werden und die nicht den unter *insbesondere* aufgeführten Kategorien zuzuordnen sind, so z.B. die von WFOEG erlangten Nutzungsrechte am Boden. Als Investoren in Bezug auf die Bundesrepublik Deutschland gelten nach Art. 1, 2. a) natürliche Personen und juristische Personen sowie jede Handelsgesellschaft oder Vereinigung mit oder ohne Rechtspersönlichkeit, die ihren Sitz im Hoheitsgebiet der Bundesrepublik hat. Somit unterfallen Bodennutzungsrechte von natürlichen (gem. dem GG) und juristischen Personen (sofern sie ihren Sitz in der Bundesrepublik haben), soweit sie zur Schaffung dauerhafter wirtschaftlicher Beziehungen in Zusammenhang mit Unternehmen erlangt wurden und damit als Kapitalanlage gelten, dem Investitionsschutzabkommen. Bei ausländisch investierten Unternehmen ist in Hinblick auf den Schutz durch das Investitionsschutzabkommen nicht deren Status als inländische juristische Personen in der VR China entscheidend[985], sondern die *Investor*-Eigenschaft i.S.d. Art. 1, 2. a) InvestSchutzAbk. des deutschen Unternehmens-partners der EJV und CJV bzw. des deutschen Investors der WFOE in Bezug auf die Bundesrepublik.

---

[983] Im folg.: **InvestSchutzAbk**, v. 01.12.2003 (BT-Drucksache 15/4983); ersetzt das Abkommen vom 07.10.1983 (Zustimmung BRD: BGBl. Teil II/2005, S. 732 ff.). Weitere bilaterale Abkommen neben dem InvestSchutzAbk sind: (1) Abkommen über die Zusammenarbeit auf den Gebieten Wirtschaft, Industrie und Technik v. 30.06.2000 (2) Doppelbesteuerungsabkommen v. 10.05.1985

[984] Protokoll zum InvestSchutzAbk, BT-Drucksache 15 / 4983, S. 13

[985] Vgl. obige Ausführungen. Die WFOE gelten nicht als Niederlassungen ausländischer Unternehmen, sondern als *chinesische juristische Personen* (§ 8 WFOEG). Bei den CJVs ist der Status einer juristischen Person nicht zwingend vorgeschrieben (§ 4 CJVG i.V.m. §§ 50 ff CJVG). Jeder Partner kann seine eigene juristische Identität behalten oder es kann eine gemeinsame Gesellschaft mit eigener Rechtspersönlichkeit gegründet werden. Beim EJV können auf ausländischer Seite Unternehmen, Organisationen oder Einzelpersonen Kooperationspartner sein, § 1 EJVG. Die Rechtsform ist die einer Gesellschaft mit beschränkter Haftung (§ 4 I EJVG) und jede Partei darf Sacheinlagen und damit auch Gebäude als Investition einbringen (§ 5 I). (Vgl. a. Gutowski/Tang, 1998, S. 6 ff.)

Art. 2 des InvestSchutzAbk sieht vor, dass gegen den Gebrauch, die Nutzung und die Verfügung über Kapitalanlagen der Investoren keine willkürlichen oder diskriminierenden Maßnahmen unternommen werden dürfen. Eine Gewährleistung des vollen Schutzes und der vollen Sicherheit von Kapitalanlagen deutscher Investoren postuliert Art. 4 I InvestSchutzAbk und regelt gleichzeitig den als Ausnahme vorgesehenen Fall der Enteignung bzw. der Verstaatlichung. Direkte und indirekte Enteignungen sind gem. Art. 4 II InvestSchutzAbk nur zum allgemeinen Wohl und gegen Entschädigung zulässig, wobei diese dem Wert der Kapitalanlage unmittelbar vor der Enteignung bzw. deren Bekanntmachung entsprechen muss. Die Entschädigung ist unverzüglich zu leisten, andernfalls zu verzinsen, und muss tatsächlich verwertbar und frei transferierbar sein. Unbeschadet der Bestimmungen des Art. 9 InvestSchutzAbk zum Schiedsverfahren als wesentliches Mittel der Beilegung von Meinungsverschiedenheiten, müssen auf Verlangen des Investors die Rechtmäßigkeit der Enteignung und die Höhe der Entschädigung durch innerstaatliche Gerichte nachgeprüft werden können. Damit wird neben dem Schiedsweg der ordentliche Rechtsweg zur Überprüfung von Enteignungsmaßnahmen gewährt.[986]

cc) Multilaterale Ebene

Zusätzlichen rechtlichen Schutz auf supranationaler Ebene könnte die *Convention on the Settlement of Investment Disputes between States and Nationals of other States* (ICSID) gewähren, welcher die VR China im Jahre 1992 beitrat. Der ICSID-Konvention liegt der Gedanke zugrunde, dass aus Investitionsverträgen resultierende Streitigkeiten mit Beteiligung einer ausländischen Partei außerhalb des Machtbereichs des beteiligten Staates auf die Ebene eines supranationalen Gerichts verlagert werden sollten.[987] Die ICSID-Konvention regelt in § 27, dass im Falle von Streitigkeiten diplomatische Interventionen der Heimatstaaten der an den Streitigkeiten beteiligten Parteien solange zurückzuhalten sind, bis ein Schiedsspruch der ICSID ergangen ist und dieser vom Gastland anerkannt wird. Die am Streit beteiligten Staaten können dabei das zugrunde liegende Recht frei wählen. Ist eine solche Wahl nicht getroffen, so ist gem. § 42 der ICSID-Konvention das Recht des Landes zugrundezulegen, das den Konflikt inhaltlich bestimmt.[988] Grundsätzlich ermöglichen auch §§ 55 und 58 der AGZ die Wahl eines anderen als des chinesischen Rechts als Grundlage für die Entscheidung privatrechtlicher Streitigkeiten. Das Außenwirtschaftsvertragsgesetz[989] grenzt diese Wahl jedoch gem. § 5 II ein, welcher bestimmt, dass im Bereich ausländischer Direktinvestitionen (EJV und CJV) ausschließlich chinesisches Recht maßgeblich sein darf.

---

[986] Vgl. Denkschrift z. Abkommen, zu Artikel 4, BT-Drucksache 15 / 4983, S. 17
[987] Vgl. Sornarajah (1994), S. 89, Fn. 26
[988] Vgl. Sornarajah (1994), S.69, Fn. 104
[989] Im folg.: **AußWiVertragG**; Zhonghua renmin gongheguo shewai jingji hetong fa – 中华人民共和国 涉外经济合同法 ; verabschiedet v. NVK am 21.03.1985, i.Kr. seit 01.07.1985

i) Zuteilung, Überlassung und Transfer von städtischen Bodennutzungsrechten in der VR China
(alle §§ oh. Gesetzesangabe sind solche der BodNutzÜÜVO)

	Primärmarkt: Erwerb durch **Zuteilung** = Allocated land use rights **(huabo – 划拨)**	**Primärmarkt:** Erwerb durch **Überlassung** = Granted land use rights **(churang – 出让)**
Vergabebefugter	Staat	Staat
zuständige Stelle	Volksregierung der Stadt bzw. des Kreises (§ 47)	Volksregierung der Stadt bzw. des Kreises (§ 9)
Dauer	unbegrenzt; Ausn.: Rücknahme gegen Entschädigung gem. § 47	abhäng. v. der Verwendung des Landes (§ 12), 40 – 70 Jahre; Ausn.: staatl. Rücknahme gegen Entschädigung gem. § 42
Kosten	keine	Überlassungsgebühr (§ 8)
Sekundärmarkt: Möglichkeit d. **Transfers (zhuanrang – 转让)** = gem. § 19 Weiter-*Übertragung* des Bodennutzungsrechts durch Bodennutzer in Form v. Verkauf, Tausch, Schenkung	grdsl. keine (§ 44); Ausn. § 45	erlaubt gem. § 4; zu beachten ist die Problematik des auf dem überlassenen Boden befindlichen Gebäudeeigentums (§ 21 StImmVerwG, § 40)
Möglichk. d. Verpachtung	grdsl. keine (§ 44), Ausn. § 45	erlaubt gem. § 4
Möglichk. d. Belastung	grdsl. keine, (§ 44), Ausn. § 45	erlaubt gem. § 4
Verbbarkeit	Bodennutzungsrechte von Einzelnen, § 48	Bodennutzungsrechte von Einzelnen, § 48
Besonderheiten für Unternehmen mit ausländ. Investitionen (JV, CJV, WFOE)	Für *Erwerb v. zugeteilten BodNutzRechten* gilt die Einschr. des § 44; aber Ausnahme des § 45 als mögl. gesetzl. Grundlage für	Für *Erwerb v. überlassenen BodNutzRechten* gilt oh. Einschr. § 3, sowie § 4 bzgl. der Transfermöglichkeit. Für den Fall, dass ausländ.

[990] Himmelmann (2001), S. 280

	die Übertragung von *zugeteilten* BodNutzRechten.[990] Für EJV u. CJV sowie WFOE gilt, sofern keine andere gesetzl. Best. vorliegt, gem. § 85 BVG das BVG.	Firmen investieren, um Land zu entwickeln o. damit ein Gewerbe zu betreiben (gewerbsmäss. Vertrieb u. Verpachtung) gilt zusätzl. § 52, der auf einschläg. Vorschriften des Staatsrates verweist.[991] Für EJV u. CJV sowie WFOE gilt, sofern keine andere gesetzl. Best. vorliegt, das BVG (§ 85 BVG)

[991] F. Sonderwirtschaftszonen, offene Küstenstädte und Wirtschaftszonen an der Küste gilt die *Verwaltungsmethode f. ganze Terrains, die von ausländischen Firmen erschlossen und betrieben werden* v. 19.5.1990 (外商投资开发经营成片土地暂行管理办法); die Bodennutzungsrechte können nur durch Überlassung und nicht durch Zuteilung vom Staat erworben werden, Zhen (2004), S. 204

2. Bodennutzungsrecht in ländlichen Gebieten (Bodenübernahmerecht)

a) Das kollektive Bodeneigentum

aa) Historische Grundlagen

Die Übernahmerechte der Bauernfamilien an dem von ihnen bearbeiteten Boden stellen den praktisch und politisch bei weitem wichtigsten Teilbereich des Sachenrechts dar.[992] Ihre praktische Ausübung nach Öffnung und Reformen blieb zunächst ohne rechtliche Grundlage. Die spätere unzureichende rechtliche Regelung der Übernahmerechte verdeutlicht die Problematik der Eigentumsrechte am Boden.

Die erste Bodenreform der VR China in den Jahren von 1949 bis 1952 enteignete auf Grundlage des BodenreformG[993] Großgrundbesitzer und reichere Bauern ohne Entschädigung und verteilte deren Boden kostenlos an Landlose, Landarbeiter und landarme Pachtbauern. Diese erhielten nicht nur das Bodennutzungsrecht, sondern auch das Eigentumsrecht am Boden zugewiesen und konnten nach dem Gesetz Verfügungen über den Boden treffen, was auch den Kauf und Verkauf einschloss. Anfang der 50er Jahre herrschte auf dem Land das ungeteilte, private Bodeneigentum und die Einzelwirtschaft der selbständigen Bauern.[994] Die sich anschließende Bewegung der Vergenossenschaftlichung führte zum Zusammenschluss der Bauern in Landwirtschaftlichen Produktionsgenossenschaften (LPG) zunächst niedrigen Typs, wobei ihr Ackerland zur gemeinsamen Nutzung in die Genossenschaft eingebracht wurde. In dieser Phase zwischen 1953 und 1955 ging das individuelle Bodennutzungsrecht verloren, während das individuelle Privateigentum am Boden gesetzlich noch erhalten blieb.[995] Nach dem Beschluss der KPCh zum *Grundriss der landwirtschaftlichen Entwicklung von 1956 bis 1967* [996]sollten die Bauern von den LPGs niederen in die des höheren Typs der Volkskommunen geführt werden und dies führte dazu, dass die Bauern auf Grundlage der vom NVK bekannt gegebenen *Standardsatzung der LPG höheren Typs*[997] das individuelle Privateigentum am Boden verloren. In den Volkskommunen wurde das von Bauern eingebrachte Land ohne Abfindung in Kollektiveigentum bzw. geteiltes Eigentum[998] überführt. Hauptmerkmal der Volkskommunen war die vollständige Abschaffung des Privateigentums, wel-

---

[992] S. Münzel, CR 2005.7, 10.7.05/1, Anm. 1

[993] BodenreformG v. 28.6.1950

[994] Vgl. Zhu (1997), S. 51 ff.

[995] Vgl. *Bestimmungen des ZK der KPCh über die gegenseitige Hilfe in der Agrarproduktion*, 1953; *Beschluß über die gegenseitige Hilfe in der Agrarproduktion* v. Feb. 1953

[996] Politbüro des ZK der KPCh: Grundriß der landwirtschaftlichen Entwicklung von 1956-1967, 1. Entwurf v. 23.1.56

[997] Standardsatzung der LPG höheren Typs v. 30.6.1956

[998] Beim Bodeneigentum steht formal geteiltes Eigentum dem Privateigentum gegenüber. Geteiltes Eigentum umfaßt dabei einen Obereigentümer, welcher lediglich das Nutzungsrecht am Boden überträgt und einen Untereigentümer, der als Empfänger des Nutzungsrechts nur Bodenbesitzer ist; Sellien (1977), S. 1162

ches nicht einmal mehr in nomineller Anerkennung fortbestand.[999] Die alten Grundbücher wurden verbrannt und auch keine neuen angelegt.
Die 1978 zunächst im Bereich der Landwirtschaft einsetzende Reformpolitik schuf mit dem System der *Übernahme der Verantwortung* eine auf Eigenverantwortung der Bauern beruhende Bewirtschaftung, die den Bauern zwar nicht die Verfügung über das bewirtschaftete Land, wohl aber über die Produktion und erwirtschaftete Gewinne brachte. Ende 1981 fand die Übernahme des Bodens durch die Bauernhaushalte auf Parteiebene noch ein kritisches Echo, da sie mit der Rückverteilung des Landes und damit der Rückkehr zum Privateigentum verwechselt wurde.[1000] Dies zeigt deutlich, dass eine Rückkehr zu privatem Eigentum an Boden keineswegs zugelassen werden sollte. Auch nach Auflösung der Kommunen wurde keine Neuverteilung des Bodens vorgenommen und 1982 fanden die in den 50er Jahren geschaffenen Eigentumsverhältnisse am Boden erstmalig ihre formelle rechtliche Grundlage in Art. 10 der Verfassung, wonach die Kollektive als Nachfolger der Volkskommunen Eigentümer des Bodens auf dem Lande sind.

bb) Rechtsdogmatische Grundlagen und Problematik

Subjekt des kollektiven Eigentums sind die *kollektiven Organisationen* (§ 74 I AGZ), von denen jede ihre eigene Rechtssubjektivität besitzt. Aus § 74 II AGZ ergeben sich als Rechtssubjekte des kollektiven Eigentums die bäuerlichen Kollektive von Dörfern und die von Gemeinden bzw. Marktflecken; § 10 BVG ergänzt diese um die bäuerlichen Kollektive der landwirtschaftlichen kollektiven Wirtschaftsorganisationen eines Dorfes.
Die Feststellung des Rechtssubjekts des kollektiven Bodeneigentums auf Dorfebene wirft dabei Schwierigkeiten auf, denn nach zivilrechtlichen Prinzipien können nur natürliche und juristische Personen, welche Rechtsfähigkeit besitzen als Träger subjektiver Rechte auftreten. Das bäuerliche Kollektiv als eine Mehrzahl von Personen i.S.d. § 74 II AGZ ist jedoch weder natürliche noch juristische Person und damit als Rechtssubjekt des kollektiven Bodeneigentums eigentlich ausgeschlossen. Dies bedeutet, dass es sich bei dem Begriff des kollektiven Eigentums um eine Bezeichnung des wirtschaftlichen Systems, nicht aber um eine Eigentumsform handelt.[1001] Die Rechtsform des bäuerlichen kollektiven Eigentums auf Dorfebene ist das *genossenschaftliche Eigentum* bzw. das *Eigentum der landwirtschaftlichen kollektiven Wirtschaftsorganisationen*. Nur diese können als Verkörperung des bäuerlichen Kollektivs und damit als juristische Person das Eigentumsrecht am Boden ausüben.[1002] Wegen der fehlenden Unter-

---

[999] Zhu (1997), S. 52
[1000] *Zusammenfassung der Konferenz zur Dorfarbeit*, Ende 1981, Punkt 2 a. E., zit. n. Münzel CR 2003.1, 29.8.02/1, Anm. 1
[1001] Zhen (2004), S. 46
[1002] S. Zhen (2004), S. 46 m. Bezug auf Jiang/Zhang (1988), S. 142; Qian (1994), S. 190; Qian/Ni (1991), S. 13 f.

scheidung des Eigentums der *kollektiven Wirtschaftsorganisationen* von dem des *bäuerlichen Kollektivs* in § 74 II AGZ[1003] käme aber auch die Gesamtheit der bäuerlichen Dorfbevölkerung als Rechtssubjekt in Frage, was jedoch bei einer Gruppe von Menschen nach obigen Ausführungen zivilrechtlich ausgeschlossen ist. Die Unklarheit der Gesetzestexte kann somit auch zu dem Schluss der *Trägerlosigkeit des kollektiven Eigentums* führen.[1004]

Auf der Ebene der Gemeinden und Marktflecken ergibt sich das Problem, dass die in § 74 II 2 AGZ und § 10 BVG genannten *bäuerlichen kollektiven Wirtschaftsorganisationen* tatsächlich nicht existieren. Nach Trennung der Genossenschaften von der Gemeinderegierung im Zuge der Abschaffung der Volkskommunen wurden Wirtschaftsorganisationen auf Gemeindeebene nicht wieder aufgebaut.[1005] Es fehlt eine Verkörperung des bäuerlichen Kollektivs der Gemeinde und somit der Rechtsträger von deren kollektivem Eigentum. Die Gemeinderegierung als Behörde hat hinsichtlich des Bodens nur eine Verwaltungsfunktion inne, überschreitet diese jedoch häufig wegen des Fehlens klarer Rechtssubjekte. Weiterhin wird das Problem der Unbestimmtheit des kollektiven Grundeigentümers teilweise den lokalen Regierungen überlassen, womit diesen die Möglichkeit gegeben wird, die Träger des kollektiven Grundeigentums zu bestimmen. Daraus könnte gefolgert werden, dass der *kollektive Boden der Gemeinden de facto in Staatseigentum* steht.[1006]

Das kollektive Bodeneigentum besitzt den allgemeinen Rechtscharakter des Eigentumsrechts, ist also ein absolutes Recht, welches gem. § 71 AGZ die Eigentümerbefugnisse des Besitzes, des Gebrauchs, der Fruchtziehung und der Verfügung beinhaltet. Bei der Bodenübernahme erwerben die Übernehmer von den kollektiven Grundeigentümern die Besitz- und Gebrauchsbefugnis, das Fruchtziehungsrecht und einen Teil des Verfügungsrechts. Der dem Bodenübernehmer verbleibende Teil des Verfügungsrechts beschränkt sich auf die Veräußerung des Übernahmerechts mit Zustimmung des Eigentümers und entsprechend der Bindung des Nutzungszwecks. Obwohl sich nach der Bodenübernahme das kollektive Grundeigentum auf einen Teil der Eigentümerbefugnisse reduziert, bleibt der Kernpunkt des Grundeigentumsrechts, nämlich das uneingeschränkte Verfügungsrecht über den Boden, beim Grundeigentümer[1007]. Dies jedoch nur nominell, denn Art. 10 IV der Verf. untersagt es, kollektives Grundeigentum in den

---

[1003] § 74 AGZ lautet: Boden in kollektivem Eigentum gehört... zum Eigentum des *bäuerlichen Kollektivs* des Dorfs... Wenn er bereits zum Eigentum *bäuerlicher kollektiver Wirtschaftsorganisationen* der Gemeinden (Marktflecken) gehört, kann er zum Eigentum bäuerlicher Kollektive der Gemeinden (Marktflecken) gehören

[1004] So Zhen (2004), S. 46 f.

[1005] Lü (1994), S. 197; z. lückenhaften politisch-administrativen System, das nach Auflösung der Volkskommunen und Produktionsbrigaden im Zuge der Entkollektivierung Anfang der 80er Jahre zurückblieb vgl. Heilmann (2004), S. 229 ff.

[1006] So Zhen (2004), S. 48; ebenso auch Wesiak (2005), S. 177 m. Bezug auf Ye (01.08.2004), S. 1

[1007] (Vgl. Art. 10 IV Verf.)

Verkehr zu bringen. Damit beschränkt sich das Verfügungsrecht des kollektiven Grundeigentümers tatsächlich auf die Überlassung der Grundstücke an die Übernehmer durch einen Übernahmevertrag.

Das kollektive Grundeigentumsrecht wird in den Gesetzen zwar ausdrücklich als Eigentum bezeichnet, weist in der rechtlichen Regelung jedoch Lücken und Widersprüche auf. Dies zeigt sich am Fehlen einer klar bestimmten Rechtssubjektivität und der Unbestimmtheit der Voraussetzungen für die Enteignung. Weitere Einschränkungen des kollektiven Eigentums am Boden sind die fehlende Verkehrsfähigkeit des Bodens und die Bindung an den Bodennutzungszweck. Die Reform des kollektiven Grundeigentums gehört zu einem der Zentralpunkte der Sachenrechtsdiskussion, wobei auch die Auffassung vertreten wird, das kollektive Grundeigentum in privates Grundeigentum der Bauern umzuwandeln.[1008]

cc) Verlust des kollektiven Bodeneigentums durch Enteignung

Die Verfassung schließt Erwerb und Veräußerung von kollektivem Grundeigentum aus (Art. 10 IV). Dies betrifft auch die rechtsgeschäftliche Eigentumsübertragung von kollektiveigenem Boden an den Staat. Somit kann der Verlust kollektiven Eigentums nur durch den hoheitlichen Rechtsakt der Enteignung erfolgen. Auch hierfür liefert die Verfassung mit Art. 10 III die rechtliche Grundlage. Nach der im März 2004 revidierten Fassung kann der Staat in Übereinstimmung mit den gesetzlichen Bestimmungen Grund und Boden *entziehen* [1009],wenn *öffentliche Interessen*[1010] es erfordern und leistet hierfür eine Entschädigung. Der im August 2004 entsprechend geänderte § 2 II BVG wiederholt dies fast wortgleich. Dies bedeutet sowohl im Fall der Einziehung als auch der Nutzungsbeanspruchung die rechtliche Möglichkeit des Staates, kollektives Bodeneigentum zu enteignen. Hier ist zu beachten, dass eine gesetzliche oder verfassungsrechtliche Definition der Bodenenteignung fehlt. Die Literatur definierte zu Beginn der 90er Jahre die Enteignung von Boden als Entziehung des kollektiven Grundeigentums zum Staatsgrundeigentum durch hoheitlichen Rechtsakt zur Befriedigung des Bodenbedarfs für den Staatsaufbau gegen Entschädigung [1011], obwohl eine solche gesetzlich noch nicht vorgesehen war.

[1008] Z. Diskussion vgl. Zhen (2004), S. 75 m. w. Nenn. u. die Ausführungen zur Verabschiedung eines neuen Sachenrechts

[1009] Chin.: zhengshou – 征 收, wörtl.: *Empfang nach Entzug*; dieser Begriff ersetzte bei der Gesetzesrevision 2004 den Begriff *zhengyong* – 征 用, der mit *Beschlagnahme* übersetzt wird und wörtl. *Gebrauch nach Entzug* bedeutet; Münzel übersetzt *zhengshou* mit *entziehen oder beschlagnahmen*, was mit *Enteignung* gleichzusetzen ist; vgl. Münzel,CR 2004.12,29.8.98/1, Anm. 1.
Zu der unterschiedlichen Begrifflichkeit aufschlußreich die Erläuterungen Liangs (2000b), S. 390, der beide Begriffe klar differenziert: (1) *zhengyong* für vorübergehende Entziehung mit Rückgabemöglichkeit und (2) *zhengshou* für Entziehung ohne Rückgabemöglichkeit; dieser Begriff wird nur in Zusammenhang mit Immobilien u. hier hauptsächlich beim Boden verwendet.

[1010] Chin.: gonggong liyi – 公共 利益

[1011] Vgl. Lü (1994), S. 219; Ge/Li (1994), S. 60; Zhang (1993), S. 94

Verfassung und einfachgesetzliche Regelung lassen nur den Staat als Rechtssubjekt des Enteignungsrechts zu. Zhen verweist darauf, dass dem Entzug kollektiven Eigentums zwar die Erfüllung staatlicher Aufgaben zugrunde liegt, der Staat in der Regel den enteigneten Boden Dritten zur Nutzung überlässt.[1012] Neuer Rechtsträger und Grundeigentümer wird jedoch der Staat. Zu bedenken ist, dass mit der Entziehung kollektiveigenen Bodens nicht nur die kollektiven Eigentümer, sondern auch die Bauern als Inhaber des Bodenübernahmerechts betroffen sind. Deren Interessen werden durch gesetzlich vorgesehene Entschädigungen berücksichtigt und geschützt (§ 47 BVG), wobei genaue Vorgaben zur Berechnung des zu gewährenden Ausgleichsbetrags gemacht werden.[1013]
Rechtliche Möglichkeiten des Widerspruchs gegen die Entziehung kollektiveigenen Bodens sind gesetzlich nicht vorgesehen. Um den Missbrauch des Enteignungsrechts zu verhindern, enthält § 45 BVG eine gesetzlich festgelegte Genehmigungskompetenz, wobei nur Staatsrat, Volksregierungen der Provinzen, autonomen Gebiete und regierungsunmittelbaren Städte befugt sind, die Enteignung von kollektiveigenem Boden zu genehmigen.[1014] Als höchst problematisch erweist sich hier der Begriff des *öffentlichen Interesses*, welcher die Voraussetzung der Bodenenteignung darstellt. Zhen verweist darauf, dass der Begriff des öffentlichen Interesses gesetzlich und in der Praxis sehr weit ausgedehnt wird, und damit leicht missbraucht werden kann.[1015] Vergleicht man mit dem deutschen Recht, welches eine Enteignung zum Wohle der Allgemeinheit zulässt, so ist zu beachten, dass *fiskalische oder bloße öffentliche Interessen* nicht ausreichen.[1016] Nach chinesischem Recht genügt ein nicht näher definiertes öffentliches Interesse, solange lediglich ein Bedarf für einen ebenfalls nicht definierten *Staatsaufbau* besteht.[1017] Während im deutschen Recht die Enteignung als Ein-

---

[1012] Zhen (2004), S. 53

[1013] Liang (2000b), S. 389 f. verweist auf den Missbrauch des Instruments der staatlichen Entziehung von Boden für kommerzielle Zwecke sowie auf die Differenz zum Marktpreis und die damit zusammenhängende Unangemessenheit von geleisteten Entschädigungen. Die Problematik der Frage angemessener Entschädigungen wird am Fall der monatelangen Unruhen in Dongzhou (Provinz Guangzhou) deutlich, die im Dezember 2005 in bürgerkriegsähnlichen Auseinandersetzungen zwischen Bauern und paramilitärischen Polizeieinheiten gipfelten. Ursache waren Enteignungen kollektiven Bodens für den Bau örtlicher Kraftwerksprojekte, wobei die geleisteten Entschädigungen nach Ansicht einiger Bauern unzureichend waren (Bericht der chinesischen Nachrichtenagentur Xinhua im Internet unter: xinhuanet.com/gdnews/2005-21/11)

[1014] Betr. Ackerflächen v. mehr als 35 ha und sonstiges Land von mehr als 70 ha Fläche

[1015] Vgl. a. den synonym verwendeten Begriff des *Staatsaufbaus* (国家建设- guojia jianshe); Zhen (2004), S. 54 ff.; vgl. hierzu a. Liang (2000b), S. 389 f., welcher auf die konkrete Eingrenzung des Begriffes in § 48 seines Sachenrechtsentwurfs verweist: Mit *öffentlichem Interesse* sind der Straßenverkehr, die öffentliche Gesundheit, der Katastropenschutz, Institutionen im Bereich von Wissenschaft, Kultur und Erziehung, der Umweltschutz, Schutz von Kulturdenkmälern und Landschaftsschönheiten, Schutz von öffentlichen Quellgebieten und von für Wasserleitungen und Wasserableitung genutzten Gebieten, Institutionen des Waldschutzes und andere von staatlichen Gesetzen festgelegte öffentliche Interessen gemeint.

[1016] Maurer (2004), S. 653, Rn. 57; bisher ist es jedoch auch weder der deutschen Rechtsprechung noch der Literatur gelungen, dem Begriff des Wohls der Allgemeinheit scharfe Konturen zu verleihen, v. Brünneck (1984), S. 408 ff. m.w.N.

[1017] S. Zhen (2004), S. 60

griff des Staates in das grundrechtlich geschützte Privateigentum angesehen wird (Art. 14 GG), dessen Rechtmäßigkeit gerichtlich überprüfbar ist, fehlt in China die Institution des privaten Grundeigentums. Das öffentliche Eigentum in Form des Staats- und Kollektiveigentums genießt zwar den Schutz des Staates (Art. 12 Verf.) mit Bezug auf die Bürger und damit vor den Bürgern[1018]; einen Schutz gegenüber dem Staat oder im Verhältnis zwischen Kollektiven und Staat sieht die Verfassung nicht vor. Deshalb wird bei der Enteignung von kollektivem Boden nicht von Staats*eingriff* gesprochen, sondern von Staats*interesse*.[1019]

b) Rechtliche Grundlagen, Rechtssubjekte und Inhalt des Bodenübernahmerechts

Die Bodennutzungsrechte für kollektiveigenen Boden in ländlichen Gebieten sind rechtlich von denen für staatseigenen Boden in städtischen Gebieten zu unterscheiden. Dies zeigt sich bereits an der unterschiedlichen Begrifflichkeit. Hinsichtlich der vertraglichen Bodennutzung in ländlichen Gebieten durch die einzelnen Haushalte wird von *Bodenübernahmerecht*[1020] gesprochen. Weiterhin gelten für die Bodennutzung in ländlichen Gebieten eigene gesetzliche Regelungen.

Nach dem Beschluss des Politbüros vom 31.12.1982 (Nr. 3) war die Übernahme des Bodens auf dem Lande durch Familien bzw. Haushalte die Hauptform der Bodenübernahme. Die *Mitteilung des ZK zur Dorfarbeit im Jahre 1984* vom 1.1.1984 (Nr. 3.1) legte als Mindestfrist der Übernahme 15 Jahre fest, bestimmte Möglichkeiten, diese Frist für Wald, Obst- und Ödland auszudehnen und enthielt Garantien gegen Eingriffe. Das auf kollektiveigenen Boden in ländlichen Gebieten bezogene Bodenübernahmerecht fand zum ersten Mal in den §§ 80 II, 81 III der AGZ[1021] und dem BVG[1022] im Jahre 1986 eine gesetzliche Regelung.[1023] Strittige Punkte waren vor allem die Übernahmedauer und die Natur des Übernahmerechts. Während die Übernahmedauer inzwischen gesetzlich auf mindestens 30 Jahre festgelegt wurde (§ 20 DorflandübernG)[1024], ist die rechtliche Natur des Übernahmerechts noch nicht endgültig geklärt und wird von dem noch

---

[1018] Organisationen und Individuen

[1019] Zhen (2004), S. 59

[1020] Chin.: tudi chengbao jingying quan – 土地承包经营权; daneben gibt es noch die Nutzung von Boden durch die Kollektive selbst und die den Haushalten unentgeltlich überlassenen Privatparzellen einheitlicher Größe (*Selbstbehaltsparzellen* – ziliudi 自留 地), bei denen es sich ebenfalls um Kollektiveigentum handelt (Art. 10 II Verf.)

[1021] Verabschiedet am 12.4.86

[1022] Verabschiedet am 25.6.86, später dreifach revidiert

[1023] Thümmel (1995)spricht von einer dünnen gesetzlichen Grundlage, S. 96

[1024] Z. rechtlichen Entwicklung in diesem Bereich s. Münzel CR 2003.1, 29.8.02/1, Anm. 1; Liang befürwortet in seinem SachRE99 eine Dauer von 50 Jahren (§ 236); eine Verpachtung des Rechts soll max. 20 Jahre umfassen (§ 242). Vgl. hierzu a. Liang (2000b), S. 401 ff.

zu verabschiedenden Sachenrecht abhängen. Inzwischen wird es im chinesischen Recht von der h.M. als neues dingliches Recht anerkannt. Nach anderer Meinung handelt es sich um eine Mischform aus sachenrechtlichen und schuldrechtlichen Elementen, wobei die schuldrechtlichen Elemente überwiegen.[1025]

aa) Rechtssubjekte des Bodenübernahmerechts

§ 80 II der AGZ gewährt gesetzlichen Schutz für das Bodenübernahmerecht von Bürgern und Kollektiven an Kollektiven gehörendem oder staatseigenem und von Kollektiven genutzten Boden, wobei die Rechte und Pflichten beider Seiten bei der Übernahme in einem Übernahmevertrag bestimmt werden. § 80 III AGZ nennt ebenfalls Bürger und Kollektive als Rechtssubjekte des Bodenübernahmerechts. Hier ist jedoch zu beachten, dass es sich bei *Bürgern* um Mitglieder kollektiver Wirtschaftsorganisationen und damit nicht um städtische Bürger, sondern um Bauern handelt.[1026] Problematisch ist auch, dass der Begriff des Kollektivs unterschiedlich ausgelegt wird. Während es sich nach einer Auffassung um mehr als zwei Mitglieder einer kollektiven Organisation handeln muss, wird auf der anderen Seite vertreten, das es sich dabei um die landwirtschaftlichen kollektiven Organisationen und die darunter organisierten Produktionsgruppen handelt. Parteidokumente bestätigen die zweite Auffassung.[1027] In diesem Sinne ist auch § 9 BVG zu verstehen, wonach für bäuerlichen Kollektiven gehörenden Boden gesetzlich festgelegt werden kann, dass er von Einzelnen oder Kollektiven gebraucht wird. § 14 BVG gibt eine inhaltliche Erläuterung des Begriffs der Bodenübernahme und grenzt den Kreis der Übernehmer grundsätzlich ein. Danach wird das kollektiveigene Land in der Regel von Mitgliedern des betreffenden Kollektivs zur Produktion im Bereich von Pflanzenzucht, Forstwirtschaft, Viehzucht oder Fischerei übernommen. Durch die Bestimmung des § 15 I 2 BVG, dass Boden im Eigentum von bäuerlichen Kollektiven auch von Einheiten und Einzelnen, die nicht Mitglieder des Kollektivs sind, übernommen werden kann, wird der Kreis der Übernehmer auf kollektivfremde Einheiten und Einzelpersonen erweitert, wobei aber nach obigen Ausführungen Stadtbewohner als Rechtssubjekte ausgeschlossen sind. Die Bodenübernahme von Personen oder Einheiten außerhalb des Kollektivs ist weiterhin gem. § 15 II BVG an die Zustimmung von mindestens zwei Dritteln der Mitglieder der Ortsbevölkerungsversammlung oder der Vertreter der Ortsbevölkerung geknüpft und muss der betreffenden Volksregierung zur Genehmigung vorgelegt werden.[1028]

[1025] Dies sind z. B. ein Vertragsverhältnis zum Zweck der Übernahmebetreibung und das fehlende freie Verfügungsrecht, vgl. Zhen (2004), S. 188 f.; z. Problematik der Betrachtung des genutzten Landes als privates Eigentum vgl. Thümmel (1995), S. 140

[1026] Vgl. Zhen (2004), S. 168 m. Bezug auf: Lü (1994), S. 199; Ge / Li (1994), S. 168; Wang/Guo/Fang (1994), S. 235

[1027] Vgl. Zhen (2004), S. 169

[1028] Thümmel (1995), S. 100, spricht von einem Prozentsatz von unter 1 % von kollektivfremden Personen

In diesem Zusammenhang ist weiterhin § 27 AGZ zu berücksichtigen, der die Mitglieder dörflicher Kollektivorganisationen, die im gesetzlichen Rahmen gem. einem Übernahmevertrag einen Betrieb mit Waren durchführen, als dörfliche Übernahmebetreiber (chengbao jingying*hu*)[1029] bezeichnet. *Hu* wird allgemein in der Bedeutung Familie, Haushalt gebraucht und bezeichnet im rechtlichen Zusammenhang als Einheit von Rechtssubjekten auch eine Sonderform der natürlichen Person als Rechtssubjekt.[1030] Träger von Rechten und Pflichten des Bodenübernahmerechts sind die dahinter stehenden natürlichen Personen. Die natürliche Person nimmt am Wirtschaftsleben in der Sonderform des *hu* teil. Tatsächlich ist in der Regel die Familie als Einheit Rechtsinhaber des Bodenübernahmerechts und die aus diesem Recht entstehenden natürlichen und rechtlichen Früchte bilden nach chinesischem Recht ein Miteigentum, das den Familienmitgliedern gemeinsam als Gesamthandseigentum zusteht (vgl. § 78 AGZ). Die Familienmitglieder bilden eine Gesamthandsgemeinschaft.[1031] Das auf einzelnen Haushalten basierende System der Übernahmebetreibung[1032] wurde als grundlegende Basis der ländlichen Wirtschaft in der Verfassungsrevision von 1993 auch verfassungsrechtlich festgeschrieben (Art. 8 Verf.).
Insgesamt lässt sich feststellen, dass die Bauern vor Einführung der Bodenübernahme als Mitglieder einer kollektiven Wirtschaftsorganisation keine selbständigen Rechtssubjekte hinsichtlich des in ihrem Eigentum stehenden und von ihnen genutzten Bodens waren. Erst im System der Bodenübernahme sind sie durch Vertrag zivilrechtlich gebunden und auf diese Weise zu unmittelbare Rechtssubjekte der landwirtschaftlichen Produktion.

bb) Inhalt des Bodenübernahmerechts

Trotz der gesetzlichen Regelungen in den §§ 80 II und 81 III AGZ sowie §§ 14 und 15 BVG fehlt eine genaue Definition des ländlichen Bodenübernahmerechts. Auch das Landwirtschaftsgesetz[1033] enthält nur eine knappe Regelung in 4 Paragraphen. Die Kommentare definieren das Bodenübernahmerecht als Recht, mit dem eine Einzelperson oder ein Kollektiv einer landwirtschaftlichen Organisation mit einer Übernahmemethode gemäß einem Übernahmevertrag (§ 14 BVG)[1034] den dem Kollektiv oder dem Staat zustehenden, aber vom Kollektiv genutzten Boden besitzt, ihn bewirtschaftet und die Früchte des Bodens zieht.[1035] Damit beinhaltet die vertragliche Bodenübernahme die drei Rechtsbefugnisse des Besitz-, Gebrauchs- und Fruchtziehungsrechts.

1029 Chengbao jingyinghu – 承包 经营 户
1030 S. Zhen (2004), S. 169 f.
1031 Vgl. Wang/Guo/Fang (1988), S. 115 ff.
1032 Chin.: jiating chengbao jingying – 家庭 承包 经营
1033 Landwirtschaftsgesetz der VR China, im folg. **LandwiG**, erlassen im Jahre 1993
1034 Der Übernahmevertrag legt die Rechte und Pflichten beider Seiten fest, so auch die Dauer der Übernahme, die der Vereinbarung der Vertragsparteien unterliegt
1035 Wang/Guo/Fang (1988), S. 234; Qian (1994), S. 289; Zhang (1991), S. 446; Liu (1987), S. 28

§ 15 BVG enthält eine § 14 BVG entsprechende inhaltliche Bestimmung der Bodenübernahme, die die Nutzung des Bodens auf das Betreiben landwirtschaftlicher Produktion begrenzt. Dieses wird in § 63 BVG nochmals als Verbot, das Bodennutzungsrecht an kollektiveigenem Boden für eine nichtlandwirtschaftliche Bebauung zu überlassen, zu übertragen oder zu verpachten, formuliert.[1036] Allerdings sehen die §§ 43 ff. BVG als weitere Form des Übernahmerechts in ländlichen Gebieten auch ein Bodennutzungsrecht zu nichtlandwirtschaftlichen Zwecken bzw. Bauzwecken[1037] vor, die aber an ein bestimmtes Procedere gebunden ist. Der auf *staatlichen* Boden bezogene Begriff der *Pacht* gem. § 28 I BodNutzÜÜVO enthält im Gegensatz zu dem auf *kollektiven* Boden bezogenen Begriff der *Übernahmebetreibung* keine Begrenzung auf landwirtschaftliche Produktion. Innerhalb dieses Rahmens kann der Übernehmer gem. § 13 LandwiG jedoch selbst über die landwirtschaftliche Produktion auf dem von ihm genutzten Boden entscheiden. Der Landnutzer muss aber nach § 17 BodNutzÜÜVO den Boden gem. dem Überlassungsvertrag und in Einklang mit der Stadtleitplanung erschließen, ihn nutzen bzw. ein Gewerbe damit betreiben. Bei der Verpachtung durch den Landnutzer darf der Pachtvertrag gem. § 29 II BodNutzÜÜVO nicht gegen den diesem zugrunde liegenden Überlassungsvertrag über das Bodennutzungsrecht verstoßen und unterliegt insoweit ebenfalls Beschränkungen.[1038]

Mit dem Übernahmevertrag erwirbt der Übernehmer[1039] ein Bodenübernahmerecht vom landwirtschaftlichen Kollektiv bzw. dem Übernahmegeber[1040]. Die Übernahme des Bodens kann mit der Verpflichtung zur Zahlung eines einmaligen Übernahmeentgelts verbunden sein. Ferner ist während der Vertragszeit ein jährliches festes Entgelt entweder in Form der Zahlung einer Geldsumme oder der Ablieferung einer festgelegten Menge von Produkten zu entrichten.[1041] Der Übernehmer ist nach dem Bodenübernahme-Vertrag verpflichtet, den Boden landwirtschaftlich zu nutzen, wobei sich der inhaltliche Rahmen der Nutzung aus § 14 bzw. § 15 BVG ergibt. Er kann jedoch in diesem Rahmen die Art der Produktion selbst bestimmen, über seine Produkte unabhängig verfügen und darf

[1036] Der Bodennutzer kann jedoch Eigentum an den darauf bereits befindlichen Gebäuden erwerben und über diese in Form der Veräußerung, Vermietung und Verpfändung verfügen; s. Zhen (2004), S. 185

[1037] Chin.: xiangcun jianshe yongdi – 乡村建设用地 ; s. untere Ausführungen

[1038] Der Sachenrechtsentwurf von Liang erlaubt eine Verpachtung durch den Nutzer für max. 20 Jahre (§ 242 SachRE99). Weiterhin kann der Inhaber von Nutzungsrechten an landwirtschaftlichem Land dieses investieren (§ 243 SachRE99). Die Übertragung und Belastung mit einer Hypothek sind nicht gestattet (§§ 245, 246 SachRE99). Der Entwurf von Gu Angran v. 23.12.02 sieht dagegen die Möglichkeit vor, das Recht zur übernommenen Bewirtschaftung weiter zu überlassen, zu verpachten, zu tauschen und weiterzuübertragen (§ 130 SachRE02). Ebenso der Entwurf von Wang Liming (2004), S. 125 (§ 883 I).

[1039] Chin.: chengbaoren – 承包人

[1040] Chin.: fabaoren – 发包人

[1041] Vgl. Thümmel (1995), S. 101 m. Bezug auf Bestimmungen der Stadt Kanton (Guangzhou); von einer Unentgeltlichkeit wie bei Drewes/Zhen (2002), S. 70 kann somit nicht gesprochen werden

Gewinn erzielen. Er muss allerdings davon eine bestimmte Quote an den Staat und das Kollektiv abführen.[1042]

c) Zeitliche Begrenzung und Vorrechte bei der Vergabe

Das genaue Verfahren zur Übernahme von Land regelt § 19 DorflandübernG. Gem. § 20 DorflandübernG beträgt die Dauer der Übernahme je nach Bodenart 30 bis 70 Jahre, wobei für Ackerland 30 Jahre gelten.[1043] § 14 I BVG sieht ebenfalls eine Frist von 30 Jahren vor. Problematisch ist das für die bäuerlichen Übernehmer grundlegende Vorrecht auf die Neuvergabe nach Ablauf der Vertragsdauer. Nach § 13 III des alten LandwirtschaftsG vom 2. Juli 1993 hatte der Übernehmer nach Ablauf der Dauer der Übernahme ein Vorrecht auf Übernahme. Das neue LandwirtschaftsG verweist in § 10 II bezüglich der Formen und Fristen der Bewirtschaftungsübernahme von Dorfland und der Rechte und Pflichten von Vergebern und Übernehmern auf das BVG und das DorflandübernG. Im DorflandübernG findet dieser Punkt weder im Abschnitt zur Dauer der Übernahme in den §§ 20 ff. noch im Abschnitt zum Schutz des Rechts auf Übernahme der Bewirtschaftung von Land in den §§ 26 ff. Erwähnung. Das auf den entsprechenden Vorschriften des Sachenrechtsentwurfs von Wang Liming und des Rechtsausschusses beruhende Gesetz verschaffte den Bauern zwar erstmals rechtlich niedergelegten Schutz für ihr grundlegendstes Recht, gibt aber abweichend von dem Entwurf Liangs den Bauern bei Fristablauf des Übernahmerechts kein Recht auf Verlängerung der Übernahmedauer.[1044]
Besondere Vorrechte sind nur für drei Fälle vorgesehen. Nach § 30 DorflandübernG gilt für Frauen, die während der Dauer der Übernahme heiraten und ihrem neuen Wohnort kein Übernahmeland erhalten haben, sowie für Frauen, die geschieden werden oder deren Ehemann verstirbt, dass das bisher übernommene Land nicht wieder eingezogen werden darf. Dies deutet gleichzeitig auf die Problematik einer Bewirtschaftungsübernahme, die grundsätzlich auf Familien bzw. Haushalte bezogen ist[1045]. Weitere Vorrechte bestehen bei der Übernahme *in anderer Weise*, die sich auf Böden wie öde Berge, Schluchten, Hügel oder Watten bezieht, welche sich für die gewöhnliche Übernahme nicht eignen und

---

[1042] Vgl. Drewes/Zhen (2002), S. 70

[1043] Vgl. a. § 14 BVG; dies entspricht auch dem von Wang Liming vorgelegten Enwurf, Wang (2004), S. 125 (§ 882); ebenso der Entwurf von Gu Angran, § 125 SachRE 02; nach dem Entwurf von Liang beträgt die Frist 50 Jahre, § 236 SachRE99.

[1044] Liangs Entwurf sieht in § 252 SachRE99 grundsätzlich eine automatische Fristverlängerung um 50 Jahre vor ; der von Gu Angran vorgelegte Entwurf sieht eine Fristverlängerung nur für Grundstücke mit besonderen Wäldern vor (§ 125 SachRE02), ansonsten erlischt das Nutzungsrecht bei Ablauf der Frist (§ 138 SachRE02); vgl. a. Münzel, CR 2005.7, 10.7.05/1, Anm. 1

[1045] Vgl. §§ 3, 6, 15 DorflandübernahmeG; eine Benachteiligung alleinstehender Frauen hinsichtlich der Übernahmemöglichkeit von kollektivem Land in der Praxis wird von Münzel bestätigt, CR 2005.7, 10.7.05/1; s. a. obige Ausführungen zum Begriff des *hu* unter b) Rechtssubjekte des Bodenübernahmebetreibungsrechts durch Ausschreibung, Versteigerung oder öffentlich ausgehandelte Übernahme vergeben werden (§ 3 DorflandübernG). Nach §§ 47, 48 DorflandübernG haben Mitglieder der vergebenden kollektiven Wirtschaftsorganisation hier ein Vorrecht auf die Übernahme. Eine solche Bevorzugung eigener Kollektivmitglieder ist für urbares Ackerland im DorflandübernG nicht vorgesehen. Auch die Bestimmung des § 15 BVG sieht explizit die Übernahme von Land durch Einheiten und Einzelne vor, die nicht dem Kollektiv angehören. Beim Tod des Übernehmers können die Erben von für den Ackerbau ungeeignetem Land (*Übernahme in anderer Weise*) nach § 50 DorflandübernG für die Restdauer der Übernahme diese fortsetzen. Dies gilt nach § 31 DorflandübernG auch für die Übernehmer von Waldland. Für gewöhnliches Ackerland fehlt im DorflandübernG ebenfalls eine entsprechende Regelung. Damit ist auf das Erbgesetz von 1985[1046] zurückzugreifen. Dieses enthält in § 4 II die Regelung, dass nach dem Übernahmevertrag verfahren wird, wenn bei Übernahmen durch Einzelne gesetzlich die Fortführung der Übernahme durch Erben gestattet ist.[1047] Damit kommt bei der Frage der Vererbbarkeit des Übernahmerechts dem Übernahmevertrag eine entscheidende Rolle zu. Eine Vererbbarkeit des Übernahmerechts ist nicht von Gesetzes wegen vorgesehen, sondern muss vertraglich vereinbart werden.

d) Schutz des Bodenübernahmerechts

Das Übernahmerecht auf familiärer Basis ist verfassungsrechtlich festgeschrieben (Art. 8 Verf.) und damit besonders geschützt. Ein einfachgesetzlicher allgemeiner Schutz der dörflichen Bodenübernehmer ergibt sich aus § 28 AGZ, der besagt, dass deren legalen Rechte gesetzlich geschützt werden. Weiterhin besteht eine spezielle Gesetzgebung zum Schutz der Übernahmerechte. So unterliegt das Recht der Bauern an dem übernommenen Boden gem. 14 I a. E. BVG gesetzlichem Schutz. Korrekturen an der Bodenverteilung unter einzelnen Übernehmern sind an die Zustimmung der Ortsbevölkerungsversammlung bzw. der Vertreter der Ortsbevölkerung gebunden und der jeweiligen Volksregierung sowie der Landwirtschaftsverwaltungsbehörde der Volksregierung zur Genehmigung vorzulegen (§ 14 II BVG).

Entzugsmöglichkeiten des Bodennutzungsrechts durch die dörflichen kollektiven Wirtschaftsorganisationen vor Ablauf der Übernahmefrist sieht § 65 BVG vor, der diesen nach Berichterstattung an die für Genehmigung der Vergabe zuständigen Volksregierungen drei Gründe für vorzeitige Rücknahme an die Hand gibt. Es sind dies die Fälle, dass für öffentliche und dem Allgemeininteresse dienende Anlagen Boden benötigt oder der Boden nicht dem genehmigten Ver-

[1046] Verabschiedet am 10.4.1985

[1047] S.a. Münzel, CR 2003.1, 29.8.02, Anm. 1

wendungszweck entsprechend gebraucht wird sowie durch Aufhebung oder aus anderen Gründen die Nutzung des Bodens eingestellt wurde. Für den ersten Fall der Inanspruchnahme von Boden, der den Bodennutzer grundsätzlich unverschuldet trifft, sieht § 65 II einen angemessenen Ausgleich vor. Die beiden letzteren Fälle haben sanktionsartigen Charakter, wo es bei der Rücknahme des Bodens bleibt.
Das DorflandübernG regelt ebenfalls den Schutz des Rechts auf Übernahme gegenüber dem Vergeber des Rechts. Nach § 26 I DorflandübernG darf der Vergeber während der Dauer der Übernahme das übernommene Land grundsätzlich nicht wieder einziehen. § 26 IV DorflandübernG sieht für den Fall, dass der Vergeber es nach dem Recht wieder einzieht (bei Umzug des Übernehmerhaushalts in städtisches Gebiet, § 26 II DorflandübernG), einen entsprechenden Ausgleich vor. Die einseitige Aufhebung des Übernahmevertrages während der Übernahme durch den Vergeber ist gem. § 35 DorflandübernG nicht erlaubt.

Nach § 25 DorflandübernG dürfen Staatsbehörden und ihre Beamten ihre Amtsbefugnisse nicht benutzen, um sich in die Übernahme von Dorfland einzumischen oder um Übernahmeverträge zu ändern oder aufzuheben.
§ 61 DorflandübernG sieht vor, dass Behörden und ihre Beamte, die ihre Amtsbefugnisse nutzen, um sich in Übernahmen von Dorfland einmischen, um Übernahmeverträge zu ändern, aufzuheben, den Übernehmer an der Zirkulation des Rechts auf Übernahme der Bewirtschaftung hindern oder sonstige schädigende Eingriffe in die Rechte des Übernehmers vornehmen, auf Schadensersatz haften. Weiterhin können Disziplinarstrafen verhängt bzw. eine strafrechtliche Verfolgung aufgenommen werden.
Das BVG behandelt ebenfalls den Entzug und die Beschlagnahme von durch den Staat. Nach der Bestimmung des § 2 III BVG kann der Staat bei öffentlichem Interesse übernommenes Land nach dem Recht entziehen oder beschlagnahmen und gewährt dafür einen Ausgleich (vgl. obige Ausführungen).[1048]

e) Möglichkeiten des Transfers

Ursprünglich hatte der Übernehmer kein Verfügungsrecht über das erworbene Übernahmerecht. Er durfte dies weder veräußern, verpachten noch belasten. Seit den 80er Jahren wurde es möglich, das Bodenübernahmerecht zu verpachten oder zu veräußern. Dies fand in § 13 II Landwirtschaftsgesetz[1049] eine gesetzliche Regelung. Danach konnte der Übernehmer während der Dauer der Übernahme mit dem Einverständnis des Überlassenden übernommenen Boden weiter

---

[1048] Die Fassung dieses Absatzes vor der 3. Revision des BVG lautete: Der Staat kann, wenn öffentliche Interessen es erfordern, *kollektiveigenes* Land nach dem Recht beschlagnahmen.
[1049] Im folg.: **LandwiG**, erlassen am 02.07.1993; außer Kraft gesetzt und ersetzt zum 01.03.2003 durch LandwiG v. 28.12.02

überlassen und Rechte und Pflichten aus dem Übernahmevertrag an Dritte übertragen. § 13 III LandwiG regelte auch, dass dem Übernehmenden nach Ablauf der Übernahme ein Vorrecht auf Übernahme zustand. Das alte Landwirtschaftsgesetz vom 2. Juli 1993 wurde ab 1. März 2003 durch ein neues Gesetz[1050] ersetzt. Nach § 10 II des neuen LandwiG gelten für Formen und Fristen der ländlichen Bodenübernahme, die Rechte und Pflichten der Vergeber und Übernehmer, den Schutz des Übernahme- und Bewirtschaftungsrechts sowie für seine Zirkulation das BVG[1051] und das DorflandübernG.

§ 2 DorflandübernG definiert den Begriff des Dorflands. Bei diesem handelt es sich um bäuerlichen Kollektiven gehörendes und von bäuerlichen Kollektiven genutztes Ackerland, Waldland, Grasland und anderes nach dem Landwirtschaftsrecht genutztes Land. Der Begriff des *Dorflands* entspricht damit dem *kollektiveigenen Boden in ländlichen Gebieten*. Somit bleibt bei Anwendung des DorflandübernG auf das Bodenübernahmerecht die rechtliche Systematik gewahrt.

Nach § 4 II DorflandübernG ändert sich nach der Übernahme von Dorfland der Charakter des Eigentums an diesem Land nicht. Übernommener Boden darf nicht verkauft werden. § 16 DorflandübernG regelt die Rechte der Bodenübernehmer. Diese haben das Recht auf die Nutzung des übernommenen Bodens, die Ziehung seiner Früchte sowie auf die *Zirkulation*[1052] *des Übernahme- und Bewirtschaftungsrechts*. Der Begriff der *Zirkulation* ist in § 32 DorflandübernG definiert. Dort heißt es, dass das Recht auf Übernahme der Bewirtschaftung von Boden wahlweise durch Weitergabe der Übernahme, Verpachtung, Tausch, Übertragung oder auf andere Art *zirkuliert* werden kann. Auch hier herrscht der Grundsatz, dass der Charakter des Eigentums am Boden durch die Zirkulation nicht verändert werden darf (§ 33 DorflandübernG). Zirkulation meint hier zwei unterschiedliche Arten von Rechtshandlungen.[1053] Einmal die Übertragung des Übernahmerechtes selber, d.h. seine Übertragung, die Übernahme der vertraglichen Stellung des Übernehmers in seinem Vertrag mit dem Vergeber durch einen Dritten oder die Einbringung des Rechts als Einlage in eine Kapitalgesellschaft.[1054] Die zweite Art von Rechtshandlung bezieht sich auf die Überlassung der Ausübung *des Rechts* durch Weitervergabe oder Verpachtung, wobei der Übernehmer sein Bodenübernahmerecht nicht verliert.[1055]

Eine Veräußerung des unentgeltlich erworbenen Bodennutzungsrechts für Bauzwecke ist gem. § 63 BVG ausdrücklich ausgeschlossen (s. obige Ausführungen).

[1050] V. 28.12.2002

[1051] §§ 9, 14, 15 BVG, s.o.

[1052] Chin.: liuzhuan – 流转; vgl. zur Zirkulation a. den Parteibeschluss v. 30.12.01, der mit der Autorität des ZK die Zirkulation vor Einmischung durch Ortsautoritäten schützen soll.

[1053] Vgl. Münzel CR 2003.1, 29.8.02/1, Anm. 2

[1054] Chin.: zhuanrang – 转让; vgl. a. die Erläuterungen von Ka Yaowu (1998) zu § 63 BodenG, der auf den Vermögenscharakter des Bodennutzungsrechts (hier bezogen auf Unternehmen) verweist, S. 176 f.

[1055] Chin.: zhuanbao – 转包; zu dieser neuen Art von zivilem Rechtsgeschäft im chinesischen Zivilrecht s. Zhen (2004), S. 174 f.

f) Transfer an ausländische Unternehmen

Die betreffenden gesetzlichen Regelungen für die Übernahme von Dorfland sehen anders als die BodNutzÜÜVO für staatliches Land in § 3 keine ausdrückliche Möglichkeit für Ausländer vor, Bodennutzungsrechte für Land in kollektivem Eigentum zu erlangen. Die grundsätzliche Möglichkeit für ausländische Unternehmen, bäuerliche Übernahmerechte zu pachten, geht jedoch aus einer Mitteilung des ZK der KPCh vom 30.12.2001 hervor. Die *Mitteilung des ZK der KPCh für eine gute Arbeit bei der Zirkulation von Rechten der Bauernhaushalte zur Übernahme und Bewirtschaftung*[1056] geht im dritten Abschnitt unter Ziffer 3 auf ausländische Unternehmen ein, die das Übernahmeland von Bauernhaushalten pachten. Sie legt den inhaltlichen Rahmen für eine solche Verpachtung der bäuerlichen Übernahmerechte fest. Wenn ausländische Firmen Übernahmeland der Bauernhaushalte pachten, so haben dies Unternehmen zu sein, welche landwirtschaftliche Produktion und Verarbeitung, landwirtschaftliche Forschung oder Verbreitung landwirtschaftlicher Techniken betreiben. Anderen Unternehmen wird nicht gestattet, Übernahmeland zu pachten. Dies bedeutet die grundsätzliche Möglichkeit für ausländische Unternehmen, bäuerliche Übernahmerechte zu pachten, welche jedoch, ebenso wie für die chinesischen Nutzer, inhaltlich an landwirtschaftliche Projekte gebunden ist.

g) Nutzung als Bauland

Das BVG hatte in § 2 IV der Fassung von 1986 zunächst eine Veräußerung des Bodennutzungsrechts von kollektivem Grundeigentum für Bauzwecke zugelassen. Die Bestimmung des § 2 IV BVG ist dabei jedoch nur als allgemeine rechtliche Regelung anzusehen.[1057] Für eine Veräußerung des Bodennutzungsrechts wäre eine Durchführungsverordnung des Staatsrates erforderlich, womit es faktisch an den rechtlichen Rahmenbedingungen für eine Veräußerung fehlt. Die überarbeitete Fassung des BVG von 1998 und auch die nachfolgende revidierte Fassung von 2004 untersagen in § 63 BVG ausdrücklich die Veräußerung des unentgeltlich erworbenen Bodennutzungsrechts für Bauzwecke.[1058]
Nach § 43 BVG haben alle Einheiten und Einzelpersonen, die für Baumaßnahmen Land brauchen, nach dem Recht den Gebrauch von staatlichem Land zu

---

[1056] Chin.: Zhonggong zhongyang guanyu zuo hao nonghu chengbaodi shiyongquan liuzhuan gongzuo de tongzhi - 中共中央关于 做好农户承包地使用权流转工作的通知 v. 30.12.01; Parteidokumente, die sich auf das Bodenrecht sowie die Landwirtschaft Chinas beziehen, haben in der VR China die gleiche Gültigkeit wie ordentliche Gesetze und können damit als Quasi-Gesetze gelten, vgl. Zhu (1997), S. 23 f.; z. Rolle der KPCh bei der Gesetzgebung allgemein vgl. Heuser (1999), S. 206 ff.; v. Senger (1994), S. 60, 215

[1057] Zhen (2004), S. 196 m. Bezug auf *Kommentar zu den Bodengesetzen und Bodenverordnungen* (1994), S. 7

[1058] Vgl. a. Ka Yaowu (1998), S. 176 f.

beantragen. Zum staatseigenen Land gehört gem. § 43 III BVG staatseigenes sowie vom Staat entzogenes[1059], ursprünglich Kollektiven der bäuerlichen Bevölkerung gehörendes Land. Dies bedeutet, dass Voraussetzung für eine Nutzungsänderung kollektiveigenen Bodens von landwirtschaftlichem Gebrauch in Gebrauch als Bauland, ein Eigentumswechsel von den Kollektiven zum Staat ist. Erst nach der Übertragung des Bodens in staatliches Eigentum durch Entzug kann ein nicht-landwirtschaftliches Gebrauchsrecht an dem betroffenen Land bestellt werden.[1060] Wird für Bauten Land in Anspruch genommen und dabei landwirtschaftlich genutztes Land zu Bauland gemacht, muss nach § 44 BVG das Antrags- und Genehmigungsverfahren für die *Änderung der Nutzung* landwirtschaftlichen Landes gem. der §§ 60 – 62 BVG durchgeführt werden. Im Falle eines positiv verabschiedeten Genehmigungsverfahrens wird bei kollektiveigenem Land gleichzeitig das Antrags- und Genehmigungsverfahren für den *Entzug des Landes* durchgeführt.[1061] Nach § 45 BVG ist für den Entzug von Land bei landwirtschaftlichem Basisland, sowie bei anderem Land ab mind. 35 ha der Staatsrat zuständig. Für alles andere Land sind es die Volksregierungen der Provinzen, autonomen Gebiete und selbstverwalteten Städte. Die Umwandlung muss weiterhin den Planziffern der Landnutzungs-Gesamtleitplanung (AB BVG § 19) entsprechen[1062], welche in den §§ 17 BVG ff. geregelt ist. Der Planungszeitraum dieser Gesamtleitplanung beträgt nach § 9 AB BVG 15 Jahre und hat gem. § 19 BVG Nr. 1 den strengen Schutz des landwirtschaftlichen Basislandes[1063] als vorrangiges Ziel. Die Inanspruchnahme von landwirtschaftlichem Land für nicht-landwirtschaftliche Bauten soll damit unter staatlicher Kontrolle gehalten werden (§ 19 BVG Nr. 1, 2. HS). Tatsächlich hat der große Bedarf an Boden für Bauzwecke bereits dazu geführt, dass die landwirtschaftliche Nutzfläche in den letzten Jahrzehnten erheblich reduziert wurde.[1064]

Der Sachenrechtsentwurf von Liang Huixing sieht ein für staatlichen und kollektiveigenen Boden gemeinsam geregeltes *Baulandnutzungssrecht*[1065] vor, wobei Baulandnutzungssrechte an kollektiveigenem Land an deren Mitglieder abgege-

---

[1059] Der Begriff wurde mit der 3. Revision des Gesetzes von Beschlagnahme (chin.: zhengyong – 征用; wörtl.: *Gebrauch nach Entzug*) in den Ausdruck Entzug (chin.: zhengshou – 征收; wört.: *Empfang nach Entzug*) geändert, da Beschlagnahme zu vorläufig klinge; vergl. Münzel CR 2004.12, 29.8.98/1

[1060] Dies gilt nicht für Bauprojekte von Unternehmen dörflicher kollektiver Wirtschaftsorganisationen, Baugrund für dörfliche Wohnhäuser, öffentliche Anlagen und Einrichtungen zum öffentlichen Nutzen in Dörfern und Marktflecken (§ 43 I BVG). Für diese Projekte muss jedoch eine Genehmigung eingeholt werden. Vgl. hierzu Ka Yaowu (1998), S. 26 u.131 ff.

[1061] Vgl. a. AB BVG § 23 Nr. 2

[1062] Vgl. a. AB BVG § 10

[1063] Vgl. § 34 BVG

[1064] Genaue Zahlen nennt Zhen (2004), S. 66, Fn. 147 ; vgl. a. Thümmel (1995), S. 139, welcher auf illegale Verkäufe von Ackerland zum Zweck der Bereicherung von Kadern an kollektivfremde Personen spricht; hierzu auch Bericht des *Guardian*-Korrespondenten Benjamin Joffe-Walt am 10.10.2005; Liang (2000b), S. 389 f. verweist auf den Missbrauch des Instruments der staatlichen Entziehung von Boden für kommerzielle Zwecke

[1065] Chin.: Jidi shiyongquan – 基地使用权; z. Begrifflichkeit vgl. obige Ausführungen ben werden sollen (§ 204 SachRE99). Das Baulandnutzungsrecht wird in § 196 SachRE99 als Recht definiert, den einem anderen gehörenden Boden in der Weise zu nutzen, dass man darauf Baulichkeiten und sonst mit dem Land verbundene Sachen herstellt und zu eigen hat. Die erlangten Baulandnutzungsrechte können gem. § 214 SachRE99 überlassen, ausgetauscht, verschenkt oder auf andere Weise übertragen werden, wobei jedoch unentgeltlich erlangte Nutzungsrechte an kollektivem Boden ausgeschlossen sind. Nach § 217 SachRE99 ist das Baulandnutzungsrecht vererblich. Die zeitlichen Fristen des Nutzungsrechts können von den Parteien frei vereinbart werden mit Ausnahme der Möglichkeit, dass das Baulandnutzungsrecht zeitlich unbefristet besteht (§ 207 SachRE99)[1066].

Auch Liangs Entwurf betont die Koppelung von Nutzungsrechten am Boden und den darauf befindlichen Gebäuden.[1067] Nach § 215 SachRE99 geht bei der Übertragung des Baulandnutzungsrechts das Eigentum an Baulichkeiten auf dem betreffenden Grund mit über. Liang nimmt den Ausführungen zu seinem Entwurf explizit Bezug auf § 40 der BodNutzÜÜVO, welcher bei Ablauf der Bodennutzungsfrist vorsieht, dass der Staat entschädigungslos die darauf befindlichen Gebäude erlangt. Liang hält dies mit dem Grundsatz der Billigkeit[1068] im chinesischen Zivilrecht für unvereinbar.[1069] Der SachRE99 enthält deshalb eine modifizierte Regelung. Zunächst darf ein fristgerecht gestellter Antrag auf Verlängerung des Nutzungsrechts vom Bodeneigentümer nicht ohne triftigen Grund abgelehnt werden (§ 221 SachRE99). Somit ist das Risiko eines Gebäudeverlusts aufgrund eines ungewollten Auslaufens von Nutzungsrechten zumindest eingedämmt. Nach § 223 SachRE99 kann der Berechtigte aus dem Baulandnutzungsrecht bei *Nichtverlängerung* seines Nutzungsrechts die Baulichkeiten zurücknehmen und ist verpflichtet, den ursprünglichen Zustand des Landes wiederherzustellen. Bietet jedoch der Bodeneigentümer dem Berechtigten den Kauf der Gebäude zum gegenwärtigen Wert an, so darf der Berechtigte dies nicht grundlos ablehnen. Nimmt der Berechtigte *bei Fristablauf* seine Baulichkeiten nicht zurück, so kann er vom Bodeneigentümer Ersatz verlangen. Auf der anderen Seite kann der Bodeneigentümer verlangen, dass der Berechtigte sein Nutzungsrecht so lange verlängert, wie die Baulichkeiten genutzt werden können. Lehnt der Nutzungsberechtigte eine Verlängerung ab, so kann er vom Bodeneigentümer keinen Ersatz verlangen. Dieser Entwurf mildert die Härte des § 40 BodNutzÜÜVO ab, indem bei Fristablauf und Nichtverlängerung zumindest die Möglichkeit eines Kaufs der Gebäude durch den Bodeneigentümer eröffnet wird. Wird jedoch von diesem kein Kauf angeboten, so droht dem Bodennutzer noch größere Härte dadurch, dass er seine Baulichkeiten zurücknehmen muss und neben dem Verlust der Gebäude noch die Kosten der Rücknahme tragen

---

[1066] Vgl. aber § 222 SachRE99 zur *Beendigung* eines *unbefristeten* Baulandnutzungsrechts; nach diesem Entwurf sind unbefristete Nutzungsrechte für die Zukunft nicht mehr gewollt

[1067] Ebenso der Sachenrechtsentwurfs von Gu Angran (§ 156 SachRE02)

[1068] Chin.: gongping – 公平

[1069] Liang (2000b), S. 401

muss. Insoweit bietet auch Liangs Entwurf keine Lösung für das Problem, welches sich aus der Koppelung von Gebäudeeigentum mit zeitlich befristeten Nutzungsrechten am Boden ergibt. Der Entwurf von Gu Angran sieht in § 162 SachRE02 vor, dass im Falle der Benötigung des Grundstücks für weiteren Gebrauch einem fristgerecht gestellten Antrag des Nutzers zugestimmt werden *muss*, soweit nicht gesellschaftliche Allgemeininteressen dagegen sprechen. Falls keine Verlängerung beantragt ist oder der Antrag auf Fristverlängerung nicht genehmigt wird, kann der Bodeneigentümer die Gebäude darauf zu einem angemessenen Preis kaufen oder der Gebäudeeigentümer kann sie wegnehmen (§ 163 SachRE02). Die Muss-Bestimmung der Fristverlängerung mindert noch stärker als beim Entwurf von Liang das Risiko einer Ablehnung des Antrags. Dennoch ist auch hier das Gebäudeproblem bei Nichtverlängerung unbefriedigend gelöst. Dem Bodeneigentümer steht ein Ankauf des Gebäudes frei und falls er nicht kauft, bleibt dem Bodennutzer und Gebäudeeigentümer nur die mit Kosten verbundene Rücknahme oder der entschädigungslose Verlust an den Eigentümer. Gus Entwurf enthält allerdings die Möglichkeit, dieses Problem gesetzlich oder vertraglich anders zu regeln (§ 163 SachRE02).

h) Rechtlicher Charakter der Übernahmerechte und deren Regelung in den Entwürfen eines neuen Sachenrechts

Die rechtliche Natur des Übernahmerechts ist noch nicht endgültig geklärt und wird auch von dem noch zu verabschiedenden Sachenrecht abhängen. Hier wurden im Laufe der rechtlichen Entwicklung drei Möglichkeiten vertreten, nämlich dass es sich bei der Bodenübernahme um ein Sachenrecht, ein Schuldrecht oder ein Mitgliedschaftsrecht handelt. Für eine Qualifikation des Übernahmerechts als Sachenrecht spricht, dass es in den AGZ im Abschnitt über Vermögensrechte[1070] und noch vor dem Abschnitt über Schuldrechte[1071] geregelt wird (§ 80 AGZ).[1072] Auf der anderen Seite unterliegt sein Inhalt weitgehend vertraglicher Regelung. Obwohl die Übernahme nach § 23 DorflandübernG inzwischen von der zuständigen Volksregierung auf Kreis- oder höherer Stufe zu registrieren ist, ist die Registrierung nicht rechtsbegründend. Das Recht wird gem. § 22 DorflandübernG durch den Vertrag begründet. Eine Zuordnung zum Schuldrecht wird in dem Entwurf von Liang Huixing für problematisch erachtet, da die rechtliche Wirkung der schuldrechtlichen Zuordnung der einer Exklusivität begründenden sachenrechtlichen Zuordnung unterlegen sei. [1073] Das sei auch der

[1070] 5. Kapitel, 1. Abschnitt „Vermögenseigentum und zum Vermögenseigentum in Bezug stehende Vermögensrechte", §§ 71 ff. AGZ
[1071] 5. Kapitel, 2. Abschnitt *Schuldrechte*, §§ 84 ff. AGZ
[1072] So auch führende Zivilrechtler wie Jiang Ping (1988), S. 225; ders. (2000), S. 398; Wang Jiafu in Wang/Xie (1987), S. 176
[1073] Chen Su in Liang Huixing (2004), S. 249; vgl. a. Liang (2000b), S. 402 f.

Grund dafür, dass eine Einmischung in die schuldrechtlichen Übernahmerechte von Seiten der Vergeber und ländlichen Verwaltungsstellen nicht zu verhindern sei. Strittig war in diesem Zusammenhang weiterhin, ob auf den Übernahmevertrag als Vertrag zwischen bäuerlichem Genossenschaftsmitglied und juristischer Person gem. Wirtschaftsvertragsgesetz i.d.F.v. 02.09.1993 dieses Gesetz auch anwendbar war, oder ob, da es sich nicht um einen Vertrag zwischen Parteien auf gleicher Ebene, sondern um ein Über-/Unterordnungsverhältnis handelte, dieses Vertragsrecht nicht anwendbar war.[1074]
Nach dem Sachenrechts-Entwurf von Liang Huixing aus dem Jahr 1999[1075] sollten die Bauern statt eines *Übernahmerechtes* ein *Nutzungsrecht* und damit ein Sachenrecht am Land erhalten, das auf 50 Jahre befristet war (§ 446 SachRE99). Nach § 462 SachRE99 verlängerte es sich von selbst um weitere 50 Jahre, soweit nicht der Nutzer einer Fortführung der Nutzung nicht zustimmte. § 457 SachRE99 sah auch eine Vererbbarkeit des Nutzungsrechts vor. Ziel des Entwurfes von Liang war es, die Übernahmerechte der Bauern als Nutzungsrechte auf eine sachenrechtliche Ebene zu heben.[1076]
Der Sachenrechtsentwurf vom Juli 2005 bleibt hinsichtlich der Verlängerungsmöglichkeit des Nutzungsrechts hinter dem von Liang Huixing veröffentlichten Entwurf zurück. Eine bestimmte Dauer des bäuerlichen Landgebrauchsrechts ist nicht mehr vorgesehen, ebenso wenig ein automatisches Recht auf Verlängerung.[1077] Die rechtliche Einordnung des Rechts zur übernommenen Bewirtschaftung erfolgt im dritten Teil des Sachenrechts, das den *Nießbrauch* regelt, in den §§ 129 ff. SachRE05. Der Nießbrauch wird in § 123 SachRE05 als Recht des Nießbrauchers definiert, im Rahmen der Gesetze anderen gehörende unbewegliche Sachen zu besitzen, zu gebrauchen und ihre Nutzungen zu ziehen. Nach § 124 SachRE05 können Einheiten und Einzelne dem Staat oder den Kollektiven gehörende natürliche Ressourcen besitzen, gebrauchen und daraus Nutzungen ziehen und bestimmt damit Subjekte und Objekte der gesetzlichen Regelung. § 128 SachRE05 sieht für den Entzug oder die Beschlagnahme der betreffenden unbeweglichen Sache, die zu einem Erlöschen des Nießbrauchs oder zur Beeinträchtigung von dessen Ausübung führt, einen Ausgleich vor. Als spezielle Regelung für das Bewirtschaftungsrecht von Boden bestimmt § 137 SachRE05 bei *Entzug* des Grundstücks während der Übernahmefrist einen *vernünftigen* Ausgleich. Das Recht zur übernommenen Bewirtschaftung von Grundstücken ist auch in diesem Entwurf nach § 129 SachRE05 inhaltlich auf die bäuerliche Bewirtschaftung begrenzt. Es besteht die Pflicht zur Registrierung von Seiten der zuständigen Volksregierungen (§ 130 SachRE05); das Recht entsteht jedoch mit dem Inkrafttreten des Übernahmevertrags. Grundlage für die Zirkulationsfähig-

---

[1074] S. Münzel CR 2003.1, 29.8.02/1, Anm. 1 m. Verweis auf Shen Gansheng (1993), S. 14
[1075] Vorlage im VK 1999, Veröffentlichung im März 2000; hier bez. als **SachRE99**
[1076] Chen Su in Liang Huixin (2004), S. 249
[1077] Vgl. aber das auf städtische Immobilien bezogene Recht zum Gebrauch von Land für Gebäude, das in § 155 des Entwurfes parallel zu § 21 I StImmVerwG regelt, das die diesbezüglichen Nutzungsrechte bei Fristablauf vertraglich verlängert werden, wenn nicht das *Allgemeininteresse* entgegensteht; problematisch ist auch hier die fehlende Def. v. *Allgemeininteresse*

keit des übernommenen Bewirtschaftungsrechts ist § 132 SachRE05, indem dessen Transfer in den Formen der Weiterüberlassung, Verpachtung, des Austauschs und der Übertragung sowie anderen Formen erlaubt wird.
Für die Ausübung des Kollektiveigentums an Dorfland enthält der Entwurf nur Vorschriften zur Tätigkeit der Dorfausschüsse und kollektiven Wirtschaftsorganisationen. Münzel verweist darauf, dass diese oft von politischen Kadern kontrolliert werden, die sich ihre Zustimmung zu Beschlagnahme oder Entzug von Dorfland bezahlen lassen.[1078] Deren Zustimmung sei dann Grundlage dafür, dass das Land im *Allgemeininteresse* beschlagnahmt bzw. entzogen werde.[1079]

VI. Gebäudeeigentum

1. Historische Entwicklung nach 1949 und allgemeine rechtliche Grundlagen

Ein erster Schritt zur Verstaatlichung des innerstädtischen Immobilieneigentums waren die im Januar 1951 verabschiedeten Richtlinien zur Konfiskation des Vermögens von Kriegsverbrechern, Verrätern, der bürokratischen Kapitalisten und konterrevolutionären Elemente.[1080] Sämtliche städtischen Privatunternehmen wurden mit Ausnahme der reinen Familienbetriebe bis 1956 enteignet, was auch die nach 1949 in China verbliebenen ausländischen Unternehmen betraf. Dies geschah in der Form einer Umwandlung in gemeinsam privat-öffentlich betriebene Unternehmen, die tatsächlich unter voller staatlicher Kontrolle standen und deren Eigentümer zunächst nach einer Bestimmung des Staatsrats mit einer jährlichen Zinszahlung von 5 % auf den Unternehmensanteilswert abgefunden wurden. Die Einstellung dieser Zahlungen aufgrund eines vom ZK gebilligten Dokuments einer Unterabteilung des Staatsrats vom 24.09.1966 bedeutete nach einer Ansicht in der chinesischen Literatur den endgültigen Verlust des betroffenen Immobilieneigentums.[1081]
Bei privatem Hauseigentum fand die in China anerkannte Trennung des Eigentums am Boden und den darauf befindlichen Gebäuden insoweit Berücksichtigung, dass die Enteignung des Grundeigentums nicht notwendig Folgen für privat genutztes Gebäudeeigentum hatte. Zunächst bezog sich die Verstaatlichung, die in der Form der Übergabe in staatliche Verwaltung unter vorläufiger Zahlung eines Zinses auf vormals erreichte Mieteinnahmen vollzogen wurde, nur

---

[1078] Gesetzliche Grundlage hierfür ist § 2 III BVG, nach dem der Staat bei *öffentlichem Interesse* Land nach dem Recht entziehen oder beschlagnahmen kann und dafür einen Ausgleich gewährt
[1079] Vgl., Münzel CR 2005.7, 10.7.05/1, Anm. 1; ein grundlegendes Problem stellt dar, dass es in diesem Entwurf an einer Definition des *Allgemeininteresses* fehlt; vgl. a. Vortrag Feuerstein (2005) z. Problem der Enteignung.
[1080] Chin.: Guanyu moshou zhanfan, Hanjian, guanliao zibenjia ji fangeming fenzi caichan de zhishi, verabschiedet v. Staatsverwaltungsrat am 4.2.1951
[1081] Vgl. Thümmel (1995), S. 50 m. weit. Nenn.

auf das Eigentum von gewerblichen Vermietern.[1082] Der Gesamtanteil zu enteignenden Wohnraums betrug in den großen Städten zwischen 40 – 80 %.[1083] Wegen der zögerlichen Umsetzung durch lokale Behörden, Probleme in der Verwaltung und einer Lockerung der Enteignungspolitik nach 1962 verblieb ein Restbestand an privatem Wohnungseigentum, worunter auch vermietete Wohnungen waren, die während der Kulturrevolution nochmals Ziel „wilder" Enteignungen waren. Nach einer Untersuchung von 1985 befanden sich noch 18 % der städtischen Wohnflächen in privater Hand, wovon 80 % durch die Eigentümer selbst genutzt wurden.[1084] Tatsächlich wurde der Verkauf von privaten Häusern und Wohnungen trotz strenger politischer Kontrolle nie völlig verboten.[1085] Ein Zeichen staatlich geförderter Kommerzialisierung des Wohnungswesens im Zuge der Wirtschaftsreformen stellen die *Bestimmungen der Sonderwirtschaftszone Shenzhen für die Verwaltung kommerzialisierten Immobilieneigentums* vom 03.12.1983 dar.

Gesetzliche Grundlage für Privateigentum an städtischen Gebäuden nach Beginn der Reformen für ganz China waren zunächst die vom Staatsrat am 17.12.1983 verkündeten *Verwaltungsvorschriften*[1086] *für städtische Privathäuser*[1087]. Als städtische Privathäuser werden gem. § 2 II StPrHäuser-VV Einzelpersonen oder mehreren Personen gehörende, selbst genutzte, vermietete oder anders gebrauchte Wohnungen oder Wohnhäuser bezeichnet. Nach § 3 I StPrHäuser-VV schützt der Staat dieses Eigentum auf der Grundlage von Gesetzen. Allerdings muss das Eigentumsrecht daran gem. § 3 II StPrHäuser-VV in staatlich gesetztem Rahmen ausgeübt werden ohne öffentliche Interessen zu gefährden oder die legalen Rechte und Interessen anderer zu schädigen. Bei der Beschlagnahme und Abriss aus Gründen staatlichen Baubedarfs ist eine angemessene Entschädigung zu zahlen und den Betroffenen ist bei der Wiederansiedelung zu helfen, § 4 StPrHäuser-VV. Die Betroffenen haben dabei den Erfordernissen des staatlichen Baubedarfs Folge zu leisten. Bei § 4 StPrHäuser-VV handelt es sich um die ersten gesamtchinesischen Bestimmungen über die Beschlagnahme städtischer Pri-

---

[1082] Grundlage hierfür waren: (1) Ansichten über den derzeitigen Grundzustand des städtischen privaten Immobilieneigentums und die Durchführung seiner sozialistischen Umgestaltung, Parteibeschluss v. März 1956 (2) Zweiter Bericht des Handelsministeriums über Fragen der Umgestaltung des städtischen privaten Immobilieneigentums v. 12.03.1958

[1083] Thümmel (1995), S. 53 m. Bezug auf einen Radiobericht eines zuständigen Beamten des Staatsrats

[1084] Vgl. Thümmel (1995), S. 55

[1085] Vgl. Thümmel (1995, S. 55

[1086] Münzel übersetzt hier *guanli* allein oder in zusammengesetzten Begriffen bzgl. von Hauseigentum durchgängig mit *Lenkung*, während er beim Boden mit *Verwaltung* übersetzt (s. CR 2004.12, 29.8.98, Landverwaltungsgesetz der VR China); die gängigen Wörterbücher bieten als erste Wahl „Verwaltung" an; in seiner Übersetzung des Gesetzes über die Verwaltung städtischer Immobilien (CR VIII 6, 5.7.94) verweist Münzel in Anm. 2 selbst darauf, dass Lenkung mit staatlicher Verwaltung gleichzusetzen ist; da *Lenkung* im deutschen Sprachgebrauch einer bestimmten Wertung unterliegt, wird hier der neutralere Begriff *verwalten* gewählt; aus dem Kontext der jeweiligen Gesetzestexte mag sich ergeben, ob die Art der Verwaltung einer *Lenkung* entspricht

[1087] Im folg.: StPrHäuserVV; die Regeln wurden auf den chinesischen Internetseiten noch im mai 2005 als geltend aufgeführt (www.law-star.com) ; vgl. a. Münzel CR III.2 /17.12.83/1, Vorbemerkung (Stand: Januar 2000)

vathäuser. Die Beschlagnahme ist wegen des für Behörden, Institutionen und Unternehmen in den §§ 13 und 22 StPrHäuser-VV statuierten Verbots, privates Hauseigentum zu kaufen oder zu mieten, für diese der einzige Weg, sich privates Hauseigentum zu verschaffen.[1088]

Der SachRE05 formuliert gesetzliche Grundlagen für eine Enteignung städtischer Gebäude in den §§ 49 und 68. Die allgemeinen Bestimmungen zum Eigentum sehen in § 49 SachRE05 den Entzug oder die Beschlagnahme unbeweglicher Sachen von Einheiten und Einzelnen vor, wenn es das Allgemeininteresse erfordert. In diesem Fall ist ein Ausgleich nach den staatlichen Vorschriften zu leisten; fehlen diese, so ist ein vernünftiger Ausgleich vorgesehen. Als Mangel des SachRE05 muss hier die fehlende Definition von *Allgemeininteresse* festgestellt werden, was die Gefahr willkürlicher behördlicher Entscheidungen in sich birgt. Außerdem fehlt in der Bestimmung des § 68 SachRE05, welcher Abriss und Entzug unbeweglicher Sachen von Privatpersonen regelt, die Begründung aus dem Allgemeininteresse völlig, womit unklar bleibt, ob hier ein Allgemeininteresse überhaupt erforderlich ist.[1089] § 68 SachRE05 sieht allerdings für diesen Fall einen vernünftigen Ausgleich vor. Weiterhin sind für den Fall der Schädigung des Vermögens von Privatpersonen bei rechtwidrigem Abriss und Entzug unbeweglicher Sachen eine zivilrechtliche und verwaltungsrechtliche Haftung vorgesehen (§ 68 III SachRE05).

Die Bestimmung des § 25 StPrHäuser-VV betrifft die Rückgabe von durch die Hausverwaltungsbehörden *vertretungsweise* verwalteten Häusern und damit die Möglichkeit, die in den 50er Jahren begonnene systematische Enteignungspolitik rückgängig zu machen. Nach dieser Regelung haben bei Antragsstellung vollständige Nachweise vorzuliegen, welche durch die Behörden überprüft werden und es darf kein Eigentumsstreit über das Objekt vorliegen. Die gesetzliche Anforderung des vollständigen Nachweises der Eigentumsverhältnisse an den betroffenen Objekten dürfte angesichts der zu Zeiten der Kulturrevolution chaotischen Verhältnisse in der Verwaltung und der Situation von privaten Räumlichkeiten, die jedem Zugriff ausgesetzt waren, schwer fallen und stellt ein Hindernis für die Geltendmachung von rechtmäßigen Rückgabeansprüchen dar. Allerdings hatte die Regierung bereits 1978 im Zuge einer *Wiedergutmachungspolitik* mit der Restitution von während der Kulturrevolution von 1966 bis 1976 konfiszierten Gebäuden und Wohnungen begonnen. Entschädigt wurden auch solche Enteignungen in den 50er Jahren, die als nicht konform mit den damaligen Regelungen eingestuft wurden. Dabei wurde sorgfältig unterschieden zwischen den Enteignungen im Zuge der *sozialistischen Umgestaltung* der 50er Jahre, deren Ergebnisse unangetastet bleiben sollten und Enteignungen durch übereifrige Bodenreformer und Kulturrevolutionäre, die im nachhinein eher kritisch

[1088] So Münzel CR III.2/17.12.83/1
[1089] Vortrag Feuerstein (2005) z. Frage der Enteignung

beurteilt wurden.[1090] Am Grundsatz des öffentlichen Eigentums am Boden wurde dabei allerdings festgehalten.
Zu beachten ist, dass die StPrHäuser-VV nur städtische und kleinstädtische Gebäude betrifft. Für dörfliche Gebäude gibt es noch keine einheitlichen und kaum lokale Regelungen.[1091] Pfandrechte am Hausbesitz regelt das Gesetz ebenfalls nicht. Auch Regelungen zur Vererbbarkeit fehlen; diese finden sich jedoch in § 3 Nr. 2 des ErbG, wo unter dem Nachlass als legales Vermögen, das Bürger bei ihrem Tod hinterlassen, ausdrücklich auch Häuser genannt sind. Flankiert wird dieses durch Art. 22 der Verfassung, welcher das Erbrecht gewährleistet.

Nach § 26 StPrHäuser-VV können die Regierungen der einzelnen Provinzen, selbstverwalteten Städte und autonomen Gebiete ihrer konkreten Situation entsprechende Ausführungsbestimmungen erlassen, was zu einer weiteren Diversifizierung der rechtlichen Lage beiträgt.[1092]

2. Problematik der getrennten Registrierung und Verwaltung von Privathäusern und Bodennutzungsrechten

Nach § 6 StPrHäuser-VV haben die Eigentümer von privaten Wohnungen und Häusern diese beim örtlichen Gebäudeverwaltungsamt registrieren zu lassen und bekommen nach Prüfung der Angelegenheit eine Eigentumsurkunde. Bei Übergang des Hauseigentums ist ebenfalls eine Registrierung des Eigentumsübergangs notwendig. Ohne Registrierung ist kein rechtlicher Schutz von Eigentumsrechten und –übertragungen gewährleistet.[1093] Hier ist zu beachten, dass die grundsätzliche Trennung von Eigentum am Boden und an Gebäuden in China[1094] auch zu einer getrennten Registrierung der jeweiligen Rechte geführt hat. Für die Eintragung der Rechte am Boden gilt die *Bodenregistrierungsvorschrift*[1095], während die Eintragung der Rechte an Gebäuden von den *Verwaltungsvorschriften für städtische Privathäuser* geregelt wird. Weiterhin sind für die Verwaltung von Boden und den darauf stehenden Gebäuden unterschiedliche Verwaltungsstellen zuständig, das Bodenverwaltungsamt und das Gebäudeverwaltungsamt (§ 60 StImmVerwG).[1096] Die getrennte Verwaltung führt zu doppelt erforderlichen

[1090] Vgl. Thümmel (1995), S. 62 u. 177 ff.
[1091] S. Münzel CR III.2 /17.12.83/1, Anm. 1
[1092] Als erstes wurden lokale Regelungen für Peking veröffentlicht (16.12.1982).
[1093] Cao Pei (1998), S. 120
[1094] Vgl. a. die Ausf. v. Harder (1998) zur historischen Einordnung des gesonderten Gebäudeeigentums des DDR-Rechtes, welcher hier historische Parallelen zur städtischen Bodenleihe seit dem europäischen Mittelalter und dem gespaltenen Feudaleigentum aufzeigt. Wie die obigen Ausführungen zum historischen China zeigen, liegt eine solche Aufspaltung durchaus auch in der chinesischen Tradition selbt begründet.
[1095] Im folg.: **BodenRegVorschr**
[1096] Die Problematik dieser zu Unübersichtlichkeit und Schwierigkeiten bei der Verwaltung von Immobilien führende Art der Registrierung hat auch die chinesische Regierung erkannt. Die Verbesse-

Eintragungen und Genehmigungen; bei Belastungen sogar in dreifacher Anzahl.[1097] Dabei liegt eine solche nur schwer überschaubare und schwerfällige Verwaltungsweise ganz in der chinesischen Tradition. Eigentumsverschachtelungen, unterschiedliche Eigentumskategorien sowie die unklare Abgrenzung zwischen Eigentum und beschränkten Rechten an Grundstücken sind geradezu typisch für das traditionelle chinesische Sachenrecht.[1098]
Diese Trennung setzt sich auch bei der Behandlung von Eigentumsstreitigkeiten fort. Während Streitigkeiten an Boden von Regierungsbehörden im Rahmen einer verwaltungsrechtlichen Entscheidung behandelt werden, sind für Eigentumsstreitigkeiten an Gebäuden die für zivilrechtliche Fragen zuständigen Schiedsorgane bzw. zivilrechtlichen Abteilungen der Volksgerichte zuständig.[1099]
Zu beachten ist weiterhin die bereits im Rahmen des Bodennutzungsrechts in den Städten dargelegte rechtliche Koppelung von Bodennutzungsrechten und Gebäudeeigentum.[1100] Die zeitliche Befristung von überlassenen und weiterübertragenen Nutzungsrechte am Boden hat grundlegende Auswirkungen auf das Eigentum an auf solchen Grundstücken befindlichen Gebäuden. Nach § 40 BodNutzÜÜVO i.V.m. § 21 I StImmVerwG erwirbt der Staat das Eigentum an solchen Gebäuden unentgeltlich, wenn der Antrag auf Verlängerung nicht rechtzeitig gestellt oder abgelehnt wurde. Das Eigentum an Gebäuden, die sich auf Boden mit überlassenen oder übertragenen Bodennutzungsrechten befinden, ist somit ein zeitlich befristetes Recht und unterliegt im Fall des Ablaufs der vertraglichen Nutzungsdauer dem Risiko der entschädigungslosen Enteignung durch den Staat. Das Gebäudeeigentum ist in diesem Fall abhängig vom Bestand des Bodennutzungsrechts.
Der renommierte Sachenrechtler Wang Liming hat dieses Problem erkannt und geht darauf in § 785 seines Entwurfs eines Zivilgesetzbuches ein.[1101] § 785 I bestimmt, dass natürliche Personen an ihrem Hauseigentum das Recht zur Nutzung, Übertragung, Vermietung und Belastung haben. Das Eigentumsrecht an privaten Häusern geht gem. § 785 II auch nicht verloren, wenn die Frist des damit verbundenen Bodennutzungsrechts ausläuft. In diesem Fall soll *vermutet* werden, dass der Eigentümer das entsprechende Bodennutzungsrecht noch genießt. Er hat jedoch eine Nutzungsgebühr für die Verlängerung der Nutzungsfrist zu entrichten. Damit greifen § 40 BodNutzÜÜVO und § 21 I StImmVerwG

---

rung der Registrierung von Immobilien (Kataster- und Grundbuchangelegenheiten) ist deshalb Teil des am 27. Sept. 2005 unterzeichneten neuen 2-Jahresprogramms des Deutsch-Chinesischen Rechtsstaatsdialogs; unter 2. (7): Regelwerke über die Registrierung von Immobilien. Vgl. a. Li (1996), S. 124.

[1097] Cao Pei (1998), S. 120 spricht dennoch von einem positiven Effekt der getrennten Registrierung für den Reformprozess im Immobilienbereich und verweist auf die Praxis einiger Städte, beide Registrierungen miteinander zu verbinden.

[1098] S. Thümmel (1995), S. 286

[1099] S. Thümmel (1995), S. 83, der allerdings auf eine Aufweichung dieser Abgrenzung im Zuge der Einräumung von Bodennutzungsrechten hinweist. Die Gesetzgebung trennt hier nicht, als sich nicht alle den Boden betreffenden Rechtsgrundlagen in öffentlich-rechtlichen Regelwerken finden.

[1100] S. unter B IV 1. c), d) und e)

[1101] Wang (2004), S. 113

nicht mehr automatisch und es besteht zunächst die Vermutung eines bestehenden Bodennutzungsrechts zugunsten der privaten Hauseigentümer.
Der letzte Sachenrechtsentwurf von Juli 2005 trifft hier eine Regelung im Sinne der bestehenden Gesetzeslage. Dessen § 155 SachRE05 bestimmt, dass bei Ablauf der Frist des Rechts der Bodennutzung für darauf befindliche Gebäude der Berechtigte ein Jahr vor Fristablauf die Verlängerung beantragen muss; auch hier ist nochmals eine Gebühr (Überlassungsgebühr) zu entrichten. Eine Vermutung zu Gunsten des Hauseigentümers ist in diesem Entwurf nicht vorgesehen.

Die bestehende rechtliche Lage wirft die Frage auf, ob es sich beim Hauseigentum überhaupt um ein Eigentumsrecht handelt. Vergleicht man mit deutschem Recht, so ist eine Auflassung, die unter einer Bedingung oder einer Zeitbestimmung erfolgt, unwirksam (§ 925 BGB). Allerdings bezieht sich diese auf die Übertragung des Eigentums an Grundstücken, welcher außerdem der Gedanke zugrunde liegt, dass Gebäude als wesentliche Bestandteile von Grundstücken untrennbare Bestandteile davon sind (§§ 93, 94 BGB). Wegen der grundsätzlichen Trennung des Eigentums am Boden und den darauf befindlichen Gebäuden in China ist das Eigentum an Gebäuden auf Boden mit überlassenen oder übertragenen Nutzungsrechten nicht an den Maßstäben des BGB messbar. Auf der anderen Seite mangelt es dem Gebäudeeigentum unter solchen Umständen im Sinne westlichen Rechtsverständnisses zumindest an Vollständigkeit. Dauerhaftes, ein Vertrauen auf seinen Fortbestand auslösendes und in seinem Bestand gesichertes Eigentum[1102] gewährt das chinesische Recht hier nicht. Das verfassungsrechtlich gewährleistete Eigentum an Häusern (Art. 13 Verf.) ist in diesem Sinne einzuschränken.
Dies gilt auch für die Verfügung darüber. Der Verkauf von Privathäusern wird in den §§ 9 ff. StPrHäuser-VV geregelt. Ein privater Verkauf durch Einheiten oder Einzelne unter Ausschluss der zuständigen Verwaltungsstellen ist nicht erlaubt und Spekulationen mit privatem Hauseigentum sind untersagt (§ 9 II StPrHäuser-VV).

[1102] Vgl. Dreier-Wieland (2004), Art. 14 GG, Rn. 130

3. Rechtliche Grundlagen und Problematik des Wohnungseigentums (Eigentumswohnungen)[1103]

Das Wohnungseigentum hat im Laufe der wirtschaftlichen Entwicklung der letzten Jahre in China stark an Bedeutung gewonnen. Nach Gründung der VR China wurden Wohnungen generell durch die Arbeitseinheiten zugewiesen und das Stellen von Wohnraum war Teil der durch die Arbeitseinheit gewährleisteten Versorgung und damit auch Teil des sozialen Systems. Eigentümer der Gebäude war der Staat, welcher durch Staatsunternehmen, Behörden, Institutionen oder kollektive Organisationen vertreten wurde. Die Bewohner hatten lediglich ein Wohnrecht an den ihnen zugewiesenen und von ihnen bewohnten Wohnungen. Durch die Kommerzialisierung des Wohnraums sind viele ehemalige Mieter Eigentümer ihres Wohnraums geworden[1104] und zusätzlich bedingt durch einen Bauboom in den Städten hat sich ein Markt für Eigentumswohnungen entwickelt.[1105] Die Bestimmung des § 7 II der *Maßnahmen für die entgeltliche Veräußerung von Immobilien der Stadt Shanghai*[1106] sieht ausdrücklich vor, dass die Käufer von Immobilien auch natürliche oder juristische Personen von außerhalb der VR China sein können, falls gesetzlich oder vertraglich nichts anderes bestimmt ist, womit der Immobilienmarkt grundsätzlich auch ausländischen natürlichen oder juristischen Personen offen steht.

Eine allgemeine Regelung zum Wohnungseigentum findet sich in § 78 AGZ, der vorsieht, dass Vermögensgut in *Miteigentum* mehrerer Bürger und juristischer Personen stehen kann. Miteigentum unterteilt sich wiederum in Miteigentum nach Bruchteilen und Gesamthandseigentum.[1107] Eine spezielle Regelung wurde 1989 vom chinesischen Bauministerium in Form der *Bestimmungen zur Verwaltung von aneinandergrenzenden und verschiedenen Eigentümern gehörenden*

[1103] Z. Problematik von Eigentumswohungen als eine Form der Aufspaltung von Verfügungsrechten und der damit verbundenen Abkehr vom absoluten Eigentum vgl. Engel (2002), S. 81 ff.

[1104] Inzwischen sollen 80 % der Stadtbewohner Chinas über Wohnungseigentum verfügen, Randolph (2004), unter 2.

[1105] Vgl. Cao Pei (1998), S. 36 ff. mit seinen Ausführungen zur Reform des städtischen Wohnungssystems, die von der unter Leitung des Staatsrates stehenden führenden Gruppe zur Reform des Wohnungssystems vorangetrieben wird. Er beschreibt das von der Stadt Yantai entwickelte Modell eines „Teileigentums" für Familien mit niedrigem Einkommen, wobei beim Kauf öffentlicher Wohnungen volles Besitz- und Nutzungsrecht, aber nur eingeschränkte Verfügungsrechte gewährt werden (S. 40 f.). Für Cao Pei zeigt sich darin eine Auffassung vom Eigentum als ein *Bündel von Rechten*, wobei der Inhalt dieses Bündels geändert werden kann. Vgl. hierzu a. die Ausf. von Engel (2002), S. 82 zu der Aufspaltung von Verfügungsrechten. Für Cao Pei birgt dieses Eigentumsverständnis die Möglichkeit der friedlichen Entwicklung vom öffentlichen sozialistischen zu einem ausdifferenzierten Eigentumssystem auf marktwirtschaftlicher Basis.

[1106] Im folg.: **EntgeltVeräußImm-ShanghaiMaßn**; chin.: Shanghaishi fangdichan zhuanrang banfa – 上海市房地产转让办法; verkündet v. der Shanghaier Stadtregierung am 30.04.1997; 1. Rev. v. 20.09.2000; letzte Rev. v. 24.06.2004

[1107] Wortlaut § 78 AGZ: Vermögensgut kann im Miteigentum mehrerer Bürger und juristischer Personen stehen. Miteigentum unterteilt sich in Miteigentum nach Bruchteilen und Gesamthandseigentum.

Häusern in den Städten[1108] erlassen. Deren §§ 6 und 9 sehen vor, dass Rechte an abgegrenztem Wohnungseigentum aus *Sondereigentum* und *Miteigentum* bestehen.[1109] Das Sondereigentum umfasst dabei die Teile des Hauses, an denen die Wohnungseigentümer das alleinige Eigentum besitzen. Zum Miteigentum gehören alle Einrichtungen und Anlagen, die für den Bestand und die Unterhaltung des Hauses erforderlich sind. Der Miteigentumsanteil wird beim chinesischen Wohneigentum rechtlich als Miteigentum nach Bruchteilen eingeordnet.[1110] § 78 I AGZ bestimmt, dass Miteigentümer nach Bruchteilen am gesamten Vermögensgut jeweilig Rechte und Pflichten nach ihrem Anteil tragen.[1111] Beim Verkauf haben die anderen Miteigentümer zu gleichen Bedingungen ein Vorkaufsrecht (§ 78 II a. E. AGZ). Damit ist eine Abtrennung des eigenen Anteils und eine unabhängige Veräußerung des eigenen Anteils nicht möglich. Sondereigentums- und Miteigentumsanteil sind untrennbar miteinander verknüpft und das Recht an einer Eigentumswohnung ist ohne eines der beiden Rechte nicht möglich.[1112]

Beim chinesischen Wohnungseigentum ist jedoch zu beachten, dass der Boden, auf dem sich das Gesamtgebäude befindet, vom Miteigentum ausgeklammert ist. Da sich aller Boden in der VR China entweder in Staats- oder in Kollektiveigentum befindet, lässt sich ein privater Miteigentumsanteil an dem Boden unter dem Wohngebäude schon dogmatisch nicht begründen. Dies ist ein grundlegender Unterschied zum sonst im wesentlichen gleich konzipierten deutschen WEG, welches das Grundstück unter dem Gesamtgebäude zum gemeinschaftlichen Eigentum rechnet, an dem der einzelne Wohnungseigentümer einen Miteigentumsanteil hat (§ 1 V i.V.m. § 1 II WEG).[1113]

[1108] Im folg.: **VerschEigentHäuser-VerwBest** (Chengshi yichan pilian fangwu guanli guiding – 城市异产毗连房屋管理规定), erlassen v. Bauministerium am 16. November 1989; rev. am 15.08.2001

[1109] Vgl. Kap. 6, §§ 73 ff. zum *Teileigentum an Gebäuden* des letzten Sachenrechtsentwurfs, veröffentlicht am 10.07.2005; § 73 SachRE05 bestimmt: Die Hausherren haben an Wohnungen, gewerblichen Räumen und sonstigen Teilen im Gebäude, die sie gesondert innehaben, (Sonder)eigentum; an dem Teil, den sie – außerhalb dessen, was sie gesondert innehaben – gemeinsam innehaben, haben sie Miteigentum und das Recht, ihn gemeinsam zu verwalten (n. Münzel, CR 2005.7, 10.7.05/1).

[1110] Fang (1993), S. 33; zit. n. Zhen (2004), S. 124

[1111] Rechte und Pflichten der Eigentümer finden eine Spezialregelung in den „Wuye guanli tiaoli" - 物业管理条例; Bestimmungen zur Verwaltung von Wohnungseigentum (**Wohneigent-VerwBest**), erlassen v. Staatsrat am 28.05.2003

[1112] Chen (1990), S. 44; zit. n. Zhen (2004), S. 125

[1113] Vgl. hierzu die Definition von Wohnngseigentum des deutschen WEG, § 1: *Wohnungseigentum* wird als *Sondereigentum* an einer Wohnung in Verbindung mit dem *Miteigentumsanteil* an dem gemeinschaftlichen Eigentum, zu dem es gehört, legaldefiniert. Zum gemeinschaftlichen Eigentum ist auch das Grundstück zu rechnen, worauf sich das gesamte Wohngebäude befindet (§ 1 V WEG). Dem Wohnungseigentümer kommt daran ein Miteigentumsanteil zu (§ 1 II WEG). In diesem Zusammenhang ist zu beachten, dass die Entstehung des deutschen WEG ihre Ursache in dem Verbot von Sonderrechten an wesentlichen Bestandteilen gem. § 93 BGB hat; ein Gedanke, welcher dem chinesischen Recht grundsätzlich fremd ist. Erst das WEG eröffnete die Möglichkeit eines beschränkten Sondereigentums an Teilen eines Hauses.

Dies bedeutet für das chinesische Wohnungseigentum, dass der Boden unter dem dazugehörigen Gebäude vom gemeinschaftlichen Eigentum aller Wohnungseigentümer und damit als Miteigentumsanteil der einzelnen Wohnungseigentümer ausgeschlossen ist. Das Wohnungseigentum schwebt ebenso wie das nach den Bodenreformen erworbene Gebäudeeigentum quasi über dem Boden. Dieses Problem wird rechtlich über das Instrument der Bodennutzungsrechte gelöst und auch hier stellt sich die Frage nach den Auswirkungen der Verknüpfung von überlassenen, zeitlich begrenzten Bodennutzungsrechten und Gebäudeeigentum bzw. Wohnungseigentum. In diesem Zusammenhang ist auf die Problematik der Qualifizierung des erworbenen Wohnraums als Wohnungs-*Eigentum* bzw. *Eigentumswohnung* einzugehen.

Beim Erwerb einer Wohnung erhalten die Wohnungseigentümer gem. § 24 I BodNutzÜÜVO auch ein Boden*nutzungsrecht* am Boden unter dem Gesamtgebäude. Damit sind Wohnungseigentum und Nutzungsrechte an dem darunter befindlichen Boden wie beim Hauseigentum miteinander verknüpft. Der genaue Anteil des Bodennutzungsrechts ergibt sich aus regionalen Vorschriften wie z.B. den *EntgeltVeräußImm-ShanghaiMaßn*. Nach § 28 II dieser Maßnahmen erwerben die Käufer von Wohnungen einen bestimmten Prozentanteil des Bodennutzungsrechts am Gebäudegrundstück und zahlen entsprechende Grundsteuer.[1114] Sofern es sich bei dem Bodennutzungsrecht nicht um ein zugeteiltes Nutzungsrecht[1115], sondern um ein überlassenes handelt, welches die Möglichkeit der Übertragung beinhaltet, wird dieses gem. § 12 BodNutzÜÜVO vom Staat zeitlich befristet überlassen und beträgt bei Verwendung für Wohnzwecke gem. § 12, 1. BodNutzÜÜVO längstens 70 Jahre. Diese Frist ändert sich auch nicht bei der Weiterübertragung (§ 22 BodNutzÜÜVO). Eine Verlängerung muss gem. § 21 StImmVerwG ein Jahr vom Bodennutzer vor Ablauf beantragt werden. Sie muss genehmigt werden, falls nicht das Allgemeininteresse die Rücknahme des Grundstücks erfordert. Gem. § 21 II StImmVerwG muss über die genehmigte Verlängerung der Nutzung erneut ein Überlassungsvertrag abgeschlossen und eine Überlassungsgebühr bezahlt werden. Läuft die Nutzungsdauer aus, ohne dass ein Antrag auf Verlängerung gestellt wurde oder wird die Verlängerung

---

[1114] Ähnlich Liang (2003), S. 59, (§ 305), dessen Sachenrechtsentwurf ebenfalls den Erwerb eines prozentualen Anteils am Bodennutzungsrecht vorsieht. Anders hier der Entwurf von Wang (2004), S. 117, § 813, wonach die einzelnen Wohnungseigentümer das Bodennutzungsrecht an dem damit verbundenen Gebäude gemeinsam innehaben. Auf die Problematik des befristeten Bodennutzungsrechts geht Wang im Zusammenhang mit dem Wohnungseigentum nicht ein. Dieses könnte jedoch i.S.d. § 785 zu regeln sein, der für das Eigentum an Privathäusern bestimmt, dass nach Ablauf der Bodennutzungsfrist das Weiterbestehen dieses Rechtes zugunsten des Hauseigentümers vermutet werden soll.

[1115] Zu beachten ist, dass beim Verkauf von Immobilien, die auf Boden mit zugeteiltem Nutzungsrecht errichtet wurden, der ursprüngliche Bodennutzer diese Nutzungsrechte in überlassene umwandeln und eine Überlassungsgebühr zahlen muß, § 12 EntgeltVeräußImm-ShanghaiMaßn; dies bedeutet, dass Immobilien auf Boden mit zugteilten Nutzungsrechten ohne Konvertierung in überlassene Nutzungsrechte nicht verkäuflich sind.

nicht genehmigt, so wird das Bodennutzungsrecht gem. § 21 II StImmVerwG vom Staat unentgeltlich zurückgenommen.
Das Eigentum an Wohnungen im städtischen Bereich, die auf Boden mit überlassenem bzw. übertragenem Nutzungsrecht errichtet werden[1116], worauf sich für Ausländer die Möglichkeit des Wohnungskaufs beschränkt, ist damit wie das übrige Gebäudeeigentum ein auf die Dauer des damit verbundenen Bodennutzungsrechts zeitlich befristetes Recht. Es steht unter dem Vorbehalt eines nach Ablauf der Bodennutzungsdauer genehmigten Antrages des Bodennutzers auf Verlängerung. Wird dieser nicht gestellt oder genehmigt, so wird das Bodennutzungsrecht vom Staat unentgeltlich zurückgenommen (§ 21 II StImmVerwG). § 39 BodNutzÜÜVO definiert den Ablauf der im Vertrag für die Überlassung des Bodennutzungsrechts bestimmten Nutzungsdauer als Beendigung des Bodennutzungsrechts. Fraglich ist, was dann mit den darauf errichteten Wohnungen geschieht. Nach der Bestimmung des § 40 BodNutzÜÜVO erlangt der Staat mit Ablauf der Dauer des Bodennutzungsrechts unentgeltlich das Bodennutzungsrecht und das Eigentum an Gebäuden darauf. Dies bedeutet, dass die Wohnungseigentümer zunächst nur von einem auf die Dauer des damit verknüpften Bodennutzungsrechts befristeten Wohnungseigentum ausgehen können. Die Fortdauer nach Ablauf der Frist hängt von der erneuten fristgerechten Antragstellung durch den Bodennutzer und der Genehmigung des Antrags ab. Weiterhin ist bei Genehmigung des Antrags erneut eine Bodennutzungsgebühr vom Antragsteller zu zahlen (§ 21 StImmVerwG). Das Hauptrisiko für die Wohnungseigentümer liegt neben der Fristversäumung der Antragstellung (maximal nach 70 Jahren) in der Möglichkeit der Nichtgenehmigung des Antrags auf Verlängerung des mit dem Wohnungseigentum gekoppelten Bodennutzungsrechts. Dies führt nach der Gesetzeslage zu einem entschädigungslosen Verlust der Wohnungen. Tatsächlich handelt es sich damit bei dem Wohnungseigentum in Gebäuden, die auf Boden mit überlassenem bzw. übertragenem Bodennutzungsrecht errichtet sind, um ein zeitlich befristetes Recht, welches unter bestimmten Voraussetzungen verlängert werden kann, wobei die Erfüllung der Voraussetzungen nicht in der Hand der Wohnungseigentümer liegt.

[1116] Davon zu unterscheiden ist der Eigentumsstatus von Wohnungen, die (1) ursprünglich staatlich zugeteilt wurden und im Zuge der Liberalisierung des Wohnungsmarktes weiterverkauft wurden und (2) vom Staat /der Stadt auf städtischem Boden errichtet und direkt aus staatlicher bzw. städtischer Hand gekauft werden. Die Stadt Shanghai setzt bei dem Verkauf dieser Wohnungen Musterverträge auf Grundlage des *VertragsG* und der *Übertragungsmethode für Immobilien der Stadt Shanghai* **(Imm-ÜbertrMethodeShanghai)** ein. Fraglich ist, ob die Käufer solcher Wohnungen gleichzeitig ein *zugeteiltes* anteiliges Bodennutzungsrecht für den unter den Wohnungen befindlichen Boden erworben haben. In diesem Fall wäre das erworbene Wohnungseigentum wegen der Verknüpfung von Bodennutzungsrecht und den darauf befindlichen Gebäuden ebenfalls unbefristet. Dafür spricht, dass beim Kauf solcher ehemals staatlich zugeteilten Wohnungen auf die unter § 3 des Immobilienkaufvertrags der Stadt Shanghai grundsätzlich geforderte genaue Spezifizierung der Laufzeit des Bodennutzungsrecht verzichtet wird. Dafür spricht ebenfalls, dass der Kauf solcher Wohnungen auf chinesische Staatsangehörige beschränkt ist (xiannei xiaofang – 限内销房). Ausländer können nur Immobilien auf Boden mit befristetem Bodennutzungsrecht erwerben.

Für Ausländer gilt, dass diese keine Möglichkeit haben, Eigentumswohnungen zu erwerben, bei denen das Bodennutzungsrecht keiner zeitlichen Beschränkung unterliegt. Bei dem erworbenen Wohnungseigentum handelt es sich um ein auf die restliche Bodennutzungsdauer des Bodens, auf dem sich das Wohnungseigentum befindet, befristetes Recht, das unter dem Vorbehalt der Verlängerung steht.

4. Gebäudeeigentum von ausländischen natürlichen und juristischen Personen

a) Gebäudeeigentum von natürlichen Personen

Für privates Hauseigentum von Ausländern galten zunächst die mit den nur für Inländer gültigen StPrHäuser-VV weitgehend identisch formulierten *Vorschriften über das private Hauseigentum von Ausländern* vom 25.08.1984[1117]. Die Definition von ausländischem privaten Hauseigentum unter (1.) stimmte weitgehend mit der des § 2 StPrHäuser-VV überein. Unter (2.) und (3.) fanden sich die gleichen Registrierungsanforderungen. Allerdings durften Ausländer gem. (5.) VerwAusländPrivHäuser-Best einen Vertreter oder chinesischen Anwalt mit der Durchführung beauftragen. Diese Bestimmungen galten gem. (7.) jedoch *nicht* für Häuser im Eigentum von EJV, CJV und WFOE, womit Vorschriften für Häuser in Eigentum von nicht-staatlichen juristischen Personen fehlten[1118], ebenso eine dem § 25 StPrHäuser-VV entsprechende Rückgaberegelung. Hinsichtlich der Rückgabe von Gebäuden im Eigentum von Ausländern wurden nach 1978 spezielle Regelungen geschaffen[1119] bzw. zwischenstaatliche Abkommen getroffen. Während mit den USA und Kanada früh pauschale Entschädigungen vereinbart wurden, profitierten Angehörige von Staaten, die dieses abgelehnt hatten (wie England und Frankreich), von einer späteren Politik, die den Einzelfall berücksichtigte. Ein gemeinsames Dokument des Außen- und des Finanzministeriums sowie der Bank of China zur Frage der Entschädigung für private Liegenschaften ehemals in China lebender Ausländer[1120] stellte fest, dass enteignete Liegenschaften grundsätzlich nicht zurückzugeben seien, jedoch angemessene individuelle Entschädigungen in Betracht gezogen werden könn-

[1117] Einige Bestimmungen des Ministeriums der VR China für Städte-, Dorfbau und Umweltschutz zur Verwaltung von Häusern im Privateigentum von Ausländern, 25.08.1984; im folg.: **VerwAusländPrivHäuser-Best**; aufgehoben durch *Beschluss des Staatsrats zur Aufhebung von einem Teil der Verwaltungsregelungen, die bis Ende des Jahres 2000 erlassen wurden* v. 06.10.2001

[1118] Vgl. Münzel, CR III.2, 25.08.84/1, Anmerkung; dies gilt auch für die StPrHäuser-VV

[1119] Eine Auflistung findet sich bei Thümmel (1995), S. 177 ff.

[1120] Das Außenministerium, Finanzministerium und die Bank of China zu der Entschädigung für Privathäuser von ursprünglich in China lebenden Ausländern (Waijiaobu, caizhengbu, Zhongguo Yinhang guanyu dui waiguo yuan zai Hua siren fangchan de buchang wenti), v. 03.08.1982; zit. n. Thümmel (1995), S. 180; dort auch auszugsweise chin. Text in Pinyin-Schreibweise unter Fn. 620

ten.[1121] Die gleichen Behörden lehnten jedoch in einem anderen Dokument[1122] eine Entschädigung für die Enteignung von Boden ab, womit auch die Entschädigungspolitik gegenüber Ausländern dem Grundsatz des öffentlichen Eigentums am Boden treu blieb. Weiterhin wurde festgestellt, dass für rechtsgeschäftlich veräußerte Immobilien im Prinzip zwar keine Entschädigung gezahlt würde; bei Verkäufen unter Druck jedoch Entschädigungen nicht gänzlich ausgeschlossen seien.[1123] Die Frage von Entschädigungen für enteignete Gebäude bleibt hochpolitisch mit einer Tendenz, die Gerichte möglichst von deren Klärung auszuschließen.[1124]

Art. 13 der Verfassung, welcher das Recht der Bürger an ihrem Privatvermögen und das Erbrecht schützt, gilt grundsätzlich auch für in China befindliche Ausländer[1125]. Die einfache Gesetzgebung konkretisiert diesen Schutz. Die StPrHäuser-VV als spezielle Regelung für *Privathäuser von Ausländern* wurde am 06.10.2001 mit dem *Staatsratsbeschluss zur Aufhebung eines Teils der bis Ende 2000 veröffentlichten Verwaltungsregeln*[1126] aufgehoben. Der Staatsratsbeschluss enthält unter Nr. 31 die Erläuterung, dass die betreffende Regelung durch (1) die *AGZ*, (2) das *StImm-VerwG*, (3) die *StPrivatHäuser-VV* und (4) die *Verwaltungsbestimmungen für die Erschließung und Bewirtschaftung städtischer Immobilien*[1127] ersetzt wird.

Nach § 8 II *AGZ* werden die auf Bürger der Volksrepublik bezüglichen Bestimmungen auch auf *Ausländer* im Gebiet der VR China angewandt, soweit gesetzlich nichts anderes bestimmt wird. Diese Regelung ist insoweit auslegungsbedürftig als offen bleibt, ob sich die Formulierung *die auf Bürger bezüglichen Bestimmungen dieses Gesetzes* nur auf das zweite Kapitel mit dem Titel *Bürger (natürliche) Personen* bezieht oder sich auf sämtliche Bestimmungen der AGZ

[1121] V. Senger (1994), S. 280 verweist auf die Änderung dieser Praxis: Wenn die ausländische Partei auf ihr Hauseigentum nicht verzichten will, so wird ihr der ihr zustehende Hauseigentumsanteil zugesprochen, bisweilen unter Einschluß des Nutzungsrechtes.

[1122] Ansichten zur Lösung der Frage von Auslandsschulden Chinas und ausländischen Vermögenswerten in China (Guanyu jiejue Zhongguo jiu zhengfu waizhai he waiguo zai Hua zichan wenti de yijian), v. 7.11.1981

[1123] Zit. n. Thümmel (1995), S. 181

[1124] Vgl. Thümmel (1995), S. 181

[1125] v. Senger (1994), S. 280 m. Bezug auf Huadong Zhengfa Xueyuan (1987), S. 136. v. Senger verweist allerdings auf die politische Richtlinien und Rechtsbestimmungen, wonach Häuser von Ausländern grundsätzlich nur vom Gatten des Erblassers und dessen direkten Verwandten geerbt bzw. nur an Verwandte und Freunde chinesischer Staatsangehörigkeit von Todes wegen verschenkt werden dürfen. Zur überragenden Rolle der Verfassung auch gegenüber internationalen Abkommen und Gepflogenheiten s. Li/Zhou (2005), S. 248 f.

[1126] Im folg.: **VerwRegelAufh-Beschl**, Beschluss des Staatsrats zur Aufhebung von einem Teil der Verwaltungsregelungen, die bis Ende des Jahres 2000 erlassen wurden (guowuyuan guanyu feizhi 2000 niandi yiqian fabu de bufen xingzheng fagui de jueding - 国务院关于废止 2000 年底以前发布的部分行政法规的决定), v. 06.10.2001

[1127] Im folg.: **StImmErschlBewirt-VerwBest**, erlassen v. Staatsrat am 02.07.1998; chin.: chengshi fangdichan kaifa jingying guanli tiaoli – 城市房地产开发 经营管理条例

erstreckt. Die systematische Stellung dieser Regelung direkt vor dem zweiten Kapitel deutet eher auf einen auf das 2. Kapitel begrenzten Anwendungsbereich. Weiterhin ist fraglich, ob der Ausdruck *Gesetz* in der Formulierung *soweit das Gesetz nicht anderes bestimmt* im engen Sinne, also im Sinne von durch den NVK oder seinen Ständigen Ausschuss erlassenen Gesetzen gemeint ist oder ob er im weiteren Sinne alle Rechtserlasse der VR China einschließlich der autoritativen Interpretationen des Obersten Volksgerichts umfasst.[1128] Es wurde bereits darauf verwiesen, dass die *Ansichten des OVG* zu einzelnen Gesetzen formell zwar keine Gesetzeskraft besitzen, aber in der Praxis die Bedeutung von Quasi-Gesetzen genießen. Somit ist diese Formulierung zumindest in Hinsicht auf die Ansichten des OVG im weiteren Sinne zu verstehen.[1129]
Eine Entscheidung darüber, ob in diesem Fall sämtliche Bestimmungen der AGZ einschlägig sind, muss an dieser Stelle jedoch nicht getroffen werden, denn die AGZ enthalten in den §§ 71 ff. lediglich allgemeine Regelungen zum Vermögenseigentum, worunter zwar auch Bestimmungen zum Boden sind; es fehlen in diesem Abschnitt jedoch spezielle Normen zum Privateigentum an Gebäuden. Dieses wird mit Bezug auf Ausländer im 8. Kapitel der AGZ in den §§ 142 ff. im Rahmen der *Rechtsanwendung bei Zivilrechtsbeziehungen mit Auslandsberührung* behandelt. § 142 II AGZ stellt allerdings im Falle von Abweichungen den Vorrang internationaler Abkommen fest, falls die VR China keinen Vorbehalt erklärt hat. Soweit das Recht der VR China und internationale Abkommen, an denen China teilnimmt, keine Regelungen enthalten, können internationale Gepflogenheiten zur Anwendung kommen (§ 142 III AGZ). Dieses gem. § 150 AGZ allerdings unter dem Vorbehalt des ordre public.

Nach § 144 AGZ wird auf das Eigentum an unbeweglichem Vermögen das Recht des Ortes des unbeweglichen Vermögens angewandt. Nr. 186 der *Ansichten des Obersten Volksgerichts zu einigen Fragen der Anwendung der AGZ* definiert unbewegliches Vermögen als Land, zum Land gehörige *Gebäude* und andere Bestandteile sowie mit den Gebäuden fest verbundene Anlagen. Für die Rechtsanwendung gilt, dass auf sämtliche Rechtsbeziehungen des unbeweglichen Vermögens, das sind Eigentum, Kauf und Verkauf, Miete und Pacht, Verpfändung, Gebrauch etc. das Recht des Ortes des unbeweglichen Vermögens angewandt wird. Damit ist nicht § 145 AGZ anzuwenden, welcher Beteiligten an Verträgen mit Auslandsberührung die Rechtswahl bzgl. der Regelung von Vertragsstreitigkeiten lässt, sondern es kommen zunächst die für Inländer bestimmten speziellen Regelungen des StImm-VerwG und die StPrivatHäuser-VV zur Anwendung. Weiterhin verweisen die *Verwaltungsbestimmungen für städtische Gebäude in öffentlichem Eigentum*[1130] in § 37 für den Fall des Verkaufs

[1128] S. v. Senger / Xu (1994 – 1), S. 248
[1129] Vgl. a. Überblick über das Gesetzgebungssystem der VR China
[1130] Im folg.: **StÖffGebäude-VerwBest**; chin,: chengshi gongyou fangwu guanli guiding – 城市公有房屋管理规定 ; erlassen am 23.03.1994 vom Bauministerium

von öffentlichen Gebäuden[1131] an Ausländer ebenfalls auf die Vorschriften für Immobilienverkäufe mit Auslandsberührung und damit gleichermaßen auf § 144 AGZ, womit auch hier die nationalen Vorschriften für Inländer zur Anwendung kommen.[1132] Für das Erbrecht gilt § 149 AGZ, der bestimmt, dass bei unbeweglichem Vermögen das Recht des Ortes des unbeweglichen Vermögens angewendet wird, also gleichermaßen nationales Recht.

In diesem Zusammenhang ist die nach chinesischem Recht bestehende enge Verknüpfung von Hauseigentum und Bodennutzungsrechten zu beachten. Beim Transfer von überlassenen Bodennutzungsrechten wird gleichzeitig das Eigentum an den darauf befindlichen Gebäuden übertragen (§ 23 BodNutzÜÜVO). Eigentum von Gebäuden auf staatlich *überlassenem* Boden ist weiterhin entsprechend der Dauer des Bodennnutzungsrechts befristet und eine Verlängerung muss fristgerecht beantragt und genehmigt werden (§ 21 StImmVerwG). Für Hauseigentum auf staatlich *zugeteiltem* Boden gilt, dass dieses erst nach Konvertierung des Bodennutzungsrechts in ein *überlassenes* Recht *übertragen* werden kann (§§ 43 u. 44 BodNutzÜÜVO). Nach der Konvertierung ergibt sich ebenfalls eine Abhängigkeit der Dauer des Gebäudeeigentums von der Nutzungsfrist des überlassenen Bodens.

b) Gebäudeeigentum von juristischen Personen

Für Unternehmen mit ausländischen Investitionen ist hinsichtlich des Erwerbs und des Schutzes von erworbenem Gebäudeeigentum deren juristischer Status und deren Staatsangehörigkeit zu beachten. Nach obigen Ausführungen gelten solche Unternehmen in Form der EJV, CJV und WFOEG grundsätzlich als *chinesische juristische Personen*, die unter der Zuständigkeit und dem Schutz des chinesischen Gesetzes stehen (§ 2 EJV-DV, § 4 CJV-AB, § 8 WFOEG sowie § 41 II AGZ). Damit ist die nationale Gesetzgebung der VR China einschlägig. Falls nicht die Spezialgesetzgebung für Unternehmen mit ausländischen Investitionen greift, so ist auf die allgemeinen Gesetze abzustellen.
Bei Gebäuden im Eigentum von *ausländischen juristischen Personen* ist die Bestimmung des § 144 AGZ zugrundezulegen, wonach auf das Eigentum an unbeweglichem Vermögen das Recht des Ortes des unbeweglichen Vermögens angewandt wird und welche damit ebenfalls auf die chinesische Gesetzgebung in diesem Bereich verweist.

[1131] das sind nach § 3 StImmErschlBewirt-VerwBest Gebäude in staatlichem und kollektivem Eigentum

[1132] Hierzu gehören auch regionale Vorschriften wie z. B. spezielle Regelungen der Stadt Shanghai zur freien Verkäuflichkeit von Immobilien, die mit Devisen erworben wurden v. Mai 1990 (seit Mai 2002 außer Kraft)

aa) Der Erwerb von Gebäudeeigentum

Die Spezialgesetze zu ausländisch investierten Unternehmen regeln zwar den Erwerb von Bodennutzungsrechten, treffen aber keine Regelungen hinsichtlich der Erwerbsmöglichkeiten von Gebäudeeigentum. Somit ist für diese Unternehmen als chinesische juristische Personen auf die allgemeine chinesische Gesetzgebung zum Erwerb von Gebäuden Bezug zu nehmen.
Hier könnte zunächst die Bestimmung des § 13 StPrHäuser-VV zu beachten sein. Diese verbietet Unternehmenseinheiten den Kauf von städtischen Privathäusern. Wenn sie diese aus besonderen Bedürfnissen heraus unbedingt kaufen müssen, so muss die Genehmigung der Volksregierung auf Kreis- oder höherer Stufe eingeholt werden. Grund für diese Regelung soll der Schutz vor überhöhten Forderungen privater Hauseigentümer sein.[1133] Beschränkungen bestehen auch hinsichtlich von Privathäusern, deren dazugehöriger Boden als *zugeteiltes* Bodennutzungsrecht zu qualifizieren ist und die ohne die Konvertierung in ein *überlasses* Bodennutzungsrecht nicht verkauft werden dürfen (§ 43 ff. BodNutzÜÜVO).

Beim Kauf von städtischen öffentlichen Gebäuden, die gem. § 3 StÖffGebäude-VerwBest als Gebäude in staatlichem und kollektivem Eigentum definiert werden, sind für ausländisch investierte Unternehmen als chinesische juristische Personen die Bestimmungen der §§ 31 ff. StÖffGebäude-VerwBest einschlägig. Diese stellen den Handel mit öffentlichen Gebäuden unter strenge Kontrolle, welche auch die Schätzung des Gebäudepreises gem. der staatlichen Bestimmungen einschließt. Nach § 35 StÖffGebäude-VerwBest hat der Verkauf vorbehaltlich anders lautender Bestimmungen in der *Form der entgeltlichen Übertragung*[1134] stattzufinden, was eine Konvertierung dazugehöriger Bodenrechte in überlassene Bodennutzungsrechte voraussetzt.
Zu beachten ist hier § 4 III StÖffGebäude-VerwBest, der besagt, dass die gem. §§ 4 I und II StÖffGebäude-VerwBest vom Staat und den Kollektiven als eigentliche Eigentümer zu Betreibung und Verwaltung der öffentlichen Gebäude ermächtigten Einheiten und kollektiven Organisationen auch das entsprechende Bodennutzungsrecht genießen.[1135] Wenn der Bodennutzer von städtischem staatseigenem Boden das Eigentum an Gebäuden darauf *überträgt*, so geht gem. § 24 II BodNutzÜÜVO das Bodennutzungsrecht im Bereich des Gebrauchs der Gebäude im Wege der Übertragung mit über. Bodennutzungsrecht und Gebäudeeigentum sind mit einander verknüpft, wobei grundsätzlich die Dauer des Bodennutzungsrechts entscheidend ist.

[1133] S. Münzel, CR III.2, 17.12.83/1, Anm.3

[1134] Chin.: youchang zhuanrang – 有偿 转让

[1135] Das Gesetz bezeichnet hier irreführend die zum Betrieb und zur Verwaltung ermächtigten Einheiten bzw. kollektiven Organisationen als *chanquanren* – 产权人, deutsch: *Eigentümer* oder *Besitzer*. Der chinesische Ausdruck läßt beide Übersetzungen zu, s. Liang (1997), unter Stichwort *chanquan* - 产权; die eigentlichen Eigentümer der öffentlichen Gebäude sind der Staat bzw. die Kollektive.

Bei Unternehmen mit ausländischen Investitionen ist jedoch vorrangig die Verknüpfung der Laufzeit des Bodennutzungsrechts mit der Betriebsdauer des Unternehmens zu beachten. Nach § 40 WFOEG-AB ist die Laufzeit des Bodennutzungsrechts mit der Betriebsdauer des Unternehmens (WFOE) verknüpft. Dies gilt gem. § 9 II JVBodNutzVorlRegel auch für Joint-Venture-Unternehmen (EJV und CJV), bei denen die Laufzeit des Bodennutzungsrechts ebenfalls an die Betriebsdauer der Unternehmens gebunden ist und damit eine Differenz zu den in § 12 BodNutzÜÜVO bestimmten Fristen aufweist. Gebäudeeigentum, welches von Unternehmen mit ausländischen Investitionen erworben wird, unterliegt damit in jedem Fall einer zeitlichen Befristung, die von der Betriebsdauer des Unternehmens abhängt.

Für diese Unternehmen könnte sich auch über den Umweg des Erwerbs von Bodennutzungsrechten die Möglichkeit des Gebäudeerwerbs bieten. Nach § 3 der BodNutzÜÜVO können Unternehmen von in- und außerhalb der VR China Bodennutzungsrechte nach den Regeln dieser Verordnung erlangen. Das schließt auch die Übertragung von Bodennutzungsrechten gem. § 19 BodNutzÜÜVO ein. Dabei wird nach § 23 BodNutzÜÜVO das Eigentum an Gebäuden auf dem Land und anderen Bestandteilen mit übertragen. Somit können Unternehmen mit ausländischen Investitionen über den Erwerb von Bodennutzungsrechten grundsätzlich auch Eigentümer an den auf diesem Boden befindlichen Gebäuden werden. Hier ist jedoch ebenfalls zu beachten, dass die von solchen Unternehmen erworbenen Bodennutzungsrechte in ihrer Dauer an den Betrieb der Unternehmen geknüpft sind. Die Verknüpfung von Gebäudeeigentum und Bodennutzungsrecht führt in ihrer gegenseitigen Abhängigkeit dazu, dass auch auf dem Wege über die Erlangung eines Bodennutzungsrechts kein unbefristetes Eigentum an Gebäuden erworben werden kann.

bb) Sonderfall der Erschließung und Bewirtschaftung städtischer Immobilien

Die *StImmErschlBewirt-VerwBest* enthalten mit § 6 eine Sonderbestimmung für *ausländische Unternehmen*, die sich im Bereich der Erschließung und Bewirtschaftung städtischer Immobilien engagieren wollen. Erschließung und Bewirtschaftung wird in § 2 der StImmErschlBewirt-VerwBest definiert als Durchführung von Erschließungs- und Bauarbeiten auf staatseigenem städtischen Boden und schließt die Übertragung von Erschließungsobjekten sowie den Verkauf und die Vermietung von Wohnungen[1136] mit ein. Die Bestimmung des § 6 sieht vor, dass ausländische Investoren in diesem Bereich bei der Gründung von Unternehmen für Immobilienerschließung die Voraussetzungen des § 5 StImmErschlBewirt-VerwBest zu erfüllen haben, welcher für Inländer Anforderungen an das eingetragene Kapital und die Qualifizierung der beteiligten Personen

[1136] Chin.: shangpinfang – 商品房; wörtl. Wohnungen zum Verkauf festlegt. Weiterhin haben Ausländer die Antragsformalitäten gem. der Gesetze und Verwaltungsbestimmungen für ausländische Investitionsunternehmen zu erfüllen. Der Schutz der von Ausländern getätigten Investitionen im Bereich der Erschließung und Bewirtschaftung städtischer Immobilien richtet sich damit grundsätzlich nach den für ausländische Investitionsunternehmen einschlägigen Bestimmungen.

cc) Rechtssicherheit für Gebäudeeigentum von Unternehmen mit ausländischen Investitionen

Allgemeine Entschädigungsregelungen für den Verlust des Eigentums an Gebäuden wegen Beendigung der Bodennutzungsrechte aus Gründen des Ablaufs der Nutzungsdauer finden sich in der BodNutzÜÜVO, welche nach Zuteilung und Überlassung der Nutzungsrechte des mit den Gebäuden verbundenen Bodens differenziert.[1137] Fallen überlassene Bodennutzungsrechte an den Staat zurück, weil die Nutzungsdauer abgelaufen ist und eine Verlängerung nicht beantragt oder abgelehnt wurde, wird für den Verlust des Eigentums an den Gebäuden oder anderen festen Einrichtungen gem. § 40 BodNutzÜÜVO keine Entschädigung gezahlt. Fallen zugeteilte Bodennutzungsrechte an den Staat zurück, weil das Joint Venture beendet, geschlossen oder sein Standort verlagert wird, so wird gem. § 47 BodNutzÜÜVO nach den tatsächlichen Verhältnissen[1138] für den Verlust von Gebäuden und anderen festen Einrichtungen eine angemessene Entschädigung gezahlt.

Fraglich ist, inwieweit die Sondergesetzgebung für Unternehmen mit ausländischen Investitionen Rechtssicherheit für das Gebäudeeigentum von solchen Unternehmen schaffen kann. Sowohl das EJVG (§ 5 I) als auch das CJVG (§ 8) sehen Sacheinlagen als Investitionsbeitrag vor, womit auch Gebäudeeigentum als solcher in Frage kommt. Bei den WFOEG als rein ausländisch investiertem Unternehmen ohne chinesischen Partner kommt es wohl am ehesten zur Gebäudeerrichtung oder zum Gebäudekauf als Teil der Gesamtinvestition in das in der VR China gegründete Unternehmen. § 2 I EJVG bestimmt, dass die chinesische Regierung im Rahmen des Gesetzesrechts die gem. den von der chinesischen Regierung genehmigten Vereinbarungen, Verträgen und Satzungen in das Gemeinschaftsunternehmen eingebrachten Investitionen des ausländischen Gesellschafters schützt. Ähnlich formuliert § 4 des WFOEG den Schutz der Investitionen der ausländischen Investoren. Nach § 3 CJVG sind die legitimen Rechte und Interessen des Unternehmens sowie der Kooperationspartner gesetzlich geschützt, wobei legal erworbenes Hauseigentum unter legitime Rechte des ausländischen Kooperationspartners zu subsumieren ist. Schutzgewährung und die Pflicht zur Befolgung der Gesetze der VR China sind in allen genannten Be-

[1137] Vgl. Diem (2000), S. 184 f.
[1138] Chin.: 根据实际情况

stimmungen eng miteinander verknüpft.[1139] Ingesamt ist festzustellen, dass ausländischen Unternehmen grundsätzlich Schutz für eingebrachte Investitionen in Form von Gebäudeeigentum gewährt wird.
Eine Einschränkung erfährt dieser allgemein formulierte Schutz durch Bestimmungen, die sich auf den Fall der kompletten Verstaatlichung bzw. Beschlagnahme von Unternehmen mit ausländischen Investitionen beziehen (§ 5 I WFOEG, § 2 III EJVG), wobei auch das Gebäudeeigentum des ausländischen Partnerunternehmens betroffen sein kann. Zwar beinhalten diese Regelungen die Gewährleistung, dass der chinesische Staat Unternehmen mit ausländischem Kapital weder verstaatlichen noch beschlagnahmen wird, schränken diese jedoch für den Fall des öffentlichen Interesses ein.[1140] Dies bedeutet, dass solche Unternehmen auf legalem Wege beschlagnahmt bzw. verstaatlicht werden können. Es ist jedoch eine angemessene Entschädigung zu zahlen, wobei die Bestimmung der Höhe der Entschädigung offen bleibt.[1141]

Zusammenfassend ist festzustellen, dass soweit Eigentum an Gebäuden als Investition des ausländischen Unternehmenspartners anzusehen ist bzw. eine Investition des ausländischen WFOE-Gründers darstellt, dieses dem Schutz der Sondergesetzgebung ausländisch investierter Unternehmen unterfällt. Im Falle der Verstaatlichung oder Beschlagnahme wird eine angemessene Entschädigung zugesichert.
Der Verlust des Eigentums an Gebäuden wegen Beendigung der Bodennutzungsrechte wird in der BodNutzÜÜVO geregelt. Entschädigungen sind lediglich im Fall von zugeteilten Bodennutzungsrechten vorgesehen. Der Verlust von Gebäuden, die sich auf den für ausländisch investierte Unternehmen immer wichtiger werdenden Grundstücken mit überlassenen und auch weiter transferierten Nutzungsrechten befinden, gibt kein Recht auf eine angemessene Entschädigung.

dd) Bilateraler und multilateraler Investitionsschutz

Die VR China erkennt grundsätzlich den Vorrang von internationalen Verträgen im Rahmen der Rechtsanwendung auf Zivilbeziehungen mit Auslandsberührung an (§ 142 II AGZ). Alle internationalen Verträge, die sie abgeschlossen hat oder denen sie beigetreten ist, haben in China Gesetzeskraft und sind für den chinesischen Staat und seine Organe bindend. Internationale Verträge, die China abge-

---

[1139] Vgl. obige Ausf. zu gesetzlichen Schutz der Bodennutzungsrechte ausländisch investierter Unternehmen.
[1140] Z. Problematik des Begriffes *öffentliches Interesse* s.a. Himmelmann (2001), S. 279; vgl. a. den Begriff des *Wohl der Allgemeinheit* in Art. 14 III 1 GG, Dreier-Wieland (2004), Art. 14 GG, Rn. 99 ff.
[1141] Anders als bei den detaillierten Bestimmungen des Art. 4 d. Investitionsschutzabkommens; s. untere Ausf.

schlossen hat oder denen es beigetreten ist, müssen selbst dann eingehalten werden, wenn sie dem chinesischen Recht widersprechen. [1142]

Dies gilt auch für das zwischen der Bundesrepublik Deutschland und der VR China geschlossene *Investitionsschutzabkommen*. Kapitalanlagen sind unter Art. 1, 1. als Vermögenswerte jeder Art, die von Investoren direkt oder indirekt im Hoheitsgebiet der anderen Vertragspartei angelegt werden, definiert. Darunter fällt nach Art. 1, 1. a) insbesondere das Eigentum an unbeweglichen Sachen und damit auch Gebäudeeigentum. Weiterhin sind darunter gem. Art. 1, 1. b) Gesellschaftsanteile, -einlagen und andere Arten von Beteiligungen an Gesellschaften zu subsumieren, was ebenfalls Gebäudeeigentum einschließen kann. Das Protokoll zum Abkommen stellt unter 1., zu Artikel 1 a) jedoch auch klar, dass als Kapitalanlagen gem. Art. 1 InvestSchutzAbk solche gelten, die zur Schaffung dauerhafter wirtschaftlicher Beziehungen in Zusammenhang mit Unternehmen vorgenommen werden, womit zu privaten Zwecken getätigte Investitionen vom Schutz des Abkommens ausgeklammert sind.[1143] Als *Investoren* in Bezug auf die Bundesrepublik Deutschland gelten nach Art. 1, 2. a) natürliche Personen und juristische Personen sowie jede Handelsgesellschaft oder Vereinigung mit oder ohne Rechtspersönlichkeit, die ihren Sitz im Hoheitsgebiet der Bundesrepublik hat. Somit unterfällt das Gebäudeeigentum als Eigentum an unbeweglichen Sachen oder in der Form als Gesellschaftseinlage bzw. Gesellschaftsanteil und damit als Kapitalanlage von natürlichen (gem. dem GG) und juristischen Personen (sofern sie ihren Sitz in der Bundesrepublik haben), soweit sie zur Schaffung dauerhafter wirtschaftlicher Beziehungen in Zusammenhang mit Unternehmen erlangt wurden und als Kapitalanlage gelten können, dem Investitionsschutzabkommen.
Bei ausländisch investierten Unternehmen ist in Hinblick auf den Schutz durch das InvestSchutzAbk nicht deren Status als chinesische juristische Personen in der VR China entscheidend[1144], sondern es ist darauf abzustellen, ob bei den JV-Unternehmen das deutsche Partnerunternehmen bzw. bei den WFOE der deutsche Investor als Investor i.S. des Art. 1, 2. InvestSchutzAbk gilt. In diesem Fall greift der Schutz durch das InvestSchutzAbk.
Dieser Schutz umfasst nach Art. 2 III InvestSchutzAbk auch den ungestörten Gebrauch, die Nutzung und die Verfügung über das als Kapitalanlage geschützte

---

[1142] Primat (shangweixing) des internationalen Vertrages; s. v. Senger / Xu (1994 – 1), S. 202; diese verweisen allerdings auch auf die Ausnahmen von diesem Grundsatz bei Anmeldung eines Vorbehalts, der Anwendung des ordre public etc.
[1143] Protokoll zum InvestSchutzAbk, BT-Drucksache 15 / 4983, S. 13
[1144] Vgl. obige Ausführungen. Die WFOE gelten nicht als Niederlassungen ausländischer Unternehmen, sondern als chinesische juristische Personen (§ 8 WFOEG). Bei den CJVs ist der Status einer juristischen Person nicht zwingend vorgeschrieben (§ 4 CJVG i.V.m. §§ 50 ff CJVG). Jeder Partner kann seine eigene juristische Identität behalten oder es kann eine gemeinsame Gesellschaft mit eigener Rechtspersönlichkeit gegründet werden. Beim EJV können auf ausländischer Seite Unternehmen, Organisationen oder Einzelpersonen Kooperationspartner sein, § 1 EJVG. Die Rechtsform ist die einer Gesellschaft mit beschränkter Haftung (§ 4 I EJVG) und jede Partei darf Sacheinlagen und damit auch Gebäude als Investition einbringen (§ 5 I). (Vgl. a. Gutowski/Tang, 1998, S. 6 ff.)

Rechtsgut. Eine Gewährleistung des vollen Schutzes und der vollen Sicherheit von Kapitalanlagen deutscher Investoren postuliert Art. 4 I des InvestSchutzAbk und regelt gleichzeitig den als Ausnahme vorgesehenen Fall der Enteignung bzw. der Verstaatlichung. Direkte und indirekte Enteignungen sind gem. Art. 4 II InvestSchutzAbk nur zum allgemeinen Wohl und gegen Entschädigung zulässig, wobei diese dem Wert der Kapitalanlage unmittelbar vor der Enteignung bzw. deren Bekanntmachung entsprechen muss. Die Entschädigung ist unverzüglich zu leisten, andernfalls zu verzinsen, und muss tatsächlich verwertbar und frei transferierbar sein. Unbeschadet der Bestimmungen des Art. 9 InvestSchutzAbk zum Schiedsverfahren als wesentliches Mittel der Beilegung von Meinungsverschiedenheiten, müssen auf Verlangen des Investors die Rechtmäßigkeit der Enteignung und die Höhe der Entschädigung durch innerstaatliche Gerichte nachgeprüft werden können. Damit wird der ordentliche Rechtsweg zur Überprüfung von Enteignungsmaßnahmen gewährt.[1145]

c) Fazit zum Gebäudeeigentum von ausländischen natürlichen und juristischen Personen

Nach obigen Ausführungen unterfällt das private Wohneigentum von *Ausländern als natürliche Personen* gem. Nr. 31 VerwRegelAufh-Beschl i.V.m. § 144 AGZ dem Recht des Ortes des unbeweglichen Vermögens, womit die StImm-VerwG und StPrivatHäuser-VV als grundlegende Regelungen einschlägig sind. Dies bedeutet, dass in diesem Bereich und im Rahmen der genannten Regelungen das private Gebäudeeigentum von Ausländern dem von Inländern rechtlich gleichgestellt ist und gleicher Behandlung gemäß der genannten Gesetze unterliegt. Die StPrHäuser-VV als grundlegendes spezielles Gesetz für ausländische Privathäuser wird ergänzt vom StImm-VerwG als allgemeingesetzlicher Basis städtischer Immobilienentwicklung, welches Regelungen zur *öffentlich-rechtlichen* Kontrolle des Immobilienmarktes mit als privatrechtlich zu charakterisierenden Normen kombiniert[1146] sowie anderen allgemeinen Bestimmungen. Beim Regelfall des Eigentums an Gebäuden auf Boden mit überlassenen und übertragenen Bodennutzungsrechten ist die rechtliche Koppelung von Bodennutzungsrecht und Gebäudeeigentum zu beachten, welche de facto zu einer Befristung des Gebäudeeigentums führt.

Für das Eigentum an Immobilien von Unternehmen mit ausländischen Investitionen (in der Regel juristische Personen) gelten ebenfalls grundsätzlich die einschlägigen chinesischem Gesetze. Ergänzt werden diese durch eine Spezialgesetzgebung, welche zusätzlichen Schutz vor Beschlagnahme und Verstaatli-

[1145] Vgl. Denkschrift z. Abkommen, zu Artikel 4, BT-Drucksache 15 / 4983, S. 17
[1146] S. Thümmel (1995), S. 65

chung gewährt und eine Entschädigung für den Fall vorsieht, dass solche als Ausnahmen bezeichnete Fälle zum Tragen kommen. Die Formulierung dieses Schutzes ist eng verknüpft mit der Verpflichtung der Unternehmen, die chinesischen Gesetze zu befolgen und die öffentlichen Interessen Chinas nicht zu verletzen, was diese Schutzgewährung relativiert.

Beim Eigentum an Gebäuden ist auch bei Unternehmen mit ausländischen Investitionen die Koppelung des Gebäudeeigentums an die Dauer des diesem zugrunde liegenden Bodennutzungsrechts zu beachten. Anders als bei natürlichen ausländischen Personen ist das Nutzungsrecht am Boden abhängig von der Betriebsdauer des Unternehmens. Damit ist das Eigentum an Gebäuden solcher Unternehmen zunächst auf die Dauer des gemeinsam betriebenen Unternehmens bzw. die Betriebsdauer des allein investierten Unternehmens begrenzt.

Die nationalen Regelungen für Unternehmen mit ausländischen Investitionen werden zusätzlich durch binationale und supranationale Investitionsschutzabkommen flankiert.

VII. Zusammenfassende Betrachtung der Besonderheiten des chinesischen Immobiliarsachenrechts

Als Basis für die Erfüllung der sozialen Bedürfnisse der Bevölkerung und wegen des darin liegenden wirtschaftlichen Potentials besitzt der Boden und seine Verwaltung in vielen Staaten eine grundlegende Bedeutung. Die Geschichte und Gegenwart Chinas zeugen von den Anstrengungen nahezu aller Regierungen, beide Aspekte miteinander in Einklang zu bringen.

Die rechtliche Entwicklung des Immobiliarsachenrechts der VR China steht in dieser Tradition. Sie ist davon geprägt, dem Staat eine umfassende Kontrolle über den Boden zu sichern, um einerseits die Erfüllung der sozialen Bedürfnisse der Bevölkerung zu gewährleisten und auf der anderen Seite das darin liegende wirtschaftliche Potential für die Staatseinnahmen auszuschöpfen. Nach Jahrzehnten planwirtschaftlicher Stagnation in der VR China sind die im Zuge der marktwirtschaftlich orientierten Bodenreformen geschaffenen Bodennutzungsgebühren gegenwärtig zu einer bedeutenden staatlichen Einnahmequelle geworden. Gleichzeitig wird am Grundsatz des sozialistischen öffentlichen Eigentums festgehalten und damit eine staatliche Kontrolle über den Boden ermöglicht. Das Prinzip des staatlichen und kollektiven Eigentums am gesamten Boden der VR China ist verfassungsrechtlich (seit 1982, Art. 10 Verf.) und einfachgesetzlich als Grundsatz verankert. Da die Kollektive von den jeweiligen Lokalregierungen bzw. den diesen übergeordneten Regierungen verwaltet werden, kann man davon sprechen, dass der gesamte Boden unter staatlicher Kontrolle steht.[1147] Ausnahmen davon sind nicht vorgesehen. Boden als absolutes Eigentum kommt nur dem Staat zu.[1148]

Wirtschaftliche und soziale Bedeutung erlangt der Boden gegenwärtig nicht als Grundeigentum von absolutem Charakter in den Händen des Staates, sondern durch die vom Staat veranlasste Aufspaltung der das Eigentumsrecht ausmachenden Befugnisse. Dies geschieht durch die Abtrennung der (Besitz- und) Nutzungsrechte am Boden, welche von natürlichen und juristischen, in- und ausländischen Personen isoliert erworben werden können, ohne dass das öffentliche Eigentum daran aufgegeben wird. Dabei handelt es sich um ein System, das in China selbst, aber auch in Westeuropa[1149] lange Tradition hat und noch gegenwärtig in westlichen Staaten Anwendung findet.[1150]

[1147] Ye (01.08.2004), S. 1

[1148] Vgl. a. Art. 12 Verf. mit der Aussage, dass das sozialistische öffentliche Eigentum geheiligt und unantastbar ist.

[1149] Die Eigentumsspaltung in Ober- und Untereigentum unter dem Einfluss feudaler Produktionsverhältnisse, welche bis ins 19. Jt. Gültigkeit besaß und noch jetzt im Text des österreichischen BGB von 1811 (Art. 357 ABGB), wenn auch ohne praktische Bedeutung, enthalten ist; s. Knieper (1999), S. 392.

[1150] Ähnliche Systeme, die auf langfristig vergebenen Bodennutzungsrechten (long-term ground lease) beruhen, gibt es auch in westlichen Staaten wie Großbritannien und den USA; vgl. Wesiack (2005), S. 178 m.w.N.

Bei der Geschichte des Grundeigentums in China spielte die konfuzianisch geprägte Idee des zumindest theoretisch bestehenden öffentlichen bzw. kaiserlichen Eigentums an allem Boden seit früher Zeit eine wichtige Rolle.[1151] Diese Idee findet sich leicht abgewandelt noch im Bodengesetzbuch der Republik China von 1930 wieder, wonach der gesamte Boden der Gesamtheit der Staatsbürger gehörte und damit zunächst Gemeineigentum war.[1152] Privatpersonen konnten daran Privat-Besitzrechte erwerben, aber kein Eigentum.[1153] Insoweit steht die gegenwärtige Bodenpolitik zumindest in der geistigen Tradition des konfuzianisch geprägten historischen China und ist nicht reiner Ausfluss *kommunistischen Gedankenguts*.[1154]

Weiterhin hat der Gedanke der Aufspaltung von Verfügungsrechten über den Boden eine lange, weitgehend gewohnheitsrechtlich geprägte Tradition, wobei sich sehr komplexe Strukturen von Verfügungs- und Nutzungsrechten mit einem weiten Spektrum von Formen der Verpfändung, des bedingten Verkaufs und der Pacht entwickelten.[1155] Ein Beispiel dafür ist das bis zur Gründung der Volksrepublik weit verbreitete *Dian*, wobei der Besitz, die Nutzung und das Fruchtziehungsrecht am Boden für befristete Zeit übertragen wurden. Das *Dian* ist aus Praxis und rechtlicher Diskussion in VR China nie völlig verschwunden[1156] und seine umfassende Wiedereinführung im Zuge der Bodenreformpolitik wird kontrovers diskutiert.[1157]

[1151]Kritisch hierzu Thümmel (1995), S. 22 ff. und S. 281, der diese *Idee* in China für seit langem überwunden hält und sich damit auf die *Praxis* bestehenden privaten Bodeneigentums bezieht. Er ordnet das gegenwärtige chinesische Bodensystem deshalb nicht als traditionelles Erbe, sondern konsequent als Ergebnis der Rezeption marxistisch-leninistischer Ideologie ein und lehnt eine Parallele zur englischen Doktrin der estates ab. Der Großteil der Literatur erkennt allerdings deutlich das Auseinanderklaffen zwischen der im Kaiserreich herrschenden konfuzianischen Theorie und der Praxis privaten Grundeigentums und differenziert deutlich zwischen den unterschiedlichen Ebenen; vgl. Löwe (1966), S. 239

[1152] § 7 BodenG

[1153] Vgl. obige Ausführungen unter Teil 2 B II.

[1154] So wenig überzeugend Thümmel (1995), S. 281, der im übrigen darauf verweist, dass die im BodenG von 1930 enthaltenen Ansätze von Bodenreform und gleichmässiger Verteilung des Bodens nicht ausschließlich auf kommunistische Kreise beschränktes Gedankengut waren, sondern durchaus im Einklang mit der chinesischen Tradition standen (S. 40).

[1155] Vgl. a. Thümmel (1995), S. 286

[1156] S. Glück (1999); vgl. a. Ziffer 120 der versuchsweise durchgeführten Ansichten des OVG zu einigen Fragen der Anwendung der AGZ; die Befassung des OVG Peking mit einem Fall des *Dian* im Jahre 1993 ist für Thümmel (1995), S. 261 ein Beispiel für das unsichere Verhältnis von Gesetzesrecht zu Gewohnheitsrecht in China, wobei es dem Gesetzgeber äußerst schwer falle, gewohnheitsrechtlich gewachsene Traditionen durch kodifiziertes ius cogens zu brechen; s.a. Eintrag zu: *dianquan* – 典权 in: China Enzyklopädie, Sonderband Recht (2006), der auf die Anerkennung des Instituts durch den OVG verweist; vgl. a. Heuser (1999), S. 212; vgl. a. Liang Huixing (1994), S. 482

[1157] Vgl. Thümmel (1995), S. 278 f., der sich für die Anerkennung des *Dian* als brauchbares und den chinesischen Verhältnissen angepaßtes Sicherungsinstrument ausspricht; s.a. Dong (1992), S. 70 ff., der das *Dian* wegen seines besitzpfandrechtlichen Charakters für eine sinnvolle Ergänzung der Hypothek hält. Auch in dem Entwurf eines Zivilgesetzbuches für China des Sachenrechtlers und Mitglied des Rechtsarbeitsausschusses Wang Liming (2004) ist dem *Dian* ein ganzer Abschnitt, §§ 934 – 954, gewidmet. Liang Huixing (2003), welcher im Auftrag des Rechtsarbeitsausschusses 1999 den ersten Entwurf für ein Sachenrecht vorlegte, widmet dem *Dian* ebenfalls ein vollständiges Kapitel, §§ 498 –

Im historischen China existierten jedoch anders als heute zeitlich begrenzte und unbegrenzte private Rechte am Boden parallel nebeneinander.[1158] Gleichzeitig gab es nie ein einheitliches Konzept von Eigentum, sondern dieses wurde je nach Situation und Umständen unterschiedlich ausgelegt und angewendet und war stark gewohnheitsrechtlich geprägt.[1159] China verfügt damit im Bereich des Grundeigentums traditionell nicht über einen Eigentumsbegriff, der das Eigentum wie in § 903 BGB als vollständiges, einheitliches, umfassendes, ungeteiltes und ungespaltenes Recht über Sachen erscheinen lässt.[1160] Dabei ist allerdings zu bedenken, dass noch das PrALR die Rechtsfigur eines gespaltenen Eigentums kannte, die im Lehnsverhältnis mit dem Recht des Lehnsherrn als Ober- und dem des Vasallen als Nutzeigentum begründet lag.[1161] Die Bestimmung des § 903 BGB normiert als Summe der bürgerlichen Eigentumslehre keinerlei Nutzungsbeschränkungen oder –pflichten, sondern lediglich Ausschlussrechte des Eigentümers. Danach ist das Eigentum das umfassendste dingliche Recht an einer Sache, das nicht in Ober- und Untereigentumsverhältnisse teilbar ist.[1162] Trotz Festschreibung der umfassenden Eigentümerbefugnisse und Begründung eines einheitlichen, monistischen Eigentumsbegriffs im BGB fehlte es danach nicht an Versuchen, die Konsequenzen der privatrechtlichen Totalität der Eigentumsfreiheit einzudämmen und die Verfügungsfreiheit gegenüber der Nutzungsfreiheit zurückzudrängen.[1163] Dies gilt besonders in Bezug auf die für die sozialen Bedürfnisse der Menschen grundlegende und begrenzte Naturressource des Bodens.[1164] In zentralen Entscheidungen des Bundesverfassungsgerichts zum Grundeigentum spiegelt sich dieser Gedanke wieder, wobei das BVerfG von einer „sozialen Funktion" des Eigentums spricht. Begründet wird diese damit, dass der Boden unvermehrbar und unentbehrlich sei. Es verbiete sich deshalb,

---

513, S. 97 ff. Damit vertreten die bedeutendsten Sachenrechtler eine Beibehaltung und umfassende rechtliche Ausgestaltung des nie aus der Rechtspraxis verschwundenen *Dian*.

[1158] Kim (1981), S. 106 f.

[1159] Vgl. Kim (1981), S. 106 f.

[1160] S. Knieper (1996), S. 202; der Eindruck des umfassenden Eigentums an Sachen täuscht: s. hierzu z.B. das BbergG v.13.08.1980 mit der Abspaltung des Rechts zum Aufsuchen und Gewinnen der Bodenschätze vom Oberflächeneigentum sowie das BJagdG mit seiner Einschränkung des § 4 BjagdG.

[1161] Vgl. Knieper (1996), S. 202 m. Bezug auf Puchta (1856), Pandekten; ausführlich dazu a. Harder (1998), Rn. 4 ff.; zur Überwindung der Aufspaltung in Ober- und Unter- bzw. Nutzungseigentum und der Durchsetzung des pandektischen Eigentumsbegriffs vgl. Maunz/ Dürig-Papier, Art. 14, Rn. 24 ff.; Lfg. 40, Juni 2002; Papier verweist allerdings auch auf die klassische Formulierung des pandektischen Eigentumsbegriffs durch Windscheid: „Das Eigentum ist als solches schrankenlos, aber es verträgt Beschränkungen." (Lehrbuch des Pandektenrechts, Bd. 1, 1891, S. 492)

[1162] S. Harder (1998), Rn. 14. Dies gilt auch für das Erbbaurecht. Nach der Dogmatik des BGB sind die beschränkten dinglichen Rechte an Sachen zwar Abspaltungen von Rechten des Eigentümers, führen jedoch nicht zu einem Verhältnis von Ober- und Untereigentümer (Rn. 15).

[1163] Knieper (1996), S. 204 f.

[1164] Auch hier ist auf die Herauslösung der bergfreien Bodenschätze aus dem Grundeigentum zur Sicherung der Rohstoffversorgung im Interesse der Allgemeinheit zu verweisen, wobei die rechtliche Verselbständigung der Bergbaurechte nach Rechtspr. und h. M. eine sozialbindende Beschränkung des Grundeigentums nach Art. 14 I 2 GG darstellen (BverfGE 30, 292 ff.; BGHZ 23, 30 ff.; 53, 226 ff.); z. dieser Problematik s.a. Isoria (2002), S. 98 ff.

seine Nutzung[1165] dem Spiel der freien Kräfte und dem Belieben des Einzelnen vollständig zu überlassen. Eine gerechte Rechts- und Gesellschaftsordnung zwinge vielmehr dazu, die Interessen der Allgemeinheit beim Boden in weit stärkerem Masse zur Geltung zu bringen als bei anderen Vermögensgütern.[1166] Auch das aus dem gewaltigen Wohnraumbedarf in Deutschland nach dem II. Weltkrieg und damit aus sozialen Bedürfnissen heraus entstandene Gesetz über Wohnungseigentum ist als Ausdruck des Abrückens vom vollständigen, ungeteilten Eigentum anzusehen, indem es beschränktes Sondereigentum an Teilen von Gebäuden ermöglichte.

Das traditionell fehlende feste Eigentumskonzept und die auf Gewohnheitsrecht beruhende Vielfalt im rechtlichen Umgang mit dem Boden mögen die gegenwärtige, auf befristete Nutzungsrechte zielende Bodenpolitik in China erleichtert und beschleunigt haben. Eine Überhöhung des Eigentums als Garant persönlicher Freiheit und wirtschaftlicher Produktivität[1167] war hier kein Hindernis für deren rechtliche Ausgestaltung.[1168] Auf der anderen Seite verstellt das sozialistische Erbe noch immer den Blick für einen ideologisch unbelasteten, freien rechtlichen Umgang mit der Ressource Boden, indem das private Eigentum[1169] daran von vornherein ausgeschlossen wird.[1170] Die tatsächliche und rechtliche Grundlage der jetzigen Bodenpolitik wurde auch erst durch den verfassungsrechtlichen Streich der Generalenteignung von 1982 geschaffen, welcher den faktischen Enteignungen seit den 50er Jahren folgte und diese rückwirkend legitimierte.

[1165] Hier bezogen auf die *Verfügungs*befugnis der Bodeneigentümer; deutlicher hier BVerfGE 42, 263, 294: „Je stärker der Einzelne auf die Nutzung fremden Eigentums angewiesen ist, um so weiter ist der Gestaltungsbereich des Gesetzgebers ...“

[1166] BverfGE 21, 73, 82 f.; zit. a. in BVerfGE 52, 1, 33 f.; ähnliche Formulierungen in BVerfGE 37, 133, 140 u. BVerfGE 50, 290, 340.

[1167] Vgl. Ott (1977), S. 120

[1168] Vgl. a. die starken Einschränkungen der Rechte des Einzelnen am Boden zugunsten einer starken ordnungspolitischen Stellung des Staates in der Republik Taiwan. Grundlage hierfür war unter anderem das Bodengesetz der Republik Taiwan, welches in wesentlichen Grundsätzen dem Bodengesetz der Republik China von 1930 entspricht. Siehe in diesem Zusammenhang a. den Entwurf eines grünen Zivilgesetzbuches von Xu Guodong (2004), welcher bei den Beschränkungen des privaten Bodens wesentlich auf das BodenG der Republik Taiwan rekurriert (S. 326 ff.; hier insbes. § 194 für die Flächenbeschränkung und § 207 für die Verfügungsbeschränkungen).

[1169] Bedeutet hier zunächst lediglich: Bodeneigentum als Individualeigentum chinesischer Bürger; eine auf ideengeschichtlicher und philosophischer Analyse aus westlicher Sicht beruhende Definition des Begriffes *Privateigentum* versucht Zimmerli (1993), S. 284 ff.

[1170] Thümmel (1995), S. 284 spricht für Mitte der 90er Jahre davon, dass das staatliche Eigentum immer mehr zur leeren Hülse verkommt. Er sieht eine unaufhaltsame Tendenz, dass die beschränkten dinglichen Rechte am Boden zum Vollrecht erstarken. An diesem Punkt ist China zum gegenwärtigen Zeitpunkt, 10 Jahre später, längst nicht angekommen. Es ist Thümmel aber bezüglich der rechtlichen Entwicklung in den letzten Jahren immer noch zuzustimmen, dass durch die Einräumung weitgehender, dinglich abgesicherter Bodenutzungs-möglichkeiten die Entscheidung des zentralen Gesetzgebers gegen das private Eigentum gerade nicht rückgängig gemacht werden soll. Letzteres spiegelt die rechtliche Entwicklung in diesem Bereich deutlich wieder. Vgl. a. Eintrag zu: caichanquan – 财产权 (*property rights*) in: China Enzyklopädie, Sonderband Recht (2006).

Inzwischen haben sich beim Boden in staatlichem Eigentum unterschiedliche Arten von Bodennutzungsrechten entwickelt, die auch inhaltlich verschieden ausgestaltet sind. Die Bodenreformen begannen zunächst mit der *Zuteilung* von Bodennutzungsrechten. Diese werden unentgeltlich und unbefristet erlangt, dürfen jedoch nicht übertragen werden. Die Tatsache, dass diese unbefristet und vererbbar sind, nähern sie dem Eigentum an.[1171] Auf der anderen Seite unterliegen sie jedoch einer wesentlichen Verfügungsbeschränkung hinsichtlich der Übertragbarkeit, was ihre Verkehrsfähigkeit hindert und ihren wirtschaftlichen Nutzen beschränkt.

Eine zweite Form der Bodennutzungsrechte entstand im Zuge der Förderung ausländischer Investitionen mit der *Überlassung*. Der wesentliche Unterschied zu den zugeteilten Bodennutzungsrechten besteht in deren Entgeltlichkeit und Befristung; auf der anderen Seite ist für diese die Verfügungsbeschränkung der Nichtübertragbarkeit aufgehoben.[1172] Gleichzeitig hängt jedoch die Dauer der Übertragung von der Dauer der überlassenen Nutzungsrechte ab und ist auf deren Restdauer beschränkt. Wirtschaftliche Dynamik und Profit sind mit den *überlassenen Nutzungsrechten* verknüpft, während die *Zuteilung* von Nutzungsrechten das wirtschaftliche Potential des Bodens nicht voll auszuschöpfen vermag.[1173] Als Hemmnis erweist sich hier, dass die zeitlich unbegrenzte Dauer nicht zu einer ökonomischen Verwendung des Bodens zwingt. Weiterhin rückt die unbefristete Nutzungsdauer den Boden für die Nutzer in die Nähe von Eigentum und entzieht ihn nach der Zuteilung der Kontrolle des Staates.

Diese Gründe mögen dazu geführt haben, den Transfer zugeteilter Bodennutzungsrechte gesetzlich zu erlauben und dabei gleichzeitig die aufgezeigten Nachteile des Zuteilungssystems für den Staat zu reduzieren. Dies geschieht durch die Umwandlung zugeteilter Bodennutzungsrechte in überlassene. Durch diese Konvertierung werden die ursprünglich unbefristet und unentgeltlich zugeteilten Nutzungsrechte zu solchen, die befristet und entgeltlich erlangt wurden. Diese gelangen nach Ablauf und Ablehnung der staatlich zu genehmigenden Verlängerung der Nutzungsfrist wieder unter die Kontrolle des Staates als öffentlicher Eigentümer, welcher dann von neuem darüber verfügen kann.

Der Konvertierung zugeteilter Bodennutzungsrechte an städtischem, in Staatseigentum stehendem Boden, um diesen marktgängig zu machen, entspricht die Kommerzialisierung von Kollektiven gehörendem Land über den Filter der staatlichen Enteignung. Dadurch werden die Voraussetzungen geschaffen, dass

---

[1171] Damit kommt es ähnlich wie beim feudalen Ober- und Untereigentum zu einer dauernden Spaltung des Eigentums. Die Nutzung des Grundeigentums ist nicht nur zeitweise vom formaljuristischen Eigentum getrennt. Weiterhin bestehen beim Inhaber des Nutzungsrechts wie beim Untereigentümer Pflichten zur bestimmungsgemäßen Nutzung (s. obige Ausführungen).

[1172] Befristung und *Übertragbarkeit*, wobei letztere tatsächlich eine Überlassung der Ausübung i.S.v. § 1059 BGB ist, machen die Eigentumssituation der überlassenen Nutzungsrechte der befristeten Abspaltung von Eigentümerbefugnissen beim Nießbrauch vergleichbar.

[1173] Vgl. Zhen (2004), S. 64, 116 ff., s.a. Li//Zhou (2005), S. 256

auch im ländlichen Bereich die Kommerzialisierung von Boden[1174] unter Kontrolle und Verfügungsgewalt des Staates geschieht.
Die Überlassung von Bodennutzungsrechten ist einerseits grundlegende Methode, das wirtschaftliche Potential des Bodens auszuschöpfen und wirkt gleichzeitig als Kontrollinstrument des Wirtschaftsgutes Boden. Die Bodenreformen laufen darauf hinaus, die ursprüngliche unentgeltliche und unbefristete Zuteilung von Boden in ein System der entgeltlichen und befristeten Bodenüberlassung zu transformieren.[1175] Den eigentlichen Anstoß zu diesen Reformen lieferte der Bodenbedarf der Unternehmen gemeinsamen Kapitals mit dem Ausland, dessen Befriedigung durch entgeltliche und befristete Überlassung 1979 zum ersten Mal eine gesetzliche Grundlage fand.[1176] Allerdings handelt es sich bei der Verlagerung des „Zweischienensystems" der Zuteilung und Überlassung auf den Strang des Erwerbswegs von Bodennutzungsrechten durch Überlassung um einen längerfristigen Prozess. Noch 1994 betrug der Anteil des Erwerbs durch Zuteilung 98 %.[1177] Die Bestrebungen des Gesetzgebers, die entgeltliche Nutzung als Hauptnutzungsart des Bodens durchzusetzen, lassen sich nur langsam umsetzen. Dennoch spiegelt die Gesetzgebung die staatlich vorgegebene Entwicklungsrichtung hin zu einer befristeten und entgeltlichen Nutzung wieder, welche auch auf angrenzende Bereiche wie Haus- und Wohnungseigentum ausgedehnt wird, denen andere Eigentumsverhältnisse zugrunde liegen.
Das Prinzip einer befristeten Nutzung wird rechtlich auch dem privaten Hauseigentum aufgestülpt, indem das grundsätzlich unbefristete Eigentum an Gebäuden[1178] mit überlassenen Bodennutzungsrechten verknüpft wird. Dies führt wegen der Befristung des überlassenen Bodens dazu, dass das Hauseigentum denselben Fristen unterliegt wie das Nutzungsrecht an dem darunter befindlichen Boden. Die rechtliche Entwicklung zeigt, dass dieser Effekt für das gesamte in der Zukunft zu erwerbende Hauseigentum angestrebt wird. Auf diese Weise besteht für den chinesischen Staat als eigentlicher Eigentümer allen Bodens keine Gefahr mehr, dass befristet zu nutzender Boden durch unbefristetes Hauseigentum blockiert wird. Andererseits führt dies rechtlich zu einer widersprüchlichen Situation, als dadurch verfassungsrechtlich gewährte Eigentumsrechte untergraben werden, deren Einführung als Meilenstein auf dem Wege Chinas zu einer sich in rechtlich gesicherten Bahnen bewegenden, pluralistisch organisierten Wirtschaftspolitik angesehen wird[1179], welche das Potential in sich trägt, auf das

---

[1174] Die direkte Vermarktung von Bodennnutzungsrechten durch Kollektive ist zwar nicht verboten; ausser dem Übernahmevertrag mit seinen geringen Zirkulationsmöglichkeiten existieren hierfür jedoch keine eigenen Instrumente; s. Thümmel (1995), S. 70. Kollektives Land darf gem. § 8 StImmVerwG erst nach einer Enteignung zur Veräußerung gebracht werden. Somit ist die Zirkulationsfähigkeit von Boden in kollektivem Eigentum im Vergleich zum Boden in staatlichem Eigentum stark eingeschränkt. Vgl. a. Liu (2005), S. 213

[1175] Vgl. Tang / Gao (2002), S. 1797

[1176] Equity Joint-Venture Gesetz v. 01.07.1979

[1177] Xu (1994), S.13

[1178] Vgl. Xu (2004), S. 326 (§ 190) zum Ewigkeitscharakter (永久性) des Eigentums

[1179] Vgl. Wang Liming (2003), S. 300 mit der Aussage, dass der gesetzliche Schutz des privaten Vermögens und die Entwicklung einer Marktwirtschaft aufs engste zusammengehören. Zu den Schwer-

gesamte politische System zurückzuwirken. Dieser dogmatische Widerspruch mag einmal in einem Richtungskampf unterschiedlicher wirtschaftspolitischer Zielsetzungen begründet liegen. Gleichzeitig ist er Ausdruck der fehlenden Reife eines noch jungen und in der Entwicklung begriffenen Rechtssystems, das nur sehr eingeschränkt Rechtssicherheit gewähren kann.[1180]
Auch wenn der Bereich der Eigentumswohnungen rechtlich noch einer ausgereiften Grundlage entbehrt, zeigen die lückenhaften bestehenden Regelungen, dass auch hier eine Verknüpfung mit überlassenen Bodennutzungsrechten gewollt ist, was das Wohnungseigentum ebenfalls zu einem zeitlich befristeten Recht machen wird.
Für ausländische natürliche und juristische Personen gilt im Immobilienbereich chinesisches Recht und damit dasselbe Prinzip. Eigentum an Gebäuden und Nutzungsrechte am Boden sind nur befristet zu erlangen und dies ist bei Investitionen entsprechend zu berücksichtigen. Bei ausländischen Investitionsunternehmen ist das Nutzungsrecht am Boden zusätzlich mit der Betriebsdauer des Unternehmens verknüpft. Eigentum als zeitlich unbegrenztes Recht im Immobilienbereich ist ausgeschlossen. Auch bilaterale Abkommen können hier nicht über die den ausländischen Investoren in China grundsätzlich gewährten Rechte hinausgehen, sondern nur zusätzlichen Schutz für bereits gewährte Rechte bieten. Grundsätzlich besteht gegenüber ausländischen Interessenten am Immobilienmarkt eine ambivalente Einstellung zwischen Ermutigung und beschränkender Kontrolle. Während ausländische Investitionen willkommen sind, fürchtet man gleichzeitig einen zu großen Einfluss ausländischen Kapitals auf die chinesische Wirtschaft. Aktuelle Lehrmaterialien zum Immobilienrecht betonen deshalb die Bewahrung der chinesischen Souveränität als oberstes Prinzip der Förderung einer für Ausländer geöffneten Immobilienwirtschaft.[1181]

---

punkten des privaten Vermögensschutzes sollte nach Wang auch der Schutz von privaten Häusern gehören, S. 303.

[1180] Vgl. a. die Ausführungen von Himmelmann (2001) zu Rechtssicherheit bei Direktinvestitionen in China

[1181] Li/Zhou (2005), S. 246 f.

C. Immaterialgüterrechte

I. Einführung in Grundlagen und Problematik der Immaterialgüterrechte

1. Deutsches Recht

Das deutsche Grundgesetz enthält in Art. 14 eine Gewährleistung, aber keine inhaltliche Bestimmung des Eigentums. Inhalt und Schranken werden gem. Art. 14 I 2 GG durch die Gesetze bestimmt.[1182] Damit ist der Begriff des Eigentums in Art. 14 GG mit dem des Eigentums i.S.v. § 903 BGB, welcher nur das Sacheigentum betrifft, nicht identisch, sondern geht über diesen hinaus. Er umschließt neben den dinglichen Rechten auch die Immaterialgüterrechte als subjektive, gegenüber jedermann wirkende Rechte an unkörperlichen Gütern, welche einen selbständigen Vermögenswert besitzen und als *geistiges Eigentum* bezeichnet werden.[1183] Diese werden vom Eigentumsbegriff des § 903 BGB nicht umfasst und finden außerhalb des BGB eine gesonderte Regelung. Neben dem Urheberrecht, welches Werke der Literatur, Wissenschaft und Kunst schützt, gehören hierzu die dem gewerblichen Rechtsschutz zuzuordnenden Rechtsnormen, die dem Schutz der gewerblich-geistigen Leistung und der damit zusammenhängenden Interessen dienen. Dies sind das Patent-, das Gebrauchsmuster-, das Geschmacksmuster- und Warenzeichen- bzw. Markenrecht.
Dabei ist die Aufhebung der vom damaligen BGB-Gesetzgeber gewollten Beschränkung des Eigentumsbegriffs auf körperliche Sachen und seine Ausdehnung auf Immaterialgüter nicht unproblematisch, birgt sie doch die Gefahr der Blockierung der Gesellschaft durch monopolartige Ausschlussrechte in sich.[1184] Anders als im Verfassungsrecht, wo ein weiter Objekt- und Eigentumsbegriff gilt, um möglichst viele Vermögenswerte der privaten Personen vor den Eingriffsmöglichkeiten des Staates zu schützen, ist bei der gesetzlichen Gestaltung der privatrechtlichen Beziehungen zu bedenken, dass jedes Ausschließlichkeitsrecht einer Person die Handlungsfreiheit anderer Personen einschränkt.[1185] Die Erweiterung des Kreises der nicht-materiellen Vermögensgüter wurde wohl nicht zuletzt deshalb zunächst von dem Grundsatz bestimmt, dass die Immaterialgüterrechte von vornherein unter vielfältigen Beschränkungen entstehen, welche sich auf den Inhalt, die Übertragbarkeit, die Dauer und Nutzung erstrecken, wodurch eine Balance zwischen individueller wirtschaftlicher Nutzbarkeit und allgemeiner Nützlichkeit hergestellt wird.[1186] Die Rechtsentwicklung auch in

---

[1182] Z. Problematik, inwieweit dem Eigentumsbegriff des Art. 14 GG selbst noch ein verfassungsrechtlich relevanter Eigenwert zukommt, oder sich dieser in der einfachgesetzlichen Normierung der Eigentumsordnung erschöpft s. Grochtmann (2000), S. 217 ff.
[1183] Vgl. Maunz/Dürig-Papier, Art. 14, Rn. 197 ff., (Lfg. 40, Juni 2002)
[1184] Vgl. Knieper (2005), S. 764
[1185] S. Knieper (2005), S. 761
[1186] Knieper (2005), S. 765

Gestalt der sukzessiven Novellierungen der verschiedenen Gesetze des Immaterialgüterschutzes lässt allerdings eine allgemeine Tendenz zur Ausdehnung des Schutzes und der Befugnisse erkennen. Der Kreis der geschützten Objekte des Zivilrechts wird immer weiter ausgedehnt bei gleichzeitiger kontinuierlicher Aufhebung der Beschränkungen. So wird die Dauer der Schutzrechte trotz immer kürzerer Innovationszeiträume regelmäßig verlängert und die Übertragbarkeit, wo sie wie im Markenrecht beschränkt war, erweitert. Bei den Ausgleichsansprüchen hat sich eine stetige Angleichung an das Deliktsrecht vollzogen; so z.B. beim Patentrecht, wo ein Umschwung von vorsätzlicher Verletzung im PatentG von 1877 zu fahrlässiger Verletzung in der gegenwärtig gültigen Fassung vollzogen wurde (§ 139 II PatG).[1187]
Bei den folgenden Ausführungen zu dem noch jungen, an westlicher Gesetzgebung ausgerichteten Immaterialgüterrecht der VR China ist auch darauf einzugehen, inwieweit dieses die oben geschilderten problematischen Entwicklungstendenzen aufnimmt.

Der verfassungsrechtliche Schutzumfang für Immaterialgüterrechte umfasst im deutschen Recht neben der Instituts- und Bestandsgarantie das Verfügungs- und Verwertungsrecht. Hinzu kommen Schutzrechte auf einfachgesetzlicher Ebene, die Verletzungen dieser Rechte von Seiten Dritter regeln. Diese Schutzrechte gelten auf Grundlage des Territorialitätsprinzips grundsätzlich im Inland. Ein internationaler Schutz wird im wesentlichen durch die Pariser Verbandsübereinkunft zum Schutz des gewerblichen Eigentums (PVÜ), die beiden Madrider Abkommen und das Haager Abkommen über die internationale Hinterlegung gewerblicher Muster oder Modelle begründet, welche durch die UN-Sonderorganisation der *Weltorganisation für geistiges Eigentum*, WIPO,[1188] verwaltet werden. Diese gewähren abweichend vom Territorialprinzip einen internationalen gewerblichen Rechtsschutz dadurch, dass alle Angehörigen der Mitgliedsstaaten in jedem Vertragsstaat wie Inländer behandelt werden. Grundlage für den internationalen Schutz immaterieller Güter bietet weiterhin das WTO-Annexabkommen des TRIPS[1189], welches für seine Mitglieder diesbezügliche Mindeststandards setzt.

[1187] Knieper (1996), S. 214
[1188] WIPO – World Intellectual Property Organization
[1189] TRIPS – Agreement on Trade-Related Aspects on Intellectual Property Rights

2. Chinesisches Recht

Bis zu der letzten Verfassungsänderung im Jahre 2004 enthielt die chinesische Verfassung eine inhaltliche Bestimmung des Eigentums. Art. 13 I Verf. besagte, dass der Staat das Recht der Bürger auf Eigentum an ihren legal erworbenen Einkommen, Ersparnissen, Häusern und anderen legalen Vermögen schütze. Die Formulierung „und andere legale Vermögen" bot weiterhin die Möglichkeit, den Inhalt des Eigentumsbegriffs einfachgesetzlich auf andere Vermögensgüter und somit auch auf Immaterialgüterrechte auszuweiten.

Mit der Verfassungsänderung von 2004 wurde diese inhaltliche Bestimmung des Eigentums aufgegeben. Es heißt nun in Art. 13 I Verf., dass das legale Privateigentum der Bürger unverletzlich sei und nach Art. 13 II Verf. schützt der Staat gemäß den gesetzlichen Bestimmungen das Recht der Bürger auf Privateigentum und auf die Erbschaft von Privatvermögen. Der in der alten Fassung inhaltlich umrissene Begriff *Eigentumsrecht*[1190] wurde durch den umfassenderen Begriff *Privateigentum*[1191] bzw. *privates Vermögensrecht* ersetzt[1192], welcher nun erstmals auch Einkünfte aus Investitionen und Eigentum an privaten Vermögen beinhaltet.[1193] Bezogen ist der nun verwendete Begriff auf bewegliche und unbewegliche Sachen, materielle und Immaterialgüter.[1194]

Damit bietet die Neufassung des Art. 13 Verf. eine Gewährleistung, aber keine hinreichende inhaltliche Bestimmung des Eigentums. Dieses wird zwar in einem umfassenderen Sinn als bisher rechtlich geschützt, der genaue Inhalt dieses neuen, erweiterten Eigentumsbegriffs bedarf jedoch einer weiteren Ausgestaltung. Nach Art. 13 II Verf., der besagt, dass der Staat das Recht der Bürger auf Privateigentum und auf Erbschaft von Privatvermögen gemäß den gesetzlichen Bestimmungen schützt, hat sich der Inhalt dieses Eigentumsbegriffs aus den einfachgesetzlichen Bestimmungen zu deren Schutz zu ergeben. Dies gilt auch für den Bereich des gewerblichen Rechtsschutzes. Nach der in China gebräuchlichen Einteilung schützt der gewerbliche Rechtsschutz das geistige Eigentum.[1195] Unter *geistigem Eigentum* werden *die geistige Leistung und die damit zusammenhängenden Interessen* verstanden.[1196] Nach den §§ 94 – 97 der AGZ umfasst dieses das Urheberrecht (§ 94), das Patentrecht (§ 95), das Warenzeichenrecht (§ 96) sowie das Erfinder- und Entdeckungsrecht (§ 97).

[1190] suoyouquan – engl. *ownership* rights

[1191] 私有财产 权 - siyou *caichan*quan, wörtl.: *privates Vermögensrecht* bzw. engl. *property rights*; in § 75 d. AGZ v. 1986 wird für Privateigentum bereits die Bezeichnung Individual*vermögen* (个人 财产 - geren *caichan*) verwendet und inhaltlich i.S. der Verf. v. 1982 bestimmt (legale Einkommen, Häuser, Ersparnisse, Vieh etc.)

[1192] Vgl. Cai Jianding (2004), S. 94 u. S. 176 ff.; z. Begrifflichkeit vgl. a. Xinhua, 8.3.04, nach BBC PF, 9.3.04

[1193] Vgl. Holbig (2004), S. 264

[1194] Cai Jianding (2004), S. 178; vgl. a. Eintrag zu: caichanquan – 财产权 (*property rights*) in: China Enzyklopädie, Sonderband Recht (2006)

[1195] Yang/Xu (1993), S. 447

[1196] Wu Zumou (1991), S. 354

Im Rahmen der Wirtschaftsreformen nach 1978 kam es zu einer zügigen Neuregelung des gewerblichen Rechtsschutzes in China[1197], was auch vor dem Hintergrund intensiver Bemühungen um den Ausbau einer Rechtsordnung und hier insbesondere des Wirtschafts- und Außenwirtschaftsrechts zu sehen ist[1198]. In den AGZ erfuhr das geistige Eigentum eine erste zivilgesetzliche Regelung und Bekräftigung als ein ziviles Recht der Bürger und der juristischen Personen.[1199] Es folgten Spezialgesetze für die Bereiche des Urheber-, Patent- und Warenzeichenrechts mit entsprechenden Ausführungsbestimmungen, bei deren Zustandekommen auch deutsches Recht eine Rolle spielte. Von 1984 bis 1995 wurde im Rahmen der Technischen Zusammenarbeit unter Mitwirkung des Max-Planck-Institut für ausländisches und internationales Patent-, Urheber- und Wettbewerbsrecht und des Deutschen Patentamtes eine Zusammenarbeit mit der VR China zur Verbesserung der Gesetzgebung zum Schutz des geistigen Eigentums durchgeführt.

Eine erste internationale Einbindung Chinas in diesem rechtlichen Bereich erfolgte 1980 mit dem Beitritt der VR zu der Weltorganisation zum Schutz des geistigen Eigentums. Außer der Gewährleistung der verwaltungsmäßigen Zusammenarbeit der Verbände für geistiges Eigentum umfasst die Zielsetzung der WIPO die weltweite Förderung des geistigen Eigentums durch internationale Zusammenarbeit von Staaten und internationalen Organisationen.[1200] Im Rahmen ihrer Arbeit unterstützt die WIPO Entwicklungsländer durch Beratung, Ausbildung, Information und Materialien.[1201]
Der Schutz chinesischer Rechte an geistigem Eigentum im Ausland und ausländischer Rechte an geistigem Eigentum wird gegenwärtig durch verschiedene internationale Vereinbarungen und Abkommen geregelt. Zu den wichtigsten Abkommen, an denen die VR China beteiligt ist, zählen die Pariser Verbandsübereinkunft zum Schutz des gewerblichen Eigentums (seit 19.03.1985), das Madrider Abkommen über die internationale Warenzeicheneintragung (seit 04.10.1989), die Berner Übereinkunft zum Schutz von Werken der Literatur und Kunst (seit 15.10.1992) und das Welturheberrechtsabkommen (seit 30.10.1992). Am 1. Januar 1994 wurde die VR China Mitglied des *Patent Cooperation Treaty* (PCT). Der WTO-Beitritt Chinas im Dezember 2001 birgt für China weitere verpflichtende internationale Standards aus dem WTO-Übereinkommen selbst

[1197] Überblick über die Gesetzgebung bei Zheng Yongliu (1997), S. 270
[1198] Dietz (1988), S. IX
[1199] In den §§ 94 – 97 AGZ; ergänzt durch die Ziffern 133 bis 138 der Ansichten des OVG zur Anwendung der AGZ
[1200] Weiterhin können bei der WIPO internationale Patente im Rahmen des weltweiten Patentabkommens PCT, *Patent Cooperation Treaty*, angemeldet werden.
[1201] Z. Kooperation zwischen der WIPO und der VR China vgl. die Internetseite der *Permanent Mission of the People's Republic of China to the United Nations Office at Geneva and other international organizations in Switzerland* unter: www.china-un./ch/eng/zmjg/jgjblc/t85562.htm#

sowie seiner multilateralen Annexabkommen.[1202] Im Bereich des geistigen Eigentums hat sich China mit dem WTO-Beitritt verpflichtet, Mindeststandards des TRIPS-Abkommens für den Schutz immaterieller Güter anzuwenden. Als Mitgliedsstaat des Abkommens steht es der Volksrepublik frei, auch darüber hinauszugehen. Für die Anwendbarkeit des TRIPS gilt der Tag des offiziellen Beitritts Chinas zur WTO, das ist der 11. Dezember 2001.[1203]
Die in der Präambel und Art. 7 des TRIPS niedergelegte Zielsetzung des Übereinkommens liegt in dem als notwendig erachteten Schutz und der Durchsetzung von Rechten des geistigen Eigentums. Dies soll zur Förderung der technischen Innovation sowie der Weitergabe und Verbreitung von Technologie beitragen und dem beiderseitigen Vorteil von Erzeuger und Nutzer technischen Wissens dienen. Die im TRIPS niedergelegten Regeln beruhen auf den Grundprinzipien der GATT-Welthandelsordnung[1204] und den bisherigen internationalen Übereinkommen des Immaterialgüterrechts. Sie umfassen unter anderem die Aufstellung angemessener Normen und Grundsätze betreffend die Verfügbarkeit, den Umfang und die Ausübung handelsbezogener Rechte des geistigen Eigentums.[1205] Weiterhin die Bereitstellung angemessener Mittel für die Durchsetzung solcher Rechte unter Berücksichtigung der Unterschiede in den Rechtssystemen der einzelnen Staaten.[1206] Außerdem geht es um die Schaffung eines multilateralen Rahmens von Grundsätzen, Regeln und Disziplinen betreffend den *internationalen Handel mit gefälschten Waren* auf Grundlage der Einsicht, dass *Rechte an geistigem Eigentum private Rechte* sind.[1207] Die WTO-Mitgliedschaft mit der Folge der Wirksamkeit des TRIPS für die VR China bedeutet damit auch eine Anerkennung der Rechte an geistigem Eigentum als private Rechte sowohl auf nationaler als auch auf multilateraler Ebene.

Trotz der internationalen Einbindung kommt es in der VR China häufig zu Verletzungen legitimer Interessen der Rechtsinhaber. Schon in den Jahren von 1986 bis 1993 wurden vor chinesischen Gerichten insgesamt 3.505 Fälle und allein 1994 1.662 Fälle von Rechtsverletzungen in diesem Bereich verhandelt.[1208] 2005 verzeichnete einen sprunghaften Anstieg von Strafverfahren wegen der Verletzung von Urheberrechten. Zwei Drittel aller Markenschutzprozesse werden gegenwärtig nicht von ausländischen Unternehmen, sondern von Chinesen ange-

---

[1202] GATT, GATS (*General Agreement on Trade in Services*), TBT (*Technical Barriers to Trade*), TRIPS etc.
[1203] Katrin Blasek, Ass. Jur. an der Universität Freiburg, Institut für Wirtschaftsrecht, Vortrag: *Umsetzung von WTO-Recht in der VR China am Beispiel des chinesischen Markenrechts*. Gehalten am 22.04.2005 im Rahmen der von der Deutsch-Chinesischen Juristenvereinigung, dem Ostasiatischen Verein und der Wirtschaftsförderung Berlin in Berlin veranstalteten Tagung zum Thema: *3 Jahre nach WTO – Recht und Rechtssicherheit in der VR China*.
[1204] D.h. Meistbegünstigungs- und Inländerprinzip
[1205] TRIPS-Abkommen, Präambel I b)
[1206] TRIPS-Abkommen, Präambel I c)
[1207] S. TRIPS-Abkommen, Präambel
[1208] Vgl. Zheng Yongliu (1997), S. 271

strengt.[1209] Eine Verbesserung des gewerblichen Rechtsschutzes liegt damit auch im Interesse Chinas.
Verletzungen von Immaterialgüterrechten durch chinesische Produzenten stellen nach wie vor eine nicht unerhebliche Belastung der wirtschaftlichen Beziehungen mit den westlichen Industrienationen dar.[1210] Ausländische Unternehmen versuchen zunehmend, ihre Interessen vor chinesischen Gerichten geltend zu machen. 1999 verklagte Microsoft erstmals eine chinesische Firma wegen der Nutzung von Raubkopien.[1211] Im Januar 2005 konnte sich die US-Kaffeehauskette Starbucks in einem Rechtsstreit gegen einen Café-Betreiber durchsetzen, der die chinesische Übersetzung des Namens Starbucks und ein ähnliches Logo verwendet hatte. Ebenfalls im Januar 2005 gewann der italienische Süßwarenhersteller Ferrero ein Berufungsverfahren gegen einen chinesischen Konkurrenten, der die Pralinensorte Ferrero Rocher kopiert hatte.
Der deutsche Elektronikkonzern Siemens wurde mit dem Problem der missbräuchlichen Benutzung urheberrechtlich geschützter Technologie konfrontiert, als die staatlich geförderte chinesische CAC-Gruppe[1212] überraschend eine eigene Magnetschwebebahn präsentierte, die dem nach Shanghai gelieferten deutschen Transrapid Konkurrenz machen könnte. Wenn auch das Gesamtkonzept der Schwebebahn rechtlich nicht geschützt ist, sondern nur einzelne Komponenten des Projekts patentiert sind, so besteht begründete Besorgnis, dass es zumindest bei den patentierten Bestandteilen zu unerlaubten Kopien kommt. Der Leiter der Rechtsabteilung beim deutschen Maschinenbauverband VDMA, Christian Steinmeier, spricht davon, dass in China als drittgrößtem Absatzmarkt für deutsche Maschinen nicht nur Ersatzteile und Komponenten, sondern auch komplette Anlagen ohne Erlaubnis der Rechtsinhaber nachgebaut werden.[1213]
Die chinesische Führung nimmt das Problem des gewerblichen Rechtsschutzes inzwischen sehr ernst. So wurde das Thema Markenschutz von Chinas Präsident Hu Jintao während seines Staatsbesuchs im Oktober 2005 bei einem Treffen mit Vertretern der deutschen Wirtschaft und Politik direkt angesprochen.
Das Problem der möglichen Verletzung von Immaterialgüterrechten bei der nach chinesischen Angaben von China selbst entwickelten Magnetschwebebahn war ein Tagesordnungspunkt während des China-Besuchs von Außenminister Steinmeier im Februar 2006.
Im Mai 2006 wurde schließlich während des Besuchs von Bundeskanzlerin Merkel in Peking von dem deutschen Textilverband und seinem chinesischen Pendant CNTAC ein Abkommen über den Schutz geistiger Eigentumsrechte unterzeichnet, welches allerdings keine einklagbaren Rechte enthält und somit eher Ausdruck guten Willens ist.

[1209] T-online-business.de/c/67/10/92/6710928.html; besucht am 18.01.2006
[1210] Vgl. a. Schulte-Kulkmann (2002), S. 11
[1211] Chabbi (1999), S. 146
[1212] Chengdu Aircraft Industrial Group
[1213] DPA-Meldung vom 16.02.2006

II. Patentrecht sowie Gebrauchs- und Geschmacksmusterrecht

1. Allgemeine Entwicklung und Gesetzeslage

Nach Gründung der VR China erließ der Staatsrat im Jahre 1950 *Vorläufige Bestimmungen über den Schutz des Erfinder- und Patentrechts*[1214]. Gemäß dieser Verordnung konnte der Erfinder für seine Erfindung einen Antrag entweder auf Erteilung eines Erfinder- oder eines Patentrechts stellen. Beim Erfinderrecht wurde dem Erfinder vom Staat eine Prämie, eine Medaille und ein Zeugnis verliehen und die Erfindung fiel in das Eigentum des Staates. Beim Patentrecht verfügte der Erfinder dagegen selbst über seine Erfindung bzw. über das Patent.
Das zweigleisige System des Patentrechts wurde 1963 mit den *Bestimmungen über die Auszeichnung von Erfindungen*[1215]abgeschafft. Diese sahen vor, dass der Erfinder für seine Erfindung eine staatliche Auszeichnung erhielt; gleichzeitig war er verpflichtet, alle Rechte an seiner Erfindung an den Staat abzutreten.[1216] Nach dem System des Erfinderscheins war der Staat Eigentümer aller Erfindungen und aus diesem Grund durfte sie jedermann unentgeltlich nutzen.[1217]
Ein Patentrecht, welches das geistige Eigentum des Erfinders über ein zeitlich begrenztes Ausschlussrecht schützt und damit vom Individual- und Ausschlusscharakter des Eigentums gekennzeichnet war, galt nach chinesischem Verständnis als Erzeugnis kapitalistischer und marktwirtschaftlicher Wirtschaftsordnungen.[1218]Die eigentumsrechtliche Zuordnung von Patentrechten in einer sozialistisch geprägten Wirtschaft gehörte deshalb zu den umstrittensten Problemen um die Einführung eines Patentsystems in der VR China.[1219] Sie wurde schließlich im Sinne westlicher Patentordnungen gelöst und spätestens seit Einführung des Begriffes der *sozialistischen Marktwirtschaft* in den chinesischen Verfassungstext[1220] ist auch der diskutierte ideologische Widerspruch zum Wirtschaftssystem entschärft. Eine besondere Rolle beim Aufbau des chinesischen Patentsys-

---

[1214] 保障发明权与专利权暂行条例 – baozhang famingquan yu zhuanliquan zanxing tiaoli

[1215] 发明奖励条例 – faming jiangli tiaoli

[1216] F. diese und die obigen Ausf. vgl. Huang Qinnan (1994), S. 25 f.; vgl. a. Dietz (1976), S. 139 ff.; 265 ff.

[1217] Vgl. Steinmann (1992), S. 137

[1218] S. Steinmann (1992), S. 138. Die Situation des Patentrechts in China in den Jahren vor Öffnung und Reform geht auch aus einem Artikel der Peking Rundschau im Jahre 1974 hervor. Die Frage, ob es in der VR China Patentrechte gebe, wurde in der offiziellen Außendarstellung klar verneint: „Unter den sozialistischen Betrieben gibt es keinen, der ein irgendwie geartetes technisches Monopol hätte und es gibt natürlich auch keine Patentrechte." In China hätten die Unternehmen vollständig mit dem System des Privateigentums und den daraus herrührenden Ideen gebrochen, Peking Rundschau, Heft 2 1974, S. 16 f.

[1219] Vgl. Dietz (1988), S. 21

[1220] Einführung des Begriffes erstmals mit der Verfassungsänderung von 1993; mit der Verfassungsänderung 1999 erfolgte die Verankerung der sozialistischen Marktwirtschaft als Staatszielbestimmung in der Präambel tems spielte das Deutsche Patentamt. Grundlage dafür war zunächst eine Regierungsvereinbarung mit der Bundesrepublik Deutschland über das *Projekt zur Förderung des Patentwesens in der VR China* vom 22. August 1983. Das Projekt schloss auch die Ausbildung von Fachkräften beim Deutschen Patentamt ein[1221] und mündete in einer langfristigen Zusammenarbeit mit dem Chinesischen Patentamt. Das Staatliche Patentamt war 1980 gegründet worden und wurde 1998 in den Verwaltungsapparat der neu gegründeten SIPO (State Intellectual Property Office), des Staatlichen Büros für geistiges Eigentum, eingegliedert. Im Jahre 2000 wurde es in „Patentverwaltungsbehörde des Staatsrates" umbenannt.[1222]

Hauptintention des nach deutscher Vorlage entstandenen Patentgesetzes (PatG) ist seit seiner ersten Fassung vom 12. März 1984 der Schutz des Patentrechtes an Erfindungsschöpfungen (§ 1 PatG).[1223] Mit dem Patentgesetz und seinen Ausführungsbestimmungen (PatG-AB) vom 19. Januar 1985 wurden Erfindungen in China wieder Gegenstand rechtlichen Schutzes.

Beide Regelungen zum Patentrecht wurden seither zweimal geändert.[1224] Ein bedeutender Teil der Änderungen diente dabei der Anpassung an internationale Gepflogenheiten.[1225] Während sich die Ursprungsfassung des PatG in wesentlichen Bestandteilen nach der PVÜ richtete, deren Mitglied China 1985 wurde, stand die erste PatG-Änderung im Zeichen des baldigen Beitritts zur PCT, der 1994 erfolgte. Weiterhin entsprach China mit dieser Revision den massiven Forderungen des amerikanischen Kongresses nach einer Verbesserung des Schutzes geistigen Eigentums ausländischer Investoren. Damit diente die Anpassung an international geltende Standards auch der Verbesserung der durch die Frage des unzureichenden Schutzes geistigen Eigentums schwer belasteten Handelsbeziehungen der Volksrepublik China zu den USA.[1226] Die zweite Änderung berücksichtigte im Hinblick auf den WTO-Beitritt weitgehend Anforderungen des TRIPS.[1227]

Flankiert werden das PatentG und seine AB von den allgemeinen Regelungen zum Patentrecht in den 1986 verabschiedeten AGZ, welche in § 94 den gesetzlichen Schutz des Patentrechts normieren und in § 118 die zivile Haftung für Rechtsverletzungen regeln. Diese werden wiederum ergänzt durch die Ziffer 137 der Ansichten des OVG zur Anwendung der AGZ, welche den Schutz des Patentrechts für die Inhaber selbst und diejenigen, die ein Patent durch Erbschaft, Schenkung oder Übertragung erhalten, bestimmen.

[1221] Vgl. Steinmann (1991), S. 22 f.

[1222] Keßler/Qiao (2003), S. 176; Patentverwaltungsbehörde des Staatsrates - 国务院专利行政部门

[1223] Z. Begriff der *Erfindungsschöpfung* vgl. untere Ausführungen.

[1224] PatG-Änderungen v. 04.09.1992 und 25.08.2000; PatG-AB-Änderungen v. 12.12.1992 und 15.06.2001

[1225] Vgl. Ganea (2002), S. 687

[1226] Schulte-Kulkmann (2002), S. 22

[1227] Vgl. Steffens (2004), S. 328 ff. u. untere Ausführungen

Im folgenden ist das chinesische Patentgesetz einer genaueren Analyse auch mit Hinblick auf seine Konformität mit dem TRIPS-Abkommen zu unterziehen.

2. Inhalt und Objekte des Patentrechts

Das Patent wird auch in der VR China als die einem Erfinder oder dessen Rechtsnachfolger sowie anderen Personen vom Staat erteilte ausschließliche Befugnis definiert, eine Erfindung zu nutzen.[1228] Das chinesische Patentrecht sieht seit seiner ersten Fassung drei Arten von Patenten vor. Dies sind (1) Patente für Erfindungen[1229], welche eine Sachprüfung durchlaufen, sowie (2) Patente für Gebrauchsmuster[1230] und (3) Patente für Geschmacksmuster[1231], welche nur formell geprüft werden.[1232] Die chinesische Terminologie spricht deshalb von *Erfindungspatenten*, *Gebrauchs-* und *Geschmacksmusterpatenten*; als Oberbegriff für alle Patentarten verwendet sie den Begriff der *Erfindungsschöpfung*[1233] (§ 2 PatG).

Allgemeine Voraussetzung der Erteilung von Patenten ist die Patentfähigkeit einer Erfindung gem. § 22 und 23 PatG . Dabei regelt § 22 PatG die Patentfähigkeit von Erfindungen und Gebrauchsmustern und § 23 PatG die von Geschmacksmustern. Für Erfindungen und Gebrauchsmuster gelten in enger Anlehnung an das TRIPS-Abkommen (Art. 27) die Voraussetzungen der Neuheit, der erfinderischen Leistung und der praktischen Anwendbarkeit (§ 22 PatG). Als problematisch erweist sich hier der chinesische Neuheitsbegriff, der sich vom deutschen Recht stark abhebt. Während bei Veröffentlichungen das In- und Ausland für die Beurteilung des Standes der Technik maßgeblich ist (absolute Neuheit), kommt es wie auch im früheren deutschen Patentrecht bei öffentlichen Vorbenutzungen und allgemeinem Bekanntwerden allein auf das Inland an (relative Neuheit).[1234] Damit herrscht im chinesischen Patentrecht ein gemischter Neuheitsbegriff, dessen Ursache darin begründet sein mag, dass dem chinesischen Patentamt neben der Erfahrung der organisatorische Apparat fehlt, um aus eigener Initiative öffentliche Vorbenutzungen und allgemeines Bekanntwerden im Ausland systematisch zu prüfen.[1235]

[1228] Huang Qinnan (1994), S. 21; s. § 3, 10 und § 11 chin. PatG

[1229] 发明专利 权 – faming zhuanliquan

[1230] 实用新型 专利 权 – shiyong xinxing zhuanliquan

[1231] 外观 设计 专利权 – waiguan sheji zhuanliquan

[1232] Z. Prüfung u. Erteilung der einzelnen Patentarten ausführl. Ganea (2002) S. 698 f.

[1233] 发明 创造 – faming chuanzao; zur Behandlung aller drei Gegenstände unter einem Gesetz s. Steinmann (1992), S. 27 ff.

[1234] Ka Yaowu, PatG-Komm (2001), S. 54; vgl. a. Keßler/Qiao (2003), S. 182 f.

[1235] Inzwischen hat sich die Lage durch den offiziellen Anschluß der VR China ans Internet im Jahre 1994 und des anschließenden rasanten Wachstums und damit Zugangs zu technischen Informationen aus dem Ausland geändert; vgl. a. Keßler/Qiao (2003), S. 183, Fn. 125

Eine genauere Abgrenzung der einzelnen Patentarten ergibt sich aus den Ausführungsbestimmungen des PatG.[1236] Nach § 2 I PatG-AB werden als *Erfindungen* neue technische Entwürfe[1237] bezeichnet, welche für Produkte, Methoden oder deren Verbesserung vorgeschlagen werden. Damit sind nach dem PatG i.V.m. seinen Ausführungsbestimmungen Neuheit auf technischem Gebiet, erfinderische Leistung und gewerbliche Anwendbarkeit [1238] Voraussetzung der Qualifikation als Erfindung.[1239]
Gebrauchsmuster sind nach § 2 II PatG-AB neue technische Entwürfe, die für die Gestalt, Konstruktion oder Zusammensetzung von Produkten vorgeschlagen werden und anwendbar sind. Das Gebrauchsmuster wird auch als kleine Erfindung bezeichnet, da es auf einem erfinderischen Schritt beruht oder einen neuen Gedanken verkörpert.[1240] Weiterhin gilt die Voraussetzung der gewerblichen Anwendbarkeit (§ 22 IV PatG).[1241].
Geschmacksmuster werden in den PatG-AB definiert als neue, an Schönheitsgefühl reiche[1242] und für den industriellen Gebrauch geeignete Entwürfe für die Gestalt, das Design oder deren Verbindung oder für die Verbindung von Farbe, Gestalt und Design bei einem Produkt (§ 2 III PatG-AB). Während das Gebrauchsmuster der Erfindung ähnlich ist, liegt die Bedeutung des Geschmacksmusters damit in seiner ästhetischen Wirkung. Da ein Geschmacksmuster zugleich ein künstlerisches Werk ist, wird es u.U. auch vom Urheberrecht erfasst. Besteht ein Bezug zum Produkt selbst, so ist es Gegenstand des Patentrechts, ansonsten ist eine Zuordnung zum Urheberrecht vorzunehmen.[1243]

Eine Änderung der Grenzen der *Patentierbarkeit von Computerprogrammen* ergibt sich aus der 2001 geänderten Patentprüfungsrichtlinie. Nachdem diese seit 1993 vorsah, dass auf Datenträgern enthaltene Software „als solche" zu den Regeln und Verfahren für gedankliche Aktivitäten zählte und nicht patentierbar war[1244], ist nun eine gesetzliche Differenzierung bei Computerprogrammen vorgesehen. Nach der alten Bestimmung war Voraussetzung für die Patentierbar-

---

[1236] Im folgenden: PatG-AB

[1237] Jishu fangan – 技术 方案; Münzel übersetzt hier sprachlich nicht überzeugend mit *technische Projekte*

[1238] Gem. § 22 IV chin PatG *praktische Anwendbarkeit*, welche definiert ist, dass die betreffende Erfindung hergestellt, benutzt und wirksame Ergebnisse erzielt werden können.

[1239] § 22 chin PatG, § 2 I chin PatG-AB. Dies entspricht im wesentlichen auch den Voraussetzungen der Patenterteilung im deutschen Recht (§§ 1, 3, 4 und 5 deutsches PatG)

[1240] Zheng Yongliu (1997), S. 274

[1241] Vgl. § 1 deutsches GebrMG: Als Gebrauchsmuster werden Erfindungen geschützt, die neu sind, auf einem *erfinderischen Schritt* beruhen und gewerblich anwendbar sind; hier ergibt sich eine Abgrenzung zum Patent durch einen Abgleich beider Gesetze, der ergibt, dass das Gebrauchsmuster an Erfindungshöhe und technischem Fortschritt weniger voraussetzt als das Patent (§ 1 PatG: Patente werden für Erfindungen erteilt, die neu sind, *auf einer erfinderischen Tätigkeit beruhen* und gewerblich anwendbar sind)

[1242] Wörtl. Übersetzung – fuyou meigan 富有 美感 ; Münzel übersetzt: das ästhetische Gefühl befriedigende und geht somit vom Betrachter und nicht vom Objekt selbst aus

[1243] Huang Qinnan (1994), S. 37

[1244] Patentprüfungsrichtlinien, Teil II, Kap. 9, Abschnitt 2 keit, dass die betreffende Anmeldung eine technische Wirkung erzielt und eine *vollständige* technische Lösung darstellt. Die geänderte Bestimmung sieht nun vor, dass, wenn eine auf ein Computerprogramm bezogene Anmeldung für ein Erfindungspatent zur Lösung eines technischen Problems gedacht ist, sich technischer Mittel bedient und geeignet ist, eine technische Wirkung zu erzielen, dieser Erfindungsanmeldung die Zugehörigkeit zu den Gegenständen, für die Patentschutz erlangt werden kann, nicht allein deswegen versagt werden kann, weil sie sich auf ein Computerprogramm bezieht.[1245] Aus den aktuellen Prüfungsrichtlinien[1246] ergibt sich, dass jede Art von Software *als solcher*, die lediglich für die Interaktion mit dem Anwender gedacht ist, indem sie bei der Lösung gedanklicher Probleme hilft, vom Patentschutz ausgeschlossen ist. Auf der anderen Seite kann für Software, welche z.B. bestehende Produktionsanlagen oder Herstellungsprozesse optimiert oder die Leistung von bestehenden Rechenanlagen zu steigern geeignet ist, Patentschutz erlangt werden, da sie als Bestandteil einer technischen Lösung angesehen wird.[1247] Computerprogramme befinden sich hinsichtlich ihrer Schutzfähigkeit auch in der VR China in einem Grenzbereich zwischen Patentrecht und Urheberrecht, wobei eine Differenzierung anhand der technischen Aspekte vorzunehmen ist. Es ist zwischen der „Ausführungsform" des Programms, d.h. dem funktionellen Ablauf mit einem bestimmten verwertbaren Ergebnis und der „Lese- und Wiedergabeform", d.h. der rein geistigen, nicht mit der Ausführung verbundenen, inhaltlichen Beschreibung des Vorgangs zu unterscheiden. Beide Arten des Schutzes von Computer-Software werden gesetzlich unterschiedlich geregelt. Die gesetzlichen Bestimmungen zur Patentierbarkeit von Computerprogrammen finden sich in der *Patentprüfungsrichtlinie* und die *Verordnung über den Schutz von Computersoftware* regelt den urheberrechtlichen Schutz von Computerprogrammen.[1248]

Die Änderung der Patentierbarkeit von Computerprogrammen in China bedeutet tatsächlich eine Ausdehnung des Patentschutzes auf Computerprogramme, wie sie in den USA schon seit 1994 gegeben ist und 2004 vom EU-Rat mit seiner Zustimmung zur Software-Patent-Richtlinie ermöglicht wurde. Allerdings wurde von der Brüsseler Kommission im Vorfeld dieser Entscheidung ein Konsultationsprozess durchgeführt, bei dem der größte Teil der Konsultierten die Ausweitung des Patentschutzes ablehnte. Die dennoch verabschiedete Richtlinie soll

---

[1245] Ganea (2002), S. 689

[1246] Patentprüfungsrichtlinien, Teil II, Kap. 9, 2.2.2.

[1247] Ganea (2002), S. 689; vgl. a. Def. des Patentschutzes bei Tauchert (2000), S. 1, wonach das Patent das funktionale Prinzip einer Vorrichtung oder eines Verfahrens in seiner realen Umsetzung schützt, d.h. den Gegenstand, mit dem die beschriebenen Funktionen und Wirkungen verbunden sind.

[1248] S.a. § 58 chin.UrheberRG; Zum Schutz von Computer-Software sowohl durch das Patentrecht als auch durch das Urheberrecht vgl. Tauchert (2000), S. 2. Patent- und Urheberrechtsschutz schließen sich nach deutschem Recht nicht aus, sondern können auch parallel und spezifisch in Anspruch genommen werden. Während das Patent das funktionale Prinzip einer Vorrichtung oder eines Verfahrens in seiner realen Umsetzung schützt, geht es beim Urheberrechtsschutz um den Schutz gegen unerlaubtes Verbreiten, Vervielfältigen oder Verändern der Veröffentlichung. Das In-Verkehr-Bringen, Anbieten und Gebrauchen eines entsprechenden Gegenstandes ist damit nicht geschützt (vgl. Tauchert, 2002, Abs. 5 f.)

die von den Patentämtern - gegen den Wortlaut des Europäischen Patentübereinkommens, EPÜ, welches in Art. 52 II c) Programmen für Datenverarbeitungsanlagen ausdrücklich die Eigenschaft als *Erfindungen* abspricht – bereits erteilten Software-Patente nachträglich legalisieren und die Erteilungspraxis auf eine Linie mit der des *US Patent and Trademark Office* bringen.[1249] Der Patentschutz für Computerprogramme ist in der Fachwelt hoch umstritten. Auf der einen Seite ist zu bedenken, dass Software-Patente[1250] kleine und mittlere Unternehmen sowie freie Software-Entwickler benachteiligen, die vor jedem Projekt Patentrecherchen durchführen müssen. Software-Patente bergen das Risiko, dass sich die Transaktionskosten für Unternehmen erhöhen. Letztlich werden auf diese Weise Großunternehmen begünstigt, welche sich Patentstellen zur Durchsetzung ihrer Ansprüche leisten können. Zudem gibt es nach Auffassung von Experten keine Belege für einen spürbaren Nutzen von Software-Patenten, dafür aber deutliche Belege für ihre schädliche Wirkung.[1251] Andererseits wird darauf verwiesen, dass die negativen Befürchtungen sich auf Beispiele aus den USA stützen, wo sowohl Patent- und Rechtssystem mit den europäischen Verhältnissen nicht vergleichbar sind. Außerdem erschwere ein genereller Ausschluss Investitionen für Neugründer in diesem Bereich, da gerade Neugründungen Patente bei der Aufnahme fremden Kapitals brauchen.[1252]
China liegt mit der Ausweitung der Grenzen der *Patentierbarkeit von Computerprogrammen* im allgemeinen rechtlichen Trend der Ausweitung des Eigentumsschutzes auf immer weitere Objekte, womit notwendigerweise auch die Begründung von Ausschlussrechten verbunden ist.

Eine allgemeine Einschränkung der Patentierbarkeit statuieren §§ 4 und 5 PatG. Berührt eine Erfindungsschöpfung die staatliche Sicherheit oder staatliche Interessen und bedarf sie deshalb der Geheimhaltung, so gelten gem. § 4 PatG die einschlägigen staatlichen Bestimmungen. Für Erfindungsschöpfungen, welche gegen staatliche Gesetze oder die gesellschaftliche Moral[1253] verstoßen oder das öffentliche Interesse[1254] verletzen, werden gem. § 5 PatG keine Patentrechte erteilt; § 25 PatG enthält einen diesbezüglichen Ausnahmekatalog. In § 9 PatG-AB wird dieser Grundsatz präzisiert. Die in § 5 PatG bezeichneten Erfindungsschöpfungen, welche gegen die staatlichen Gesetze verstoßen, schließen nicht solche ein, bei denen lediglich ihre Anwendung gesetzlich verboten wird. Die Bestimmung des § 5 PatG greift unter leicht abgewandelter Formulierung Auschlussgründe des Art. 27 II TRIPS auf, welche sich auf den Schutz der öffentlichen Ordnung oder der guten Sitten *innerhalb des Hoheitsgebietes der*

1249 c't 24, 2002, S. 108

1250 Kritisch z. Begriff, da unklar und missverständlich, äußert s. Tauchert (2000), S. 2 mit dem Argument, dass durch eine programmbezogene Erfindung ein Produkt geschützt werden soll, dass mit Hilfe der Maschine Computer eine bestimmte Funktion bewirkt und nicht eine geistige Tätigkeit.

1251 So George Greve, Präsident der Free Software Foundation Europe, zit. n. c't 24, 2002, S. 109

1252 Tauchert (2000), S. 3 ff.

1253 Shehui gongde – 社会公德

1254 Gonggong liyi – 公共利益

Mitglieder beziehen. Das TRIPS-Abkommen berücksichtigt mit dieser Formulierung, dass diese Begriffe im gesellschaftlichen und politischen Kontext der Mitgliedsländer einer landesspezifischen Auslegung unterliegen, die gegebenenfalls im Sinne der Gesamtzielsetzung des Abkommens zu korrigieren ist.[1255] Weiterhin werden in Art. 27 III TRIPS Ausnahmen der Patentierbarkeit für verschiedene medizinische und biologische Verfahren genannt, denen auch im chin PatG die Patenterteilung verweigert wird. Die Vereinbarkeit weiterer in § 25 PatG aufgeführter Tatbestände des Ausnahmekatalogs mit dem TRIPS-Abkommen erscheint jedoch fraglich.[1256]
Dies gilt insbesondere für die generelle Ablehnung der Patentierbarkeit für wissenschaftliche Entdeckungen.

Der Schutzumfang des Patentrechts für *Erfindungen* und *Gebrauchsmuster* wird nach dem Wortlaut des § 56 I PatG durch den Inhalt der Ansprüche bestimmt, wobei die Beschreibung und die ihr beigefügten Zeichnungen zur Auslegung der Ansprüche herangezogen werden können.[1257] Bei der Auslegung dieser Norm ist § 17 der *Bestimmungen des Obersten Volksgerichts über Fragen der Rechtsanwendung bei der Verhandlung von Patentstreitigkeiten*[1258] zu berücksichtigen, welcher eine klare Anerkennung der Äquivalenzlehre beinhaltet.[1259] Danach ist § 56 I PatG so auszulegen, dass vom Schutzumfang auch solche technischen Merkmale erfasst werden, die mit den im Anspruch genannten Merkmalen äquivalent sind. Äquivalente Merkmale zeichnen sich nach § 17 II der PatStreitRechtsanw-OVG-Best dadurch aus, dass sie mit Hilfe von im wesentlichen gleichen Mitteln die im wesentlichen gleiche Funktion erfüllen, um zu dem im wesentlichen gleichen Ergebnis zu kommen. Überdies müssen sie für einen

---

[1255] Eine Einschränkung der Patentierbarkeit aus Gründen der *öffentlichen Ordnung* oder der *guten Sitten* ist auch dem deutschen Patentrecht nicht fremd. So werden gem. § 2, Nr. 1. deutsches PatG Patente nicht erteilt für Erfindungen, deren Veröffentlichung und Verwertung gegen die öffentliche Ordnung oder die guten Sitten verstoßen würde. Ein solcher Verstoß kann allerdings nicht allein aus der Tatsache hergeleitet werden, dass die Verwertung der Erfindung durch Gesetz oder Verwaltungsvorschrift verboten ist. Dies gilt gem. § 2, Nr. 1. deutsches GebrMG auch für Gebrauchsmuster. Für Geschmacksmuster gibt es eine entsprechende Bestimmung (§ 7 II deutsches GeschmMG). Vgl. die Ausführungen des BGH z. Problematik des Verstosses gegen die öffentliche Ordnung durch Geschmacksmuster, *Euro-Billy*- Beschl. v. 20.03.203 – I ZB 29/01 – Bundespatentgericht; s.a. § 8 II Nr. 5 MarkenG; vgl. a. die unteren Ausführungen z. Markenrecht.
Z. Problematik der Anwendung und Auslegung von Generalklauseln u. unbestimmten Rechtsbegriffen am Beispiel *gute Sitten* s. Rüthers (2005), Rn. 175 ff. u. 754 ff.; s.a. Larenz (1992), S. 288 ff.; z. Verstoß gegen die *öffentliche Ordnung* als Infragestellung der Grundlagen des staatlichen oder wirtschaftlichen Lebens oder der tragenden Grundsätze der Rechtsordnung vgl. Benkard/Bruchhausen, Komm. PatG (1993), § 2 Rn. 5; Busse/Keukenschrijver, Komm. PatG (1999), § 2, Rn. 13; Eichmann/v. Falckenstein, Komm. GeschmMG (2005), § 3, Rn. 16 f.; Nirk/Kurtze, Komm. GeschmMG (1997), § 7, Rn. 15
[1256] Steffens (2004), S. 329
[1257] Fast identisch formulierter Schutzbereich im deutschen Recht, vgl. § 14 deutsches PatG u. § 12 a) GebrMG
[1258] 最高人民法院 关于 审理专利 纠纷案件适用法律问题的若干规定 v. 19.06.2001, im Netz unter: www.china.org.cn/chinese/zhuanti/zhshchq/761986.htm ; im folg. **PatStreitRechtsanw-OVG-Best.**
[1259] S. Ganea (2002), S. 704

Fachmann auf dem betreffenden Gebiet der Technik nahe liegend sein. Bei *Geschmacksmustern* wird der Schutzumfang durch das in den Zeichnungen oder Fotografien dargestellte Erzeugnis bestimmt (§ 56 II PatG).[1260]

3. In- und ausländische Subjekte des Patentrechts

§ 6 II PatG bestimmt, dass bei einer nicht-dienstlichen Erfindungsschöpfung der Erfinder oder Entwickler das Recht zur Patentanmeldung hat und unterscheidet damit zwischen *Diensterfindungen* und *freien Erfindungen*.[1261] Als dienstliche Erfindungsschöpfungen gelten gem. § 6 I PatG solche, die in Erfüllung einer Dienstpflicht bei einer Einheit oder unter vorwiegender Verwendung ihrer materiellen Ausstattung gemacht wurden; § 11 PatG-AB präzisiert diesen Grundsatz. Das Recht zur Anmeldung eines Patents für eine dienstliche Erfindungsschöpfung steht der staatlichen oder kollektiven Arbeitseinheit zu (§ 6 I PatG a.E.), in deren Diensten der Erfinder steht. Der Erfinder hat jedoch gem. § 16 f. PatG das Recht, in der Erfinderurkunde oder den Erfinderdokumenten seine Stellung als Erfinder zu kennzeichnen und eine Vergütung entsprechend des daraus erzielten wirtschaftlichen Gewinns zu fordern. Patentinhaber kann der Erfinder lediglich im Fall der freien Erfindung werden.[1262] § 12 PatG-AB definiert den Erfinder als die Person, welche einen schöpferischen Beitrag zu den wesentlichen Besonderheiten der Erfindungsschöpfung geleistet hat und gibt gleichzeitig eine Negativ-Definition. Kein Erfinder ist, wer bei der Erfindungsschöpfung nur für die Organisationsarbeit verantwortlich war oder die Nutzung materieller oder technischer Voraussetzungen erleichtert oder andere Hilfsarbeiten geleistet hat. Der Erfinder gilt als Patentinhaber, nachdem das Patent erteilt ist.
Obwohl die VR China seit 1994 Vertragsstaat des PCT ist, bestand vor der letzten Revision des PatG keine gesetzliche Grundlage für die Einreichung von internationalen Anmeldungen für Patente. Mit internationalen Anmeldungen wurde auf Grundlage einer Verordnung verfahren.[1263] Gesetzliche Grundlage für *internationale Patentanmeldungen* ist nun § 20 PatG, welches auf drei unterschiedliche rechtliche Grundlagen für die Behandlung solcher Anmeldungen verweist. Nach § 20 III PatG hat die zuständige Patentverwaltungsbehörde des Staatsrates mit Anmeldungen für internationale Patente nach Maßgabe der internationalen Verträge, denen die VR China beigetreten ist, sowie nach Maßgabe des PatG und der einschlägigen Bestimmungen des Staatsrates zu verfahren.

[1260] Ähnlicher Schutzbereich im deutschen Recht § 7 III ff. deutsches GeschmMG, wobei sich dieser aus den Erfordernissen der Anmeldung ergibt.
[1261] Dieselbe Unterscheidung findet sich im deutschen Recht, vgl. § 4 Deutsches Arbeitnehmererfindergesetz.
[1262] S. Zheng Yongliu (1997), S. 275
[1263] Regelungen für Chinas Umsetzung des PCT v. 23.11.1993

Ausländische natürliche und juristische Personen ohne ständigen Wohn- und Geschäftssitz in China können gem. § 18 PatG durch *Patentanmeldung* Patentinhaber werden, wenn sie entweder einem Staat angehören, mit dem ein Abkommen bezüglich Patentangelegenheiten besteht oder gemäß dem Grundsatz der Gegenseitigkeit verfahren werden kann. In diesem Fall haben sie gem. § 19 PatG eine von der Patentverwaltungsbehörde des Staatsrates bestimmte Patentvertretungsorganisation mit der Erledigung zu beauftragen.[1264] Weiterhin sind spezielle Verordnungen zu beachten.[1265] Dabei stellt die Verpflichtung für ausländische Organisationen, Firmen und Individuen, sich an eine speziell für Ausländer zugelassene Patentanwaltskanzlei zu wenden, eine Benachteiligung der ausländischen Anmelder im Vergleich zu inländischen Anmeldern dar und könnte damit gegen das Prinzip der Inländerbehandlung des Art. 3 TRIPS verstoßen. Hinzu kommt, dass es Ausländern nach chinesischem Recht[1266] bisher verwehrt ist, sich als Patentanwalt in China niederzulassen. Dieses läuft nicht nur dem Prinzip der Inländerbehandlung und dem Meistbegünstigungsgrundsatz gem. Art. 4 TRIPS zuwider, sondern ist womöglich auch nicht mit Art. 1 III b GATS[1267] zu vereinbaren, unter dessen Anwendungsbereich der Beruf des Patentanwalts fällt.[1268]

Auf der anderen Seite bestimmt Art. 2 PVÜ, der die Inlandsbehandlung für Angehörige der Verbandsländer regelt, in Absatz III den ausdrücklichen Vorbehalt für Rechtsvorschriften jedes der Verbandsländer auch über die Bestellung eines Vertreters. Somit ist die Bestellung eines Vertreters zur Anmeldung von Patenten ausdrücklich vom Grundsatz der Inländerbehandlung ausgenommen. Damit könnte sich die chinesische Regelung durchaus im Rahmen der einschlägigen PVÜ-Regelung befinden. Hier ist jedoch weiterhin Art. 3 II TRIPS zu berücksichtigen, der Art. 2 III PVÜ insoweit einschränkt, als Ausnahmen vom TRIPS gem. der PVÜ nur zulässig sind, um die Einhaltung von Gesetzen und sonstigen Vorschriften sicherzustellen, welche mit den Bestimmungen des TRIPS nicht unvereinbar sind und diese Praktiken nicht in einer Weise angewendet werden, die eine verschleierte Handelsbeschränkung bilden würde.

In diesem Zusammenhang ist kurz auf das Verhältnis beider Abkommen zueinander einzugehen. Das TRIPS-Abkommen stellt zunächst eine inhaltlich wie verwaltungstechnisch eigenständige, von der WIPO unabhängige Initiative im Bereich des Schutzes geistigen Eigentums dar. Eine Konkurrenz zwischen den Abkommen oder eine strikte Trennung wird jedoch nicht angestrebt. Das in Art. 2 TRIPS statuierte Verhältnis zu den WIPO-Abkommen, zu welchem auch die PVÜ gehört, ist vielmehr als kooperativ und ergänzend anzusehen.[1269] Somit

---

[1264] Keßler/Qiao (2003), S. 176 berichten von 22 für Ausländer zugelassenen Patentanwaltkanzleien

[1265] Z.B. *Bestimmungen für Patent-Agenten* v. 01.04.1991, chin.: Zhuanli daili tiaoli – 专利代理条例

[1266] §§ 4 u. 15 der *Bestimmungen für Patent-Agenten*

[1267] GATS – *General Agreement on Trade in Services*

[1268] Keßler/Qiao (2003), S. 182; vgl. a. Niermann (2004), S. 248 ff. zur Problematik ausländischer Rechtsanwaltskanzleien in der VR China in Zusammenhang mit dem GATS-Abkommen

[1269] Dies ergibt sich aus der Vereinbarung des Art. 68 TRIPS, dass der Rat für TRIPS Konsultationen mit der WIPO aufnehmen soll; weiterhin soll gem. Art. 63 II TRIPS ein gemeinsames Register von hätte auch die VR China eine gesetzliche Lösung zu finden, die sich mit beiden Abkommen in Einklang befindet. Diese könnte hier darin bestehen, in der VR China auch ausländische Patentanwälte zuzulassen.

Ausländer können auch durch *Übertragung* Inhaber von Patentrechten werden, da das Recht zur Patentanmeldung und das Patentrecht übertragbar sind (§ 10 I u. II PatG). Allerdings muss in diesem Fall die chinesische Einheit oder natürliche Person, die ihr Recht zur Patentanmeldung oder ihr Patentrecht auf einen Ausländer übertragen möchte, zuvor die Genehmigung bei der hierfür zuständigen Behörde des Staatsrates einholen (§ 10 II PatG). Für die Genehmigung zuständige Behörden sind gem. § 14 PatG-AB die für Außenwirtschaft und –handel zuständige Abteilung des Staatsrates zusammen mit der Verwaltungsabteilung für Wissenschaft und Technik des Staatsrates. Das Genehmigungsverfahren verläuft nach der vom Staatsrat am 31.10.2001 erlassenen *Verordnung der VR China über die Verwaltung des Technologieimports und –exports*. In § 15 PatG-AB wird außerdem geklärt, dass das Patentrecht auch auf andere Weise als durch Übertragung, z.B. in Form von Unternehmensanteilen und dgl. auf Dritte übergehen kann.[1270]

Im Falle der Einbringung einer entsprechenden Einlage bei Gründung eines Unternehmens mit ausländischen Investitionen ist für deutsche Unternehmer auch das *Abkommen zwischen der Bundesrepublik Deutschland und der Volksrepublik China über die Förderung und den gegenseitigen Schutz von Kapitalanlagen* einschlägig. Nach Artikel 1, Ziff. 1 d) des Abkommens umfasst der Begriff der Kapitalanlagen auch Rechte des geistigen Eigentums wie insbesondere Patente und gewerbliche Muster und Modelle etc. Das Abkommen schränkt gem. Artikel 4, Ziff. 2 die Möglichkeiten staatlicher Enteignung ein und sieht für diesen Fall eine Entschädigung vor. Diese muss dem Wert der Kapitalanlage unmittelbar vor der Enteignung oder dem Zeitpunkt, in dem die drohende Enteignung öffentlich bekannt wurde, entsprechen. Sie muss weiterhin unverzüglich geleistet werden, tatsächlich verwertbar und frei transferierbar sein. Auf Verlangen des Investors müssen Rechtmäßigkeit der Enteignung und die Höhe der Entschädigung durch innerstaatliche Gerichte nachgeprüft werden können (Art. 4, Ziff. 2 a.E.).

---

nationalen Rechtsquellen zum Schutz geistigen Eigentms aufgebaut werden; vgl. a. GRUR Int. 1996, S. 667 f.; kritisch .z. Verhältnis beider Abkommen, Stiglitz in: *The Kazahstan Monitor* v. 26.08.2005, S. 7

[1270] PatG-Kommentar (2001), S. 386 f.

4. Rechte des Patentinhabers unter besonderer Berücksichtigung der Prioritätsrechte

Die allgemeinen Rechte des Patentinhabers ergeben sich aus den §§ 10 ff. PatG. Das Recht zur Patentanmeldung sowie das erteilte Patentrecht sind gem. § 10 PatG übertragbar[1271] und vererblich[1272]. Dem Patentinhaber steht auch nach chinesischem Recht das ausschließliche Recht zu, über die Verwertung und Nutzung seines Patents allein zu entscheiden (§ 11 PatG). Weiterhin ist gem. § 11 PatG keine Einheit oder Einzelperson befugt, das Patent ohne Erlaubnis zu verwerten, was in gleicher Weise mit Bezug auf Dritte auch in Art. 28 I a) und b) TRIPS formuliert wird. Nach § 12 PatG kann der Patentinhaber mit Dritten einen Lizenzvertrag, der die Zahlung einer Gebühr für die Verwertung des Patents regelt, abschließen; eine Regelung, welche direkt an Art. 28 II TRIPS angelehnt ist. Er hat weiterhin das Recht, auf dem patentierten Erzeugnis oder dessen Verpackung einen Patenthinweis anzubringen und die Nummer des Patentes anzugeben (§ 15 PatG). Die Laufzeit des Patentrechts für Erfindungen beträgt 20 Jahre und die der Patentrechte für Gebrauchs- und Geschmacksmuster 10 Jahre (§ 42 PatG).[1273] Dies entspricht den in Art. 33 bzw. 26 III TRIPS festgelegten Fristen.

Die Patentanmeldung gem. §§ 26 ff. chinPatG hat wie im deutschen Recht verfahrensrechtliche und materiellrechtliche Folgen. Die materiellrechtliche Bedeutung der Anmeldung liegt auch im chinesischen Recht in der Begründung der Priorität als entscheidendes Ordnungsrecht des Immaterialgüterrechts. Grundsätzlich setzt sich das ältere Recht durch, wobei die patentrechtliche Ausprägung der Priorität darin liegt, dass bei Parallelerfindungen nur für die zuerst angemeldete Erfindung ein Schutzrecht erteilt werden kann.
Die Priorität von im Ausland angemeldeten Erfindungsschöpfungen wurde bereits in der Ursprungsfassung des chinesischen PatG und somit im Einklang mit den Bestimmungen der PVÜ anerkannt. Die Prioritätsfrist beträgt seitdem unverändert 12 Monate für Erfindungen und Gebrauchsmuster und 6 Monate für Geschmacksmuster. Zunächst hatten allerdings gem. § 29 I PatG nur Ausländer die Möglichkeit, aufgrund einer internationalen Konvention, eines bilateralen Abkommens oder des Prinzips der gegenseitigen Anerkennung des Prioritäts-

---

[1271] Erleichterte Übertragung des Patentrechts seit der letzten PatG-Änderung für Chinesen; s. Ganea (2002), S. 692

[1272] S. Zheng Yongliu (1997), S. 276; vgl. a. Verf.-Komm. Cai Dingjian (2004) zu Art. 13 Verf., S. 178 f.. Danach umschließt das Erbe das legale Vermögen, Forderungen und Schulden zu Lebzeiten des Verstorbenen. Das legale Vermögen umfaßt auch Immaterialgüter. Z. rechtlichen Regelung der Vererbbarkeit vgl. a. deutsches Recht, wo Übertragbarkeit und Vererbbarkeit in jeweils einer Norm eine ausdrückliche Regelung finden: § 15 PatG, § 22 GebrMG, § 3 GeschmMG.

[1273] Die Laufzeit wurde mit der Gesetzesänderung 1992 von 15 Jahren bzw. 5 Jahren um jeweils 5 Jahre verlängert. Vgl. deutsches Recht: Schutzdauer für *Patente* gem. § 16 PatG beträgt 20 Jahre; für eingetragene *Gebrauchsmuster* gem. § 23 GebrMG 10 Jahre, Aufrechterhaltungsgebühr ab dem vierten Jahr gerechnet vom Anmeldetag; für *Geschmacksmuster* gem. § 9 GeschmMG 20 Jahre, Aufrechterhaltungsgebühr ab 6. Jahr nach Anmeldung.

rechts, in China Priorität zu beantragen. Für chinesische Staatsbürger war zunächst keine *innere Priorität* vorgesehen und weiterhin war ihnen aufgrund des § 20 PatG, welcher vor einer Auslandsanmeldung in China gemachter Erfindungsschöpfungen eine Anmeldung beim chinesischen Patentamt vorschrieb, die *äußere Priorität* verschlossen.[1274]
1992 wurde das PatG dahingehend geändert, dass chinesische Staatsbürger und Ausländer gleichermaßen in den Genuss innerer und äußerer Priorität für ihre Erfindungsschöpfungen kamen.[1275] Der erste Absatz des § 29 PatG gilt nach der Änderung allgemein für „Anmelder“ und damit auch für Chinesen, so dass diese auf Grundlage des § 29 I PatG für ihre Auslandsanmeldung Priorität beantragen können.
Die Bestimmung des § 29 PatG wurde weiterhin um einen zweiten Absatz ergänzt, der sich ebenfalls auf alle Anmelder bezieht und nach dem für frühere Inlandsanmeldungen Priorität beantragt werden kann, wenn die Nachmeldung innerhalb von 12 Monaten ab der früheren Anmeldung eingereicht wird. Durch die innere Priorität haben die Anmelder Gelegenheit, unter Festschreibung des Standes der Technik aufgrund der Erstanmeldung eine auch unter Ausweitung des ursprünglichen Offenbarungsgehaltes berechtigte Folgeanmeldung einzureichen. Der geänderte § 33 II PatG-DB stellt weiterhin klar, dass sowohl Gebrauchsmuster innere Priorität für Erfindungen als auch Erfindungen Priorität für Gebrauchsmuster begründen können. Damit bleibt die ursprüngliche Wahl der Patentart zunächst revidierbar. § 33 PatG-DB nennt drei Fälle, in denen kein Anspruch auf innere Priorität gegeben ist. So kann eine Anmeldung, die selbst auf Priorität gründet, nicht zur Grundlage für innere Priorität werden (§ 33 II 1. PatG-DB). Dies gilt auch für Anmeldungen, für die bereits Patente erteilt wurden sowie für Teilanmeldungen gem. § 43 PatG-DB (§ 33 II 2. und 3. PatG-DB). § 33 der PatG-DB wurde außerdem dahingehend geändert, als nun nicht mehr auf die „Erstanmeldung“ als solche, welche in oben genannten Fällen keine Priorität begründen kann, abgestellt wird, sondern auf den „Gegenstand“ dieser Erstanmeldung, der auch aus mehreren zu einer gemeinsamen Idee gehörenden Erfindungsschöpfung bestehen kann. Durch die Neuregelung wird klargestellt, dass es möglich ist, in einer späteren Anmeldung zumindest für diejenigen Gegenstände der früheren Anmeldung, denen kein Prioritätshindernis entgegensteht, Priorität zu beantragen.[1276]
Die in der ersten Fassung des PatG aus der Bestimmung des § 29 II resultierende Vermengung der Prioritätsfrist mit der in § 24 PatG geregelten Neuheitsschonfrist, welche im Falle der Offenbarung auf einer staatlich anerkannten Ausstellung oder wissenschaftlichen Tagung sowie im Fall einer Offenbarung ohne Zu-

[1274] Chinesische Staatsbürger konnten nach diesen Regelungen allenfalls in den Genuß von Priorität kommen, wenn sie diese für ihre im Ausland gemachten Erfindungen beantragten, wobei hier jdeoch § 29 PatG a.F. entgegenstand, der nur Ausländern einen Prioritätsantrag gestattete, s. Ganea (2002), S. 693, Fn. 51 u. Steinmann (1992), S. 103, Fn. 12
[1275] Art. 29 TRIPS spricht allgemein von der Inanspruchnahme von Priorität durch den Erfinder
[1276] PatG-Kommentar (2001), S. 403

stimmung des Anmelders durch Dritte zur Anwendung kam, wurde im Zuge der Änderung 1992 ebenfalls korrigiert. Nach der alten Gesetzesfassung war bei Vorliegen einer Neuheitsschonfrist der diese Frist begründende Tag der Offenbarung auch maßgebliches Datum für den Beginn der Prioritätsfrist. Mit Abschaffung dieser Vorschrift trug der Gesetzgeber der unterschiedlichen Rechtswirkung von Neuheitsschonfrist und Prioritätsfrist Rechnung.[1277] Seither ist für den Beginn der Prioritätsfrist nur noch das Datum der Erstanmeldung maßgebend.

5. Rechtliche Beschränkungen durch Zwangslizenzen

Eine Einschränkung der Rechte der Patentinhaber sehen die §§ 14 und 48 ff. PatG vor. Die Bestimmung des § 14 PatG regelt den Fall, dass Erfindungspatente von staatseigenen Unternehmen bzw. Einrichtungen und solche von kollektiven Einheiten und Einzelpersonen für das staatliche oder öffentliche Interesse von herausragender Bedeutung sind. Diese können dann von der zuständigen Behörde des Staatsrates und den zuständigen Volksregierungen nach Genehmigung des Staatsrates einer Zwangsverwertung zugeführt werden. Dem Patentinhaber ist allerdings eine Nutzungsgebühr zu entrichten. Neben der Zwangsverwertung von Patenten zur Erfüllung staatlicher Aufgaben ist der Möglichkeit der Erteilung von Zwangslizenzen ein ganzes Kapitel gewidmet (Kap. VI, §§ 48 bis 55 PatG).[1278]

Die §§ 48 ff. PatG regeln die Voraussetzungen für die Erteilung von Zwangslizenzen und nach den letzten Gesetzesänderungen ist insgesamt eine Beschränkung der Möglichkeiten zur Erteilung von Zwangslizenzen festzustellen.[1279] Das Zwangslizenzsystem war bereits mit der ersten Änderung des PatG 1992 umfassend geändert worden, indem der in § 51 PatG a.F. enthaltene *Ausübungszwang für Ausländer* abgeschafft wurde. Bis dahin hatten Ausländer bis zum Ablauf von 3 Jahren ab der Patenterteilung das Patenterzeugnis im Inland herzustellen oder herstellen zu lassen oder das patentierte Verfahren im Inland anzuwenden bzw. anwenden zu lassen, da ansonsten die Erteilung einer Zwangslizenz gem. § 52 PatG drohte. Mit der Änderung von 1992 reagierte China auf das damals noch in der Entwicklung befindliche TRIPS-Übereinkommen, welches in Art. 27 I seiner aktuellen Fassung verbietet, dass die Ausübung des Patentrechts Diskriminierungen dahingehend unterworfen wird, ob das Patenterzeugnis importiert oder im Inland selbst hergestellt wird.[1280] In Übereinstimmung mit PVÜ und TRIPS (Art. 31 i.V.m. Art. 8 I) bleiben gegenwärtig noch drei Fälle, in denen Zwanglizenzen erteilt werden können. Zu beachten ist, dass Zwangslizenzen

[1277] S. hierzu Steinmann (1992), S. 106 ff., Fn. 12
[1278] Vgl. § 24 deutsches PatG
[1279] S. Ganea (2002), S. 691
[1280] Vgl. Ganea (2002), S. 691

nicht für Geschmacksmuster erteilt werden.[1281] Für die verbleibenden Fälle gilt, dass die Einheit oder Einzelperson, die eine Zwangslizenz zur Verwertung erhalten hat, kein ausschließliches Verwertungsrecht erhält (§ 53 PatG) und dass dem Patentinhaber eine angemessene Nutzungsgebühr gem. § 54 PatG zu zahlen ist.

Zwangslizenzen werden erteilt, wenn erfolglos versucht wurde, beim Patentinhaber eine Verwertungslizenz zu angemessenen Bedingungen zu erhalten (§ 48 PatG), im Falle einer nationalen Notlage oder des Erfordernisses, Bedürfnisse der Öffentlichkeit zu befriedigen (§ 49 PatG) sowie dann, wenn ein Patent oder Gebrauchsmuster gegenüber einer früheren Erfindungsschöpfung einen technischen Fortschritt darstellt und dessen Verwertung von der Verwertung dieser früheren Erfindungsschöpfung abhängig ist (§ 50 PatG). Im letzteren Fall darf allerdings auch der Inhaber des früheren Erfindungs- oder Gebrauchsmusterpatents seinerseits eine Zwangslizenz zur Verwertung des später erteilten Patents beantragen (§ 50 II PatG). Die Bestimmungen der §§ 68 und 69 PatG-DB a.F. wurden ebenfalls entsprechend geändert. Seither darf eine Zwangslizenz erst nach Ablauf von drei Jahren ab der Patenterteilung erteilt werden. Die Zwangslizenz gem. § 49 PatG wegen staatlicher Notlagen ist nun nur noch zulässig, wenn sie nicht gewerblichen Zwecken dient.[1282] Die Entscheidung des Patentamtes über Erteilung einer Zwangslizenz hat nun Umfang und Dauer der Verwertung entsprechend den Gründen für ihre Erteilung zu regeln (§ 52 PatG). Zweck der Erteilung darf lediglich die Befriedigung der inländischen Nachfrage sein (§ 72 IV PatG-DB). Weiterhin ist die Zwangslizenz auf Antrag des Patentinhabers zurückzunehmen, wenn die Gründe für ihre Erteilung hinfällig geworden sind.

Mit der letzten Änderung des PatG im Jahre 2000 wurde die Bestimmung des § 50 PatG in Anpassung an Art. 31 (l) (i) TRIPS insoweit verschärft, als nur noch eine Zwangslizenz auf die frühere Erfindungsschöpfung erteilt wird, um die Verwertung der späteren von ihr abhängigen Schöpfung zur ermöglichen, wenn die spätere Erfindung gegenüber der früheren nicht mehr nur einen einfachen, sondern einen beträchtlichen technischen Fortschritt von herausragender wirtschaftlicher Bedeutung darstellt. Weiterhin stellt § 55 PatG klar, dass nicht mehr nur der Patentinhaber, sondern auch derjenige, der die Zwangslizenz beantragt hat, gegen die Festlegung der Gebühr für diese durch die Patentverwaltungsbehörde klagen kann.

Eine weitere Beschränkung der Erteilung von Zwangslizenzen ergibt sich aus § 72 IV PatG-DB in Hinblick auf Erfindungen aus dem Bereich der Halbleitertechnologie. Hier dürfen Zwangslizenzen nur erteilt werden, wenn sie die nicht gewerbliche öffentliche Nutzung ermöglichen oder Wettbewerbsverstöße durch

[1281] Vgl. Ka Yaowu, PatG-Komm (2001), S. 96 f.

[1282] Vgl. Ka Yaowu, PatG-Komm (2001), S. 98

den Patentinhaber beseitigen sollen.[1283] Durch diese Regelung wurde Einklang mit Art. 31 (c) TRIPS hergestellt.

6. Technologietransfer durch die Übertragung geistigen Eigentums

In materiell-rechtlicher Hinsicht wird das Direktinvestitionsrecht geprägt durch die *Vorschriften zur Lenkung ausländischer Investitionen*[1284]. Der Zweck der Lenkungsrichtlinien ist darauf gerichtet, die Investitionen mit der volkswirtschaftlichen und sozialen Entwicklungsplanung Chinas in Einklang zu bringen (§ 1 AuslInvest-LenkVorschr). Ausländische Investitionsprojekte werden dabei in vier Kategorien, nämlich geförderte, gestattete, eingeschränkte und verbotene Projekte unterteilt (§ 4 AuslInvest-LenkVorschr). Gefördert werden gem. § 5 II AuslInvest-LenkVorschr auch Technologieprojekte, hier insbesondere Anwendungen der Hochtechnologie, wobei es sich gewöhnlich um Schutzobjekte geistigen Eigentums handelt.

Gesetzliche Grundlage für die Übertragung von Technologie sind die 2002 erlassenen *Bestimmungen der VR China über die Verwaltung der Ein- und Ausfuhr von Technologie*[1285]. Diese umfassen gem. § 2 alle Arten von Übertragungsakten einschließlich Handel, Investitionen, wirtschaftliche bzw. technische Zusammenarbeit. Dazu gehört auch die Möglichkeit des Technologietransfers durch Einbringung einer entsprechenden Einlage bei Gründung eines ausländisch investierten Unternehmens. Nach § 22 TechnoImpExp-VerwBest kann bei Gründung von CJV, EJV und WFOE von ausländischer Seite Technik als Kapitalbeitrag investiert werden.[1286]

Die TechnoImpExp-VerwBest sind insbesondere auf die Übertragung von Patentrechten oder Patentanmelderechte, die Lizenzierung von Patentrechten, die Übertragung technischer Geheimnisse und technische Dienstleistungen bezogen.[1287] Für die Übernahme einer Geheimhaltungspflicht der Parteien stellt § 26 I TechnoImpExp-VerwBest auf die vertragliche Abrede der Parteien ab, ebenso wie für den Umfang und die zeitliche Dauer der Geheimhaltungsverpflichtung, die sich auch auf den Zeitraum nach Beendigung des Vertrages erstrecken

---

[1283] Entsprechend a. § 26 der am 28.3.2001 vom Staatsrat erlassenen *VO über den Schutz der Gestaltung von Layouts integrierter Schaltungen*

[1284] Verkündet vom Staatsrat am 11.02.2002; deutsche Übers. in: Heuser/Klein (2004), S. 38 ff.; im folg.: **AuslInvest-LenkVorschr**; die Vorschriften werden um den *Branchenkatalog zur Lenkung ausländischer Investitionen in China* v. 11.03.2002, welcher von der Staatlichen Entwicklungsplanungskommission, der Staatlichen Wirtschafts- und Handelskommission und dem Ministerium für Außenhandel und wirtschaftlichen Zusammenarbeit herausgegeben wurde; ein weiterer *Katalog zur Lenkung ausländischer Investitionen in den vorherrschenden Industrien der Zentral- und Westregionen*, entstand bereits im Jahr 2000

[1285] i.Kr. seit 01.01.2002; im folg.: **TechnoImpExp-VerwBest**; diese ersetzten die *Bestimmungen der VR China über die Verwaltung von Technologieeinfuhrverträgen* v. 24.05.1985 und deren AB

[1286] Vgl. a. § 5 EJVG; § 8 CJVG, aber auch für nicht-patentierte Technologie

[1287] Kisgen (2005), S. 138

kann.[1288] Eine solche Abrede wird hinfällig, wenn die Geheimhaltung ohne Verursachen auf Seiten der verpflichteten Partei durch Veröffentlichung oder anderweitiges Bekanntwerden aufgehoben wird (§ 26 II TechnoImpExp-VerwBest). Weiterhin sind gem. §§ 23, 44 TechnoImpExp-VerwBest auch die Verwaltungsbehörden ausdrücklich zur Geheimhaltung verpflichtet. Verstöße werden gem. § 51 TechnoImpExp-VerwBest geahndet.
Dem entspricht § 39 II AußenhandelsG, worin eine Pflicht für Behörden und deren Mitarbeiter normiert ist, Geschäftsgeheimnisse, von denen sie bei der Durchführung einer Außenhandelsuntersuchung Kenntnis erlangen, geheim zu halten. Diese Gesetzgebung verdeutlicht, dass den Behörden im Außenhandel weit reichende Überprüfungs- und Genehmigungsbefugnisse zustehen, bei deren Ausübung sie mit Geschäftsgeheimnissen in Berührung kommen können. Daher ist die Normierung einer entsprechenden Verschwiegenheitspflicht überaus bedeutsam.[1289] Neben diesen Regelungen finden weiterhin die allgemeinen Regeln des § 43 VertragsG zur vorvertraglichen Geheimhaltungspflicht einschließlich einer Geheimhaltungspflicht im Falle der Unwirksamkeit von Verträgen sowie § 92 VG zur nachvertraglichen Geheimhaltung Anwendung.[1290]
Durch die 2002 neu erlassenen *Bestimmungen* wurde das Verfahren für den Technologieimport und –export erleichtert, da das Genehmigungserfordernis als Wirksamkeitserfordernis für die Übertragung und Lizenzierung von Patentrechten und Know-how durch Ausländer an chinesische Staatsbürger sowie durch Chinesen an Ausländer abgeschafft wurde. Gem. § 17 II TechnoImpExp-VerwBest wird der Vertrag mit seinem Zustandekommen wirksam; die Registrierung[1291] ist zwar vorgeschrieben (§ 18 TechnoImpExp-VerwBest), aber keine Wirksamkeitsvoraussetzung. Aus den Bestimmungen geht allerdings nicht hervor, welche Konsequenzen eine nicht vorgenommene Registrierung für den Importeur hat. Die neuen Bestimmungen beseitigen Außerdem die Beschränkung der Laufzeit von Technologieimportverträgen auf zehn Jahre. Läuft der Vertrag aus, so können die Parteien über die Fortsetzung des Gebrauchs der Technologie verhandeln (§ 28 TechnoImpExp-VerwBest). Daraus ergibt sich, dass ein vertragliches Verbot der Weiterbenutzung nach Beendigung des Vertrages rechtmäßig ist.[1292] Der Schutzrechtsinhaber kann somit dem Lizenznehmer vertraglich untersagen, die lizenzierten Technologien nach Auslaufen des Lizenzvertrages weiterhin zu nutzen. Über ein nachvertragliches Übertragungsverbot des Lizenznehmers enthalten die TechnoImpExp-VerwBest keine Regelung. Für diesen Fall bietet der *Standardvertrag für Know-how und Patentlizenzen*[1293] in Art.

[1288] Pattloch (2003b), S. 702
[1289] Kisgen (2005), S. 139
[1290] Kisgen (2005), S. 138
[1291] Bei der MOFTEC, Ministry of Foreign Trade and Economic Cooperation
[1292] S. Keßler/Qiao (2003), S. 179; so auch Kisgen (2005), S. 138 m. Bezug auf Pattloch (2003b), S. 701
[1293] Der Standardvertrag wurde am 30.12.2002 zur Vereinfachung des Technologietransfers sowie der Förderung von Handel und Investitionen zwischen der VR China und der Bundesrepublik Deutschland unterzeichnet.

17 eine Regelung, die besagt, dass die Abtretbarkeit von Rechten aus dem Vertrag durch den Lizenznehmer nur mit dem schriftlichen Einverständnis durch den Lizenzgeber erlaubt ist.

Im Falle des Technologietransfers durch Einbringung einer entsprechenden Einlage bei Gründung eines ausländisch investierten Unternehmens gem. § 22 TechnoImpExp-VerwBest ist für deutsche Unternehmer ein zusätzlicher Schutz durch das Abkommen zwischen der Bundesrepublik Deutschland und der Volksrepublik China über die Förderung und den gegenseitigen Schutz von Kapitalanlagen gegeben. Nach Artikel 1 Ziffer 1 d) des Abkommens umfasst der Begriff der Kapitalanlagen auch Rechte des geistigen Eigentums wie insbesondere Patente und gewerbliche Muster und Modelle, technische Verfahren, Betriebs- und Geschäftsgeheimnisse sowie Know-how und Good Will. Das Abkommen schränkt gem. Artikel 4 Ziffer 2 die Möglichkeiten staatlicher Enteignung ein und sieht für diesen Fall eine Entschädigung vor, die bestimmten Anforderungen genügen muss (s. obige Ausführungen).

7. Parallelimporte und die Erschöpfung von Patentrechten

a) Zur Begrifflichkeit und dem rechtlichen Zusammenhang zwischen Parallelimporten und dem Grundsatz der Erschöpfung

Gewerbliche Schutzrechte gewähren ihrem Inhaber ein Verwertungsmonopol und nur er darf die geschützte Leistung[1294] bei der Herstellung von Waren verwenden, wobei der Schutz grundsätzlich auf allen Wirtschaftsstufen besteht. Deshalb kann sich der Schutzrechtsinhaber nicht nur auf der Herstellerebene, sondern auch auf allen nachfolgenden Handelsstufen gegen relevante Benutzerhandlungen, insbesondere gegen den Vertrieb der geschützten Waren und die Werbung für sie rechtlich zur Wehr setzen.[1295] Dieser immaterialgüter*rechtliche Schutz* unterliegt jedoch dem Prinzip der *Erschöpfung*. Er ist grundsätzlich *verbraucht*[1296] oder *erschöpft*, wenn die geschützten Waren vom Schutzrechtinhaber oder mit seiner Zustimmung bzw. durch ein konzernverbundenes Unternehmen in der Verkehr gebracht worden ist.[1297] Die Anwendung des Erschöpfungsgrundsatzes auf regionaler und internationaler Ebene hat zur Folge, dass der Schutzrechtsinhaber Importe nicht mehr gestützt auf sein nationales Schutzrecht verbieten kann, wenn der Importeur einen Gegenstand erworben hat, der vom

[1294] Den *Leistungsschutzrechten* werden diejenigen gewerblichen Schutzrechte zugeordnet, die Schutz füreine einmal erbrachte Leistung gewähren. Das Patent gilt als wichtigstes Leistungsschutzrecht.
[1295] S. Sack (1999), S. 1088
[1296] Z. Verwendung der Begriffe *Erschöpfung* und *Verbrauch* hinsichtlich der verschiedenen gewerblichen Schutzrechte s. Hassemer (2000), S. 624
[1297] Sack (2000), S. 610 f.

Schutzrechtsinhaber selbst oder mit seiner Zustimmung in einem anderen Land der Region bzw. einem beliebigen anderen Staat in Verkehr gesetzt wurde und das dortige Schutzrecht erschöpft hat. Nach dem System der *nationalen Erschöpfung* wird ein für das Inland erteiltes Patent nur dann erschöpft, wenn das erste Inverkehrbringen der patentrechtlich geschützten Waren durch den Rechtsinhaber oder mit seiner Zustimmung im Inland erfolgt. Beim Inverkehrbringen im Ausland erschöpft sich das Schutzrecht im Inland nicht.[1298] Die *regionale Erschöpfung* ist auf die Mitgliedsstaaten eines gemeinsamen Wirtschaftsraums bezogen. Hier erschöpfen sich die Schutzrechte nur dann, wenn das erste Inverkehrbringen durch den Schutzrechtsinhaber bzw. mit seinem Einverständnis in diesen Wirtschaftsraum erfolgt. Die Abgrenzung zur internationalen Erschöpfung besteht darin, dass bei der regionalen Erschöpfung beispielsweise ein inländisches Patentrecht durch den Parallelimport aus einem anderen Staat desselben Wirtschaftsraums nicht verletzt wird, eine Verletzung aber bei einem Parallelimport aus einem Drittstaat außerhalb dieses Wirtschaftsraums eintritt.[1299] Bei der *internationalen Erschöpfung* erschöpft sich ein inländisches Patentrecht unabhängig davon, ob das erste vom Schutzrechtinhaber autorisierte Inverkehrbringen im Inland oder in einem beliebigen ausländischen Staat erfolgt.
Der Erschöpfungsgrundsatz ist für das deutsche Recht bisher nur in wenigen Gesetzen ausdrücklich geregelt.[1300] Bei Leistungsschutzrechten wie Patenten und Gebrauchsmustern gibt es bis heute keine gesetzliche Regelung, sondern es gilt der Grundsatz der gewohnheitsrechtlichen Anerkennung.[1301] Im Bereich des deutschen Rechts werden nach höchstrichterlicher Rechtsprechung über die nationale Erschöpfung hinaus nur EU/EWR-weite Erschöpfungstatbestände anerkannt.[1302] Darüber hinaus ist die Bundesrepublik Deutschland nach Sicht des BGH keinem völkerrechtlichen Vertrag beigetreten, der die Vertragsstaaten zur Übernahme des Grundsatzes der *internationalen Erschöpfung* verpflichtet.[1303] Weder dem Übereinkommen über handelsbezogene Aspekte des TRIPS, noch der PVÜ kann ein solcher Inhalt entnommen werden. Art. 6 TRIPS wird ganz überwiegend so verstanden, dass Erschöpfung von Rechten des geistigen Eigentums nicht nur dem Streitbeilegungsverfahren entzogen ist, sondern auch die materiell-rechtliche Regelung den einzelnen Vertragsstaaten überlassen bleibt. Weder aus der die Erschöpfung betreffenden Vorschrift des Art. 6 TRIPS noch aus den das Patentrecht regelnden Bestimmungen der Art. 27 und 28 TRIPS er-

---

[1298] Vgl. Straus/Katzenberger (2002), S. 7
[1299] Straus/Katzenberger (2002), S. 8
[1300] So in § 17 II u. § 69 c UrhG; in § 10 b SortenschutzG, in § 24 MarkenG i.V.m. Art. 7 Markenrechts-Richtlinie sowie in Art. 13 GemeinschaftsmarkenVO
[1301] Sack (1999), S. 1105
[1302] *Karate*-Urteil des BGH v. 14.12.1999, Aktz.: X ZR 61/98; zit. n. GRUR Int. 2000, S. 636 f. Der EuGH hat in seiner st. Rspr. den Grundsatz der EG-weiten Erschöpfung aus Art. 28, 30 EGV (ex-Art. 30, 36 EGV) abgeleitet, der durch Art. 65 II EWR-Abkommen i.V.m. Art. 2 Protokoll zum EWR-Abkommen zur EWR-weiten Erschöpfung ausgeweitet worden ist; vgl. Sack (2000), S. 610
[1303] F. diese u. die folgenden Ausführungen in diesem Absatz s. *Karate*-Urteil des BGH, Aktz.: X ZR 61/98; zit. n. GRUR Int. 2000, S. 637

gibt sich eine Verpflichtung zur Übernahme des Grundsatzes der internationalen Erschöpfung der Rechte aus einem Patent; das Gleiche gilt für Art. 4 bis I und II PVÜ. Dennoch ist bei diesen Vorschriften umstritten, ob die Vertragsstaaten gehalten sind, Parallelimporte zu verbieten, oder diese Frage der Regelungskompetenz des einzelnen Vertragsstaates überlassen bleibt. Die Frage der Anwendung des Grundsatzes der internationalen Erschöpfung ist somit eng verknüpft mit der der Zulässigkeit von Parallelimporten.

Unter *Parallelimporten* ist der Import immaterialgüterrechtlich geschützter Waren zu verstehen, welcher *ohne Zustimmung* des inländischen Schutzrechtinhabers aus einem Drittland erfolgt, wo die betreffende Ware vom Schutzrechtinhaber *selbst oder jedenfalls mit seiner Zustimmung* in Verkehr gebracht wurde.[1304] Es ist folglich zwischen der Zustimmung des inländischen Schutzrechtsinhabers zu Importen geschützter Waren und seiner Zustimmung dazu, dass diese Waren im Exportland in Verkehr gebracht wurden, zu unterscheiden.[1305] Beide Arten der Zustimmung hängen jedoch auch zusammen. Verzichtet man auf die Zustimmung des Patentinhabers zum Import patentierter Produkte, die der Erschöpfung unterliegen, so ist der Weg zu Parallelimporten geöffnet. Wird auf der anderen Seite bei Importen aus Drittländern, wo die betreffende Ware vom Schutzrechtinhaber selbst oder jedenfalls mit seiner Zustimmung in Verkehr gebracht wurde und damit Erschöpfung gegeben ist, eine nochmalige Zustimmung des inländischen Schutzrechtinhabers zu Importen verlangt, so bedeutet dies eine Einschränkung des Grundsatzes der internationalen Erschöpfung.

b) Die Importregelung des § 11 I PatG, die Erschöpfungsregelung des § 63 PatG und die Problematik von Parallelimporten und Erschöpfung

Das chinesische PatG untersagte in § 11 seiner ersten Fassung die Herstellung bzw. Nutzung, den Gebrauch und Verkauf des patentierten Erzeugnisses oder Verfahrens ohne Erlaubnis des Patentinhabers. Die erste Novellierung des Gesetzes 1992 erweiterte diese Tatbestände um den des *Importierens* der Erzeugnisse oder Verfahren für die in § 11 PatG a.F. genannten Zwecke und näherte sich damit der TRIPS-Regelung des Art. 28 1. (a) und (b) an. Der den Zwecken von Herstellung bzw. Nutzung, Gebrauch und Verkauf von patentierten Erzeugnissen oder Verfahren dienende Import war damit an die Zustimmung des Pa-

---

1304 Zäch (1995), S. 302; hier ist der Unterschied zu Reimporten zu beachten, bei denen das für den ausländischen Markt bestimmte Produkt im Inland hergestellt wird. Bei Parallelimporten wird das importierte Produkt im Ausland produziert.

1305 Beide Zustimmungsarten werden auch im chinesischen Recht unterschiedlich geregelt, s. § 11 chin PatG, welcher das Einfuhrrecht regelt und § 63 chin PatG, welcher die Voraussetzungen der Erschöpfung regelt; vgl. hierzu a. untere Ausf.

tentinhabers gebunden (§ 11 III PatG). Die letzte Änderung des Patentgesetzes vollzog in § 11 PatG eine weitere Anpassung an Art. 28 TRIPS, indem die Verletzungstatbestände nach Patenterteilung um den Tatbestand des *Angebot zum Verkauf* erweitert wurden. Gem. § 24 der PatStreitRechtsanw-OVG-Best beinhaltet das Angebot zum Verkauf die durch Werbung, Zurschaustellung im Geschäft oder auf einer Verkaufsausstellung u. dgl. zum Ausdruck gebrachte Absichtsäußerung, die Ware zu verkaufen.[1306] Die aktuelle Fassung des § 11 PatG enthält den Tatbestand des Imports nicht mehr in einem gesonderten Absatz, sondern die in § 11 I PatG aufgeführten Tatbestände der Herstellung, Nutzung, des Verkaufsangebots und Verkaufs wurden um den des Imports erweitert und damit auf gleiche Ebene gestellt.

Vom Wortlauf der Regelung des § 11 PatG ausgehend wurde dem Patentinhaber mit der Änderung des PatG 1992 in § 11 III PatG das Importrecht neu gewährt.[1307] Selbst wenn der Verkauf eines patentierten Produkts im Ausland durch den Patentinhaber erlaubt ist, benötigt dessen Import nach China nochmals die Erlaubnis durch den Patentinhaber.[1308] Parallelimporte nach China, wobei es um den Import immaterialgüterrechtlich geschützter Waren aus einem Drittland, wo die betreffende Ware vom Schutzrechtinhaber selbst oder jedenfalls mit seiner Zustimmung in Verkehr gebracht wurde, ohne Zustimmung des inländischen Schutzrechtinhabers geht, könnten somit gem. der Bestimmung des § 11 I PatG (bzw. § 11 III PatG a.F.) verboten sein. Eine eindeutige Festlegung, ob dieses Recht auch die Paralleleinfuhr umfasst, fehlt jedoch.[1309].
Ausgehend vom Grundsatz der *nationalen Erschöpfung* des Patentrechts könnte § 11 I PatG so auszulegen sein, dass jede Einfuhr eines in China patentierten Erzeugnisses oder eines durch ein in China patentiertes Verfahren unmittelbar erlangtes Erzeugnis eine Patentverletzung in China darstellt. Dies unabhängig davon, ob der Importeur oder das Erzeugnis im Ausland legal oder illegal erworben hat.[1310]
Geht man vom Grundsatz der *internationalen Erschöpfung* aus, so ist zunächst zu bedenken, dass Parallelimporte nur bei einer internationalen Erschöpfung möglich sind.[1311] Ausgehend von diesem Prinzip könnte der Zweck des Einfuhrrechts darin liegen, die Einfuhr eines im Ausland ohne Zustimmung des Patentinhabers hergestellten Erzeugnisses oder die Einfuhr aus einem Land ohne Patentschutz zu verhindern. Wird jedoch bei Importen aus Drittländern, wo die betreffende Ware vom Schutzrechtinhaber selbst oder jedenfalls mit seiner Zustimmung in Verkehr gebracht wurde und damit nach dem Prinzip der internationalen Erschöpfung patentrechtlich Erschöpfung gegeben ist, eine nochmalige

---

[1306] S.a. Ka Yaowu, PatG-Komm. (2001), S. 35
[1307] S. Ganea (2002), S. 705
[1308] Yu Xintian (2001), S. 2
[1309] Ganea (2002), S. 705
[1310] Vgl. Xiang Yu (2000), S. 620
[1311] Bericht des Bundesrates der Schweiz (2000), S. 4

Zustimmung des inländischen Schutzrechtinhabers zu Importen verlangt, so bedeutet dies eine Einschränkung des Grundsatzes der internationalen Erschöpfung, die sich auch als Hindernis für Parallelimporte auswirkt. Fraglich ist, ob in China der Grundsatz der nationalen oder der internationalen Erschöpfung gilt. Straus/Katzenberger[1312] schließen eine gewisse Präferenz für die internationale Erschöpfung nicht aus.
Ein Vergleich des § 11 chin PatG mit Art. 28 TRIPS-Abkommen, an welchen der Wortlaut der letzten Fassung des § 11 PatG eng angelehnt ist, unterstreicht, dass eine eindeutige Festlegung, ob die chinesische Bestimmung auch Parallelimporte erfasst, fehlt.[1313] Grund dafür ist der Verweis auf Art. 6 TRIPS in Fußnote 6 des Art. 28 TRIPS-Abkommen. Nach dieser Bestimmung darf für die Zwecke der Streitbeilegung im Rahmen des TRIPS-Übereinkommens dieses nicht dazu verwendet werden, die Frage der *Erschöpfung von Rechten des geistigen Eigentums* zu behandeln. Mit Hinblick darauf, dass bereits mit der Gesetzesänderung von 1992 dem Patentschutzstandard des TRIPS-Abkommen entsprochen werden sollte und dieses in Art. 6 die Erschöpfungsfrage offen lässt, gilt dies wohl auch für das chinesische Patentgesetz und es kann dem PatG kein Verbot von Parallelimporten entnommen werden. Damit bleiben sowohl die Frage der territorialen Reichweite der Erschöpfung und als auch die der Zulässigkeit von Parallelimporten im Ausland rechtmäßig erworbener Patenterzeugnisse nach China offen.

Die Regelung des § 63 I (1) chin PatG, welche an den neugefassten Verletzungstatbestand des § 11 PatG angepasst wurde, sollte Rechtssicherheit für diejenigen schaffen, welche rechtmäßig importierte Ware im Inland gebrauchen oder in Verkehr bringen.[1314] In § 62 Ziff. 1 PatG war bis zur letzten Novellierung des Gesetzes geregelt, dass der Gebrauch und Verkauf bereits verkaufter und mit Zustimmung des Patentinhabers hergestellter Patentprodukte und Verfahrenserzeugnisse *keine* Verletzungshandlungen darstellten und somit Erschöpfung gegeben ist. Der chinesische Patentgesetzgeber hatte mit dieser Regelung die Vorstellung der *Erschöpfung* der Schutzwirkungen eines Patentschutzrechtes unmittelbar im Gesetz verankert.[1315] Bei der letzten Gesetzesänderung ging diese Bestimmung in § 63 I (1) PatG über und wurde um die Zulässigkeit des Gebrauchs und Verkaufs sowie des Verkaufsangebots von solchen Erzeugnissen erweitert, welche bereits verkauft und mit Zustimmung des Patentinhabers importiert worden sind.
Fraglich ist, ob die in § 63 I (1) PatG formulierte Doktrin der Erschöpfung auch auf Parallelimporte von patentrechtrechtlich geschützten Produkten anzuwenden ist. Dies hängt von der Auslegung des Begriffs der *Erlaubnis* des Patentinhabers

---

1312 Straus/Katzenberger (2002), S. 31
1313 Yin Xintian (2001), S. 1 f; vgl. a. Yu Xiang (2000), S. 619 ff.
1314 PatG-Kommentar (2001), S. 354 ff.
1315 Vgl. Steinmann (1992), S. 212

ab, welcher sowohl in § 11 als auch in § 63 I (1) PatG verwendet wird.[1316] Hier ist zu prüfen, ob es sich bei der Erlaubnis um eine Erlaubnis handelt, die den Import patentrechtlich geschützter Güter einschließt. Die Bestimmung des § 12 PatG besagt, dass jeder, der das Patent eines Dritten verwendet, mit dem Patentinhaber einen schriftlichen Lizenzvertrag über die *Verwertung* des Patents abschließen muss. Nach § 11 I PatG schließt der Akt der Verwertung auch den des Imports mit ein. Dies könnte bedeuten, dass der in beiden Regelungen verwendete Begriff der Erlaubnis auch die Erlaubnis eines Imports einschließt und nicht noch einmal gesondert vereinbart werden muss.[1317] Damit könnten Parallelimporte sowohl nach der Regelung des § 11 I PatG als auch gem. § 63 I (1) PatG zulässig sein.

c) Die Interessenlage der VR China

Nach obigen Ausführungen bleibt auf der Ebene der WTO mit seinem Annexabkommen des TRIPS und bei der PVÜ die Frage der Anwendung des Grundsatzes der internationalen Erschöpfung offen. Wegen des engen Zusammenhangs dieser Frage mit dem Problem der rechtlichen Behandlung von Parallelimporten muss es zu rechtlichen Unsicherheiten bei den Handelsbeziehungen der einzelnen Mitglieder führen, wenn die Frage der territorialen Reichweite der Erschöpfung in den Mitgliedsstaaten ebenfalls ungeklärt bleibt wie dies bei der VR China der Fall ist. Parallelimporte sind eng mit dem Handel auf internationaler Ebene verknüpft, wobei sich aus dem unterschiedlichen wirtschaftlichen Entwicklungsniveau der einzelnen Staaten divergierende Handelsinteressen und Auffassungen hinsichtlich der rechtlichen Zulässigkeit solcher Importe ergeben.[1318] Es ist abzusehen, dass sich diese bei zunehmender Globalisierung noch verstärken werden.[1319]

Fraglich ist, welche Interessen die VR China hinsichtlich dieser Frage verfolgen könnte. Die chinesische Literatur verweist darauf, dass die Frage der Erschöpfung und die der Parallelimporte einheitlich gelöst werden müssen und macht damit deutlich, dass diese Bereiche auch nach der letzten Novellierung des PatG noch rechtliche Lücken aufweisen. Man könne nicht einerseits Parallelimporte zulassen und auf der anderen Seite den freien Gebrauch und Verkauf nach dem Import nicht erlauben. Umgekehrt könne man nicht Parallelimporte verbieten, aber die Doktrin der Erschöpfung nach dem Import anwenden.[1320] Die theoretische Untersuchung der Erschöpfung von Immaterialgüterrechten in der VR Chi-

---

[1316] S.a. Yin Xintian (2001), S. 3, der in diesem Zusammenhang die *Doktrin der implizierten Autorisierung* bemüht.
[1317] Vgl. a. Yin Xintian (2001), S. 3
[1318] Vgl. Xiang Yu (2000), S. 621
[1319] Vgl. Yin Xintian (2001), S. 4
[1320] Yin Xintian (2001), S. 3

na befindet sich noch im Frühstadium. Nachdem die Frage der territorialen Reichweite des Prinzips der Erschöpfung ungeklärt[1321] ist und dem chinesischen PatG kein Verbot von Parallelimporten entnommen werden kann, bleibt auch die Frage der Zulässigkeit von Parallelimporten im Ausland rechtmäßig erworbener Patenterzeugnisse offen.

Für die Praxis ist bei den Parallelimporten zwischen zwei Fällen zu unterscheiden. Dies sind einmal Fälle von Parallelimporten, an denen chinesische Unternehmen als Importeure beteiligt sind und die bisher als selten einzustufen sind.[1322] Hierbei ist auch die gegenwärtige Rechtslage zu berücksichtigen, wo mit § 11 I PatG gem. der obigen Ausführungen ein Hindernis für Parallelimporte geschaffen sein könnte. Wird bei Importen aus Drittländern, wo die betreffende Ware vom Schutzrechtinhaber selbst oder jedenfalls mit seiner Zustimmung in Verkehr gebracht wurde und damit nach dem Prinzip der internationalen Erschöpfung eigentlich Erschöpfung gegeben ist, eine nochmalige Zustimmung des inländischen Schutzrechtinhabers zu Importen verlangt, so bedeutet dies eine Einschränkung des Grundsatzes der internationalen Erschöpfung, die sich als Hindernis für Parallelimporte auswirkt. Dies gilt zumindest mit Bezug auf den Inlandsmarkt,.

Auf der anderen Seite nehmen Fälle von Parallelimporten in andere Länder zu, an denen chinesische Unternehmen als Exporteure beteiligt sind.[1323] Hier wirkt sich das wirtschaftliche Gefälle zwischen dem Billiglohn- und Tiefpreisland China und den Ländern mit hohem Lohn- und Preisniveau aus.

Vor dem Hintergrund des wirtschaftlichen Interesses sind somit In- und Auslandsmarkt der VR China zu differenzieren. Mit Blick auf den Inlandsmarkt wird in China befürchtet, dass der Schutz der Patentinhaber und chinesischen Exklusivlizenznehmer geschwächt werden könnte, wenn China den Grundsatz der internationalen Erschöpfung mit der Folge von Parallelimporten in das Patentrecht einführen würde.[1324] Die Bereitschaft ausländischer Patentinhaber, ihre patentierte Technologie nach China zu übertragen oder zu lizenzieren, könnte ebenso zurückgehen, wie die Bereitschaft chinesischer Patenterwerber oder Lizenznehmer, die patentierte Technologie einzuführen. Dies mag ein Grund dafür sein, den Inlandsmarkt vor Parallelimporten zu schützen. Die Formulierung der §§ 11 I und 63 I (1) PatG könnte dafür eine rechtliche Handhabe bieten, wenn der in den Bestimmungen verwendete Begriff der *Erlaubnis* eine solche zum Import patentrechtlich geschützter Güter nicht einschließt. Gleichzeitig bietet China aufgrund seiner billigen Arbeitskräfte und von Sicherheits- und Gesundheitsbestimmungen wenig eingeschränkten Arbeitsbedingungen eine verlockende Möglichkeit für das Outsourcing der Produktion von patentrechtlich ge-

---

[1321] Straus/Katzenberger (2002), S. 31 schließen eine gewisse Präferenz für internationale Erschöpfung nicht aus.

[1322] Xiang Yu (2000), S. 619

[1323] Xiang Yu (2000), S. 621

[1324] Xiang Yu (2000), S. 622

schützten Produkten, so dass der Fall, dass patentierte Erzeugnisse in den chinesischen Inlandsmarkt importiert werden, gegenwärtig kaum zu befürchten ist.[1325] Es besteht eher die gegenteilige Tendenz, dass viele in China produzierte Erzeugnisse für den Export in Auslandsmärkte bestimmt sind; dies auch mit dem Ziel des Reimports in die Länder der Patentinhaber. Mit Blick auf die Auslandsmärkte der VR wäre deshalb gegenwärtig für China die Annahme des Prinzips der internationalen Erschöpfung im Bereich des geistigen Eigentums eher vorteilhaft. Bei den Patentrechten ist allerdings zu differenzieren je nach den unterschiedlichen Beziehungen zwischen den Patentinhabern und den Exklusivlizenznehmern und den Modalitäten der Zahlung von Lizenzgebühren.[1326] Solche Exportmöglichkeiten hängen außerdem davon ab, wie diese Länder als potentielle Auslandsmärkte Chinas zu Parallelimporten stehen, was wiederum mit deren Sicht zur territorialen Reichweite der Erschöpfung eng verknüpft ist. Weiterhin ist bei bilateralen Handelsbeziehungen das Prinzip der Gegenseitigkeit üblich.

Aus Sicht der teuer produzierenden und sich auf hohem Preisniveau bewegenden Industrienationen stellt sich die Situation anders dar als für die VR China als Schwellenland. Eine Befürwortung von Parallelimporten, welche auf eine Ausweitung der Anwendung des Erschöpfungsgrundsatzes hinausläuft, könnte eine Einschränkung des Schutzes von Immaterialgüterrechten zur Folge haben.[1327] Im Regelfall versuchen die Schutzrechtsinhaber zwar, Parallelimporte primär durch vertragliche Exportverbote und sekundär durch die Geltendmachung von Immaterialgüterrechten auf privatrechtlicher Ebene zu verhindern.[1328] Doch es stellt sich die Frage, inwieweit Parallelimporte gestützt auf Immaterialgüterrechte verhindert werden können. Hier ist der enge Zusammenhang zwischen Parallelimporten und der Erschöpfung von Immaterialgüterrechten zu beachten, welcher sich daraus ergibt, dass Parallelimporte nur bei einer internationalen oder regionalen Erschöpfung[1329] möglich sind[1330] und in ihrem Umfang von der territorialen Reichweite der Erschöpfung abhängen. Aus der Anwendung des Grundsatzes der regionalen bzw. internationalen Erschöpfung resultiert eine Erleichterung von Parallelimporten, die relativ zur territorialen Reichweite der Erschöpfung wirkt und deren Auswirkungen am spürbarsten auf internationaler Ebene sind.

Dies wird vornehmlich dann zum Problem, wenn ein Gefälle wirtschaftlicher und rechtlicher Rahmenbedingungen besteht, welches zur Erzielung wirtschaftlicher Profite genutzt werden kann. Der europäische Binnenmarkt ist ein Bei-

---

[1325] S. Xiang Yu (2000), S. 622
[1326] Xiang Yu (2000), S. 623
[1327] Vgl. Yin Xintian (2001), S. 1
[1328] S. Zäch (1995), S. 302
[1329] In diesem Fall innerhalb des betreffenden Wirtschaftsraums.
[1330] Vgl. Bericht des Bundesrates der Schweiz v. 08.05.2000 in Beantwortung der Anfrage der Kommission für Wirtschaft und Abgaben des Nationalrats (WAK) v. 24.01.2000, S. 4; im Internet unter: www.evd.admin.ch/imperia/md/content/dossiers/importations_paralleles/d/00053 1c-beer-d.pdf

spiel für eine Ausweitung der Anwendung des Erschöpfungsgrundsatzes auf regionale Ebene unter Minimierung der damit verbundenen Risiken für den Bestand von Immaterialgüterrechten. Die Erweiterung der nationalen Erschöpfung zu einer regionalen des europäischen Binnenmarktes basierte auf wirtschaftlich und rechtlich weitgehend vereinheitlichten Rahmenbedingungen, welche das Risiko einer Einschränkung des Schutzes von Immaterialgütern auf ein kontrollierbares Maß reduzieren konnten.[1331] Hinter der uneingeschränkten Befürwortung von Parallelimporten patentgeschützter Güter ohne Berücksichtigung der bestehenden nationalen wirtschaftlichen und rechtlichen Rahmenbedingungen steht die Doktrin der internationalen Erschöpfung von Patentrechten mit der Folge einer empfindlichen Einschränkung des Schutzes patentrechtlich geschützter Güter.

Eine versöhnliche Lösung gerade mit Hinblick auf die Verschärfung des internationalen Wettbewerbs im Zuge der Globalisierung wäre es, internationale Erschöpfung, die die Möglichkeit von ungehinderten Parallelimporten nach sich zieht, durch Abschluss bilateraler oder multilateraler Vereinbarungen zwischen China und seinen Handelspartnern auf der Grundlage der Reziprozität einzuführen.[1332]

8. Durchsetzung von Patentrechten

Für die Verwaltung von Immaterialgüterrechten sind in der VR China drei gleichrangige und dem Staatsrat unmittelbar unterstellte Behörden zuständig. Dies sind das Staatsamt für geistiges Eigentum[1333], das Staatsamt für Urheberrecht[1334] und die Verwaltungsbehörde für Industrie und Handel[1335]. Für Patentangelegenheiten ist die SIPO zuständig, in der im Jahre 1998 das 1980 gegründete chinesische Patentamt aufging. Daneben wurden zur Durchsetzung des Patentschutzes besondere *Patentverwaltungsbehörden* eingerichtet. Hinzu kommt als spezielle Behörde das *Amt für Nationalverteidigungspatente*. Weiterhin spielen bei der Durchsetzung des Patentschutzes die Zollbehörden und bei der Beilegung von Vertragsstreitigkeiten die Schiedsorgane eine wichtige Rolle.

[1331] Vgl. Bericht des Bundesrates der Schweiz v. 08.05.2000 in Beantwortung der Anfrage der Kommission für Wirtschaft und Abgaben des Nationalrats (WAK) v. 24.01.2000, S. 21

[1332] S. Xiang Yu (2000), S.623

[1333] Off. engl. Bez.: *State Intellectual Property Office*; chin.: Guojia Zhishi Chanquan Ju – 国家知识产权局;im folg.: **SIPO**

[1334] Off. engl. Bez.: *The National Copyright Administration of the P.R.China*; chin.: Guojia Banquan Ju – 国家版权局

[1335] Off. engl. Bez.: *State Administration for Industry and Commerce of the P.R.China*; chin.: Guojia Gongshang Xingzheng Guanli Zongju – 国家工商行政管理总局; im folg.: **SAIC**

Eine Besonderheit der VR China in diesem Bereich ist das zweigleisige System der Behandlung von Patentstreitigkeiten.[1336]Einmal quasi-gerichtlich durch die Patentverwaltungsbehörden auf lokaler Ebene und zum anderen durch die Volksgerichte. Die Behandlung von Patentstreitigkeiten geschieht damit auf dem Verwaltungsweg oder auf dem Gerichtsweg. Der Grund für die Ausstattung der Verwaltungsbehörden mit gerichtsähnlichen Befugnissen liegt in dem technischen Sachverstand der im Verwaltungsbereich zuständigen Patentverwaltungsbehörden begründet.[1337] Somit können auch kleinere Streitigkeiten schnell, effizient und kostengünstig geregelt werden.[1338] Auf der anderen Seite besteht die Gefahr, dass es wegen fehlender Verfahrensvorschriften bei dem Bestreben nach Effizienz zu unangemessenen Entscheidungen kommt. Die Bezeichnung der Beilegung von Patentstreitigkeiten auf dem Verwaltungsweg als *administrative Rechtssprechung* durch das chinesische Schrifttum legt nahe, dass auch bei administrativen Verfahren die Grundsätze der Zivilprozessordnung[1339] zu befolgen sind.[1340] Dies gilt z.B. für die Befangenheitsvorschrift des § 45 ZPG oder das Prinzip der kollegialen Entscheidung der §§ 40 – 43 ZPG.
Problematisch ist auch, dass die Verordnungen der örtlichen Patentverwaltungsbehörden[1341] keine oder unterschiedliche Regelungen bezüglich der Entscheidungsfrist für Streitfälle aufweisen, während gerichtliche Klagen innerhalb von 6 Monaten entschieden werden müssen. So sehen die von der SIPO erlassenen *Methoden für die verwaltungsmäßige Durchsetzung von Patentrechten*[1342] zwar Fristen für die Erklärung für die Anhängigkeit des Streits und für die Klageerwiderung, aber weder für die Beweislieferung noch für die Entscheidung selbst vor.[1343]

Der Verletzte hat die freie Wahl, sich entweder mit einem Antrag an eine Patent-Verwaltungsbehörde zu wenden oder Klage vor einem Volksgericht zu erheben,

[1336] In Deutschland sind gem. § 143 PatentG für alle Klagen in *Patentstreitsachen* die Zivilkammern der Landgerichte zuständig. Für Entscheidungen über Beschwerden gegen die Beschlüsse der Prüfungsstellen oder Patentabteilungen des Patentamtes sowie über Klagen auf Erklärung der Nichtigkeit von Patenten und in Zwangslizenzverfahren ist gem. § 65 PatentG das Patentgericht als selbständiges und unabhängiges Bundesgericht zuständig. Über Einsprüche gegen die Patenterteilung entscheidet die Patentabteilung des Patentamtes durch Beschluss, welcher einen Verwaltungsakt darstellt (§§ 59 ff. PatG).
[1337] Ma/Xiao (2006), S. 34
[1338] Handong Wu (2003), S. 174
[1339] Im folg.: **ZPG**; verabschiedet am 09.04.1991 v. NVK
[1340] Ma/Xiao (2006), S. 34
[1341] Die örtlichen Patentverwaltungsbehörden können gem. dem Gesetz örtliche Regelungen erlassen, s. Ma/Xiao (2006), S. 29
[1342] Chin.: Zhuanli Xingzheng Zhifa Banfa – 专利行政执法办法，v. 17.12.2001; im folg. **PatDurchsetz-VerwMeth**; vgl. untere Ausführungen
[1343] Für Patentstreitsachen sind im deutschen Recht die Zivilkammern der Landgerichte zuständig (§ 143 PatG); für die Verfahrensregeln gelten die §§ 253 ff. ZPO. Die Beibringungsfrist von Beweisen ist in § 356 ZPO geregelt, wonach das Gericht durch Beschluss eine Beibringungsfrist setzen kann. Für Urteile gilt die Regelung des § 300 ZPO, wonach das Endurteil zu erlassen ist, wenn der Rechtsstreit zur Endentscheidung reif ist.

§ 57 PatG. Diese Wahlfreiheit liegt auch darin begründet, den Beteiligten die Möglichkeit zu geben, traditionell negativ behaftete gerichtliche Auseinandersetzungen zu vermeiden. Weiterhin verfügen die Verwaltungsbehörden über größere Sachkenntnis und die Gerichte werden entlastet.[1344] Wird die Entscheidung der Verwaltungsbehörde nicht akzeptiert, wird der Streit anschließend vor Gericht ausgetragen, ebenfalls § 57 PatG. Die Befugnisse der Patentverwaltungsbehörden wurden im Zuge der letzten Novellierung des chin PatG von denen der Volksgerichte stärker abgegrenzt, was ein Hinweis auf bestehende Kompetenzstreitigkeiten sein mag. Dennoch kommt ihnen bei Patentstreitigkeiten auch weiterhin eine große Bedeutung zu.[1345]

a) Durchsetzung von Patentrechten auf dem Verwaltungsweg

Außer den Gerichten sind mit den Patentverwaltungsbehörden Exekutivorgane für Patentstreitigkeiten zuständig. Diese bestehen neben dem eigentlichen Patentamt, der SIPO, und haben einen eigenen Aufgabenbereich. Die SIPO mit ihren Außenstellen ist für die Prüfung, Erteilung, Registrierung, Löschung und Änderung von Patenten sowie für die Bearbeitung von Einsprüchen gegen erteilte Patente zuständig.
Die auf lokaler Ebene eingerichteten Patentverwaltungsbehörden[1346] haben als Hauptaufgabe, den Patentschutz auf dem Verwaltungswege durchzusetzen und dürfen gemäß dem Gesetz örtliche Regelungen erlassen und entsprechende Maßnahmen treffen. Die wesentlichen Kompetenzen der Patentverwaltungsbehörden werden in dem PatG und seinen Durchführungsbestimmungen geregelt. Weitere Befugnisse ergeben sich aus den Verwaltungsverordnungen der Patentverwaltungsbehörden und politischen Richtlinien. Im folgenden wird auf die rechtlichen Grundlagen[1347] der Durchsetzung von Patentrechten auf dem Verwaltungsweg eingegangen.

aa) Das PatG und seine Ausführungsbestimmungen

Wichtigste gesetzliche Grundlage für die Zuständigkeiten der Patentverwaltungsbehörden ist das PatG mit seinen Ausführungsbestimmungen. Die Bestimmung des § 57 PatG bündelt wesentliche Befugnisse und enthält gleichzeitig Abgrenzungen zu den Zuständigkeiten der Volksgerichte. Nach dieser Bestimmung haben die Patentverwaltungsbehörden die Zuständigkeit für die Feststel-

[1344] Ka Yaowu (2001), Komm. PatG, S. 107
[1345] Ma/Xiao (2006), S. 29
[1346] Sie tragen die Bezeichnung *Amt für geistiges Eigentum* oder *Patentverwaltungsamt* und werden im Schrifttum und in Gesetzestexten als *Patentverwaltungsbehörden* bezeichnet, s. Ma/Xiao (2006), S. 29
[1347] Z. Gesetzescharakter d. politischen Richtlinien vgl. Organogramm z. Gesetzgebungssystem d. VR China

lung von Patentverletzungen. Stellen sie eine solche fest, haben sie Befugnis, den Verletzer anzuweisen, die Verletzungshandlung unverzüglich einzustellen. Erhebt der Verletzer innerhalb einer Frist von 15 Tagen weder Klage noch stellt er die Verletzungshandlungen ein, so kann die Verwaltungsbehörde beim Volksgericht die Zwangsvollstreckung beantragen. Auf Antrag der Parteien kann die Patentverwaltungsbehörde ein Schlichtungsverfahren über die Hohe des Schadensersatzes für die Patentverletzung durchführen. Nach Scheitern einer Schlichtung können die Parteien gem. dem chinesischen Zivilprozessgesetz Klage vor dem Volksgericht erheben.
Die Verwaltungsbehörden sind auch zuständig, wenn sich jemand zu Unrecht das Patent eines anderen anmaßt. Diese haben gem. § 58 PatG die Befugnis, den Verantwortlichen zur Richtigstellung und deren öffentliche Bekanntmachung sowie zur Herausgabe des unrechtmäßig erlangten Einkommens anzuweisen. Weiterhin können Geldbußen verhängt werden. Entsprechendes gilt gem. § 59 PatG für den Fall, dass jemand ein nicht patentiertes Erzeugnis oder Verfahren zu Unrecht für ein patentiertes ausgibt.
Außer den in § 57 PatG geregelten Fällen können die Patenverwaltungsbehörden gem. § 79 PatG-AB auf Antrag der beteiligten Parteien noch bei anderen Patentstreitigkeiten schlichten. Dies gilt (1) für Streitigkeiten über das Recht zur Patentanmeldung und der Rechtsinhaberschaft von Patenten; (2) Streitigkeiten über die Qualifikation als Erfinder oder Entwerfer; (3) Streitigkeiten über Prämien und Entgelte für Erfinder und Entwerfer von dienstlichen Erfindungen; (4) Streitigkeiten über Gebühren für die Benutzung einer Erfindung in dem Zeitraum zwischen Anmeldung und Erteilung des Patents.

bb) Die Verwaltungsverordnungen

Neben dem PatG und den PatG-AB spielen Verordnungen der zuständigen Verwaltungsbehorden eine wichtige Rolle, die auf dic Ausführung der Gesetze und die Ahndung von Patentverletzungen bezogen sind. Diese werden meist von lokalen Behörden erlassen und bleiben oft nur befristet in Kraft.[1348] Eine der wichtigsten Verordnungen im Bereich des Patentrechts sind die von der SIPO als oberster Verwaltungsbehörde des Patentrechts erlassenen *Methoden für die verwaltungsmäßige Durchsetzung von Patentrechten*. Diese Verordnung sieht in Kap. 1 die Einrichtung von Spezialabteilungen bei den Patentverwaltungsbehörden für Patentverletzungen, Schlichtung von Patentstreitigkeiten, Anmaßungen fremder Patente und Berühmungen nicht bestehender Patente vor. Die folgenden Kapitel 2 bis 4 bestimmen die genauen Zuständigkeiten für diese Streitfälle. Die Patentverwaltungsbehörden sind befugt, Beweisaufnahmen durchzuführen und zu diesem Zweck die betreffenden Verträge, Belege etc. zu überprüfen. Sie dürfen Zeugen befragen, Messungen vor Ort durchführen, Fotos und Videoaufnahmen machen, sich Herstellungsmethoden demonstrieren lassen sowie Muster

---

[1348] S. Ma/Xiao (2006), S. 29

entnehmen. Verglichen mit dem PatG enthält die PatDurchsetz-VerwMeth detailliertere Bestimmungen über die Folgen der Rechtsverletzung. Bei Feststellung einer Patentrechtsverletzung haben die Verwaltungsbehörden die Befugnis, den Verletzer zu veranlassen, die Herstellung oder Einfuhr der betroffenen Erzeugnisse einzustellen, die Herstellungswerkzeuge und Erzeugnisse zu vernichten sowie die falsche Deklaration zu beseitigen. Klagen vor Gericht gegen solche behördliche Anordnungen haben keine aufschiebende Wirkung. Zuständigkeitskonflikte zwischen Patentverwaltungsbehörden finden in der PatDurchsetz-VerwMeth ebenfalls ihre Regelung. Es gilt der Grundsatz der örtlichen Zuständigkeit und bei mehreren zuständigen Behörden ist darauf abzustellen, welche Behörde das Verfahren zuerst eröffnet hat. Bei Zuständigkeitskonflikten entscheidet die übergeordnete Patentverwaltungsbehörde.

cc) Politische Richtlinien

Ma/Xiao verweisen auf die wichtige Rolle politisch-strategischer Richtlinien der Regierung für die allgemeine Verwaltungspraxis.[1349] So wurde im Jahre 2004 im Bereich des Patentrechts vom Staatsrat eine zeitlich begrenzte Spezialkampagne zum Schutz des geistigen Eigentums verkündet.[1350] Darin wurde verfügt, dass die Patentverwaltungsbehörden die Durchsetzung des Patentrechts verstärken müssten. Zu diesem Zweck seien die Verletzung und Fälschung von Gebrauchs- und Geschmacksmustern sowie Erfindungspatenten in ausgewählten Schwerpunktregionen und Branchen (hier besonders im Lebensmittel- und Medikamentenbereich) durch die Patentbehörden periodisch zu untersuchen und gegebenenfalls zu sanktionieren.

b) Durchsetzung von Patentrechten durch Zivilgerichtsverfahren

aa) Allgemeine Voraussetzungen und Problematik zivilgerichtlicher Verfahren

Grundsätzlich ist zwischen der administrativen Zuständigkeit für Patentstreitigkeiten und der gerichtlichen Zuständigkeit für Patentklagen zu unterscheiden. Während die Patentverwaltungsbehörden auch von selbst einschreiten können, herrscht bei den Gerichten das Prinzip, dass ohne Klage kein Einschreiten erfolgt. Hat eine vom Patentinhaber nicht genehmigte Verwertung seines Patents, die eine Verletzung seines Patentrechts darstellt, einen Streit zur Folge, so können sich die Parteien gem. § 57 PatG zwischen der Zuständigkeit der Verwal-

---

[1349] Ma/Xiao (2006), S. 30; s.a. Organogramm zum Gesetzgebungssystem der VR China im Anhang dieser Arbeit

[1350] Chin.: Baohu Zhishi Chanquan Zhuanxiang Xingdong Fangan – 保护知识产权专项 行动方案; in: *Amtsblatt des Staatsrats* (Guowuyuan Gongbao), 2004, Nr. 32, S. 31 ff. ; begrenzt auf den Zeitraum von September 2004 bis August 2005.

tungsbehörden oder der des Gerichts entscheiden, wobei diese Entscheidung zunächst Ausschließlichkeitscharakter hat. Bei Unzufriedenheit mit der Entscheidung der Verwaltungsbehörden steht den Parteien der Klageweg vor Gerichten offen.

Wenn auch das Grundgerüst der gerichtlichen Zuständigkeit für immaterialgüterrechtliche Streitigkeiten gegeben ist, so ist der institutionelle Aufbau des gerichtlichen Verfahrens in diesem Bereich noch nicht abgeschlossen. Dies hängt damit zusammen, dass der Patentschutz neben dem zivilrechtlichen Bereich auch Verwaltungsverfahren und strafrechtliche Verfolgung[1351] mit einschließt. Während in den 90er Jahren *Kammern für geistiges Eigentum* an den Gerichten sowohl verwaltungsrechtliche als auch zivil- und strafrechtliche Fälle behandelten, wurde diese zentralisierte Zuständigkeit im Zuge der Reformen von 2000 wieder aufgehoben und getrennt vor Wirtschaftskammern für Patentsachen (Zivilbereich), Verwaltungskammern und Strafkammern verhandelt, wobei oft für einen Fall mehrere Kammern angerufen werden müssen.[1352] Eine weitere Komplizierung ergibt sich aus der Zuordnung der einzelnen Fälle zu Gerichten der unterschiedlichen Stufen, wobei Straftaten allgemein den Gerichten der Grundstufe und zivilrechtliche Patentstreitigkeiten den Gerichten der Mittelstufe zugeordnet sind. Daraus folgt, dass Patentstreitigkeiten in unterschiedlichen Kammern und vor Gerichten unterschiedlicher Stufe verhandelt werden können. Fachkreise in China fordern deshalb die Einrichtung von Spezialgerichten und zentralisierten Kammern für diesen Bereich. Durch Einrichtung von Spezialkammern für gewerblichen Rechtsschutz an den Volksgerichten der mittleren und oberen Ebene in den großen Wirtschaftszentren[1353] wird der mangelnden Spezialisierung der Richter auf dem Gebiet des geistigen Eigentums allmählich abgeholfen. Es klafft jedoch nach wie vor ein großer Unterschied zwischen dem auf dem Papier geschriebenen und dem in der Praxis umgesetzten Recht. Ein besonderes Problem stellen der in den ländlichen Gebieten vorherrschende Protektionismus[1354] und das fehlende Bewusstsein richterlicher Unabhängigkeit dar. Als weitere Schwierigkeit bei der Geltendmachung ihrer Rechte in China erweisen sich für ausländische Schutzrechtsinhaber die Anforderungen an die Präsentation von Beweismitteln in Gerichtsverfahren. Alle einzureichenden ausländischen Dokumente sind in notarisierter und legalisierter Form vorzulegen, damit sie als Beweismittel zugelassen werden (§ 11 der Vorschriften des OVG über

---

[1351] Die §§ 213 ff. des chinesischen Strafgesetzbuches (StrafG) enthalten verschiedene Straftatbestände im Hinblick auf die Verletzung von Rechten an geistigem Eigentum. Dabei beziehen sich § 216 StrafG direkt auf Patentrechtsverletzungen in Form der Fälschung von Patenten. Dies wird mit Freiheitsentzug unter drei Jahren und / oder mit einer Geldstrafe belegt.

[1352] Ma/Xiao (2006), S. 35

[1353] Die erste Kammer wurde 1993 am Volksgericht der mittleren Ebene in Peking eingerichtet. Mittlerweise gibt es entsprechende Kammern an den VG der oberen und mittleren Ebene in den Städten Peking, Shanghai, Guangzhou, Tianjin sowie der Provinz Jiangsu und in den SWZ Shenzhen und Zhuhai.

[1354] Um dem lokalen Protektionismus entgegenzuwirken, hat der Staatsrat Vorschriften gegen die Errichtung regionaler Handels- und Investitionsbarrieren erlassen, welche seit April 2001 i.Kr. sind.

Beweismittel in Zivilverfahren). Dies gilt auch für die mit der Klageschrift einzureichende Prozessvollmacht und die Gründungsunterlagen der klagenden ausländischen Gesellschaft. Die Erfüllung dieser formalen Anforderungen nimmt in der Regel mehrere Wochen in Anspruch, womit ein schnelles Agieren im Falle der Verletzung von Schutzrechten kaum möglich ist.[1355]

bb) Sachliche Zuständigkeit

Die sachliche Zuständigkeit der Gerichte ergibt sich in Übereinstimmung mit dem chinesischen Zivilprozessgesetz und dem Strafgesetzbuch[1356] aus dem PatG und den PatG-DB.

Für Streitfälle bei Patenterteilungsverfahren bestimmt § 41 PatG die Zuständigkeit des Volksgerichts. Bei zweimaliger Ablehnung einer Patentanmeldung durch die zuständige Patentprüfungskommission kann innerhalb von drei Monaten Klage erhoben werden. Dies gilt gem. § 46 PatG auch für den Antrag auf Nichtigerklärung eines erteilten Patents.[1357] Beschlüsse der Patentprüfungskommission gelten dabei als Verwaltungsakte und fallen in den Rahmen der Verwaltungsgerichtsbarkeit.[1358] Bei Klagen gegen solche Beschlüsse steht die Patentprüfungskommission als Beklagte vor Gericht. Der auf Gegenseite Beteiligte muss vom Gericht als Dritter zur Beteiligung am Prozess aufgefordert werden.

Nach der Bestimmung des § 55 PatG sind die Gerichte weiterhin zuständig für Streitigkeiten in Bezug auf Beschlüsse des Patentamts über die Erteilung von Zwangslizenzen bzw. die Höhe der Vergütung dafür.

Bei Patentverletzungen kann der Patentinhaber direkt bei Gericht klagen, ohne den Umweg über die Verwaltungsbehörden zu nehmen. Wird der Fall zunächst von einer Patentverwaltungsbehörde entschieden, so können Kläger und Beklagte innerhalb einer Frist von 15 Tagen gegen diese Entscheidung der Behörde bei Gericht klagen (§ 57 PatG). Erhebt der Patentverletzer weder Klage gegen die Entscheidung der Verwaltungsbehörde noch stellt er die Verletzungshandlungen ein, so kann die Patentverwaltungsbehörde bei Gericht die Zwangsvollstreckung beantragen.

Die Verjährungsfrist für Klagen wegen Patentrechtsverletzungen beträgt gem. § 62 PatG zwei Jahre von dem Zeitpunkt an gerechnet, an dem der Patentinhaber bzw. materiell Interessierte von der Verletzungshandlung erfahren hat.

Neben dem PatG und den PatG-DB wird die sachliche Zuständigkeit der Gerichte auch in den justiziellen Auslegungen des Obersten Volksgerichts geregelt. Seit 1978 wurden insgesamt 47 justizielle Auslegungen in Bezug auf das geistige Eigentum verkündet, wovon noch 41 gültig sind.[1359] Von besonderer Wich-

---

[1355] Vgl. Bottenschein (2005), S. 122

[1356] Ma/Xiao (2006), S. 30

[1357] Nach der letzten Änderung des PatG für alle Patentarten gleich geregelt.

[1358] Ma/Xiao (2006), S. 30

[1359] Ma/Xiao (200), S. 31

tigkeit sind hier *Einige Bestimmungen des OVG über Fragen der Rechtsanwendung bei der Regelung von Patentstreitigkeiten*, welche in § 1 die Zuständigkeit der Volksgerichte für 16 Arten von Patentstreitigkeiten regeln. Dazu gehören Streitigkeiten in folgenden Fällen: das Recht der Patentanmeldung, die Inhaberschaft an Patentrechten, Verträge über die Übertragung des Patentrechts und des Rechts zur Patentanmeldung, Patentverletzungen, die Anmaßung fremder Patente, die Vergütung dienstlicher Erfindungen, die Qualifikation als Erfinder oder Entwerfer, Einsprüche gegen die Entscheidungen der Patentprüfungsbehörden über Nichtigkeitsanträge, Einsprüche gegen die Erteilung von Zwangslizenzen, Einsprüche gegen Entscheidungen der Patentverwaltungsbehörden und andere Patentstreitigkeiten.

In China gibt es kein eigenständiges Spezialgericht für Fragen von Immaterialgüterrechten.[1360] Im Jahre 1996 wurde am Obersten Volksgericht eine *Kammer für Geistiges Eigentum* errichtet, welche im Zuge der letzten Novellierung des PatG in *dritte Zivilkammer* umbenannt wurde. Neben der Überprüfung wichtiger Entscheidungen kann diese auch Grundsatzanweisungen für die Gesetzesanwendung und Rechtsprechung erlassen. Auch bei den Volksgerichten der Oberstufe auf Provinzebene wurden dritte Zivilkammern eingerichtet, die sich speziell mit Fragen des geistigen Eigentums befassen. Weiterhin bestimmt § 2 der OVG-Bestimmungen, dass die Volksgerichte der Mittelstufe erstinstanzlich für Patentstreitigkeiten zuständig sind.[1361]

cc) Örtliche Zuständigkeit

In Übereinstimmung mit dem ZPG wird in den Bestimmungen des OVG die örtliche Zuständigkeit der Gerichte in Patentstreitigkeiten näher bestimmt. Für Klagen wegen Patentverletzungen ist das Gericht des Handlungsorts oder des Wohnorts des Rechtsverletzers zuständig. Handlungsort ist dabei der Ort, an dem Herstellung, Anwendung, Verkaufsangebot oder Verkauf der patentverletzenden Erzeugnisse erfolgen und der Ort des Verletzungserfolgs (§ 5 der OVG-Best). Wird gegen den Hersteller geklagt, so ist das Gericht am Ort der Herstellung zuständig. Wird gegen Hersteller und Verkäufer gleichzeitig Klage erhoben, so ist das Gericht am Verkaufsort zuständig.

[1360] Für deutsches Recht vgl. § 143 I u. II deutsches PatG, der eine Konzentration der Patentstreitigkeiten bei bestimmten Landgerichten und damit eine Spezialisierung auf solche Fälle zur Folge hat. Für die Entscheidungen über Beschwerden gegen Beschlüsse der Prüfungsstellen wurde das Patentgericht als selbständiges und unabhängiges Bundesgericht errichtet (§ 65 PatG).

[1361] Z. Gerichtsaufbau der VR China vgl. Organogramm in Zheng Yongliu (1997), S. 356

dd) Internationale Zuständigkeit

In den Bestimmungen der §§ 3, 19 und 237 ZPG ist die Eröffnung des Zivilrechtswegs für zivilrechtliche Vermögensstreitigkeiten mit Auslandsbezug geregelt, wozu auch solche des geistigen Eigentums gehören. Die Regeln des internationalen Privatrechts gelten grundsätzlich auch für das Patentrecht.
Im Patentrecht gilt das Prinzip der strengen Territorialität. Dies bedeutet, dass sich Entstehung, Inhalt, Wirksamkeit und Erlöschen nach dem Recht des Schutzlandes und damit nach dem Land der Patenterteilung richten. Dies begründet die Zuständigkeit der Gerichte des jeweiligen Schutzlandes für Klagen über Patentstreitigkeiten.[1362]
Bei Fällen mit Auslandsbezug werden, soweit nicht die besonderen Bestimmungen für Verfahren in Zivilsachen mit Auslandsbezug der §§ 237 ff. ZPG zur Anwendung kommen, die Vorschriften über innerstaatliche Zivilstreitigkeiten der §§ 22 ff. ZPG entsprechend angewandt. Nach § 22 ZPG gilt der Wohnsitz oder der gewöhnliche Aufenthaltsort des Beklagten als allgemeiner Gerichtsstand. Bei juristischen Personen gilt der Ort der Niederlassung, der Sitz einer Repräsentanz oder des im Streit befangenen Vermögens des Beklagten als allgemeiner Gerichtsstand.[1363] Neben der allgemeinen örtlichen Zuständigkeit gibt es noch die Sonderzuständigkeit des Volksgerichts. Bei deliktischem Verhalten ist das Gericht am Ort der deliktischen Handlung oder des Erfolges zuständig (§ 29 ZPG); bei Vertragsstreitigkeiten das Gericht am Ort der Vertragserfüllung oder des Vertragsschlusses (§ 243 ZPG). Die Verletzung ausländischen geistigen Eigentums unter Anwendung des ausländischen materiellen Rechts des jeweiligen Schutzlandes kann vor chinesischen Gerichten nicht geltend gemacht werden.[1364]
Im Bereich der Immaterialgüterrechte haben Unternehmen mit ausländischer Kapitalbeteiligung § 246 ZPG zu beachten. Nach dieser Vorschrift ist für solche Unternehmen dann ein ausschließlicher chinesischer Gerichtsstand begründet, wenn die Streitigkeit über das geistige Eigentum der Durchsetzung des Gesellschaftsvertrages zugerechnet wird.
Entsteht ein Zuständigkeitskonflikt zwischen internationalen Verträgen und inländischen Regelungen, so haben die internationalen Verträge Vorrang vor inländischen Regelungen.[1365]

c) Durchsetzung von Patentrechten durch die Zollbehörden

Neben Exekutivorganen der Verwaltungsbehörden und den Gerichten sind beim Schutz des geistigen Eigentums auch die Zollbehörden beteiligt. 1995 erließ der Staatsrat *Bestimmungen zur Wahrung gewerblicher Schutzrechte durch den Zoll*

[1362] Vgl. Bestimmung der Gerichtszuständigkeit durch die *lex fori*
[1363] Pattloch (2003), S. 258 f.
[1364] Ma/Xiao (2006), S. 32
[1365] Ma/Xiao (2006), S. 32 m. Bezug auf Li (1986), S. 451

[1366], die zuletzt 2003 revidiert wurden. Diese umschließen den Schutz von Patentrechten, Markenrechten und Urheberrechten (§ 2 *WahrGewerblSchutzR-ZollBest*).
Durch die Bestimmungen zur Wahrung gewerblicher Schutzrechte werden die Zollbehörden berechtigt und verpflichtet, den Import und Export von Waren, welche gesetzlich geschützte Rechte des geistigen Eigentums verletzen, zu verhindern. Der Zollschutz umfasst allgemeine Schutzmaßnahmen, Überwachung aufgrund eines allgemeinen Antrags und Überwachung aufgrund eines Antrags wegen eines konkreten Verdachts, womit Befugnisse zur Sicherstellung und Beschlagnahme verbunden sind. Im Gegensatz zur Vorgängerregelung[1367] ist die Registrierung des Schutzrechts bei der zentralen Zollverwaltung in Peking nicht mehr zwingende Voraussetzung für ein Einschreiten der Zollbehörden. Bei freiwilliger Registrierung (§ 7 *WahrGewerblSchutzR-ZollBest*) ist die Gültigkeit von sieben Jahren auf zehn Jahre angehoben worden, wobei Verlängerungen um jeweils zehn Jahre möglich sind (§ 10 I u. II *WahrGewerblSchutzR-ZollBest*).
Ein Vorteil der Registrierung liegt darin, dass die Zollbehörden dann von Amts wegen Waren, die unter dem Verdacht der Schutzrechtsverletzung stehen, vorübergehend zurückhalten und auf Antrag des Schutzrechtinhabers beschlagnahmen können (§ 16 *WahrGewerblSchutzR-ZollBest*).
Ersucht der Schutzrechtinhaber die Zollbehörden um Beschlagnahme von Waren, welche verdächtig sind, seine Rechte zu verletzen, so hat dieser gem. § 14 *WahrGewerblSchutzR-ZollBest* eine nicht über den Wert der Waren hinausgehende Bürgschaft zu leisten, um bei unbegründetem Verdacht den Schaden des Empfängers bzw. Verkäufers der Ware zu ersetzen und die durch die Maßnahme entstandenen Kosten abzudecken (§ 14 *WahrGewerblSchutzR-ZollBest*).

d) Schiedsverfahren

Eine Möglichkeit der Lösung von Streitigkeiten in Bezug auf Immaterialgüterrechte ist das Schiedsverfahren. Der Weg in die Schiedsgerichtsbarkeit wird im chinesischen Recht durch § 2 Schiedsgesetz[1368] eröffnet. Voraussetzung ist, dass Bürger oder juristische Personen über Verträge oder Vermögensrechte und –interessen streiten. Unabdingbare Voraussetzung ist weiterhin das Vorliegen einer gültigen Schiedsabrede oder Schiedsklausel, die entweder bei Vertragsschluss oder im Nachhinein getroffen werden muss (§§ 4, 5, 16 SchiedsG). Sie bleibt auch bei Ungültigkeit des übrigen Vertragswerkes bestehen (§ 19 SchiedsG).

[1366] Im folg.: **WahrGewerblSchutzR-ZollBest** ; chin.: Zhonghua Renmin Gongheguo Zhishi Chanquan Haiguan Baohu Tiaoli – 中华人民共和国 知识产权海关保护条例 v. 05.07.1995; revidierte Fass. verabschiedet am 26.11.2003, i.Kr. seit 01.03.2004

[1367] § 6 WahrGewerblSchutzR-ZollBest 1995

[1368] i.Kr. seit 01.09.1995; im folg.: **SchiedsG**; chin.: Zhonghua Renmin Gongheguo Zhongcai fa – 中华人民共和国 仲裁 法

aa) Innerstaatliche Schiedsverfahren

Für innerstaatliche Schiedsverfahren fungieren von den lokalen Regierungen und den Verwaltungsbehörden für Industrie und Handel errichtete Schiedskomitees als Schiedsorgane. Diese sind unabhängig von den lokalen Regierungen[1369] und gem. § 15 SchiedsG im Rahmen des Schiedsverbands der VR China[1370] organisiert.

Die Zuständigkeit des Schiedsorgans, einschließlich der örtlichen Zuständigkeit, ergibt sich aus der Schiedsvereinbarung der Parteien, die entweder durch eine Schiedsklausel im Vertrag festgelegt oder nach Eintritt des Streitfalls getroffen wird. Ohne Vorliegen einer Schiedsvereinbarung wird gem. § 5 SchiedsG, §§ 111 Nr. 2 und 257 ZPG der Antrag auf ein Schiedsverfahren abgelehnt. Das Vorliegen einer Schiedsvereinbarung schließt die Zuständigkeit der Gerichte zunächst aus. Besteht eine Schiedsvereinbarung und erhebt eine Partei dennoch Klage beim Volksgericht, so weist das Gericht die Klage ab.[1371]

Im Schiedsverfahren wird gem. § 51 SchiedsG zuerst der Versuch einer Schlichtung unternommen (§ 51 I SchiedsG). Bei erfolgreicher Schlichtung wird vom Schiedsorgan und den beteiligten Parteien eine Aussöhnungsurkunde unterzeichnet, welche unmittelbare Rechtskraft erlangt.

Bei erfolgloser Schlichtung wird ein Schiedsspruch gefällt. Führt eine Partei den Schiedsspruch nicht aus, so kann die andere Partei gem. § 62 SchiedsG bei Gericht Vollstreckung beantragen. Ein Schiedsspruch kann auch auf Antrag einer Partei vom Gericht gem. § 217 II ZPG außer Kraft gesetzt werden, was den Weg für eine Klage eröffnet.

bb) Schiedsverfahren mit Auslandsbezug

Schiedsverfahren bieten für ausländische Investoren den Vorteil der Schnelligkeit und aufgrund des UN-Übereinkommens über die Anerkennung und Vollstreckung ausländischer Schiedssprüche[1372], dem die VR China am 22.04.1987 unter Gegenseitigkeitsvorbehalt[1373] beigetreten ist und dessen Regeln gem. § 238 ZPG dem chinesischen ZPG vorgehen.[1374] Die Bestimmung des § 66 SchiedsG ermächtigt die Chinesische Internationale Handelskammer, CICC,[1375], Schiedsausschüsse für Fälle mit Auslandsberührung einzurichten. Durch § 73 SchiedsG

[1369] Ma/Xiao (2006), S. 33

[1370] Off. engl. Bez.: China Arbitration Association, CAA

[1371] Eine Annahme der Klage würde Schiedsvereinbarungen unterlaufen.

[1372] Im folg.: **New Yorker-Konvention**

[1373] Vgl. Art. 1 III der New-Yorker Konvention

[1374] Die Anerkennung und Vollstreckung ist auf Schiedssprüche in Handelsstreitigkeiten beschränkt, nachdem China den Vorbehalt gem. Art. 1 III 2 UN-Konv. erklärt hat; s. Beuchert/Laumann/Towfigh (2002), S. 907; hinsichtlich der Vollstreckung *inländischer Schiedssprüche* differenziert das chin. SchiedsG im Gegensatz zum *UNCITRAL Model Law* (**UML**, Art. 35 I), dessen Anwendung allerdings von der UN-Vollversammlung lediglich empfohlen wird, zwischen in- und ausländischen Schiedssprüchen und diese vollzieht sich nach dem chin. SchiedsG und dem ZPG (Beuchert/Laumann/Towfigh, 2002, S. 906).

[1375] Off. engl. Bez.: China International Chamber of Commerce, CICC wird die CICC weiterhin ermächtigt, eigene Schiedsordnungen im Einklang mit dem SchiedsG und dem ZPG zu erlassen. Für Schiedsverfahren mit Auslandsbezug[1376] ist die Internationale Wirtschafts- und Handelsschiedskommission Chinas, CIETAC[1377], zuständig, die nach eigenen Schiedsregeln entscheidet, welche zuletzt 2005 geändert wurden.[1378] Ungeachtet dieser Reformen gilt weiterhin, dass die Parteien nur Personen als Schiedsrichter wählen dürfen, die in der Schiedsrichterliste der CIETAC enthalten sind. (Art. 21 I CIETAC-SchiedsR).[1379] Anders als bisher können die Parteien jedoch hiervon abweichen, wenn sie sich darüber einig sind (Art. 21 II CIETAC-SchiedsR). Die neuen CIETAC-Regeln sehen nun ausdrücklich ein Verpflichtung der Schiedsrichter zur Unabhängigkeit und Unparteilichkeit vor (Art. 19 CIETAC-SchiedsR).[1380] Weiterhin zielen die neuen Regeln stärker als bisher auf eine zügige Abwicklung des Verfahrens. In der Regel soll spätestens 6 Monate nach Konstituierung des Schiedsgerichts der Schiedsspruch vorliegen (Art. 42 CIETAC-SchiedsR). Für die Erhebung einer Widerklage stehen nur 45 Tage zur Verfügung (Art. 13 I CIETAC-SchiedsR), eine Erwiderung des Klägers hierauf hat innerhalb von 30 Tagen zu erfolgen (Art. 13 IV CIETAC-SchiedsR). Neu ist auch, dass das Schiedsgericht für die Vorlage von Beweismitteln Fristen setzen und nicht rechtzeitig beigebrachte Beweismittel unberücksichtigt lassen kann (Art. 36 II CIETAC-SchiedsR).[1381]

Weiterhin wurde die Verfahrenshoheit der Parteien gestärkt. So können die Parteien bei Absolvierung eines Schiedsverfahrens vor der CIETAC bzw. ihrer lokalen Zweigstellen auch anderweitige Schiedsregeln wie z.B. die der International Chamber of Commerce oder die UNCITRAL-Regeln zugrunde legen, wenn dies bereits in der Schiedsvereinbarung festgelegt wurde (Art. 4 II CIETAC-SchiedsR). Auch einzelne Verfahrensregeln können ersetzt und ergänzt werden, solange diese Änderungen nicht zwingende Verfahrensregeln des Schiedsortes verletzen (Art. 4 II CIETAC-SchiedsR).

[1376] Auch Unternehmen mit Auslandskapital können Schiedsverfahren mit und ohne Auslandsbezug vor der CIETAC führen

[1377] Off. engl. Bez.: China International Economic and Trade Arbitration Commission, chin.: Zhongguo Guoji Jingji Maoyi Zhongcai Weiyuanhui – 中国 国际 经济贸易 仲裁 委员会 ; daneben gibt es noch die Chinesische Schiedskomission für den Seehandel, CMAC, welche ausschließlich Seestreitigkeiten behandelt

[1378] Im folg.: **CIETAC-SchiedsR**; Schiedsregeln von der Chinesischen Kommission zur Förderung des Internationalen Handels / Chinesischen Internationalen Handelskammer geändert und beschlossen am 11.05.2005, i. Kr. seit dem 01.05.2005; liegt in deutscher Übersetzung von Lutz Kniprath vor, im Internet unter: www.dis-arb.de/materialien/online-materialien.html .

[1379] Die CIETAC verfügt allerdings über eine große Anzahl ausländischer Schiedsrichter, **Wolff (1999), S. 39*** spricht von einem Drittel ausländischer Schiedsrichter; anders hier das UNCITRAL Modellgesetz, welches in Art. 11 , 2) grundsätzlich die Wahl des oder der Schiedsrichter durch Einigung der Parteien vorsieht. Keine Person darf wegen ihrer Nationalität als Schiedrichter ausgeschlossen werden, Art. 11, 1) UML.

[1380] In dem UML ergibt sich die Unabhängigkeit und Unparteilichkeit der Schiedsrichter aus Art. 12, der bei berechtigten Zweifeln den Parteien ein Recht auf Ablehnung gibt. Weiterhin mahnt Art. 18 UML die Gleichbehandlung der Parteien an.

[1381] Vgl. die ähnliche Regelung in Art. 25 c) UML

Insgesamt lässt die nach mehrfachen Korrekturen gegenwärtig gültige Fassung der CIETAC-Regeln deutlich den Willen der VR China erkennen, die Schiedsregeln den weltweit üblichen Standards anzupassen.[1382] Wichtig ist in diesem Zusammenhang auch, dass gem. § 57 VertragsG die Nichtigkeit eines Vertrages die Gültigkeit einer vereinbarten Schiedsklausel nicht erfasst. Auf der anderen Seite bleibt der schwächste Punkt des Schiedsverfahrens die Vollstreckung in chinesisches Vermögen, wenn die unterlegene Partei den Schiedsspruch nicht freiwillig befolgt. Ein besonderes Problem stellt hier die in § 219 ZPG festgesetzte extrem kurze Frist von sechs Monaten dar, innerhalb deren der vollständige Antrag auf Vollstreckung beim zuständigen Gericht eingegangen sein muss, nachdem die Frist zur freiwilligen Erfüllung verstrichen ist.[1383] In diesem Fall ist die obsiegende Partei auf eine positive Entscheidung staatlicher Gerichte angewiesen (Art. 49 II CIETAC), was mit dem Schiedsverfahren gerade vermieden werden sollte. Die Vollstreckungspraxis ist wegen ihrer bekannten Mängel in den chinesisch-deutschen Rechtsstaatsdialog aufgenommen worden.
Ein weiteres Problem ergibt sich aus der Vorschrift des § 217 ZPG, welche vorsieht, dass bei inländischen Schiedsverfahren die chinesischen Volksgerichte im Rahmen der Überprüfung des Vollstreckungsantrags den Schiedsspruch in tatsächlicher und rechtlicher Hinsicht überprüfen können. Dies bedeutet praktisch eine Aushöhlung des Wertes der Schiedsklausel.[1384] Für Fälle mit Auslandsberührung, in denen der Schiedsspruch in China ergangen ist, beschränkt § 260 ZPG die Nachprüfung auf die prozeduralen Aspekte des Art. V der New Yorker-Konvention. Allerdings liegt mit der Formulierung des „gesellschaftlichen öffentlichen Interesses“, welches dem in Art. V II genannten Begriff der *öffentlichen Ordnung* entsprechen soll[1385], eine gefährliche Generalklausel vor, die den Vollstreckungsgerichten die Möglichkeit einräumt, aus lokalem Patriotismus Vollstreckungsanträge zurückzuweisen.[1386]
Für ausländische Joint-Venture Partner ergibt sich ein besonderes Problem daraus, dass JV-Unternehmen in der VR China als inländische Sachverhalte gelten. Hier könnte fraglich sein, ob die Vollstreckung aus Schiedssprüchen aus JV-Verträgen nach den Grundsätzen des § 217 oder des § 260 ZPG zu betreiben ist. Ausländische Investoren haben ein hohes Interesse an einer Klarstellung im Sinne einer Qualifizierung als Tatbestand mit Auslandsberührung und einer entsprechenden Anwendung des § 260 ZPG, um zu verhindern, dass der Schiedsspruch insgesamt auf seine Richtigkeit überprüft werden kann. Aus rechtssystematischen Gründen kann allerdings davon ausgegangen werden, dass als inländisch qualifizierte Sachverhalte auch bei der Vollstreckung aus Schiedssprüchen diese Qualifizierung nicht verlieren und damit § 217 ZPG zur Anwendung

---

[1382] Vgl. a. Knieper (2002 a), S. 11
[1383] S. Knieper (2002 a), S. 11 m. w. Nachweis.
[1384] Vgl. Knieper (2002 b), S. 232
[1385] So der Präsident des OVG in einem Interview zum Jahreswecksel 2001; im Internet unter: www.arbitration.org.cn/en/view-content.
[1386] S. Knieper (2002 b), S. 233

kommt. Dies entspricht auch dem Zweck der Qualifizierung von JV-Unternehmen als inländische Sachverhalte.
Zu beachten ist weiterhin, dass das chinesische Recht für Schiedsgerichtsbarkeit im Inland – auch bei Auslandsberührung – nur institutionelle Schiedsstellen (Schiedsausschüsse) anerkennt, die im Einklang mit dem chinesischen SchiedsG errichtet wurden. Ein nicht-institutionelles, d.h. nicht von einem anerkannten Schiedsausschuss gebildetes Gelegenheitsschiedsgericht [1387] oder ein von den Parteien bestimmter einzelner Schiedsrichter wird von der VR China nicht akzeptiert. [1388] Somit ist die Vereinbarung und Durchführung eines Ad-Hoc-Schiedsverfahrens außerhalb der institutionellen Schiedseinrichtungen in der VR China bislang nicht möglich. Schiedsklauseln, die die Durchführung eines Schiedsverfahrens in der VR China stipulieren, aber keine Schiedsinstitution benennen, sind gem. § 18 SchiedsG unwirksam.

III. Markenrecht

1. Allgemeine Entwicklung und Gesetzeslage

Das Markenrecht der VR China unterlag in seiner Entwicklung dem jeweiligen Wechsel der Wirtschaftspolitik. Die 1950 erlassenen *Vorläufigen Regeln für die Registrierung von Marken* und ihre Ausführungsbestimmungen waren weitgehend nach dem Vorbild des Markengesetzes der Republik China von 1930 gestaltet. Sie behandelten das Alleinnutzungsrecht an registrierten Marken als vererbbares und übertragbares Vermögensrecht, welches auch strafrechtlichem Schutz unterlag (§ 31 *Regeln*). Die *Regeln* waren für öffentliche und private Fabriken, Händler und Genossenschaften bestimmt, welche für selbst produzierte, bearbeitete und gehandelte Waren Marken benötigten und ihnen lag das Prinzip der Freiwilligkeit der Registereintragung zugrunde. 1954 wurde die Registrierung aller Marken größerer Unternehmen vorgeschrieben.
Eine neue Regelung des Markenrechts aus dem Jahre 1963 verstärkte die administrative Kontrolle über Marken und vernachlässigte gleichzeitig den Schutz des Markenrechts. Sie war das Ergebnis der Verstaatlichung fast aller privaten Unternehmen und der Einführung der Planwirtschaft.[1389] Nach § 3 dieser Regelung waren Marken Zeichen einer bestimmten Qualität der Waren, aber kein Vermögensrecht. An registrierten Marken bestand weiterhin ein Alleinnutzungs-

[1387] Sog. *Ad-hoc-Schiedsgericht*
[1388] S. Beuchert/Laumann/Towfigh (2002), S. 904; so auch Lutz Kniprath, Streitlösung im China-Geschäft, Vortrag in Berlin am 22.04.2005 im Rahmen der von der Deutsch-Chinesischen Juristenvereinigung, dem Ostasiatischen Verein und der Wirtschaftsförderung Berlin in Berlin veranstalteten Tagung zum Thema „3 Jahre nach WTO – Recht und Rechtssicherheit in der VR China“
[1389] Münzel, CR 2002.9, 23.08.82/2, Anm. 1

recht, aber Strafbestimmungen zu seinem Schutz fehlten. Die Übertragung der Marke war möglich, aber die Marke blieb an bestimmte Produkte von bestimmter Qualität gebunden. Ausländische Unternehmen konnten ihre Marken in China registrieren lassen. Ziel der Gesetzgebung war es, für alle an Verbraucher verkaufte Produkte Marken zu verwenden, dagegen nicht für durch Plan zugeteilte. Registerbehörde war die zentrale Industrie- und Handelsverwaltung.[1390]
Nach dem rechtlichen Vakuum der Kulturrevolution wurde 1979 die Arbeit an einem einheitlichen Markenregister wieder aufgenommen und das 1982 verabschiedete Markengesetz gilt als wichtiger Meilenstein der VR China auf dem Weg zur Errichtung eines neuen Rechtssystems zum Schutze des geistigen Eigentums.[1391] Es kehrte in seinen Regelungen weitgehend zu den Regelungen von 1950 zurück. Von den Bestimmungen aus 1963 blieb nur die Qualitätsgarantie.

Wichtigste gesetzliche Grundlage des gegenwärtigen Markenrechts der VR China ist das Markengesetz mit seinen Ausführungsbestimmungen[1392], welches erstmals 1993 und zuletzt 2001 abgeändert wurde. Die aktuellen Ausführungsbestimmungen traten am 15.09.2002 in Kraft. Flankiert werden diese durch die allgemeinen Bestimmungen der §§ 96, 118 AGZ, die wiederum durch die Ansichten des OVG zur Anwendung der AGZ ergänzt werden (Ziffer 138).
Eine internationale rechtliche Einbindung der VR China im Bereich des Markenrechts ergibt sich aus der Pariser Verbandsübereinkunft (für China bindend seit 1985), dem Madrider Abkommen über die internationale Warenzeicheneintragung mit seinem Protokoll (für China bindend seit 1989) und dem TRIPS-Abkommen (für China bindend seit 2001). Bei Unstimmigkeiten mit den chinesischen Gesetzen haben die internationalen Konventionen Vorrang.[1393]

Im Falle der Einbringung einer entsprechenden Einlage bei Unternehmen mit ausländischen Investitionen gilt für deutsche Unternehmer weiterhin das Abkommen zwischen der Bundesrepublik und der VR China über die Förderung und den gegenseitigen Schutz von Kapitalanlagen. Nach Artikel 1 Ziffer 1 d) des Abkommens umfasst der Begriff der Kapitalanlagen auch Rechte des geistigen Eigentums wie insbesondere auch Marken und Handelsnamen etc. Das Abkommen schränkt gem. Artikel 4 Ziffer 2 die Möglichkeiten staatlicher Enteignung ein und sieht für diesen Fall eine Entschädigung vor, die bestimmten Anforderungen unterliegt.[1394]

Markenschutz in der VR China kann für ausländische natürliche Personen und Unternehmen[1395] gegenwärtig entweder durch nationale Eintragung der Marke in

---

[1390] Z. den Regelungen v. 1963 vgl. Heuser (1974), S. 462
[1391] Zheng (1997), S. 282
[1392] Im folg.: **MarkenG** und **MarkenG-AB**
[1393] S. v. Senger / Xu (1994 – 1), S. 202 m. Bezug auf § 142 II AGZ
[1394] Vgl. obige Ausf. z. Patentrecht
[1395] Z. Kreis der ausländischen Antragsteller vgl. §§ 4, 17 und 18 MarkenG

China oder durch internationale Erstreckung der in einem anderen Land eingetragenen Marke auf China erreicht werden.[1396] So ermöglicht das Madrider Markenabkommen (MMA) mit seinem Protokoll (PMMA) dem Inhaber einer im Ursprungsland eingetragenen Marke, sog. *Basismarke*, durch eine einzige Eintragung beim Internationalen Büro der WIPO in Genf jedem Mitgliedsstaat des Abkommens den gleichen Schutz zu erlangen, als wenn die Marke dort national eingetragen wäre.[1397] Mit der Eintragung bei der WIPO wird die Marke zu einer international registrierten Marke, einer sog. IR-Marke.

Nach § 17 MarkenG wird bei der nationalen Markeneintragung von Ausländern oder ausländischen Unternehmen entweder nach bestehenden bilateralen Abkommen oder gemäß den internationalen Abkommen, denen beide Staaten angehören, verfahren. Ansonsten gilt das Prinzip der Gegenseitigkeit. Weiterhin ist § 18 MarkenG zu beachten, welcher ursprünglich den Vertretungszwang für alle ausländischen Markeninhaber regelte. Dieser wurde mit der Regelung des § 7 III MarkenG-AB für Ausländer mit ständigem Wohnsitz in China oder für ausländische Unternehmen mit Betriebssitz in China abgeschafft. Ausländische Markeninhaber ohne ständigen Wohnsitz oder gewerbliche Niederlassung müssen sich jedoch auch weiterhin von einer staatlich genehmigten Vertretungsorganisation vertreten lassen. Auch hier gilt der gleiche Einwand wie beim entsprechend geregelten Patentrecht. Eine solche Bestimmung stellt eine Benachteiligung der ausländischen Anmelder und Markeninhaber dar und könnte damit gegen das Prinzip der Inländerbehandlung des Art. 3 TRIPS verstoßen. Auf der anderen Seite bestimmt Art. 2 PVÜ, der die Inlandsbehandlung für Angehörige der Verbandsländer regelt, in Absatz III den ausdrücklichen Vorbehalt für Rechtsvorschriften jedes der Verbandsländer auch hinsichtlich der Bestellung eines Vertreters.[1398]

2. Markenbegriff und Eintragungsfähigkeit der Marke

Die Bestimmung des § 3 MarkenG unterscheidet zwischen Marken für Waren, Dienstleistungen[1399], Kollektivmarken und Gewährleistungsmarken. Letztere unterliegen gesonderten Eintragungs- und Verwaltungsregeln und werden in § 3 MarkenG extra definiert.
Kollektivmarken sind durch Gruppen, Vereinigungen oder andere Organisationen eingetragene Zeichen, die deren Mitgliedern zur Nutzung ihrer geschäftli-

[1396] Der in China gewährte Schutz ist in beiden Fällen gleich. Unterschiede liegen lediglich im Anmeldeverfahren und den damit verbundenen Kosten; Diem (2000), S. 186
[1397] Art. 4 MMA v. 14.04.1891, Art. 4 PMMA v. 27.06.1989
[1398] S. Dong Tao, Komm. MarkenG-AB (2003), S. 29; s.a. obige Ausführungen z. Verhältnis v. TRIPS und PVÜ
[1399] Vgl. § 3 I dt. MarkenG; insoweit Übereinstimmung mit § 15 I TRIPS

chen Aktivitäten zur Verfügung gestellt werden und deren Mitgliedschaft zu diesen Organisationen demonstrieren (§ 3 II MarkenG).[1400]
Gewährleistungsmarken sind Kennzeichen, die von einer zur Überwachung von Waren oder Dienstleistungen befähigten Organisation kontrolliert werden und von Einheiten oder Einzelpersonen außerhalb dieser Organisation auf Waren bzw. bei Dienstleistungen benutzt werden, um deren Ursprungsort, verwendete Rohstoffe, das Herstellungsverfahren, die Qualität oder andere besondere Qualitätsmerkmale zu bescheinigen (§ 3 III MarkenG).[1401]

Eine genauere Definition des Überbegriffs der Marke gibt die Regelung des § 8 MarkenG über die als Marke schutzfähigen Zeichen. Danach handelt es sich bei *Marken* um jedes sichtbare Zeichen, durch welches Waren *natürlicher* und juristischer Personen sowie anderer Organisationen von den Waren anderer unterschieden werden können. Dieses schließt Schriftzeichen, Abbildungen, Buchstaben, Zahlen, dreidimensionale Zeichen und Farbkombinationen sowie Kombinationen dieser Bestandteile mit ein. Die Erweiterung des Begriffs registrierbarer Marken durch die Einführung neuer Markenformen wie dreidimensionale Marken und Farbkombinationen bei der Revision des MarkenG von 2001 bedeutete eine Umsetzung des vom TRIPS-Abkommen gesetzten Mindeststandard.[1402]

Als kumulative Voraussetzungen für die Eintragungsfähigkeit von Marken nennt § 9 MarkenG kennzeichnende Merkmale, Unterscheidungskraft und das Verbot der Kollision mit früher erworbenen, gesetzmäßigen Rechten. Zeichen, die aus allgemein gebräuchlichen Bezeichnungen, Abbildungen oder Typbezeichnungen bestehen oder lediglich bestimmte Qualitäten oder Quantitäten, Funktionen beschreiben oder denen kennzeichnende Merkmale fehlen und somit *relativen Eintragungshindernissen* unterliegen, können dann als Marke eingetragen werden, wenn sie allein durch ihre Verwendung kennzeichnende Merkmale und damit Unterscheidungskraft erwerben (§ 11 II MarkenG).
Absolute Verwendungsverbote für Zeichen als Marken statuiert § 10 MarkenG, wobei Ziffer 7 und 8 in ihrer Formulierung weiten Auslegungsspielraum bieten. Verwendungsverbote bestehen für Zeichen mit *übertreibendem, propagandistischem* und irreführendem *Charakter* (Ziffer 7) und Zeichen, welche die *sozialistische Moral und Sitten schädigen* oder andere Zeichen, die *schlechten Einfluss ausüben* (Ziffer 8) und gehen somit über die im deutschen MarkenG genannten Ausschlussgründe der Beschaffenheits- und Herkunftstäuschung sowie des Ver-

[1400] Vgl. § 97 dt. MarkenG
[1401] Zu diesen erst seit der Änderung des MarkenG 2001 geschützten Markenformen vgl. a. Keßler/Qiao (2003), S. 180
[1402] Buchstaben, Zahlen, dreidimensionale Zeichen, Farbkombinationen sowie Kombinationen dieser Bestandteile können erst seit der letzten Änderung des MarkenG 2001 für Markenzeichen verwendet werden, womit Artikel 15 I TRIPS entsprochen wurde; vgl. a. § 3 I dt. MarkenG m. ähnlichen Kennzeichen; die Regelung umfasst allerdings auch Hörzeichen; leichte Abweichungen zum chin MarkenG ergeben sich aus den Besonderheiten der chinesischen Sprache, die auf Schriftzeichen basiert.

stoßes gegen die öffentliche Ordnung und die guten Sitten (§ 8 II Ziffer 4 und 5 dt. MarkenG) weit hinaus.
Ein Verwendungsverbot gilt außerdem für der Öffentlichkeit bekannte *ausländische* Ortsbezeichnungen, soweit diese nicht noch einen anderen Bedeutungsgehalt haben oder Bestandteil einer Kollektiv- oder Gewährleistungsmarke bilden (§ 10 II MarkenG).

Mit der Änderung des MarkenG 2001 wurde eine allgemeine Vorschrift über geographische Bezeichnungen neu in das MarkenG eingefügt. Nach der Legaldefinition des § 16 II MarkenG handelt es sich dabei um eine Bezeichnung, die die Herkunft der Ware aus einer bestimmten Region verdeutlicht, wobei die Qualität, der Ruf sowie andere Merkmale einer bestimmten Ware durch die natürlichen und kulturellen Faktoren der Region wesentlich beeinflusst sein müssen.[1403] Nach § 16 I MarkenG ist ein Markenantrag abzulehnen, wenn die betreffende Marke geographische Bezeichnungen enthält, die Ware jedoch nicht aus der bezeichneten Region stammt *und dies die Öffentlichkeit irreführt*. Damit besteht eine Diskrepanz zu Art. 23 TRIPS, der beim Schutz geographischer Angaben vor der Markeneintragung für Weine und Spirituosen einen absoluten Schutz solcher Angaben ohne die Bedingung einer Irreführung der Öffentlichkeit vorsieht.
Nach § 6 I MarkenG-AB können geographische Bezeichnungen auch als Kollektiv- oder Gewährleistungsmarken benutzt werden. Natürliche und juristische Personen sowie andere Organisationen dürfen gem. § 6 II MarkenG-AB auf Verlangen Gewährleistungsmarken, die aus geographischen Herkunftsangaben bestehen, benutzen. Dies gilt auch für so gestaltete Kollektivmarken, wobei sich Konflikte daraus ergeben können, dass Organisationen oder Gruppen, welche Kollektivmarken mit geographischen Bezeichnungen kontrollieren, eine freie Benutzung derselben geographischen Bezeichnung nicht dulden werden.[1404]

3. Rechte des Markeninhabers

Die Bestimmung des § 3 MarkenG gewährt den Markeninhabern das ausschließliche Nutzungsrecht an der Marke. Es umfasst die Befugnisse, das Zeichen für Waren und Dienstleistungen der angemeldeten Art im Geschäftsverkehr zu verwenden, es an Dritte zu abzutreten (§ 39 MarkenG) und seine Nutzung gegen die Zahlung einer Lizenzgebühr anderen zu überlassen (§ 40 MarkenG). Die

[1403] In der VR China gibt es zahlreiche Regionen/Städte, welche für typische Produkte bekannt sind; dies besonders bei Alkoholika wie z.B. Tsingtao-Bier, Shaoxing-Wein, Maotai-Schnaps; aber auch Laoshan-Mineralwasser. Bei den chinesischen Bezeichnungen handelt es sich durchgängig um Ortsnamen, die inzwischen auch den Status von Marken erreicht haben. Eine Liste anerkannter Warenzeichen in der VR China ist im Internet unter www.tdtm.com.cn abzurufen.
[1404] S. Keßler/Qiao (2003), S. 180

Schutzdauer für eingetragene Warenzeichen beträgt gem. § 37 MarkenG 10 Jahre, kann beliebig oft verlängert werden (§ 38 MarkenG) und geht damit über die Schutzdauer des TRIPS-Abkommens hinaus.[1405]
Die Abtretung geschieht durch eine Übertragungsvereinbarung, wobei Zeicheninhaber und Empfänger beim Markenamt gemeinsam einen Antrag stellen müssen (§ 39 I MarkenG). Nach der Genehmigung wird die Übertragung der eingetragenen Marke öffentlich bekannt gemacht und der Übertragungsempfänger genießt vom Tag der öffentlichen Bekanntmachung das ausschließliche Nutzungsrecht an der Marke (§ 39 II MarkenG).
Die Frage der Übertragung von Marken ohne Geschäftsbetrieb ist im Markengesetz nicht klar geregelt.[1406] Die Bestimmung des § 39 MarkenG sieht allerdings vor, dass der Übertragungsempfänger die Qualität der Waren, für welche besagte eingetragene Marke verwendet wird, garantieren muss. Dies bezieht sich nach dem Wortlaut der Vorschrift jedoch lediglich auf die Möglichkeit, dass die Marke zusammen mit dem Geschäftsbetrieb übertragen wird. Die getrennte Übertragung wird gesetzlich nicht ausdrücklich ausgeschlossen. Der Kommentar verweist darauf, dass in der Praxis eine getrennte Übertragung üblich ist.[1407] Tatsächlich würde der Ausschluss der Möglichkeit einer getrennten Übertragung gegen das auch für China gültige TRIPS-Abkommen verstoßen, welches in Art. 21 von der Berechtigung der Markeninhaber ausgeht, ihre Marken mit oder ohne den Geschäftsbetrieb, zu dem die Marke gehört, zu übertragen. Dies bedeutet de facto eine Ausdehnung der Befugnisse des Markeninhabers wie sie auch im deutschen Markenrecht 1994 vollzogen wurde. Die Bestimmung des § 27 deutsches MarkenG sieht keine Bindung der Übertragbarkeit von Marken an die Übertragung des Geschäftsbetriebs, zu dem die Marke gehört und wie sie in § 8 des außer Kraft getretenen WZG noch gegolten hatte, mehr vor.
Eine weitere Übertragungsvariante ist der Erbfall, welcher erst in der letzten geänderten Fassung der MarkenG-AB speziell gesetzlich geregelt wurde.[1408] In diesem Fall ist der Rechtsnachfolger verpflichtet, das Markenamt zu informieren und ein Verfahren für den Übergang der Marke durchzuführen. Stirbt der Markeninhaber und wird für die besagte Marke kein Übergangsverfahren durchgeführt, so kann jedermann nach Ablauf eines Jahres die Löschung der eingetragenen Marke beantragen (§ 47 MarkenG-AB).
Bei der Nutzungslizenz gestattet der Markeninhaber durch den Abschluss eines Markenlizenzvertrages anderen die Benutzung seiner eingetragenen Marke. Da-

---

[1405] ebenso § 47 dt. MarkenG; Art. 18 TRIPS sieht eine Laufzeit von 7 Jahren vor.
[1406] S. Ka Yaowu (2002), Komm. MarkenG, S. 97 f.
[1407] Ka Yaowu (2002), Komm. MarkenG, S. 97
[1408] Vorher galt die allgemeine gesetzliche Regelung; vgl. Dong Tao, Komm. MarkenG-AB (2003), S. 120.; z. allg. gesetzl. Regel. s.a. Yang / Xu (1993), S. 486; vgl. a. Verf.-Komm. Cai Dingjian (2004) zu Art. 13 Verf., S. 178 f.. Danach umschließt das Erbe das legale Vermögen, Forderungen und Schulden zu Lebzeiten des Verstorbenen. Das legale Vermögen umfaßt auch Immaterialgüter. Z. rechtlichen Regelung der Vererbbarkeit vgl. a. deutsches Recht, wo Übertragbarkeit und Vererbbarkeit in § 27 dt. MarkenG, der den Rechtsübergang von Marken als Gegenstand des Vermögens normiert, in einer Norm eine ausdrückliche Regelung finden.

bei hat der Lizenzgeber gem. § 40 I MarkenG eine Kontrollpflicht in Bezug auf die Qualität der Waren, für welche die eingetragene Marke vom Lizenznehmer benutzt wird,. Der Lizenznehmer muss auf der anderen Seite die Qualität der Waren, für welche er die eingetragene Marke benutzt, garantieren. Weiterhin besteht die Verpflichtung, auf diesen Waren den Namen des Lizenznehmers und den Herstellungsort der Waren anzugeben (§ 40 II MarkenG).

4. Schutz von Marken

a) Prioritätsanspruch im Eintragungsverfahren

Das chinesische Markenrecht gewährleistet bei der Anmeldung einer Marke Prioritätsansprüche in Einklang mit den Regelungen der PVÜ.[1409] Nach § 24 MarkenG kann sich der Antragsteller auf seinen Prioritätsanspruch berufen, wenn er innerhalb von sechs Monaten seit dem Tag der Anmeldung im Ausland die gleiche Marke für die gleichen Waren in China beantragt. Ebenso kommt ein Antragsteller, welcher die Marke auf einer von der chinesischen Regierung organisierten oder anerkannten internationalen Messe erstmals benutzt, gem. § 25 MarkenG innerhalb von sechs Monaten, angefangen mit dem Tag der Ausstellung der Waren in den Genuss eines Prioritätsanspruchs.

b) Schutz des ausschließlichen Nutzungsrechts an der eingetragenen Marke und die Problematik von Parallelimporten

Die Bestimmung des § 52 MarkenG enthält einen offenen Katalog möglicher Verletzungshandlungen in Bezug auf eingetragene Marken. Diese umfassen: (1) die Nutzung einer mit der eingetragenen Marke des Markeninhabers identischen oder ähnlichen Marke auf einer identischen oder ähnlichen Warenart ohne dessen Erlaubnis (2) den Vertrieb von Waren, die das ausschließliche Nutzungsrecht an einer eingetragenen Marke verletzen (3) das Fälschen oder eigenmächtige Herstellen von Darstellungen eingetragener Marken anderer oder der Verkauf von gefälschten oder eigenmächtig hergestellten Darstellungen eingetragener Marken (4) das Ersetzen einer eingetragenen Marke ohne Zustimmung des Markeninhabers und das Inverkehrbringen der mit der ersetzten Marke versehenen Waren sowie (5) andere Verletzungen des ausschließlichen Nutzungsrechts. Die Auflistung von Verletzungstatbeständen des § 52 MarkenG greift den Verletzungstatbestand des Art. 16 I TRIPS unter Ziffer (1) auf und geht mit den Ziffern (2) bis (5) darüber hinaus. Aus § 3 MarkenG ergibt sich, dass sich § 52 MarkenG auch auf Marken für Dienstleistungen bezieht.

[1409] Vgl. Art. 4 PVÜ

§ 53 MarkenG regelt die zivilrechtlichen Folgen der in § 52 MarkenG aufgeführten Verletzungshandlungen. Der Markenrechtsinhaber oder ein sonst Interessierter können entweder Klage vor dem Volksgericht erheben oder einen entsprechenden Antrag an die Verwaltungsbehörden richten, welche bei Verletzungshandlungen befugt ist, deren sofortige Einstellung, die Beschlagnahme und Vernichtung rechtsverletzender Waren und zu deren Herstellung verwendeter Werkzeuge anzuordnen sowie Geldstrafen zu verhängen. Die Vernichtung von Werkzeugen ist im chin.MarkenG allerdings auf *speziell* zur Herstellung oder Fälschung von Waren benutzte Werkzeuge bezogen, während das TRIPS-Abkommen sich auf *vorwiegend* zu diesem Zweck benutzte Werkzeuge bezieht (Art. 46 TRIPS) und damit den Behörden mehr Spielraum lässt. Ist eine Partei mit der Entscheidung der Verwaltungsbehörden nicht einverstanden, so kann sie Klage erheben.

Das Problem der Parallelimporte wird durch diese Auflistung von Verletzungstatbeständen allerdings nicht berührt. Hier ist zu beachten, dass sich aus der Entstehungsgeschichte des chinesischen Markengesetzes ergibt, dass Parallelimporte nicht als Markenverletzungstatbestand angesehen werden können.[1410] Weiterhin enthält das MarkenG auch nach der letzten Änderung von 2001 keine ausdrückliche Bestimmung über Importe. Dies gilt auch für das *Gesetz gegen den unlauteren Wettbewerb*[1411]. Hier könnte jedoch möglicherweise Art. 10 ^{bis} PVÜ herangezogen werden, welcher zwar keine Aussage über die Illegalität von Parallelimporten trifft, wonach aber davon ausgegangen werden kann, dass Parallelimporte dann als unlautere Handlungen verboten sind, wenn sie geeignet sind, eine Verwechslung mit der Niederlassung, den Erzeugnissen oder der gewerblichen bzw. kaufmännischen Tätigkeit des Wettbewerbers hervorzurufen, dessen Ruf zu beeinträchtigen oder zur Verbrauchertäuschung zu führen.
Weiterhin könnte Art. 16 I 1 TRIPS einschlägig sein, wonach dem Inhaber einer eingetragenen Marke das ausschließliche Recht zusteht, einem *Dritten* zu verbieten, ohne seine Zustimmung im geschäftlichen Verkehr identische oder ähnliche Zeichen für Waren oder Dienstleistungen, die identisch oder ähnlich denen sind, für die die Marke eingetragen ist, zu benutzen, wenn diese Benutzung die Gefahr von Verwechslungen nach sich ziehen würde. Auch hier ist jedoch unklar, ob der Begriff des *Dritten* auch Parallelimporteure mit einschließt. Allerdings kann die Regelung des Art. 16 I TRIPS gem. Art. 6 TRIPS nicht zur Lösung der Frage der Erschöpfung von Rechten geistigen Eigentums herangezogen werden.
Die Frage der Erschöpfung bleibt damit auch im chinesischen Markenrecht offen und es bestehen hier unterschiedliche Standpunkte. Einerseits wird gestützt auf den Grundsatz der Universalität der Marke das Prinzip der internationale

---

[1410] Xiang Yu (2000), S. 621

[1411] Chin.: Zhonghua Renmin Gongheguo fan bu zhengdang jingzheng fa – 中华人民共和国反不正当竞争 法; erlassen am 02.09.1993; i.Kr. seit 01.12.1993

Erschöpfung des Markenrechts vertreten. Nach der gegenteiligen Meinung soll gemäß dem Grundsatz der Territorialität des Markenschutzes nur eine nationale Erschöpfung zugelassen werden, womit Parallelimporte von Gütern, welche mit einer im Importland geschützten Marke versehen sind, illegal sind. Eine weitere Auffassung wendet sich ebenfalls gegen Parallelimporte von Gütern, die mit im Importland geschützten Marken versehen sind, will aber Ausnahmen zulassen, um den Missbrauch des ausschließlichen Rechts durch den Markeninhaber zu verhindern. Nach einer vierten Meinung soll der Grundsatz internationaler Erschöpfung angewendet werden; gleichzeitig sollen Ausnahmen bei importierten Markenartikeln gemacht werden, wenn diese eine geringere Qualität oder einen schlechteren Ruf haben als die im Importland hergestellten Erzeugnisse.[1412]

c) Anspruch auf Löschung eingetragener Marken und der Sonderfall missbräuchlicher Anmeldungen

Bereits eingetragenen Marken, die gegen die §§ 10, 11 oder 12 MarkenG[1413] verstoßen oder deren Eintragung durch betrügerische oder andere unlautere Mittel erlangt wurde, können gem. § 41 I MarkenG entweder von Amts wegen oder auf Antrag von Einheiten oder Einzelpersonen beim Markenüberprüfungsamt[1414] gelöscht werden. Nach der Bestimmung des § 41 II MarkenG können Markeninhaber oder sonst Interessierte[1415] die Löschung von Marken beantragen, welche gegen die Bestimmungen der §§ 13, 15, 16 oder 31 MarkenG verstoßen. Hier geht es um Verstöße gegen den Schutz berühmter Marken (§ 13 MarkenG)[1416], missbräuchliche Anmeldungen (§ 15 MarkenG), geographische Herkunftsangaben (§ 16 MarkenG) und ältere Rechte Dritter gem. § 31 MarkenG. Hierbei ist mit Ausnahme der berühmten Marken eine Grenze von fünf Jahren seit dem Tag der Eintragung einzuhalten. Gegen die Entscheidung des Markenüberprüfungsausschusses können die betroffenen Parteien vor den Volksgerichten Klage erheben (§ 43 II MarkenG).

Regelungen gegen die missbräuchliche Anmeldung von Marken wurden erst bei der letzten Änderung des MarkenG eingefügt, um die Anforderungen der PVÜ zu erfüllen. Nach § 15 MarkenG werden Markenanträge, die von Vertretern oder Repräsentanten ohne Bevollmächtigung des Vertretenen gestellt werden, um dessen Marke in eigenem Namen registrieren zu lassen, bei Widerspruch des

---

[1412] Vgl. Xiang Yu (2000), S. 622

[1413] Verwendungsverbote (§ 10 MarkenG), relative Eintragungshindernisse (§ 11 MarkenG) und Verstoss gegen Anforderungen an dreidimensionale Marken (§ 12 MarkenG).

[1414] Z. Einzelheiten d. Verfahrens vgl. Blasek in: Newsletter Deutsch-Chinesische Juristenvereinigung 2/2003, S. 77 ff.

[1415] Z. Begriff s. Blasek in: Newsletter Deutsch-Chinesische Juristenvereinigung 2/2003, S. 78

[1416] Vgl. untere Ausf. z. Sonderfall notorisch bekannter Marken

Vertretenen nicht genehmigt.[1417] Außerdem ist die Verwendung der Marke dann untersagt. Somit besteht Schutz gegen solche sog. unberechtigten Agenteneintragungen bereits vor Eintragung der Marke im Widerspruchsverfahren.
Schutz für Markeninhaber besteht auch durch § 41 II MarkenG, welcher die Löschung von unberechtigten Markeneintragungen durch Agenten und Vertreter vorsieht, womit Art. 6 [septies] der PVÜ entsprochen wird. Außerdem dürfen gem. § 31 MarkenG bereits bestehende ältere Rechte Dritter[1418] bei der Anmeldung nicht geschädigt werden. Weiterhin dürfen von anderen bereits verwendete Marken mit einem gewissen Ruf nicht mit unlauteren Mitteln eingetragen werden, um diesen zuvorzukommen (§ 31 MarkenG l. HS.)

d) Der Sonderfall notorisch bekannter Marken

aa) Gesetzliche Grundlagen

Die Norm des § 13 MarkenG regelt den Schutz sog. *berühmter Marken*[1419]. Ist eine für *identische oder ähnliche Ware* zur Eintragung angemeldete Marke eine Kopie, Nachahmung oder Übersetzung einer *in der VR China nicht eingetragenen berühmten Marke* eines anderen und führt sie leicht zu Verwechslungen, so wird diese nicht eingetragen und es besteht ein Verwendungsverbot (§ 13 I MarkenG). Das gleiche gilt für *nicht identische oder nicht ähnliche Waren* zur Eintragung angemeldete Marken, wenn diese eine Kopie, Nachahmung oder Übersetzung einer *in China schon eingetragenen berühmten Marke* eines anderen sind und die Öffentlichkeit irreführen, so dass die Möglichkeit einer Schädigung des Interesses des Markeninhabers besteht (§ 13 II MarkenG).

Die Regelung des § 13 MarkenG mit ihrem Verbotstatbestand der Eintragung und Verwendung von Kopien, Nachahmungen oder Übersetzungen berühmter Marken bezieht sich auf vier unterschiedliche Fälle. Sie unterscheidet einmal zwischen berühmten Marken, welche in China registriert sind und solchen, die dort nicht registriert sind. Dabei bezieht sich der Begriff der Registrierung hier auf eine Eintragung als gewöhnliche Marke gem. §§ 4, 19 ff. MarkenG und nicht auf die als berühmte Marke gem. § 13 f. MarkenG, welche an das Vorliegen eines Streitfalls gebunden ist (§ 5 MarkenG-AB).
Weiterhin differenziert die Bestimmung des § 13 MarkenG, ob die zur Eintragung angemeldete Marke für identische bzw. ähnliche Waren oder für nicht i-

---

[1417] Vgl. Art. 6 [septies] PVÜ

[1418] Ein solches älteres Recht kann z.B. das Namensrecht, Recht am eigenen Bild, Urheberrecht etc. sein; s. Keßler/Qiao (2003), S. 181 m. w. Nachweis.

[1419] Chin.: chiming shangbiao - 驰名 商标 ; dieser Fachbegriff ist deutlich abzugrenzen von dem im gewöhnlichen Sprachgebrauch verwendeten Begriff *mingpai* - 名牌 , der ebenfalls mit *berühmte Marke* zu übersetzen ist und in China gewöhnlich für renommierte Marken verwendet wird, s. Dong Tao, Komm. MarkenG-AB (2003), S. 14

dentische bzw. nicht ähnliche Waren verwendet wird. Der hier verwendete Begriff der Waren schließt auch Dienstleistungen mit ein.[1420] Daraus ergeben sich folgende vier Kombinationen des Falls der Eintragung bzw. Verwendung von Kopien, Nachahmungen oder Übersetzungen berühmter Marken:
(1) in der VR China *nicht registrierte* berühmte Marken, die für *identische oder ähnliche* Waren verwendet werden (2) in der VR China nicht registrierte berühmte Marken, die für *nicht identische oder nicht ähnliche* Waren verwendet werden (3) in der VR China *registrierte* berühmte Marken, die für *identische oder ähnliche* Waren verwendet werden (4) in der VR China registrierte berühmte Marken, die für *nicht identische oder nicht ähnliche* Waren verwendet werden.
Durch den Wortlaut der Norm sind jedoch lediglich zwei Fälle abgedeckt, in denen berühmten Marken der Schutz des § 13 MarkenG gewährt wird. Dies sind Kopien/Nachahmungen/Übersetzungen von (1) in China nicht eingetragenen berühmten Marken, die für identische oder ähnliche Waren benutzt werden (§ 13 I MarkenG) und (2) in China eingetragene berühmte Marken, die für nicht identische oder nicht ähnliche Waren benutzt werden (§ 13 II MarkenG).
Es verbleiben die beiden Fälle der Kopien/Nachahmungen/Übersetzungen von (1) in China nicht eingetragenen berühmten Marken, die für nicht identische oder nicht ähnliche Waren benutzt werden (2) in China eingetragenen Marken, die für identische oder ähnliche Waren benutzt werden.
Fraglich ist, ob diese ungeregelten Fälle ebenfalls dem Schutz des § 13 MarkenG unterfallen. Die Kommentarliteratur bejaht dies nur für den Fall der in China registrierten Marken. Bei in China *registrierten* berühmten Marken sind nach dem Wortlaut des § 13 II MarkenG die Registrierung und der Gebrauch für *nicht identische und nicht ähnliche* Waren und damit auch der für identische und ähnliche Waren geschützt.[1421]
Bei *in China nicht registrierten* berühmten Marken ist gem. § 13 I MarkenG nur das Recht auf die Registrierung und den Gebrauch der Marke für *identische oder ähnliche* Waren geschützt. Wenn eine zur Registrierung angemeldete Marke eine in China *nicht eingetragene* berühmte Marke kopiert, nachahmt oder übersetzt und diese für *identische oder ähnliche Waren* verwendet werden soll, so dass es leicht zu Verwechslungen kommt, wird diese nicht eingetragen. Wird diese zur Registrierung angemeldete Marke jedoch für *nicht identische oder nicht ähnliche* Waren genutzt, dann wird ihre Registrierung und ihr Gebrauch nicht untersagt.[1422]
Somit können sich Inhaber von berühmten Marken, welche in China nicht eingetragen sind, gegen die Verwendung kopierter oder ähnlich gestalteter Marken für andere, d.h. nicht identische und nicht ähnliche Waren und Dienstleistungen nicht auf den Schutz des § 13 MarkenG berufen.[1423] Es bedeutet damit ein Risi-

[1420] Vgl. § 3 I MarkenG; s.a. Dong Tao, Komm. MarkenG-AB (2003), S. 116
[1421] S. Dong Tao, Komm. MarkenG-AB (2003), S. 116
[1422] S. Dong Tao, Komm. MarkenG-AB (2003), S. 116
[1423] S.a. Keßler/Qiao (2003), S. 180

ko, solche Marken nicht in der VR China registrieren zu lassen. Nur notorisch bekannte Marken, die in China eingetragen sind oder als IR-Marken in China geschützt sind, genießen einen erweiterten Schutz.[1424]

Aus § 45 MarkenG-AB ergibt sich eine weitere Einschränkung des Schutzes berühmter Marken gem. § 13 MarkenG. Nach dieser Bestimmung hat die betroffene Partei im Falle, dass eine Markenbenutzung gegen § 13 MarkenG verstößt, zwar das Recht, bei der Verwaltungsbehörde für Industrie und Handel, einen Antrag auf das Verbot der Benutzung dieser Marke zu stellen. Gleichzeitig muss die Partei jedoch Beweismaterial zur Berühmtheit ihrer Marke einreichen, um das Vorliegen der Voraussetzungen des Vorliegens einer berühmten Marke gem. § 14 MarkenG zu belegen. Damit können Ansprüche aus § 13 MarkenG, der einen besonderen Schutz gewährt, nur geltend gemacht werden, wenn die entsprechende Marke in der VR China als berühmte Marke anerkannt ist.[1425] Weiterhin wird der gesetzlich gewährte Schutz ausländischen Marken nicht auf einfachen Antrag gewährt, sondern nur im Rahmen eines Rechtsstreits gem. § 13 MarkenG.[1426] Die Marke muss dann im Zuge dieses Rechtsstreits von chinesischer Seite als *berühmte Marke* anerkannt werden.

bb) Umsetzung der Schutzstandards von PVÜ und TRIPS

Die Bestimmung des § 13 MarkenG zum *Schutz berühmter Marken* nimmt Bezug auf Art. 6 ^{bis} der PVÜ über den Schutz *notorisch bekannter* Marken in den Verbandsländern[1427], auf den Art. 16 II 2 und Art. 16 III TRIPS direkt Bezug nehmen. § 13 MarkenG ist entsprechend Art. 6 ^{bis} I PVÜ sowohl als Eintragungshindernis als auch als Verwendungsverbot formuliert. Fraglich ist, ob diese gesetzliche Umsetzung den Abkommen in ausreichendem Masse Genüge tut. Art. 6 ^{bis} I PVÜ sieht eine Zurückweisung der *Eintragung* und Untersagung des *Gebrauchs* von Marken vor, bei denen es sich um eine verwechslungsfähige Abbildung, Nachahmung oder Übersetzung einer anderen Marke handelt, von der es nach Ansicht der zuständigen Behörden der Eintragung oder des Gebrauchs *notorisch* feststeht, dass sie dem Markenschutz gem. der PVÜ unterfällt. Bei der Bestimmung, ob eine Marke notorisch bekannt ist, ist gem. Art. 16 II 2 TRIPS seitens der Mitglieder des Abkommens die Bekanntheit der Marke im maßgeblichen Teil der Öffentlichkeit einschließlich der Bekanntheit der Marke im betreffenden Mitgliedsstaat zu berücksichtigen, die aufgrund der Werbung für die Marke erreicht wurde. Ein Eintragungserfordernis für die Marke in dem betreffenden Mitgliedsland, welches im chinesischen MarkenG Vor-

[1424] Vgl. a. Diem (2000), S. 193

[1425] Dong Tao, Komm. MarkenG-AB (2003), S. 16; vgl. nachfolgende Ausf. z. Anerkennungsverfahren

[1426] Vgl.; Website der internationalen Anwaltskanzlei Lovells zu *Recognition and protection of famous trademarks in China*, unter www.lovells.com; besucht am: 21.03.2006

[1427] Dong Tao, Komm. MarkenG-AB (2003), S. 14

aussetzung eines vollständigen Schutzes berühmter Marken ist, formuliert weder die PVÜ noch das TRIPS-Abkommen.
Weiterhin bezieht sich die Regelung des Art. 6 bis I PVÜ zwar auf Kopien notorisch bekannter Marken, welche für *gleiche oder gleichartige Erzeugnisse/Dienstleistungen* benutzt werden. Art. 16 III TRIPS erweitert den Anwendungsbereich dieser Bestimmung jedoch auf Waren oder Dienstleistungen, die denen *nicht ähnlich* sind, für die eine Marke eingetragen ist, wenn dadurch eine Verbindung zum Markeninhaber hergestellt und diesem auf diese Weise wahrscheinlich Schaden zugefügt wird. Nach der chinesischen Regelung des § 13 I MarkenG wird bei *in China nicht registrierten* berühmten Marken nur das Recht auf die Registrierung und den Gebrauch der Marke für *identische oder ähnliche* Waren und Dienstleistungen geschützt. Somit kann von einer adäquaten Umsetzung von PVÜ- und TRIPS-Vorgaben auch hier keine Rede sein.

Fraglich ist, ob die Bestimmung des § 13 MarkenG mit den geschilderten Einschränkungen dem in Art. 6 bis PVÜ formulierten Grundsatz, den Weltmarken auch ohne förmliche Registrierung Markenschutz zu gewähren[1428], sogar entgegenläuft. Hier ist ein Blick auf das durch die chinesische Gesetzgebung geregelte Verfahren der Anerkennung zu werfen, wobei mehrere Gesetze und gesetzliche Regelungen heranzuziehen sind.
Neben § 13 MarkenG ist hier § 5 MarkenG-AB zu beachten, welcher den Schutz berühmter Marken im Eintragungsverfahren regelt. Die Einzelheiten des Anerkennungsverfahrens ergeben sich aus den *Bestimmungen zur Anerkennung und zum Schutz berühmter Marken*[1429].
Im Streitfall kann gem. § 5 MarkenG-AB beim Markenamt oder beim Markenüberprüfungsausschuss ein Antrag auf Feststellung der Berühmtheit der Marke sowie Zurückweisung eines gegen § 13 MarkenG verstoßenden Antrags auf Eintragung sowie auf Löschung einer gegen § 13 MarkenG verstoßenden Eintragung gestellt werden. Stellt eine Partei einen solchen Antrag, so kann sie Beweismaterial (gem. § 3 *BerühmteMarkeAnerkennSchutz-Best*) für die Berühmtheit ihrer Marke übergeben (§ 5 I MarkenG-AB). Das Markenamt und der Markenüberprüfungsausschuss bestimmen dann gemäß dem Antrag der Partei auf Grundlage des festgestellten Sachverhalts gem. § 14 MarkenG, ob die Marke eine berühmte Marke ist oder nicht (§ 5 II MarkenG-AB).
Eine Definition des Begriffs der *berühmten Marke* gibt § 2 *BerühmteMarkeAnerkennSchutz-Best.* Danach genießt eine Marke Berühmtheit, wenn sie in China bei einer entsprechenden Öffentlichkeit weit bekannt ist und eine verhältnismäßig[1430] hohe Reputation genießt. Der Begriff der *entsprechenden Öffentlichkeit*

[1428] Vgl. a. Fezer (2001), § 4 MarkenG, Rn. 223; Berlit (2005), Rn. 18 f.
[1429] Im folg.: **BerühmteMarkeAnerkennSchutz-Best**.; chin.: Chiming shangbiao rending he baohu guiding –驰名商标认定和保护规定 ; i.Kr. seit 01.06.2003; ersetzen die *Vorläufigen Regelungen zur Anerkennung und Verwaltung berühmter Marken*, welche mit demselben Tag ausser Kraft gesetzt wurden.
[1430] Chin.: bijiao – 比较

wird hier anders als in der Vorgängerregelung näher definiert und umschließt dabei sowohl die Konsumenten von Produkten und Dienstleistungen, die unter der Marke vertrieben werden als auch solche Personen, die mit der Produktion von Waren[1431], deren Vertrieb und dem Erbringen von Dienstleistungen unter dieser Marke befasst sind.[1432]
Die materiellen Voraussetzungen für die Qualifikation als berühmte Marke nennt § 14 MarkenG in einer offenen Auflistung. Dazu gehören u.a. ihr Bekanntheitsgrad, die Zeit ihrer ununterbrochenen Verwendung sowie der Umfang der auf sie bezogenen Werbeaktivitäten.
Die *BerühmteMarkeAnerkennSchutz-Best* führen in § 3 fünf Arten von Belegmaterialien für den zu führenden Nachweis der Anerkennung als berühmte Marke auf, welche eingereicht werden *können*[1433] und somit die materiellen Anforderungen für eine solche Anerkennung aus § 14 MarkenG ergänzen. Dies sind Materialien zum Nachweis (1) des Bekanntheitsgrads der Marke in der Öffentlichkeit (2) des fortgesetzten Gebrauchs der Marke, was Materialien über die Verwendung der Marke, deren Geschichte und die Reichweite ihrer Registrierung einschließt (3) eines fortgesetzten Zeitraums von jeder Art von Werbung, deren Umfang und geographische Reichweite, was Materialien über die Form der Werbung und Vertriebskampagnen, deren örtlichen Wirkungskreis, die Art der verwendeten Werbemedien und die Häufigkeit von Werbung einschließt (4) der Registrierung als berühmte Marke, was Materialien darüber einschließt, dass die Marke in China, oder anderen Staaten und Gebieten als berühmte Marke geschützt ist (5) andere Materialien auch über die Produktionsmenge, Verkaufszahlen, Verkaufseinnahmen, Gewinnsteuern, Verkaufsregionen etc. der Hauptprodukte dieser Marke.[1434]
Die bis 2003 gültige Vorgängerbestimmung der *Vorläufigen Regelungen zur Anerkennung und Verwaltung berühmter Marken*[1435] hatte in § 5 fast identische Arten von Belegmaterialien für die Berühmtheit der Marke des Antragstellers verlangt[1436]; dies allerdings als obligatorische Nachweise[1437] für die Anerken-

---

[1431] chin.: 生产 ... 商品 者, shengchan ... shangpin zhe – diejenigen, welche die Waren produzieren; vgl. § 2 *BerühmteMarkeAnerkennSchutz-Best.*

[1432] Z. dem Begriff der *notorischen Bekanntheit* im deutschen Recht vgl. Althammer/Ströbele/Klaka-Hacker, § 4 MarkenG, Rn. 89

[1433] Chin.: keyi -可以 ; zu übersetzen mit: können

[1434] Vgl. hierzu die ähnlichen Anforderungen in der *Gemeinsamen Empfehlung betreffend die Bestimmungen über den Schutz bekannter Marken* der WIPO v. 29.9.1999, welche allerdings keine Verbindlichkeit besitzt; s.a. Althammer/Ströbele/Klaka-Hacker, § 4 MarkenG, Rn. 90 f.

[1435] Chin.: 驰名商标认定和管理暂行规定- chiming shangbiao rending he guanli zanxing guiding; im folg.: **BerühmteMarkeAnerkennVerw-VorlRegel**; verkündet von der Verwaltungsbehörde für Industrie und Handel am14.08.1996; revidiert am 03.12.1998

[1436] Dong Tao, Komm. MarkenG-AB (2003), S. 16; begründet wird dies damit, das Ansehen und die Seriosität einer solchen Anerkennung als berühmte Marke zu gewährleisten; die obligatorischen Nachweise sind wie folgt: (1) Angaben über die Verkaufszahlen – und gebiete des Produkts in China (2) grundlegende wirtschaftliche Eckdaten wie jährliche Produktionsziffern, Verkaufszahlen, Gewinne, Marktanteil (3) Verkaufszahlen und Absatzgebiete der mit dieser Marke versehenen Produkte im Ausland (4) Werbung für die Marke (5) früheste Verwendung der Marke und ununterbrochene Verwendungsdauer (6) Registrierung der Marke in der VR China und im Ausland.

nung als berühmte Marke, während die aktuellen *BerühmteMarkeAnerkenn-Schutz-Best* den Begriff *können* verwenden und es offen bleibt, auf Grundlage welcher Materialien der Nachweis endgültig zu führen ist. Als wenig hilfreich erweist sich hier auch § 10 *BerühmteMarkeAnerkennSchutz-Best*, der vorsieht, dass das Markenamt und der Markenprüfungsausschuss bei der Prüfung, ob es sich um eine berühmte Marke handelt, zwar alle in § 14 MarkenG genannten Faktoren berücksichtigen sollen, aber das Vorliegen aller Faktoren nicht Bedingung für die Anerkennung als berühmte Marke darstellen soll.[1438]

cc) Fazit

Die obigen Ausführungen machen deutlich, dass der Schutz berühmter Marken in der VR China zwar eine gesetzliche Regelung findet, welche sich den in der PVÜ und im TRIPS formulierten Bestimmungen annähert, die Umsetzung der damit verbundenen Mindeststandards zum Schutz berühmter Marken jedoch noch Lücken aufweist und somit ein Schutz berühmter Marken in der VR China keineswegs umfassend gewährleistet ist. Inhaber von berühmten Marken, welche in China nicht eingetragen sind, können sich gegen die Verwendung kopierter oder ähnlich gestalteter Marken für andere, d.h. nicht identische und nicht ähnliche Waren und Dienstleistungen, nicht auf den Schutz des § 13 MarkenG berufen. Weiterhin können Ansprüche aus § 13 MarkenG, der berühmten Marken einen besonderen Schutz gewährt, nur geltend gemacht werden, wenn die entsprechende Marke in der VR China als berühmte Marke anerkannt ist.[1439] Somit kann von einem adäquaten Schutz berühmter Marken keineswegs die Rede sein.[1440]

Die Voraussetzung eines Anerkennungsverfahrens und dessen Aufwendigkeit scheinen dem Zweck des Art. 6 ^{bis} der PVÜ zu widersprechen, Weltmarken auch ohne förmliche Registrierung Schutz zu gewähren. Der zu leistende Aufwand für die Anerkennung als berühmte Marke kommt dem einer förmlichen Registrierung durchaus gleich. Auf der anderen Seite sind die Anforderungen der chinesischen Bestimmungen mit dem Wortlaut der PVÜ-Regelung insoweit vereinbar, als bei dem Begriff *notorisch* auf die Ansicht der zuständigen Behörden der Eintragung oder des Gebrauchs Bezug zu nehmen ist und dies die jeweiligen nationalen Behörden sind, welche über die Eintragung von Marken entscheiden. Die Kriterien hierfür ergeben sich aus Art. 16 II 2 TRIPS, wobei allerdings offen bleibt, ob die Mitglieder diese Kriterien auf der Grundlage eigener Nachforschungen oder des Nachweises durch die Markeninhaber, welche diese Qualifi-

---

[1437] Ausgedrückt durch chin.: yingdang – 应当, zu übersetzen mit: *sollen, müssen*

[1438] Die Kommentarliteratur spricht davon, dass bei Marken, die in der Öffentlichkeit bereits als berühmte Marken anerkannt sind, das Verfahren abgekürzt werden kann. Aber auch in diesem Fall ist entsprechendes Beweismaterial beizubringen, dass nicht näher bestimmt wird. S. Dong Tao, Komm. MarkenG-AB (2003), S. 117

[1439] Dong Tao, Komm. MarkenG-AB (2003), S. 16

[1440] So aber Blasek, Vortrag am 22.04.2005: Umsetzung von WTO-Recht in der VR China am Beispiel des chinesischen Markenrechts zierung beanspruchen, berücksichtigen müssen. Eine entsprechende Beurteilung durch die zuständigen Behörden auf dem Wege eines förmlichen und materiellen Anerkennungsverfahrens ist durch die PVÜ-Regelung jedenfalls nicht ausdrücklich ausgeschlossen. Tatsächlich läuft jedoch das komplizierte und aufwändige Anerkennungsverfahren dem Gesetzeszweck der PVÜ entgegen.

Weiterhin problematisch erscheint hier, dass die im Anerkennungsverfahren den Behörden zu erbringenden Angaben gem. § 5 *BerühmteMarkeAnerkennVerw-VorlRegel* die Preisgabe von Informationen beinhalten, welche für die mit der Marke verbundene langfristige Geschäftsstrategie der Unternehmen auch in der VR China von großer Bedeutung sind und der chinesischen Konkurrenz nicht zugänglich sein sollten. Dem zuständigen Markenamt bzw. Markenüberprüfungsausschuss (§ 5 MarkenG-DB) stehen hier Überprüfungsbefugnisse zu, bei deren Ausübung sie auch mit Geschäftsgeheimnissen in Berührung kommen. Bei Offenlegung solcher Angaben bei chinesische Behörden müsste die Geheimhaltung der Daten unbedingt gewährleistet sein. Eine ausdrückliche Geheimhaltungspflicht mit entsprechenden rechtlichen Folgen ist aber in den einschlägigen Gesetzen nicht enthalten.[1441] Die Bestimmung des § 10 *Berühmte-MarkeAnerkennSchutz-Best*, sieht zwar vor, dass bei der Prüfung durch das Markenamt oder den Markenprüfungsausschuss, ob es sich um eine berühmte Marke handelt, das Vorliegen aller in § 14 MarkenG genannten Faktoren nicht Bedingung für die Anerkennung als berühmte Marke darstellen soll. Dennoch haben die ausländischen Unternehmen im Zuge des Anerkennungsverfahrens für eine Qualifikation als berühmte Marke nach dem Gesetz zahlreiche Informationen zu offenbaren, deren Preisgabe bei nicht gewährleisteter Geheimhaltung hohe Risiken für die zukünftige Geschäftspolitik in der VR China und anderen Auslandsmärkten bergen kann.

Die Praxis scheint die Problematik des Verfahrens zur Anerkennung als berühmte Marke zu belegen. Die Anzahl der in China anerkannten ausländischen berühmten Marken ist verschwindend gering. Im Februar 2004 wurden mit *Giant*, *Gilette* und *Sprite* erstmals drei ausländische Marken in China als berühmt eingestuft. Davor genossen ausschließlich heimische Marken den Status einer *berühmten Marke*, welcher besonderen Schutz gewährt.[1442]
Die Auslegung vorhandener Gesetze durch chinesische Gerichte stellt eine weitere Unsicherheit für ausländische Markeninhaber dar. Dies zeigt der Fall des Plagiats des *Seat Toledo* durch den chinesischen Autobauer *Cherry*. Toyota wurde zwar als berühmte Marke anerkannt, doch die Geltendmachung des Mar-

---

[1441] Vgl. f. das Patentrecht §§ 23, 44 TechnoImpExp-VerwBest, § 39 II *AußenhandelsG*, § 43 *VertragsG*; vgl. a. die Ausführungen v. Kisgen z. Patentrecht, Kisgen (2005), S. 139; sie hält die Normierung einer entsprechenden Verschwiegenheitspflicht im Bereich des Patentrechts für überaus bedeutsam.
[1442] Eine Liste der als berühmte Marke eingestuften Warenzeichen ist im Internet einzusehen unter: *www.tmo.gov.cn/chiming/index.htm* und *www.tdtm.com.cn* .

keninhabers von Rechten aus § 13 MarkenG mit der Begründung abgelehnt, dass die Käufer, gerade weil es sich bei Toyota um eine berühmte Marke handele, schon sehr kleine Unterschiede zwischen Original und Kopie erkennen könnten. Deshalb sei mit einer Irreführung der Verbraucher nicht zu rechnen.[1443] Damit wird die Argumentation, die berühmten Marken einen größeren Schutz zubilligt, auf den Kopf gestellt.

5. Durchsetzung von Markenrechten

a) Zivilrechtliche Maßnahmen

Nach der Bestimmung des § 118 AGZ sind Bürger und juristische Personen bei Plagiaten, Verfälschungen, Anmaßungen und anderen Verletzungen ihrer Markenrechte berechtigt, die Einstellung der Verletzung, die Beseitigung der Auswirkungen und Schadensersatz zu verlangen. Andere zivilrechtliche Maßnahmen und die Einzelheiten der diesbezüglichen Verfahren ergeben sich aus dem MarkenG und seinen Durchführungsbestimmungen.

aa) Gerichtliche Überprüfungsmöglichkeit von Entscheidungen der SAIC

Das MarkenG von 1993 bestimmte bei Streitigkeiten über die Anmeldung, Aufrechterhaltung oder den Widerruf der Marke ausschließlich Verwaltungsbehörden als letzte Entscheidungsinstanz.[1444] In Anlehnung an das TRIPS-Abkommen, welches in Art. 41 IV verlangt, dass verwaltungsrechtliche Entscheidungen von Verwaltungsbehörden der gerichtlichen Überprüfung unterliegen sollen, wurde das MarkenG 2001 entsprechend geändert. Eine Partei, welche mit der Entscheidung des Markenüberprüfungsausschusses im Antragsverfahren nicht einverstanden ist, kann jetzt gem. § 32 II MarkenG innerhalb von 30 Tagen nach Erhalt der Mitteilung vor den Volksgerichten Klage erheben.[1445] Dies gilt gem. § 43 II MarkenG auch für Anträge auf Aufrechterhaltung oder Löschung der Marke, welche gem. § 41 MarkenG an den Markenüberprüfungsausschuss zu richten sind. Damit besteht die Möglichkeit der gerichtlichen Überprüfung von Entscheidung der zuständigen Verwaltungsbehörden.

bb) Vorläufiger Rechtsschutz

Die gesetzliche Möglichkeit des einstweiligen Rechtsschutzes für Schutzrechtsinhaber wurde im Rahmen der Umsetzung des TRIPS-Abkommens geschaffen. Nach § 57 MarkenG kann der Markeninhaber oder Inhaber eines ausschließlichen Nutzungsrechts vor Klageerhebung beim Volksgericht den *Erlass einer*

[1443] Zit. n. www.china.ahk.de/gic/biznews/bfai/bfai-erstmals-auslaendisch v. 05.05.2004
[1444] §§ 21, 22, 29, 35 MarkenG 1993
[1445] §§ 32, 33, 43, 49 MarkenG 2001

Anordnung auf Unterlassung beantragen.[1446] Voraussetzung hierfür ist, dass Beweise für eine gegenwärtige oder drohende Rechtsverletzung vorgelegt werden und dargelegt wird, dass die rechtmäßigen Rechte und Interessen des Schutzrechtsinhabers ohne rechtzeitiges Unterbinden einen schwer wieder gutzumachenden Schaden erleiden. Für die Durchführung des Antrags gem. § 57 I MarkenG verweist § 57 II MarkenG auf das ZPG.[1447]
Außerdem hat das OVG zu den weiteren Einzelheiten des Verfahrens Auslegungsregeln erlassen, welche in der VR China grundsätzlich Verbindlichkeitscharakter haben[1448]. Nach § 1 der *Auslegungsregeln* gehören der Lizenznehmer eines Markenlizenzvertrages sowie der rechtmäßige Erbe einer Marke zu den „sonst Interessierten“. Die sachliche Zuständigkeit für den Antrag hat das Volksgericht am Verletzungsort oder Wohnort des Verletzers (§ 2 *Auslegungsregeln*). Neben Fragen des notwendigen Inhalts des gerichtlichen Antrages und der vorzulegenden Beweisstücke (§ 3 I *Auslegungsregeln*) wird in den Regeln bestimmt, dass der Antragsteller eine Sicherheit leisten *soll*, welche durch Bargeld, In Form einer Bürgschaft oder eines Pfandes erbracht werden kann (§ 6 I *Auslegungsregeln*). Die Höhe der Sicherheit richtet sich hierbei nach der Höhe des Schadens, der dem Antragsgegner durch ungerechtfertigte einstweilige Maßnahmen entstehen kann (§ 6 II *Auslegungsregeln*).

Wenn die Gefahr besteht, dass Beweise verloren gehen oder später schwer zu erlangen sind, kann der Markeninhaber oder ein sonst Interessierter gem. § 58 I MarkenG vor Erhebung der Klage *Beweissicherung beantragen*. Das Volksgericht hat innerhalb von 48 Stunden nach Eingehen des Antrags eine Entscheidung darüber zu treffen. Dabei ist zu beachten, dass das Gericht den Antragsteller zur Leistung einer Sicherheit verpflichten *kann* (§ 58 III MarkenG). Dabei lässt das Gesetz offen, in welchen Fällen das Gericht das Stellen einer Sicherheit verlangen kann. Wenn das Gericht Maßnahmen zur Sicherung ergreift, muss der Antragsteller innerhalb von 15 Tagen Klage einreichen; ansonsten werden die Sicherungsmaßnahmen aufgehoben.
Die Auslegungsregeln des OVG beziehen sich auch auf den Fall der Beweissicherung und schaffen hier ebenfalls mehr Transparenz, indem die weiteren Einzelheiten des Verfahrens bestimmt werden. Während die Zuständigkeit der Gerichte mit dem Antrag auf Erlass einer Anordnung auf Unterlassung gem. § 57 MarkenG identisch ist, werden Fragen des notwendigen Inhalts des gerichtlichen

---

[1446] Bei der Behandlung des Antrags sind die Bestimmungen der §§ 93 – 96 u. § 99 des chin ZPG anzuwenden (§ 57 II MarkenG).
[1447] Hier sind §§ 93 – 96 u. § 99 ZPG einschlägig
[1448] Im folg.: **Auslegungsregeln**. Es handelt sich dabei um die *Auslegungsregeln des OVG zu Fragen der Rechtsanwendung und Beweissicherung bezüglich der Beendigung der Verletzung des ausschließlichen Nutzungsrechts an eingetragenen Marken* v. 25.12.2001; i.Kr. seit 22.01.2002. Auslegungsregeln des OVG haben gesetzesähnlichen Charakter und sind für die Volksgerichte bindend. Hintergrund des Erlasses solcher Regeln ist der Umstand, dass Entscheidungen höherer Gerichte im Hinblick auf die entschiedenen Rechtsfragen grundsätzlich keine Bindungswirkung zukommt; Bottenschein (2005), S. 122, s.a. Keßler/Qiao (2003), S. 181

Antrages und der vorzulegenden Beweisstücke in § 3 II gesondert geregelt. In Übereinstimmung mit § 58 III MarkenG *kann* das Gericht bestimmen, dass der Antragsteller eine Sicherheitsleistung zu erbringen hat (§ 6 II *Auslegungsregeln*).

cc) Bußgeld und Schadensersatz

Die Ausführungsbestimmungen zum MarkenG 2001 enthalten detaillierte Regelungen über die Höhe des Bußgeldes bei deliktischer Verletzung. Nach § 52 MarkenG-AB darf das Bußgeld im Verletzungsfall das Dreifache des Gewinns des Verletzers betragen. Kann der Gewinn nicht festgestellt werden, so beträgt das Bußgeld maximal 100.000 RMB (§ 52, 2. HS MarkenG-AB).
Beim Schadensersatz spiegelt § 56 MarkenG die Anforderungen des Art. 45 TRIPS-Abkommen wieder, nach dem der Schadensersatz der Markenverletzers ausreichend sein und auch die Rechtsverfolgungskosten des Markeninhabers decken soll. Der Schadensersatz bestimmt sich gem. § 56 MarkenG entweder nach dem Verletzergewinn während des Zeitraums der Verletzung oder nach dem Schaden, den der Verletzte im Verletzungszeitraum durch die Verletzung erlitten hat, einschließlich der Ausgaben zur Rechtsverfolgung des Verletzers. Kann der Schadensersatz nach beiden Berechnungsmethoden nicht bestimmt werden, so kann das Gericht einen Schadensersatz bis max. 500 000 RMB zusprechen. Hier ist darauf zu verweisen, dass die Rechtsverfolgungskosten des Markeninhabers gesondert geltend gemacht werden müssen, d.h., dass das Gericht nicht von Amts wegen dem Unterlegenen die Rechtsverfolgungskosten auferlegt.[1449]
Während das TRIPS-Abkommen eine Verschuldenshaftung statuiert, sieht das chinesische MarkenG grundsätzlich eine verschuldensunabhängige Haftung auf Schadensersatz vor. [1450]Somit hat die VR China hier den Mindeststandard des Abkommens übererfüllt. Gleichzeitig bedeutet dies eine Ausdehnung des Markenschutzes.

dd) Problematik zivilgerichtlicher Verfahren

Formal besteht nach der letzten Änderung des MarkenG und seinen AB ein dem Standard des TRIPS-Abkommens durchaus entsprechender Rechtsschutz. Die Schwierigkeiten bei der zivilrechtlichen Bekämpfung der Markenpiraterie sind weniger in den zur Verfügung stehenden Rechtsmitteln als in der mangelhaften Umsetzung des geschriebenen Rechts begründet. Insgesamt gelten auch hier die Ausführungen zur Problematik zivilgerichtlicher Verfahren im Patentrecht.

[1449] S. Keßler/Qiao (2003), S. 181
[1450] Vgl. Blasek, Vortrag am 22.04.2005: Umsetzung von WTO-Recht in der VR China am Beispiel des chinesischen Markenrechts

b) Verwaltungsverfahren

Der Durchsetzung gewerblicher Schutzrechte in der VR China liegt ein doppelspuriges System zugrunde. Neben der Geltendmachung von Ansprüchen über die Volksgerichte kann in Markenangelegenheiten entweder auf Antrag des Markeninhabers oder von Amts wegen die *Verwaltungsbehörde für Industrie und Handel* tätig werden, der gem. §§ 53 ff. MarkenG umfassende Befugnisse zustehen. Zusätzliche Ermächtigungen außerhalb des Markenrechts bestehen zugunsten des *Staatlichen Büros für Technische Überwachung*, welches dann einschreitet, wenn neben der Marke selbst sicherheitsrelevante Warenbestandteile wie Barcodes oder Produktetiketten mitgefälscht werden.
Nach dem alten Markengesetz waren die Verwaltungsbehörden im Verletzungsfall nur dazu befugt, im Verletzungsfall vom Verletzer zu verlangen, weitere Verletzungen zu unterlassen und Schadensersatz zu leisten.[1451] Das geänderte MarkenG von 2001 erweiterte die Befugnisse der lokalen Behörden wesentlich.[1452] Gleichzeitig fand das Verhältnis von Verwaltungsbehörden und Volksgerichten eine Regelung (§ 53 MarkenG).
Liegt eine der in § 52 MarkenG aufgeführten Verletzungen des ausschließlichen Nutzungsrechts des Markeninhabers vor und kommen die Parteien zu keiner Einigung, so kann der Markeninhaber oder ein sonst Interessierter gem. § 53 MarkenG entweder Klage erheben oder sich an die Verwaltungsbehörde für Industrie und Handel wenden. Deren Befugnisse bei der Ermittlung im Falle des Verdachts der Verletzung von Markenrechten umfassen gem. § 55 MarkenG die Befragung beteiligter Parteien, die Einsicht von Verträgen, Geschäftsbüchern etc., Inspektionen vor Ort sowie die Untersuchung, Versiegelung und Beschlagnahme von Gegenständen. Stellt die Behörde bei ihren Ermittlungen gem. §§ 54, 55 MarkenG fest, dass eine Verletzungshandlung vorliegt, so kann sie gem. § 53 MarkenG die Beschlagnahme und Vernichtung der rechtsverletzenden Waren und der eigens zur Herstellung dieser Waren und zur Fälschung der eingetragenen Marke verwendeten Werkzeuge anordnen. Außerdem kann sie eine Geldstrafe verhängen. Ist eine Partei mit dieser Entscheidung nicht einverstanden, so kann sie Klage erheben. Wird weder Klage erhoben noch der Entscheidung Folge geleistet, so kann die Verwaltungsbehörde beim Gericht die zwangsweise Vollstreckung beantragen.
Auf Antrag der Parteien kann die Verwaltungsbehörde bezüglich der Höhe des Schadensersatzes für eine Verletzung gem. § 52 MarkenG auch eine Schlichtung durchführen. Ist die Schlichtung nicht erfolgreich, so können die Parteien gem. dem ZPG vor den Volksgerichten Klage erheben.

Für die Markeninhaber liegt der Vorteil des verwaltungsrechtlichen Verfahrens in den im Vergleich zum Gerichtsverfahren niedrigeren Kosten und darin, dass

[1451] § 39 MarkenG 1993
[1452] Vgl. Keßler/Qiao (2003), S. 182

administrative Schutzmassnahmen und Sanktionen gegen die Schutzrechtverletzer schnell getroffen werden können.[1453] Weiterhin unterliegt die Zulässigkeit von Beweismitteln weniger strengen Voraussetzungen als vor den Volksgerichten. Doch auch bei den Verwaltungsbehörden stellt sich das Problem des lokalen Protektionismus, welcher bei diesen noch ausgeprägter zu sein scheint als bei den Volksgerichten.[1454]

c) Strafrechtliche Maßnahmen

Die §§ 213 ff. des chinesischen Strafgesetzbuches enthalten verschiedene Straftatbestände im Hinblick auf die Verletzung von Rechten an geistigem Eigentum. Dabei beziehen sich die §§ 213 bis 215 direkt auf Markenrechtsverletzungen. Die diesbezüglichen Straftatbestände umfassen die Verwendung von gleichen Markenzeichen für Produkte gleicher Art ohne Erlaubnis des Markeninhabers (§ 213 StrafG), den vorsätzlichen Verkauf von gefälschter Markenware (§ 214 StrafG) sowie das Fälschen und den Verkauf gefälschter Markenzeichen (§ 215 StrafG). Die Zuständigkeit für die strafrechtliche Verfolgung liegt bei der Abteilung für Wirtschaftskriminalität der Behörde für öffentliche Sicherheit. Markenpiraterie kann mit einer Freiheitsstrafe bis zu sieben Jahren oder mit Geldstrafe bestraft werden. Das Bedürfnis ausländischer Markeninhaber an der strafrechtlichen Verfolgung solcher Fälle ist wegen der damit erzielbaren Abschreckungswirkung hoch. Allerdings ist die strafrechtliche Verfolgung bei Markenrechtsverletzungen eingeschränkt. So hat das OVG Richtlinien für die Verfolgung bestimmter Wirtschaftsstraftaten erlassen, welche Mindestwerte für die strafrechtliche Verfolgung bei gefälschten Markenprodukten festlegen.[1455] Weiterhin soll eine strafrechtliche Verfolgung bei der Fälschung berühmter Marken erfolgen. Allerdings werden die Strafverfolgungsbehörden hier nur dann tätig, wenn das Markenzeichen in einem vorangegangenen Zivilverfahren als solches anerkannt worden ist.[1456]

d) Maßnahmen der Zollbehörden

Neben Exekutivorganen der Verwaltungsbehörden und den Gerichten sind beim Schutz des geistigen Eigentums auch die Zollbehörden beteiligt. 1995 erließ der Staatsrat *Bestimmungen zur Wahrung gewerblicher Schutzrechte durch den Zoll*

[1453] Gerichtsverfahren in Markenrechtsstreitigkeiten dauern in der Regel zwischen sechs Monaten und einem Jahr.

[1454] Bottenschein (2005), S. 124

[1455] *Interpretation zu Fragen der konkreten Rechtsanwendung bzgl. Strafrechtlich relevanter Verletzungen geistigen Eigentums* v. Dez. 2004; gem. § 61 der *Interpretation* 120.000 RMB bei Einzelpersonen und 500.000 bei Organisationen; vgl. Bottenschein (2005), S. 124

[1456] Bottenschein (2005), S. 124; vgl. a. obige Ausführungen z. Schutz notorisch bekannter Marken.

[1457], die zuletzt 2003 revidiert wurden. Diese umschließen den Schutz von Patentrechten, Markenrechten und Urheberrechten (§ 2 *WahrGewerblSchutzR-ZollBest*). Somit gelten die diesbezüglichen Ausführungen zum Patentrecht auch für das Markenrecht.

e) Schiedsverfahren

Eine Möglichkeit der Lösung von Streitigkeiten in Bezug auf Immaterialgüterrechte ist das Schiedsverfahren. Somit gelten die obigen Ausführungen zum Patentrecht entsprechend auch für das Markenrecht. [1458]

IV. Urheberrecht

1. Allgemeine Entwicklung und Gesetzeslage

Während die Republik China 1928 ein sehr detailliertes Urheberrecht verabschiedet hatte, wurde in der Volksrepublik das Urheberrecht 1990 zum ersten Mal öffentlich und umfassend geregelt. Es wurden allerdings seit 1950 mehrfach Vorschriften gegen Nachdrucke erlassen, womit eine Art Ausschlussrecht anerkannt wurde.[1459] Dies jedoch nur in der Gesetzgebung niedrigen Ranges, so z.B. durch Bestimmungen des Verlagshauptamtes. In Musterverträgen der großen chinesischen Verlage wurden zu jener Zeit Urheberrechte vorausgesetzt und teilweise wurde der Begriff *banquan* [1460] verwendet, der die Bedeutung von Urheberrecht oder Copyright hat. 1958 wurden vom Kulturministerium auch Sätze für Autorenhonorare festgesetzt, die später mehrfach revidiert wurden. Nach 1979 wurden zunächst bilaterale Abkommen zum Schutz ausländischer Urheberrechte getroffen und Urheberrechte als mögliche Investitionen bei JV-Unternehmen anerkannt. Eine erste Spezialbestimmung entstand mit den *Vorläufigen Bestimmungen zur Steuerung von Ton- und Videoaufzeichnungen* vom 23.12.1982, welche ein Verbot enthielt, bereits verlegte Aufnahmen dieser Art anderswo nochmals zu verlegen. Im Juli 1985 wurde das Staatliche Amt für Urheberrechte errichtet, welches Entwürfe für ein Urheberrecht erarbeitete.

[1457] Im folg.: *WahrGewerblSchutzR-ZollBest* ; chin.: Zhonghua Renmin Gongheguo Zhishi Chanquan Haiguan Baohu Tiaoli – 中华人民共和国 知识产权海关保护条例 v. 05.07.1995; revidierte Fass. verabschiedet am 26.11.2003, i.Kr. seit 01.03.2004

[1458] Zu Markenrecht und schiedsgerichtlichem Schutz vgl. a. Münzel, CR 2001.12, 27.10.01/1, Anm. 1

[1459] F. diese u. die folg. Ausführ. vgl. Münzel CR 2001.12, 27.10.01, Anm. 1

[1460] Banquan – 版权 ; Übers. gem. Dt.-chin. Wörterbuch, Peking 1985: Urheberrecht, Copyright

Erste allgemeine Vorschriften zum Schutz des Urheberrechts enthielten die Allgemeinen Grundsätze des Zivilrechts (AGZ) von 1986 in den Bestimmungen der §§ 94 und 118. Die 1988 verabschiedeten *Ansichten des OVG zur Anwendung der AGZ*[1461] bestimmten in den Ziffern 133 – 136 weitere Einzelheiten. So wurden in Ziffer 136 die Rechte der Erben an zum Urheberrecht gehörenden Vermögensrechten anerkannt.[1462]
Münzel verweist darauf, dass intern bereits 1985 eine erste umfassende Regelung des Urheberrechts faktisch in Kraft getreten war, welche jedoch geheim gehalten wurde, da sie dem Vernehmen nach Ausländern außer für Erstveröffentlichungen in China den Schutz verweigerte.[1463]
Auch das 1990 offiziell erlassene Urheberrechtsgesetz[1464] ließ die Rechte ausländischer Urheber ungeschützt. Erst mit dem Beitritt Chinas zur *Berner Übereinkunft zum Schutz von Werken der Literatur und Kunst* und zum Welturheberrechtsabkommen am 01.07.1992 endete die Schutzlosigkeit von Ausländern in diesem Bereich. Neben dem UrheberRG und seinen Ausführungsbestimmungen[1465] waren nach der Rechtslage vor Erlass des aktuellen UrheberRG ferner die *Bestimmungen zum Schutz von Computersoftware*[1466] von 1991, die *Bestimmungen zur Durchführung der internationalen Urheberrechtsabkommen* [1467] von 1992 und die betreffenden Vorschriften in den AGZ einschlägig. Die CompSoftware-SchutzBest wurden 2001 revidiert und damit sind die urheberrechtlichen Regelungen in Bezug auf Computersoftware weiterhin in speziellen Bestimmungen normiert. Die InternUrheberRAbk-DB bleiben auch neben dem aktuellen UrheberRG und seinen AB wirksam.
Für das Urheberrecht ist als Verwaltungsbehörde das dem Staatsrat zugeordnete Staatliche *Amt für Urheberrecht* mit seinen Unterbehörden zuständig und formuliert entsprechende Verordnungen (§ 7 UrheberRG). So wurde 1996 die *Vorläufig durchzuführende Methodik der Verwaltung von auslandsbezogenen Urheberrechtsvertretungsorganisationen* [1468] erlassen, welche die sachlichen und verfahrensmäßigen Voraussetzungen für die Zulassung von Auslandsvertretungsorganisationen im Bereich des Urheberrechts regelt. Diese haben die Form von juristischen Personen und sollen im Namen des Auftraggebers und im Rahmen der erteilten Vollmacht auslandsbezogene Übertragungen oder Lizenzie-

---

[1461] *Versuchsweise durchgeführte Ansichten des OVG zu einigen Fragen der Anwendung der AGZ*, verabschiedet am 26.01.1988, den Gerichten mitgeteilt am 02.04.1988
[1462] Vgl. § 19 UrheberRG 2001 u. §§ 14, 15 UrheberRG-AB 2002
[1463] Münzel CR 2001.12, 27.10.01, Anm. 1; vgl. a. Dietz (1988), S. 34 ff. m. w. Nachw.
[1464] Im folg.: **UrheberRG**, erlassen am 07.09.1990, revidiert am 27.10.2001; chin.: Zhonghua Renmingongheguo Zhuzuoquan fa – 中华人民共和国著作权法
[1465] Im folg.: **UrheberRG-AB**, erlassen am 30.05.1991, revidiert am 02.08.2002; chin.: Zhonghua Renmingongheguo Zhuzuoquanfa shishi tiaoli -中华人民共和国著作权法 实施条例
[1466] Im folg.: **CompSoftware-SchutzBest**., erlassen am 04.06.1991, revidiert am 20.12.2001; chin.: jisuanji ruanjian baohu tiaoli – 计算机软件保护条例
[1467] Im folg.: **InternUrheberRAbk-DB,** erlassen am 25.09.92; chin.: Shishi guoji zhuzuoquan tiaoyue de guiding – 实施国际著作权条约的规定
[1468] Durch gemeinsames Rundschreiben des Staatlichen Amtes für Urheberrecht und dem Staatsamt zur Verwaltung von Industrie und Handel vom 15.04.1996

rungen von Urhebervermögensrechten oder andere auslandsbezogene Urheberrechtsangelegenheiten erledigen. Zu den Aufgaben dieser vom Staatlichen Amt für Urheberrecht zu genehmigenden und überwachten Organisationen gehören außerdem die urheberrechtliche Rechtsberatung sowie die Einziehung von Urhebervergütungen und die Vertretung bei der Beilegung von Streitigkeiten. Bestimmte Verhaltensweisen, besonders den Auftraggeber schädigendes Verhalten, kann von ihnen mit Verwaltungsbußen belegt werden, gegen die jedoch der Rechtsweg offen steht.

2. Inhalt und Objekte des Urheberrechts

Aus der Aufzählung der einzelnen Werke, welche vom chinesische Urheberrecht umfasst werden, wird deutlich, dass sich der Begriff des Werks auf die Formgebung und nicht auf den Inhalt eines urheberechtlich geschützten Objekts bezieht (§ 3 UrheberRG). Dazu gehören wesentlich Schriftwerke, Musik- und Theaterstücke, Werke der bildenden Kunst und Architektur, Photographien, Filmwerke sowie Computersoftware (8). Voraussetzung ist allerdings eine gewisse *Schöpfungshöhe*. Nach § 2 UrheberRG-AB sind Werke im Sinne des UrheberRG Originalität aufweisende Ergebnisse der Geisteskraft auf dem Gebiet der Literatur, Kunst und Wissenschaft.
Das Urheberrecht entsteht automatisch mit der Fertigstellung eines geistigen Werkes (§ 11 UrheberRG, § 6 UrheberRG-AB). Der Inhalt des Urheberrechts ergibt sich aus § 10 UrheberRG und umfasst unterschiedliche Persönlichkeits- und Vermögensrechte. Zu diesen gehören u.a. das Veröffentlichungsrecht, Namennennungsrecht, Änderungsrecht, Schutz der Werkintegrität, Vervielfältigungsrecht, Verbreitungsrecht, Vermietrecht, Ausstellungs-, Aufführungs- und Vorführungsrecht, Senderecht, Filmaufnahmerecht, Bearbeitungs- und Übersetzungsrecht, sowie das Recht, eine Sammlung herzustellen. Auf die Verbreitung im Internet bezieht sich § 10 (12) UrheberRG. Nach dieser Bestimmung besitzt der Urheber auch das Recht der Informationsnetzwiedergabe, d.h. das Recht, das Werk in drahtgebundener oder drahtloser Form der Öffentlichkeit zugänglich zu machen, so dass es einzelnen Mitgliedern der Öffentlichkeit an Orten und zu Zeiten ihrer Wahl zugänglich ist. Somit gewährt § 10 UrheberRG dem Urheber die TRIPS-gemäßen Rechte an der Verwertung und Nutzung seines Werkes.
Will der Urheber eine Erlaubnis der Nutzung seines Urheberrechts erteilen oder seine Rechte übertragen, so ist darüber ein schriftlicher Vertrag abzuschließen, dessen Hauptinhalte die §§ 24 und 25 UrheberRG verbindlich festlegen.

Die Schutzdauer für Urheberrechte beträgt gem. § 21 UrheberRG 50 Jahre ab dem Tod des Urhebers und entspricht damit der von Art. 12 TRIPS geforderten Mindestschutzdauer. Die Übertragung der in § 10, Ziffer (5) bis (17) UrheberRG genannten Rechte des Urhebers nach dessen Tod ist in § 19 UrheberRG geregelt. Diese werden innerhalb der gesetzlichen Schutzfrist gem. §§ 20, 21 UrheberRG nach den Bestimmungen des Erbgesetzes übertragen. Dazu gehören insbesondere die Rechte, welche eine kommerzielle Verwertung des Werkes ermöglichen wie das Verbreitungs- und Vermietrecht. Die unter § 10, Ziffer (2) bis (4) UrheberRG genannten Rechte des Urhebers auf Namensnennung, Änderung des Werks und Werkintegrität sind nach dessen Tod nicht als Rechte übertragbar, sondern begründen eine Pflicht der Erben bzw. Vermächtnisnehmer. § 15 UrheberRG-AB enthält eine diesbezügliche Sonderbestimmung, welche vorsieht, dass nach dem Tod des Urhebers das Namensrecht, Änderungsrecht und die Werkintegrität durch die Erben bzw. Vermächtnisnehmer geschützt werden (§ 15 II UrheberRG-AB). Sind weder Erben noch Vermächtnisnehmer vorhanden, so übernehmen die Urheberrechtsämter den Schutz dieser Rechte. Eine Sonderbestimmung zum Tod von Miturhebern enthält § 14 UrheberRG-AB.

3. Urheberrechte von Ausländern

Das 2001 anlässlich von Chinas Beitritt zur WTO und damit zum TRIPS-Abkommen erlassene Urheberrechtsgesetz weist in § 2 ausdrücklich auf die internationalen Abkommen und ihre Bedeutung für die Urheberrechte von Ausländern hin.
Der gesetzliche Rahmen für den Schutz ausländischer Werke in China ergibt sich aus § 2 der *Bestimmungen über die Durchführung internationaler Urheberrechtsübereinkommen*. Dieser umfasst das UrheberRG und seine DB, die CompProgr-SchutzBest sowie das InternUrheberRAbk-DB. Internationale Abkommen im Sinne dieser Bestimmungen sind die Berner Übereinkunft sowie bilaterale Abkommen der VR China mit anderen Staaten.

Eine Legaldefinition des Begriffes der ausländischen Werke gibt § 4 der InternUrheberRAbk-DB. Dies sind (1) Werke, deren Urheber[1469] Staatsangehöriger eines Mitgliedsstaates eines internationalen Urheberrechtsübereinkommens oder Einwohner mit ständigem Wohnsitz in einem solchen Staat ist; (2) Werke, deren Urheber weder Staatsangehöriger eines Mitgliedsstaates eines internationalen Urheberrechtsübereinkommens ist noch seinen ständigen Wohnsitz in einem solchen Staat hat, welche jedoch zum ersten Mal oder gleichzeitig in einem Mitgliedsstaat eines solchen Übereinkommens veröffentlicht wurden; (3) Werke, die von Dritten im Auftrag eines chinesisch-ausländischen JV, Kooperationsunternehmens oder eines Unternehmens mit ausschließlich ausländischen Investitionen geschaffen wurden, wenn diese gem. vertraglicher Vereinbarung Urheberrechtsinhaber sind.

[1469] Schließt n. dem Gesetzestext weiterhin ein: einer der Urheber oder deren sonstiger Urheberrechtsinhaber oder einer der Urheberrechtsinhaber.

Nach der Bestimmung des § 7 UrheberRG-AB genießen Werke von Ausländern, die zum ersten Mal in China herausgegeben wurden, Schutz nach dem UrheberRG ab dem ersten Tag der Herausgabe. Werden Werke von Ausländern zum ersten Mal außerhalb Chinas, jedoch 30 Tage später auch in China herausgeben, so gelten sie als gleichzeitig in China herausgegeben (§ 8 UrheberRG-AB). Eine Registrierung von solchen Werken beim *Staatlichen Amt für Urheberrecht* ist nicht vorgeschrieben.

Im Falle der Einbringung einer entsprechenden Einlage bei Gründung eines Unternehmens mit ausländischen Investitionen ist für deutsche Unternehmer auch das *Abkommen zwischen der Bundesrepublik Deutschland und der Volksrepublik China über die Förderung und den gegenseitigen Schutz von Kapitalanlagen* einschlägig. Nach Artikel 1 Ziffer 1 d) des Abkommens umfasst der Begriff der Kapitalanlagen auch Rechte des geistigen Eigentums wie insbesondere auch *Urheberrechte*. Das Abkommen schränkt gem. Artikel 4 Ziffer 2 die Möglichkeiten staatlicher Enteignung ein und sieht für diesen Fall eine Entschädigung vor, die bestimmten Anforderungen unterliegt.[1470]

Ausländer *können* gem. § 22 der *Bestimmungen über die kollektive Verwaltung von Urheberrechten*[1471] eine chinesische Organisation zur kollektiven Verwaltung von Urheberrechten über eine auswärtige gleichartige Organisation, welche mit der chinesischen Organisation eine Vereinbarung über die gegenseitige Vertretung geschlossen hat, dazu ermächtigen, die ihnen in der VR China zustehenden Schutzrechte zu verwalten. Der genaue Aufgabenbereich solcher nicht gewinnorientierter Organisationen ergibt sich aus § 8 UrheberRG. Diese können nach ihrer Ermächtigung Rechte von Urheberrechtsinhabern und Inhabern von sich auf das Urheberrecht beziehenden Rechten in eigenem Namen geltend machen. Sie können als Parteien Prozesse führen und Schiedsverfahren betreiben.

4. Durchsetzung von Urheberrechten

a) Zivilrechtliche Maßnahmen

aa) Vorläufiger Rechtsschutz

Das revidierte Urheberrechtsgesetz enthält in § 49 vorläufige Maßnahmen gegen Verletzungen des Urheberrechts. Haben der Urheberrechtsinhaber oder Inhaber von verwandten Schutzrechten Beweise dafür, dass andere Personen im Begriff sind, ihre Rechte zu verletzen und dies ihren legalen Rechten einen schwer wiedergutzumachenden Schaden zufügen wird, wenn dies nicht rechtzeitig unter-

---

[1470] Vgl. obige Ausführungen z. Patentrecht

[1471] Im folg.: **UrheberRKollektVerw-Best**; v. 28.12.2004; vgl. a. § 8 UrheberRG bunden wird, so können diese noch vor Klageerhebung beantragen, dass die Einstellung der verletzenden Handlungen angeordnet und dass Vermögenssicherungsmaßnahmen ergriffen werden. Bei der Behandlung dieses Antrags sind die § 93 – 96 und 99 des ZPG anzuwenden. Nach § 50 hat das Volksgericht nach Erhalt des Antrags binnen 48 Stunden eine Verfügung zu treffen. Verfügt es, dass Sicherungsmaßnahmen ergriffen werden, so muss die Vollstreckung sofort beginnen.

bb) Schadensersatz

Das UrheberRG von 1991 hatte lediglich den durch die Vertragsverletzung entstehenden Schadensersatzanspruch reguliert. Ein Schadensersatzanspruch aufgrund einer unerlaubten Handlung war nach dem AGZ zu bestimmen. Das revidierte UrheberRG sieht in § 48 vor, dass der Verletzer entsprechend dem tatsächlichen Schaden des Verletzten Ersatz leisten muss. Lässt sich dieser nur schwer berechnen, so kann nach Maßgabe des rechtswidrigen Gewinns des Verletzers Schadensersatz geleistet werden. Dabei hat der zu leistende Betrag auch die angemessenen Kosten des Rechtsinhabers für die Verhinderung der rechtsverletzenden Handlung zu umfassen. Nach Art. 52 UrheberRG liegt die Beweislast für die Rechtmäßigkeit der Herausgabe oder Herstellung von Vervielfältigungsstücken beim Verleger bzw. Hersteller. Dasselbe gilt für Verbreiter und Vermieter von Kopien von Filmwerken, Computersoftware, Ton- und Bildaufzeichnungserzeugnissen.

b) Verwaltungsrechtliche Maßnahmen

Gesetzliche Grundlage für verwaltungsrechtliche Maßnahmen ist die 1997 vom *Staatlichen Amt für Urheberrecht* erlassene *Methodik zur Durchführung von urheberrechtlichen Verwaltungsstrafen*.

Die von dem für Verletzungen des Urheberrechts zuständigen Staatlichen Amt für Urheberrecht und seinen Unterabteilungen bei den Provinzregierungen verhängten Verwaltungsstrafen umfassen wesentlich Verwarnungen, Geldstrafen, Unterlassungs-anordnungen sowie Beschlagnahmen. Die Urheberrechtsämter dürfen eigenverantwortlich oder auf Antrag Dritter Überprüfungen einleiten. Werden strafrechtlich relevante Vergehen aufgedeckt, so ist die weitere Verfolgung den Strafverfolgungsbehörden zu überlassen. Beamte der Urheberrechtsbehörden haben die Befugnis, in bestimmtem Rahmen vor Ort Strafen zu verhängen. Weiterhin dürfen sie über die Höhe der Entschädigung entscheiden, die sowohl den direkten Schaden als auch die beim Geschädigten entstandenen Kosten für die Einleitung des Verwaltungsverfahrens umfassen kann. Weiterhin haben sie die Befugnis, illegale Vervielfältigungsstücke zu vernichten. Für die Annahme von Anträgen auf Überprüfung, die Anhörung der Beteiligten und die

Bestrafung ist ein bestimmter Verfahrensablauf festgelegt. Gegen auferlegte Verwaltungsstrafen können die Parteien gerichtlich vorgehen (§ 55 UrheberRG).

c) Strafrechtliche Maßnahmen

Bieten die Handlungen gegen das Urheberrecht eine Straftat, so wird nach dem Gesetz die strafrechtliche Verantwortung verfolgt. Die §§ 213 ff. des chinesischen Strafgesetzbuches enthalten verschiedene Straftatbestände im Hinblick auf die Verletzung von Rechten an geistigem Eigentum. Diese sehen in schweren Fällen ein Strafmaß von bis zu sieben Jahren und / oder eine Geldstrafe vor.
Die Bestimmung des § 217 StrafG bezieht sich direkt auf Urheberrechtsverletzungen. Die diesbezüglichen Straftatbestände umfassen (1) Kopieren und Verbreiten von schriftlichen Werken, Musik, Film-, Fernseh- und Bildaufnahmen, Computer-Software etc. ohne Erlaubnis des Urhebers (2) Veröffentlichung von Büchern, an denen andere Herausgaberechte haben (3) das Kopieren und Verbreiten von Ton- und Videoaufzeichnungen ohne Erlaubnis des Urhebers (4) Kopieren und Vertreiben von gefälschten Kunstwerken anderer Urheber.
Nach § 218 StrafG ist in schweren Fällen des bewussten Verkaufs das Urheberrecht verletzender Kopien in Gewinnerzielungsabsicht eine Freiheitsstrafe bis zu drei Jahren und / oder eine Geldstrafe vorgesehen.

d) Maßnahmen der Zollbehörden

Neben Exekutivorganen der Verwaltungsbehörden und den Gerichten sind beim Schutz des geistigen Eigentums auch die Zollbehörden beteiligt. 1995 erließ der Staatsrat *Bestimmungen zur Wahrung gewerblicher Schutzrechte durch den Zoll* [1472], die zuletzt 2003 revidiert wurden. Diese umschließen den Schutz von Patentrechten, Markenrechten und Urheberrechten (§ 2 *WahrGewerblSchutzR-ZollBest*). Somit gelten die obigen Ausführungen zum Patentrecht auch für das Urheberrecht.

e) Schiedsverfahren

Urheberrechtsstreitigkeiten können gem. § 54 I UrheberRG durch Schlichtung erledigt werden. Eine weitere Möglichkeit ist das Schiedsverfahren, wenn eine schriftliche Schiedsvereinbarung der Parteien getroffen wurde oder im Urheberrechtsvertrag eine Schiedsklausel enthalten ist. In diesem Fall kann ein Schieds-

---

[1472] Im folg.: **WahrGewerblSchutzR-ZollBest** ; chin.: Zhonghua Renmin Gongheguo Zhishi Chanquan Haiguan Baohu Tiaoli – 中华人民共和国 知识产权海关保护条例 v. 05.07.1995; revidierte Fass. verabschiedet am 26.11.2003, i.Kr. seit 01.03.2004 spruch beantragt werden.[1473] Wurde keine schriftliche Schiedsvereinbarung getroffen und wurde auch keine Schiedsklausel vereinbart, so kann gem. § 54 II UrheberRG direkt beim Volksgericht Klage erhoben werden.

5. Der Sonderfall von Computersoftware

a) Gesetzliche Grundlagen und Schutzbereich

§ 58 UrheberRG sieht vor, dass die Maßnahmen zum Schutz von Computersoftware durch den Staatsrat gesondert geregelt werden und bezieht sich damit direkt auf die *Bestimmungen zum Schutz von Computersoftware*, welche neben dem allgemeinen Urheberrecht ein besonderes Softwareurheberrecht begründen (vgl. § 6 CompSoftware-SchutzBest). Somit besteht im Bereich der Computersoftware neben der Möglichkeit des oben bereits geschilderten patentrechtlichen Schutzes die Möglichkeit eines urheberrechtlichen Schutzes, wobei das Softwareurheberrecht gem. § 9 CompSoftware-SchutzBest grundsätzlich dem Entwickler zusteht.

Der Begriff der *Computersoftware* wird in den Bestimmungen der §§ 2 und 3 CompSoftware-SchutzBest definiert. Computersoftware umfasst danach Computerprogramme und die dazugehörige Dokumentation. Sie muss gem. § 4 CompSoftware-SchutzBest von ihrem Entwickler selbständig entwickelt und auf irgendeiner Art von körperlichem Träger fixiert sein. Bei der Softwareentwicklung zur Anwendung gelangte Ideen, Regelungsprozesse, Steuerungsverfahren und mathematische Begriffe gehören gem. § 6 CompSoftware-SchutzBest nicht dazu.
Die einzelnen Rechte, welche sich aus dem Software-Urheberrecht ergeben, werden in der offenen Aufzählung des § 8 CompSoftware-SchutzBest Ziffer (1) bis (9) genannt. Sie sind wesentlich mit denen des allgemeinen UrheberRG identisch, wobei die Unterschiede weitgehend in den Besonderheiten der angewandten Technik begründet liegen. Hervorzuheben sind das Recht auf Vervielfältigung, Vermietung und das der Lizenzierung (§ 8 I, Ziffer 4 und 6 sowie § 8 III CompSoftware-SchutzBest). Die Schutzdauer ist mit der des allgemeinen UrheberRG identisch (§ 14 CompSoftware-SchutzBest).
Eine besondere Pflicht ergibt sich aus § 16 CompSoftware-SchutzBest, der die Vernichtung von Sicherungskopien bei Verlust der Besitzrechte statuiert. Chinesische Staatsbürger, juristische Personen und Organisationen haben bei der Einräumung oder Übertragung von Softwareurheberrechten an Ausländer gem. § 22

[1473] Z. Einzelheiten des Schiedsverfahrens vgl. a. obige Ausf. zum Patentrecht

CompSoftware-SchutzBest die *Bestimmungen über die Verwaltung der Ein- und Ausfuhr von Technologie* zu beachten.

Subjekte des Schutzes von Computersoftware sind einmal chinesische Staatsbürger, juristische Personen oder Organisationen. Sie erhalten das Urheberrecht für von ihnen entwickelte Software unabhängig von deren Veröffentlichung. Ausländern steht für ihre zuerst innerhalb Chinas verbreitete Software das Urheberrecht nach Maßgabe der CompSoftware-SchutzBest zu. Weiterhin genießt Software von Ausländern, deren Heimatstaaten mit China eine entsprechende Vereinbarung abgeschlossen haben oder die einem internationalen Abkommen angehören, dem auch die VR China beigetreten ist, gemäß § 5 CompSoftware-SchutzBest den Schutz des Softwareurheberrechts. Die Bestimmungen über die Durchführung internationaler Urheberrechtsabkommen sehen ausdrücklich vor, dass ausländische Computerprogramme als literarische Werke geschützt werden. Sie brauchen nicht registriert zu werden und ihre Schutzfrist beträgt 50 Jahre nach deren ersten Veröffentlichung (§ 7 InternUrheberRAbk-DB).

b) Durchsetzung von Softwareurheberrechten

Die gesetzliche Verantwortlichkeit für Verletzungen des Softwareurheberrechts wird in den §§ 23 ff. CompSoftware-SchutzBest gesondert geregelt. Die Bestimmung des § 23 CompSoftware-SchutzBest führt einzelne zivilrechtliche Haftungstatbestände auf, welche je nach Umständen die Einstellung der Rechtsverletzung, die Beseitigung ihrer Auswirkungen, eine Entschuldigung oder Schadensersatz des Rechtsverletzers nach sich ziehen können. Zu diesen Tatbeständen gehören unter anderem: (1) die Veröffentlichung oder Registrierung von Software ohne Erlaubnis des Urhebers (2) die Veröffentlichung und Registrierung der Software eines anderen als eigene (3) die Software eines anderen mit dem eigenen Namen zeichnen bzw. eigenmächtige Änderung des gezeichneten Namens (4) Änderung oder Übersetzung der Software ohne Zustimmung des Urhebers (§ 23 Ziffern 1, 2, 4, 5 CompSoftware-SchutzBest). Die Höhe des Schadensersatzes bestimmt sich dabei nach dem UrheberRG.
Die gleiche zivilrechtliche Haftung gilt für die Tatbestände des § 24 CompSoftware-SchutzBest, die sich auf folgende Handlungen ohne Zustimmung des Urhebers beziehen: (1) die ganze oder teilweise Vervielfältigung von Software (2) Verbreitung, Vermietung und Übertragung von Software durch Informationsnetze (3) Vorsätzliches Umgehen der vom Urheber getroffenen technischen Vorkehrungen zum Schutz seiner Software (4) Vorsätzliche Beseitigung oder Veränderung elektronischer Informationen für die Wahrnehmung von Rechten an Software (5) Übertragung oder Einräumung des Softwareurheberrechts an Dritte (§ 24 Ziffer 1 – 5 CompSoftware-SchutzBest).

Bei gleichzeitiger Verletzung der öffentlichen Interessen hat die Urheberrechtsverwaltungsbehörde die Befugnis, die Einstellung der rechtsverletzenden Handlung anzuordnen, das unrechtmäßig erlangte Einkommen und die verletzenden Kopien zu beschlagnahmen und letztere zu vernichten. Darüber hinaus kann sie Geldstrafen verhängen. Bei schwerwiegenden Umständen kann sie auch die hauptsächlich zur Herstellung der Kopien verwendeten Materialien, Werkzeuge etc. beschlagnahmen.
§ 24 CompSoftware-SchutzBest verweist weiterhin auf die strafrechtliche Haftung nach den Bestimmungen des Strafgesetzes.[1474]
Die Möglichkeit des einstweiligen Rechtsschutzes durch Anordnung auf Unterlassung und Beweissicherung wird nach §§ 26, 27 CompSoftware-SchutzBest. eröffnet. Für die gesetzliche Haftung gilt wie im UrheberRG (§ 52) eine Beweislastumkehr. Die Verleger und Hersteller sowie Verbreiter und Vermieter von Software-Kopien haben gem. § 28 CompSoftware-SchutzBest den Beweis für den legalen Erwerb der Kopien zu führen.
Bei Vorliegen einer Schiedsklausel können Streitigkeiten über die Verletzung von Softwareurheberrechten gem. § 31 CompSoftware-SchutzBest auch durch Schlichtung beigelegt werden.

c) Die Umsetzung des Schutzes von ausländischer Computersoftware

Tatsächlich bereitet die Umsetzung des Schutzes von ausländischer Computersoftware in der Praxis große Probleme. So wurden in den letzten Jahren in China vor allem Rechner ohne Betriebssystem verkauft, auf denen dann hauptsächlich raubkopierte Windows-Systeme der US-Firma Microsoft zum Einsatz kamen. Die Bedeutung der Gewährleistung eines wirkungsvollen Schutzes der amerikanischen Software-Produkte zeigte sich beim Besuch des chinesischen Staatspräsidenten Hu Jintao in den USA im April 2006. Nicht dem Präsidenten gegenüber auf Regierungsebene, sondern gegenüber dem Microsoft-Gründer Gates bekräftigte Hu, verstärkte Anstrengungen zum Schutz geistigen Eigentums in China unternehmen zu wollen. Das Treffen zwischen Hu und Gates verdeutlicht den Pragmatismus Chinas bei der Umsetzung von Rechten des geistigen Eigentums. Die VR China benötigt die Produkte des Welt-Monopolisten, um im Computerbereich kompatibel und damit wettbewerbsfähig zu bleiben. Weiterhin liefert Microsoft frei von moralischen Bedenken der chinesischen Regierung das notwendige Know-how für eine wirkungsvolle Kontrolle des Internet und trägt auf diese Weise dazu bei, den ungehinderten Zugang der chinesischen Bevölkerung zu weltweiter und freier Information zu verhindern.[1475]

[1474] Vgl. untere Ausführungen

[1475] Google, Yahoo und MSN (Microsoft) üben in der VR China eine Selbstzensur aus, indem sie der chinesischen Regierung nicht genehme Inhalte aus ihren Suchergebnissen entfernen. Somit unterliegt

V. Fazit

1. Ausreichende gesetzliche Grundlagen

Seit dem Beginn von Öffnung und Reform im Jahre 1978 hat die VR China große Anstrengungen unternommen, dem jahrzehntelang weitgehend vernachlässigten Bereich der Immaterialgüterrechte eine gesetzliche Grundlage zu geben. Die Mitgliedschaft in der WTO mit ihrer Verpflichtung zur Umsetzung der zwingenden Mindeststandards seiner multilateralen Annexabkommen hat zu einem nochmaligen Schub in der Gesetzgebung zu Rechten des geistigen Eigentums geführt. Dabei erfolgt die formelle Umsetzung der gesetzlichen Anforderungen weitgehend durch Änderung bereits bestehenden innerstaatlichen Rechts und dessen WTO-konforme Auslegung. Auf diese Weise wurden die meisten Gesetze zum Schutz von Immaterialgüterrechten in der VR China in den letzten Jahren revidiert. Abgesehen von den oben dargestellten Defiziten kann davon gesprochen werden, dass die VR China jedenfalls in formaler Hinsicht Konformität mit den WTO-Grundsätzen hergestellt hat. Insgesamt kann von einer positiven Entwicklung der Gesetzgebung auch für den Schutz ausländischer Immaterialgüterrechte gesprochen werden, wenn auch die Vielzahl von Regelungen und deren ständige Überarbeitung Hindernisse für eine übersichtliche Rechtslage darstellen.

2. Probleme der Umsetzung vorhandener Gesetze

Während sich die Rechtsentwicklung im Bereich der Gesetzgebung somit auf einem guten Weg befindet, zeigen sich im Bereich der Schutzpraxis von Immaterialgüterrechten insgesamt noch deutliche Schwächen. Trotz einer gesetzlichen Entwicklung, die sich im Rahmen internationaler Einbindung den dort üblichen Mindeststandards annähert, kommt es in China häufig und in großem Ausmaß zu Verletzungen der legitimen Interessen von Schutzrechtsinhabern.

Dies mag einmal, wie in der Fachliteratur immer wieder vermutet, in der Auffassung breiter Teile der Bevölkerung begründet sein, dass in der Verletzung von Schutzrechten in diesem Bereich kein Unrecht liegt, was auf ein mangelndes Bewusstsein für den notwendigen Schutz geistigen Eigentums deuten könnte. Dabei wird immer wieder darauf verwiesen, dass die Zuordnung geistiger Leistungen zu einer einzigen Person dem chinesischen Denken traditionell fremd ist.[1476] Dieser Standpunkt ließe sich sogar sprachhistorisch belegen, denn

das Internet in China einer doppelten Zensur. Einmal durch die genannten in China aktiven Internet-Unternehmen und weiterhin durch den staatlich kontrollierten Hauptserver.

[1476] Keßler/Qiao (2003), S. 183

das im modernen Chinesisch gebräuchliche Wort für *lernen*[1477] besteht aus den zwei Schriftzeichen *lernen* und *üben*. Es bedeutet damit im eigentlichen Wortsinn nachahmen, imitieren oder auch sich durch Nachahmen aneignen und ist in dieser Bedeutung bereits in den konfuzianischen Klassikern belegt. Somit könnte das ungehemmte Nachmachen oder Kopieren bereits vorhandener, auf der geistigen Leistung anderer beruhender Produkte in China traditionelle Wurzeln haben bzw. von traditionellen Vorstellungen begünstigt sein. Letztlich bleiben solche Vermutungen jedoch spekulativ und täuschen darüber hinweg, in welchem Ausmaß und mit welcher Professionalität Produktpiraterie in China betrieben wird.

Auch das Argument, das Rechtssystem im Bereich des geistigen Eigentums sei noch sehr jung und deshalb habe sich noch kein entsprechendes Rechtsbewusstsein in der Bevölkerung entwickelt, ist bei einem Staat mit den politischen und rechtlichen Strukturen wie der VR China wenig überzeugend. Die chinesische Regierung hat bereits die gesetzlichen Grundlagen für den Schutz von Rechten des geistigen Eigentums geschaffen und verfügt über die Möglichkeiten von deren Umsetzung, um die Verletzung von Immaterialgütern zu verhindern und gegebenenfalls zu sanktionieren. Außerdem ist in China die Bedeutung des Rechtsbewusstseins in der Bevölkerung erkannt. Schon 1985 wurde vom Ständigen Ausschuss des NVK ein erstes Programm zur Verbreitung von Rechtskenntnissen aufgelegt, dem viele gefolgt sind.[1478] Kommt es dennoch zu häufigen Verletzungen geistigen Eigentums, so stellt sich die Frage, wie es um die praktische Umsetzung und Durchsetzung der auch international als ausreichend anerkannten Gesetzgebung in diesem Bereich bestellt ist.
Hier ist der Tenor in der Fachliteratur weitgehend einhellig. Die praktische Umsetzung der inzwischen geschaffenen gesetzlichen Voraussetzungen für den Schutz immaterieller Güter bleibt ein Problem. Einmal ist die Zusammenarbeit der verschiedenen zuständigen Behörden mit Polizei und Staatsanwaltschaft stark verbesserungsbedürftig[1479], was sich negativ auf die strafrechtliche Verfolgung und damit auf die Sanktionierung als wirkungsvolles Mittel der Verhinderung von Schutzrechtsverletzungen auswirkt. Weiterhin fehlt es nach wie vor an speziellen Kenntnissen und Erfahrungen der Richter auf dem Gebiet des geistigen Eigentums[1480], wobei dieses Hindernis durch die Einrichtung von Spezialkammern für gewerblichen Rechtsschutz an den Volksgerichten der mittleren und oberen Ebene in den großen Wirtschaftszentren[1481] bereits in Angriff ge-

[1477] Chin.: xuexi – 学习 , zusammengesetzt aus den Zeichen für *lernen* und *üben*; vgl. Konfuzius, der beide Begriffe in ihrer ursprünglichen Bedeutung in Zusammenhang setzt: *Lernen* und fortwährend *üben* - 学而 时习之 (Gespräche, Buch I, 1.)
[1478] Auch der seit 1999 geführte chinesisch-deutsche Rechtsdialog leistet hier einen Beitrag; s. Knieper (2002 b), S. 225 m. w. Nachw.
[1479] Keßler/Qiao (2003), S. 183
[1480] Vgl. a. Steffens (2004), S. 330
[1481] Die erste Kammer wurde 1993 am Volksgericht der mittleren Ebene in Peking eingerichtet. Mittlerweise gibt es entsprechende Kammern an den VG der oberen und mittleren Ebene in den Städten

nommen wurde und in näherer Zukunft lösbar erscheint. Dies belegt, dass in der VR China ein klares Bewusstsein darüber besteht, dass rasch ernste Anstrengungen zur systematischen und sanktionsbewehrten Implementierung und Verfolgung von Gesetzesverletzungen unternommen werden müssen.[1482]
Als besondere Schwierigkeit erweist sich jedoch ein vornehmlich in ländlichen Gebieten verherrschender Protektionismus, der einhergeht mit einem fehlenden Bewusstsein richterlicher Unabhängigkeit.[1483] In diesem Bereich sind langjährige, sowohl mit traditionellen als auch mit dem politischen System zusammenhängende verhärtete Strukturen aufzubrechen, was tiefgreifendere Veränderungen erfordert und Lösungen in absehbarer Zeit erschwert. Ein vielversprechender Ansatz ist hier, dass inzwischen nicht mehr Laien zu Richtern ernannt werden, sondern diese eine mindestens vierjährige juristische Ausbildung absolvieren müssen, die mit einer einheitlichen Prüfung abgeschlossen wird.[1484] In diesem Zusammenhang wäre auch zu prüfen, ob nicht Art. 126 Verf. diesen Umständen entsprechend weiter interpretiert werden sollte und in Zukunft nicht nur die Unabhängigkeit der Gerichte von äußeren Einmischungen zu schützen ist, sondern auch die Unabhängigkeit der Richter.[1485] Problematisch ist auch der in der Verfassung angelegte Grundsatz der Aufsichts- bzw. Leitungsfunktion der übergeordneten Volksgerichte und Staatsanwaltschaften (Art. 127 und 132 Verf.). Damit wird der ebenfalls in der Verfassung niedergelegte Grundsatz unabhängiger Gerichte und Staatsanwaltschaften (Art. 126 und 131 Verf.) untergraben.
Bei der Umsetzung und Durchsetzung von Recht in der Volksrepublik China ist schließlich auch die regionale Vielfalt und der unterschiedliche Entwicklungsgrad der verschiedenen Regionen des Landes zu berücksichtigen. Weiterhin können sich lokale Sitten und Gebräuche als hinderlich für die Durchsetzung einheitlicher rechtlicher Maßstäbe erweisen.[1486] Für Produktpiraten ergeben sich somit Nischen, in denen sie vor rechtlicher Verfolgung sicher sind.

3. Überdehnung des Eigentumsschutzes

Wenn auf der einen Seite von einer positiven Entwicklung der Gesetzgebung im Bereich der Immaterialgüterrechte in China gesprochen werden kann, die sich auch auf den Schutz ausländischer Immaterialgüterrechte auswirkt, so deutet sich auf der anderen Seite eine problematische Tendenz an. Diese liegt nicht nur in den Besonderheiten des chinesischen Rechtssystems begründet, sondern spie-

---

Peking, Shanghai, Guangzhou, Tianjin sowie der Provinz Jiangsu und in den SWZ Shenzhen und Zhuhai.
[1482] Vgl. Knieper (2002 b), S. 229
[1483] Bottenschein (2005), S. 122
[1484] Die erste Durchführung einer solchen Prüfung fand im März 2002 statt.
[1485] S. Knieper (2002 a), S. 10
[1486] Sun (2001), S. 38

gelt eine Entwicklung wieder, welche in den westlichen Industrieländern zu beobachten ist und die von der VR China im Zuge der Umsetzung des TRIPS-Abkommens aufgegriffen wird. Die obigen Ausführungen machen deutlich, dass sich China dem allgemeinen Trend zu einer Ausdehnung des Schutzes und der Befugnisse zu Lasten eines öffentlichen Zugangsinteresses anschließt.
Paradoxerweise birgt gerade das TRIPS-Übereinkommen über handelsbezogene Aspekte der Rechte des geistigen Eigentums die Gefahr, dass sich der dadurch begründete verstärkte Schutz für Immaterialgüterrechte nicht nur als hinderlich für Wissenschaft, Forschung und Innovation erweist, sondern auch Monopolrechte schafft, welche auf internationaler Ebene die Entwicklungsländer von einer Teilhabe an wissenschaftlichem und technischem Fortschritt ausschließen und ihnen damit die Voraussetzungen entziehen, diesen Status abzustreifen.[1487]
Ein kritisches Bewusstsein für diese Problematik mag in China dadurch erschwert sein, dass der Wirtschaftsriese China kaum mehr zur Riege der Entwicklungsländer zu rechnen ist, sondern ehrgeizig seine Stellung als Weltwirtschaftsmacht ausbaut. Dabei wird die dem Immaterialgüterrecht zugrunde liegende Abwägung zwischen dem Schutzinteresse des Rechtsinhabers und dem Zugangsinteresse der Allgemeinheit[1488] von der zunehmenden wirtschaftlichen Stärke und den besonderen politisch-sozialen Bedingungen in der Volksrepublik bestimmt.

Der allgemeine Trend einer Ausweitung des Eigentumsschutzes auf immer weitere Objekte und einer Stärkung der damit verbundenen Befugnisse lässt sich besonders im Bereich der Patentierbarkeit von Computerprogrammen beobachten. Während diese in den USA bereits 1994 durchgesetzt wurde, erfolgte der Durchbruch für sog. Software-Patente in den EU-Ländern mit der Zustimmung des EU-Rates zur Patentrichtlinie im Jahre 2004. China liegt mit seiner Ausweitung der Grenzen der Patentierbarkeit von Computerprogrammen bei der gleichzeitigen Möglichkeit, diese durch Urheberrechte schützen zu lassen, auf einer Linie mit dieser auch durch internationale Schutzrechtsabkommen wie TRIPS geförderten rechtlichen Entwicklung, welche, falls ungebremst, auf längere Sicht zu einer weltweiten Einschränkung des freien Raums elektronischer Kommunikation führen wird. Auf nationaler Ebene birgt dies Gefahren für die Offenheit der Gesellschaft, welche allerdings an dem Grad der tatsächlich gegebenen Offenheit zu messen ist. In Bezug auf Staaten mit einer hohen Kontrolldichte der Kommunikation wie der Volksrepublik verringert dies zumindest die Möglichkeit einer gesellschaftlichen Entwicklung hin zu mehr Offenheit.[1489]

[1487] Vgl. a. Stiglitz in: *The Kazahstan Monitor* v. 26.08.2005, S. 7; s.a. Gösele (1996), S. 467 ff.
[1488] Vgl. Knieper (2005), S. 765 f.
[1489] Knieper (2005), S. 766; vgl. z. *Offenheit der Gesellschaft* a. Luhmann (1986). Luhmann versucht auf Grundlage der funktionalen Systemtheorie zu verdeutlichen, dass Grundrechte nicht einfach überpositive Normen geheimnisvoller Herkunft sind, welche die Natur dem Staat als Recht aufoktroyiert, sondern dass sie für den Staat eine wesentliche Funktion erfüllen. Sie dienen dazu, das Kommunikationswesen so zu ordnen, dass es für eine Differenzierung offen bleibt. Die Garantie von Freiheiten ist nichts anderes als eine Garantie von Kommunikationschancen. Der eigentliche Sinn des Eigentums-

Eine Tendenz zur Stärkung des Schutzes der Schutzrechtsinhaber bei gleichzeitiger Reduzierung der Beschränkungen zeigt sich auch im chinesischen Markenrecht, womit China ebenfalls im internationalen Trend liegt. Die Gewährung von Schutzrechten für den Begriff *Fußball WM 2006*, welche im April 2006 zu Recht vom BGH abgelehnt wurde, ist ein Beispiel dafür, welche Auswüchse der Schutz von Marken annehmen kann. Dabei geht es nicht nur um den Ausschluss kleiner und mittlerer Unternehmen vom Wettbewerb, sondern auch um sprachliche Zensur durch die Ausdehnung von Exklusivrechten auf Bezeichnungen ohne die im Markenrecht geforderte Unterscheidungskraft und damit auf gemeinhin gebräuchliche Begriffe und Redewendungen.

Insgesamt hat die VR China den durch das TRIPS-Abkommen noch verstärkten Trend einer Ausdehnung und Stärkung der Immaterialgüterrechte aufgenommen. Die Notwendigkeit einer sorgfältigen Abwägung zwischen individuellem Schutzinteresse und allgemeinem Zugangsinteresse und die damit verbundene angemessene Feinabstimmung zwischen Rechtsschutz und Zugangsfreiheit[1490] mag sich den Gesetzgebern der Volksrepublik gegenwärtig noch nicht zu erschließen. Die Tendenz fällt eher zu Lasten eines allgemeinen Zugangsinteresses und Zugangsfreiheit aus. Die Hinwendung Chinas zu einem verstärkten Eigentumsschutz im Bereich des geistigen Eigentums ist deshalb nicht nur positiv zu bewerten, sondern birgt Gefahren für eine freie Wirtschaftsentwicklung und verringert die Möglichkeit einer Entwicklung hin zu einer offenen Gesellschaft. Für die politischen Entscheidungsträger in China ergibt sich aus der Problematik dieser Entwicklung angesichts der Konzentration auf eine rasche wirtschaftliche Entwicklung und des Ziels der Erhaltung des politisch-gesellschaftlichen Status-quo gegenwärtig kein Interessenwiderspruch.

---

schutzes nach Art. 14 GG ist nicht, den Einzelnen in seiner Persönlichkeit zu schützen, sondern seine Teilnahme am Kommunikationssystem der Wirtschaft zu gewährleisten. Funktionsfähigkeit des Wirtschaftssystems und Ausdifferenzierung der Wirtschaft als Untersystem der Gesellschaft hängen dabei zusammen. Die Garantie von Freiheiten ist damit nichts anderes als eine Garantie von Kommunikationschancen. Dies bedeutet aber auch, dass eine Überdehnung des Eigentumsschutzes einer Ausdifferenzierung der Wirtschaft und damit einer differenzierten Kommunikationsordnung entgegenläuft.

[1490] Vgl. Knieper (2005), S. 766

D. Recht und Eigentum in der VR China – Fazit und Ausblick

Die Ausführungen zum Bodeneigentum im historischen China haben gezeigt, dass Eigentum in China eine lange Tradition hat. Gleichzeitig wurde deutlich, dass das moderne Konzept privaten Eigentums mit der Möglichkeit uneingeschränkter Verfügung nicht ohne weiteres auf das vormoderne China anzuwenden ist.[1491] Eigentum im kaiserlichen China war in den besonderen Traditionen des chinesischen Kultur- und Rechtskreises verwurzelt, deren Auswirkungen im Immobiliarsachenrecht noch heute spürbar sind. So hat der Gedanke des öffentlichen Eigentums am Boden seinen Ursprung nicht in sozialistischem Gedankengut, sondern reicht bis in die Anfänge der Kaiserzeit zurück.
Während im Bereich des Immobiliarsachenrechts ein traditionell geprägter Eigentumsbegriff vorherrscht, gilt dies trotz früher Versuche, Herstellersymbole zu schützen, nicht für Immaterialgüterrechte. Diese sind Ausdruck moderner Wirtschaftsentwicklung und die ersten umfassenden Rechtsgrundlagen in diesem Bereich entstanden unter ausländischem Einfluss. Mit seinen modernen, auch unter dem Druck ausländischer Handelspartner entstandenen Gesetzen zum Schutz geistigen Eigentums, schließt China an diese Tradition an. Bei den Immaterialgüterrechten wird gegenwärtig ein Eigentumsbegriff vertreten, dessen Schutzumfang weltweiten Standards nicht nur ausreichend Genüge tut, sondern noch darüber hinausgeht. Dies gilt uneingeschränkt für inländische und mit Einschränkungen für ausländische Schutzrechtsinhaber, deren Rechte gesetzlich nicht immer den gleichen Bedingungen wie denen der Inländer unterliegen. Weiterhin ergeben sich bei der praktischen Umsetzung gesetzlicher Regelungen zum Schutz geistigen Eigentums Probleme, welche nicht nur in mangelnder Ausbildung juristischen Personals begründet liegen. Die Ursache hierfür liegt auch in der Kluft zwischen staatliche Macht demonstrierender Rechtsetzung und dem Einfluss lokaler Gewohnheiten und Bräuche, die ihre wesentliche Basis in traditionellen Beziehungsnetzwerken (*guanxi-Netzwerke*) haben. Die Literatur verweist darauf, dass die chinesische Rechtskultur stark vom Selbstverständnis persönlicher Pflichten und Abhängigkeiten geprägt ist.[1492] Der sog. Lokalpatriotismus, d.h. die Besserstellung lokaler Unternehmen vor den örtlichen Gerichten und Vollstreckungsorganen, bleibt eines der dringlichsten Probleme der chinesischen Rechtsordnung, gegen das bislang keine wirksame Maßnahme gefunden ist.[1493]

[1491] Vgl. a. Nocker (2001), S. 374
[1492] Himmelmann (2001), S. 364
[1493] So Knut Benjamin Pißler v. Max-Planck-Institut für ausländisches und internationales Privatrecht, in: Hamburger China-Notizen Nr. 32 v. 6. Juli 2004, S. 5; im Internet unter: www.stumpfeldt.de/hcn32/ch.html

I. Traditionelle Beschränkungen des chinesischen Eigentums

1. Der Staat als Sachwalter über den Boden

Eine Besonderheit des Eigentums in China liegt in der die gesamte Kaiserzeit durchziehenden Idee begründet, dass der Boden in seiner Gesamtheit dem Kaiser gehöre und damit öffentliches Eigentum sei. Es bestand zwar eine klare Trennung von öffentlichem und privatem Eigentum; gleichzeitig hatte der Kaiser die Versorgung der Bevölkerung durch ordnungsgemäße Bewirtschaftung nutzbaren Bodens zu sichern und versuchte dies oft durch Landverteilungs- und Zuteilungsaktionen. Weiterhin bildeten die Grundsteuern eine wesentliche Einnahmequelle des staatlichen Haushalts. Die Erhebung von Grundsteuern von den Grundeigentümern und Übertragungsabgaben beim Verkauf von Boden können als staatliche Einschränkung von Grundbesitz bzw. als Ausdruck des universellen Eigentumsrechts des Kaisers am Boden angesehen werden, sind aber auch gleichzeitig Beweis für die Existenz von privatem Eigentum am Boden.
Der Gedanke eines über den Boden, seine gleichmäßige Verteilung und Bebauung wachenden Staates findet sich in § 12 BodenG der Republik China aus dem Jahre 1930 wieder, welches in wesentlichen Grundsätzen noch heute in der Republik Taiwan Anwendung findet.
Die in Verfassung und Gesetzen verankerte Stellung des Staates als Bodeneigentümer und –verwalter in der VR China, die faktisch auch das Kollektiveigentum einschließt, hat damit ihre traditionellen Wurzeln. Verfassung, Gesetzgebung und die kontroverse Diskussion um das zu erlassende Sachenrecht in der VR China machen deutlich, dass sich der Staat auch weiterhin in der Rolle eines Sachwalters sämtlichen Bodens sieht und an der Kontrolle darüber festhält. Die Gründe dafür haben sich seit der Kaiserzeit nicht verändert. Sie liegen darin, einer zum Großteil noch von der Agrarwirtschaft lebenden Bevölkerung ihre Lebensgrundlage zu sichern und in der Bedeutung des Bodens als Einnahmequelle für den Staat. Als besonderes Problem der Gegenwart ergibt sich hier die notwendige Interessenabwägung zwischen landwirtschaftlicher und baulicher Nutzung.

2. Familiäre Beschränkungen und Ausdünnung des Eigentumsrechts durch zeitliche Befristung und beschränkte dingliche Rechte

Der besondere Charakter des chinesischen Bodeneigentums zeigt sich auch an den Beschränkungen in Bezug auf seine Subjekte und Inhalte. *Subjekt des Bodeneigentums* war im kaiserlichen China nicht das einzelne Individuum, sondern es war zwischen der patrilinearen Familie als primärem und dem Individuum als sekundärem Eigentumssubjekt zu unterscheiden.[1494] Die Verfügungsgewalt über die Vermögenswerte der Familie, wozu auch Grund und Boden gehörten, lag spätestens mit Durchsetzung konfuzianischer Gesellschaftsstrukturen beim Familienoberhaupt.[1495] In der Position des Familienoberhaupts waren Verfügungsbeschränkungen in Bezug auf den freihändigen Verkauf von Boden zu beachten, was mit der Dominanz der Familie als gesellschaftlicher Grundstruktur und Garant der von der herrschenden Doktrin des Konfuzianismus geforderten Ahnenverehrung sowie gewohnheitsrechtlich entwickelten Vorkaufsrechten für Familienmitglieder und Nachbarn zusammenhing. Das einzelne Familienmitglied war damit von einer Verfügung über das familiäre Bodeneigentum ausschlossen und selbst dem Familienoberhaupt stand keine dem § 903 BGB entsprechende uneingeschränkte Dispositionsbefugnis über das Familieneigentum am Boden zu. Weiterhin dünnten zeitlich befristete Verkäufe und solche, welche sich auf Feldoberfläche oder Grund beschränkten, das Eigentumsrecht ebenso aus wie das bis heute nicht aus der Rechtswirklichkeit der VR China verschwundene beschränkte dingliche Recht des *Dian*. Die Vielfalt und Häufigkeit solcher wirtschaftlicher Transaktionen zeigt einen flexiblen Umgang mit Eigentum und zeugt davon, wie geläufig im traditionellen China die Idee eines beschränkten Eigentums war. Zeitlich begrenzte und unbegrenzte private Rechte am Boden bestanden parallel nebeneinander. Es gab nie ein einheitliches Konzept von Eigentum, sondern dieses wurde je nach Situation und Umständen ausgelegt und angewendet.[1496] China verfügt damit im Bereich des Grundeigentums traditionell nicht über einen Eigentumsbegriff, der das Eigentum wie in § 903 BGB als vollständiges, einheitliches, umfassendes und ungeteiltes Recht über Sachen erscheinen lässt.[1497] Das gegenwärtig verfolgte Konzept der Gewährung beschränkter zeitlicher Nutzungsrechte über den Boden lässt sich als eine Fortsetzung dieser Tradition verstehen.

II. Fehlende Rechtsgrundlagen und Gewohnheitsrecht

Trotz der langen Tradition von Verfügungen über den Boden fehlte es in China an einer Rechtsverfassung, die Grundlage einer allgemeinen Eigentumsordnung hätte werden können. Bis in das 20. Jahrhundert hinein existierte kein formales, staatlich gesetztes Zivilrecht. Der Bereich des Eigentums blieb der Gesellschaft zur Selbstregelung und damit zur Bildung von Gewohnheitsrecht überlassen. Dies galt für das Immobiliarsachenrecht ebenso wie für den Bereich des privaten

---

[1494] Herrmann-Pillath (1998), S. 46 f.

[1495] S. Loewe (1966), S. 173; s.a. Bauer (1961), S. 168; Betz/Lautenschlager (1929) beschreiben die patriapotestas des Familienoberhaupts als inhaltlich fast unbeschränkt und bezeichnen sie trotz Korrektiven gegen Mißbrauch als Gewalt über Leben und Tod, S. 367; vgl. a. Kim (1981), S. 103 f.

[1496] Kim (1981), S. 106 f.

[1497] Vgl. Knieper (1996), S. 202

Handels. Die fehlende staatliche Gesetzgebung wurde durch Gewohnheitsrecht ersetzt. Dabei war die Geltung des chinesischen Gewohnheitsrechts der von positivem Recht gleichzusetzen. Es wurde von jedermann beobachtet, wurde von jedem staatlichen Beamten respektiert, studiert und von niemandem ungestraft verletzt.[1498] Die Durchsetzung geschah mittels der Familien, lokaler gesellschaftlicher und wirtschaftlicher Strukturen, darauf beruhender Guanxi-Netzwerke und staatlicher Beamte in ihrer Funktion als Richter bei gerichtlichen Auseinandersetzungen, die jedoch tunlichst vermieden wurden. Gesellschaftlich entwickelte, praktizierte Regeln und staatlich gesetztes Recht schlossen einander nicht aus, sondern das chinesische Gewohnheitsrecht füllte die Lücken, die der staatliche Gesetzgeber in seiner Konzentration auf Straf- und Verwaltungsrecht gelassen hatte und stand ergänzend und durchaus auf gleicher Stufe neben diesem. Noch § 1 des chBGB von 1929, welches in der Fassung von 1983 auch heute geltendes Recht in Taiwan ist, sah die Geltung gewohnheitsrechtlicher Regeln bei Fehlen gesetzlicher Regelungen vor.

Es bleibt fraglich, ob das jahrhundertealte zivilrechtliche Gewohnheitsrecht in der gegenwärtigen VR wirklich verschwunden ist, dies um so mehr, als die noch immer junge Gesetzgebung längst nicht alle Bereiche des gesellschaftlichen Lebens umfasst.[1499] Angesichts knapper Zeit und fehlender personeller Ressourcen entschied man sich zu Beginn der Reformära 1978 gegen eine systematische Ausarbeitung eines in sich geschlossenen Normenkatalogs als Reformweg; vielmehr sollten in schneller Folge eine Vielzahl nur grob ausgearbeiteter Gesetze erlassen werden, die dann vor dem Hintergrund der Erfahrungen aus ihrer praktischen Anwendung allmählich zu verfeinern und zu modifizieren waren.[1500] Die rechtlichen Lücken und Unvollkommenheiten dieser Vorgehensweise sind insbesondere im Bodenrecht spürbar. Bethell verweist in seinen Ausführungen zu Wohlstand und Demokratie in China darauf, dass sich dort jahrhundertelang angewendete, gewohnheitsrechtlich entwickelte Institute wie Eigentum und schuldrechtliche Verträge im Zuge der Reformen zunächst ohne gesetzliche Grundlage Geltung verschafften.[1501] Die vielfach vertretene These, nach der effiziente und erfolgreiche ökonomische Aktivitäten nur auf der Grundlage von gesetzlichem Recht auf Eigentum, vor allem Privateigentum und dessen gesetzlichem Schutz möglich sind[1502], ist damit auf China bis heute nicht ohne weiteres anwendbar. Ähnliches gilt für das historische China. In einer Untersuchung zu Gewohnheitsrecht und wirtschaftlicher Entwicklung der Qing-Zeit wurde nachgewiesen, wie durch Gewohnheitsrecht eine Vielfalt des Austausches von Eigentumsrechten erleichtert wurde und dieser Austausch den wirtschaftlichen Aktivitäten einen Schub gab.[1503] Dies zeigt, dass es auf die Effizienz der An-

---

[1498] Franke (1903), S. 3 f.
[1499] Heuser (1999), S. 212
[1500] Schulte-Kulkmann (2002), S. 9 f.; vgl. a. Gesetzgebungsprozess in Russland nach Auflösung der UDSSR
[1501] Bethell (1999), S. 339
[1502] Vgl. Bethell (1998), passim; vgl. a. Heinsohn / Steiger (2004), passim
[1503] Chen/Myers (1996), S. 321 - 369

wendung und Durchsetzung bestimmter Regelungen ankommt und nicht darauf, ob es sich dabei um staatlich gesetztes positives Recht oder um Gewohnheitsrecht handelt.

III. Mangelnde Rechtssicherheit

Fehlende staatliche Rechtsetzung und das Vorherrschen von Gewohnheitsrecht führten im traditionellen China nicht zu mangelnder Rechtssicherheit. Gewohnheitsrecht wurde allgemein anerkannt und die Nichtbefolgung gesellschaftlich sanktioniert. Es konnte mit Hilfe staatlicher Institutionen durchgesetzt werden und bildete im Eigentumsbereich eine staatlich geduldete und geförderte Ergänzung staatlichen Rechts. Die Absicherung des Eigentums durch Gewohnheitsrecht bot daher den gleichen Schutz wie eine Absicherung durch staatlich gesetztes positives Recht. Das gewachsene Gewohnheitsrecht stellte vor dem Hintergrund wechselnder Herrscher und Dynastien, von denen keine die Notwendigkeit staatlich gesetzter Regelungen im Eigentumsbereich sah, ein Kontinuum dar. Es überstand sämtliche politische Wechsel, wurde von den Herrschenden in der Regel toleriert und unterstützt und entwickelte damit eine Unabhängigkeit von staatlichen Institutionen. Langjährige Übung und die Unabhängigkeit von politischen Wechseln führten im historischen China im Bereich des Eigentums zu einem großen Maße an Rechtssicherheit.

Die Rechtsentwicklung in der VR China zeigt, dass diese ein dem Kaiserreich China entsprechendes Maß von Rechtssicherheit nicht bieten kann. Unübersehbare Fortschritte im Hinblick auf das kodifizierte Recht, welches sich bei allen vorhandenen Mängeln in vielen Bereichen internationalen Standards annähert, können nicht darüber hinwegtäuschen, wie sehr staatliche Rechtsetzung und Rechtsdurchsetzung mit der Einparteienherrschaft durch die KPCh verknüpft sind.[1504] Die Abhängigkeit des Rechts von den jeweiligen politischen Gegebenheiten bzw. Ränkespielen in der Partei haben in der Vergangenheit zu einer Abschaffung von Recht überhaupt geführt.[1505] Die Ursachen für eine solche Entwicklung lagen in der absoluten Parteiherrschaft der KPCh begründet und sind in der VR China, wo Parteibeschlüsse noch gegenwärtig faktischen Vorrang vor Gesetzen genießen, nicht beseitigt. Weiterhin führen personelle Verknüpfungen auf politisch-administrativer Ebene zu einer Verknüpfung von staatlichem und parteipolitischem Handeln, wobei die Grenzen zwischen Recht und Politik verschwimmen.[1506] Diese Faktoren führen zwangsläufig zu einem Stabilitäts- und Rechtssicherheitsverlust, der bei ausländischen Investitionen auch gegenwärtig entsprechend zu berücksichtigen ist. Ausländische Unternehmen, welche zu dem

---

[1504] Vgl. Himmelmann (2001), S. 357 ff.

[1505] Die Literatur spricht von *Rechtsnihilismus* bzw. Rechtlosigkeit während der Phase der sog. *Kulturrevolution* (1966 – 1976); vgl. Schulte-Kulkmann (2002), S. 9

[1506] Himmelmann (2001), S. 361

enormen Wachstum in der VR China beitragen, nehmen die Rechtsunsicherheit in Abwägung mit den zu erwartenden Gewinnen bewusst in Kauf und Rechtssicherheitsdefizite werden auf diese Weise kompensiert.[1507]

IV. Rechtsstaatlichkeit, Demokratie und Freiheit als notwendige Bedingung für Eigentum ?

Der unmittelbare Zusammenhang zwischen dem Prinzip des Rechtsstaats und wirtschaftlichem Wachstum in prosperierenden Gesellschaften bzw. zwischen Demokratie und Wohlstand wird von Politikwissenschaftlern immer wieder beschworen. Auch Wei Jingsheng, weltbekannter Dissident der beginnenden Reformära in China forderte mutig neben den vier staatlich verordneten Modernisierungen die Einführung von Demokratie als die für wirtschaftliche Erneuerung unerlässliche fünfte Modernisierung. Wirtschaftliche Modernisierung sei ohne Demokratie nicht möglich. Der Blick auf die nun schon seit über zwanzig Jahren andauernde, wirtschaftlich überaus erfolgreiche Entwicklung der VR China weckt an der Sinnhaftigkeit dieser Forderung Zweifel. Der tatsächliche Zusammenhang zwischen Demokratie und auf wirtschaftlicher Entwicklung beruhendem Wohlstand erschließt sich über die Kausalitätsrichtung. Demokratie kann sich auch als Folge von wirtschaftlichem Wohlstand ergeben, ist aber nicht dessen Ursache.[1508]

Die wirtschaftliche Entwicklung Chinas seit den Reformen und die gegenwärtigen Wachstumsraten zeigen, dass Wirtschaftswachstum hin zu einer prosperierenden Gesellschaft nicht von Demokratie und Rechtstaatlichkeit abhängen. In der chinesischen Verfassung ist das Prinzip eines *sozialistischen* Rechtsstaates als Grundlage gesetzesmäßigen Regierungshandelns normativ verankert. Der empirische Abgleich zeigt, dass die wesentlichen Grundsätze westlich geprägter Rechtsstaatlichkeit wie Gewaltentrennung, Gewährleistung persönlicher Grundrechte, Bindung der vollziehenden und rechtsprechenden Gewalt an Gesetz und Recht sowie die Gesetzmäßigkeit der Verwaltung in der Volksrepublik China zum jetzigen Zeitpunkt nur sehr unzureichend gegeben sind. Dies war zu Beginn der Reformen noch weniger der Fall. Grundlegende wirtschaftliche Reformen, darunter die Restauration des Eigentums, wurden in der Volksrepublik auch ohne Demokratie und Rechtsstaatlichkeit Realität. Das Fehlen der von westlichen Industriestaaten weltweit gebetsmühlenartig eingeforderten oder mit Waffengewalt durchgesetzten staatlichen Merkmale der Rechtsstaatlichkeit und Demokratie scheint das schnelle und kontinuierliche Wachstum in China und seine Entwicklung zu einer prosperierenden Gesellschaft nicht zu hemmen.

[1507] S. Himmelmann (2001), S. 396 ff.

[1508] Bethell (1999), S. 334 m. Bezug auf den Soziologen Seymour Martin Lipset; vgl. a. wirtschaftlich-politische Entwicklung in Süd-Korea

Ob sich in der Volksrepublik infolge der erfolgreichen ökonomischen Entwicklung ein demokratischer Staat ausbildet, wird die Zukunft erweisen. Die von Deng Xiaoping aufgezeigte Richtung, erst einige Menschen reich werden zu lassen, wird jedenfalls in dem Sinne umgesetzt, solche Wirtschaftsaktivitäten zu legalisieren, die der wirtschaftlichen Entwicklung förderlich erscheinen. Dies hat zu einem großen Ausmaß *wirtschaftlicher* Freiheiten und zu verfassungsrechtlich geschütztem Eigentum mit Ausnahme des Bodens geführt. Die Beschränkungen beim Bodeneigentum liegen darin begründet, dass sich der Staat, ganz in der Tradition des kaiserlichen China, in der Rolle eines Sachwalters über den Boden sieht, welcher nach wie vor Lebensgrundlage des Großteils der Bevölkerung ist. Dabei befindet sich China durchaus in Einklang mit Stimmen in der westlichen Literatur, die eine übermäßige staatliche Intervention in die Wirtschaft ablehnen, aber gleichzeitig mahnen, dass Eigentumsrechte nicht dazu dienen dürfen, die fundamentalen Bedürfnisse der Bevölkerung zu vernachlässigen[1509] und der Staat in der Pflicht stehe, ausreichende Bedingungen für eine Erfüllung der Grundbedürfnisse seiner Bevölkerung zu schaffen.[1510] In der Volksrepublik ist der verantwortungsvolle und geplante Umgang mit der Ressource des Bodens eine wesentliche Voraussetzung für die erfolgreiche Bewältigung dieser Aufgabe und dies ist durch eine umfassende Privatisierung nicht im gleichen Maße zu gewährleisten. Die Regierung der VR China beschreitet hier den Weg zeitlich begrenzter Nutzungsrechte.

V. Rechtsexport als eigennützige Unterstützung der westlichen Industriestaaten

Mit wirtschaftlicher Modernisierung und aussenwirtschaftlicher Öffnung bemühte sich die politische Führung der VR China um eine Modernisierung und Angleichung des chinesischen Rechtssystems an international geltende Standards. Dabei orientierte sich der Prozess der Rechtsreformen einerseits an westlichen Rechtsordnungen als Vorbildern. Auf der anderen Seite haben westliche Staaten wie auch die Bundesrepublik Deutschland durch Rechtsberatung im Rahmen der zwischenstaatlichen technischen Zusammenarbeit einen direkten Einfluss auf die Gestaltung der chinesischen Rechtsordnung. Fraglich ist, welche Rolle ausländisches Recht und westliche Rechtsberatung tatsächlich für die Rechtsreformen und damit auch für die Situation des Eigentums in der VR China spielen können. Die von der Rechtsvergleichung getragene Überzeugung, dass allein aufgrund der rechtsdogmatischen Überzeugungskraft von Rechtsnormen und –konzepten eine allmähliche Annäherung rechtlicher Standpunkte

[1509] Pipes (1999), S. 287
[1510] Hayek (1976), S. 90

und Verringerung rechtlicher Divergenzen möglich ist, die langfristig zu einer Harmonisierung der Rechtsnormen aller Staaten an universell anerkannte Rechtsnormen führt[1511], erscheint bei der dargestellten eigenständigen kulturellen und rechtlichen Tradition Chinas utopisch. Realistischer ist hier eine Betrachtungsweise, welche die akteurs- und interessenbezogene Dimension mit einbezieht und damit das Augenmerk auch auf außerrechtliche Faktoren lenkt.[1512] Dahinter steht der Gedanke, dass Rechtsnormen zu ihrer effektiven Verbreitung auf Akteure angewiesen sind, deren Handeln von einer Vielzahl außerrechtlicher Interessen getragen ist. Eine wesentliche Rolle bei der Rechtsberatung spielen auch Prestigeinteressen. Dabei weckt die erfolgreiche Übertragung eigener Rechtsnormen durchaus Triumphgefühle[1513] bei den Beraterländern, womit sich ausländische Rechtsberatung und die damit einhergehende Migration von Rechtsnormen auch als eine Form von symbolischem Imperialismus darstellen können.

Zunächst ist ein kurzer Blick auf die Zielsetzung der Rechtsreformen in China zu werfen, um den von China gewollten und geduldeten Einflussbereich ausländischer Rechtsberatung abzustecken. Hier ist zwischen einer allgemeinen Rechtsreform und Rechtsreformen im wirtschaftlichen Bereich zu unterscheiden. Beide standen seit Beginn der Reformen nicht in einem gleichberechtigten, sondern in einem hierarchischen Verhältnis zueinander. Recht sollte zuallererst die nötigen institutionellen Rahmenbedingungen für die Modernisierung des Wirtschaftssystems leisten. Gleichzeitig sollte mit Hilfe des Rechts eine möglichst effektive Politikimplementation und Kontrolle der Gesellschaft zum Nutzen der wirtschaftlichen Modernisierung gewährleistet werden. Dies deutet auf eine instrumentelle Konzeptionierung des Rechts[1514], welche sich auf Inhalte, Ausmaß und mögliche Wirksamkeit ausländischer Rechtsberatung auswirkt.

Eine Analyse der rechtlichen Zusammenarbeit Chinas mit westlichen Staaten zeigt, dass von ausländischer Seite vorwiegend zwei Zielsetzungen verfolgt werden. Zum einen soll durch Gesetzgebungsberatung und die Schulung von Justiz- und Verwaltungspersonal die Gestaltung und Durchsetzung von Wirtschaftsgesetzen verbessert werden. Dabei zielt die Rechtsberatung auf eine rechtliche (Mit-)Gestaltung des chinesischen Wirtschaftsraumes. Dies liegt auch im Interesse ausländischer Investoren, die ein klares Normenumfeld und ausreichende Rechtssicherheit für ihre Aktivitäten auf dem chinesischen Markt benötigen. Somit dient westliche Rechtsberatung gegenüber China auch den Interessen der Investoren aus den Geberstaaten. Maßnahmen zur Qualifizierung von juristischem und Verwaltungspersonal dienen hier dem Interesse der beratenden Staaten, die Rahmenbedingungen für Investoren aus dem eigenen Land im Hin-

[1511] Vgl. Zweigert/Kötz (1996), S. 2 f.
[1512] Schulte-Kulkmann (2002), S. 1
[1513] Vgl. Knieper (1998), S. 358
[1514] Schulte-Kulkmann (2002), S. 4; s.a. v. Senger (1994), S. 99

blick auf gerichtlichen Schutz und die Durchsetzung von Rechten zu verbessern. Rechtsszusammenarbeit dient der Erleichterung des Markteintritts und letztlich der Förderung der eigenen inländischen Wirtschaft der Beraterstaaten.[1515] Die Gesetzgebungsberatung zum Schutz des geistigen Eigentums, an der die USA und die Bundesrepublik einen hohen Anteil hatten, war deutlich von Motiven der Erleichterung des Markteintritts und des Schutzes der eigenen Unternehmen geprägt.

Der zweite Schwerpunkt ausländischer westlicher Rechtsberatung liegt in der Förderung von Rechtsstaatlichkeit. Rechtsstaatlichkeit und die Gewährung von Rechtssicherheit werden vom deutschen BMZ als wesentliche Rahmenbedingungen für eine wirkungsvolle technische Zusammenarbeit genannt.[1516] Der von dieser Zielsetzung geprägte, im Jahre 2000 ins Leben gerufene deutsch-chinesische Rechtsstaatsdialog hat dabei eine evolutionäre Entwicklung im Blick. Das durch den Dialog transportierte rechtsstaatliche Gedankengut soll die Bereitschaft zu Reformen des politischen Systems und zur Wahrung der Menschenrechte erhöhen. In der Praxis soll über die Zusammenarbeit in weniger kontroversen Bereichen wie dem Wirtschaftsrecht Vertrauen aufgebaut werden, um auf dieser Grundlage sensiblere, menschenrechtsrelevante Bereiche bearbeiten zu können.[1517] Hier spielt einmal die Legitimation und Wertebindung der Außenpolitik der Geber-Staaten nach innen eine Rolle. Der Vorwurf der Verfolgung rein ökonomischer Interessen soll auf diese Weise entkräftet werden. Gleichzeitig erleichtert Rechtssicherheit als ein Element der Rechtsstaatlichkeit die rechtliche Absicherung von Investitionen aus den Geber-Staaten. Auf diese Weise werden außenpolitische und außenwirtschaftliche Interessen miteinander verknüpft.
Ausländische Rechtsberatung in China ist dabei oftmals als *trojanisches Pferd*[1518] konzipiert. Durch Rechtsberatung sollen demokratische und rechtsstaatliche Elemente in das Rechtssystem der VR China eingeschleust werden in der Hoffnung, dass diese dann zu kleinen Reformen in Richtung Demokratie und Rechtsstaatlichkeit führen, die ein Eigenleben entwickeln und so von der politischen Führung der VR nicht mehr aufzuhalten sind. So soll Rechtsberatung eine Reform des chinesischen Rechts und schließlich auch des politischen Systems von innen heraus bewirken.[1519] Es ist naiv zu glauben, der politischen Führung der Volksrepublik könne eine solche Strategie entgangen sein. Die von Bethell thematisierte Kausalität zwischen Wohlstand und Demokratie mag hier eine zuverlässigere Prognose über die weitere Entwicklung Chinas erlauben. Die bewusst gesteuerte wirtschaftliche Entwicklung Chinas hat bereits zu wirtschaftlichen Freiheiten und dem verfassungsrechtlichen Schutz von Eigentum geführt

[1515] Schulte-Kulkmann (2002), S. 21
[1516] Tomsa (1997), S. 998
[1517] Vgl. Schulte-Kulkmann (2002), S. 24
[1518] Bünger (1950), S. 167
[1519] Stephenson (2000), S. 14 - 16

und auf diese Weise *einige Bürger zuerst reich werden* lassen. Bei einer kontinuierlichen Entwicklung hin zu Wohlstand für breitere Bevölkerungskreise könnte die wirtschaftliche Liberalisierung zu einer politischen Liberalisierung führen.

Gesetzgebungssystem der VR China[1520] im Überblick

(in Klammern die offiziell zum Erlass ermächtigten Organe; §§ ohne Gesetzesangabe sind solche des Gesetzgebungsgesetzes)

Verfassung[1521]
(Volkskongress)

Politische Richtlinien[1522]
(von der Verwaltung oder der Partei gesetztes Recht,
das nicht als formelle Verordnung oder formelles Gesetz ergeht[1523];
Diese ergehen (1)als globale Normen und
(2)detaillierte Normen, welche lückenhaftes Gesetzesrecht
ergänzen oder gesetzlich nicht geregelte Materien regeln[1524]

Einfache Gesetze[1525]
(Volkskongress u. sein Ständ. Ausschuss, § 7)

Grundlegende Gesetze	andere Gesetze
(Volkskongress)	(Ständ. Ausschuss d. VK)

[1520] Für das offizielle Gesetzgebungssystem vgl. Falü Cidian (2003), S. 941; rechtl. Grundlage ist hier das **Gesetzgebungsgesetz** v. 15.03.2000, chin..: Zhonghua renmingongheguo lifa fa - 中华人民共和国立法 法; im folg.: **GesetzgebG**. Die Notwendigkeit einer solchen Regelung ergibt sich aus der Anzahl der in 20 Jahren nach Beginn von Reform und Öffnung ergangenen Gesetze und anderen normativen Dokumente. Dies waren mehr als 370 Gesetze und diese betreffende Beschlüsse, über 800 Verwaltungsbestimmungen, mehr als 7000 regionale Bestimmungen sowie mehrere 10.000 Vorschriften (Münzel, CR 2000.5, 15.3.00/2, Anm. 1). Das Rangverhältnis der Normen ist in den §§ 79 ff. GesetzgebG geregelt. Als Grundsatz gilt: Gesetze gehen Verwaltungsbestimmungen, regionalen Bestimmungen und Vorschriften vor. Verwaltungsbestimmungen gehen regionalen Bestimmungen und Vorschriften vor, § 79 GesetzgebG. Zur Problematik der Normenhierarchie zwischen zentralstaatlichen und regionalen Bestimmungen s.a. Thümmel (1994), S. 157, der den regionalen Bestimmungen in der Rechtspraxis den Vorrang einräumt.

[1521] Die Verfassung hat gem. § 78 GesetzgebG oberste Gesetzeskraft und kein Gesetz, keine Verwaltungs-bestimmung, regionale Bestimmung, Autonomie- und Einzelverordnung, Vorschrift darf mit der Verfassung in Widerspruch stehen. Die gesamte Gesetzgebung muss sich gem. § 3 GesetzgebG nach den Grundsätzen der Verfassung richten, an der Führung der KPCh sowie an Öffnung und Reform festhalten.

[1522] Chin.: Guojia zhengce – 国家政策 ; vgl. § 6 AGZ: Zivilgeschäfte haben sich an dem Gesetz auszurichten; soweit das Gesetz keine Bestimmung trifft, haben sie sich an die staatlichen Richtlinien zu halten; v. Senger (1994), S. 198 f. übersetzt hier mit *staatliche Politnorm*; z. Rolle der politischen Richtlinien s.a. Heuser (1999), S. 206 ff., welcher feststellt, dass sich deren Bedeutung im umgekehrten Verhältnis zur wachsenden Bedeutung der Gesetze verringert (S. 208); zur gegenwärtigen Rolle von Richtlinien in Zusammenhang mit dem Patentrecht s. Ma/Xiao (2006), S. 30

[1523] S. Münzel CA 1986, S. 310

[1524] S. v. Senger (1994), S. 199

[1525] *Gesetzesauslegungen durch den Ständigen Ausschuss des NVK* besitzen die gleiche Gültigkeit wie Gesetze, § 47 GesetzgebG. Weiterhin besitzen die *Ansichten des Obersten Volksgerichts* zwar formell keine Gesetzes-kraft, sind aber in der Praxis von gleicher, wenn nicht größerer Bedeutung (Münzel, CR III.7, 12.4.86/1, Anm. 2). Auslegungsregeln des OVG haben gesetzesähnlichen Charakter und sind für die Volksgerichte bindend. Hintergrund des Erlasses solcher Regeln ist der Umstand, dass Entscheidungen höherer Gerichte im Hinblick auf die entschiedenen Rechtsfragen grundsätzlich keine Bindungswirkung zukommt; Bottenschein (2005), S. 122

Verwaltungsbestimmungen[1526]
(Staatsrat, § 56)

Regionale Bestimmungen[1527]
(Volkskongresse und
Ständige Ausschüsse der VKe
auf Ebene der Provinzen und autonomen
Gebiete, größeren Städte[1529], § 63)

Autonomiebestimm.[1528]
und spez. Regelungen
(Volkskongresse der
Bezirke und Kreise,
§ 66)

Vorschriften der Ministerien
(alle Ministerien und Kommissionen
des Staatsrats, die Bank of China,
der Rechnungshof und unmittelbar
untergeordnete Organe, § 71)

Vorschriften der Lokalregierungen[1530]
(Volksregierungen auf Ebene der
Provinzen, autonomen Gebiete,
regierungsunmittelbaren Städte
und größeren Städte, § 73)

[1526] Z. Problematik der unscharfen Begrifflichkeit am Beispiel von fagui (*Rechtsvorschriften*) und guizhang (*Verwaltungsverordnungen*) s. Himmelmann (2001), S. 234

[1527] Regionale Bestimmungen können gem. § 64 GesetzgebG über folgende Angelegenheiten getroffen werden: (1) Angelegenheiten, bei denen zur Durchführung der Bestimmungen von Gesetzen und Verwaltungsrechts-normen die Festlegung von konkreten Bestimmungen erforderlich ist u. (2) Angelegenheiten, die zu den regionalen Aufgaben gehören u. bei denen die Festlegung von regionalen Bestimmungen erforderlich ist sowie bei Fehlen zentralstaatlicher Gesetzesnormen und Verwaltungsrechtsnormen

[1528] Nach § 66 II GesetzgebG können hier gegenüber Bestimmungen von Gesetzen und Verwaltungsnormen gem. den Besonderheiten der örtlichen Volksgruppen adjustierende Bestimmungen getroffen werden.

[1529] Bei den *größeren Städten* handelt es sich um Städte auf Provinzebene und auf Ebene der autonomen Gebiete, welche Sitz von Volksregierungen sind, Städte, die als Sonderwirtschaftszonen dienen sowie vom Staatsrat als solche genehmigte (§ 63 IV GesetzgebG); *Provinzebene* umfaßt die Provinzen, autonomen Gebiete und regierungsunmittelbaren Städte

[1530] Diese können gem. § 73 II GesetzgebG Bestimmungen treffen zu: (1) Angelegenheiten, bei denen zur Durchführung von Gesetzen und Verwaltungsnormen und von regionalen Rechtsnormen die Festlegung von Regeln erforderlich ist u. (2) Angelegenheiten, die zur konkreten Verwaltung dieses Verwaltungsbezirks gehören; vgl. a. Ma/Xiao (2006), S. 29, zu Verwaltungsverordnungen zuständiger Exekutivorgane auch auf lokaler Ebene, welche oft nur von befristeter Gültigkeit sind

Literatur

Ahl, Björn (2005): China auf dem Weg zum Rechtsstaat?, in: PM, Nr. 423, Feb. 2005, S. 25 - 30

Allman, N.F. (1926): The Chinese Trademark Law and Extraterritoriality, in: The China Law Review, Vol. III, October 1926, No. 2, S. 78

ders. (1929a): Trade Mark Laws, Ordinances, etc. of the Nationalist Government, in: The China Law Review, Vol. III, February and April 1929, No. 7 and 8, S. 29 – 49

ders. (1929b) : The Copyright Law, in: The China Law Review, Vol. IV, November 1929, No. 2, S. 1 - 7

Althammer, Werner / Ströbele, Paul / Klaka, Rainer (2003): Markengesetz – Kommentar, München 2003 [7]

Bärmann, Johannes / Pick Eckhart / Werner Merle (1987): Wohnungseigentumsgesetz, Gesetz über das Wohnungseigentum und das Dauerwohnrecht, Kommentar, München 1987 [6],

Balász, Étienne (1954): La propriété foncière en Chine, in: Atti de Primo Conregno Internationale di Diritto Agrario, II, Milano 1954, S. 35 - 67

Bauer, Wolfgang (1961): Die Frühgeschichte des Eigentums in China, in: Zeitschrift für vergleichende Rechtswissenschaft, 63. Bd., 1961, S. 118 -184

Baumann, Xiaoyan (2006): Das neue chinesische Sachenrecht – seine Entwicklung unter Einfluss deutschen Rechts, *Dissertation*, Baden-Baden 2006

Baur, Jürgen F. / Stürner, Rolf (1999): Sachenrecht, München 1999 [17]

Benkard, Georg / Bruchhausen, Karl (1993): Patentgesetz, Gebrauchsmustergesetz – Kurzkommentar, München 1993 [9]

Berlit, Wolfgang (2005): Markenrecht, München 2005 [6]

Bethell, Tom (1999): The Noblest Triumph, New York 1999 [1]

Betz, Heinrich / Lautenschlager, Heinz (1929): Länderbericht China, in: Schlegelberger, Franz (Hrsg.): Rechtsvergleichendes Handwörterbuch für das Zivil- und Handelsrecht, Bd. 1, Berlin 1929, S. 328 - 391

Beuchert, Tobias / Laumann, Daniel / Towfigh, Emanuel (2002): Schiedsgerichtsbarkeit in der VR China, in: RIW, Heft 12 / 2002, S. 902 - 908

Blasek, Katrin (2003): Die neuen Regeln zur Überprüfung und Beurteilung von Markenentscheidungen und Markenstreitigkeiten, in Newsletter der Deutsch-Chinesischen Juristenvereinigung e.V., Heft 2 / 2003, S. 77 - 82

dies.: (2005): Umsetzung von WTO-Recht in der VR China am Beispiel des chinesischen Markenrechts, gehalten am 22.04.2005 im Rahmen der von der Deutsch-Chinesischen Juristenvereinigung, dem Ostasiatischen Verein und der Wirtschaftsförderung Berlin in Berlin veranstalteten Tagung zum Thema: „3 Jahre nach WTO – Recht und Rechtssicherheit in der VR China“

Blume, Andreas (2004): Produkt- und Markenpiraterie in der VR China, China Analysis No. 33 (April 2004), Trier 2004

Bodde, Derk / Morris, Clarence (1967): Law in Imperial China, Cambridge, Massachusetts 1967

Böhling, Horst (1934): Chinesisches Sachenrecht, *Dissertation*, Jena 1934

Bottenschein, Florian: Die Bekämpfung der Markenpiraterie in der VR China und in Hongkong, in: GRUR Int. 2005, Heft 5, S. 121 - 126

Brinkmann, Karl (1991): Verfassungslehre, München u. Wien 1991

Brockmann, Rosser H. (1980): Commercial Contract Law in the late Nineteenth-Century Taiwan, in: Edwards, R. R. u.a. (Hrsg.): Essays on China's Legal Tradition, Princeton 1980, S. 77 - 136

v. Brünneck, Alexander (1984): Die Eigentumsgarantie des Grundgesetzes, Baden-Baden 1984

Bünger, Karl (1929): Die Quellen des chinesischen Privatrechts, in: Blätter für internationales Privatrecht, H. 7, 1929, S. 196 - 202

ders. (1930): Ausländische Handelsgesellschaften in China und im chinesischen Recht, in: Blätter für internationales Privatrecht, 1930, S. 83 - 91

ders. (1933): Alte chinesische Rechtsgedanken im modernen chinesischen Grundstücksrecht, in: Sinica VIII (1933), Festschrift für Otto Franke, Leiden 1933, S. 176 - 182 ders. (1934): Zivil- und Handelsgesetzbuch sowie Wechsel- und Scheckgesetz von China, Marburg 1934

ders. (1950): Die Rezeption des europäischen Rechts in China, in: Wolf, Ernst (Hrsg.) (1950): Beiträge zur Rechtsforschung, Sonderveröffentlichung der Zeitschrift für Ausländisches und Internationales Privatrecht, Berlin 1950, S. 166 - 189

ders. (1950/51a): Die Verfassung der Volksrepublik China 1949, in: Zeitschrift für ausländisches öffentliches Recht und Völkerrecht, 1950/51, XIII, S. 759 - 785

ders. (1950/51b): Die Verfassung der chinesischen Nationalregierung von 1947, in: Zeitschrift für ausländisches öffentliches Recht und Völkerrecht, 1950/51, XIII, S. 808 - 836

ders. (1952): Die Rechtsidee in der chinesischen Geschichte, in: Saeculum, Bd. 3, Jahrg. 1952, S. 192 - 217

ders. (1980): Entstehen und Wandel des Rechts in China, in: Wolfgang Fikentscher (Hrsg.): Entstehung und Wandel rechtlicher Traditionen, München 1980, S. 439 - 472

ders. (1983): Das chinesische Rechtssystem und das Prinzip der Rechtsstaatlichkeit, in: Schluchter, Wolfgang (Hrsg.): Max Webers Studie über Konfuzianismus und Taoismus. Interpretation und Kritik, Frankfurt 1983, S. 134 – 174

Busse, Rudolf / Keukenschrijver, Alfred (1999): Patentgesetz – Kommentar; Berlin u.a. 1999 [5]

Cai Dingjian (2004): Xianfa jingjie (The solve precisely of constitution / Kommentar zur Verfassung der VR China), Peking 2004

Cai Yaozhong (Hrsg.) (2005): Wuquanfa baogao (Bericht über das Sachenrecht), Peking 2005

Canaris, Claus-Wilhelm (2000): Handelsrecht, München 2000 [23]

Cao Pei (1998): Real Estate Law in China, Hongkong u.a. 1998

Chabbi, Thekla (1999): Microsoft verklagt erstmals eine chinesische Firma wegen der Nutzung von Raubkopien, in: Newsletter der deutsch-chinesischen Juristenvereinigung e.V., Heft 4, Dezember 1999, S. 146

Chan, Nelson (1999): Land-use rights in mainland China: Problems and recommandations for improvement, Journal of Real Estate Literature, Januar 1999; im Internet unter:
www.findarticles.com/p/articles/mi_qa3815/is_199901/ai_n8839775/pg_1

Chen Fu-mei / Chang/Myers, Ramon H. (1996): Customary Law and the Economic Growth of China during the Ch'ing Period, in: Modern China, Vol. 3 1976, Reprint in: Brown, Rajeswary Ampalavanar (Hrsg.), Chinese Business Enterprise, Vol. IV, London 1996, S. 321 - 369

Chen Geng (1990): Lun jianzhuwu qufen suoyouquan (Über das abgegrenzte Eigentumsrecht an Bauwerken), in: Faxue yanjiu (Juristische Forschung), Peking 5/1990, S. 43 ff.

Chen Su (2004): Nongdi shiyongquan (Nutzungsrechte an bäuerlichem Land), in: Liang Huixing (2004): Zhongguo minfadian caoan jianyigao fu liyou – Wuquan bian (A Propositional Version with Reasons for Civil Code Draft of China - Sachenrecht), Peking 2004

Cheng Hsiao (1931): Das Bodengesetz der Republik China vom 30. Juni 1930, in: Jahrbuch der Bodenreform, Bd. 27, 1931, S. 9 - 33

China Enzyklopädie, Sonderband Recht (Zhongguo Dabaike Quanshu, Faxue), Peking u. Shanghai 1984

China Enzyklopädie, Sonderband Recht (Zhongguo Dabaike Quanshu, Faxue), Peking 2006

Coble Jr., Parks M. (1996): The Kuomintang regime and the Shanghai capitalists, 1927 – 29, in: Chinese Business Enterprise, Vol. IV, London und New York 1996, S. 134 – 158

Danwitz, Thomas von (2002): Bericht zur Lage des Eigentums, Berlin u.a. 2002

Deutsche Handelskammer Schanghai, Jahresberichte 1925 /26 bis 1934/35

Dietz, Adolf (1988): Die Neuregelung des gewerblichen Rechtsschutzes in China, Weinheim 1988

Diem, Andreas (2000): Das Recht der Investitionen in China, Baden-Baden 2000

Dietz, Adolf (1976): Die Patentgesetzgebung der osteuropäischen Länder, in: GRUR Int. 1976, S. 136 ff; 265 ff.

ders. (Hrsg.) (1988): Die Neuregelung des gewerblichen Rechtsschutzes in China, Weinheim 1988

Domes, Jürgen (1974): Kuo-min tang, in: China Handbuch, Düsseldorf 1974, Sp. 692 - 705

ders. (1985): Government and Politics in the PRC, Boulder: Westview, 1985

Dong Kaijun (1992): Danbao wuquan de jiben fenlei ji wo guo de lifa xuanze (Grundtypen der dinglichen Sicherungsrechte und die gesetzgeberische Wahl meines Landes), in: Faxue (Rechtswissenschaft) 4 / 1992, S. 70 ff., Peking

Dong Tao (2003): Zhonghua Renmin Gongheguo Shangbiaofa Shishi Tiaoli – Shiyi (Kommentar zu den Ausführungsbestimmungen des Markengesetzes der VR China), Peking 2003

Dreier, Horst (Hrsg.) (2004): Grundgesetz-Kommentar, Tübingen 2004 [2]

Drewes, Eva (2002): Zur Abstraktion des Sachenrechts in der VR China, in: Newsletter der Deutsch-Chinesischen Juristenvereinigung e.V., Hefte 3 u. 4, Jahrg. 2002, S. 144 - 150

Drewes, Eva / Zhen, Tong (2002): Rechte an Grund und Boden in China, in: Newsletter der Deutsch-Chinesischen Juristenvereinigung e.V., H. 2, Juni 2002, S. 66 - 73

Eberhard, Wolfram (1948): Chinas Geschichte, Bern 1948

ders. (1952): Conquerors and Rulers: Social Forces in Medieval China, Leiden 1952

ders. (1980): Geschichte Chinas, Stuttgart 1980 [3]

ders. (1983) : Die institutionelle Analyse des vormodernen China. Eine Einschätzung von Max Webers Ansatz, in: Schluchter, Wolfgang (Hrsg.): Max Webers Studie über Konfuzianismus und Taoismus. Interpretation und Kritik, Frankfurt 1983, S. 55 - 90

Eckert, Jörg (2002): Sachenrecht, Baden-Baden, 2002 [3]

Eichmann, Helmut / v. Falckenstein, Roland (2005): Geschmacksmustergesetz – Gesetz betreffend das Urheberrecht an Mustern und Modellen, München 2005 [3]

Engel, Christoph (2002): Die soziale Funktion des Eigentums; in: Danwitz, Thomas von (2002): Bericht zur Lage des Eigentums, Berlin u.a. 2002

Elvin, Mark (1983): Why China failed to create an endogenous Capitalism – A Critique of Max Weber's Explanation, Anthropologisch-Soziologisches Zentrum Universität Amsterdam, Arbeitspapier Nr. 25, Amsterdam 1983

Engel, Christoph (1999): Institutionen zwischen Staat und Markt, Reprint aus der Max-Planck-Projektgruppe „Recht der Gemeinschaftsgüter", Bonn 1999

Enneccerus, Ludwig / Nipperdey, Hans Carl (1959/60): Allgemeiner Teil des Bürgerlichen Rechts, 2 Bde., Tübingen 1959/60

Erman, Walter (Hrsg.) (2004): Handkommentar zum BGB, 2004 [11] (zit. Erman-Bearbeiter)

Escarra, Jean (1924) : Recueil des Sommaires de la Jurisprudence de la Cour Souprême de la République de Chine en Matière Civile et Commerciale (1912 – 1918), Bd. I, Shanghai 1924

Fairbank, John K. (1991): Geschichte des modernen China 1800 – 1985, München 1991[2]

Falü Cidian (Law Dictionary), Peking 2003

Faxue Cidian (Lexikon der Rechtswissenschaft), herausgegeben von einem Redaktionskollegium, Shanghai 1979

Fang Shaokun (1994): Jianzhuwu qufen suoyouquan de gouzao (Die Struktur des abgegrenzten Eigentums an Bauwerken), in: Faxue yanjiu (Juristische Forschung), Peking 2/1994, S. 30 ff.

Fang Weilian (Hrsg.) (1994): Zhonghua Renmin Gongheguo chengshi fangdichan guanlifa shiyi (Kommentar zum städtischen Immobilienverwaltungsgesetz), Peking 1994

Fels, Gerhard (Hrsg.) (1992): Gesellschaftliche und ökonomische Funktionen des Privateigentums, Köln 1993

Fels, Gerhard (1992): Einführung in die Problematik (des Privateigentums), in: ders. (Hrsg.) (1992): Gesellschaftliche und ökonomische Funktionen des Privateigentums, Köln 1993

Feng Qing (2003): Gesetzgebung über den Schutz des Privateigentums gefordert, in: Peking Rundschau; im Internet unter: *www.bjrundschau.com/China /2003-04-inlandsfokus-1.htm*

Feuerstein, Mario (2005): Die Reform des Sachenrechts – Grundentscheidung für die soziale Stabilität; Vortrag gehalten am 12.11.2005 im Rahmen des vom Deutsch-Chinesischen Institut für Rechtswissenschaft organisierten Alumni-Expertenseminars in Nanjing

Feuerwerker, Albert (1958): China's early Industrialization, Cambridge 1958

ders. (1969): The chinese economy, ca. 1870 – 1911, Michigan 1969

Fezer, Karl-Heinz (2001): Markenrecht – Kommentar, München 2001 [3]

Fikentscher, Wolfgang (Hrsg.) (1980): Entstehung und Wandel rechtlicher Traditionen, München 1980

Finley, Moses I. (1993): Die antike Wirtschaft, München 1993

Fischer, Christian (2002): Europäisierung der nationalen Zivilrechte – Renaissance des institutionellen Rechtsdenkens?; im Internet unter: *www.eucken.de/publikationen/jahr02.pdf*

Foerste, Karla (1999): Streitvermeidung im traditionellen China – Die „dritte Partei" bei Begründung und Durchsetzung von Verträgen, Max-Planck-Projektgruppe, Recht der Gemeinschaftsgüter, Bonn 1999/2

Franke, Herbert/ Trauzettel, Wolfgang (Hrsg.),(1981): Das chinesische Kaiserreich, Frankfurt 1981 [5]

Franke, Otto (1903): Die Rechtsverhältnisse am Grundeigentum in China, Leipzig 1903

Fuchsenberger, Wilfried (Hrsg.) (2001): Chinesisch-Deutsches Universalwörterbuch, Peking 2001

Gale, Esson M. (1934): Discourses on Salt and Iron, A Debate on State Controle of Commerce and Industry in ancient China, Leiden 1931 u. Shanghai 1934; Nachdruck Taipei 1967

Ganea, Peter (2002): Die Neuregelung des chinesischen Patentrechts, in: GRUR Int. 2002, Heft 8 – 9, S. 686 - 707

Ge Hengmei, Li Yanrong (Hrsg.) (1994): Tudifa jiaocheng (Lehrbuch des Bodenrechts), Peking 1994

Geimer, Reinhold (1999): Wege zur Globalisierung des Rechts: FS für Rolf A. Schütze zum 65. Geburtstag, München 1999

Gernet, Jacques (1957) : La vente en Chine d'après les Contracts de Touen-Houang (IXe-Xe Siècles), in : T'oung Pao, Nr. 45 (1957), Leiden 1957, S. 295 - 391

ders.: (1979): Die chinesische Welt, Frankfurt 1979

Glaubitz, Joachim (1974): Drei-Anti- und Fünf-Anti-Kampagne, in: China Handbuch, Düsseldorf 1974, Sp. 265 - 267

Glück, Ulrike (1999): Das Dian: ein traditionelles chinesisches Rechtsinstrument in Gegenwart und Vergangenheit, Dissertation Universität Passau 1997, Berlin 1999

Göbel, Elisabeth (2002): Neue Insitutionenökonomik, Stuttgart 2002

Goepper, Roger (Hrsg.) (1988): Das alte China. Geschichte und Kultur des Reiches der Mitte, München 1988

Gösele, Andreas (1996): Geistige Eigentumsrechte im Nord-Süd Konflikt, in: Stimmen der Zeit 214, 1996, H. 2, S. 467 - 477

Goldschmidt, Siegfried / Zander, Kurt (1920): Die Rechte Privater im deutschen Friedensvertrage unter besonderer Berücksichtigung der handelsrechtlichen Bestimmungen, Berlin 1920

Goody, Jack (1990): The Oriental, the Ancient and the Primitive. Systems of Marriage and the Family in Preindustrial Societies of Eurasia, Cambridge et al. 1990

Granet, Marcel (1980): Die chinesische Zivilisation, München 1980; Übers. d. Originalausgabe v. 1929, La civilisation chinoise

Grochtmann, Ansgar (2000): Art. 14 GG – Rechtsfragen der Eigentumsdogmatik, Münster u.a. 2000

Grösser, Eduard (1938): Ein Bremer Kaufmann in China, Ostasiatischer Verein (Hrsg.), Bremen 1938 de Groot, Jan Jakob Maria (1904): Wu Tsung's Persecutions of Buddhism, in: Archiv für Religionswissenschaft, Bd. VII, 1904, S. 167 ff.

Gu Junjie (1988): Zhongguo zhexue yu chuantong falü wenhua (Die chinesische Philosophie und die traditionelle Rechtskultur), in: Bijaofa Yanjiu (Rechtsvergleichende Forschung), Beijing Nr. 3, September 1988, S. 33 f.

Gursky, Karl-Heinz (1997): Wertpapierrecht, Heidelberg 1997 [2]

Gutowski, Achim u. Tang Xiaozhong (1998): Kooperationsmöglichkeiten für ausländische Unternehmen in der VR China, Berichte des Arbeitsbereiches Chinaforschung im Institut für Weltwirtschaft und Internationales Management der Universität Bremen Nr. 12, Bremen 1998

Haas, Otto (1948): Gewohnheitsrechtliche Vertragstypen in China, in: Archiv für Ostasien I, 1948, S. 43 - 59

Handong Wu (2003): Recht des geistigen Eigentums (Zhishi Chanquan Fa), Peking 2003

Harder, Guido (1998): Überwindung und Renaissance des geteilten Eigentums – Versuch einer historischen Einordnung des gesonderten Gebäudeeigentums des DDR-Rechts, im Internet unter: *www.rewi.hu-berlin.de/online/fhi/articles/9808harder.htm* ; Aufsatz v. 03.08.1998

Hassemer, Michael (2000): Erschöpfung der gewerblichen Schutzrechte und des Urheberrechts aus rechtsvergleichender Sicht, in GRUR Int. 2000, S. 624 - 628

Haverkate, Görg (1992): Verfassungslehre – Verfassung als Gegenseitigkeitsordnung, München 1992

Hayek, Friedrich A. (1967): Notes on the Evolution of Systems of Rules of Conduct, S. 66 – 81; in: Hayek, Friedrich A. (1967): Studies in Philosophy, Politics and Economics, London 1967

ders. (1973): Law, Legislation and Liberty, Vol. 2, The Mirage of Social Justice, London 1973

ders. (1976): The Road to Serfdom, London 1976

He Zhi (2004): Wuquan fa – panjie yanjiu yu shiyong (Sachenrecht – Studium von Urteilen und Anwendung), Peking 2004

Heilmann, Sebastian (1997): Das politische System der Volksrepublik China im Wandel, Hamburg 1997

ders. (1999): Änderungen der Verfassung der VR China (1999) – Analyse und Dokumentation, abzurufen im Internet unter: *www.chinapolitik.de*

ders. (2004): Das politische System der Volksrepublik China, Wiesbaden 2004 [2]

Heinsohn, Gunnar (1984): Privateigentum, Patriarchat, Geldwirtschaft – eine sozialtheoretische Rekonstruktion zur Antike, Frankfurt 1984

Heinsohn, Gunnar / Steiger, Otto (2004): Eigentum, Zins und Geld – ungelöste Rätsel der Wirtschaftswissenschaft, Marburg 2004 [3]

Heinsohn, Ulf / Nocker, Eric (1999): Herrschaft und Wirtschaft – Besonderheiten der chinesischen Transformation dargestellt im geschichtlichen Vergleich zu Europa, Dissertation Universität Bremen 1999

Heldrich, Andreas / Schlechtriem, Peter / Schmidt, Eike (Hrsg.) (1998): Recht im Spannungsfeld von Theorie und Praxis. Festschrift für Helmut Heinrichs zum 70. Geburtstag, München 1998

Hermann-Pillath, Carsten (1998): Familienähnlichkeiten in Chinas langfristiger sozio-ökonomischer Entwicklung, Vier Etüden für das China-Handbuch, Diskussionsbeiträge der Wirtschaftswissenschaftlichen Fakultät der Universität Witten/Herdecke, Heft Nr. 14, Okt. 1998

ders. (2003): Geldordnung, in: Das große China-Lexikon, Darmstadt 2003, S. 241 - 245

Hesse, Konrad (1959): Die normative Kraft der Verfassung, Tübingen 1959

Heuser, Robert (1974): Das Warenzeichenrecht der Volksrepublik China, in: AWD/Außenwirtschaftsdienst des Betriebs-Beraters, Aug./Sept. 1974, S. 462 - 464

ders. (1984): Das Staatsrecht der Modernisierung – Zur Entwicklung des chinesischen Staatsrechts der letzten Jahre, in: JÖR, 1984, S. 398 - 422

ders. (1998): Chinesische Rechtskultur im Wandel: Auf dem Wege vom Recht der Modernisierung zur Modernisierung des Rechts, in: Länderbericht China, Bonn 1998, S. 407 – 424

ders. (1999): Einführung in die chinesische Rechtskultur, Hamburg 1999 ders. (2003): Verfassungsrecht, in: Das große China-Lexikon, Darmstadt 2003

ders. (2004): Der Weg des „chinesischen Rechsstaats“: In neuen Schuhen auf alten Pfaden?, in: China aktuell, November 2004, S. 1221 – 1224

ders. (Hrsg.) (2005): Beiträge zum chinesischen Zivil- und Wirtschaftsrecht, Hamburg, 2005

ders. / Klein, Roland (2004) (Hrsg.): Die WTO und das neue Ausländerinvestitions- und Außenhandelsrecht der VR China. Gesetze und Analysen, Hamburg 2004

Himmelmann, Nicolas (2001): Rechtssicherheit bei Direktinvestitionen in der VR China am Beispiel der Automobilindustrie, Dissertation, Oldenburg 2001

Hsiao, Tso-Liang (1969): The Land Revolution in China, 1930 – 1934, A Study of Documents, Seattle and London 1969

Hobbes, Thomas (1962): Leviathan, Oxford 1962

Holbig, Heike (2004): Auf dem Weg zur konstitutionellen Einparteienherrschaft? – Die Verfassungsänderungen vom März 2004, in: China aktuell, März 2004, S. 259 - 270

Huang Qinnan ((Hrsg.) (1994): Neues Lehrbuch über das gewerbliche Recht, Peking 1994

Hyung, Kim I. (1981): Fundamental Legal Concepts of China and the West, Port Washington u.a. 1981

Isoria, Lewan (2002): Eigentumsschutz von Grund und Boden, insbesondere im Naturschutzrecht – eine rechtsvergleichende Studie zu Deutschland und Georgien, Dissertation, Göttingen 2002

Jamieson, George (1970): Chinese Family and Commercial Law, Hongkong 1970; Nachdruck der Ausgabe v. 1921 (Shanghai)

ders. (1989): Tenure of Land in China and the Condition of the Rural Population, in: Journal of the China Branch of the Royal Asiatic Society, Vol. XXIII (1888), Shanghai 1889, S. 59 - 143

Jansen, Dorothea (2000): Der neue Institutionalismus, Antrittsvorlesung an der Deutschen Hochschule für Verwaltungswissenschaften Speyer am 27.6.2000, Speyer 2000

Jellinek, Georg (1976): Allgemeine Staatslehre, unv. Nachdr. d. 5. Neudr. d. 3. Ausg., Kronberg/Ts. 1976

Jiang Ping (1988): Minfa jiaocheng (Kurs im Zivilrecht), Peking 1988

ders. (2000): Minfaxue (Zivilrechtswissenschaft), Peking 2000

Jones, William C. (1997): The Constitution of the People's Republic of China, in: Lee, Tahirih V. (Hrsg.): Basic Concepts of Chinese Law, Reihe Chinese Law, Bd. 1, New York, London 1997, S. 339 - 368

Joos, Beatrix Leonie (2000): Das Landverwaltungsgesetz in der VR China, in: CHINA aktuell, November 2000, S. 1296 - 1300

Julius, Hinrich (2004): Symposium zum Sachenrecht, in: Zeitschrift für chinesisches Recht, Heft 3, 2004, S. 302 - 305

Ka Yaowu (Haupt-Hrsg.) (1998): Erläuterungen zum Bodenverwaltungsgesetz der VR China (Zhonghua Renmin Gongheguo tudi guanlifa shiyi), Peking 1998

ders. (Haupt-Hrsg.) (2002): Erläuterungen zum Markengesetz (Zhonghua Renmin Gongheguo shangbiaofa shiyi), Peking 2002

ders. (Haupt-Hrsg.) (2001): Erläuterungen zum Patentgesetz (Zhonghua Renmin Gongheguo zhuanlifa shiyi), Peking 2001

Kelsen, Hans (1966): Allgemeine Staatslehre, Reprint, Bad Homburg 1966

Keßler, Florian / Qiao, Wenbao (2003): Aktuelle Entwicklungen im Patent- und Markenrecht in der Volksrepublik China, in: RIW, Heft 3/2003, S. 174 - 183

Keynes, John Maynard (1936): Allgemeine Theorie der Beschäftigung, des Zinses und des Geldes, London 1936

Kim, Hyung I. (1981): Fundamental Legal Concepts of China and the West – A comparative Study, London 1981

Kindermann, Gottfried-Karl (1963): Konfuzianismus, Sunyatsenismus und chinesischer Kommunismus, Freiburg 1963

Kirfel, Harald (1940): Das Gewohnheitsrecht bei Kauf und Verkauf von Immobilien in China und Mandschukuo, Dissertation, Bonn 1940

Kisgen, Stefanie (2005): Der Schutz von Geschäftsgeheimnissen; in: Heuser, Robert (Hrsg.) (2005): Beiträge zum chinesischen Zivil- und Wirtschaftsrecht, Hamburg 2005

Klunzinger, Eugen (2004): Einführung in das bürgerliche Recht, München 2004 [12]

Knieper, Rolf (1996): Gesetz und Geschichte: Ein Beitrag zu Bestand und Veränderung des Bürgerlichen Gesetzbuches, Baden-Baden 1996

ders. (1998): Probleme der Zusammenarbeit in Transformations-Staaten, in: Heldrich, Andreas / Schlechtriem, Peter / Schmidt, Eike (Hrsg.) (1998): Recht im Spannungsfeld von Theorie und Praxis. Festschrift für Helmut Heinrichs zum 70. Geburtstag, München 1998, S. 355 - 365

ders. (1999): Rechtsform und Gesellschaftsform: Einige Anmerkungen zum (post-) sowjetischen Zivilrecht; in: Geimer, Reinhold (1999): Wege zur Globalisierung des Rechts: FS für Rolf A. Schütze zum 65. Geburtstag, München 1999

ders. (2002 a): Einige Aspekte der Zivil- und Wirtschaftsreform in der VR China, in: ZChinR, Heft 1, 2002, S. 2 – 12

ders. (2002 b): Die Bedeutung des Zivil- und Wirtschaftsrechts-Rechtssystem für Direktinvestitionen in der VR China, in: ZVglRWiss 101, 2002, S. 220 - 233

ders. (2005): Von Sachen und Gütern – in alten und neuen Kodifikationen, in: FS Andreas Heldrich, München 2005, S. 759 – 770

Kniprath Lutz (2005): Streitlösung im China-Geschäft; Vortrag in Berlin am 22.04.2005 im Rahmen der von der Deutsch-Chinesischen Juristenvereinigung, dem Ostasiatischen Verein und der Wirtschaftsförderung Berlin in Berlin veranstalteten Tagung zum Thema „3 Jahre nach WTO – Recht und Rechtssicherheit in der VR China“

Kungfutse (Konfuzius): Gespräche, aus dem Chinesischen übertragen und erläutert von Richard Wilhelm, Düsseldorf u.a. 1955

Köbler, Gerhard (2002): Rechtschinesisch, München 2002

König, Thomas (1989): Ausländisch-chinesische Joint Ventures und ihre Rechtsstellung in der chinesischen Wirtschaft, Dissertation, München 1989

Kroker, Edward (1965): Die amtliche Sammlung chinesischer Rechtsgewohnheiten, Frankfurt/ M. 1965; Bde. I, II u. III ders. (1996): The concept of property in Chinese customary law, in: Chinese Business Enterprise, Vol. IV, Hrsg. A. Brown, 1996

Kuang Xinnian (2003): Weishenme women xuyao yi ge hufa yundong? (Warum brauchen wir eine Bewegung zum Schutz der Verfassung), Aufruf im Internet am 12.8.2003 unter: *www.tianyaclub.com/new/Publicforum*

Kuhn, Philip A. (2003a): The Transformation of the Constitutional Agenda, in: ders.: Origins of the Modern Chinese State, Stanford 2003

ders. (2003b): Origins of the Modern Chinese State, Stanford 2003

Lai Chi-kong (1996): The Qing state and merchant enterprise, in: Chinese Business Enterprise, Vol. IV, London und New York 1996, S. 98 - 111

Lang, Olga (1946): Chinese Family and Society, New Haven 1946

Larenz, Karl (1983): Lehrbuch des Schuldrechts, Bd. I, Allgemeiner Teil, München 1983

ders. (1991): Methodenlehre der Rechtswissenschaft, Berlin u.a. 1992 [2]

Larenz, Karl / Wolf, M. (2004): Allgemeiner Teil des Bürgerlichen Rechts, München 2004 [8]

Lau, Ulrich (1999): Quellenstudien zur Landvergabe und Bodenübertragung in der westlichen Zhou-Dynastie (1045? – 771 v. Chr.), Sankt Augustin 1999

Lee, Tahirih V. (Hrsg.) (1997): Basic Concepts of Chinese Law, Reihe Chinese Law, Bd. 1, New York, London 1997

Leibholz, Gerhard (1958a): Verfassungsrecht und Verfassungswirklichkeit, in: ders.: Strukturprobleme der modernen Demokratie, Karlsruhe 1958, S. 277 – 281

ders. (1958b): Strukturprobleme der modernen Demokratie, Karlsruhe 1958

Leung, Priscilla M. F. (1999): The Essentials of Land Law in China, S. 477 – 495, in: Wang, Guiguo u. Mo, John (Hrsg.) (1999): Chinese Law, London 1999

Li Ling Hin ((1996): Privatization of Urban Land in Shanghai, Hong Kong 1996

Li Shuangyuan (1986): Guoji Sifa (Internationales Privatrecht), Wuhan 1986

Li Yanrong / Zhou Ke (2005): Fangdichan fa (Immobilienrecht); aus der Reihe: 21 shiji faxue xilie jiaocai (Lehrmaterialien zum Recht des 21. Jahrhunderts), Peking 2005 [2]

Li Yangxi / Yue Dean (1984): Tudifa (Bodengesetz), in: Zhongguo da baike quanshu - Faxue (China Enzyklopädie, Teilband Rechtswissenschaft), Peking u. Shanghai 1984, S. 596 - 597

Liang, Huasheng (1995): Deutsch-chinesisches Wörterbuch für Wirtschaft und Wirtschaftsrecht, Peking 1995 [2]

Liang Huasheng (1997): Chinesisch-deutsches Wörterbuch für Wirtschaft und Wirtschaftsrecht, Peking 1997

Liang, Huixing (1988): Minfa, Zhongguo faxue congshu (Zivilrecht, Buchreihe auf dem Gebiet der chinesischen Rechtswissenschaft), Chengdu 1988

ders. (1994): Das chinesische Zivilrecht – Sein gegenwärtiger Zustand und der Erlaß eines Zivilgesetzbuches, in: AcP, Bd. 194, S. 479 ff.

ders. (2000a): Zhongguo wuquanfa caoan jianyi gao (Vorschlag eines Entwurfs für ein Sachenrechtsgesetz der VR China), Peking 2000

ders. (Haupt-Hrsg.) (2000b): Cong jindai minfa dao xiandai minfa (Vom neuzeitlichen zum gegenwärtigen Zivilrecht), Peking 2000

ders. (2000b): Zhiding Zhongguo wuquanfa de ruogan wenti (Einige Probleme der Ausarbeitung eines chinesischen Sachenrechts); in: ders. (Haupt-Hrsg.) (2000b): Cong jindai minfa dao xiandai minfa (Vom neuzeitlichen zum gegenwärtigen Zivilrecht), Peking 2000, S. 378 ff.

ders. (2003): Zhongguo minfadian caoan jianyi gao (Vorschläge für den Entwurf eines chinesischen Zivilrechts), Peking 2003

ders. (2004): Zhongguo minfadian caoan jianyigao fu liyou – Wuquan bian (A Propositional Version with Reasons for Civil Code Draft of China - Sachenrecht), Peking 2004

Liu Chengwei (2005): Tudi shiyongquan churang zhidu yanjiu (Untersuchung zum System der Überlassung von Bodennutzungsrechten); in: Cai Yaozhong (Hrsg.) (2005): Wuquanfa baogao (Bericht über das Sachenrecht), Peking 2005, S. 211 - 232

Liu Junchen (1987): Lun chengbao jingying quan (Über das Übernahmebetreibungsrecht), in: Faxue yanjiu (Juristische Forschung) 2 / 1987, Peking

Linck, Gudula (1986): Zur Sozialgeschichte der chinesischen Familie im 13. Jahrhundert, Stuttgart 1986

Locke, John (1964): Two Treatises of Government, Cambridge 1964

Loewe, Michael (1966): Das China der Kaiser, Wien 1966

Loewenstein, Karl (1951/52): Verfassungsrecht und Verfassungsrealität, in: AöR 77, S. 387 - 435

Lu Nanming, Xiao Zhiyue (1991): Zhonghua Renmin Gongheguo dichan falü zhidu (Das Bodenrechtssystem der VR China), Peking 1991

Lü Laiming (1994): Zou xiang shichang de tudi (Zu einer Vermarktung des Bodens), Guizhou 1994

Luhmann, Niklas (1986): Grundrechte als Institution, Berlin 1986^2, Nachdr. v. 1965

Luo Jialun (1967 – 1978) (Haupt-Hrsg.): Geming Wenxian (Schriften zur Revolution), Taibei 1967 – 1978; Bd. 23

Ma Lin / Xiao Zhiyuan (2006): Die Zuständigkeit für Patentstreitigkeiten in China, in: GRUR Int. 2006, Heft 1, S. 28 - 35

Machetzki, Rüdiger (1964): Konzessionen und Niederlassungen, in: China Handbuch, Düsseldorf 1974, Sp. 676 - 682

Mäding, Klaus (1966): Chinesisches traditionelles Erbrecht, Berlin 1966

v. Mangoldt, Hermann/Klein, Friedrich/Starck, Christian (Hrsg.) (1999): Das Bonner Grundgesetz, Kommentar, Band 1, München 1999

Manthe, Ulrich (1987): Bürgerliches Recht und Bürgerliches Gesetzbuch in der Volksrepublik China, in: Jahrbuch für Ostrecht 28, 1987, S. 11 - 30

Matzat, Wilhelm (1992): Der Zusammenhang der Bodenpolitik von Tsingtau und Taiwan, in: Zeitschrift für Sozialökonomie 94, 1992, S. 29 - 34

Maunz, Theodor / Dürig, Günter: Kommentar zum Grundgesetz, Loseblattsammlung, München ab 1958, Stand: März 2001

Maurer, Hartmut (2004): Allgemeines Verwaltungsrecht, München 2004 [15]

Medicus, Dieter (2004): Bürgerliches Recht, Köln (u.a.) 2004 [20]

v. Mende, Erling (1988): Wirtschaft im alten China, in: Goepper, Roger: Das alte China. Geschichte und Kultur des Reiches der Mitte, München 1988

Münchner Kommentar zum Bürgerlichen Gesetzbuch,
Bd. 1, Allgemeiner Teil, §§ 1 – 240, AGB-Gesetz, München 2001 [4];
Bd. 6, Sachenrecht, §§ 854 – 1296, München 2004 [4]

Münzel, Frank (1974a): Rechtswesen, in: Franke, Wolfgang (Hrsg.): China Handbuch, Düsseldorf 1974, Sp. 1085 - 1102

ders. (1974b): Eine Verfassung der proletarischen Diktatur – Zur neuen Verfassung der VR China, in: Monatshefte für osteuropäisches Recht, Bd. 16, Heidelberg 1974, S. 243 – 253

ders. (CR 23.8.82/2): Übersetzung des MarkenG der VR China und Ausführungsbestimmungen mit Anmerkungen, CR 23.8.82/2; im Internet unter: *www.jura.uni-goettingen.de/chinarecht/inhalt.htm*

ders. (CR 17.12.83/1): Übersetzung der Regeln zur Lenkung städtischer Privathäuser mit Anmerkungen, CR 17.12.83/1), im Internet unter: *http://www.jura.uni-goettingen.de/chinarecht/inhalt.htm*

ders. (2003): Entwurf eines Zivilgesetzbuches der VR China (1); im Internet unter: *http://www.unusuniversus.com/zd/viewsws.asp?id=34* ; Zugriff: 26.03.2005

ders. (2003): Sagt Nein zum deutschen Recht!; im Internet unter: *unusuniversus.com/zd/viewsws.asp?id=29, 04.03.2003, S. 3*; Zugriff: 31.10.2003

Myers, Ramon H. (1996): Customary law, markets and resource transactions in late imperial China, in: Brown, Rajeswary Ampalavanar (Hrsg.), Chinese Business Enterprise, Vol. IV, London 1996, S. 444 - 467

Needham, Joseph (1956): The History of Scientific Thought, Vol. II, Cambridge 1956

Niermann, Philipp (2004): GATS und freie Berufe, in: Heuser, Robert / Klein, Roland (2004) (Hrsg.): Die WTO und das neue Ausländerinvestitions- und Außenhandelsrecht der VR China. Gesetze und Analysen, Hamburg 2004

Nirk, Rudolf / Kurtze, Helmut (1997): Geschmacksmustergesetz – Kommentar; Köln, Berlin u.a. 1997 [2]

Nocker, Eric (2001): Die Bedeutung des chinesischen Bodennutzungsrechts für die Entwicklung des Landes, in: Stadermann, Hans-Joachim / Steiger, Otto (Hrsg.): Verpflichtungsökonomik, Marburg 2001

Osterhammel, Jürgen (1989): China und die Weltgesellschaft, München 1989

Ott, Franziskus M. (1977): Befristetes Eigentum als Resultat empirischer Rechtsanschauung, Dissertation, Zürich 1977

Overlach, Theodore W. (1919): Foreign Financial Control in China, New York 1976; Reprint of the 1919 ed., New York 1919

Palandt, Otto (2005): BGB (Kommentar), München 2005[64] (zit. Palandt-Bearbeiter)

Parallelimporte und Patentrecht, Bericht des Bundesrates der Schweiz v. 08.05.2000 in Beantwortung der Anfrage der Kommission für Wirtschaft und Abgaben des Nationalrats (WAK) v. 24.01.2000; im Internet unter: *www.evd.admin.ch/imperia/md/content/dossiers/importations_paralleles/d/000531c-beer-d.pdf*

Patentgesetz-Kommentar (Xin zhuanlifa xiangjie), Peking 2001

Pattloch, Thomas (2003): Das IPR des Geistigen Eigentums in der VR China, Tübingen 2003

ders. (2003b): Die Neuordnung des internationalen Technologietransfers in der VR China, in: GRUR Int. 2003, Nr. 8/9, S. 696 ff.

Pei Cao (1998): Real Estate Law in China, Hongkong 1998

Pieroth, Bodo / Schlink, Bernhard (2005): Grundrechte, Staatsrecht II, Heidelberg 1998 [21]

Pipes, Richard (1999): Property and Freedom, New York 1999

Qian Jiemin, Ni Jiangsheng (1991): Nongcun lianchan chengbao zhong de jiti tudi chanquan zhidu (Eigentumsrechtsordnung des kollektiven Bodens bei der mit Produktion verbundenen Übernahme auf dem Land), in: Jingji fazhi (Wirtschaft und Recht), Peking 12/ 1991, S. 13 f.

Qian Mingxing (1994): Wuquanfa (Grundsätze des Sachenrechts), Peking 1994

Randolph, Patrick (2004): Thoughts on Chinese Real Estate Law – Integrating Private Property into a Socialist Governmental Structure, 21. 09.2004; im Internet unter:
http://lawweb.usc.edu/faculty/workshops/documents/Randolph_000.pdf

ders. / Lou Jianbo (2000): Chinese Real Estate Law, Den Haag 2000

Richter, Rudolf / Furubotn, Erik G. (2003): Neue Institutionenökonomik, Tübingen 2003 [2]

Rittstieg, Helmut (1975): Eigentum als Verfassungsproblem, Darmstadt 1975
Schier, Peter (1993): Die 1. Tagung des VIII. Nationalen Volkskongresses, in: China aktuell, März 1993, S. 224 - 225

Sack, Rolf (1999): Die Erschöpfung von gewerblichen Schutzrechten und Urheberrechten nach deutschem Recht, in WRP 11 / 1999, S. 1088 - 1115

Sack, Rolf (2000): Der Erschöpfungsgrundsatz im deutschen Immaterialgüterrecht, in: GRUR Int. 2000, S. 610 - 616

Schlegelberger, Kommentar zum Handelsgesetzbuch, Bd. I – IV, 1973 [5] ff.

Schlegelberger, Franz (Hrsg.) (1929): Rechtsvergleichendes Handwörterbuch für das Zivil- und Handelsrecht, Bd. 1, Berlin 1929

Schluchter, Wolfgang (Hrsg.) (1983): Max Webers Studie über Konfuzianismus und Taoismus, Interpretation und Kritik, Frankfurt 1983

Schmoller, Gustav v. (1900): Grundriß der allgemeinen Volkswirtschaftslehre, Berlin 1900

Scholler, Heinrich (Hrsg.) (2001): Die Bedeutung der Lehre vom Rechtskreis und der Rechtskultur, Hamburg 2001

Schramm, Matthias / Taube, Markus (2001): Institutionenökonomische Anmerkungen zur Einbettung von Korruption in das Ordnungssystem chinesischer Guanxi-Netzwerke; Duisburger Arbeitspapiere zur Ostasienwirtschaft No. 60 / 2001

Schulte-Kulkmann, Nicole (2002): Der Einfluss westlicher Rechtsberatung auf die Rechtsreformen in der Volksrepublik China: Zur Rolle von Akteuren und

Interessen in der chinesisch-westlichen Rechtsberatung, China Analysis No. 13 (Juli 2002), Trier 2002

dies. (2005): Rechtszusammenarbeit mit der Volksrepublik China – Deutsche und amerikanische Initiativen im Vergleich, Göttingen 2005

Schwab, Karl Heinz / Prütting, Hanns (2003): Sachenrecht, München 2003 [31]

Seagle, William (1941): Weltgeschichte des Rechts, München 1967

v. Senger, Harro (1970): Kaufverträge im traditionellen China, Dissertation, Zürich 1970

ders. (1983): Chinesische Bodeninstitutionen im Taiho-Verwaltungskodex, Wiesbaden 1983

ders. (1994): Einführung in das chinesische Recht, München 1994

ders. (2001): Bedeutung der Lehre vom Rechtskreis und die Rechtskultur: Das Beispiel der Volksrepublik China, in: Heinrich Scholler, Die Bedeutung der Lehre vom Rechtskreis und der Rechtskultur, Berlin 2001

v. Senger, Harro / Xu Guojian (1994 – 1): Internationales Privat- und Zivilverfahrensrecht der Volksrepublik China, Teil 1, Zürich 1994

dies.(1994 – 2): Internationales Privat- und Zivilverfahrensrecht der Volksrepublik China, Teil 2, Zürich 1994

Shen, Guanshen (1993): Nongye chengbao hetong jiqi jiufen de chuli (Der landwirtschaftliche Übernahmevertrag und die Regelung von Streitigkeiten daraus), Peking 1993

Sobota, Katharina (1997): Das Prinzip Rechtsstaat – Verfassungs- und Verwaltungsrechtliche Aspekte, Tübingen 1997

Sietmann, Richard (2002): Wissen ist Geld – Urheberschutz, „Geistiges Eigentum" und die Rechteverwerter, in: c't Magazin für Computertechnik, 24, 2002, S. 108

Sornarajah, M. (1994): The International Law on Foreign Investment, Cambridge 1994

Spengler, Tilman (1980): Modernität und Fremdbestimmung: Chinas Auseinandersetzung mit dem „Westen“ und der eigenen Vergangenheit, in: Wolfgang Bauer, China und die Fremden, München 1980, S. 197 -237

van der Sprenkel, Sybille (1962): Legal Institutions in Manchu China, London 1962

Stadermann, Hans-Joachim / Steiger, Otto (Hrsg.) (2001): Verpflichtungsökonomik – Eigentum, Freiheit und Haftung in der Geldwirtschaft, Marburg 2001

Staiger, Brunhild / Friedrich, Stefan / Schütte Hans-Wilm (Hrsg.) (2003): Das große China-Lexikon, Darmstadt 2003

Steffens, Kristina (2004): Das WTO-Abkommen über handelsbezogene Aspekte der Rechte des geistigen Eigentums (TRIPS) und das chinesische Recht, in: Heuser, Robert / Klein, Roland (2004) (Hrsg.): Die WTO und das neue Ausländerinvestitions- und Außenhandelsrecht der VR China. Gesetze und Analysen, Hamburg 2004

Stein, Ekkehart (1998): Staatsrecht, Tübingen 1998 [16]

Steinmann, Matthias (1992): Grundzüge des chinesischen Patentrechts, Dissertation, Köln u.a. 1992

Stern, Klaus (1984): Das Staatsrecht der Bundesrepublik Deutschland, Bd. 1: Grundbegriffe und Grundlagen des Staatsrechts, Strukturprinzipien der Verfassung, München 1984 [2]

Stiglitz, Joseph (2005): Intellectual-Property Rights and Wrongs, in: The Kazahstan Monitor v. 26.08.2005, S. 7

Stephenson, Matthew C. (2000): A Trojan Horse Behind Chinese Walls?: Problems and Prospects of US-Sponsored „Rule of Law“ Reform Projects in the People's Republic of China, CID Working Paper No. 47 (Mai 2000) / Law and Development Paper No. 3;
im Internet unter: *www.cid.harvard.edu/cidwp/047.pdf*, (Stand: 25.01.2002)

Straus, Joseph / Katzenberger, Paul (2002): Parallelimporte, Rechtsgrundlagen zur Erschöpfung im Patentrecht, Rechtsgutachten erstellt im Auftrag des Bundesrates der Schweiz, 2002; im Internet unter:
www.evd.admin.ch/imperia/md/content/dossiers/importations_paralleles/d/Rechtsgutachten_Erschoepfung.pdf

Struvius, Georg Adam (1711): Jurisprudenz oder: Verfassung der landesüblichen Rechte, Jena 1711

Sun, Andy Y. (2001): Reforming the Protection of Intellectual Property: The case of China and Taiwan in Light of WTO Accession, in: Maryland Series in Contemporary Asian Studies, No. 165, 04/2001, Baltimore, Maryland

Tang Dehua / Gao Shengping (Hauptlirsg.) (2002): Tudi guanlifa ji peitao guiding xinshi xinjie (Neue Erläuterungen zum Bodenverwaltungsgesetz und seinen ergänzenden Bestimmungen), Peking 2002

Tauchert, Wolfgang (2000): Softwarepatente – Motor oder Bremse für Innovationen, Beitrag auf der Berliner Tagung der Heinrich-Böll-Stiftung am 20./21. Oktober 2000 zum Thema: „Wem gehört das Wissen – Geistiges Eigentum im Zeichen des Internet“

ders. (2002): Zum Begriff der „technischen Erfindung“, JurPC Web-Dok. 28/2002, Abs. 1 – 59; im Internet unter: *www.jurpc.de/aufsatz/20020028.htm*, Stand: 03.04.2006

Theil, Wolfgang (2001): Eigentum und Verpflichtung – einige juristische Aspekte, in: Stadermann / Steiger (Hrsg.) (2001): Verpflichtungsökonomik – Eigentum, Freiheit und Haftung in der Geldwirtschaft, Marburg 2001, S. 175 - 200

Thümmel, Martin (1994): Das neue städtische Immobilienverwaltungsgesetz vom 5.7.1994, in: Zeitschrift für Chinesisches Recht, 1994, S. 68 -73

ders. (1995): Bodenordnung und Immobilienrecht in der Volksrepublik China, Hamburg 1995

Tomsa, Dirk (1997): Die deutsche Entwicklungszusammenarbeit mit der VR China – eine Bestandsaufnahme, in: China aktuell, Oktober 1997, S. 997 - 1011

Tong, Rou u.a. (1982): Minfa gailun (Abriß des Zivilrechts), Peking 1982

Tong Rou, Shi Jichun (1990): Wo guo quanmin suoyouzhi „liangquan fenli“ de caichanquan jiegou (Die Vermögensrechtstruktur der „Spaltung in zwei Rechte“ beim Volkseigentum in unserem Land), in: Zhongguo Kexue (Chinesische Sozialwissenschaft), Peking 3/1990

Wang, Guiguo u. Mo, John (Hrsg.) (1999): Chinese Law, London 1999

Wang Limin (1998): Shanghai fazhi shi (A history of Shanghai local legal system), Shanghai 1998

Wang Liming (2003): Wuquanfa lun – xiuding ben (Abhandlung über das Sachenrecht - revidierte Auflage), Peking 2003

ders. (Hrsg.) (2004): Zhongguo minfadian caoan - jianyigao ji shuoming (Entwurf eines Zivilgesetzbuches für China – Vorschläge und Erläuterungen), Peking 2004

ders. u. Guo Mingrui, Fang Liufang (1988): Minfa xinlun (Neue Darlegung des Zivilrechts), Peking 1988

Wang, Jiafu / Xie Huaishi (1987): Minfa jiben zhishi (Grundwissen zum Zivilrecht), Peking 1987

Wang Jiafu / Huang Mingchuan (1988): Tudifa de lilun yu shijian (Theorie und Praxis des Bodenrechts), Peking 1988

Wang Liming (2005): Guanyu wuquanfa caoan zhong queli de budongchan wuquanbiandong moshi (Über die Formen der dinglichen Rechtsänderung bei Immobilien in dem Entwurf eines Sachenrechts), erschienen in: Rechtswissenschaft, Heft 8, 2005; im Internet unter:
www.civillaw.com.cn/weizhang/default.asp?id=22664

Wang Yanfeng (1989): Die „Allgemeinen Grundsätze des Zivilrechts der VR China“ vom 1.1.1987 und das Bürgerliche Gesetzbuch der Bundesrepublik Deutschland: Eine rechtsvergleichende Untersuchung, Dissertation, Münster 1989

Weber, Max (1920): Gesammelte Aufsätze zur Religionssoziologie I, Tübingen 1920

Weggel, Oskar (1974): Taiwan – III. Geschichte, in: China-Handbuch, Düsseldorf 1974, Sp. 1366 - 1369

ders. (1980): Chinesische Rechtsgeschichte, Leiden-Köln 1980

ders. (1989): Geschichte Chinas im 20. Jahrhundert, Stuttgart 1989

Wegmann, Konrad u. Kittlaus, Martin (Hrsg.) (2005): Strukturen der Macht – Studien zum politischen Denken Chinas, Münster 2005

Wemheuer, Felix (2005): Familie, Eigentum und Recht – Ein Vergleich des kaiserlichen Chinas und des antiken Rom, Münster 2005; in: Wegmann, Konrad u. Kittlaus, Martin (Hrsg.) (2005): Strukturen der Macht – Studien zum politischen Denken Chinas, Münster 2005

Wen, Hongyu/Zhu, Zuixin (2004): Guomindang zai dalu yu taiwan de tudi gaige bijiao yanjiu (Vergleichende Forschung zu den Bodenreformen der Guomindang auf dem Festland und auf Taiwan); chin. Internetseite vom 27.03.2004, unter: *www.km.gov.cn/kmland/zzfd/ch2/LWJ/1188.htm+1930+%E5%B9%B*

Wesel, Uwe (1997): Geschichte des Rechts, München 1997

Wesiak, Max (2005): The System of Land-use rights in Chinese Real Estate Law, in: ZchinR, Heft 3/2005, S.177 - 195

Westermann, Harry (Begr.) (1998), Sachenrecht, Heidelberg 1998 [7]

Wieland, Joachim (2004): Art. 14 GG, in: Dreier, Horst (Hrsg.) (2004): Grundgesetz-Kommentar, Tübingen 2004 [2]

Wieling, Hans Josef (1997): Sachenrecht, Berlin u.a. 1997 [3]

Wiethoff, Bodo (1975): China, Hannover 1975 [4]

Wittfogel, Karl August (1927): Sun Yat Sen – Aufzeichnungen eines chinesischen Revolutionärs, Wien u.a., ca. 1927

Wolf, Ernst (Hrsg.) (1950): Beiträge zur Rechtsforschung, Sonderveröffentlichung der Zeitschrift für Ausländisches und Internationales Privatrecht, Berlin 1950

Wolf, Manfred (2005): Sachenrecht, München 2005 [21]

Wolff, Lutz-Christian (2005): Das internationale Wirtschaftsrecht der VR China, Frankfurt 2005 [2]

Wilhelm, Helmut (1960): Gesellschaft und Staat in China, Hamburg 1960

Wu Zumou (Hrsg.) (1991): Einführung in die Rechtswissenschaft, Wuhan 1991

Xiang Yu (2000): Parallelimporte im Recht des geistigen Eigentums Chinas und dessen Entwicklungstendenzen, in: GRUR Int. 2000, Heft 7, S. 619 - 623

Xin Hande Cidian – Das Neue Chinesisch-Deutsche Wörterbuch, Peking 1985

Xu Guodong (Haupthrsg.) (2004): Lüse minfadian caoan (Green Civil Code Draft), Peking 2004

Xu Yulin (1994): Chengshi fangdichan guanlifa jianhua (Einführung in das städtische Immobilienverwaltungsgesetz), Peking 1994

Xu Zhenmin, Chen Huiying, Zhang Jianqi (1985): Das neue Chinesisch-Deutsche Wörterbuch, Peking 1985

Yang Zixuang / Xu Jie (Hrsg.) (1993): Wirtschaftsrechtstheorie, Peking 1993

Ye Xiannian (2004): China Real Estate Market – Laws and Regulations Concerning Land and Real Estate, 01.08.2004; im Internet unter: *www.china- window.com/china_market/china_real_estate/ china-real-estate-market-7. shtml*

Yin Xintian (2001): Parallel Importation as Viewed from the Chinese Patent Law, zuerst veröffentlicht in: China Patent and Trademark; im Internet unter: *www.lawinfochina.com/dispecontent.asp?ID=81&DB=4*

Yu Xiang (2000): Parallelimporte im Recht des geistigen Eigentums Chinas und dessen Entwicklungstendenzen, in: GRUR Int. 2000, S. 619 ff.

Zäch, Roger (1995): Recht auf Parallelimporte und Immaterialgüterrecht, in: SJZ 91, Nr. 16 / 17, 1995, S. 301 - 311

Zhang Jinfan (Hrsg.) (1982): Zhongguo Fazhishi (Geschichte der chinesischen Rechtsordnung), Peking 1982

Zhang Junhao (Hrsg.) (1991): Minfaxue yuanli (Grundsätze des Zivilrechts), Peking 1991

Zhang Pufan (Haupt-Hrsg.) (1998): Qingchao fazhi shi (Geschichte des Rechtssystems der Qing-Dynastie), Peking 1998

Zhang Xiaohua (Hrsg.) (1993): Tudi xingzhangfa (Bodenverwaltungsrecht), Peking 1993

Zhen Tong (2004): Das Bodenrecht in der VR China, Dissertation, Hamburg 2004

Zheng Yongliu (1997): Das Wirtschaftsrecht Chinas, Baden-Baden 1997

Zhongguo da baike quanshu - Faxue (Chinesisches Universallexikon – Teilband Rechtswissenschaft), Peking u. Shanghai 1984

Zhou Yan (1994): Dichan fagui shiyi (Kommentar zu den Bodengesetzen und Bodenverordnungen), Peking 1994

Zhu, Qiuxia (1997): Der Wandel der Agrarverfassung und seine Auswirkungen auf die landwirtschaftliche Entwicklung in der VR China, Dissertation, Hamburg 1997

Zimmerli, Walter Ch. (1993): Privateigentum – etwas eigentümlich Menschliches – eine ideengeschichtliche und philosophische Analyse; in: Fels, Gerhard (Hrsg.) (1992): Gesellschaftliche und ökonomische Funktionen des Privateigentums, Köln 1993

Zippelius, Reinhold (1999): Allgemeine Staatslehre, München, 1999

Zweijahresprogramm zur Durchführung der Deutsch-Chinesischen Vereinbarung zu dem Austausch und der Zusammenarbeit im Rechtsbereich 2006 – 2007 v. 27.09.2005; im Internet unter: *www.bmj.bund.de/*

Zweigert, Konrad / Kötz, Hein (1996): Einführung in die Rechtsvergleichung, Tübingen 1996 [3]

Gesetze, Verordnungen, Institutionen und internationale Abkommen[1531]

AGZ	Allgemeine Grundsätze des Zivilrechts der VR China (Zhonghua Renmin Gongheguo minfa tongze); verabschiedet auf der 4. Sitzung des NVK am 12.04.1986; *ergänzt durch*: Versuchsweise durchgeführte Ansichten des Obersten Volksgerichts zu einigen Fragen der Anwendung der AGZ v. 26.01.1988
ARLPKK	Allgemeine Richtlinien der Politischen Konsultativkonferenz des chinesischen Volkes (1949)
AufhebBeschlVerw Regel	Beschluss des Staatsrats zur Aufhebung von einem Teil der Verwaltungsregelungen, die bis Ende des Jahres 2000 erlassen wurden v. 06.10.2001
AuslInvest-Lenk Vorschr	Vorschriften zur Lenkung ausländischer Investi tionen; verkündet vom Staatsrat am 11.02.2002
AuslInvestArealEB-VorlVerwMaßn	Vorläufige Verwaltungsmaßnahmen für die Erschließung und Betreibung eines Areals mit ausländischen Investitionen, erlassen vom Staatsrat am 19.05.1990
AußWiVertragG	Außenwirtschaftsvertragsgesetz; verabschiedet v. NVK am 21.03.1985, i.Kr. seit 01.07.1985
BerühmteMarkeAner-kenn-SchutzBest	Bestimmungen über die Anerkennung und den Schutz berühmter Marken; i.Kr. seit 01.06.2003; ersetzten die *Vorläufigen Regelungen zur Anerkennung und Verwaltung berühmter Marken*, welche mit demselben Tag ausser Kraft gesetzt wurden.
BerühmteMarkeAner-kennVerw-VorlRegel	Vorläufige Regeln zur Anerkennung und Verwaltung berühmter Marken; verkündet von der Verwaltungsbehörde für Industrie und Handel am14.08.1996; revidiert am 03.12.1998; ausser Kraft und ersetzt durch die *Bestimmungen über die Anerkennung und den Schutz berühmter Marken* seit 01.06.2003

[1531] Auf die Angabe von Quellen wird verzichtet, da alle genannten Gesetze etc. über die Suchmaschine *Google* (chin.) und die einschlägigen Internetadressen (z.B. chinalaw.gov.cn; chinaiprlaw.com) unter Eingabe des chinesischen Titels abrufbar sind.

BVG	Bodenverwaltungsgesetz der VR China, verabschiedet am 25.6.1986; 1. rev. Fass. v. 29.12.1988; 2. rev. Fass. v. 29.08.1998; 3. rev. Fass. v. 28.08.2004
BVG-AB	Ausführungsbestimmungen[1532] zum Bodenverwaltungsgesetz der VR China, erlassen v. Staatsrat m. VO Nr. 256 am 24.12.1998
BodNutzMust-VerträgeMitt	Mitteilung über die Erteilung der Musterverträge zur Überlassung des Bodennutzungsrechts an staatlichem Boden und der Bodennutzungsverträge für die Unternehmen mit ausländischem Kapital“, am 18.05.1994 vom staatlichen Bodenverwaltungsamt und dem Industrie- und Handelsamt gemeinsam veröffentlicht
BodNutzÜÜVO	Vorläufige Verordnung zur Überlassung und Übertragung des Bodennutzungsrechts an staatseigenem Boden im Stadtgebiet, erlassen v. Staatsrat am 19.05.1990
BodNutzR-Veräuß-MaßnShanghai	Maßnahmen für die entgeltliche Veräußerung des Bodennutzungsrechts der Stadt Shanghai; erlassen v. der Volksregierung Shanghai am 29.11.1987
BodNutzRZuteil-VorlVerwMaßn	Vorläufigen Maßnahmen für die Verwaltung von durch Zuteilung erworbenen Bodenrechten, erlassen am 08.02.1992 v. Verwaltungsamt für Staatsboden
BodRegVorschr	Bodenregistrierungsvorschrift
chBGB	chinesisches Zivilgesetzbuch der Republik China (Minfa); sukzessive i. Kr. gesetzt v. 1929 - 1931
CAA	China Arbitration Association, Chinesische Schiedsgesellschaft
CICC	China International Chamber of Commerce
CIETAC	China International Economic and Trade Arbitration Commission, Chinesische Internationale Wirtschafts- und Handelsschiedskommission

[1532] 实施 细则 - Durchführungsbestimmungen; vgl. Wörterbuch f. Wirtschaft und Wirtschaftsrecht, Peking 1995^2, dem Sprachgebrauch entsprechend hier mit *Ausführungsbestimmungen* übersetzt

CIETAC-SchiedsR	Schiedsregeln der Chinesischen Kommission zur Förderung des Internationalen Handels / Chinesischen Internationalen Handelskammer, geändert u. beschlossen am 11.01.2005, i. Kr. seit dem 01.05.2005
CJVG	Contractual-Joint-Venture Gesetz, Vertrags-Joint-Venture Gesetz, verabschiedet auf der 1. Sitzung des NVK am 13.04.1988; 1. Rev. v. 25.08.2000; 2. Rev. v. 31.10.2002
CJVG-AB	Ausführungsbestimmungen z. CJVG, erlassen v. Staatsrat am 07.08.1995
CJVG-ErlAB	Erläuterungen z. Ausführungsbestimmungen z. CJVG, verkündet v. Ministerium für Aussenhandel und wirtschaftliche Zusammenarbeit am 22.10.96
CompSoftware-SchutzBest	Bestimmungen zum Schutz von Computersoftware v. 04.06.1991, revidiert am 20.12.2001
DorflandübernG	Gesetz der VR China zur Übernahme von Dorfland, erlassen v. Ständigen Ausschuss d. NVK am 29.08.2002
EJVG	Equity-Joint-Venture Gesetz, verabschiedet auf der 2. Sitzung d. NVK am 01.07.1979; 1. Rev. v. 04.04.1990; 2. Rev. v. 15.03.2001
EJVG-DVO	Durchführungsverordnung[1533] z. EJVG, erlassen v. Staatsrat am 20.09.1983; 1. Rev. v. 15.01.1986, 2. Rev. v. 21.12.1987; 3. Rev. v. 22.07.2001
EJVDauer-VorlRegel	Vorläufige Regeln zur Dauer von EJV, verkündet v. Ministerium für Aussenhandel und wirtschaftliche Zusammenarbeit am 22.10.1990
EJV-InvestBest	Einige Bestimmungen zu den beiderseitigen Investionen bei EJV-Unternehmen; erlassen v. Staatsrat am 30.12.87; ergänzende Regelungen v. 02.0.1997

[1533] 实施条例 – Durchführungsverordnung; vgl. Wörterbuch f. Wirtschaft und Wirtschaftsrecht, Peking 19952

EntgeltVeräußImm-ShanghaiMaßn	Maßnahmen für die entgeltliche Veräußerung von Immobilien der Stadt Shanghai; verkündet v. der Shanghaier Stadtregierung am 30.04.1997; revidiert am 20.09.2000
EPÜ	Europäisches Patentübereinkommen
ErbG	Erbgesetz der VR China, verabschiedet auf der 3. Sitzung d. NVK am 10.04.1985
FinanzInstVerw-Regel	Regelung der Finanzinstitutionenverwaltung, erlassen von der Volksbank der VR China am 5.8.1994
GATT	General Agreement on Tariffs and Trade
GATS	General Agreement on Trade in Services
GesetzgebG	Gesetzgebungsgesetz; verabschiedet vom NVK am 15.03.2000; i. Kr. seit 01.07.2000
ICSID	Übereinkommen zur Beilegung von Investitionsstreitigkeiten zwischen Staaten und Angehörigen anderer Staaten vom 18.03.1965
Imm-ÜbertrMethode-Shanghai	Übertragungsmethode für Immobilien der Stadt Shanghai
InternUrheberRAbk-DB	Bestimmungen über die Durchführung internationaler Urheberechtsabkommen v. 25.09.92
InvestSchutzAbk	Abkommen zwischen der Bundesrepublik Deutschland und der VR China über die Förderung und den gegenseitigen Schutz von Kapitalanlagen (Investitionsschutzabkommen), vom 01.12.2003; ersetzt das Abkommen vom 07.10.1983
JVBodNutz-Vorl-Regel	Vorläufige Regelung über die Bodennutzung für den Aufbau eines JV, erlassen v. Staatsrat am 26.07.1980
JV-DauerVorlBest	Vorläufigen Bestimmungen über die Dauer des gemeinsamen Betriebs von Gemeinschaftsunternehmen mit chinesisch-ausländischer Investitionsbeteiligung v. 30.09.1990

LandWiG	Landwirtschaftsgesetz v. 02.07.1993, außer Kraft gesetzt und ersetzt durch LandwirtschaftsG v. 28.12.2002 zum 01.03.2003
MarkenG	chin. Markengesetz; v. St. Ausschuss des NVK am 23.08.1982 verabschiedet, am 22.02.1993 erstmals und am 27.0.2001 zum zweiten Mal geändert
MarkenG-AB	Ausführungsbestimmungen zum chinesischen Markengesetz verkündet mit VO Nr. 358 des Staatsrats v. 03.08.2002; ältere Fassungen v. 03.01.1988, 15.07.1993 und 23.04.1995
MOFTEC	Ministry of Foreign Trade and Economic Cooperation
ÖffImm-VerwBest	Verwaltungsbestimmungen für städtische Immobilien in öffentlichem Eigentum v. 23.3.1994
OGPKK	Organisationsgesetz der Politischen Konsultativkonferenz
OGZVR	Organisationsgesetz der Zentralen Volksregierung
PatentG	chin. Patentgesetz; verabschiedet v. St. Ausschuss des NVK am 12.03.1984; erstmals geändert am 04.09.1992; zum zweiten Mal geändert am 25.08.2000
PatentG-AB	Ausführungsbestimmungen zum chinesischen PatentG, (PatG-AB) vom 19.01.1985; erste revidierte Fassung v.12.12.1992; zweite revidierte Fassung v. 15.06.2001; nochmals revidiert aufgrund der revidierten Fassung des PatentG am 28.12.2002
PatDurchsetz-VerwMeth.	Methoden für die verwaltungsmäßige Durchsetzung von Patentrechten; erlassen von der SIPO am 17.12.2001
PatStreitRechtsanw-OVG-Best.	Bestimmungen des Obersten Volksgerichts über Fragen der Rechtsanwendung bei der Verhandlung von Patentstreitigkeiten v. 19.06.2001
PCT	Patent Cooperation Treaty

PVÜ	Pariser Verbandsübereinkunft zum Schutz des gewerblichen Eigentums
SAIC	State Administration of Industry and Commerce
SchiedsG	Schiedsgesetz, verabschiedet v. NVK am 31.08.1994, i.Kr. seit 01.09.1995
SIPO	State Intellectual Property Office; das Staatliche Büro für Geistiges Eigentum wurde 1998 gegründet; gleichzeitig erfolgte die Eingliederung des chinesischen Patentamtes
ShaiImm-ÜbertrMeth.	Übertragungsmethode für Immobilien der Stadt Shanghai; erlassen v. der Shanghaier Stadtregierung am 30.04.1997; 1. Revision v. 20.09.2000, 2. Rev. v. 24.06.2004
SicherhG	Sicherheitengesetz, verabschiedet 30.06.1995 v. NVK
StImmHypo-VerwMeth	Verwaltungsmethode für städtische Immobilienhypotheken, erlassen v. Bauministerium am 09.05.1997
StImm-VerwG	Städtisches Immobilienverwaltungsgesetz, verabschiedet v. NVK am 05.07.1994
StImmErschlBewirt-VerwBest	Verwaltungsbestimmungen für die Erschließung und Bewirtschaftung städtischer Immobilien, erlassen v. Staatsrat am 02.07.1998
StÖffGebäude-Verw-Best	Verwaltungsbestimmungen für städtische Gebäude in öffentlichem Eigentum, erlassen am 23.03.1994 vom Bauministerium
StPrHäuser-VV	Verwaltungsvorschriften für städtische Privathäuser v. 17.12.1983; *ergänzt durch*: Ansichten des Obersten Volksgerichts betreffend die StädtPrHäusVV über die Wirksamkeit von Kauf oder Anmietung von Privathäusern durch Organisationen, Vereinigungen, Armee, Unternehmen und Institutionen v. 17.04.1984
StPrivatHäuser-ZKAnsicht	Ansichten des zweiten Büros des Zentralsekretariats über die gegenwärtige grundlegende Situation städtischer Privathäuser und deren sozialistische Umwand-

	lung vom 16.12.1955; ergänzt durch: Das Zentralkomitee der KPCh billigt die Ansichten des zweiten Büros des Zentralsekretariats über die gegenwärtige grundlegende Situation städtischer Privathäuser und deren sozialistische Umwandlung (18.1.1956)
TechnoImpExp-VerwBest	Bestimmungen der VR China über die Verwaltung des Technologie-Im- und Exports; i. Kr. seit 01.01.2002
TRIPS	Agreement on Trade-Related Aspects of Intellectual Property Rights
ÜbernBewZirk-ZK-Mitt	Mitteilungen des ZK der KPCh für eine gute Arbeit bei der Zirkulation von Rechten der Bauernhaushalte zur Übernahme und Bewirtschaftung v. 30.12.2001
UNCITRAL	United Nations Commission on International Trade Law
UNCITRAL-Regeln	Regeln für Schiedsverfahren der Kommission der Vereinten Nationen für Internationales Handelsrecht
UrheberRG	Urheberrechtsgesetz v. 07.09.1990, revidiert am 27.10.2001
UrheberRG-AB	Ausführungsbestimmungen zum Urheberrechtsgesetz v. 30.05.1991, revidiert am 02.08.2002
Verf RepChina	Verfassung der Republik China vom 25.12.1947
Verf VR China	Verfassung der Volksrepublik China von 1982; 1. Rev. v. 12.04.1988; 2. Rev. v. 29.03.1993; 3. Rev. v. 15.03.1999; zuletzt revidiert am 14.03.2004
VerschEigentHäuser-VerwBest	Bestimmungen zur Verwaltung von aneinandergrenzenden und verschiedenen Eigentümern gehörenden Häusern in den Städten; erlassen v. Bauministerium am 16. November 1989, rev. am 15.08.2001
VertragsG	Vertragsgesetz, erlassen am 15.03.1999 vom NVK

VerwAusländPriv-Häuser-Best	Einige Bestimmungen des Ministeriums der VR China für Städte- und Dorfbau und Umweltschutz über die Verwaltung von Häusern im Privateigentum von Ausländern v. 25.8.1984 (inzwischen außer Kraft)
VerwRegelAufh-Beschl	Beschluss des Staatsrats zur Aufhebung von einem Teil der Verwaltungsregelungen, die bis Ende des Jahres 2000 erlassen wurden vom 06.10.2001
VerwStädtPrivHäuser-DurchfBest	Bestimmungen zu einigen konkreten Fragen der Durchführung von den „Verwaltungsvorschriften für städtische Privathäuser" der Pekinger Stadtregierung v. 11.8.1984, revidiert am 31.12.1997
VerwStädtPrivHäuser-OVGAnsicht	Ansichten des Obersten Volksgerichts betreffend die „Verwaltungsvorschriften für städtische Privathäuser" (v. 17.12.1983) über die Wirksamkeit von Kauf oder Anmietung von Privathäusern durch Organisationen, Vereinigungen, Armee, Unternehmen und Institutionen v. 17.4.1984
WahrGewerblSchutzR-ZollBest	Bestimmungen zur Wahrung gewerblicher Schutzrechte durch den Zoll v. 05.07.1995; revidierte Fassung v. 26.11.2003, i.Kr. seit 01.03.2004
WEG	Gesetz über das Wohnungseigentum und das Dauerwohnrecht (Wohnungseigentumsgesetz) v. 15.03.1951
WFOEG	Wholly Foreign-owned Enterprise Gesetz, Gesetz für ausländisch investierte Unternehmen, verabschiedet auf der 4. Sitzung des NVK am 12.04.1986; 1. Rev. v. 31.10.2000
WFOEG-AB	Ausführungsbestimmungen zum Gesetz für ausländisch investierte Unternehmen, erlassen v. Staatsrat am 28.10.1990; 1. Rev. v. 12.04.2001
WFOEG-ErläutAB	Erläuterungen z. Ausführungsbestimmungen zum WFOEG, verkündet v. Ministerium für Aussenhandel und wirtschaftliche Zusammenarbeit am 06.12.91
WIPO	World Intellectual Property Organization, Weltorganisation zum Schutz geistigen Eigentums

Wohneigent-VerwBest	Bestimmungen zur Verwaltung von Wohnungseigentum, erlassen v. Staatsrat am 28.05.2003
ZPG	Zivilprozessgesetz v. 09.04.1991

Abkürzungsverzeichnis

AB	Ausführungsbestimmungen
AcP	Archiv für die civilistische Praxis
AWD	Außenwirtschaftsdienst des Betriebs-Beraters
c't	Magazin für Computertechnik
DVO	Durchführungs-Verordnung
GRUR Int.	Gewerblicher Rechtsschutz und Urheberrecht International
JurPC	Internet-Zeitschrift für Rechtsinformatik
KPCh	Kommunistische Partei Chinas
LPG	Landwirtschaftliche Produktionsgenossenschaft
Mitt.	Mitteilung
NVK	Nationaler Volkskongress
PKK	Politische Konsultativkonferenz
RIW	Recht der Internationalen Wirtschaft, Betriebs-Berater International
SachRE	Sachenrechtsentwurf (versehen mit Jahresangabe)
SJZ	Schweizerische Juristen-Zeitung
SWZ	Sonderwirtschaftszone
UML	UNCITRAL Model Law
WRP	Wettbewerb in Recht und Praxis
ZChinR	Zeitschrift für chinesisches Recht, herausgegeben von der Deutsch-Chinesischen Juristenvereinigung e.V.
ZvglRWiss	Zeitschrift für vergleichende Rechtswissenschaft

Für die weiteren in der vorliegenden Arbeit verwendeten Abkürzungen wird verwiesen auf:

Kirchner, Hildebert: Abkürzungsverzeichnis der Rechtssprache, 4. Auflage, Berlin 1993

Hinsichtlich der Zitierfähigkeit von Internetseiten wird verwiesen auf:

Willamowski, Marcus: Zitierfähigkeit von Internetseiten, 27.03.2005, im Internet unter: *http://www.jurpc.de/aufsatz/20000078.htm*

Ostasien – Pazifik

Trierer Studien zu Politik, Wirtschaft, Gesellschaft, Kultur

hrsg. von Prof. Dr. Klaus Antoni, Prof. Dr. Hilaria Gössmann, Prof. Dr. Thomas Heberer, Prof. Dr. Hanns W. Maull und Prof. Dr. Karl-Heinz Pohl

Georg Ebertshäuser

Perspektiven nationaler und staatlicher Neugestaltung Chinas

Gu Yanwu und Sun Yat-sen

Vorliegende Studie untersucht in ihrem ersten Teil das politische Denken Gu Yanwus (1613 – 1682) vor dem Hintergrund des krisenhaften Umbruchs von der chinesischen Ming- zur mandschurischen Qing-Dynastie. Es wird weiter versucht, dieses Denken in die Tradition des Konfuzianismus in China einzuordnen und aus dieser Tradition heraus zu verstehen. In ihrem zweiten Teil zeichnet die Studie am Beispiel Gu Yanwus den Einfluß der chinesischen konfuzianischen Tradition auf die politischen Vorstellungen Sun Yat-sens nach und zeigt exemplarisch deren Bedeutung für die Entstehung des modernen China.

Bd. 15, 2001, 184 S., 20,90 €, br., ISBN 3-8258-5641-0

Andreas Mrugalla

Die Einsamkeit des heimkehrenden Kulturwanderers

Ein Grundmotiv in der historischen Erzählprosa Inoue Yasushis

Die vorliegende Studie setzt sich mit dem Thema der Begegnung unterschiedlicher Kulturen in den auf historischen Stoffen basierenden Romanen und Erzählungen Inoue Yasushis (1907 – 1991) auseinander, der als einer der bedeutendsten japanischen Autoren der Moderne gilt. Dabei wird aufgezeigt, daß neben den in den Werken geschilderten verschiedenen Gestaltungsmöglichkeiten der Erfahrung fremder Kulturkreise der Fokus des Erzählers auf jenem Phänomen der Rückkehr liegt, das sich in einem für die Protagonisten subtil oder mit unvermittelter Wucht auftretenden Reentry-Schock äußert und in der spezifischen Einsamkeit des heimkehrenden Kulturwanderers mündet.

Bd. 16, 2002, 280 S., 25,90 €, br., ISBN 3-8258-6292-5

Karl-Heinz Pohl; Dorothea Wippermann (Hg.)

Brücke zwischen Kulturen

Festschrift für Chiao Wei zum 75. Geburtstag

Mit dieser Festschrift wird von Schülern und Kollegen das Lebenswerk von Prof. Chiao gewürdigt. Es umfaßt den Aufbau der Sinologie an der Universität Trier sowie Brückenschläge zwischen Kulturen, d. h., das Wirken als kultureller Botschafter zwischen China und Deutschland. Die Themen des Bandes sind: „Kulturaustausch", „Sprachwissenschaft", „Philosophie, Kultur und Geschichte", „Politik, Wirtschaft und Gesellschaft" sowie „Literatur".

Bd. 17, 2003, 512 S., 40,90 €, br., ISBN 3-8258-6430-8

Axel Berkofsky

Die Neuen Amerikanisch-Japanischen Leitlinien für Verteidigungskooperation

Implikationen für Japans regionale Sicherheitspolitik

Bd. 18, 2005, 400 S., 39,90 €, br., ISBN 3-8258-8368-x

Stephanie Gehlen

„Intention to Quit" chinesischer Mitarbeiter in deutsch-chinesischen Gemeinschaftsunternehmen in China

Für deutsch-chinesische Gemeinschaftsunternehmen in China ist das „job-hopping" chinesischer Fachkräfte ein grosses Problem. Oft wird es als unabänderbare Begleiterscheinung der gegenwärtigen Transformationsphase der chinesischen Wirtschaft hingenommen. Mit einer empirischen Untersuchung unter 348 chinesischen Mitarbeitern deutsch-chinesischer Gemeinschaftsunternehmen wird hier aufgezeigt, welche Faktoren wirklich die „intention to quit" beeinflussen und wie man die Bereitschaft chinesischer Mitarbeiter, in deutsch-chinesischen Gemeinschaftsunternehmen zu verbleiben, fördern könnte.

Bd. 19, 2005, 328 S., 29,90 €, br., ISBN 3-8258-8372-8

Gilbert Metzger

Liang Qichao, China und der Westen nach dem Ersten Weltkrieg

Ein Viertel der Menschheit hat gegenüber der gesamten Menschheit die Verpflichtung für ein Viertel ihres Glücks

Liang Qichao (1873 – 1929) hat als Journalist, Politiker und Intellektueller neuen Typs das Werden des neuen China begleitet und mitgestaltet. Eine seiner wichtigsten Schriften ist „Eindrücke einer Europareise" von 1920, in der er die Lage Europas nach dem Ersten Weltkrieg schildert und eine ganz eigene Vorstellung von globaler Modernität entwickelt. Sie beruht auf der konfuzianischen Konzeption der Selbstkultivierung und bindet auf eine spezifische Weise die Bildung der Persönlichkeit an das Wirken in und für die Gesellschaft und die ganze Welt.

Bd. 20, 2006, 328 S., 29,90 €, br., ISBN 3-8258-9425-8